MITT 1965

INVENTAIRE
Z 60,522

5.° Livraison.

ŒUVRES COMPLÈTES
DE
WALTER SCOTT,

Traduction Nouvelle

PAR ALBERT MONTÉMONT,

REVUE ET CORRIGÉE

D'après la dernière Édition publiée à Édimbourg,

ET CONTINUÉE

PAR M. BARRE,

ANCIEN PROFESSEUR DE PHILOSOPHIE AU COLLÉGE DE LILLE, ETC.

COMPLÉTÉE PAR

UNE DESCRIPTION ET HISTOIRE DE L'ÉCOSSE,

23 VOLUMES IN-8°

ORNÉS DE 120 GRAVURES,

PUBLIÉS

PAR FIRMIN DIDOT FRÈRES.

L'ouvrage complet coûtera 40 fr. en 112 livraisons, à 35 cent.

PARIS,

CHEZ FIRMIN DIDOT FRÈRES, ÉDITEURS,
RUE JACOB, 56.

Les personnes qui payeront d'avance 20 livraisons, soit 7 francs,
les recevront FRANCO à leur domicile à Paris.

ŒUVRES

DE

WALTER SCOTT.

PARIS,
TYPOGRAPHIE DE FIRMIN DIDOT FRERES.
RUE JACOB, 56.

ESCOCIA (Condado de Selkirk.)
ECOSSE (Comté de Selkirk.)

Abbotsford, habitacion de Sir Walter Scott.

ŒUVRES
DE
WALTER SCOTT
TRADUCTION NOUVELLE
PAR M. ALBERT MONTÉMONT,
REVUE ET CORRIGÉE
D'APRÈS LA DERNIÈRE ÉDITION D'ÉDIMBOURG,
ET CONTINUÉE
PAR M. BARRÉ,
ANCIEN PROFESSEUR DE PHILOSOPHIE AU COLLÉGE DE LILLE

TOME PREMIER.

WAVERLEY.

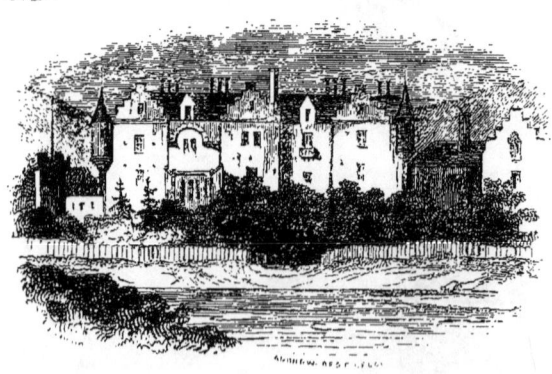

PARIS,
LIBRAIRIE DE FIRMIN DIDOT FRERES,
IMPRIMEURS-LIBRAIRES DE L'INSTITUT,
RUE JACOB, 56.

WAVERLEY,

OU

IL Y A SOIXANTE ANS.

INTRODUCTION.

> Quel roi sers-tu ? Parle ou meurs.
> SHAKSPEARE. *Henri IV.*

Le plan de cette édition m'oblige à donner ici quelques détails sur les événements qui ont servi de base au roman de Waverley. Ils avaient été déja présentés au public par mon honorable ami, feu William Erskine (depuis lord Kinneder), lorsqu'en 1817 il se livra à l'examen des *Contes de mon Hôte*, pour un article dans le *Quarterly review*. L'auteur lui-même avait fourni à ce critique tous les renseignements nécessaires; ils ont depuis été publiés dans la préface des *Chroniques de la Canongate*, et sont insérés aujourd'hui à leur place naturelle.

La protection que s'accordent mutuellement Waverley et Talbot est la base de l'intrigue de ce roman ; c'est sur une de ces anecdotes qui rendent moins odieux les malheurs enfantés par les guerres civiles qu'elle est fondée; et comme elle honore également l'un et l'autre, nous n'avons point hésité à faire connaître les noms de ces généreux ennemis. Lorsque le matin de la bataille de Preston, en 1745, les Highlanders [1] opéraient leur mémorable attaque sur l'armée de sir John Cope, une batterie de quatre pièces de campagne fut enlevée par les Camérons et les Stewarts d'Appine. Feu Alexandre Stewart d'Invernahyle fut des premiers à charger, et observant un officier du roi qui dédaignait de fuir comme le reste de ses compagnons et restait sur le champ de bataille l'épée à la main, déterminé à défendre jusqu'au dernier moment le poste qu'on lui avait confié, le généreux Highlander lui commanda de se rendre, et reçut pour réponse un coup violent qui vint frapper son bouclier; l'officier se trouvait alors sans défense, et la hache d'armes d'un gigantesque Highlander (du meunier d'Invernahyle) allait lui briser le crâne, lorsque M. Stewart parvint, non sans peine, à le déterminer à se rendre : il mit en sûreté ce qui pouvait lui appartenir, protégea sa personne, et obtint enfin sa liberté sur parole. L'officier fut reconnu pour être le colonel Whitefoord, du comté d'Ayr, homme d'un grand caractère, exerçant une haute influence, et chaud partisan de la maison de Hanovre. Cependant telle était la confiance qui régnait entre ces deux hommes honorables, divisés par leurs opinions politiques, que, tandis que la guerre civile exerçait partout ses ravages et qu'on exécutait sans merci les officiers qui s'écartaient de l'armée highlandaise, Invernahyle n'hésita pas, en retournant aux Highlands pour y faire de nouvelles recrues, d'aller rendre visite à son ancien prisonnier. Il passa alors un ou deux jours dans le comté d'Ayr, au milieu des wighs amis du colonel Whitefoord, aussi agréablement et aussi gaiement que si la paix eût régné autour de lui.

Après que la bataille de Culloden eut renversé les espérances de Charles-Édouard, et dispersé ses partisans proscrits, ce fut le tour du colonel Whitefoord d'employer tous ses efforts pour obtenir le pardon de M. Stewart. Il se rendit chez le greffier de la justice criminelle, le lord-avocat, et chez tous les officiers de l'état; à chacune de ses requêtes on répondait en lui présentant une liste sur laquelle Invernahyle était

[1] Écossais des montagnes ou des hautes terres.

marqué (selon l'expression du bon vieux gentilhomme) « avec le signe de la bête féroce, » comme un sujet indigne de grâce ou de pardon.

Enfin le colonel Whitefoord s'adressa au duc de Cumberland en personne; mais il reçut aussi de lui un refus positif. Il se borna donc pour le moment à demander qu'on protégeât la maison, la femme, les enfants et les propriétés de Stewart; même refus de la part du duc. Alors le colonel Whitefoord, tirant de son sein sa commission, la déposa sur la table devant Son Altesse Royale, et, avec beaucoup d'émotion, sollicita la permission de quitter le service d'un souverain qui refusait d'épargner un ennemi vaincu. Cette demande étonna et même toucha le duc; il invita le colonel à reprendre sa commission, et lui accorda la protection qu'il réclamait. Elle fut donnée assez à temps pour sauver la maison, le blé et le bétail d'Invernahyle du pillage des troupes, qui livraient à la dévastation ce qu'on avait alors l'habitude d'appeler « le pays de l'ennemi. »

Un corps peu considérable était campé sur les domaines d'Invernahyle, qu'il épargnait tandis qu'il livrait au pillage le pays d'alentour et cherchait dans toutes les directions les chefs de l'insurrection, particulièrement Stewart. Celui-ci était alors bien plus près d'eux qu'ils ne le pensaient; car, soigneusement caché dans une caverne (comme le baron de Bradwardine), il resta plusieurs jours si près des sentinelles anglaises, qu'il pouvait distinctement les entendre procéder à l'appel. Sa nourriture lui était apportée par une de ses filles, âgée de huit ans, que madame Stewart avait été dans la nécessité de charger de cette commission; car ses propres mouvements et ceux des autres membres plus âgés de sa famille étaient rigoureusement observés. Douée d'un esprit au-dessus de son âge, cette enfant avait contracté l'habitude d'errer au milieu des soldats, qui avaient pour elle quelque amitié; elle saisissait ainsi le moment où, n'étant pas remarquée, elle pouvait se glisser dans un bosquet, où elle déposait à un endroit convenu la chétive provision qu'elle apportait et que son père pouvait ainsi trouver. Invernahyle exista quelques semaines à l'aide de ces secours précaires; et comme il avait été blessé à la bataille de Culloden, ses fatigues étaient encore aggravées par la douleur qu'il ressentait de ses blessures. Après que les soldats eurent éloigné leurs quartiers, il échappa à la mort d'une manière non moins étonnante.

Comme alors il se hasardait de se rendre le soir à son habitation qu'ordinairement il quittait le matin, il fut épié par un parti d'ennemis qui tirèrent sur lui et le manquèrent. Le fugitif ayant été assez heureux pour échapper à leurs recherches, ils revinrent à sa maison, accusant sa famille de recevoir un des traîtres proscrits. Une vieille femme eut la présence d'esprit de soutenir que l'homme qu'ils avaient vu était le berger. « Pourquoi ne s'arrêtait-il pas lorsque nous l'appelions? » dit le soldat.—«Le pauvre homme! hélas! il est aussi sourd qu'une bûche... » répondit la vieille servante rusée. — « Qu'on l'envoie quérir sur-le-champ. » On alla donc chercher le véritable berger sur la montagne, et comme on avait eu le temps de lui faire sa leçon, il était, à son arrivée, aussi sourd que besoin était pour soutenir son rôle. Invernahyle obtint dans la suite son pardon, en vertu de la loi d'amnistie.

L'auteur l'avait fort bien connu, et tenait ces circonstances de sa propre bouche. Invernahyle offrait la noble image de ces anciens Highlanders; il descendait d'une antique famille, était galant, courtois, et d'une bravoure chevaleresque. Il s'était, je crois, déclaré pour les Stuarts en 1715 et en 1745, et avait pris une part active à toutes les insurrections qui eurent lieu dans les Highlands durant ces mémorables époques; et j'ai entendu dire qu'un de ses exploits les plus remarquables avait été le combat singulier qu'il soutint à l'arme blanche contre le célèbre Rob Roy Mac Gregor, au clachan de Balquidder.

Invernahyle était à Édimbourg lorsque Paul Jones se présenta à l'embouchure du Forth ; et quoique vieux, je le vis alors s'armer, et je l'entendis se réjouir, dans l'espoir (pour me servir de ses propres expressions) de « tirer encore une fois sa claymore [1] avant de mourir. » En effet, à cette époque mémorable où la capitale de l'Écosse fut menacée par trois misérables chaloupes ou bricks, à peine en état de piller un village habité par des pêcheurs, Invernahyle fut le seul homme qui proposa un plan de résistance. Il offrit aux magistrats, si l'on pouvait se procurer des poignards et des sabres, de trouver, dans les plus basses classes, autant de Highlanders qu'il en faudrait pour tailler en pièces l'équipage de tout bateau qui viendrait s'engager dans une ville remplie de rues étroites et tortueuses, où les disperserait probablement l'ardeur du pillage. Je ne sais si son plan fut goûté ; je crois plutôt qu'il parut trop hasardeux aux autorités constituées, qui ne pouvaient, même à cette époque, désirer voir des armes aux mains des Highlanders. Un vent d'ouest violent et continu décida la question, en chassant hors du détroit Paul Jones et ses vaisseaux.

S'il y a quelque chose d'humiliant dans ce souvenir, on éprouve quelque plaisir en le comparant à ceux de la dernière guerre, lorsque Édimbourg, outre les forces régulières et la milice, fournit volontairement une brigade de cavalerie, d'infanterie et d'artillerie, s'élevant à plus de six mille hommes, qui se trouva prête à repousser une force beaucoup plus considérable que celle dont l'aventureux Américain était le chef. Le temps et les circonstances changent le caractère des nations et le sort des cités ; et ce n'est pas sans quelque orgueil qu'un Écossais doit penser que le caractère mâle et indépendant d'un pays (qui confie sa défense aux bras de ses enfants), après avoir été obscurci durant un demi-siècle, a pu, durant le cours de sa vie, recouvrer tout son lustre.

D'autres éclaircissements sur Waverley sont dans les notes au bas des pages.

[1]. Espèce d'épée large dont se servaient les montagnards écossais. A. M.

CHAPITRE PREMIER.

PRÉLIMINAIRE.

Je n'ai fait choix du titre de cet ouvrage qu'après les sérieuses et mûres réflexions que tout homme sage doit apporter à des affaires importantes ; j'ai cru même devoir consacrer à ce but quelques recherches laborieuses, quoique j'eusse fort bien pu, à la manière de mes devanciers, me contenter de prendre le nom le plus sonore, le plus euphonique, de l'histoire ou de la topographie d'Angleterre, pour en faire le premier titre de mon livre et le nom de mon héros. Mais, hélas ! pour mes lecteurs, les noms chevaleresques de Howard, Mordaunt, Mortimer, Stanley, ou les noms plus doux, les noms d'amants de Belmour, Belville, Belfield et Belgrave, n'auraient pu annoncer qu'un livre inutile, et semblable à ceux qu'on a baptisés de ces noms depuis un demi-siècle. J'avouerai avec franchise que je n'ai pas eu assez de confiance dans mon talent pour me mettre en opposition avec des préventions reçues. C'est pourquoi, à l'exemple de ces jeunes chevaliers qui entraient en lice avec un bouclier tout uni, j'ai pris pour mon héros *Waverley*, nom sans tache, et qui ne rappelle, soit en bien, soit en mal, que les idées que le lecteur voudra bien y attacher plus tard. Mais mon second titre, titre supplémentaire, était plus difficile à trouver ; car, quelque court qu'il fût, il pouvait m'engager dans une certaine obligation de suivre un plan, de tracer des caractères, de disposer les événements. Si, par exemple, j'avais mis en tête de mon ouvrage : *Waverley, His-*

toire d'autrefois, quel lecteur ne se fût attendu à rencontrer un autre *Château d'Udolphe*, dont l'aile orientale est dès long-temps inhabitée, les clefs en ayant été perdues ou remises aux mains de quelque vieux sommelier ou duègne, qui, d'un pas tremblant, devait inévitablement, au milieu du second volume, conduire le héros ou l'héroïne à travers les appartements en ruine? N'aurait-on pas entendu, à la seule vue du titre, la plainte de l'orfraie ou le cri du grillon? et ne fallait-il pas, en gardant toutefois un certain décorum, égayer mon récit par les plaisanteries d'un valet grossier mais fidèle, ou par quelque scène plus agréable que celles qu'offrent les caquetages de la femme de chambre de l'héroïne, répétant les histoires horribles et sanglantes qu'elle a ouïes dans l'antichambre? Si j'avais nommé mon ouvrage *Waverley, roman traduit de l'allemand*, quel eût été l'esprit assez étroit pour ne pas se représenter un abbé dissolu, un duc oppresseur, une association secrète et mystérieuse de Rose-Croix ou d'illuminés, avec tout leur attirail de capuchons noirs, de cavernes, de poignards, de machines électriques, de trapes et de lanternes sourdes? ou si j'avais mis *Histoire sentimentale*, cela n'aurait-il pas suffi pour annoncer une héroïne avec de longs cheveux châtains, et une harpe, douce consolation de ses heures solitaires, qu'elle trouve toujours par un heureux hasard le moyen de transporter du château à la chaumière, bien que parfois il lui faille sauter par la fenêtre d'un deuxième étage, et qu'elle se trouve souvent égarée dans sa route seule et à pied, sans autre guide que quelque jeune villageoise bien joufflue, dont elle a peine à comprendre le jargon? Si j'avais intitulé mon livre *Histoire du temps*, ne m'aurais-tu pas, ami lecteur, demandé une esquisse hardie du monde *fashionable*, quelques anecdotes scandaleuses de la vie privée, légèrement voilées ou plutôt même sans aucune gaze, une héroïne de *Grosvenor-square*[1] et un héros du club des *Barouches*, ou des *Four-in-hand*[2], avec une bande de personnages subalternes pris dans les élégants de *Queen-Anne-street-east*[3], ou parmi les héros pimpants de *Bow-street-office*[4]? Je pourrais m'étendre pour prouver l'importance d'un titre, et montrer en même temps que je connais parfaitement tous les ingrédients nécessaires à la composition des romans ou nouvelles de divers genres; mais en voilà assez, je ne veux pas fatiguer plus long-temps mon lecteur, déjà sans doute impatient de connaître le choix fait par un auteur si profondément versé dans toutes les branches de son art.

En fixant sur le titre l'époque de mon histoire soixante ans avant celle où je l'écris (1er novembre 1805), j'annonce à mes lecteurs qu'ils n'y trouveront ni un roman de chevalerie, ni un conte sur les mœurs d'aujourd'hui; que mon héros ne sera point bardé de fer, comme ceux d'autrefois, et ne portera pas de bottes à talons, selon la mode actuelle à Bond-street; que mes demoiselles n'auront pas une mante de pourpre, comme la Lady Alice d'une vieille ballade, et ne seront pas réduites à la nudité primitive d'une *fashionable* moderne dans un *rout*[5]. L'époque que j'ai choisie doit faire penser au critique intelligent que j'ai eu pour but de peindre plutôt des hommes que des mœurs. Pour être intéressante, une histoire de mœurs doit être puisée dans un temps assez éloigné de nous pour qu'elles soient devenues vénérables, ou offrir un miroir vivant des scènes qui se passent journellement sous nos yeux, et qui nous intéressent par leur nouveauté.

Ainsi je pense que la cotte de mailles

---

1. Belle place de Londres habitée par les riches.

2. Le club des *Four-in-hand* est composé de jeunes gens riches qui s'amusent à conduire eux-mêmes leurs voitures attelées de quatre chevaux, en imitant les manières, le langage et le costume des cockers des voitures publiques. A. M.

3. Rue de Londres autrefois renommée pour ses prostituées d'un rang élevé. A. M

4. Rue de Londres où se trouvent les bureaux de police. A. M.

5. C'est ainsi qu'on désigne une soirée nombreuse dans quelque riche maison anglaise.

de nos aïeux et la pelisse à triple fourrure de nos modernes élégants peuvent être également propres à parer un personnage fictif; mais quel est l'auteur, qui, voulant que le vêtement de son héros fasse de l'effet, lui donnera l'habit de cour du règne de George II, cet habit sans collet, à larges manches et à poches basses? On en peut dire autant et avec la même vérité des salles gothiques qui, avec leurs vitraux sombres et peints, leurs voûtes qu'obscurcit leur élévation, et leurs tables massives de chêne couvertes de hures de sangliers et de romarin, de faisans et de paons, de grues et de jeunes cygnes, sont d'un effet excellent pour une description romanesque. On peut aussi tirer un grand parti d'une fête moderne, à la manière de celles que l'on décrit journellement dans la gazette appelée *Miroir de la Mode*. Si on compare l'une et l'autre de ces descriptions avec la froide splendeur d'un repas donné il y a soixante ans, on verra l'avantage immense que le peintre des mœurs anciennes ou modernes a sur celui qui dépeint celles de la précédente génération.

Convaincu donc des désavantages de mon sujet pour les descriptions, j'ai cherché à les éviter autant que possible, et je me suis attaché surtout à peindre les caractères et les passions de mes personnages; ces passions communes à toutes les classes de la société, ces passions qui agitent également le cœur humain sous le corselet du quinzième siècle, sous les habits à brocart du dix-huitième, ou sous le frac bleu ou le blanc gilet de basin de nos jours[1]. Sans doute la différence des mœurs et des lois prête une couleur particulière à ces passions; mais, pour me servir du langage du blason, l'empreinte de l'armoirie ne change pas, quelle que soit la couleur que l'on emploie. La colère de nos ancêtres était fond de *gueules*, éclatant contre les objets de leur inimitié par des actes de violence et de sang.

Nos sentiments de haine, à nous qui prenons contre nos ennemis des voies détournées et cherchons à miner les obstacles que nous ne pouvons enlever, peuvent se peindre par la couleur *champ de sable*; mais en nous intérieurement les mobiles sont les mêmes. Le pair orgueilleux qui ne peut maintenant ruiner son voisin que selon la loi par des procès sans fin, est le vrai descendant du baron qui mettait le feu au château de son compétiteur, et l'assommait lorsqu'il cherchait à échapper à l'incendie. Le livre dont j'ose offrir au public un chapitre, est pris du grand livre de la nature, de ce livre toujours nouveau, malgré les mille éditions qu'on en a faites, soit en caractères noircis par le temps, soit sur notre papier vélin et satiné. L'état de la société dans le nord de l'île, à l'époque de mon histoire, m'offrait en plusieurs occasions d'heureux contrastes, que j'ai dû exploiter pour varier et parer la morale de mon ouvrage, ce que je regarde, il est vrai, comme la partie la plus importante de mon plan, quoique je sache du reste que je ne puis atteindre mon but qu'en mêlant l'agréable à l'utile, tâche bien plus difficile à remplir avec la génération critique de notre époque qu'elle ne l'était *il y a soixante ans*.

CHAPITRE II.

MANOIR DE WAVERLEY. COUP D'ŒIL SUR LE PASSÉ.

Il y a donc soixante ans qu'Édouard Waverley, le héros de mon histoire, prit congé de sa famille pour joindre le régiment de dragons où il venait d'obtenir un brevet d'officier. Ce fut un jour de deuil à Waverley-Honour quand le jeune officier quitta sir Éverard, son vieil oncle, qui l'aimait tendrement, et dont il devait hériter des biens et du titre.

Une différence d'opinions politiques

---

1. « Hélas! dit Walter Scott, cette mode respectable et de bon ton pour un gentleman en 1805 ou environ, est maintenant aussi vieille que l'auteur de *Waverley* lui-même. Le lecteur fashionable remplacera ce costume par un gilet brodé en velours pourpre et en soie, et par un habit de la couleur qu'il lui plaira. »

avait divisé depuis long-temps le baronnet et son jeune frère, Richard Waverley, père de notre héros. Sir Éverard avait hérité de ses aïeux de tous les préjugés et de toutes les préventions de torys et d'anglicans qui avaient signalé la maison de Waverley depuis la grande guerre civile. Richard, au contraire, qui était moins âgé de dix ans, qui ne se voyait pour tout avoir qu'une fortune de cadet, ne pensa pas qu'il y eût pour lui honneur ou profit à jouer le rôle de complaisant. Il apprit de bonne heure, que pour réussir dans le monde, on ne devait point se charger de lourds bagages. Les peintres parlent de la difficulté d'exprimer plusieurs passions à la fois sur une même figure; il n'est pas moins difficile pour les moralistes d'analyser la combinaison des motifs qui deviennent les mobiles de nos actions.

Richard Waverley trouva dans l'histoire et dans ses réflexions des arguments en faveur de cette maxime d'une ancienne chanson,

« Une passive et lâche obéissance
Nous asservit, vive la résistance ! »

La raison n'eût probablement pas suffi pour combattre et déraciner des préjugés héréditaires, si Richard eût pu prévoir que son frère aîné, dominé par un chagrin d'amour de sa jeunesse, serait resté garçon jusqu'à soixante-douze ans. La perspective de sa succession, quelque éloignée qu'elle fût, lui eût fait sans doute supporter de traîner dans le château, pendant la majeure partie de sa vie, le titre de master Richard, le frère du baronnet, en attendant qu'il prît un jour avant que de mourir le nom de Richard Waverley de Waverley-Honour, et qu'il héritât d'un domaine digne d'un prince, et d'une immense influence politique comme chef des intérêts du comté où se trouvait ce domaine. Mais comment Richard, quand il débuta dans le monde, pouvait-il s'attendre à ce résultat, lorsque sir Éverard, encore au printemps de sa vie, était sûr de se voir accueilli favorablement dans toutes les familles dès qu'il voudrait une épouse, soit qu'il recherchât la richesse ou qu'il courût après la beauté, et quand régulièrement une fois l'an le bruit de son mariage amusait les loisirs des châteaux voisins? Son jeune frère ne vit d'autre moyen pour arriver à l'indépendance, que de ne compter que sur ses propres efforts, et d'adopter une croyance politique plus en rapport avec sa raison et ses intérêts que ne pouvait l'être la fidélité au parti anglican et à la maison des Stuarts, léguée à sir Éverard par ses ancêtres. C'est pourquoi, dès le début de sa carrière, il fit son abjuration politique en devenant whig déterminé et partisan de la maison de Hanovre.

Le ministère de George Ier s'attachait alors prudemment à opérer des défections dans les rangs de l'opposition. La noblesse tory, qui devait son éclat au soleil de la cour, se rapprochait peu à peu de la nouvelle dynastie; mais les riches gentilshommes des provinces d'Angleterre, classe qui conservait encore quelque chose des anciennes mœurs, de l'intégrité primitive, et des vieux préjugés d'intolérance, se tenait à l'écart dans une opposition hautaine et obstinée, et jetait encore un regard de regret et d'espérance sur Bois-le-Duc, Avignon et l'Italie [1].

L'avancement d'un parent de ces opposants opiniâtres et inflexibles fut regardé comme un moyen de les amener à d'autres sentiments; en conséquence Richard Waverley fut accueilli par la faveur ministérielle bien autrement que ne le méritaient ses talents et son importance politique. Toutefois on remarqua en lui une certaine capacité pour les affaires publiques, et une fois admis au lever du ministre, il fit un chemin rapide.

Sir Éverard apprit d'abord par la gazette publique, *New-Letter*, que Richard Waverley, *esquire*, était envoyé à la chambre des communes par le bourg ministériel de Barter-faith; ensuite, que

[1] Où le chevalier de Saint-George, ou, comme on l'appelait, le vieux Prétendant, tint sa cour exilée, suivant les circonstances qui l'obligeaient à changer de résidence. A. M.

Richard Waverley, *esquire*, avait pris une grande part dans les débats sur le bill d'excise, en faveur du gouvernement; et enfin que Richard Waverley, *esquire*, venait d'être appelé à l'une de ces fonctions où de hauts appointements se combinent d'autant mieux avec le plaisir de servir son pays, que pour les rendre encore plus agréables, ils sont régulièrement payés par trimestre. Quoique à la rapidité dont ces événements se succédèrent, un éditeur de nos journaux modernes eût facilement présagé les deux derniers en annonçant le premier, ils ne parvinrent que graduellement à la connaissance de sir Éverard, et comme distillés goutte à goutte par le froid et lent alambic de la *Lettre hebdomadaire de Dyer* [1]; car nous ferons observer en passant qu'alors on n'avait pas encore ces malles-postes au moyen desquelles l'ouvrier peut, à son club de six sous, puiser dans vingt feuilles contradictoires les nouvelles de la veille. La poste de la capitale n'arrivait qu'une fois par semaine à Waverley-Honour, et n'y apportait qu'une gazette hebdomadaire qui, après avoir satisfait la curiosité de sir Éverard, de sa sœur et du vieux sommelier, passait ensuite du château au rectorat, à la ferme habitée par le *squire* Strubbs, à la jolie maison blanche qu'avait dans les bruyères l'intendant du baronnet; de là à la maison du bailli, et à un cercle nombreux de matrones et de campagnards aux mains dures et calleuses, si bien qu'au bout d'un mois de circulation, le journal était presque toujours mis en pièces.

Cette lenteur de nouvelles en cette circonstance fut avantageuse à Richard Waverley; car si sir Éverard eût appris en même temps tous les méfaits dont son frère s'était rendu coupable, nul doute que le nouveau fonctionnaire n'aurait guère eu à se féliciter du succès de sa politique. Le baronnet, quoique le plus doux des êtres, avait dans le cœur des cordes sensibles que la conduite de son frère irrita vivement. Le domaine de Waverley ne portait aucune substitution, car il n'était jamais entré dans la tête d'aucun des premiers propriétaires qu'un jour un de leurs descendants se rendrait coupable des horreurs que la *Lettre de Dyer* attribuait à Richard. Même dans ce cas, le mariage du possesseur actuel pouvait devenir funeste aux intérêts de l'héritier collatéral. Ces différentes idées flottèrent longtemps dans le cerveau de sir Éverard, sans toutefois amener une détermination.

Il examina son arbre généalogique qui, couvert d'écussons et de signes emblématiques d'honneur et de gloire, pendait à la boiserie reluisante de la grande salle. Les descendants les plus proches de sir Hildebrand Waverley, à défaut de ceux de son fils aîné Wilfred, dont sir Éverard et son frère étaient les seuls représentants, se trouvaient être, comme il le vit sur les honorables archives et comme il le savait fort bien lui-même, les Waverley de Highley-Park, comté de Hants, avec lesquels la branche principale, ou plutôt la souche de la famille, avait cessé d'entretenir toute espèce de relation depuis le grand procès de 1670. Cette branche dégénérée des Waverley avait commis en outre une grande faute à l'égard du chef et de la source de leur noblesse, en mariant leur représentant avec Judith, héritière d'Olivier Bradshawe de Highley-Park, dont les armes, les mêmes que celles de Bradshawe le régicide, avaient été écartelées avec l'ancien écusson de Waverley. Toutefois, dans son mouvement de colère, sir Éverard avait perdu le souvenir de ces griefs; et si le notaire Clippurse, qu'il avait envoyé chercher par son groom, était arrivé une heure plus tôt, il eût eu le bénéfice d'un transfert de la seigneurie et du domaine de Waverley-Honour avec ses dépendances.

---

[1]. Journal qui, observe Walter Scott, fut longtemps l'oracle des gentlemen de province tenant pour le haut torysme. L'ancien *New-Letter* était écrit à la main, et transcrit par des copistes qui adressaient les exemplaires aux souscripteurs. Son rédacteur recueillait ces matériaux politiques dans les cafés, et demandait souvent une rétribution additionnelle pour les dépenses extraordinaires qu'il avait été obligé de faire en fréquentant ces lieux. A. M.

Mais une heure de réflexion froide est d'un grand poids, lorsque nous l'employons à peser les inconvénients de deux mesures dont aucune ne nous plaît intérieurement. Clippurse trouva son seigneur plongé dans une méditation profonde qu'il n'osa pas troubler autrement qu'en tirant de sa poche son papier et son écritoire de cuir, pour montrer qu'il était prêt à minuter les volontés de Sa Seigneurie. Cette petite manœuvre embarrassa sir Éverard, qui la considéra comme un reproche de son indécision : il regarda donc le notaire avec l'intention d'en finir, lorsqu'au même instant le soleil se dégageant d'un nuage répandit à travers les vitraux peints la couleur variée de ses rayons dans le sombre cabinet où ils étaient assis ; aussitôt les yeux du baronnet se portèrent sur l'écusson central décoré de la devise que son aïeul portait, dit-on, à la bataille d'Hastings : trois hermines passant, argent, sur champ d'azur, avec la devise : *Sans tache.*

« Périsse notre nom, s'écria sir Éverard, plutôt que de voir ce symbole d'antique loyauté souillé par les armes flétries d'un traître de tête-ronde ! »

Tout cela fut l'effet d'un rayon de soleil à peine suffisant pour qu'à sa clarté Clippurse pût tailler sa plume ; mais la plume fut inutilement taillée, et le notaire fut congédié avec recommandation de se tenir prêt au premier ordre.

L'apparition du notaire au château donna lieu à beaucoup de conjectures de la part de ce monde dont Waverley-Honour était le centre ; mais les plus fortes têtes politiques de ce petit univers tirèrent des conséquences plus fâcheuses encore pour Richard Waverley, d'un événement qui suivit de près son apostasie. Ce n'était rien moins qu'une excursion du baronnet, dans sa voiture à six chevaux, avec quatre laquais en riche livrée, pour faire une visite de quelque durée à un noble pair, habitant sur les limites du comté, ayant un nom sans tache, les principes d'un vrai tory, et père heureux de six filles accomplies prêtes à marier.

On conçoit facilement l'accueil favorable que reçut sir Éverard dans cette famille. Mais, malheureusement pour lui, son choix se fixa sur lady Émilie, la plus jeune des six filles du pair ; et elle agréa ses hommages avec un embarras qui montrait qu'elle n'osait les repousser, et qu'elle n'en éprouvait aucun plaisir. Sir Éverard ne manqua pas de remarquer quelque chose de singulier dans la contenance réservée de la jeune personne en accueillant ses avances. Mais la prudente comtesse lui ayant assuré que c'était l'effet naturel de l'éducation retirée que sa fille avait reçue, le mariage se fût fait, comme il est arrivé souvent en mainte occasion semblable, sans le courage d'une sœur aînée qui révéla au riche prétendu que lady Émilie aimait un jeune officier de fortune, leur proche parent. Sir Éverard parut très-ému en apprenant cette nouvelle qui lui fut confirmée, dans une entrevue particulière, par la jeune personne elle-même, toute tremblante d'attirer sur elle la colère de son père.

L'honneur et la générosité étaient les attributs héréditaires de la maison des Waverley : sir Éverard, avec une grace et une délicatesse dignes d'un héros de roman, renonça aussitôt à la main de lady Émilie ; il obtint même, avant de quitter le château de Blandeville, que son père consentirait au mariage de sa fille avec l'objet qu'elle avait préféré. On ne sait trop quels arguments sir Éverard employa dans cette circonstance, car il ne passait pas pour être habile dans l'art de persuader. Quoi qu'il en soit, presque aussitôt le jeune officier avança en grade plus rapidement que ne le fait ordinairement le mérite sans protection, et cependant le jeune homme ne paraissait avoir que son mérite.

L'échec que reçut sir Éverard dans cette occasion, quoique affaibli par la conscience d'avoir fait une action noble et généreuse, décida du reste de sa vie. Il avait pris la résolution de se marier dans un mouvement d'indignation ; les manières d'un soupirant n'étaient nullement en rapport avec ses habitudes de fierté et d'indolence ; il venait d'échapper au danger d'épouser une femme qui ne l'aurait jamais aimé ; et quand son cœur n'en eût pas souffert, le résultat de sa demande n'était guère fait pour flatter son orgueil. En définitive, il revint à Waverley-Honour sans avoir pris goût pour une autre femme, malgré les soupirs langoureux de la belle officieuse, qui n'avait révélé l'inclination d'Émilie que par une pure affection de sœur ; malgré les signes de tête, les coups d'œil, les mots adroits de la mère et les éloges que, d'un air grave, le comte donnait successivement à la sagesse, au bon sens, aux admirables qualités de ses première, seconde, troisième, quatrième et cinquième filles. Le souvenir de ce non-succès produisit sur sir Éverard l'effet qu'il eût produit sur tout caractère froid, fier, sensible et indolent, et l'empêcha de s'exposer de nouveau à recevoir une semblable mortification, et à entreprendre désormais une tâche aussi pénible qu'inutile. Il continua de vivre à Waverley-Honour comme un vieux gentleman anglais d'une antique origine et de grande opulence. Sa sœur, miss Rachel Waverley, faisait les honneurs de sa table ; et ils devinrent insensiblement, lui vieux garçon, elle vieille fille, en offrant à ceux qui se vouent au célibat un modèle de douceur et de bonté.

La colère violente de sir Éverard contre son frère fut de peu de durée ; toutefois le sentiment pénible que lui inspirait le whig et le fonctionnaire public, quoique impuissant pour le pousser à aucune mesure préjudiciable aux intérêts de Richard en ce qui concernait l'héritage de famille, maintint du froid entre eux. Richard connaissait assez le monde et le caractère de son frère, pour penser que toute avance précipitée et mal combinée de sa part ne pourrait qu'exciter contre lui la désaffection de son frère. Un hasard les rapprocha : Richard avait épousé une jeune personne d'une grande famille, dont la parenté et la fortune devaient l'élever aux plus hauts emplois ; et par sa femme il devint possesseur d'un domaine de quelque valeur à plusieurs milles de Waverley-Honour.

Le petit Édouard, héros de cet ouvrage, alors âgé de cinq ans, était leur unique enfant. Un jour qu'il s'éloigna avec sa bonne de plus d'un mille de l'avenue de Brere-wood-Lodge, résidence de son père, une voiture attelée de six beaux chevaux noirs à longue queue, et dont les ciselures et les dorures eussent fait honneur au carrosse du lord-maire, attira leur attention. Cette voiture arrêtée attendait le maître qui, à peu de distance, regardait une maison de ferme à moitié bâtie. Je ne sais si l'enfant avait eu pour nourrice une femme du pays de Galles ou d'Écosse, et comment il associait à l'idée de propriété personnelle l'écusson aux trois hermines, mais il n'eut pas plus tôt remarqué ces armes de famille, qu'il voulut à toute force revendiquer ses droits sur la magnifique voiture où elles étaient peintes. Le baronnet survint tandis que la bonne faisait de vains efforts pour déterminer l'enfant à renoncer à vouloir s'approprier le carrosse doré et les six chevaux. La rencontre fut heureuse pour Édouard, car tout justement son oncle venait de regarder avec attendrissement et même quelque sentiment d'envie les enfants joufflus du fermier robuste dont il faisait bâtir la maison. A la vue de ce petit ange à visage rond et vermeil qui avait un air de famille, portait même son nom, et réclamait des droits héréditaires à sa parenté, à son affection et à son patronage, par un lien que sir Éverard regardait comme aussi sacré que la jarretière ou le manteau bleu, il lui sembla que la Providence lui accordait ce qui pouvait le mieux remplir le vide de ses espérances et de ses affections. Sir Éverard retourna au château de Waverley sur un cheval de selle qui l'accompagnait, et l'enfant et la bonne furent reconduits dans la voiture à Brere-wood-Lodge, porteurs d'un message qui ouvrait à Richard Waverley une voie pour se réconcilier avec son frère aîné. Toutefois leurs relations, quoique ainsi renouvelées, continuèrent plutôt sur le pied d'une politesse cérémonieuse que d'une cordialité fraternelle; mais cela leur suffisait. Sir Éverard, en voyant souvent son petit neveu, aimait à bercer son orgueil héréditaire de l'espoir qu'il perpétuerait son noble lignage, et trouvait ainsi l'occasion de satisfaire pleinement son besoin d'affections douces et bienveillantes. Quant à Richard Waverley, il voyait dans l'attachement croissant de l'oncle et du neveu les moyens d'assurer à son fils, sinon à lui, l'héritage du domaine de famille, qu'il eût couru risque de voir aliéné, s'il eût cherché à vivre dans une plus grande intimité avec un homme du caractère et des opinions de sir Éverard.

Ainsi, par une sorte de compromis tacite, le petit Édouard avait la permission de passer une grande partie de l'année au château, également bien avec son père et son oncle, qui se contentaient de s'adresser quelques lettres cérémonieuses et de se faire des visites plus cérémonieuses encore. L'éducation de l'enfant était soumise tour à tour à la manière de voir de l'un ou de l'autre; mais ce sera l'objet du prochain chapitre.

CHAPITRE III.
ÉDUCATION.

L'ÉDUCATION de notre héros, Édouard Waverley, éprouva beaucoup de variations. Dans son enfance sa santé souffrait de l'air de Londres ou paraissait en souffrir (ce qui est la même chose). C'est pourquoi, dès que son père était appelé à Londres, où ses fonctions, sa présence au parlement, ou des vues d'intérêt et d'ambition, l'obligeaient de résider ordinairement huit mois de l'année, Édouard allait habiter Waverley-Honour, et en changeant de résidence il changeait aussi de maîtres et de leçons. Son père, pour remédier à cet inconvénient, eût pu lui donner un précepteur en permanence; mais il avait pensé qu'un précepteur de son choix ne serait probablement pas bien accueilli à Waverley-Honour, et que s'il en laissait choisir un à sir Éverard, ce serait introduire dans son intérieur un hôte désagréable, sinon un espion politique : aussi chargea-t-il son secrétaire particulier, jeune homme de goût et de talent, de donner une heure ou deux par jour à l'éducation d'Édouard, pendant son séjour à Brerewood-Lodge, et laissa-t-il son oncle responsable de ses progrès en littérature pendant son séjour au château.

Toutefois il fut pourvu à ce dernier point assez convenablement. Le chapelain de sir Éverard, de l'université d'Oxford, dépossédé de son professorat pour n'avoir pas voulu prêter serment à l'avénement de George Ier, était tout à la fois très-versé dans les études classiques et connaissait les sciences et les langues modernes; quoique vieux, il était indulgent, et les fréquents interrègnes pendant lesquels Édouard cessait d'être soumis à sa discipline amenaient un tel relâchement, qu'on laissait au jeune homme toute liberté d'étudier comme il voulait, ce qu'il voulait, et lorsqu'il voulait. Cette négligence eût pu avoir de funestes résultats pour un enfant d'une conception lente, qui, trouvant qu'apprendre était un pénible travail, n'eût rien fait loin de la férule du maître; le danger n'eût pas été moindre pour un jeune homme dont le physique l'aurait emporté sur le moral, et que l'irrésistible influence d'Alma aurait fait courir les champs du matin jusqu'au soir. Mais le caractère d'Édouard Waverley était loin de l'un ou l'autre de ces défauts; son intelligence était si vive et si analogue à l'intuition, que le soin principal de son précepteur était, comme dirait un chasseur, de l'empêcher de sauter par-dessus le gibier, c'est-à-dire de l'empêcher d'acquérir des connaissances légères, vagues et sans règles. Le précepteur avait aussi à combattre en lui une autre disposition qui s'unit souvent à une brillante imagination, à un esprit vif, c'était cette indolence de caractère, qui ne peut être stimulée que par de puissants attraits, et qui renonce à l'étude aussitôt que la curiosité est satisfaite et qu'on a épuisé le plaisir des premières difficultés vaincues et d'une nouveauté conquise. Édouard se jetait avec empressement sur tout auteur classique dont son précepteur lui proposait la lecture ; il ne tardait pas à se familiariser assez avec le style pour comprendre les faits, et s'il trouvait l'ouvrage amusant ou intéressant, il en achevait la lecture ; mais il eût tenté vainement de fixer son attention sur les observations critiques de philologie, sur la différence des langues, la beauté d'une expression heureuse et les artifices de la syntaxe. « Je sais lire et comprendre un auteur latin, disait le jeune Édouard avec sa légère et présomptueuse raison de quinze ans ; Scaliger ou Bentley n'eussent pas fait mieux à mon âge. » Hélas ! tandis qu'on lui permettait ainsi de lire pour son plaisir, il ne s'apercevait pas qu'il perdait à jamais l'occasion d'acquérir l'habitude d'une application fixe et assidue, et l'art d'examiner, de diriger, de concentrer ses facultés morales pour une investigation sérieuse, art bien plus important que cette instruction classique, objet principal de l'éducation.

On me dira sans doute qu'il est nécessaire de rendre la science agréable à la jeunesse, et l'on me rappellera ces vers où le Tasse dit qu'il faut mêler du miel à la potion destinée pour l'enfant ; mais dans un siècle où les enfants sont initiés aux sciences les plus arides par la méthode pénétrante de jeux instructifs, on ne doit pas craindre les conséquences d'un enseignement trop sérieux et trop sévère. L'histoire d'Angleterre est aujourd'hui réduite à un jeu de cartes, les problèmes de mathématiques à des jeux d'énigmes, et nous sommes sûrs qu'on peut apprendre l'arithmétique en une semaine, en jouant quelques heures sur le tableau nouveau et compliqué du royal Jeu de l'Oie ; encore un pas, et l'on apprendra de la même manière le Credo et les Dix Commandements, sans avoir besoin d'un visage grave, d'un ton solennel, et de l'attention soutenue exigée jusqu'ici des enfants bien élevés du royaume. Ce pourrait être néanmoins le sujet de considérations sérieuses de savoir si ceux qu'on habitue à acquérir l'instruction par la voie de l'amusement n'en viennent pas à rejeter tout ce qui se présente à eux sous la forme d'études ; si ceux qui apprennent l'histoire dans les cartes n'en viennent pas à préférer le moyen au but ; et si, en apprenant à nos élèves la religion par un jeu, nous ne les portons pas à se faire un jeu de la religion. Quant à notre jeune héros à qui l'on permit de ne chercher l'instruction que d'après ses caprices, et qui conséquemment ne chercha que celle qui l'amusait, l'indulgence de ses maîtres porta des fruits qui eurent une longue et funeste influence sur son caractère, son bonheur et son intérêt.

La puissance de la vive imagination d'Édouard, son amour passionné des lettres, loin de remédier à ce mal ne firent que l'aggraver. La bibliothèque de Waverley-Honour, vaste salle gothique, avec de doubles arceaux et une galerie, contenait une collection immense et variée de volumes, réunis pendant le cours de deux siècles, par une famille qui, ayant toujours été riche, regardait comme un devoir et comme une marque de sa magnificence d'en garnir les rayons de toutes les productions de la littérature du jour, sans trop de choix ou de discernement. On permit à Édouard de se jeter au travers de ce vaste empire. Son précepteur avait ses études particulières, et puis la politique de l'Église, les controverses religieuses, jointes à l'amour des studieux loisirs, étaient cause que, bien qu'il suivît à des heures fixes les progrès de l'héritier présomptif de son patron, il saisissait cependant avec empressement tout prétexte de ne pas surveiller sévèrement et régulièrement les études générales d'Édouard. Sir Éverard n'avait jamais été studieux, et comme sa sœur, miss Rachel Waverley, avait l'opinion vulgaire que la lecture est incompatible avec l'oisiveté des nobles, et qu'il est suffisamment méritoire de parcourir des yeux les caractères alphabétiques, sans se donner la peine de pénétrer les idées qui peuvent en résulter. Ainsi, avec le désir d'amusement qu'une meilleure direction eût pu faire tourner au profit de l'instruction, le jeune Waverley se jeta au milieu de cet océan de livres, comme un vaisseau sans pilote et sans gouvernail. Il n'est peut-être point d'habitude qui, si on s'y abandonne, s'accroisse de plus en plus que celle de lire au hasard et sans but, surtout lorsqu'on en trouve des occasions aussi favorables. Je pense qu'une des raisons qui font que l'on trouve tant d'exemples d'érudition dans les basses classes de la société, c'est qu'avec les mêmes facultés intellectuelles, l'étudiant pauvre est borné à un cercle étroit dans sa passion pour les livres, et doit nécessairement s'en pénétrer tout entier avant de pouvoir s'en procurer d'autres. Édouard, au contraire, comme cet épicurien qui ne daigne mordre que le côté de la pêche bruni par le soleil, jetait un volume dès qu'il ne piquait plus sa curiosité, ou n'excitait plus son intérêt; et il arriva nécessairement que plus il poursuivait ce genre de plaisir, plus il trouvait de difficulté à l'atteindre, jusqu'à ce que cette passion de lecture parvînt à produire chez lui, comme les autres fortes passions, une sorte de satiété.

Avant d'arriver toutefois à ce degré d'indifférence, il avait, profitant de sa prodigieuse mémoire, lu et retenu une multitude de choses curieuses, quoique mal classées dans son esprit. Dans la littérature anglaise il possédait Shakspeare et Milton, nos anciens auteurs dramatiques, beaucoup de passages pittoresques et intéressants de nos vieilles chroniques; il connaissait surtout Spenser, Drayton et d'autres poètes qui avaient créé de romanesques histoires, ouvrages les plus séduisants de tous pour une jeune imagination, avant que les passions s'éveillent et demandent à la poésie des peintures plus énergiques et plus profondes. Sous ce rapport la langue italienne, avec laquelle il s'était familiarisé, lui ouvrit un champ plus vaste. Il avait parcouru la foule des poëmes romantiques qui, depuis Pulci, ont été l'exercice favori des beaux-esprits de l'Italie; il avait dévoré ces nombreux recueils de nouvelles qu'à l'imitation du *Décameron* avait produits le génie de cette élégante et voluptueuse contrée. En littérature classique, Waverley avait acquis l'instruction ordinaire et lu les auteurs accoutumés; la France lui avait fourni une immense collection de mémoires, presque aussi faux que des romans, et de romans si bien écrits qu'on pourrait les prendre pour des mémoires. Les pages brillantes de Froissard, avec ses descriptions animées et éblouissantes de batailles, de tournois, étaient ses lectures favorites; et dans Brantôme et de La Noue il apprit à comparer le caractère farouche et licencieux, quoique superstitieux, des nobles de la Ligue avec le caractère âpre, austère et quelquefois turbulent du parti huguenot. L'Espagne avait encore accru sa provision de romans chevaleresques. La littérature primitive des nations du Nord n'échappa point aux avides investigations d'un jeune homme qui cherchait plutôt à exalter son imagination qu'à mûrir sa raison. Mais toutefois, quoique Édouard Waverley sût beaucoup de choses qui ne sont connues que d'un très-petit nombre, on pouvait le regarder avec justice comme un ignorant, puisqu'il ne savait presque rien de ce qui ajoute à la dignité de l'homme et le met à même d'orner et de consolider une position sociale.

Ses parents eussent pu, avec un peu d'attention, prévenir les inconvénients d'une lecture si vague et si désordonnée. Mais sa mère mourut sept ans après le rapprochement des deux frères; et Richard Waverley lui-même qui, après cet événement, fit à Londres une plus longue résidence, s'occupait trop de ses projets de fortune et d'ambition pour ne pas se contenter, lorsqu'on lui disait qu'Édouard aimait passionnément la lecture, et qu'il pourrait un jour arriver à l'épiscopat; idée qui eût été bien loin de son esprit s'il avait pu découvrir et analyser les rêveries de son fils.

CHAPITRE IV.

RÊVERIES.

J'ai déjà donné à entendre que le goût capricieux, blasé et dédaigneux que notre héros avait puisé dans cette surabondance de lectures frivoles, l'avait rendu non seulement incapable d'études sérieuses et réglées, mais encore l'avait dégoûté jusqu'à un certain point de ce qui l'avait amusé d'abord.

Il était dans sa seizième année, quand ses habitudes rêveuses et son amour pour la solitude se firent remarquer au point d'alarmer la tendre sollicitude de sir Éverard. Il essaya d'arracher son neveu à ces dispositions, en l'engageant à se livrer à la chasse, qui avait été le plus vif amusement de sa jeunesse. Mais Édouard mania le fusil avec ardeur pendant une saison, et quand il fut parvenu à s'en servir avec quelque adresse, l'exercice de la chasse cessa d'être un plaisir pour lui.

Le printemps suivant, la lecture du livre attrayant du vieil Isaac Walton détermina Édouard à se faire *frère de l'hameçon;* mais de toutes les distractions que le génie puisse appeler au secours de l'oisiveté, la pêche est la moins propre à amuser un homme qui est à la fois paresseux et impatient; bientôt notre héros mit de côté sa ligne. La société et l'exemple qui, plus que tout, maîtrisent et modifient l'entraînement naturel de nos passions, auraient pu produire leur effet accoutumé sur le jeune visionnaire; mais le voisinage était peu habité, et les jeunes squires du pays n'étaient pas d'une classe à être les camarades d'Édouard, et les différents genres d'exercices qui étaient l'affaire sérieuse de leur vie n'excitaient nullement son émulation.

Il y avait quelques jeunes gens d'une éducation plus élevée, et d'un caractère plus noble, mais notre héros était en quelque sorte exclu de leur société. Sir Éverard, à la mort de la reine Anne, avait cessé de siéger au parlement, et à mesure que ses années croissaient, et que ses contemporains diminuaient, il s'était insensiblement retiré de la société; en sorte que lorsque par hasard Édouard rencontrait quelques jeunes gens de son rang, de ses espérances, et d'une brillante éducation, il sentait son infériorité, non faute de savoir, mais faute de mettre en relief celui qu'il avait acquis. Son dégoût du monde fut fortifié par une sensibilité profonde et croissante. L'idée juste ou fausse d'avoir commis le plus léger solécisme en politesse le jetait dans une angoisse horrible; car peut-être un tort réel fait naître dans certains esprits un sentiment moins poignant de honte et de remords que celui qu'éprouve un jeune homme modeste, sensible et sans expérience, qui croit avoir manqué à l'étiquette ou s'être montré ridicule. Nous ne pouvons être heureux là où nous ne sommes pas à l'aise; c'est pourquoi il n'était pas étonnant qu'Édouard Waverley pensât qu'il n'aimait pas la société, et qu'il n'était pas fait pour elle, tout simplement parce qu'il n'avait pas l'habitude d'y vivre à l'aise, d'y faire plaisir, et réciproquement d'y trouver du charme.

Les heures qu'il passait près de son oncle et de sa tante étaient remplies par les histoires mille fois répétées de la vieillesse conteuse. Toutefois alors, son imagination, cette faculté prédominante en lui, était fréquemment exaltée. La conversation de sir Éverard, dont les traditions de famille et l'histoire généalogique étaient le sujet le plus ordinaire, différait totalement de l'ambre, qui, substance précieuse en elle-même, renferme ordinairement des insectes, des pailles et autres choses insignifiantes; tandis que ces connaissances, futiles et peu intéressantes en apparence, servent néanmoins à perpétuer le souvenir de ce que les anciennes mœurs ont de remarquable, et à rappeler beaucoup de faits curieux et minutieux qui, sans leur secours, ne seraient jamais parvenus jusqu'à nous. C'est pourquoi, si quelquefois Édouard Waverley bâillait en écoutant l'énumération aride de ses aïeux, les récits de leurs mariages, et déplorait en lui-même le soin impitoyable et minutieux avec lequel le digne sir Éverard rappelait les différents degrés de parenté qui existaient entre la maison de Waverley-Honour et maints barons, chevaliers ou écuyers ; et si quelquefois (malgré ce qu'il devait aux trois hermines) il maudissait en son cœur le jargon du blason, ses griffons, ses taupes, ses *wyverns*[1] et ses dragons, avec toute l'amertume d'Hospur lui-même, quelquefois aussi les récits du baronnet l'intéressaient vivement et le récompensaient de son attention.

Les exploits de Wilibert de Waverley en Terre-Sainte, sa longue absence et ses périlleuses aventures, sa mort supposée, et son retour le soir où la dame de ses pensées, sa fiancée, venait d'épouser celui qui, pendant son absence, l'avait défendue de l'insulte et de l'oppression; la générosité avec laquelle le croisé se désista de ses droits pour aller chercher dans un monastère la paix que rien ne peut troubler[2] : ces récits et d'autres semblables faisaient battre son cœur et couler ses larmes. Il n'écoutait pas avec moins d'attendrissement sa tante, miss Rachel, racontant les souffrances et le courage de lady Alice Waverley durant la grande guerre civile. L'expression de la physionomie de la respectable demoiselle, ordinairement douce et bienveillante, prenait alors un caractère de majesté et de grandeur, lorsqu'elle racontait comment Charles, après la journée de Worcester, avait trouvé un abri toute une journée à Waverley-Honour, et comment, lorsqu'un corps de cavalerie s'approchait pour faire des recherches dans le château, lady Alice ordonna à son plus jeune fils d'aller avec une poignée de domestiques le charger, et faire diversion pendant une heure, au péril de leur vie, pour laisser au roi le temps de s'échapper. « Que Dieu lui soit en aide! » s'écria mistriss Rachel en arrêtant ses yeux sur le portrait de l'héroïne,... « elle paya assez cher le salut de son roi, par la vie de son enfant chéri, qu'on amena ici prisonnier et blessé mortellement ; vous pouvez suivre encore les traces de son sang depuis la grande porte du château, le long de la petite galerie, jusqu'au salon, où il fut apporté, et mourut bientôt aux pieds de sa mère. Mais il y eut alors entre eux un échange de consolation; car le jeune homme comprit au regard de sa mère que le but de sa défense désespérée était atteint. Ah! je me souviens, ajouta-t-elle, je me souviens d'avoir vu une personne qui l'avait connu et aimé; miss Lucy Saint-Aubin, qui, par amour pour lui, vécut et mourut fille, quoiqu'elle fût une des plus belles et des plus riches héritières du comté; tout le monde la demandait en mariage, mais jusqu'à son dernier jour elle porta le deuil de veuve pour son pauvre William à qui elle avait été fiancée, et mourut en... je ne me rappelle pas précisément la date, mais c'était, je crois, dans le mois de novembre de l'année où, se trouvant malade, elle demanda à être transportée à Waverley-Honour, à revoir encore une fois tous les lieux où elle s'était trouvée avec mon grand-oncle; elle fit lever les tapis pour voir les traces de son sang, et si les larmes eussent pu les effacer, on n'y verrait plus rien aujourd'hui ; car tout le monde fondait en larmes dans la maison ! On eût dit, Édouard, que les arbres eux-mêmes prenaient part à sa douleur, car sans le moindre vent les feuilles tombaient autour d'elle, et en effet elle avait tout l'air de quelqu'un qui ne devait plus les voir reverdir. »

Après ces récits, notre héros se retirait

---

1. Petits animaux imaginaires avec des ailes, et dont on fait usage dans la science héraldique. A. M.

2. « Ceci, observe l'auteur, se rapporte à une légende appartenant à la famille du chevalier Bradshaigh, propriétaire de Haigh-hall, dans le comté de Lancaster, où, m'a-t-on dit, cet événement était rappelé sur les vitraux peints d'une croisée. La ballade allemande *le Noble Moringer* roule sur un sujet semblable. On conçoit que beaucoup d'aventures semblables ont dû arriver à une époque où la distance rendant les communications très-difficiles, laissait circuler sur le sort des croisés absents de faux rapports, auxquels on ajoutait foi trop rapidement peut-être dans leur pays natal. »

dans la solitude pour se livrer tout entier aux impressions qu'il en avait éprouvées ; il passait des heures dans un coin de la vaste et sombre bibliothèque, éclairée par la seule lueur de quelques tisons se mourant dans l'âtre immense, à se plonger dans cette magie interne qui met en action et sous les yeux du rêveur les événements passés ou imaginaires. Il voyait se dérouler devant lui toute la pompe splendide d'une fête nuptiale à Waverley ; la taille élevée et le corps amaigri du maître du château, quand, sous les habits de pèlerin, il survint, spectateur inattendu, à la noce de son héritier supposé et de sa fiancée ; le choc électrique que chacun ressentit lorsqu'il se fit reconnaître ; le tumulte des vassaux courant aux armes ; l'étonnement du fiancé ; la terreur et la confusion de l'accordée ; l'angoisse de Wilibert en s'apercevant que le cœur de celle qu'il aimait n'était plus à lui ; son air de dignité et de douleur profonde, lorsqu'il repoussa dans le fourreau son épée à demi tirée, et quitta pour jamais l'habitation de ses ancêtres. Changeant ensuite de scène, son imagination complaisante lui présentait toute l'action tragique racontée par sa tante Rachel ; il voyait lady Waverley assise sous un berceau, en des transes horribles, prêtant l'oreille à chaque son, écoutant décroître le bruit des pas du cheval du roi, et, quand ce bruit expira, croyant ouïr, au moindre souffle du vent dans les arbres du parc, le bruit d'un combat lointain : soudain des sons éloignés, semblables au murmure d'un torrent gonflé par l'orage, se font entendre ; le bruit grandit ; Édouard peut distinguer le galop des chevaux, les cris bruyants des hommes de guerre, les coups de pistolet qui s'approchent de plus en plus du château. La dame se lève précipitamment ; un domestique accourt tout épouvanté... Mais pourquoi poursuivre cette description ?

Plus ce monde idéal plaisait à notre héros, plus toute espèce d'interruption lui était désagréable. Les terres qui environnaient au loin le château avaient été nommées Chasses de Waverley, parce qu'elles excédaient de beaucoup l'étendue ordinaire d'un parc ; elles n'étaient originairement qu'une forêt qui, partagée depuis par de grandes clairières, où les jeunes cerfs venaient bondir, avait néanmoins conservé son ancien aspect sauvage ; elle était traversée par de larges avenues, semées de broussailles en différents endroits : c'était là que les dames d'autrefois venaient voir passer le cerf poursuivi par les limiers ou blessé d'une flèche. Dans un endroit remarquable par un monument gothique, tapissé de mousse, Élisabeth avait, dit-on, percé de ses traits six chevreuils ; ce lieu avait tiré de là le nom de Halte de la reine. C'était la promenade favorite de Waverley. Quelquefois avec son fusil et son épagneul, qui lui servaient de contenance aux yeux des autres, et avec un livre dans sa poche, qui peut-être lui servait de contenance à ses yeux, il suivait une de ces longues avenues qui, après une montée de quatre milles, se rétrécissaient insensiblement en un sentier rude et resserré, à travers le vallon rocailleux et boisé nommé Mirkwood-Dingle, et aboutissaient tout à coup à un petit lac profond et sombre, appelé par la même raison Mirkwood-Mere. Là, sur un roc presque entièrement entouré d'eau, s'élevait jadis une tour solitaire, appelée Fort de Waverley, parce que dans les temps de danger elle servit souvent d'abri à cette famille. C'était là que pendant les guerres d'York et de Lancastre, les derniers soutiens de la Rose rouge eurent le courage d'oser en soutenir la cause en faisant une guerre d'escarmouche et de pillage, jusqu'à ce que la forteresse fut réduite par le fameux Richard de Gloucester. C'était là aussi que se maintint long-temps un corps de cavalerie sous les ordres de Nigel Waverley, frère aîné de ce William dont mistriss Rachel racontait le glorieux destin. Dans ces lieux Édouard aimait à « ruminer ses rêveries douces et amères, » et, comme un enfant au milieu de ses joujoux, il se créait, avec les images vaines et les emblèmes séduisants que lui fournissait son imagination amplement nourrie, des visions aussi brillantes, aussi passagères que celles d'un coucher du soleil par un beau soir. On verra dans le chapitre suivant l'effet de cette habitude de rêverie sur le caractère d'Édouard.

CHAPITRE V.
CHOIX D'UN ÉTAT.

Le lecteur s'attend peut-être, d'après les détails minutieux dans lesquels je suis entré sur les habitudes de Waverley, et les impressions qu'elles devaient produire sur son imagination, que mon histoire est une imitation du roman de Cervantes; mais il me jugerait mal en faisant cette supposition. Mon intention n'est pas de suivre les traces de cet inimitable auteur, et de décrire comme lui ce bouleversement complet de l'intelligence qui dénature tous les objets aussitôt qu'ils frappent les sens, mais de peindre cette aberration d'esprit plus commune, qui ne change point le fond des choses, mais les couvre d'un vernis romanesque. Édouard Waverley était si loin de s'attendre à ce qu'on sympathisât généralement avec ses propres sensations, ou de penser que ses rêves, auxquels il aimait à se livrer, pussent se réaliser jamais, qu'il ne craignait rien tant que de laisser voir les impressions qui résultaient de ses illusions. Il ne lui vint jamais à l'idée de les confier à personne; et il y croyait tellement le ridicule attaché, que s'il avait eu à choisir entre un châtiment sans honte et la nécessité de rendre un compte exact et froid du monde idéal dans lequel il passait la plus grande partie de ses jours, il n'eût pas hésité, je pense, à préférer la punition. Ce mystère lui parut doublement précieux, lorsqu'en avançant en âge il sentit l'influence des passions qui s'éveillaient. De belles et gracieuses images de femmes commencèrent à se mêler dans ses aventures imaginaires; il ne fut pas long-temps sans regarder autour de lui, pour comparer les femmes que créait son imagination, avec celles que lui offrait la vie réelle.

La liste des beautés qui chaque semaine étalaient leur parure à l'église paroissiale de Waverley, n'était ni nombreuse, ni choisie. La plus passable, sans contredit, était miss Sissly, ou, comme elle aimait mieux être appelée, miss Cécilia Stubbs, fille du squire Stubbs, demeurant à la Grange. Je ne sais si c'était par le plus grand hasard du monde, phrase qui, dans la bouche d'une femme, n'exclut pas toujours l'intention préméditée, ou si c'était par conformité de goûts que miss Cécilia rencontra plus d'une fois Édouard dans ses promenades favorites aux Chasses de Waverley : mais quoiqu'il n'eût pas encore eu le courage de l'aborder, les rencontres n'avaient pas été sans effet. Un amant romanesque est une sorte d'idolâtre étrange qui parfois ne prend pas garde au bois dont il façonne l'objet de son culte; et si la nature a doté cet objet de quelques charmes, il peut, comme dans le conte oriental du *Joaillier et du Derviche* [1], trouver dans son imagination de quoi la revêtir d'une beauté céleste et de tous les trésors de l'intelligence.

Mais avant que les charmes de miss Cécilia Stubbs en eussent fait une véritable déesse, ou l'eussent placée au moins à côté de sa patronne, sainte Cécile, mistriss Rachel Waverley, d'après quelques soupçons, prit le parti de prévenir sa prochaine apothéose. Les femmes les plus simples et les moins soupçonneuses ont toujours (Dieu les bénisse!), dans ces sortes d'affaires, une finesse instinctive de pénétration qui quelquefois leur fait voir des inclinations qui n'existent pas, mais manque rarement de leur faire découvrir toutes celles dont elles peuvent être les témoins. Mistriss Rachel s'attacha avec beaucoup de prudence non pas à combattre, mais à détourner le danger imminent; elle démontra à son frère la nécessité de faire connaître à l'héritier de sa maison

[1] Voir le conte des *Sept Amants*, d'Hoppner.

autre chose que la résidence de Waverley-Honour.

Sir Éverard ne voulut écouter d'abord aucune proposition qui tendait à le séparer de son neveu ; il convenait qu'Édouard s'occupait un peu trop de lecture, mais il avait toujours entendu dire que la jeunesse est l'âge pour apprendre, et il ne doutait pas que, quand cette rage de lecture se calmerait, et que son neveu aurait bien meublé sa tête de connaissances, il ne se livrât aux plaisirs et aux soins de la campagne. Il avait souvent, disait-il, regretté de ne s'être pas livré quelque temps aux études dans sa jeunesse ; il n'en aurait pas pour cela tiré ni chassé avec moins d'adresse, et aurait pu faire retentir la salle de Saint-Étienne de discours plus longs que ce *non* énergique avec lequel il accueillait, quand il était membre de la chambre des communes toutes les mesures du gouvernement sous le ministère de Godolphin.

Toutefois, la tante Rachel eut assez d'adresse pour atteindre le but de sa sollicitude ; tous les représentants de leur maison avaient ou visité les pays étrangers, ou servi leur pays dans le métier des armes, avant de se fixer pour toujours à Waverley-Honour ; elle appela donc à l'appui de son assertion l'arbre généalogique, autorité que sir Éverard avait toujours reconnue ; et l'on en vint à proposer à M. Richard Waverley de faire voyager son fils sous la conduite de son précepteur, M. Pembroke, avec une somme convenable que devait donner le baronnet. Le père d'Édouard n'objecta rien à cette proposition ; mais il en parla par hasard à la table du ministre, qui parut ne pas voir cela d'un bon œil. Voici la raison qu'il donna à Richard en particulier. « D'après la fâcheuse direction des opinions politiques de sir Éverard, il serait très-inconvenant, disait-il, de laisser voyager sur le continent un jeune homme d'une si belle espérance, avec un gouverneur choisi par son oncle, et soumis sans doute à ses instructions ; quelle serait alors, ajoutait-il, la société de M. Édouard Waverley à Paris, à Rome, où toutes sortes de piéges lui seraient tendus par le Prétendant et ses fils ? chose à laquelle M. Waverley devait réfléchir. Pour moi, continua-t-il, je crois pouvoir dire que Sa Majesté apprécie trop bien les services de M. Richard Waverley, pour que, si son fils voulait servir quelques années, on ne lui refusât point une compagnie dans un des régiments de dragons arrivés récemment de Flandre. »

On ne pouvait négliger impunément une telle proposition fondée sur de tels motifs et sur laquelle le ministre insista ; en sorte que Richard Waverley, tout en appréhendant de choquer les préjugés de son frère, ne put s'empêcher d'accepter ce qu'on lui offrait pour son fils. Il est vrai qu'il fondait avec raison un grand espoir sur la tendresse de sir Éverard pour Édouard, et dans son idée son fils ne pouvait la perdre par sa soumission à l'autorité paternelle.

Deux lettres, l'une adressée au baronnet, l'autre à son neveu, partirent aussitôt pour annoncer cette détermination. La lettre adressée à Édouard énonçait simplement le fait et lui indiquait les préparatifs qu'il avait à faire pour se rendre à son régiment. Richard écrivit à son frère plus longuement et d'une manière plus détournée ; il adoptait avec toute la grâce possible son avis de faire voir un peu le monde à Édouard, et le remerciait même, avec les expressions de la plus humble reconnaissance, de sa généreuse proposition, ajoutant, toutefois, qu'Édouard ne pouvait malheureusement pas, dans ce moment, suivre le plan tracé par son meilleur ami et son bienfaiteur ; que lui-même voyait avec peine son fils dans l'inaction, à un âge où tous ses aïeux avaient déjà parcouru la carrière des armes ; que Sa Majesté elle-même avait daigné demander si le jeune Waverley n'était pas en Flandre, à un âge où son grand-père avait versé son sang pour son roi, dans la grande guerre civile ; que cette question avait été suivie de l'offre d'une compagnie de cavalerie : quel parti pouvait-il prendre ?

il n'avait pas eu le temps de consulter l'inclination de son frère, quand même il aurait pu soupçonner qu'il serait mécontent de voir son neveu suivre la glorieuse carrière de ses ancêtres; bref, qu'Édouard ayant sauté, avec une rapidité extraordinaire, les grades intermédiaires de cornette et de lieutenant, était maintenant le capitaine Waverley au régiment de dragons de Gardiner, qu'il devait joindre dans le cours du mois, en garnison à Dundee en Écosse.

Sir Éverard en recevant cette lettre éprouva diverses émotions : à l'époque de l'avénement à la couronne de la maison de Hanovre, il avait quitté le parlement, et sa conduite dans l'année mémorable de 1715 avait attiré sur lui quelques soupçons. On avait parlé de revues mystérieuses de tenanciers à cheval, faites au clair de lune aux Chasses de Waverley, et de caisses de carabines et de pistolets venant de Hollande, adressées au baronnet et interceptées par la vigilance d'un officier des douanes, lequel, plus tard, fut puni de son zèle par une bande de rustres qui, à la faveur d'une nuit sombre, le firent sauter dans une couverture de lit. On disait même que, lors de l'arrestation du chef des troupes, sir William Wyndham, on avait trouvé dans une poche de sa robe de chambre une lettre de sir Éverard. Mais il n'y avait contre lui aucune preuve sur laquelle on pût baser un acte d'accusation, et le gouvernement, content d'arrêter l'insurrection de 1715, jugea prudent de ne point poursuivre d'autres personnes que celles qui avaient pris les armes. Sir Éverard ne paraissait avoir aucune crainte de nature à justifier les bruits répandus parmi les whigs ses voisins. On savait bien qu'il avait secouru de son argent quelques malheureux gentilshommes du Northumberland et de l'Écosse, qui, faits prisonniers à Preston, comté de Lancastre, avaient été jetés dans les prisons de Newgate et de Marshalsea, et que son solliciteur et son conseil ordinaire avaient pris la défense de ces infortunés dans leur procès. On pensait toutefois généralement que, si le ministère avait eu quelque preuve matérielle de la participation de sir Éverard à la révolte, celui-ci ne se serait pas aventuré à braver ainsi le gouvernement, ou du moins ne l'eût pas fait impunément. Les sentiments qui dirigeaient alors ses actions étaient ceux d'un jeune homme dans un temps de trouble. Depuis, le jacobitisme de sir Éverard s'était peu à peu refroidi, comme un feu qui s'éteint faute d'aliment. Il gardait ses principes de tory et d'anglican pour les élections et les cours de justice trimestrielles, où il trouvait ample occasion de les manifester; mais ses opinions touchant les droits héréditaires au trône étaient en quelque sorte éteintes. Cependant il souffrait de voir son neveu aller servir sous la dynastie de Brunswick; d'autant plus, qu'indépendamment de son respect consciencieux pour l'autorité paternelle, il était impossible ou au moins très-imprudent à lui de se mêler de cette affaire, pour en empêcher l'exécution. Cette peine comprimée donna lieu à bien des *pouahs!* à bien des *pshaws!* qui furent mis sur le compte d'un commencement d'attaque de goutte, jusqu'à ce que, s'étant fait apporter l'*Almanach militaire,* le digne baronnet se fût consolé en y trouvant les noms des descendants des maisons d'une vraie loyauté, les Mordaunt, les Granville, les Stanley; concentrant alors tous ses sentiments de grandeur de famille et de gloire militaire, il conclut, avec un argument semblable à celui de Falstaff, que, lorsque la guerre éclate, quoiqu'il n'y eût de la honte à ne pas se ranger du parti de la bonne cause, il était plus honteux de ne pas se battre que de se ranger dans le pire de tous les partis, fût-ce même celui de l'usurpation. Quant à la tante Rachel, tout n'avait pas tourné selon ses désirs, mais force lui était de céder aux circonstances, et elle oublia un peu son mécontentement en préparant l'équipage de campagne de son neveu, et se consola par l'espoir de le voir briller sous l'uniforme complet.

Édouard Waverley lui-même reçut la

lettre de son père avec un sentiment inexprimable d'émotion et de surprise. C'était chez lui, suivant l'expression d'un vieux poëme, comme un feu noirci de bruyère, qui couvre de fumée la colline solitaire, et l'éclaire en même temps d'une sombre flamme. Son précepteur, ou plutôt M. Pembroke (car il prenait rarement le titre de précepteur), trouva dans la chambre d'Édouard quelques fragments sans suite de vers qui semblaient avoir été composés sous l'influence des sentiments d'agitation que lui avait suggérés cette page soudaine de son livre de vie. Le docteur, grand amateur de poésies composées par ses amis et écrites régulièrement, avec une majuscule au commencement de chaque ligne, communiqua ce trésor à la tante Rachel, qui les lut en mouillant ses lunettes de larmes, les plaça dans son album, au milieu des recettes de cuisine et de médecine, de ses textes favoris de la Bible, et de quelques chansons d'amour ou jacobites qu'elle avait chantées dans son jeune temps, d'où les essais poétiques de son neveu furent tirés pour être remis, ainsi que quelques pièces authentiques sur la famille Waverley, à l'éditeur indigne de cette mémorable histoire. Si ces vers n'amusent pas le lecteur, ils serviront du moins, mieux qu'aucun récit, à peindre la situation d'esprit de notre héros.

> Lorsque naguère, un soir d'automne,
> Sur le romantique vallon
> Qui de Mirkwood-Mere [1] avait nom,
> Le lac que la barque sillonne,
> Du nuage qui le couronne
> Réfléchissait un doux rayon
> Jouant sur le cristal de l'onde :
> Les monts et la rive profonde
> Près d'eux invitaient le crayon
> A peindre les rocs, les tourelles,
> L'arbre de rosée humecté,
> Les fleurs du val infréquenté,
> Et ses retraites naturelles
> Aux scènes chaque jour nouvelles ;
> Objets plus chers pour les humains
> Que le monde au dehors si vains,
> Le monde aux douleurs éternelles.

1. *Mirk*, en écossais, veut dire obscur ou sombre ; *mere*, lac ; ainsi le vallon de Mirkwood-Mere est celui du lac de forêt sombre. A. M.

> Mais le léger souffle du vent
> Déjà dans le lointain s'éveille,
> Et du lac le génie errant
> Plane sur le flot qui sommeille ;
> Il entend le chêne frémir
> En secouant sa chevelure,
> Comme un guerrier près de partir
> Qui se revêt de son armure,
> Ivre d'un belliqueux désir.
> Le tourbillon croît et s'avance ;
> Et le génie, à sa présence,
> Sur son front troublé, pâlissant,
> Agite un panache éclatant,
> Et sur les flots émus s'élance.
> Par le flux sauvage emporté,
> De ce beau monde imaginaire
> Il se voit donc déshérité,
> Et fait ses adieux à la terre.

> Cependant un secret plaisir
> M'attache aux traces du génie,
> Qu'a vaincu la sombre harmonie,
> Et qui pousse un contraint soupir.
> Tandis que sa force affaiblie
> Combat et la vague et les vents,
> Je m'arrête sur la tourelle,
> Et dans mon cœur navré je sens
> Naître de légers battements
> A cette image solennelle.
> J'écoute les rugissements
> Que fait entendre la tempête ;
> J'écoute, et pourtant je regrette
> La paix de mon humble retraite
> Et ses tableaux frais et riants.

> Sur les songes de la jeunesse
> Ainsi de l'âpre vérité
> Sonne le clairon redouté,
> En dissipant avec vitesse
> Notre plus douce illusion,
> Comme sur le lac du vallon
> S'est altéré le paysage
> Qui flattait les regards du sage.
> Mais puisque les rêves d'amour,
> Semblables aux charmes des belles,
> Ne vivent tout au plus qu'un jour,
> Cherchons des objets plus fidèles,
> Et que l'honneur et les combats,
> En nous offrant d'autres modèles,
> Au moins nous sauvent du trépas.

En simple prose, car peut-être ces vers ne le disent pas assez positivement, la fantaisie d'Édouard pour miss Cécilia Stubbs s'effaça du cœur du capitaine Waverley, au milieu du trouble que lui causait sa nouvelle destinée. Elle s'était néanmoins montrée dans toute sa splendeur au banc de son père, le dernier dimanche que Waverley assista au service divin dans la vieille église paroissiale, où, à la demande de son oncle et de sa tante (sans se faire, il est vrai, beaucoup prier), il était venu en grand uniforme.

Il n'y a pas de meilleur moyen de nous empêcher d'avoir une trop haute opinion des autres, que d'en avoir une plus haute de nous-mêmes. Miss Stubbs avait appelé au secours de sa beauté toutes les ressources de l'art; mais, hélas! les paniers, les mouches, les cheveux frisés, et un manteau neuf de soie française, étaient choses perdues près d'un jeune officier de dragons, qui portait pour la première fois un chapeau galonné, des bottes à l'écuyère et une épée de capitaine. Je ne sais si, comme le champion d'une vieille ballade,

« Son cœur était trop avide de gloire
Pour descendre jusqu'à l'amour.
Nulle beauté, même un seul jour,
Sur lui n'eût remporté la plus faible victoire, »

ou si les larges et brillants brandebourgs d'or qui couvraient sa poitrine défiaient les traits que lui lançaient les yeux brillants de Cécilia; elle ne produisit aucun effet sur lui;

« Mais je vis où tomba la flèche de l'amour;
Elle ne tomba point sur une fleur champêtre,
Mais sur un villageois, coq des coqs d'alentour,
Le fils de l'intendant, rustique petit-maître. »

En demandant pardon de ces vers, que je n'ai pu m'empêcher d'écrire, je terminerai ici avec regret l'histoire de la belle Cécilia, qui, comme mainte fille d'Ève, après le départ d'Édouard et l'évanouissement de quelques riantes chimères, se contenta d'un pis-aller, et donna sa main, au bout de six mois, au susdit Jonas, fils de l'intendant du baronnet et héritier (perspective agréable!) de la fortune d'un intendant, et qui devait en outre succéder à son père dans son emploi. Ces avantages ne plurent pas moins au *squire* Stubbs que le teint frais et les formes mâles du prétendant à sa fille; c'est ce qui les fit passer sur l'article de la noblesse, et le mariage fut conclu. Personne n'en éprouva plus de plaisir que la tante Rachel, qui, autant que son bon naturel pouvait le lui permettre, avait jusque là regardé de travers la jeune présomptueuse, mais qui, lorsqu'elle vit le couple des nouveaux mariés à l'église, honora l'épouse d'un sourire bienveillant et d'une profonde révérence, en présence du recteur, du desservant, du sacristain et de tous les fonctionnaires ecclésiastiques des paroisses de Waverley et de Beverley.

Je demande pardon, une fois pour toutes, aux lecteurs qui ne cherchent qu'à s'amuser en lisant des romans, de les entretenir si souvent de la vieille politique des Whigs et des Torys, des Hanovriens et des Jacobites. La vérité est que je ne pourrais leur promettre que cette histoire fût intelligible ou même vraisemblable sans cela. Mon plan demande que j'explique les motifs sur lesquels se fonde l'action; et l'action ne marche que d'après les sentiments, les préjugés et les opinions des partis de cette époque. Je n'invite pas mes belles lectrices, à qui leur sexe et leur impatience donnent de grands droits à se plaindre de tous ces détails, à s'asseoir dans un char volant traîné par des hippogriffes, ou mû par enchantement.

Je n'ai que l'humble chaise de poste anglaise, à quatre roues, et suivant la grande route royale. Ceux à qui cette voiture ne plaira pas pourront la quitter à la première halte, et attendre pour voyager le tapis du prince Hussein, ou la guérite volante de Malek le tisserand. Ceux qui voudront bien rester avec moi seront parfois exposés aux inconvénients inséparables de chemins rudes, de collines escarpées, de fondrières et autres causes de retard; mais avec des chevaux passables et un conducteur honnête (comme le disent les Avis au public), je m'engage à arriver aussitôt que possible dans un pays pittoresque et romantique, si mes voyageurs consentent à prendre patience pendant les premiers relais.

CHAPITRE VI.
LES ADIEUX DE WAVERLEY.

C'ÉTAIT vers le soir de ce dimanche

mémorable que sir Éverard entra dans la bibliothèque, où il faillit surprendre notre jeune héros faisant des armes avec la vieille épée de son aïeul sir Hildebrand, qui, conservée comme un morceau précieux d'héritage, reposait ordinairement au-dessus de la cheminée de la bibliothèque, sous le portrait équestre du chevalier, dont la figure était presque entièrement cachée par sa vaste chevelure bouclée, et dont le bucéphale disparaissait sous l'immense manteau de l'ordre du Bain qui parait le cavalier. Sir Everard, après avoir jeté un regard sur le tableau et un autre sur son neveu, commença un petit discours qu'il continua toutefois avec sa simplicité naturelle, mais avec une émotion inaccoutumée. « Neveu, dit-il, et se reprenant, mon cher Édouard, c'est la volonté de Dieu et celle de votre père, à qui il est de votre devoir d'obéir après Dieu, que vous nous quittiez pour prendre le métier des armes où un grand nombre de vos aïeux se sont illustrés. J'ai fait tous les préparatifs nécessaires pour vous mettre à même de tenir le rang qui convient à leur descendant, à celui qui doit hériter de Waverley ; j'espère, monsieur, que vous vous souviendrez sur le champ de bataille du nom que vous portez. Édouard, mon cher enfant, souvenez-vous aussi que vous êtes le dernier rejeton de cette famille et que sur vous seul repose son espoir de se perpétuer ; c'est pourquoi évitez le danger autant que le devoir et l'honneur vous le permettront ; je veux parler de tout danger qui ne soit point utile ; gardez-vous de faire société avec les libertins, les oueurs et les whigs, dont je crains que vous ne trouviez un trop grand nombre au service. Votre colonel est, à ce qu'on m'a dit, un excellent homme, pour un presbytérien ; mais vous n'oublierez pas ce que vous devez à Dieu, à l'église d'Angleterre, » et il allait, selon la rubrique, ajouter le mot roi ; mais comme, malheureusement, il y en avait deux pour lui, le roi de fait, et le roi de droit, le chevalier termina autrement : « à l'église d'Angleterre et à toutes les autorités constituées. » Et sans poursuivre davantage ses recommandations, il conduisit son neveu aux écuries, afin de lui montrer les chevaux qu'il lui destinait pour son service. Deux étaient noirs, de la couleur adoptée pour le régiment, deux superbes chevaux d'escadron ! trois autres, également vigoureux, étaient pour la route et pour les deux domestiques qui devaient quitter avec lui le château ; il devait, s'il se trouvait qu'un groom lui fût nécessaire, le choisir lui-même en Écosse.

« Vous allez partir avec une bien petite suite, ajouta le baronnet, si on la compare à celle de sir Hildebrand lorsqu'il passa en revue devant la grille du château un corps de cavalerie plus considérable que tout votre régiment. J'aurais désiré que les vingt jeunes paysans de mes domaines qui se sont engagés dans votre compagnie, vous eussent accompagné en Écosse : c'eût été quelque chose au moins ; mais on m'a dit que cela serait contre l'usage de nos jours, où l'on cherche tous les moyens d'anéantir l'autorité du seigneur sur les vassaux. »

Sir Éverard avait agi de son mieux pour faire revivre une coutume tombée en désuétude ; il avait doré la chaîne qui attachait les recrues à leur jeune capitaine, non seulement par un copieux repas de bœuf et d'ale, par une fête d'adieu, mais encore par des dons pécuniaires, plus propres à porter les jeunes soldats à la bonne chère qu'à la discipline pendant la route. Après l'inspection des chevaux, sir Everard ramena son neveu dans la bibliothèque, où il lui remit une lettre pliée avec soin, entourée, suivant l'ancien usage, d'un ruban de soie, et scellée du cachet aux armes des Waverley. Cette lettre était adressée, avec les formules ordinaires : « A Cosme Comyne Bradwardine, *esquire* de Bradwardine, à sa résidence de Tully-Veolan, dans le Perthshire, North-Britain. — Cette missive lui sera remise par le capitaine Édouard Waverley, ne veu de sir Éverard Waverley, de Waverley-Honour, baronnet. »

Le gentilhomme à qui était adressée cette épître volumineuse, et dont nous aurons à reparler par la suite, avait pris les armes en 1715 pour les Stuarts déchus, et avait été fait prisonnier à Preston, en Lancashire. Il était d'une très-ancienne famille et n'avait qu'une fortune médiocre ; c'était un savant à la manière des Écossais, c'est-à-dire que ses connaissances étaient plus étendues que méthodiques, et qu'il était plutôt liseur que grammairien. Il avait donné, disait-on, une preuve rare de son amour pour les auteurs classiques.

Sur la route de Preston à Londres il s'était échappé des mains de ses gardes ; mais ayant été trouvé peu de temps après errant négligemment près du lieu où il avait logé la première nuit, il fut reconnu et arrêté de nouveau. Ses compagnons d'infortune et ses gardes même lui ayant témoigné leur étonnement de ce qu'il n'avait pas su mieux profiter de sa liberté pour se mettre promptement en lieu sûr, il leur répondit qu'il en avait eu l'intention, mais qu'il était revenu sur ses pas pour chercher son Tite-Live[1] qu'il avait oublié dans le trouble de sa fuite. Ce trait de simplicité frappa le gentilhomme qui, comme nous l'avons déjà dit, était payé par sir Éverard et peut-être par quelques autres du parti pour prendre la défense de ces infortunés. Il était en outre lui-même admirateur particulier de l'historien padouan ; et quoique probablement son admiration ne l'eût pas entraîné à une action aussi imprudente, même pour retrouver l'édition de Sweynheim et de Pannartz (que l'on regarde comme l'*editio princeps*), il n en avait pas moins une grande estime pour le gentilhomme écossais, et il s'employa tellement à écarter et à atténuer les preuves de sa culpabilité, à découvrir des nullités légales, etc., qu'il finit par arracher Cosme Comyne Bradwardine aux tristes conséquences d'une action portée à Westminster devant notre souverain seigneur le roi.

Le baron de Bradwardine (c'était ainsi qu'on l'appelait généralement en Écosse, quoique ses amis, d'après le nom de sa résidence, l'appelassent communément Tully-Veolan, ou simplement Tully[2]) ne fut pas plus tôt *rectus in curia*[3] qu'il se rendit en poste à Waverley-Honour pour remercier le baronnet de ses bons offices. Une même passion pour les plaisirs de la chasse et une grande conformité d'opinions politiques cimentèrent entre lui et sir Éverard une grande amitié, malgré la différence de leurs habitudes et de leur instruction. Le baron, après avoir passé quelques semaines à Waverley-Honour, prit congé du baronnet, avec les témoignages de la plus vive affection, et le pressant vivement de lui rendre sa visite pour chasser avec lui, dans la prochaine saison, la grouse sur les bruyères du Perthshire.

Peu de temps après, M. Bradwardine envoya d'Écosse, pour rembourser les frais de son procès à la haute cour du roi à Westminster, une somme qui, quoiqu'elle ne parût pas, par sa réduction en monnaie d'Angleterre, aussi énorme qu'elle l'était d'abord en pounds, shillings et pences d'Écosse, fit une impression telle sur Duncan Mac Wheeble, agent confidentiel du laird, son baron-bailli, et son homme de ressources, qu'il en eut une colique de cinq jours, causée, disait-il, par la seule douleur

---

1. « On rapporte, dit l'auteur, qu'un infortuné jacobite montra, dans ces temps malheureux, pour Tite-Live l'amour dont le texte fait ici mention. Il s'était échappé de la prison où il était enfermé pour être jugé dans le plus bref délai, et certainement condamné ; il fut repris errant autour de l'endroit où il avait été arrêté, dans l'espoir de retrouver son cher classique. Cette simplicité de caractère ne put lui faire pardonner sa rébellion : il fut condamné et exécuté. »

2. *Tully* est un ancien nom écossais qui s'affixe à un autre nom, comme *ben*, qui s'applique à une hauteur. Tous les lieux d'Écosse dont le nom commence par l'affixe *tully* sont dans les plaines et près des rivières. Il en est de même de *drum*, qui indique un petit mamelon. A. M.

3. Déchargé de l'accusation. A. M

d'être le malheureux instrument qui servait à faire passer une somme si considérable de son pays natal dans les mains des traîtres Anglais ; mais si le patriotisme est le plus beau des sentiments, il sert aussi souvent à en masquer d'autres ; et des personnes qui connaissaient Mac Wheeble pensèrent que le chagrin qu'il proclamait n'était pas tout à fait désintéressé, et qu'il eût vu avec moins de peine cet argent versé aux mains des coquins de Westminster, s'il n'était pas provenu du domaine de Bradwardine, qu'il regardait comme sa propriété. Mais le bailli protestait d'un entier désintéressement ;

« Je pleure sur l'Écosse et non pas sur moi-même. »

Le laird se réjouissait de voir son digne ami sir Éverard Waverley de Waverley-Honour, remboursé de ce qu'il avait avancé pour la maison de Bradwardine ; il pensait qu'il y allait de l'honneur de sa famille et du royaume d'Écosse que ce remboursement ne fût pas différé. Sir Éverard, accoutumé à traiter avec indifférence de sommes beaucoup plus considérables, reçut avis de la rentrée de 294 livres, 13 sous, 6 deniers, sans penser que les rapports d'honneur national étaient pour beaucoup dans ce paiement, et peut-être même n'y eût-il jamais songé, si le bailli Mac Wheeble se fût permis, pour calmer sa colique, de l'intercepter à son profit. Il s'établit entre Waverley-Honour et Tully-Veolan l'échange annuel d'une courte lettre, d'une bourriche et d'un baril ou deux. L'Angleterre exportait de larges fromages, d'excellente ale, des faisans et de la venaison ; l'Écosse offrait, en retour, des grouses, des lièvres blancs, du saumon salé et de l'usquebaugh. Tout cela était envoyé et reçu des deux côtés comme gage d'une amitié constante entre les deux nobles maisons ; il s'ensuivait donc qu'il n'eût pas été convenable que l'héritier présomptif de Waverley-Honour fît un voyage en Écosse sans être muni de lettres de créance pour le baron de Bradwardine.

Quand cela fut une fois arrêté, M. Pembroke demanda qu'avant le départ de son cher élève, il lui fût permis d'avoir un entretien particulier avec lui. Aux exhortations de ce brave homme à Édouard pour lui recommander une conduite sage, des mœurs pures, l'affermir dans ses principes de religion, et le porter à éviter la profane compagnie des railleurs et des débauchés trop nombreux dans l'armée, se mêlèrent quelques exhortations dictées par ses préjugés politiques. « Il a plu au ciel, disait-il, de placer les Écossais (sans doute pour les péchés de leurs pères en 1642) dans un état plus déplorable de ténèbres que même ce malheureux royaume d'Angleterre. Ici du moins, quoique le candélabre de l'église anglicane ait été en quelque sorte déplacé, il jette encore quelque clarté ; il y a encore une hiérarchie, quoique schismatique et déchue des principes maintenus par les Pères de l'Église, Sancroft et ses frères. Il y a ici une liturgie, quoique déplorablement pervertie dans quelques-unes des principales prières. Mais en Écosse, ce sont des ténèbres profondes, et hormis un reste de membres pauvres, dispersés et persécutés, l'Église ne voit plus dans les chaires que des presbytériens, et je crains bien qu'on ne les ouvre à toutes sortes de sectaires ; il est donc de mon devoir de prémunir mon cher élève contre des doctrines pernicieuses à l'Église et à l'État, qui, malgré lui, de temps à autre, viendront frapper ses oreilles. »

En finissant, le docteur présenta à Édouard deux énormes cahiers roulés, qui semblaient contenir chacun une rame entière de papier manuscrit. C'était le travail de toute la vie du digne homme, et jamais on n'employa son temps à un travail plus absurde. Il avait été une fois à Londres dans l'intention de faire publier cet ouvrage par un libraire de Little-Britain, très-connu pour ces sortes de publications, et à qui on l'avait conseillé de s'adresser avec une certaine phrase, un certain signe, qui étaient, à ce qu'il paraît, d'usage alors entre les jacobites initiés. Dès que M. Pembroke eut prononcé le *shibboleth*[1] avec le geste de rigueur, le libraire le salua, nonobstant ses réclamations, du titre de docteur, et le conduisant dans l'arrière-boutique, après avoir regardé tous les endroits où il était possible et ceux où il était impossible de se cacher, il lui dit : —« Voyez, docteur, voyez ! tout va bien tout marche à souhait. Je n'ai pas laissé ici même un trou qui pût cacher un rat hanovrien. Auriez-vous de bonnes nouvelles de nos amis de l'autre côté de l'eau ? Comment se porte le digne roi de France ? Peut-être arrivez-vous de Rome ? il faut que Rome termine l'affaire, il faut que l'Église rallume sa chandelle à la vieille lampe. Eh quoi ! encore sur la réserve ? je vous en estime davantage ; mais ne craignez rien. »

Ici M. Pembroke, non sans quelque peine, arrêta un torrent de questions accompagnées de signes, de gestes, de regards ; et étant parvenu à convaincre le libraire qu'il lui faisait trop d'honneur en le prenant pour un émissaire du roi déchu, il lui exposa l'affaire qui l'amenait.

Le marchand de livres, prenant un air plus grave, procéda à l'examen des manuscrits. Le titre du premier était : *Dissidence des dissidents, ou la compréhension réfutée, prouvant l'impossibilité d'aucune composition entre l'Église et les puritains, les presbytériens, ou toute autre espèce de sectaires; appuyée par les Écritures, les Pères de l'Église, et les plus profonds théologiens controversistes.* Ce titre lu, le libraire refusa positivement le manuscrit en disant : — « Ouvrage bien pensé, savant sans doute ; mais le temps est passé ; imprimé en *small-pica*[2] il ferait environ 800 pages, et je ne pourrais jamais m'indemniser des frais. Pardon, monsieur, j'aime et j'honore la vraie Église de toute mon ame, et si cela eût été un sermon sur le martyre, ou une brochure à douze pences, j'eusse hasardé quelque chose pour l'honneur de votre robe. Mais montrez-moi l'autre..... *Le droit d'hérédité justifié !* Ah ! celui-ci présente quelque sens. Hum... hum... hum... tant de pages ; papier, tant ; impression, tant. Ah ! je vous conseille, docteur, de nous retrancher quelques citations latines et grecques ; c'est lourd, docteur, terriblement lourd ; je vous demande pardon, docteur, il faudrait aussi y jeter quelques grains de poivre ; je n'ai point l'habitude de juger les ouvrages ; j'ai publié pour Drake, pour Charlwood, Lawton, et pour le pauvre Amhurst[3]. Ah, Caleb, Caleb ! c'eût été une honte de laisser mourir de faim ce pauvre Caleb, quand nous avons chez nous tant de recteurs et de squires si gras. Je lui donnais à dîner une fois par semaine ; mais, Dieu me garde ! qu'est-ce qu'un dîner un jour de la semaine quand on ne sait où aller manger les autres jours ? Eh bien, je ferai voir votre manuscrit au petit jurisconsulte Tom Alibi, que j'ai chargé de toutes mes affaires : il ne faut pas aller contre le vent. La populace a été très-malhonnête envers moi la dernière fois que je suis monté à la cour du vieux palais. Ce sont tous des whigs, des têtes-rondes, des guillaumistes, des rats de Hanovre. »

Le lendemain M. Pembroke revint

---

1. Mot d'ordre hébraïque dont se servirent les Juifs pour distinguer leurs amis de leurs ennemis dans un jour de combat. A. M.

2. Caractère d'imprimerie appelé en France cicéro à petit œil. A. M.

3. Nicolas Amhurst, célèbre écrivain politique, qui dirigea pendant quelques années une feuille appelée *le Craftsman* sous le nom supposé de Caleb d'Anvers. Il était partisan des torys, et seconda avec beaucoup d'habileté les attaques de Pulteney contre sir Robert Walpole. Il mourut en 1742, abandonné de ceux dont il avait servi la cause, et dans la dernière misère.

Amhurst survécut à la chute du ministère Walpole, et avait droit de s'attendre à voir ses travaux récompensés. Si nous excusons Bolingbroke, qui avait à peine sauvé quelques débris de sa fortune, nous ne pouvons justifier Pulteney, qui pouvait aisément donner à cet écrivain une existence honorable. On m'a dit qu'il avait donné en tout à Amhurst une cargaison de vin ! Amhurst mourut, dit-on, de chagrin, et fut inhumé aux frais de son honnête imprimeur, Richard Francklin. (*Lord Chesterfield's Characters reviewed*, p. 42.)

trouver l'éditeur, qui lui annonça que, d'après l'avis de Tom Alibi, il était déterminé à ne point publier son ouvrage. « Pour l'Église j'irais avec plaisir aux... (qu'allais-je dire?) aux colonies, cher docteur, si je n'avais une femme et une famille; mais pour vous prouver mon désir de vous être utile, je recommanderai votre affaire à mon voisin Trimmel : il est garçon, et prêt à se retirer du commerce; de sorte qu'un voyage dans nos colonies occidentales n'aurait pas pour lui un grand inconvénient. » M. Trimmel ne fut pas plus accommodant, et M. Pembroke, peut-être heureusement pour lui, fut obligé de revenir à Waverley-Honour, et d'y rapporter saine et sauve, dans ses bagages, sa défense des vrais principes fondamentaux de l'Église et de l'État.

Comme le public paraissait devoir être ainsi privé du bienfait de ses élucubrations par l'égoïste lâcheté des vendeurs de livres, M. Pembroke prit le parti de copier ces énormes manuscrits pour l'usage de son élève; il sentait qu'il avait été trop indulgent comme précepteur, et en outre sa conscience lui reprochait d'avoir, sur la demande de Richard Waverley, condescendu à ne point donner à Édouard des principes opposés à ceux de l'Église et du gouvernement actuel. — « Maintenant qu'il n'est plus sous ma direction, se disait-il à lui-même, je puis, sans manquer à ma promesse, fournir au jeune homme les moyens de juger sainement, et je n'ai qu'une chose à craindre, c'est qu'il me reproche de lui avoir caché si long-temps la lumière que cette lecture va jeter dans son esprit. » Tandis qu'il se livrait ainsi à ses rêveries d'auteur et de politique, son cher prosélyte, qui ne voyait rien de très-attrayant dans les titres des deux ouvrages, effrayé du volume et des lignes serrées des manuscrits, les plaça tranquillement dans un coin de son coffre de voyage.

L'adieu de la tante Rachel fut court mais affectueux; elle recommanda seulement à son cher Édouard, qu'elle croyait susceptible de s'enflammer facilement, de se tenir en garde contre les attraits séducteurs des beautés d'Écosse. Elle lui dit qu'elle savait qu'il y avait dans le nord du royaume quelques anciennes familles, mais qu'elles étaient toutes whigs et presbytériennes, excepté les Highlandais [1], et elle ajouta qu'elle devait lui dire qu'elle ne croyait pas une grande délicatesse aux femmes de ce pays, parce qu'on lui avait assuré que les hommes portaient habituellement un costume très-singulier et même indécent. Elle termina ses adieux par une bénédiction tendre et touchante, et donna au jeune officier, pour qu'il se souvînt d'elle, une bague de diamants d'un grand prix (parure habituelle des hommes d'alors) et une bourse pleine de ces larges pièces d'or qui étaient plus communes il y a soixante ans qu'aujourd'hui.

CHAPITRE VII.

QUARTIER DE CAVALERIE EN ÉCOSSE.

Le lendemain matin, Édouard Waverley, agité par des sentiments divers, dont le principal était une grave impression d'inquiétude de se voir abandonné à lui-même, quitta le château, au milieu des bénédictions et des larmes de tous les vieux domestiques et des habitants du village, qui lui remirent des demandes de grades de sergents et de caporaux, en déclarant qu'ils n'auraient pas laissé s'enrôler Jacques, Gilles et Jonathan, si ce n'avait été pour accompagner son honneur, comme c'était de leur devoir. Comme c'était aussi de son devoir, Édouard se débarrassa des solliciteurs avec des promesses, moins toutefois qu'on eût pu en attendre d'un jeune homme qui ne connaissait pas encore le monde. Après avoir passé peu d'instants à Londres, il poursuivit sa route à cheval (manière générale de

---

[1]. Le mot du texte est *Highlander*. Nous avons essayé de le franciser en en changeant la terminaison; comme on dit *Hollandais, Islandais*. A. M.

voyager alors) jusqu'à Édimbourg, et de là à Dundee, port de mer sur la côte orientale de l'Angus-shire, où son régiment était en garnison.

Il entra alors dans un autre monde, où, pour un temps, tout lui parut beau, parce que tout était nouveau. Le colonel Gardiner, qui commandait le régiment, était lui-même un sujet d'étude pour un jeune homme tout à la fois romanesque et curieux. Quoique déjà d'un âge avancé, il était grand, beau et actif; dans sa jeunesse, il avait été ce qu'on appelle honnêtement un joyeux vivant, et d'étranges bruits couraient sur son passage soudain du doute, sinon de l'incrédulité, à une religion sévère et même enthousiaste. On disait que ce changement merveilleux venait d'une révélation surnaturelle qui s'était manifestée aux sens extérieurs; et quoique beaucoup de monde regardât le prosélyte comme un illuminé, personne ne le considérait comme un hypocrite. Cette histoire singulière et mystérieuse inspira au jeune officier un sentiment particulier et solennel d'intérêt pour le colonel Gardiner [1]. On concevra facilement que les officiers d'un régiment commandé par un chef si respectable, devaient composer une société plus paisible et plus régulière que cela n'a lieu ordinairement dans un corps militaire, en sorte que Waverley ne fut point exposé à des tentations qu'il eût trouvées dans un autre régiment.

Cependant il s'occupait très-activement de son éducation militaire; depuis long-temps bon cavalier, il se livra à l'art du manège, qui, porté à sa perfection, réalise presque la fable du Centaure, les mouvements du cheval paraissant résulter plutôt de la volonté de son guide que de l'emploi d'une impulsion extérieure et apparente. Il s'instruisait aussi de son métier d'officier; mais je dois avouer que, sa première ardeur passée, les progrès furent moins prompts qu'il ne l'avait désiré et espéré. Les devoirs d'un officier qui ont un caractère si imposant aux yeux inexpérimentés de ceux qui ne les connaissent pas, parce qu'ils sont accompagnés d'un appareil imposant, ne sont au fond qu'une routine sèche et abstraite, reposant principalement sur des calculs d'arith-

[1]. « J'ai, dit Walter Scott, mis dans cette édition le nom entier de ce brave et excellent officier, et je rapporterai, ajoute-t-il, le récit extraordinaire de sa conversion, relaté par le docteur Doddrige.

« Cet événement mémorable arriva au mois de juillet 1719. Le major avait passé la soirée (et, si je ne me trompe, dit le pieux écrivain, c'était un samedi) en joyeuse compagnie; il avait donné à une femme mariée un rendez-vous qui devait avoir lieu à minuit. Ses amis le quittèrent à onze heures; pour lui, ne trouvant pas à propos de se rendre le premier au lieu convenu, il alla dans sa chambre pour tuer l'ennui de l'heure d'attente avec quelque livre amusant, ou autrement. Mais il arriva par hasard qu'il tomba sur un livre religieux que sa bonne mère ou sa tante avait glissé, sans qu'il le sût, dans son porte-manteau; il avait, je crois, pour titre *le Soldat chrétien, ou le Ciel pris d'assaut*, et pour auteur M. Thomas Watson. Pensant, d'après le titre de l'ouvrage, qu'il y trouverait quelques phrases de sa profession spiritualisées de manière à l'amuser, il se mit à lire sans s'inquiéter de ce que renfermait le livre; mais cette lecture fit sur son esprit (Dieu seul peut-être sait comment) une impression qui eut pour lui des suites les plus importantes et les plus heureuses. Il crut voir un rayon extraordinaire de clarté tomber sur l'ouvrage qu'il tenait; il pensa d'abord que cela venait de sa lumière; mais en levant les yeux, il vit avec une surprise extrême, devant lui, comme suspendue dans l'air, l'image de Notre Seigneur Jésus-Christ sur la croix, entourée d'une auréole, et il entendit une voix, ou quelque chose de semblable à une voix, qui lui dit, ou à peu près (car il n'était pas sûr des mots) : « Pécheur, voilà comme tu es reconnaissant de ce que j'ai souffert pour toi ! » Il fut si vivement frappé de ce phénomène extraordinaire, qu'il tomba aussitôt dans son fauteuil à bras, où il resta long-temps sans connaissance et sans mouvement.

« Cette apparition du Sauveur sur la croix, dit l'ingénieux docteur Hibbert, et ses paroles terribles, ne proviennent vraisemblablement que d'un mélange de souvenirs qui avaient leur source dans quelque appel pressant à la pénitence, que le colonel avait lu ou entendu; nous ne saurions toutefois expliquer comment de telles idées peuvent produire une espèce de réalité. Cette vision eut certainement des conséquences importantes en religion, la conversion d'un pécheur. Et aucun autre récit n'est plus capable de nous confirmer dans l'opinion que ces terribles apparitions ne viennent que de Dieu. » Le docteur Hibbert ajoute dans une note : « Peu de temps avant cette vision, le colonel Gardiner avait fait une violente chute de cheval. Son cerveau ne pouvait-il pas être assez dérangé par cet accident pour lui faire voir une chose imaginaire ? » (*Hibbert's philosophy of apparitions;* Édimbourg, 1824, page 190.)

métique astreints à beaucoup d'attention et exigeant une tête froide pour exécuter. Notre héros était sujet à des distractions, à des étourderies qui lui attiraient les rires de ses égaux et les reproches de ses supérieurs : il sentit avec peine son infériorité pour les qualités qui, dans sa nouvelle profession, semblaient le plus dignes d'éloge. Il se demandait en vain pourquoi son œil ne mesurait pas les distances aussi bien que l'œil de ses camarades; pourquoi il ne réussissait pas comme eux à faire exécuter les différents mouvements nécessaires à une manœuvre; et pourquoi sa mémoire, si heureuse en d'autres cas, ne lui faisait pas retenir les phrases techniques et les minutieux détails de la discipline militaire. Waverley était naturellement modeste, et se gardait bien de penser que ces règles fussent au-dessous de lui, ou qu'il était né général, parce qu'il n'était qu'un subalterne sans talent; la vérité est, qu'ayant continué l'habitude qu'il avait prise d'étudier sans ordre et sans méthode, cette habitude, influant sur un caractère rêveur et abstrait, lui avait donné cette disposition mobile d'esprit, qui est tout à fait en opposition avec l'étude et une attention soutenue. Au milieu de tout cela, il passait son temps avec ennui; la noblesse des environs n'aimait guère les officiers et les recevait peu, et la bourgeoisie de la ville, dont le commerce était la principale occupation, n'offrait à Waverley aucune société qui lui convînt.

L'arrivée de l'été et le désir de connaître de l'Écosse autre chose que ce qu'il pouvait voir dans une promenade à cheval autour de sa garnison, le déterminèrent à demander un congé de quelques semaines. Il résolut de visiter d'abord l'ancien ami et correspondant de son oncle, se proposant de prolonger ou d'abréger, suivant les circonstances, son séjour dans le manoir de Bradwardine. Il se mit en route, à cheval, suivi d'un seul domestique, et passa la première nuit de son voyage dans une misérable auberge, dont la maîtresse n'avait ni souliers ni bas, et dont le maître, qui se donnait le titre de gentleman, ne vit pas avec plaisir que son hôte ne l'eût pas invité à souper avec lui [1].

Le lendemain, Édouard traversa des plaines ouvertes, et s'approcha insensiblement des hautes terres du Perthshire, qui lui apparurent d'abord comme une ligne bleue à l'horizon; mais bientôt il les vit comme des masses gigantesques, lesquelles semblaient menacer le pays plat qui se trouve au-dessous. Au pied de cette barrière formidable, mais encore dans les basses terres, demeurait Cosme Comyne Bradwardine de Bradwardine; et, si l'on en doit croire la

[1]. La politesse d'une invitation à partager le repas du voyageur, ou du moins à boire avec lui quelque liqueur, était encore, dans la jeunesse de l'auteur, un devoir aux yeux de quelques vieux aubergistes d'Écosse. En retour de cette honnêteté, l'hôtelier racontait au voyageur toutes les nouvelles du pays, et étant probablement facétieux *par-dessus le marché*, on voyait très-communément chez les Bonifaces * écossais toutes les affaires, toutes les occupations serviles de l'auberge dévolues à la pauvre ménagère. Il y avait autrefois à Édimbourg un gentilhomme d'une ancienne famille, qui, dans le but de s'assurer une existence, se mit à la tête d'un café, un des plus beaux établissements de ce genre dans toute l'Écosse. La maison était, comme de coutume, entièrement tenue par l'économe et laborieuse mistriss B., tandis que son mari, qui ne s'en occupait nullement, passait son temps à la chasse. Un jour, pendant que le feu prenait à l'établissement, on rencontra le mari traversant High-Street avec ses fusils et ses instruments de pêche, et il répondit tranquillement à quelqu'un qui s'informait de son épouse, que la pauvre femme essayait de sauver une partie de la *vaisselle* et des livres qui lui servaient à diriger les affaires de la maison.

Dans la jeunesse de l'auteur il y avait encore des vieillards qui regardaient comme une partie indispensable des plaisirs d'un voyage de causer avec l'hôtelier, souvent assez semblable, par son humeur polie, à l'hôtelier de la Jarretière dans *les Joyeuses Femmes de Windsor* **; ou au *Blague du George* *** dans *le Joyeux diable d'Edmonton*. Quelquefois l'hôtesse prenait le soin de faire la conversation avec la société. En tous cas, on les désobligeait de ne pas avoir pour eux l'attention d'usage, et on pouvait s'attirer de fort mauvaises plaisanteries.

* Nom communément donné aux aubergistes de la Grande-Bretagne. A. M.
** *Merry Wives of Windsor*, pièce de Shakspeare. A. M.
*** *Blague of the George in the merry Devil of Edmonton*. A. M.

vieillesse en cheveux blancs, c'était là que ses pères avaient résidé depuis le temps du gracieux roi Duncan.

CHAPITRE VIII.
MANOIR D'ÉCOSSE IL Y A SOIXANTE ANS.

C'ÉTAIT vers midi environ que le capitaine Waverley entra dans le village à maisons éparses, ou plutôt dans le hameau de Tully-Veolan, où était située l'habitation du haut propriétaire. Les maisons offraient l'apparence d'une grande misère, surtout à un œil habitué à la riante propreté des chaumières anglaises. Elles s'élevaient, sans aucune espèce d'ordre, de chaque côté d'une sorte de rue non pavée, où des enfants, presque dans l'état de nudité primitive, se couchaient et se roulaient, ainsi exposés à se faire écraser par les pieds des premiers chevaux qui viendraient à passer. De temps en temps, il est vrai, quand cet accident semblait inévitable, quelque prudente grand'mère, avec son bonnet en serre-tête, sa quenouille et son fuseau, se précipitait, comme une sibylle en fureur, hors de l'une de ces misérables cabanes, se jetait au milieu de la route, saisissait un de ces enfants au teint brûlé par le soleil, lui appliquait un bon soufflet, et le portait sur son dos au logis; et le marmot à tête blanche répondait par un cri aigu qu'il tirait du fond de ses poumons, aux reproches de la matrone grondeuse. Une troupe de chiens errants faisaient leur partie dans ce concert, en suivant les chevaux avec des glapissements, des aboiements et des hurlements. Ce désagrément était alors si commun en Écosse, qu'un voyageur français qui, comme la plupart des voyageurs, se demandait la cause vraie et raisonnable de tout ce qu'il voyait, a mentionné, parmi les choses remarquables de la Calédonie, que l'État entretenait dans chaque village un relais de chiens appelés *collies*, employés à chasser les chevaux de poste (si maigres et si fatigués, qu'ils ne marchaient pas sans être ainsi stimulés) d'un hameau à un autre, jusqu'à ce que leur accompagnement importun les eût fait arriver à leur destination. Le mal et le remède existent encore; mais cette digression nous écarte de notre histoire, et je ne me la suis permise que pour les percepteurs de l'impôt établi sur les chiens d'après le *dogbill* de M. Dent.

Waverley en passant trouvait çà et là un vieillard courbé par le travail et les années, aux yeux affaiblis par l'âge et la fumée, se traînant avec peine à la porte de sa hutte pour regarder avec étonnement les vêtements brillants et les beaux chevaux de l'étranger, et qui se réunissait à ses voisins dans l'atelier du maréchal, pour se demander d'où pouvait venir et où pouvait aller le voyageur.

Trois ou quatre jeunes villageoises, revenant du puits ou du ruisseau, avec leurs cruches ou leurs seaux sur la tête, offraient un aspect plus agréable. Leurs jupes courtes et légères, leurs bras, leurs jambes et leurs pieds nus, leur tête découverte et leurs cheveux tombant en tresses, rappelaient ces jeunes filles qui animent les paysages italiens. Un amateur de peinture eût été peut-être embarrassé de décider à qui donner la préférence, tant pour le vêtement que pour la beauté; quoique, à dire vrai, un franc Anglais, à la recherche du *comfortable*, mot particulier à la langue de son pays, eût pu désirer que leurs vêtements fussent moins courts, que leurs pieds et leurs jambes fussent mieux à l'abri de l'air, leur tête et leur teint moins exposés aux rayons du soleil, ou peut-être même il eût pensé que les personnes et les vêtements auraient considérablement gagné à une abondante application d'eau de fontaine avec une convenable quantité de savon.

L'ensemble de cette scène faisait peine, parce qu'elle accusait au premier coup d'œil la stagnation de l'industrie, et peut-être de l'intelligence. La curiosité même, cette passion dominante de l'oisiveté semblait animer peu les habitants du village de Tully-Veolan : elle n'était active que chez les chiens dont nous avons parlé plus haut; elle était tout à fait passive chez les villageois. Ils s'arrêtaient bien sur les portes de leurs chaumières pour voir passer le jeune officier et son domestique, mais sans aucun de ces gestes, de ces regards qui annoncent le plaisir que ceux qui mènent une vie monotone trouvent ordinairement dans une distraction inattendue. Cependant la physionomie de ces gens-là, à l'examiner attentivement, était loin d'exprimer l'indifférence de la stupidité; leurs traits étaient durs, mais spirituels; sérieux, mais expressifs; et parmi les jeunes femmes, un artiste en eût trouvé plus d'une dont la beauté et l'expression de physionomie lui eussent pu servir de modèle pour une Minerve. Les enfants, quoique le soleil eût bruni leur peau et blanchi leur chevelure, avaient aussi un air intéressant. En un mot, il semblait que la pauvreté et l'indolence, qui n'est que trop souvent sa compagne, s'étaient réunies pour déprimer le génie naturel et les facultés de paysans courageux, intelligents et réfléchis.

Toutes ces pensées se croisaient dans l'esprit de Waverley, pendant qu'il suivait lentement le chemin raboteux et pierreux de Tully-Veolan; pensées qui n'étaient interrompues que par les sauts de son cheval, lorsqu'il était attaqué par ces cosaques de la race canine, les *collies* dont il a déjà été question. Le village avait plus d'un demi-mille de long, les chaumières étant irrégulièrement situées de chaque côté de la route, et séparées par des jardins ou cours de différentes dimensions, où l'on ne voyait pas encore, il y a soixante ans, la pomme de terre, aujourd'hui si universellement répandue, mais où l'on remarquait des plants de gigantesques *kales* ou choux, entourés de buissons d'orties, et qui offraient çà et là aux regards la haute ciguë ou le chardon national ombrageant le coin d'un petit clos. On n'avait point nivelé le terrain inégal sur lequel était bâti le village, de sorte que ces enclos présentaient des hauteurs, des bas-fonds de toute espèce; ici des collines, là comme des fosses de tanneur. Entre les murailles de pierres sans ciment qui protégeaient ou plutôt avaient l'air de protéger les bizarres jardins de Tully-Veolan, tant les brèches étaient en grand nombre, passait un sentier étroit qui conduisait au champ communal, où les villageois, unissant leurs travaux, semaient alternativement du seigle, de l'avoine, de l'orge et des pois dans des sillons de si peu d'étendue, qu'à quelque distance cette plaine ainsi fractionnée et peu productive ressemblait au livre d'échantillons d'un tailleur. Dans un petit nombre d'endroits plus favorisés, on voyait derrière les chaumières une misérable hutte construite en terre, cailloux et tourbe, où les riches pouvaient peut-être mettre une vache maigre, ou une rosse éreintée. Mais presque toutes les cabanes étaient défendues en avant par un énorme monceau de tourbe noire d'un côté de la porte, de l'autre par un tas d'ordures qui rivalisait de hauteur.

A une portée de flèche du village, on apercevait des enclos qu'on appelait pompeusement les parcs de Tully-Veolan, et qui formaient plusieurs champs carrés, entourés et séparés par des murs de pierres de cinq pieds de hauteur. Au milieu de la clôture extérieure était la première porte de l'avenue, qui s'ouvrait sous un arceau crénelé sur le sommet et orné de deux blocs massifs de pierre mutilés par le temps, qui, si l'on en croit la tradition du hameau, représentaient autrefois, ou du moins devaient représenter deux ours rampants, supports de l'écusson de la famille Bradwardine. Cette avenue en ligne droite et d'une médiocre longueur était bordée d'un double rang de vieux marroniers et de sycomores plantés alternativement, dont les branches hautes et touffues s'entre-croisaient au point de faire de l'avenue un berceau épais.

Derrière ces arbres vénérables s'élevaient parallèlement deux grands murs qui semblaient aussi antiques, et étaient couverts de lierre, de chèvre-feuille et autres plantes rampantes. Le chemin paraissait avoir été peu foulé, si ce n'est par des gens de pied : aussi, comme il était très-large et constamment ombragé, il était garni d'herbes longues et touffues, au milieu desquelles un étroit sentier, qui conduisait de la porte haute à la porte basse, avait été pratiqué pour les piétons. Cette seconde porte, comme la première, s'ouvrait sous un arceau orné de sculptures grossières, crénelé aussi par le haut, au-dessus de laquelle on apercevait, à demi caché par les arbres de l'avenue, le château avec ses toits élevés et pointus, ses pignons étroits, ses pierres dentelées, et ses tourelles aux angles. Un des battants de la porte basse était ouvert; et comme le soleil donnait dans la cour, sa clarté se répandait par cette ouverture dans la sombre avenue. C'était un de ces effets qu'un peintre aime à représenter; et cette lumière éclatante se mariait merveilleusement avec la lumière des rayons qui çà et là perçaient la voûte épaisse de verdure sous laquelle passait l'allée.

Ce tableau avait quelque chose du calme et de la solitude du cloître; et Waverley, qui, à la première porte, avait remis son cheval aux mains de son domestique, descendait lentement l'avenue, jouissant de la douce fraîcheur de l'ombre, et se livrant tellement aux idées de paix et de retraite que faisait naître ce tableau tranquille et solitaire, qu'il oublia la misère et la boue du hameau qu'il venait de traverser. La cour pavée était tout à fait en harmonie avec ce qu'il voyait. La maison, qui paraissait consister en deux ou trois corps-de-logis élevés, étroits et à toits roides, joints l'un à l'autre, à angles droits, formait un côté de l'enclos; elle avait été bâtie dans un temps où l'on n'avait plus besoin de châteaux, mais où les architectes écossais ne savaient pas encore distribuer une demeure de famille. Les fenêtres étaient nombreuses, mais très-petites; le toit avait des formes bizarres appelées *bartizannes*, et à tous les angles, qui étaient en grand nombre, était une petite tour qui ressemblait plutôt à une poivrière qu'à une guérite gothique. Le devant de la maison n'annonçait pas que l'on s'y regardât comme à l'abri de toute attaque; il était garni de meurtrières, et ses fenêtres du rez-de-chaussée portaient des barreaux de fer, dans le but probablement de se défendre contre les troupes errantes des bohémiens, ou de repousser la visite des caterans des montagnes voisines. Les étables et d'autres bâtiments de ferme occupaient l'autre côté de la cour : les étables avaient de basses voûtes, avec de petites ouvertures en guise de fenêtres, ayant l'air, comme le remarqua le groom d'Édouard, plutôt d'une prison pour des meurtriers et des voleurs, ou tout autre condamné, que d'un abri pour le bétail chrétien; au-dessus de ces tristes cachots étaient les greniers, qu'on nomme dans le pays *girnels*, et autres offices, auxquels on arrivait par des escaliers extérieurs, d'une lourde maçonnerie. Deux murailles crénelées, dont l'une faisait face à l'avenue et l'autre séparait la cour du jardin, complétaient la clôture.

La cour n'était pas sans ornements : dans un coin était un grand pigeonnier en forme de tonneau, ayant beaucoup de rapport avec un édifice curieux appelé *le four d'Arthur*, qui eût tourné la tête de tous les antiquaires d'Angleterre, si le digne propriétaire ne l'eût pas abattu pour réparer la digue d'une écluse voisine. Ce pigeonnier ou *columbarium*, comme le nommait le propriétaire, n'était pas d'une mince ressource pour un laird écossais d'alors, dont le revenu s'augmentait par les impôts levés sur les fermes par les fourrageurs ailés, et par la conscription à laquelle ceux-ci étaient soumis au profit de sa table.

Dans un autre coin de la cour était

une fontaine où un ours en pierre s'élevait sur un large bassin pavé dans lequel il vomissait de l'eau. Cette œuvre de l'art était la merveille de la contrée à dix lieues à la ronde. On ne doit pas oublier que des ours de toutes sortes, petits et grands, des demi-ours, des ours entiers, ornaient les fenêtres, les pignons, terminaient les gouttières et supportaient les tourelles, avec l'ancienne devise de la famille, *Gare l'ours!* sculptée sous chacune de ces formes hyperboréennes.

La cour était vaste, bien pavée et très-propre, parce que vraisemblablement il y avait une autre issue affectée aux étables par laquelle on emportait la litière des chevaux. Tout semblait solitaire et silencieux dans ce lieu, où l'on n'entendait que le bruit de la fontaine, et maintenait Waverley dans l'idée qu'il se trouvait dans un monastère. Nous demandons permission au lecteur de terminer ici un chapitre consacré à peindre une nature sans mouvement[1].

CHAPITRE IX.
ENCORE QUELQUES DÉTAILS SUR LE MANOIR ET SES ALENTOURS.

APRÈS avoir satisfait sa curiosité en regardant autour de lui pendant quelques minutes, Waverley ébranla le marteau massif de la porte d'entrée, dont l'architrave portait la date 1594. Mais personne ne lui répondit, quoique le coup de marteau retentît dans les nombreux appartements et fût répété par l'écho des murailles de la cour; à ce bruit les pigeons s'effarouchèrent dans leur vénérable rotonde, et malgré la distance, les chiens du village endormis sur leur fumier s'éveillèrent.

Fatigué de faire tant de bruit pour ne recevoir que des réponses aussi stériles, Waverley commença à penser qu'il était comme le prince Arthur entrant vainqueur dans le château d'Orgoglio,

> Alors que de sa forte voix
> Il appelait, sans que personne
> Répondit au sein monotone
> De murs si bruyants autrefois.

S'attendant presque à rencontrer quelque octogénaire à barbe blanche comme la neige, qu'il pût interroger sur ce manoir abandonné, notre héros s'avança vers un petit guichet de bois de chêne, entouré de clous, de pointes de fer, et placé dans le mur de la cour, à l'angle qu'il formait avec la maison. Cette porte, nonobstant son apparence de fortification, n'était fermée qu'avec un loquet; Waverley le baissa, et entra dans un jardin d'un aspect agréable[2]. La façade méridionale de la maison, tapissée d'arbres fruitiers en espaliers et de plusieurs arbres toujours verts, s'étendait, irrégulière et vénérable, le long d'une terrasse en partie pavée, en partie sablée, en partie ornée de fleurs et d'arbustes rares; de là on descendait par trois escaliers à rampes, l'un au milieu et les deux autres aux extrémités, dans le jardin proprement dit. Cette terrasse était garnie d'un parapet de pierre avec une lourde balustrade ornée de place en place de grotesques images d'animaux accroupis, parmi lesquels l'ours favori était souvent reproduit. Au milieu de la terrasse, entre une porte vitrée de la maison et l'escalier du milieu, un énorme animal de cette espèce supportait sur sa tête et ses pattes de devant un grand cadran solaire de forme circulaire, sur lequel étaient gravés plus de diagrammes que les connaissances d'Édouard ne lui permettaient d'en déchiffrer. Le jardin, qui paraissait fort soigné, était rempli d'arbres fruitiers, et déployait une profusion de fleurs et d'arbrisseaux toujours

---

1. Sous le nom de Tully-Veolan on n'a décrit aucun manoir particulier, observe l'auteur anglais; mais, ajoute-t-il, on a rassemblé dans cette description des choses particulières à plusieurs vieux manoirs d'Écosse. Toutefois, le manoir de Grand-Tully est celui de tous qui ressemble le plus à celui du baron de Bradwardine.

2. A Ravelston, on peut voir un jardin que le propriétaire, chevalier, maréchal, parent et ami de l'auteur, a eu le bon esprit de ne pas détruire. Le jardin et la maison étaient toutefois de moindre étendue que le jardin et la maison du baron de Bradwardine. A. M.

verts, taillés en formes bizarres ; il se composait de plusieurs terrasses qui descendaient en amphithéâtre du mur de l'ouest à un large ruisseau dont l'eau calme et limpide servait à clore le jardin, mais qui, à l'extrémité, franchissait avec bruit une forte écluse, cause de sa tranquillité momentanée, et formait là une cascade près d'un pavillon octogone surmonté d'un ours de tôle dorée qui servait de girouette ; le ruisseau, reprenant ensuite son cours naturellement rapide, échappait à l'œil en se précipitant dans une vallée boisée et profonde, sur le penchant de laquelle s'élevait une massive tour en ruine première habitation des barons de Bradwardine. La rive du ruisseau opposée au jardin était bordée par un petit pré qui formait la pelouse du lavoir ; le terrain qui se trouvait derrière était couvert de vieux arbres.

Ce jardin, quelque agréable qu'il fût, ne valait pas les jardins d'Alcine, quoique les *due donzelette garrule*[1] de ce paradis enchanté n'y manquassent pas ; car sur la pelouse dont on vient de parler, deux jeunes filles à jambes nues, placées chacune dans une vaste cuve, faisaient avec leurs pieds l'office d'une nouvelle machine à laver avec brevet d'invention. Toutefois elles ne restèrent pas, comme les nymphes d'Armide, pour saluer leur hôte de leurs chants mélodieux, mais effarouchées à la vue d'un bel étranger sur l'autre côté du ruisseau, elles laissèrent retomber leurs vêtements (ou plutôt leur vêtement) sur leurs jambes, que leur occupation mettait trop à découvert, et jetant ce cri : Oh messieurs ! avec un accent où il y avait autant de coquetterie que de modestie, elles s'enfuirent, chacune de son côté, avec la rapidité du daim. Waverley commençait à désespérer de parvenir à entrer dans cette demeure solitaire et comme enchantée, quand un homme s'avança dans une des allées du jardin, où il s'arrêta. Pensant que ce pouvait être un jardinier ou quelque

1. Les deux jeunes filles babillardes. A. M.

domestique de la maison, Édouard descendit l'escalier pour aller à lui ; mais à mesure qu'il s'en approchait, avant même qu'il pût juger des traits de son visage, il fut frappé de la bizarrerie de son extérieur et de ses mouvements. Tantôt cet être tenait ses mains jointes sur sa tête, comme un jogue indien en attitude de pénitence ; tantôt il faisait osciller ses bras comme un pendule, ou bien s'en frappait à coups multipliés en les croisant sur sa poitrine, comme un cocher de fiacre que l'on n'emploie pas, tandis que ses chevaux sont oisifs sur la place, par un beau temps de gelée. Sa démarche n'était pas moins singulière que ses gestes ; il sautait tantôt sur le pied droit, tantôt sur le gauche, et tantôt à pieds joints. Son vêtement était aussi antique qu'extravagant ; il consistait en une espèce de jaquette grise, doublée d'écarlate, avec des manchettes et des manches tailladées de même couleur. Tout le reste du costume était à l'avenant, sans oublier les bas écarlates et le bonnet écarlate surmonté fièrement d'une plume de dindon. Édouard, qu'il ne semblait pas avoir remarqué, s'aperçut de près que sa physionomie confirmait ce que lui avaient déjà annoncé son air et ses mouvements. L'idiotisme ni l'aliénation mentale ne paraissaient pas avoir donné à une figure naturellement belle cette expression irrégulière, sauvage et égarée ; il semblait plutôt que ces deux causes étaient réunies, et qu'il y avait là mélange d'imbécillité et de folie. Ce personnage se mit à chanter avec beaucoup de chaleur, et avec quelque goût, un fragment d'une vieille ballade écossaise.

> En cet été, parmi les fleurs nouvelles,
> Amant trompeur, tu t'es joué de moi.
> Vienne l'hiver aux froides ailes,
> Je saurai me venger de toi.
> Si tu me fuis, amant qui brilles
> De charmes, comme toi, changeants,
> Je vais sourire à d'autres jeunes gens,
> Comme tu souriras à d'autres jeunes filles.

Levant ici les yeux, qu'il avait tenus attachés sur ses pieds pour voir s'ils battaient bien la mesure, il aperçut Waverley, et ôta aussitôt son bonnet, en donnant un grand nombre de marques grotesques de surprise et de respect. Quoique Édouard n'eût guère d'espoir qu'il répondît à ses questions, il lui demanda si M. Bradwardine était chez lui, ou s'il pourrait s'adresser à quelque domestique. Et cet être étrange répondit, en chantant, comme la sorcière de Talaba :

> « Le chevalier sur la montagne
> Du chasseur a l'accoutrement ;
> La dame tresse à la campagne
> Une guirlande à son amant.
> Dans son boudoir la belle Hélène
> De mousse a couvert le plancher,
> Et lord William peut approcher
> L'asile de sa souveraine ;
> Sans bruit il y pourra cacher
> Sa flamme pour la beauté vaine
> Que son cœur est allé chercher. »

Comme cela n'apprenait rien à Édouard, il fit une nouvelle question à laquelle on lui répondit si rapidement et dans un dialecte si particulier, qu'il ne put comprendre que le mot *sommelier*. Waverley demanda naturellement à voir le sommelier. Et le malheureux, avec un regard, un air d'intelligence, fit signe à Édouard de le suivre, et se remit bientôt à danser et à cabrioler dans l'allée.

« L'étrange guide que voilà ! se dit Édouard ; il ressemble bien aux grossiers paysans de Shakspeare. Je ne suis pas très-prudent de me fier à ce pilote ; mais de plus sages ont été conduits par des fous. » Et parlant ainsi, il arriva à l'extrémité de l'allée, et là faisant un léger détour, il trouva un petit parterre de fleurs qu'une haie d'ifs serrés mettait à l'abri des vents de l'est et du nord, et où travaillait un vieillard sans habit : on ne savait, à le voir, si c'était un premier domestique ou un jardinier ; son nez rouge et sa chemise plissée appartenaient à la première profession ; mais son teint noirci par le soleil et son tablier vert semblaient annoncer

> Une espèce de père Adam,
> Bêchant le jardin en quidam.

Le majordome (car c'était lui), regardé comme le second officier des domaines de la baronnie (en sa qualité de premier ministre de l'intérieur ; au-dessus même du bailli Mac Wheeble, dans son département de la cuisine et de la cave), le majordome laissa sa bêche, mit promptement son habit, et lançant au guide d'Édouard un regard de colère, qui venait probablement de ce qu'il lui avait amené l'étranger tandis qu'il était occupé à un travail pénible et au-dessous de lui, il demanda au gentilhomme ce qu'il voulait. Celui-ci lui apprit qu'il désirait présenter ses devoirs à son maître, qu'il se nommait Waverley ; et le vieillard aussitôt de lui répondre avec un air tout à fait respectueux : « Je puis prendre sur moi de dire que son honneur aura le plus grand plaisir à vous recevoir. Monsieur Waverley ne voudrait-il pas goûter quelques rafraîchissements après son voyage ? son honneur est avec les gens qui abattent la *Sorcière noire*. Il s'est fait accompagner de deux jardiniers (appuyant avec emphase sur le mot *deux*), et je m'amusais à cultiver le parterre de miss Rose en attendant son honneur, pour recevoir ses ordres à son retour, s'il en était besoin ; j'aime beaucoup le jardinage, mais je n'ai que peu de temps à donner à ce plaisir. »

« Il ne peut à aucun prix s'en occuper plus de deux jours la semaine, » dit l'étrange guide d'Édouard.

Le sommelier regardant aussitôt l'interrupteur d'un air mécontent, lui ordonna, en l'appelant Davie Gellatley, d'un ton qui repoussait toute réplique, d'aller à la *Sorcière noire* dire à son honneur qu'un gentilhomme du sud venait d'arriver au manoir.

« Ce pauvre garçon peut-il remettre une lettre ? » demanda Édouard.

— « Avec toute fidélité, monsieur, aux personnes qu'il respecte ; mais je n'aurais pas autant de confiance en lui pour un message verbal, quoiqu'il soit plus rusé que fou. »

Waverley remit ses lettres de créance à M. Gellatley, qui sembla confirmer la dernière observation du sommelier, en lui montrant, pendant qu'il regardait d'un autre côté, une grimace qui le faisait ressembler à la grotesque figure qui termine certaines pipes d'Allemagne; après quoi, prenant un congé singulier de Waverley, il se mit en route en dansant pour remplir son message.

« C'est un innocent, monsieur, dit le sommelier; il y en a dans toutes les villes du pays, mais le nôtre est le mieux traité : il passait son temps à travailler assez bien; mais il sauva miss Rose poursuivie par le nouveau taureau anglais du laird de Killancureit, et depuis ce temps-là nous l'appelons Davie *Fait-peu*. Et en vérité, nous aurions pu l'appeler Davie *Fait-rien*, car depuis qu'il a revêtu ce joyeux costume pour l'amusement de son honneur et de ma jeune maîtresse (les grands ont leurs caprices), il ne fait que danser, que se rouler d'un bout à l'autre de la ville, sans autre soin que d'accommoder la ligne du laird, d'y mettre les mouches, ou de pêcher lui-même un plat de truites, quand il n'a rien de mieux à faire. Mais voici miss Rose, qui, j'en suis sûr, sera particulièrement charmée de voir un membre de la maison de Waverley au manoir paternel de Tully-Veolan. »

Mais Rose Bradwardine mérite que son indigne historien ne l'introduise pas à la fin d'un chapitre.

Avant d'en commencer un autre, nous ferons remarquer que Waverley dans ce colloque avait appris deux choses : qu'en Écosse une maison s'appelait une *ville*, et un fou un *innocent*[1].

---

[1]. Je ne sais depuis combien de temps, dit Walter Scott, la coutume d'avoir des fous, dont l'origine remonte à une haute antiquité, est tombée en désuétude en Angleterre. Swift a fait l'épitaphe du fou du comte de Suffolk, qui se nommait Dickie Pearce. En Écosse cet usage subsistait encore dans le dernier siècle. On conserve encore au château de Glammis l'habillement de l'un de ces bouffons, riche et orné de nombreuses clochettes. Il n'y a pas plus de trente ans qu'un semblable personnage vivait auprès d'un gentilhomme de la première noblesse d'Écosse; il se mêlait parfois à la conversation, et poussa un jour la plaisanterie jusqu'à demander en mariage une des jeunes personnes de la famille, et faire publier les bans dans l'église paroissiale. A. M.

CHAPITRE X.

ROSE BRADWARDINE ET SON PÈRE.

Miss Bradwardine n'avait que dix-sept ans; cependant aux dernières courses de ***, chef-lieu du comté de ***, sa santé ayant été proposée au milieu d'autres jeunes filles, le laird de Bumperquaigh[2], grand porteur de toasts et croupier perpétuel du club de Bautherwhillery, ne se contenta pas de dire : *Encore!* en vidant un verre qui contenait une pinte de vin de Bordeaux; il appela la divinité à qui le toast était adressé : *la Rose de Tully-Veolan*[3], et alors trois acclamations furent poussées par ceux des membres de cette respectable société que le vin en avait laissés capables. On m'a même assuré que les convives endormis applaudirent en ronflant, et que deux ou trois qui devaient à d'abondantes libations et à de faibles têtes d'être couchés sur le plancher et de se rouler... (je ne pousserai pas plus loin la plaisanterie), murmurèrent quelques sons inarticulés, pour manifester leur assentiment.

Un mérite reconnu pouvait seul avoir obtenu des applaudissements aussi unanimes; et Rose Bradwardine en était non seulement digne, mais même elle eût conquis le suffrage de personnes plus raisonnables que celles que le club de Bautherwhillery avait rassemblées, même avant la discussion du premier *magnum*. C'était en effet une très-jolie fille, dans le genre de beauté d'Écosse, c'est-à-dire qu'elle avait une épaisse chevelure couleur d'or pâle, et une peau blanche comme la neige de ses montagnes. Toutefois, son visage n'était ni pâle, ni sérieux; ses traits comme son caractère peignaient la vivacité; son teint, quoique non vermeil, était si pur

[2]. *Quaigh*, en écossais, est une espèce de verre à boire; et *bumper*, une sorte d'adjectif répondant à plein. Ainsi on pourrait traduire *Bumperquaigh* par « le laird du verre plein. » A. M.

[3]. Il faut, en pareil cas, dit-on, boire autant de coups qu'il y a de lettres dans le nom de la personne. A. M.

qu'il semblait transparent, et la moindre émotion faisait monter la rougeur sur sa figure et sur son cou. Sa taille, quoique au-dessous de la taille ordinaire, était remarquable par son élégance, et ses mouvements étaient légers, faciles et gracieux. Miss Bradwardine venait d'une autre partie du jardin, et reçut le capitaine Waverley avec un mélange de timidité et de politesse.

Après les premiers compliments, Édouard apprit d'elle que la *Sorcière noire* que, d'après le sommelier, son maître était allé visiter, n'avait ni chat noir, ni manche à balai, mais que c'était tout simplement une portion de bois que l'on faisait abattre. Elle offrait même, avec un peu d'embarras, à l'étranger de le conduire à cet endroit qui n'était pas éloigné, lorsqu'ils furent prévenus par l'arrivée du baron de Bradwardine en personne, qui, sur l'avis de Davie Gellatley, tout rempli de pensées hospitalières, accourait avec une vitesse qui rappelait à Waverley les bottes de sept lieues du conte de sa nourrice. C'était un homme grand, maigre, à formes athlétiques, d'un certain âge, et à cheveux gris, mais dont un exercice continuel avait conservé les muscles aussi souples qu'un fouet.

Il était habillé négligemment et plutôt comme un Français que comme un Anglais de ce temps. Avec ses traits rudes et sa taille droite, on eût cru voir en lui un officier des gardes suisses qui avait passé quelque temps à Paris, et en avait rapporté le costume et non l'aisance de ses habitants. Le fait est que son langage et ses manières étaient aussi étranges que son extérieur.

D'après les dispositions qu'on lui avait trouvées pour l'étude, ou peut-être par suite du genre d'éducation adopté en Écosse pour les jeunes gens de qualité, on lui avait donné les connaissances nécessaires au barreau. Mais les principes politiques de ses parents lui ayant ôté l'espoir de s'élever dans cette carrière, M. Bradwardine avait voyagé pendant quelques années, et avait même fait avec éclat quelques campagnes au service étranger. Depuis son procès de 1715, où il avait été accusé de haute trahison, il avait vécu dans la retraite, n'ayant d'autre société que les gentilshommes de son voisinage qui pensaient comme lui. Le mélange qui existait chez M. Bradwardine, de la pédanterie du légiste et de l'orgueil du soldat, pourra rappeler aux membres zélés de notre garde volontaire actuelle[1] le temps où nos avocats portaient à la fois la robe du palais et l'uniforme militaire. Nous devons ajouter à cela les opinions politiques d'une ancienne famille de jacobites, fortifiées par l'habitude de la solitude et par l'exercice, dans toute l'étendue de domaines à moitié cultivés, d'une autorité incontestable et incontestée. Car, comme il ne manquait pas de le répéter souvent, les terres de Bradwardine, de Tully-Veolan et autres, avaient été érigées en baronnie franche par une chartre de David Ier, *cum liberali potestate habendi curias et justitias, cum fossá et furcá*[2], *et saka et soka, et thol et theam et infangthief, et outfangthief, sive hand habend, sive bak-barand* : phrase cabalistique dont peu ou nulle personne ne pouvaient donner le sens littéral, mais qui voulait dire, en somme, que le baron de Bradwardine pouvait, selon son bon plaisir, emprisonner, juger et faire exécuter ses vassaux délinquants. Comme Jacques Ier, cependant, celui qui possédait ce droit aimait mieux en parler que de le mettre en exercice. L'emprisonnement de deux braconniers dans le donjon de la vieille tour de Tully-Veolan, où ils eurent une terrible peur des fantômes et furent presque mangés par les rats, et la mise au *joug* (pilori écossais) d'une vieille femme qui avait osé dire que Davie Gellatley n'était pas le plus grand fou de la mai-

---

1. Il faut se rappeler que ceci a été écrit au moment où les Anglais craignaient une descente de la part des Français. A. M.
2. Avec le droit de haute et basse justice, de geôle, de pilori et de fourche ou gibet. A. M.

son du laird, furent, à ce que l'on m'a dit, les seuls cas où l'on accusa le baron d'avoir abusé de ses droits. Toutefois, la conscience de posséder d'aussi grands pouvoirs donnait à son langage et à sa manière d'agir de la fierté et de l'importance.

Lorsque le baron de Bradwardine aborda Waverley, on s'aperçut que l'émotion de cœur qu'il éprouvait en voyant le neveu de son ami, avait un peu dérangé sa dignité roide, car des larmes mouillèrent les yeux du vieux gentilhomme lorsque, après avoir serré cordialement la main d'Édouard à la manière anglaise, il l'embrassa sur les deux joues *à la mode française*, tandis que sa vigoureuse poignée de main, et la fumée de tabac d'Écosse qui s'échappa de sa bouche pendant l'accolade, suffisaient aussi pour arracher des larmes des yeux de son hôte.

« Foi de gentilhomme, dit-il, cela me rajeunit de vous voir, monsieur Waverley, digne rejeton de la vieille souche de Waverley-Honour! *Spes altera*, comme a dit Virgile. Vous avez un air de famille, capitaine Waverley; vous n'avez pas encore le port imposant de mon vieil ami sir Éverard, *mais cela viendra avec le temps*, comme le disait un Hollandais de ma connaissance, le baron de Kikkitbroeck, en parlant de *la sagesse de madame son épouse*. Et vous avez pris la cocarde? bien, bien; quoique je l'eusse préférée d'une autre couleur, et que j'eusse cru que sir Éverard eût pensé comme moi : mais n'en parlons plus; je suis vieux, et les temps sont changés. Et comment se portent le digne chevalier baronnet et la belle mistriss Rachel? Vous riez, jeune homme : c'était vraiment la belle mistriss Rachel en l'an de grace 1716, mais le temps passe, et *singula prædantur anni*[1], ce qu'on ne peut révoquer en doute. Mais encore une fois, vous êtes le bienvenu; je vous reçois de tout cœur dans mon pauvre manoir de Tully-Veolan. Rose, cours à la maison, et veille à ce qu'Alexandre Saunderson nous serve de ce vieux vin de Château-Margaux que j'envoyai de Bordeaux à Dundee en 1713. »

Rose s'éloigna gravement jusqu'au détour de l'allée, puis elle se mit à courir avec la rapidité d'une fée, afin d'avoir le temps, après s'être débarrassée de la commission de son père, de se coiffer, de se parer, occupation pour laquelle l'approche de l'heure du dîner ne lui laissait que peu d'instants.

— « Nous ne pourrons rivaliser ici, capitaine Waverley, avec le luxe des tables anglaises, ni vous donner les *epulæ lautiores*[2] de Waverley-Honour. Je dis *epulæ* et non *prandium*, le dernier mot n'étant fait que pour le peuple; *epulæ ad senatum, prandium vero ad populum attinet*, dit Suétone[3]. Mais je crois que vous serez content de mon vin de Bordeaux; *c'est des deux oreilles*, comme dit ordinairement le capitaine Vinsauf, *vinum primæ notæ*[4], comme l'appelle le principal de Saint-André. Encore une fois, capitaine Waverley, je suis heureux de vous recevoir chez moi, et de pouvoir vous offrir le meilleur vin que l'on puisse trouver dans ma cave. »

Ce discours, auquel Édouard répondait par les interjections que la politesse prescrit, eut lieu depuis l'allée basse où ils s'étaient rencontrés, jusqu'à la porte de la maison, où les reçurent quatre ou cinq domestiques en vieille livrée, ayant à leur tête Alexandre Saunderson le sommelier, qui ne conservait point de marques du jardinage, et qui les introduisit en grand costume et avec les cérémonies d'usage,

Dans une salle antique où le fer des batailles
Pendait à de sombres murailles.

Et le baron, avec une cordialité affectueuse, sans s'arrêter dans plusieurs appartements intermédiaires, conduisit son hôte dans la grande salle à manger,

---

1. Les années s'écoulent, et nous emportent les uns après les autres. A. M.
2. Banquets plus somptueux. A. M.
3. Les banquets somptueux appartiennent au sénat, et les simples repas au peuple. A. M.
4. Vin de première qualité. A. M.

à lambris de chêne noir, où étaient suspendus des portraits de famille. Le couvert était mis pour six personnes; l'ancienne et massive vaisselle plate de la maison de Bradwardine couvrait un buffet de forme antique. On entendit le bruit d'une cloche qui venait de l'entrée de l'avenue; parce qu'un vieillard, qui faisait l'office de portier les jours de gala, s'était rendu à son poste dès qu'il eut appris l'arrivée de Waverley, et qu'il annonçait alors l'arrivée d'autres hôtes.

C'étaient, comme le baron l'assura à son jeune ami, de très-estimables personnes. « C'est, dit-il, le jeune laird de Balmawhapple, surnommé Falconer, de la maison de Glenfarquhar, grand amateur de la chasse, *gaudet equis et canibus*[1] ; du reste, jeune homme très-réservé. C'est le laird de Killancureit, qui a voué tous ses loisirs au labourage, à l'agriculture, et qui se vante de posséder un taureau incomparable, venu du comté de Devon (la Damnonie des Romains, si nous en croyons Robert de Cirencester); on peut supposer, d'après ses habitudes, qu'il est sorti d'une souche de paysans, *servabit odorem testa diu*[2], et je crois, entre nous, que son grand-père est venu dans le pays, du mauvais côté de la frontière; c'était un nommé Bullsegg, qui arriva ici pour être intendant ou bailli, ou collecteur de rentes, ou quelque chose de semblable, auprès du dernier Girnigo de Killancureit, qui mourut d'une atrophie. Après la mort de son maître, vous croirez difficilement, monsieur, un tel scandale, ce Bullsegg, qui était de bonne mine et d'une jolie tournure, épousa la douairière, qui était jeune et amoureuse, et qui lui fit don du domaine dont elle était propriétaire par disposition testamentaire de son mari, en contravention directe à une substitution non enregistrée, et au préjudice de la vraie chair et du vrai sang du testateur, de son héritier naturel, son cousin au septième degré, Girnigo de Tipperhewit, dont la famille est devenue si pauvre par suite du procès auquel cette affaire a donné lieu, que son représentant sert maintenant en qualité de simple soldat dans la garde noire des hautes terres. Mais M. Bullsegg de Killancureit, qui vient en ce moment, a de bon sang dans les veines du côté de sa mère et de sa grand'mère, qui étaient toutes deux de la famille de Pickletillim, et il est très-aimé, très-considéré, et sait se tenir à sa place. Et, Dieu nous garde, capitaine Waverley, nous dont le lignage est irréprochable, de vouloir l'humilier, quand dans huit, neuf ou dix générations, sa race pourra marcher de pair avec la vieille noblesse du pays. Nous qui sommes d'un sang pur, nous ne devons pas avoir sans cesse à la bouche les mots de rang et de noblesse; *vix ea nostra voco*, comme dit Ovide.

« Nous aurons, en outre, un ecclésiastique de la vraie (quoique souffrante) église épiscopale d'Écosse. Il fut confesseur dans notre religion depuis 1715, quand une troupe de whigs détruisit sa chapelle, déchira son surplis, et vola dans sa maison quatre cuillers d'argent, son garde-manger, et deux barils, l'un d'ale simple, l'autre d'ale double, et trois bouteilles de brandy[3]. Notre quatrième convive sera mon baron-bailli et agent, M. Duncan Mac Wheeble; on ne sait, à cause de l'ancienne orthographe, s'il appartient au clan de Wheeble ou de Quibble, mais tous ont produit des légistes distingués. »

Et pendant qu'il nommait et peignait les convives,
A servir le dîner les mains furent plus vives.

---

[1]. Il se plaît avec ses chevaux et ses chiens.
A. M.
[2]. Le vase en conservera long-temps l'odeur.
A. M.

[3]. Après la révolution de 1688 et dans quelques occasions, lorsque l'esprit des presbytériens était le plus animé contre leurs adversaires, les membres du clergé épiscopal qui n'étaient pas assermentés, étaient exposés à être assaillis à coups de pierres, dans leurs maisons, pour expier leurs hérésies politiques. Mais quoique les presbytériens eussent été persécutés sous Charles II et sous son frère Jacques II, et eussent été exaspérés, c'était, dit Walter Scott, une bien petite violence exercée que celle dont il est parlé dans le texte. A. M.

CHAPITRE XI.

LE BANQUET.

Le repas fut abondant et bien servi d'après les idées écossaises de cette époque, et les convives y firent honneur. Le baron mangea comme un soldat affamé; le laird de Balmawhapple, comme un chasseur; Bullsegg de Killancureit, comme un fermier; Waverley comme un voyageur, et le bailli Mac Wheeble comme tous les quatre ensemble, quoique par respect, ou pour montrer qu'il était devant son maître, il fût assis sur le bord de sa chaise, à trois pieds de distance de la table, de sorte que, pour arriver à son assiette, il formait une courbe avec son épine dorsale, et que la personne qui était vis-à-vis de lui ne pouvait voir que le haut de sa perruque.

Cette posture, qui eût beaucoup sans doute gêné tout autre, n'était nullement pénible au digne bailli, lequel depuis long-temps en avait pris l'habitude, soit qu'il fût assis, soit qu'il marchât. Nul doute que, lorsqu'il marchait, cette position de son corps ne fût indécente aux yeux des personnes qui allaient derrière lui; mais toutes ces personnes étant ses inférieures (car M. Mac Wheeble avait soin de céder toujours le pas à ceux qui étaient au-dessus de lui), il ne s'inquiétait pas du mépris ou de la considération qu'il pouvait s'attirer de leur part. Quand il traversait la cour en se tortillant, pour aller trouver son vieux poney[1] gris, ou après en être descendu, il avait un peu l'air d'un chien de tournebroche sautant sur les deux jambes de derrière.

L'ecclésiastique non conformiste était un vieillard grave et d'une physionomie qui inspirait de l'intérêt, et paraissait être du nombre de ceux qui souffraient par conscience. Il était de ces prêtres qui abandonnèrent leur bénéfice sans en avoir été privés: aussi, quand le baron n'était pas à portée de l'entendre, le bailli se permettait quelquefois de plaisanter M. Rubrick sur l'exagération de ses scrupules. Nous sommes forcé d'avouer que quoique le bailli fût au fond du cœur partisan de la famille déchue, il avait toujours su s'accommoder aux circonstances: aussi Davie Gellatley disait-il un jour de lui, que c'était un excellent homme, ayant une conscience tout à fait tranquille, qui ne lui avait jamais fait aucun mal.

Quand le dîner fut fini, le baron proposa la santé du roi, laissant poliment à la conscience politique de ses hôtes de boire au roi *de facto* ou *de jure*. La conversation devint générale; et bientôt après, miss Bradwardine, qui avait fait les honneurs du repas avec beaucoup de grâce et de simplicité, quitta la salle à manger, ainsi que l'ecclésiastique; le reste de la société fêtait le vin, qui méritait les éloges du propriétaire, et que l'on versait largement à la ronde; et Waverley obtint, non sans quelque difficulté, de laisser de temps en temps reposer son verre. Enfin, lorsqu'il commença à se faire tard, le baron fit un signe particulier à M. Saunders-Saunderson (ou, comme il s'appelait plaisamment lui-même, *Alexander ab Alexandro*), qui lui répondit par un mouvement de tête, sortit, revint bientôt avec une contenance grave et un sourire mystérieux et solennel, et plaça devant son maître une petite cassette de bois de chêne, garnie d'ornements de cuivre d'une forme curieuse. Le baron, prenant une petite clef, ouvrit la cassette et en tira un gobelet d'or antique et singulier qui représentait un ours rampant, que le maître de la maison considéra avec un mélange de respect, d'orgueil et de plaisir; ce qui rappela malgré lui à Waverley le Tom Otter de Ben Jonson, avec son taureau, son cheval et son chien, noms que ce plaisant donnait spirituellement à ses principales coupes. Mais M. Bradwardine, se tournant vers lui avec un air de complaisance, le pria d'examiner ce curieux morceau du vieux temps.

[1]. Espèce particulière de petit cheval anglais. A. M.

« Il représente, dit-il, le cimier de notre maison, un ours, comme vous voyez, et rampant; parce qu'un connaisseur en blason place toujours l'animal dans la position la plus noble : le cheval s'élançant, le limier courant, et une bête féroce *in actu ferociori*, déchirant et dévorant sa proie. Vous saurez, monsieur, que ce chef-d'œuvre nous est venu d'une manière glorieuse, du *wappen brief* ou concession d'armes accordée par Frédéric Barberousse, empereur d'Allemagne, à un de mes pères, Godmond Bradwardine; c'était le cimier d'un géant danois, qu'en Terre-Sainte il tua en champ clos, par suite de quelques propos qui attaquaient la chasteté de la femme ou de la fille de l'empereur; la tradition ne dit pas précisément laquelle; et, comme l'a dit Virgile,

Mutemus clypeos, Danaumque insignia nobis Aptemus [1].

« Quant à la coupe, capitaine Waverley, elle fut faite d'après l'ordre de saint Duthac, abbé d'Aberbrothock, pour reconnaître le service que lui avait rendu un autre baron de la maison de Bradwardine en défendant vaillamment les droits du monastère contre quelques nobles qui voulaient les usurper. On l'appelle avec raison l'ours béni de Bradwardine (quoique le vieux docteur Doubleit l'ait plaisamment nommée la grande-ourse), et elle passait, dans les bons temps de notre sainte religion, pour avoir certaines vertus mystérieuses et surnaturelles. Je ne donne pas dans de semblables *anilia* [2], mais il est certain que cette coupe fut toujours regardée comme le morceau le plus précieux de l'héritage paternel de notre famille. On ne s'est jamais servi de cette coupe que dans les jours de grande fête, et c'en est une grande pour moi que de recevoir dans ma maison l'héritier de sir Éverard. Je porte donc ce toast à la prospérité de l'ancienne, puissante et très-honorée famille de Waverley. »

Pendant cette longue harangue, le baron avait eu soin de décacheter et de verser dans son verre, qui tenait presque une pinte d'Angleterre [3], une bouteille de vin de Bordeaux. Après l'avoir remise au sommelier, en lui recommandant de ne pas la remuer, il avala respectueusement tout le contenu de l'ours béni de Bradwardine.

Édouard fut épouvanté de voir l'ours faire le tour de la table, et ne put s'empêcher de penser avec inquiétude à la devise : *Gare l'ours!* Mais voyant qu'aucun des convives ne se faisait scrupule de lui rendre l'honneur extraordinaire que lui avait rendu le baron, et qu'un refus de sa part pouvait être très-mal reçu, il se résigna à subir ce dernier acte de tyrannie, et à quitter ensuite la table, s'il était possible; et, se fiant à la force de sa constitution, il vida comme tout le monde l'ours béni, et supporta mieux cette libation qu'il ne s'y était attendu. Les autres convives, qui avaient employé leur temps beaucoup plus activement, commencèrent à donner des signes du changement qui s'opérait en eux;

« Le bon vin fit son bon office [4]. »

Le froid de l'étiquette et l'orgueil de la naissance s'évanouirent devant l'influence de l'heureuse constellation, et les titres cérémonieux que les trois dignitaires s'étaient adressés jusque-là se changèrent dans les abréviations familières de Tully, Bailli et Killie. Quand l'ours eut fait plusieurs fois le tour de la table, ces deux derniers, après s'être parlé bas, proposèrent (à la grande satisfaction d'Édouard) le coup de grace. La chose eut lieu après quelques retards, et Waverley en conclut que les orgies de Bacchus étaient finies pour ce soir. Jamais il ne s'était plus complétement trompé.

---

1. Changeons nos boucliers, et adaptons à nos personnes les insignes des Grecs. A. M.
2. Vieilleries. A. M.
3. Une pinte d'Angleterre tient une demi-bouteille de France. A. M.
4. *Madoc*, poëme de Southey. A. M.

Comme les convives avaient laissé leurs chevaux à la petite auberge ou *Change-house*, comme on dit dans le pays, le baron ne pouvait, sans manquer à la politesse, ne pas les reconduire jusqu'au bout de l'avenue; et, soit par le même motif ou pour respirer l'air frais d'une soirée d'été, dont il croyait avoir besoin après un repas aussi échauffant, Waverley les accompagna. Mais quand ils arrivèrent chez la mère Macleary, les lairds de Balmawhapple et de Killancureit déclarèrent qu'ils désiraient témoigner au seigneur de Tully-Veolan leur gratitude pour la manière dont il les avait reçus, et qu'ils espéraient que le noble baron et son hôte, le capitaine Waverley, voudraient bien boire avec eux ce qu'ils appelèrent, en termes du pays, *deoch an doruis*, le coup de l'étrier, en l'honneur de la poutre du toit du baron [1]. Il faut remarquer que le bailli, sachant par expérience que la fête du jour, dont jusque-là son maître avait supporté les frais, pourrait se terminer en partie à son compte, était monté sur son poney gris à éparvins; et, animé à la fois par la gaieté qui lui venait du vin et la crainte de se trouver forcé de payer son écot, il avait dépassé le village sur sa monture qui allait au demi-galop, le trot lui étant interdit par son infirmité. Les autres entrèrent dans la *Change-house*, suivis d'Édouard qui se soumettait, son hôte lui ayant dit tout bas que s'il n'acceptait pas, il se mettait en contravention à la règle des joyeux festins, *leges conviviales* [2]. La veuve Macleary semblait s'attendre à cette visite, suite ordinaire non seulement des festins de Tully-Veolan, mais même de ceux de presque tous les manoirs d'Écosse, il y a soixante ans. Les convives témoignaient par là leur gratitude à leur hôte pour sa bonne réception, faisaient aller sa *Change-house*, honoraient le lieu où l'on abritait leurs chevaux, et se dédommageaient de la contrainte imposée par une hospitalité seigneuriale, en passant ce que Falstaff appelle les douceurs de la nuit, dans la joyeuse licence d'une taverne. La mère Macleary qui, comme nous l'avons dit, attendait ces hôtes de distinction, avait balayé sa maison pour la première fois de la quinzaine; elle entretenait le feu de tourbe que demandait l'humidité de sa cahute, même au fort de l'été; elle avait nettoyé sa table de bois de sapin, et l'avait mise d'à-plomb au moyen d'un morceau de tourbe placé sous un des pieds; elle avait accommodé le mieux possible cinq ou six tabourets de forme grossière aux inégalités de son plancher de terre; elle avait de plus mis son bonnet blanc, son mantelet et son plaid écarlate, et attendait gravement l'arrivée de la so-

---

[1]. Je puis rappeler, dit Walter Scott, dont nous traduisons la note, que l'usage du coup de l'étrier avait encore lieu dans la jeunesse de l'auteur. Les convives, après avoir pris congé de leur hôte, finissaient souvent la soirée au clachan du village ou fond d'une taverne. L'hôte les accompagnait toujours pour prendre le coup de l'étrier, qui se prolongeait souvent fort avant dans la nuit.

Quand le maître d'une auberge offrait à ses hôtes *deoch an doruis*, c'est-à-dire la boisson de la porte ou le coup de l'étrier, le bu n'était pas porté en compte; c'est d'après cette coutume qu'un savant bailli de la ville de Forfar prononça un jugement très-profond.

A..., femme qui tenait auberge à Forfar, avait brassé un picotin de drèche et avait mis le liquide à refroidir en dehors; la vache de B..., voisin de A..., vint à passer, et trouvant la boisson de bonne apparence, la goûta et l'avala en entier. Quand A... vint pour prendre sa liqueur, elle trouva le vase vide, et à la marche et au regard de la vache, elle devina aisément ce qui s'était passé. Elle commença par tomber à coups de bâton sur la vache, dont les beuglements attirèrent son maître; il fit des reproches à sa violente voisine, et celle-ci lui répondit en lui demandant la valeur de l'ale que sa bête avait bue. B.... refusa de payer, et il fut appelé à comparaître devant le bailli; ce magistrat écouta patiemment la plainte, et demanda à la plaignante si la vache avait bu couchée ou debout. La plaignante répondit qu'elle n'avait pas vu le délit, mais qu'elle pensait que la vache avait avalé l'ale debout sur ses pieds, ajoutant que si elle avait été auprès, elle lui eût fait faire un autre usage de ses jambes. Le bailli alors prononça solennellement que ce que la vache avait bu devait être considéré comme *deoch an doruis*, le coup de l'étrier, pour lequel on ne pouvait rien réclamer sans violer l'ancienne hospitalité écossaise. A. M.

[2]. Lois du repas. A. M.

ciété, avec espoir d'honneur et de profit. Quand les hôtes de la mère Macleary furent assis sous les soliveaux enfumés de son unique appartement, tapissé d'épaisses toiles d'araignées, d'après les ordres du laird de Balmawhapple, elle parut avec un énorme pot d'étain, contenant au moins trois quarts de mesure anglaise, appelé familièrement une *poule huppée*, et qui, dans le langage de l'hôtesse, en avait par-dessus les bords d'un excellent vin de Bordeaux que l'on venait de tirer à la barique. Il était aisé de prévoir que le peu de raison qu'avait épargné l'*ours* serait bientôt enlevé par la *poule*. La confusion qui s'établit aussitôt permit à Édouard de suivre la résolution qu'il avait prise de ne pas boire à la coupe joyeuse qui circulait autour de la table. Les autres commençaient à parler tous ensemble, et avec une langue épaisse; chacun d'eux ne songeait qu'à ce qu'il disait, et ne prenait pas garde à la conversation de son voisin.

Le baron de Bradwardine chantait des *chansons à boire* françaises, et citait du latin; Killancureit parlait, avec un imperturbable sang-froid, d'engrais de terres, de moutons d'un ou deux ans, de jeunes bœufs et d'actes du parlement pour autoriser des chemins, tandis que Balmawhapple, d'une voix plus haute, vantait son cheval, ses faucons et son lévrier Whistler. Au milieu de ce bruit, le baron demanda plusieurs fois le silence; et quand enfin la politesse se fit assez entendre pour qu'il l'obtînt, il se hâta de réclamer l'attention pour une ariette militaire, chanson favorite du maréchal duc de Berwick; et imitant, autant qu'il le pouvait, les manières et l'accent d'un mousquetaire français, il commença aussitôt :

« Mon cœur volage, dit-elle,
 N'est pas pour vous, garçon;
Mais pour un homme de guerre
 Qui a barbe au menton,
 Lon, lon, laridon;

« Qui porte chapeau à plume,
 Soulier à rouge talon;
 Qui joue de la flûte,
 Aussi du violon,
 Lon, lon, laridon [1]. »

Balmawhapple, qui ne pouvait y tenir plus long-temps, proposa d'une voix forte une chanson diablement bonne, selon son expression, composée par Gibby Gaethroughwi't, le joueur de cornemuse de Cupar, et, sans perdre un instant, il leur jeta le couplet suivant :

« De Glenbarchan j'ai suivi la colline;
 De Killibraid j'ai franchi le désert;
 Plus d'une fois j'ai couru, j'ai souffert,
 Pour chatouiller d'une balle assassine
 La queue et la plume d'hermine
 Du faisan à ma vue offert. »

Le baron, dont la voix se noyait dans les bruyants accents de Balmawhapple, renonça à la lutte; mais il fredonnait toujours *lon, lon, laridon*, et regardait avec dédain l'heureux rival qui lui enlevait l'attention de la compagnie, tandis que celui-ci continuait :

« Lorsque l'oiseau s'élève d'un buisson,
 Je l'ajuste et le frappe à l'aine ;
 Et quand je rentre à la maison,
 Ma gibecière est toujours pleine. »

Après avoir vainement tenté de se rappeler le second couplet, il recommença le premier; et, dans la chaleur de son triomphe, il déclara qu'il y avait plus de sens dans ce qu'il venait de chanter que dans toutes les chansons de France et même du comté de Fife. Le baron, pour toute réponse, prit longuement une prise de tabac, et le regarda avec l'expression d'un mépris souverain; mais la noble alliance de l'*ours* et de la *poule* avait affranchi le jeune laird du respect qu'il avait ordinairement pour Bradwardine. Il déclara que le vin de Bordeaux était froid et sans saveur, et demanda en vociférant le *brandy* [2]. On l'apporta aussitôt, et le démon de la politique devint sans doute jaloux de cette harmonie flamande, où il ne se mêlait pas une seule note de colère; car, animé par la liqueur, le laird de

[1] Ces vers sont ainsi rapportés dans l'original. A. M.
[2] Eau-de-vie. A. M.

Balmawhapple, s'inquiétant peu des regards et des gestes par lesquels le baron de Bradwardine, par égard pour Édouard, cherchait à l'empêcher d'entrer dans une discussion politique, avec des poumons de Stentor, porta le toast : « Au petit gentilhomme habillé de velours noir, qui a rendu un si grand service en 1702, et puisse le cheval blanc lui casser le cou sur une butte de sa façon ! »

Édouard n'avait pas en ce moment assez sa tête à lui pour se rappeler que le roi Guillaume était mort d'une chute qu'il avait faite, dit-on, lorsque son cheval broncha sur une taupinière ; il se sentait toutefois disposé à se formaliser d'un toast qui, d'après le regard que lui lança Balmawhapple, lui semblait une attaque injurieuse au gouvernement qu'il servait. Mais le baron de Bradwardine le prévint en s'emparant de la querelle. — « Monsieur, dit-il au laird, quels que soient mes principes à cet égard, *tanquam privatus*, je ne puis souffrir que vous blessiez en rien les sentiments de l'honorable gentilhomme que j'ai reçu chez moi. Si vous n'avez, monsieur, aucune considération pour les lois de l'honnêteté, respectez du moins le serment militaire, le *sacramentum militare*, qui attache tout officier au drapeau sous lequel il s'est enrôlé ; lisez Tite-Live, voyez ce qu'il dit des soldats romains qui furent assez malheureux pour oublier leur serment de légionnaire : *exuere sacramentum*. Mais vous ne connaissez pas plus l'histoire ancienne que la politesse moderne. »

« Je ne suis pas aussi ignorant que vous le dites, répondit Balmawhapple. Je sais fort bien que vous voulez parler de la sainte ligue et du Covenant ; mais si tous les whigs de l'enfer avaient pris le... »

Le baron et Édouard l'interrompirent ; le premier s'écriait : — « Taisez-vous, monsieur ! non seulement vous prouvez votre ignorance, mais encore vous injuriez votre pays natal devant un étranger et un Anglais ! » et Waverley, pendant ce temps, suppliait M. Bradwardine de lui permettre de demander raison d'un outrage qui lui était personnel ; mais le baron, échauffé par le vin, la colère et le dédain, ne voulut rien écouter.

— « Non, capitaine Waverley, lui dit-il ; vous êtes partout ailleurs *sui juris*, c'est-à-dire émancipé, ayant droit de vous défendre vous-même ; mais dans mon domaine, dans cette pauvre baronnie de Bradwardine et sous ce toit qui est *quasi* mien, étant loué à un tenancier qui ne l'habite qu'autant qu'il me plaira, je suis pour vous *in loco parentis*, et tenu de vous conserver sain et sauf. Quant à vous, Falconer de Balmawhapple, je pense que vous ne vous écarterez plus de la voie de la politesse.

— « Et je vous dis, moi, monsieur Cosme Comyne Bradwardine de Bradwardine et de Tully-Veolan, répondit effrontément le chasseur, que je traiterai comme un coq de bruyère quiconque refusera de porter mon toast, que ce soit un Anglais, un whig tondu avec sa cocarde noire, ou un homme qui abandonne ses amis pour ramper devant les rats de Hanovre. »

Au même instant les rapières furent tirées de part et d'autre et plusieurs bottes rapidement échangées. Balmawhapple était jeune, vigoureux et leste ; mais le baron, qui maniait son épée avec beaucoup plus d'adresse, eût sans doute, comme sir Coby Belek, largement saigné son antagoniste, s'il n'eût pas été sous l'influence de la grande-ourse.

Édouard se précipita pour se jeter entre les combattants ; mais il fut arrêté au passage par le corps du laird de Killancureit étendu sur le plancher. On ne sait pas bien par quel hasard il se trouvait dans cette posture en un moment aussi critique : quelques personnes pensèrent qu'il avait voulu se cacher sous la table ; lui, prétendit qu'il avait glissé en voulant s'emparer d'un tabouret dans l'intention d'en abattre Balmawhapple, pour éviter un malheur. Quoi qu'il en soit, le sang eût certainement coulé, si personne n'eût été plus prompt que lui ou Waverley à apporter secours; mais le cliquetis des armes, bruit qu'elle connaissait fort bien, frappa l'oreille de la mère Macleary tandis qu'elle était tranquillement au delà du hallan ou mur de terre de l'habitation, comptant de tête le montant de la dépense des convives, quoiqu'elle regardât le livre de Boston, intitulé *The Crook of the lot.*

Elle accourut aussitôt, en s'écriant vivement : — « Quoi ! vos honneurs veulent-ils s'égorger ici, pour mettre en discrédit l'honnête maison d'une pauvre veuve, quand vous avez toute la plaine devant vous pour vous y battre? » et en parlant ainsi elle jeta avec beaucoup de dextérité son plaid sur les épées des combattants. Les domestiques, qui heureusement n'avaient point trop bu, accoururent aussi, et séparèrent les adversaires enragés, avec l'aide d'Édouard et de Killancureit. Ce dernier emmena Balmawhapple, injuriant, maudissant, menaçant tous les whigs, presbytériens et fanatiques d'Écosse et d'Angleterre, depuis John-o'-Groat's jusqu'à Land's-End, et le plaça non sans peine sur son cheval.

Notre héros et Saunder Saunderson ramenèrent dans sa demeure le baron de Bradwardine, qui ne laissa point Waverley le quitter qu'il ne lui eût fait une longue et savante apologie des événements de la soirée, où Édouard comprit seulement qu'il était question des Centaures et des Lapithes.

CHAPITRE XII.

REPENTIR ET RÉCONCILIATION.

WAVERLEY ne buvait habituellement du vin qu'avec beaucoup de modération, c'est pourquoi il dormit profondément, ne s'éveilla que fort tard le lendemain matin, et se rappela alors avec un sentiment de peine les événements de la veille. Il avait reçu un outrage personnel, lui gentilhomme, lui militaire, lui Waverley! mais il pensait que la personne qui l'avait insulté n'avait pas dans ces moments la légère dose de bon sens que la nature lui avait accordée; qu'en demandant réparation il violait les lois divines et les lois de son pays; qu'il pouvait ôter la vie à un jeune homme qui s'acquittait peut-être honorablement des devoirs de la société, et porter par là la douleur dans le sein d'une famille; qu'il pouvait lui-même être tué, et, quelque brave qu'on soit, cette alternative pesée froidement et en particulier ne peut être que très-désagréable.

Toutes ces pensées se pressaient dans son esprit; mais la première revenait continuellement l'agiter avec la même puissance; il avait reçu une insulte personnelle, il était de la maison de Waverley, il était capitaine : il n'y avait aucune alternative. Il descendit dans la salle du déjeuner avec l'intention de prendre congé de la famille, et d'écrire à un de ses camarades de venir le joindre à une auberge à moitié chemin de Tully-Veolan et de leur ville de garnison, afin qu'il le chargeât pour le laird de Balmawhapple du message que les circonstances semblaient réclamer. Il trouva miss Bradwardine s'occupant de la préparation du thé et du café, et la table servie; on y voyait du pain chaud de farine de froment et d'orge, auquel on avait donné la forme de gâteaux, de biscuits et autres choses de ce genre; et des œufs, du jambon de venaison, du mouton, du bœuf, du saumon fumé, de la marmelade, et toutes les friandises qui forcèrent Johnson lui-même à mettre les déjeuners d'Écosse au-dessus de ceux des autres pays. Un plat de gruau bouilli, et un pot d'argent qui contenait un égal mélange de crème et de lait de beurre, étaient placés devant le siège du baron : tout cela faisait son repas du matin; mais Rose dit qu'il était sorti de très-bonne heure, après avoir donné ordre de ne point éveiller son hôte.

Waverley, presque sans rien dire, s'assit avec un air de préoccupation qui n'était pas fait pour donner à miss Bradwardine une opinion favorable de son talent pour la conversation. Il répondit au hasard à deux ou trois réflexions qu'elle fit sur des sujets sans intérêt, de sorte que se sentant honteuse des inutiles efforts qu'elle faisait pour animer la conversation, et s'étonnant qu'il n'y eût pas plus d'usage du monde sous un habit rouge, elle l'abandonna à ses rêveries et le laissa maudire en lui-même la grande-ourse, constellation favorite du docteur Doubleit, comme la cause des malheurs qui déjà étaient arrivés et de ceux qu'elle pouvait amener. Mais soudain Waverley tressaillit, et le rouge lui monta au visage lorsqu'il vit à travers la croisée le baron et le jeune Balmawhapple bras dessus bras dessous, et en grande conversation. « M. Falconer a-t-il passé la nuit ici? » demanda-t-il aussitôt à miss Rose, qui, un peu choquée de la brusquerie de la première question que lui adressait l'étranger, lui répondit sèchement que non, et le silence recommença.

Bientôt M. Saunderson entra, et dit au capitaine Waverley que son maître désirait lui parler dans un autre appartement. Édouard s'y rendit aussitôt, avec un violent battement de cœur, qu'on ne pouvait certainement pas attribuer à la peur, mais à un sentiment d'incertitude sur ce qui allait se passer; il trouva les deux gentilshommes debout; le baron avait un air de dignité et de satisfaction, tandis que le visage fier de Balmawhapple était pâle de chagrin ou de honte et peut-être des deux sentiments. Bradwardine lui prit le bras, de manière qu'ils paraissaient marcher ensemble, quand réellement il le conduisait; s'avançant à la rencontre de Waverley, et s'arrêtant au milieu de l'appartement, il débita avec solennité le discours suivant :

« Capitaine Waverley, mon jeune et estimable ami, M. Falconer de Balmawhapple, voulant bien s'en remettre à mon âge et à mon expérience; voulant bien me regarder comme un bon juge en tout ce qui regarde duels ou monomachies, me charge d'être son interprète, et de vous exprimer le regret qu'il ressent en se rappelant certains mots qui lui sont échappés dans notre réunion d'hier soir, et qui n'ont pu manquer de vous blesser, vous qui servez sous le nouveau gouvernement. Il vous prie, monsieur, de mettre en oubli cette atteinte aux lois de la politesse, qu'il désavoue de sang-froid, et d'accepter la main qu'il vous offre en signe d'amitié. Je dois ajouter qu'il n'y a rien moins que la conviction d'être *dans son tort* (comme me disait une fois, en pareille occasion, un brave chevalier français, M. Lebretailleur), et l'appréciation de votre mérite personnel, qui aient pu le déterminer à de telles concessions; car lui et ses parents sont et ont toujours été *mavortia pectora*, tribu ou famille courageuse et guerrière, comme dit Buchanan. »

Édouard, avec une politesse naturelle, s'empressa de prendre la main que Balmawhapple, ou plutôt le baron, lui présentait en sa qualité de médiateur. « Il m'est impossible, dit-il, de ne pas oublier ce qu'un gentilhomme voudrait ne pas avoir dit; et je ne veux attribuer ses paroles qu'à la grande quantité des liquides qui ont été pris dans la joyeuse soirée d'hier. »

« Vous parlez à merveille, répondit le baron; car, sans aucun doute, si un homme s'est trouvé *ebrius*, pris de vin, ce qui peut arriver dans certains jours de fête, de solennité, à un homme d'honneur; et si ce même homme à jeun désavoue ce qu'il a dit dans cet état, on doit dire *vinum locutum est*, les paroles ne sont plus les siennes. Je ne pense pas toutefois que cette disculpation soit applicable à celui qui est *ebriosus*, ivrogne d'habitude; parce que, s'il passe la plus grande partie de son temps dans une espèce d'aliénation, il ne doit pas être pour cela exempt des obligations imposés par le code de la politesse, et doit apprendre à se conduire paisiblement et honnêtement lorsqu'il se trouve sous le *stimulus* du vin. Mais allons déjeuner, et qu'il ne soit plus question de cette affaire. »

Je dois faire l'aveu qu'Édouard, quelle que soit la conséquence que l'on puisse en tirer, après une explication aussi satisfaisante, fit beaucoup plus d'honneur aux mets friands préparés par miss Bradwardine, que son début ne l'avait promis. Balmawhapple, au contraire, semblait embarrassé et honteux; et Waverley s'aperçut alors pour la première fois qu'il avait le bras en écharpe, ce qui lui expliquait fort naturellement la manière gênée dont il lui avait présenté la main. Il répondit à une question de miss Bradwardine à ce sujet, que son cheval était tombé; et, impatient d'échapper à une situation pénible, il se leva dès que le déjeuner fut fini, prit congé de la société, refusa la pressante invitation du baron, qui voulait qu'il ne partît qu'après le dîner, monta à cheval et retourna chez lui.

Waverley annonça ensuite son intention de quitter après le dîner Tully-Veolan d'assez bonne heure pour pouvoir gagner la poste, où il voulait aller coucher; mais il n'eut pas le courage d'insister en voyant le chagrin vrai et profond que cette résolution causait au brave et vieux gentilhomme. Le baron n'eut pas plus tôt fait consentir Waverley à rester encore quelques jours, qu'il s'occupa d'éloigner tous les motifs qui avaient pu le déterminer à le quitter comme il le voulait d'abord. « Je ne voudrais pas que vous pussiez penser, capitaine Waverley, que je prêche l'intempérance de paroles et d'exemple, parce que, dans notre joyeuse soirée d'hier, quelques uns de mes amis étaient, sinon complétement ivres, *ebrii*[1], du moins un peu gais, *ebrioli*, qualifications que les anciens donnaient à ceux qui n'avaient plus leur raison, ou à ceux qui, comme le dit en anglais la phrase métaphorique et vulgaire, sont presque en pleine mer. Ne croyez pas, capitaine Waverley, qu'il soit question de vous, qui, en jeune homme prudent, avez plusieurs fois évité de boire; ni de moi, qui, m'étant trouvé à la table de plusieurs grands généraux et maréchaux, ai su toujours, dans ces banquets solennels, porter mon vin avec réserve, et qui, hier soir, comme vous l'avez sans doute remarqué, n'ai point dépassé les bornes d'une honnête hilarité. »

On ne pouvait rien répondre à une décision aussi positivement établie par celui qui était indubitablement le juge le plus intéressé dans cette cause, quoique Édouard eût certainement, d'après ses propres observations, l'opinion que le baron était non seulement *ebriolus*, mais même près de devenir *ebrius*, ou, en bon anglais, qu'il était incomparablement le plus ivre de la compagnie, en exceptant peut-être son antagoniste le laird de Balmawhapple.

Toutefois, ayant reçu sur sa sobriété le compliment attendu ou plutôt demandé, le baron continua : « Non, monsieur; quoique je sois d'une forte constitution, j'ai en horreur l'ivrognerie, et je désapprouve ceux qui n'avalent le vin que *gulæ causâ*[2], pour la satisfaction du palais. Néanmoins je ne suis nullement de l'avis de la loi de Pittacus de Mitylène, qui infligeait un double châtiment au crime commis sous l'influence du *Liber Pater*; et je n'admets pas entièrement les reproches que Pline le jeune adresse aux buveurs dans le quatorzième livre de son *Historia naturalis*. Non, monsieur, je sais faire des distinctions, et j'approuve le vin qui, sans déranger le cerveau, épanouit la physionomie, *recepto amico*, comme dit Flaccus. »

Ainsi se termina l'apologie que le baron de Bradwardine avait cru devoir faire de la surabondance de son repas. Il est facile de concevoir qu'Édouard se garda bien de l'interrompre par un avis différent ou par le moindre doute.

Le baron invita son hôte à faire, dans la matinée, une course à cheval, et or-

---

[1]. D'*ebrius*, ivre; comme *ebrioli* vient d'*ebriolus*, à demi ivre ou entre deux vins. A. M.

[2]. Par raison de gourmandise. A. M.

donna à Davie Gellatley d'aller les attendre au *Dern Path*[1] avec Ban et Buscar. « Avant la saison de la chasse, je voudrais, dit-il, vous donner une idée de la manière dont nous chassons en Écosse, et nous pourrons, si Dieu le veut, rencontrer un chevreuil. Le chevreuil, capitaine Waverley, peut se chasser à toutes les époques de l'année, parce qu'il n'a point d'époque pour être ce que nous appelons *pride of grease*[2]; c'est ce qui fait que sa venaison ne vaut jamais celle du daim rouge ou du daim fauve. Mais cela nous servira à vous montrer comment courent mes chiens, que j'envoie devant avec Davie Gellatley[3]. »

Waverley parut étonné que l'on confiât une semblable fonction à l'ami Davie, et le baron lui donna à entendre que ce pauvre innocent n'était ni aliéné, ni *naturaliter idiota*, comme on dit en termes de procédure, mais que c'était simplement un cerveau fêlé, qui remplissait très-bien les commissions qui ne contrariaient pas ses goûts et qui pouvaient le dispenser d'en remplir d'autres. « Il nous a fait prendre intérêt à lui, continua le baron, en sauvant les jours de Rose au péril des siens. Et depuis ce moment, le coquin mange notre pain, vide notre coupe, et fait ce qu'il peut ou ce qu'il veut; ce qui est pour lui absolument la même chose, si l'on s'en rapporte à Saunderson et au bailli. »

Miss Bradwardine dit alors à Waverley que le pauvre innocent était passionné pour la musique, qu'un chant mélancolique l'affectait profondément, et que des airs vifs et gais le jetaient dans des accès d'une gaieté extravagante ; que sa mémoire sous ce rapport était prodigieuse et meublée de fragments de couplets et d'airs de tout genre, dont il se servait quelquefois avec beaucoup d'adresse pour faire une remontrance, donner une explication, ou se moquer de quelqu'un ; que Davie était très-attaché au peu de personnes qui lui témoignaient de la bienveillance, mais qu'il gardait aussi rancune d'une injure ou d'un mauvais procédé, et qu'il saisissait habilement l'occasion offerte d'en tirer vengeance; que les gens du peuple, juges aussi rigoureux les uns des autres qu'ils le sont de ceux qui sont au-dessus d'eux, avaient montré beaucoup de compassion pour le pauvre innocent, tant qu'on le vit errer en haillons dans le village; mais que depuis qu'il était vêtu proprement, qu'il ne manquait de rien, et qu'il avait même une espèce de charge de favori, ils avaient rappelé toutes les preuves de malice et de finesse qu'il avait données, tant en actions qu'en paroles, et en avaient charitablement tiré la conséquence que Davie Gellatley était tout juste assez fou pour s'exempter de tout travail; que leur opinion n'était pas mieux fondée que celle des nègres, qui, d'après les tours adroits et malins des singes, supposent qu'ils ont le don de la parole, et qu'ils n'en font point usage dans la crainte qu'on ne les fasse travailler ; que Davie Gellatley était véritablement ce qu'il paraissait être, un innocent, un cerveau un peu dérangé, un être incapable d'une occupation constante et réglée; qu'il avait assez de jugement pour n'être point accusé de folie, assez d'esprit pour n'être point accusé d'idiotisme; qu'il était doué de quelque adresse pour la chasse (où d'aussi grands fous avaient excellé), et qu'il avait, en un mot, beaucoup de soin des animaux qui lui étaient confiés, un bon cœur, une mémoire extraordinaire et l'oreille musicale.

On entendit alors le pas des chevaux dans la cour, et la voix de Davie qui chantait en s'adressant aux deux grands lévriers :

« Allons-nous-en sur la colline,
Où le taillis est toujours vert,
Où la fontaine cristalline
S'ombrage du plus frais couvert,
Où la fougère est abondante,
Où la rosée est scintillante,

---

1. Sentier solitaire. A. M.
2. Orgueil de graisse.
3. Les adeptes en cuisine diffèrent du baron de Bradwardine, observe l'auteur, et regardent la viande de chevreuil comme une nourriture sèche et peu à rechercher, à moins qu'elle ne soit servie en soupe et en tranches écossaises. A. M.

> Où le coq de bruyère encor
> En boit le liquide trésor,
> Où la Sylphide, plus contente,
> Sur le gazon a récemment
> Dansé non moins légèrement
> Que Zéphyre à l'aile inconstante.
> Allons aux lieux que rarement
> Le pas du voyageur fréquente;
> Lieux solitaires, doux et frais,
> Séjour du calme et de la paix,
> Et dont les verdoyants attraits
> Sauront couronner notre attente. »

« Ces vers, miss Bradwardine, appartiennent-ils à l'ancienne poésie d'Écosse ? » demanda Waverley

« Je ne pense pas, répondit-elle ; cette pauvre créature avait un frère, et le ciel, pour dédommager sans doute la famille de l'infirmité de Davie, lui avait départi un talent très-extraordinaire, au dire des gens du village. Un oncle le fit élever pour l'église d'Écosse, mais il ne put obtenir d'être ministre, parce qu'il sortait de nos domaines. Il revint du collège sans espoir et le cœur brisé, et tomba en langueur; mon père en prit soin jusqu'à sa mort, qui arriva lorsqu'il n'avait pas encore atteint sa dix-neuvième année; il jouait de la flûte d'une manière remarquable, et on lui accordait les plus heureuses dispositions pour la poésie; il aimait et plaignait son frère, qui le suivait comme son ombre, et nous pensons que c'est de lui que viennent ces chansons et ces airs qui ne ressemblent en rien aux chansons et aux airs de notre pays. Si on lui demande qui lui a appris ces fragments que vous venez d'entendre, ou d'autres semblables, il ne répond que par de longs et bruyants éclats de rire, ou par des sanglots et des larmes; il n'a jamais donné d'autre explication, et jamais on ne lui a entendu prononcer le nom de son frère depuis sa mort. »

« Probablement, répondit Édouard, intéressé vivement par cette histoire un peu romanesque; probablement on pourrait en savoir davantage en l'interrogeant avec un soin particulier. »

« Peut-être bien, dit Rose; mais mon père n'a jamais voulu permettre à personne de le questionner à cet égard. »

Pendant qu'ils causaient ainsi, le baron, à l'aide de M. Saunderson, avait mis une paire de grosses bottes ; il invita alors notre héros à le suivre, et il descendit le large escalier du perron, en frappant du pied, en donnant sur la grossière balustrade des coups du manche de son fouet de cheval, et fredonnant avec l'air d'un chasseur de Louis XIV ces vers :

> Pour la chasse ordonnée
> Il faut préparer tout.
> Holà ! vite, debout !
> Et commençons bien la journée.

CHAPITRE XIII.

JOURNÉE PLUS RAISONNABLE QUE LA DERNIÈRE.

LE baron de Bradwardine, monté sur un cheval actif et bien dressé, sur une selle couverte de belles et grandes housses à sa livrée, ne représentait pas mal un modèle de l'ancienne école ; il portait un habit brodé de couleur claire, une veste richement galonnée, une perruque de brigadier, et un petit chapeau retroussé à ganse d'or ; il était suivi de deux domestiques montés sur de bons chevaux et armés de pistolets d'arçon.

C'était dans cet appareil qu'il courait par monts et par vaux et faisait l'admiration de toutes les femmes qui se présentaient sur son passage, jusqu'à l'instant enfin où, arrivés au fond d'une vallée pleine d'herbes, ils trouvèrent Davie Gellatley conduisant deux énormes lévriers, une demi-douzaine d'autres chiens, et accompagné d'une quantité de petits garçons à jambes et tête nues, qui, pour obtenir l'honneur de suivre la chasse, n'avaient pas manqué de caresser les oreilles de l'innocent en le saluant du nom de *maister Gellatley*, quoique probablement dans toute autre occasion aucun d'eux ne l'eût apostrophé que du nom de *fou Davie*.

Mais l'habitude de la flatterie envers les gens en place n'était pas alors particulière aux villageois à pieds nus de Tully-Veolan, c'était la mode il y a soixante ans, c'est la mode aujourd'hui, et ce sera la mode dans six cents ans, si ce merveilleux mélange de folie et de fourberie, qu'on appelle le monde, existe encore.

Ces *petits va-nu-pieds*, ainsi qu'on les nommait, étaient destinés à battre les broussailles, office qu'ils remplirent si bien, qu'au bout d'une demi-heure un chevreuil fut lancé, chassé et tué. Le baron courut au galop de son cheval blanc, comme jadis le comte Percy, et prenant son couteau de chasse baronial, il éventra et vida avec dignité l'animal mort (ce que les Français, remarqua-t-il, appellent *faire la curée*). Après cette cérémonie il ramena son hôte à son manoir par une route sinueuse et agréable, d'où l'on découvrait différents villages, différents manoirs auxquels le baron attachait quelque souvenir historique ou généalogique, qu'il exprimait avec toute la bizarrerie de ses préjugés et de son pédantisme, mais où il déployait souvent aussi un grand sens et d'honorables sentiments; et ses récits étaient curieux, sinon d'une importance réelle.

La promenade semblait véritablement très-agréable aux deux amis, quoique leur caractère et leur manière de voir fussent en quelques points diamétralement opposés. Édouard, comme nous l'avons dit, était d'un caractère passionné, doué d'une imagination vive, romanesque dans ses idées et dans ses lectures, et aimait beaucoup la poésie. M. Bradwardine était le contraire de tout cela, et se vantait de traverser la vie en suivant une route aussi droite, avec une gravité aussi froide et aussi stoïque que dans sa promenade du soir sur la terrasse de Tully-Veolan, où pendant des heures entières, vrai modèle du vieil Hardyknute,

Il s'est, de l'aurore au couchant,
Montré comme un guerrier vaillant.

Quant à la littérature il avait lu es poésies classiques, l'*Épithalame* de George Buchanan, les psaumes du dimanche d'Arthur Johnson, les *Deliciæ poetarum scotorum*, les œuvres de sir David Lindsay, le *Bruce* de Barbour, le *Wallace* de Henry-l'Aveugle, le *Gentle shepherd* [1], le *Cerisier* et le *Prunier;* mais malgré ce sacrifice du temps fait aux muses, il eût préféré, à vrai dire, qu'on lui lût en humble prose les pieux et sages apophthegmes, ainsi que la partie historique de ces différents ouvrages; et même quelquefois il ne pouvait s'empêcher de témoigner son mépris pour l'art vain et inutile de faire des poëmes, genre dans lequel, disait-il, Allan Ramsay, le perruquier, avait seul excellé de son temps.

Mais quoique Édouard différât de lui, *toto cœlo*, comme aurait dit le baron, le terrain de l'histoire était pour eux un terrain neutre, qui leur présentait de l'intérêt à tous deux. Le baron, il est vrai, avait seulement encombré sa mémoire de faits, d'événements que l'histoire représente d'une manière sèche et aride. Édouard, au contraire, aimait à finir l'esquisse avec le coloris d'une imagination vive et brûlante, qui donnait l'ame et la vie aux personnages du drame des temps passés. Toutefois, avec des goûts si différents, ils se plaisaient mutuellement. Les détails que M. Bradwardine puisait dans sa riche mémoire offraient à Waverley des sujets frais sur lesquels son imagination se plaisait à s'exercer, et lui ouvraient une nouvelle mine d'incidents et de caractères; il payait le plaisir qu'il recevait par une grande attention, chose bien précieuse pour tous les conteurs, et particulièrement pour le baron, dont l'amour-propre était singulièrement flatté; quelquefois même M. Bradwardine écoutait avec intérêt les réflexions d'Édouard, qui confirmaient ou expliquaient ce qu'il avançait. Outre cela, M. Bradwardine parlait volontiers des aventures de sa jeunesse, qu'il avait passée dans les camps, sur la terre étrangère; il racontait beaucoup de particularités curieuses des généraux sous lesquels il avait servi, et des combats dans lesquels il avait figuré.

[1] Le gentil berger. A. M.

Ils rentrèrent à Tully-Veolan, très-contents l'un de l'autre; Waverley formant le dessein d'étudier plus attentivement le caractère du baron, qu'il trouvait bizarre, mais intéressant, et qu'il regardait comme un recueil curieux d'anecdotes anciennes et modernes; et Bradwardine considérant Édouard comme un *puer* (ou plutôt comme un *juvenis*) *bonæ spei et magnæ indolis* [1], comme un jeune homme bien éloigné de cette étourderie qui n'écoute qu'avec impatience les avis des vieillards, et se permet même de s'en moquer; ce qui lui faisait augurer le plus favorablement possible de l'avenir d'Édouard. Ils n'eurent ce jour-là à dîner que M. Rubrick, dont la conversation, comme ecclésiastique et comme littérateur, était parfaitement en harmonie avec celle du baron et de son hôte.

Peu de temps après le dîner, le baron, pour montrer que sa tempérance n'était pas entièrement en théorie, proposa d'aller faire une visite à Rose, ou, comme il le dit, *à son troisième étage*. Waverley le suivit à travers un ou deux de ces longs corridors inventés par les anciens architectes pour embarrasser un hôte, à l'extrémité desquels M. Bradwardine monta, deux à deux, les marches d'un escalier roide, étroit et tournant, laissant un peu derrière lui Waverley et M. Rubrick, pour annoncer leur visite à sa fille.

Arrivés au haut de cet escalier en spirale et presque perpendiculaire, bien propre à faire tourner la tête, ils entrèrent dans une petite pièce garnie de nattes, qui servait d'antichambre au *Sanctum sanctorum* de Rose, d'où ils passèrent dans son salon. Cet appartement était petit mais agréable; il ouvrait au midi, et les murailles étaient garnies d'une tapisserie; il était en outre orné de deux tableaux, l'un représentant la mère de miss Bradwardine en habit de bergère, avec une robe à paniers; l'autre, le baron, à l'âge de dix ans, avec un habit bleu, une veste brodée, un chapeau à ganses, une perruque à bourse, et tenant un arc à la main. Édouard ne put s'empêcher de sourire du costume, et de l'étrange ressemblance qu'il y avait entre la figure ronde, blanche et vermeille du portrait, et le visage maigre, la barbe, les yeux creux et les rides que les voyages, les fatigues de la guerre et l'âge avaient donnés à l'original. Le baron se mit lui-même à rire, et dit à son hôte : « Ce tableau est une fantaisie de femme de ma bonne mère, fille du laird de Tulliellum : capitaine Waverley, je vous ai montré l'emplacement de son manoir quand nous étions sur le haut du Shinny-Heuch; il fut brûlé en 1715 par les Hollandais venus comme auxiliaires du gouvernement. Je ne me suis jamais depuis fait peindre qu'une seule fois, et ce fut à la demande particulière et réitérée du maréchal duc de Berwick. »

Ce brave gentilhomme ne dit point à Édouard, ce que M. Rubrick lui apprit ensuite, que le duc lui avait fait cet honneur, parce qu'il était monté le premier à l'assaut d'un fort en Savoie, dans la mémorable campagne de 1709, et qu'il s'y était défendu avec sa demi-pique pendant près de dix minutes avant qu'on vînt le secourir.

Il faut être juste envers le baron; quoiqu'il fût très-porté à mentionner et même à exagérer la dignité et l'importance de sa famille, c'était un homme d'un courage trop vrai pour parler de tout ce qui pouvait prouver son mérite personnel.

Miss Rose sortit alors de sa chambre afin de recevoir son père et ses amis. Les petits travaux dont elle s'occupait habituellement montraient des dispositions qui n'avaient besoin que de culture. Son père lui avait appris le français et l'italien, et sur les rayons de sa bibliothèque elle avait quelques ouvrages écrits dans ces deux langues; il avait essayé aussi de lui donner des leçons de musique; mais comme il avait commencé par les parties les plus abstraites de l'art, ou peut-être parce qu'il n'était pas

---

[1]. Enfant ou jeune homme d'une bonne espérance et d'un grand caractère. A. M.

capable de l'enseigner, elle n'était encore parvenue qu'à chanter en s'accompagnant sur sa harpe, ce qui n'était pas très-commun en Écosse à cette époque. Par compensation, elle chantait avec beaucoup de goût, d'expression et de clarté ; elle aurait pu être proposée pour modèle à des dames plus fortes qu'elle en musique. Son bon sens naturel lui avait appris que si, comme le prétend une haute autorité, la musique doit se marier à l'immortelle poésie, trop souvent celui qui chante leur fait faire le divorce le plus honteux. C'était peut-être à ce sentiment de la poésie, et à ce talent d'en fondre l'expression avec l'expression musicale, qu'elle devait de faire plus de plaisir par son chant aux personnes qui ne savaient pas une note de musique, et même à un grand nombre de connaisseurs, que ne leur en avaient fait éprouver de plus belles voix, une plus brillante exécution, qui n'étaient point accompagnées d'une aussi exquise sensibilité que la sienne.

Une bartesane, ou balcon devant les fenêtres du salon, servait à montrer une autre occupation favorite de Rose ; il était garni de fleurs de différentes espèces, qu'elle prenait soin de cultiver elle-même. On allait à ce balcon gothique par une tourelle d'où l'on découvrait une vue magnifique. Le jardin proprement dit, avec ses hautes murailles, situé au-dessous, ne paraissait de cette élévation qu'un simple parterre. Plus loin on apercevait un vallon boisé, où une petite rivière de temps en temps se montrait, et de temps en temps se cachait sous le taillis. Les regards pouvaient se reposer avec plaisir sur des rochers qui élevaient çà et là au-dessus des bois touffus leurs cimes massives ou pointues, ou sur une vieille et noble tour, qui du haut d'un promontoire mirait ses ruines vénérables dans le cristal du ruisseau. A gauche, on voyait deux ou trois chaumières, une partie du village ; le revers de la colline cachait le reste. Ce vallon verdoyant se terminait par une nappe d'eau appelée Lock-Veo-lan, où le ruisseau allait se jeter, et qui réfléchissait en ce moment les rayons étincelants du soleil couchant. Le pays au-delà semblait ouvert et varié, quoique non boisé ; et la vue n'était arrêtée que par une barrière bleue et éloignée, qu'une chaîne de montagnes formait du côté du midi à l'extrémité de la vallée. C'était dans cette ravissante position que miss Bradwardine avait fait apporter le café.

La vue de la vieille tour ou forteresse suggéra au baron quelques anecdotes de famille, quelques histoires de chevalerie écossaise, qu'il raconta avec un véritable enthousiasme. Le sommet d'un roc menaçant qui l'avoisinait avait reçu le nom de Chaise de Saint-Swithin : c'était le théâtre d'un conte superstitieux, sur lequel M. Rubrick donna quelques curieux détails qui rappelèrent à Waverley un couplet cité par Edgar dans *le Roi Lear* ; et Rose fut invitée à chanter une courte légende composée par quelque poète villageois

« Obscur comme ses aïeux,
Et qui, sauvant plus d'une vie
De l'oubli qui pesait sur eux,
Mourut ignoré de l'envie
Et de l'avenir oublieux. »

La douceur de sa voix, la beauté de la musique simple et vraie, donnèrent à ce chant tout le charme que le ménestrel eût pu demander, et dont sa poésie avait grand besoin ; je doute même qu'on puisse lire son œuvre dépouillée de ces avantages, quoique je pense que la copie que je donne ici ait été accommodée par Waverley au goût de ceux à qui l'ancienne poésie n'aurait su plaire :

LA CHAISE DE SAINT-MÉDARD [1].

La veille de Toussaint, de peur d'être maudit,
Le soir, bénis ta couche et saisis ton rosaire
Fais le signe de croix en cessant ta prière,
Et chante le *credo* quand l'*ave* sera dit.

Au loin, des nuits alors la sorcière voyage ;
Que le vent siffle ou dorme, elle marche à grands pas

[1]. Le texte dit *Saint-Swithin*, qui est le saint Médard des Anglais, et qui fait aussi pleuvoir pendant quarante jours, d'après une croyance populaire. A. M.

Sur un rayon de lune ou bien sur un nuage,
Son cortége s'élance et ne la quitte pas.

Au fauteuil Saint-Médard vient s'asseoir une femme;
La rosée a mouillé l'or pur de ses cheveux ;
Mais si sa joue est pâle, elle ouvre un œil de flamme;
Sa parole est hautaine en exprimant ses vœux.

Elle a redit les mots que le saint fit entendre,
Quand, pieds nus, poursuivant la sorcière à minuit,
Il l'arrêta soudain, et du char de la nuit,
Son imposante voix l'obligea à descendre.

Au fauteuil Saint-Médard quiconque ose siéger
Quand, la nuit, la sorcière aux champs va se mor-
[fondre,
Par sortilége il peut trois fois l'interroger,
Et malgré son courroux la forcer de répondre.

Avec le roi Robert est parti le baron,
Et depuis trois longs ans que le sort le promène
La châtelaine ignore où brille son fleuron :
L'apprendre est le sujet qui dans ces lieux l'amène.

Elle s'agite et tremble au charme prononcé.
Était-ce du hibou la voix rauque et sauvage ,
Ou la joie infernale et le rire poussé
Quand le démon parcourt un verdoyant rivage. ?

Le courroux du torrent a cessé de rugir,
Et du vent mutiné le murmure s'arrête :
Ce calme plus terrible encor que la tempête
Annonçait l'ombre vaine au moment de surgir [1].

« Je suis fâchée de tromper l'attente de la société, et surtout celle du capitaine Waverley, qui m'écoute avec une attention si méritoire, dit miss Bradwardine. Ceci n'est qu'un fragment ; il y a encore d'autres vers où se trouvent décrits le retour du baron de ses longues guerres, et la manière dont sa femme fut trouvée, froide comme la terre, sur le seuil de la porte. »

« C'est une de ces fictions, ajouta M. Bradwardine, qui dans les temps de superstition ont dénaturé les histoires des familles les plus distinguées, comme à Rome et chez les autres nations de l'antiquité, ainsi que vous pouvez le voir, monsieur, dans l'histoire ancienne ou le petit ouvrage compilé par Julius Obsequens, et dédié par le savant éditeur Scheffer à son protecteur Benedictus Skytte, baron de Dudershoff. »

« Mon père n'est pas du tout partisan du merveilleux, capitaine Waverley, dit Rose ; il lui est arrivé de garder un sang-froid imperturbable pendant qu'un synode de presbytériens était dispersé par l'apparition soudaine de l'esprit malin. »

Waverley la regarda de manière à lui faire comprendre qu'il désirait connaître cette histoire tout entière.

« Voulez-vous, dit-elle, que je vous rapporte le fait, comme je vous ai chanté la légende? eh bien : Il y avait une fois une vieille femme appelée Jeannette Gellatley, qui demeurait dans ce village et qui passait pour sorcière d'après des signes infaillibles. Elle était très-vieille, très-laide et très-pauvre, et avait deux fils, dont l'un était poète et l'autre aliéné, sur lequel on prétendait dans le voisinage que la mère avait jeté un sort. On l'emprisonna pendant une semaine dans le clocher de la paroisse; on ne lui donna que peu d'aliments; on l'empêcha de dormir; elle en vint à se persuader qu'elle était sorcière, comme l'affirmaient ses accusateurs; et ce fut dans ce calme et cette lucidité d'esprit qu'on lui ordonna de faire une confession entière devant la noblesse whig et les ministres du voisinage, qui n'étaient pas sorciers eux-mêmes. Mon père se rendit au lieu désigné pour voir ce beau procès entre la sorcière et le clergé, la sorcière étant née dans ses domaines. Pendant qu'elle avouait que le diable lui était apparu sous la forme d'un beau jeune homme noir, ce qui, si vous aviez vu la pauvre Jeannette aux yeux chassieux, vous eût paru faire peu d'honneur au goût d'Apollion ; pendant, dis-je, que tous les assistants l'écoutaient avec étonnement, et que le greffier écrivait d'une main tremblante, la pauvre femme, changeant tout à coup de ton, s'écria en poussant des cris perçants : « Prenez garde à vous! prenez garde à vous! je vois le diable assis au milieu de vous. » Une terreur extraordinaire s'empara aussitôt de tout l'auditoire, qui prit la fuite. Heureuses les personnes qui étaient près de la porte ! quel désordre, quelle déroute de cha-

---

[1]. Le texte ne termine pas ce morceau un peu obscur et de peu d'intérêt. A. M.

peaux, de coiffes, de bandeaux, de perruques, avant qu'on fût sorti de l'église, où il ne resta que notre prélatiste obstiné, pour arranger l'affaire, à bien ou mal pour lui, entre la sorcière et son admirateur. »

« *Risu solvuntur tabulæ* [1], dit le baron. Quand ils furent revenus de leur terreur panique, ils en furent trop honteux pour continuer le procès de Jeannette Gellatley. »

Cette anecdote jeta dans une longue discussion

Sur tous ces vains penseurs, toutes ces fantaisies,
Devises, rêves creux, opinions chéries,
  Récits et contes amusants,
  Ingénieuses prophéties,
En un mot, tous ces riens qui plaisent aux enfants.

C'est par cette conversation et les légendes merveilleuses qui en furent la suite, que se termina la seconde journée du séjour de notre héros au manoir de Tully-Veolan [2].

CHAPITRE XIV.

DÉCOUVERTE. WAVERLEY SE FIXE A TULLY-VEOLAN.

LE lendemain, Édouard se leva de grand matin, et en se promenant dans les alentours du manoir, il se trouva soudain dans une petite cour, au fond de laquelle était le chenil, où l'ami Davie s'occupait à soigner les quadrupèdes qui lui étaient confiés. Il reconnut aussitôt Waverley; et lui tournant le dos, comme s'il ne l'avait pas vu, il se mit à chanter ce fragment d'une vieille ballade :

[1]. Le rire termine le procès. A. M.
[2]. L'histoire qu'on vient de lire arriva, dit-on, dans le sud de l'Écosse; mais *cedant arma togæ*, et que l'on rende honneur à la robe : ce fut un vieil ecclésiastique qui eut assez de sagesse et de fermeté pour résister à la terreur panique qui s'empara de ses paroissiens, et il arracha ainsi une pauvre créature folle au sort cruel qui l'attendait. Le récit des condamnations pour sorcellerie forme un des chapitres les plus déplorables de l'histoire d'Écosse. A. M.

La jeunesse aime vite et sa flamme est ardente :
Entendez-vous l'oiseau répéter un accord?
L'amour, dans la vieillesse, est durable et prudente.
La grive met son bec sous son aile et s'endort.

Le courroux du jeune homme est un vain feu de
                                    [paille :
Entendez-vous l'oiseau répéter un accord?
Le courroux du vieillard est l'acier qu'on travaille.
La grive met son bec sous son aile et s'endort.

Le jeune homme, le soir, à table prend querelle :
Entendez-vous l'oiseau répéter un accord?
Mais dès l'aube un vieillard à la vengeance appelle.
La grive met son bec sous son aile et s'endort.

Waverley ne put s'empêcher de remarquer que Davie donnait à ces couplets une expression qui avait quelque chose de satirique : c'est pourquoi il s'approcha de lui, et tâcha, par plusieurs questions, de lui faire dire le sens qu'il attachait à cette chanson; mais Davie n'était pas en humeur de donner d'explication, et avait assez d'esprit pour couvrir sa malice du manteau de la folie. Édouard tira seulement de lui que le laird de Balmawhapple était arrivé au manoir la veille au matin, ses bottes couvertes de sang, puis il passa dans le jardin, où il trouva le vieux sommelier, qui n'essaya pas de lui cacher plus longtemps, qu'ayant été élevé dans la pépinière de Sumack et compagnie, à Newcastle, il travaillait quelquefois aux plates-bandes, pour être agréable au laird et à miss Rose. Grace à une longue suite de questions, Édouard découvrit enfin, avec un sentiment de peine, de surprise et de honte, que la déclaration soumise de Balmawhapple avait été la conséquence de son duel avec le baron, qui avait eu lieu tandis que lui-même était encore dans son lit, et où le jeune laird avait été désarmé et blessé au bras droit.

Mortifié de cette découverte, Édouard alla trouver M. Bradwardine, et lui reprocha respectueusement l'injustice qu'il avait commise en le prévenant dans son intention de se battre avec M. Falconer; chose qui pouvait le faire juger défavorablement, vu qu'il était jeune et officier. La justification du baron fut beaucoup trop longue pour que je la rapporte : il appuya sur ce que l'outrage leur étant commun, Balmawhapple, d'après les lois de l'honneur, était tenu de donner satisfaction à l'un et à l'autre ; à lui, par le combat, et à Édouard, par des excuses qui, faites et acceptées, non seulement devaient empêcher un autre duel, mais même effacer le souvenir de l'affaire.

Waverley ne fut peut-être pas très-satisfait du raisonnement du baron, toutefois il n'y répondit pas ; mais il maudit hautement l'*ours béni* qui avait donné lieu à la querelle, et dit au baron qu'il ne méritait pas sa sainte qualification. Bradwardine lui fit observer que, quoique dans le blason l'ours fût représenté comme un animal doux et pacifique, il ne pouvait nier qu'il n'eût dans le caractère quelque chose de farouche, de grossier et de chagrin (comme on pouvait le lire dans les *Hieroglyphica animalium*, d'Archibald Simson, pasteur de Dalkeith [1]), et qu'il avait été la cause de beaucoup de querelles et de dissensions dans la famille de Bradwardine. « Je puis, ajouta-t-il, vous raconter une affaire qui m'est personnelle, et que j'eus malheureusement avec un de mes cousins au troisième degré du côté de ma mère, sir Hew Halbert, qui eut le mauvais esprit de se rire de mon nom de famille, comme s'il eût été *quasi Bear-Warden*[2], plaisanterie fort malhonnête ; car non seulement il insinuait par là que le chef de notre maison était un gardien de bêtes féroces, métier qui ne peut, vous le savez, appartenir qu'aux gens du bas peuple, mais même il donnait à entendre que nos armoiries ne nous venaient pas de nobles faits d'armes, et qu'elles avaient été données à notre famille par *paranomasia*, ou jeu de mots ; sorte d'emblème que les Français nomment *armes parlantes*, les Latins, *arma cantantia*, et les généalogistes anglais, *canting heraldry*. Ce

[1]. Ville d'Écosse près d'Édimbourg. A. M.
[2]. Presque gardien d'ours. A. M.

serait là, en vérité, une espèce de blason digne des chanteurs de rue, des gens portant besace, et autres mendiants dont le jargon se compose de calembourgs, plutôt que la noble, honorable et utile science du blason, qui proclame l'écusson armorié comme la récompense des nobles et généreuses actions, au lieu de chercher à amuser par de vains quolibets, comme ceux que l'on trouve dans les recueils de facéties. »

Bradwardine n'ajouta rien de plus sur sa querelle avec sir Hew, sinon que tout s'était passé d'une manière convenable.

Après avoir ainsi peint, avec une exactitude scrupuleuse, les plaisirs de Tully-Veolan, pendant les premiers jours qui suivirent l'arrivée d'Édouard, dans l'intention d'en faire bien connaître les habitants au lecteur, nous croyons inutile de continuer avec les mêmes détails. Il est probable qu'un jeune homme accoutumé à une plus joyeuse société se serait bientôt fatigué de la conversation d'un défenseur aussi ardent que Bradwardine de la dignité du blason ; mais Édouard trouva une agréable variété dans ses entretiens avec la fille du baron, qui prenait le plus grand plaisir à écouter ses réflexions sur la littérature, et montrait elle-même un jugement exquis dans ses réponses. La douceur de son caractère l'avait fait se soumettre avec complaisance, et même avec plaisir, à des lectures que son père lui avait prescrites, quoiqu'il lui eût donné à lire quelques lourds in-folio sur l'histoire, et même d'énormes ouvrages de polémique religieuse ; quant au blason, il s'était heureusement contenté de lui en donner une légère teinture, en mettant entre ses mains les deux in-folio de Nisbet.

Le baron aimait sa fille comme la prunelle de ses yeux : son amabilité continuelle, son empressement à faire toutes ces choses qui plaisent d'autant plus qu'on ne penserait pas à les demander, sa beauté, qui rappelait au baron les traits d'une épouse bien-aimée, sa piété vraie, et sa noble générosité, auraient justifié l'affection du plus tendre des pères.

Son amour pour sa fille n'allait pas cependant jusqu'où s'étend généralement la prévoyance paternelle, c'est-à-dire jusqu'à s'occuper de son avenir en lui assurant un riche douaire, ou en lui faisant faire un mariage avantageux. Tous les biens territoriaux du baron devaient, en vertu d'une ancienne substitution, passer après sa mort à un parent éloigné, et on pensait qu'il ne resterait que bien peu de chose à miss Bradwardine, car l'argent comptant du brave gentilhomme avait été trop long-temps aux mains du bailli Mac Wheeble pour que l'on pût attendre grand'chose de ce côté. Il est vrai que le bailli aimait beaucoup son maître et la fille de son maître, mais moins qu'il ne s'aimait lui-même. Il avait pensé qu'il pourrait faire annuler la substitution établie en faveur de la descendance mâle, et s'était même procuré à cet effet, sans payer, comme il s'en vantait, un avis signé d'un habile avocat d'Écosse; il était parvenu à le faire prononcer sur cette question en le consultant sur quelque autre affaire. Mais le baron ne voulait point écouter une telle proposition; au contraire, il se faisait un plaisir cruel de mettre en avant que la baronnie de Bradwardine était un fief mâle, et que ce fief avait été établi à une époque où les femmes étaient considérées comme inhabiles à être feudataires, vu que, suivant les *coutumes de Normandie*, c'est l'homme *ki se bast et ki conseille*, ou, comme le disent quelques autorités moins galantes encore, dont il se plaisait à citer les noms barbares, vu que, par décence, une femme ne peut aller avec le seigneur suzerain à la guerre, ni lui donner le secours de ses conseils, à cause de la faiblesse de son organisation. « Comment se pourrait-il, s'écriait le baron d'un air triomphant, qu'une femme, et une femme de la famille de Bradwardine, fût *in servitio exuendi, seu detrahendi caligas regis post battaliam*? ce qui veut dire chargé de mettre et d'ôter les bottes du roi un jour de bataille; et c'est précisément le service particulier qui est attaché à la baronnie de Bradwardine. Non, sans doute, *procul dubio*, ajoutait-il; beaucoup trop de femmes aussi méritantes que Rose ont été exclues de la succession pour qu'elle vînt jusqu'à moi, et le ciel me préserve de faire autrement que mes aïeux, et d'attenter au droit de mon parent Malcolm Bradwardine d'Inchgrabbit, rejeton honorable, quoique déchu, de notre antique maison. » Le bailli qui, en sa qualité de premier ministre, avait reçu communication de cette décision de son souverain, ne crut pas devoir émettre davantage son opinion, et se contentait, toutes les fois que l'occasion s'en présentait, de déplorer avec Saunderson, le ministre de l'intérieur, l'insouciance du baron. Ils causaient un jour ensemble du projet d'unir Rose au jeune laird de Balmawhapple, qui avait un beau domaine très-peu grevé. « C'est un jeune homme sans défaut, aussi sobre qu'un saint, disait le bailli, si vous tenez l'eau-de-vie loin de lui, et lui loin de l'eau-de-vie, et à qui, en un mot, on ne peut reprocher que de voir parfois de petites gens, comme Jinker, le marchand de chevaux, et Gibby Gaethroughwi't, le joueur de cornemuse de Cupar; mais il se corrigera, monsieur Saunderson, il se corrigera. »

« Comme la bière aigre en temps chaud, » ajouta Davie Gellatley, qui se trouvait plus près d'eux qu'ils ne l'imaginaient.

Miss Bradwardine, ainsi que nous l'avons dépeinte, avait toute la simplicité et la curiosité d'une écolière; elle profita avec empressement de l'occasion que lui offrait la visite d'Édouard d'augmenter ses connaissances littéraires. Il fit venir de sa garnison quelques livres qui ouvrirent à Rose une source de jouissances dont elle n'avait eu jusque-là aucune idée. Les meilleurs poètes anglais en tout genre, et d'autres ouvrages de belles-lettres, faisaient partie de cette précieuse cargaison. La musique et les fleurs même furent négligées, et Saunders en fut non seulement affligé, mais même il commença à se dégoûter d'une occupation qui ne lui attirait pas le moindre remerciement. Les nouveaux plaisirs de miss Bradwardine lui devenaient chaque jour d'autant plus chers, qu'elle les partageait avec quelqu'un qui avait des goûts semblables. L'empressement d'Édouard à commenter, à réciter, à expliquer les passages difficiles, lui rendait sa société d'un prix inestimable, et la tournure romanesque et sauvage de son esprit enchantait une jeune fille qui avait trop peu d'expérience pour en remarquer les défauts. Lorsque le sujet le touchait, et qu'il se trouvait tout à fait à son aise, Waverley avait cette éloquence naturelle, animée et quelquefois brillante, qui est plus puissante sur un cœur de femme que la figure, les manières, la réputation et la fortune, ce qui mettait nécessairement dans un danger croissant la paix du cœur de la pauvre Rose, danger qui était d'autant plus imminent que son père était trop profondément plongé dans ses études abstraites, et regardait comme au-dessous de sa dignité de s'occuper de ce que faisait sa fille. Les femmes de la maison de Bradwardine étaient, à son avis, comme celles de la maison de Bourbon ou d'Autriche, placées bien au-dessus des nuages des passions qui pouvaient obscurcir l'esprit des femmes d'une naissance vulgaire; dans son opinion, elles vivaient dans une autre sphère, se gouvernaient par d'autres sentiments, se soumettaient à d'autres règles; en un mot, le baron de Bradwardine ferma si bien les yeux sur la conséquence naturelle des rapports qui s'étaient établis entre Édouard et sa fille, que tout le voisinage en conclut qu'il avait calculé tous les avantages d'un mariage entre Rose et le jeune et riche Anglais, et le proclamait moins fou qu'il ne l'avait été jusque-là dans ses affaires d'intérêt.

Si le baron cependant eût réellement songé à cette alliance, l'indifférence de Waverley eût été un obstacle insurmontable pour son projet. Depuis que notre héros avait vu un peu le monde, il s'était mis à rougir de sa passion pour sa légende mentale de sainte Cécile, et les réflexions qu'il fit à ce sujet l'empêchèrent pendant quelque temps de s'abandonner à la disposition naturelle qu'il avait à s'enflammer. Outre cela, Rose Bradwardine, quelque belle et aimable qu'elle fût, n'avait pas précisément le genre de beauté et de mérite qui captive une imagination romanesque dans la première jeunesse : elle était trop franche, trop confiante, trop bonne ; qualités précieuses sans doute, mais qui repoussent tout le merveilleux dont un jeune homme d'une tête vive et fantasque aime à revêtir l'objet de son affection. Lui était-il possible de soupirer, de trembler et d'adorer, devant la jeune fille timide et enjouée qui lui demandait tantôt de tailler sa plume, tantôt de lui faire la construction d'une octave du Tasse, et tantôt de lui montrer à orthographier un mot, un mot très-long dans la traduction qu'elle en avait faite ? Tous ces incidents peuvent attacher à une certaine époque de la vie, mais non pas à l'entrée de la carrière, alors que le jeune homme cherche plutôt un objet dont l'affection l'élève à ses propres yeux, que l'objet qui s'attache à lui dans le même but ; et, quoique l'on ne puisse poser de règles certaines pour une passion aussi capricieuse que l'amour, le premier choix du cœur prend très-ordinairement sa source dans l'ambition, ou, ce qui revient au même, le choix a lieu, comme dans la légende de sainte Cécile déjà mentionnée, dans un rang assez différent pour donner libre carrière à ce beau idéal que la réalité des rapports intimes et familiers ne tend qu'à limiter et à détruire. J'ai connu un jeune homme charmant et passionné qui se guérit d'un amour violent qu'il avait pour une jolie femme, dont l'esprit et les talents étaient loin de valoir la figure, en causant avec elle pendant une après-midi ; et je suis certain que si Édouard avait eu l'occasion de lier conversation avec miss Stubbs, les précautions de la tante Rachel n'eussent pas été nécessaires, et qu'il fût tout aussi bien devenu amoureux de la laitière. Quoique miss Bradwardine fût tout autre, il semblait probable que l'intimité qui existait entre elle et Waverley l'empêchait de ressentir pour elle autre chose que les sentiments d'un frère pour une sœur aimable; tandis que, sans s'en apercevoir, la pauvre Rose avait conçu pour lui une passion qui faisait tous les jours de rapides progrès.

J'avais oublié de dire qu'Édouard, en faisant venir de Dundee les livres dont nous avons parlé, avait demandé et obtenu la permission de prolonger son absence. Le colonel lui avait écrit une lettre où il lui recommandait amicalement de ne pas trop fréquenter certaines personnes qui, très-estimables d'ailleurs, étaient connues pour ne pas aimer le gouvernement, et refusaient de lui prêter serment d'obéissance; où il lui insinuait, quoique avec beaucoup de ménagement, qu'il serait possible que des rapports de famille le forçassent de voir des gentilshommes suspects; mais que la position et la volonté de son père devaient l'empêcher de se lier intimement avec eux. Il ajoutait qu'en même temps que ses opinions politiques étaient en danger avec ces gens-là, il pouvait aussi recevoir de fausses impressions sur la religion de la part du clergé prélatiste, qui cherchait avec une si grande malveillance à immiscer la prérogative royale dans les choses sacrées.

Cette dernière insinuation fit connaître à Waverley quels étaient les préjugés de son colonel; il s'était aperçu que M. Bradwardine avait eu la délicatesse scrupuleuse d'éviter toute conversation politique, bien qu'il fût un des plus chauds partisans de la famille proscrite, qui l'avait même à différentes époques chargé de plusieurs missions importantes. Pensant d'après cela qu'il ne serait fait aucune tentative pour le détourner de la voie qu'il suivait, Édouard se disait qu'il y aurait de l'injustice à lui à quitter la maison du vieil ami de son oncle, où il s'amusait et faisait plaisir, pour céder tout simplement à des préventions qui ne lui paraissaient pas fondées. C'est pourquoi il répondit vaguement à son colonel, en l'assurant que sa loyauté le mettait à l'abri de tout danger, et continua son séjour au manoir de Tully-Veolan.

CHAPITRE XV.

LE PILLAGE ET SES SUITES.

Il y avait environ six semaines qu'Édouard habitait Tully-Veolan, lorsqu'un matin, sortant pour faire sa promenade habituelle avant le déjeuner, il remarqua dans la maison un trouble extraordinaire; quatre laitières à jambes nues, tenant en main leurs seaux vides, accouraient avec des gestes de démence, et poussaient des cris perçants de surprise, de douleur et de colère. A les voir, un païen les aurait prises pour un détachement de Danaïdes échappées à leur châtiment. Elles criaient : « Dieu nous aide! eh sirs! » c'était tout ce qu'elles prononçaient, ce qui n'expliquait nullement la cause de ce désordre, et ce qui fit que Waverley se rendit dans l'avant-cour, d'où il aperçut le bailli Mac Wheeble au milieu de l'avenue, excitant de tout son pouvoir son vieux poney. Il paraissait avoir reçu des ordres très-pressés, et arrivait accompagné d'une dizaine de paysans qui n'avaient pas grand'peine à le suivre.

Le bailli, trop affairé et trop plein de lui-même pour entrer en explication avec Edouard, fit appeler Saunderson, qui s'avança avec un air triste et solennel, et ils commencèrent aussitôt un entretien secret. Au milieu de tout cela, Davie Gellatley était insouciant comme Diogène à Sinope, quand il voyait ses compatriotes se préparer à soutenir l'assaut. Toute chose nouvelle, heureuse ou malheureuse, mettait ses esprits en mouvement; il sautait, cabriolait, dansait, et chantait le refrain d'une vieille ballade :

« Notre richesse est partie! »

Mais venant a passer trop près du bailli, il reçut de son fouet un avertissement qui convertit ses chants en pleurs.

Waverley, en se dirigeant vers le jardin, vit le baron en personne qui arpentait et réarpentait la longueur de la terrasse, avec des enjambées rapides et effrayantes; son front semblait couvert d'un nuage d'orgueil blessé et d'indignation, et toute sa démarche paraissait annoncer que toute question lui serait pénible, si même elle ne le blesserait pas. C'est pourquoi Waverley rentra dans la maison sans lui parler, et se rendit à la salle à manger, où il trouva sa jeune amie Rose, qui, sans montrer la fureur de son père, l'importance affairée du bailli Mac Wheeble, ni le désespoir des laitières, paraissait chagrine et pensive. Un seul mot apprit tout à Édouard. « Votre déjeuner, dit-elle, capitaine Waverley, sera un peu moins tranquille qu'à l'ordinaire. Une bande de Caterans est descendue cette nuit, et nous a enlevé toutes nos vaches à lait. »

— « Une bande de Caterans? »

— « Oui, des voleurs des montagnes voisines. Nous étions à l'abri de leurs pillages par le black-mail que nous payions à Fergus Mac-Ivor Vich-Jan-Vohr; mais mon père a pensé qu'il était indigne d'un homme comme lui de payer plus long-temps un pareil tribut; il s'en est affranchi! Ce n'est pas la valeur de notre perte qui m'afflige, capitaine Waverley; mais mon père est si indigné de cet affront, il est si vif et si bouillant, que je crains qu'il ne veuille tenter de recouvrer ses vaches par la force; que, s'il n'est pas blessé lui-même, il ne blesse quelques uns de ces hommes sauvages; et alors plus de paix entre eux et nous, peut-être pour la vie. Nous ne pouvons d'ailleurs nous défendre comme autrefois, le gouvernement nous ayant pris toutes nos armes; et mon respectable père est si téméraire! Grand Dieu, qu'arrivera-t-il? »

La pauvre Rose n'eut pas la force d'en dire davantage, et elle répandit un torrent de larmes. Le baron entra dans ce moment, et parla à sa fille avec une dureté que Waverley ne lui avait encore vue avec personne. « Vous rougiriez, lui dit-il, de paraître devant un gentilhomme pleurer la perte de quelques bœufs ou de quelques vaches, comme la fille d'un paysan du comté de Chester. Veuillez, capitaine Waverley, avoir une autre opinion de son affliction, qui ne peut et ne doit provenir que de voir les domaines de son père exposés au pillage de ces misérables brigands, quand nous n'avons pas une dizaine de mousquets pour nous défendre et les repousser. »

Le bailli Mac Wheeble entra peu d'instants après, et par le rapport qu'il fit sur les armes et munitions, confirma ce que venait de dire le baron, et lui exposa d'une voix triste que, quoique les gens du pays fussent disposés à suivre ses ordres, il ne fallait pas fonder sur eux beaucoup d'espérance, vu qu'il n'y avait que les domestiques de son honneur qui eussent des épées et des pistolets, et que les pillards, au nombre de douze, étaient complétement armés, selon l'usage de leurs montagnes. Après ces pénibles observations, il prit une attitude de douleur silencieuse, branlant d'abord la tête avec le mouvement lent d'un pendule près de cesser de vibrer, puis il resta entièrement immobile, et courbé de manière à former avec son corps un arc plus rétréci qu'à l'ordinaire.

Le baron, cependant, se promenait dans l'appartement, dans une muette indignation; et jetant enfin ses regards sur un vieux portrait représentant un homme armé de toutes pièces, dont la figure était presque cachée par une forêt de cheveux noirs et une barbe épaisse qui descendaient sur ses épaules et sur sa poitrine: « Voilà mon grand-père, capitaine Waverley; avec deux cents chevaux qu'il avait levés sur ses domaines, il défit et mit en déroute plus de cinq cents de ces voleurs des montagnes, qui ont toujours été *lapis offensionis et petra scandali*, le caillou d'offense et la pierre de scandale pour les habitants des plaines voisines. Il les défit, dis-je, lorsqu'ils eurent l'audace de venir ravager ce pays, au temps des guerres civiles, en l'an de grace 1682. Et c'est moi, monsieur, son petit-fils, que l'on outrage de cette manière! »

Après quelques instants d'un silence imposant, chacun, comme cela se fait dans les circonstances graves, se mit à donner son avis. Alexander ab Alexandro proposa d'envoyer quelqu'un pour composer avec les Caterans, qui s'empresseraient, disait-il, de rendre les vaches à un dollar par tête. Le bailli dit qu'il pensait que cette transaction serait un *thistboot*, ou composition de félonie, et qu'il valait mieux envoyer un homme adroit dans les *glens* ou vallons, pour acheter au meilleur marché possible le bétail volé, afin que le laird ne parût en rien dans cette affaire. Édouard proposa de faire venir un détachement de la garnison la plus voisine, avec le *warrant*[1] d'un magistrat. Et Rose, d'une voix tremblante, chercha à faire comprendre que le parti le plus sage était de payer le black-mail[2] à Fergus Mac-Ivor Vich-Jan-Vohr, qui, comme on le savait, ne manquerait pas de faire restituer les vaches, si on se le rendait favorable.

Aucune de ces propositions ne plut au baron. Une composition directe ou indirecte lui semblait une chose complétement ignominieuse. L'avis de Waverley prouvait qu'il n'avait nulle connaissance de la position du pays et des dissensions politiques qui y régnaient. « Quant à ce qui concerne Fergus Mac-Ivor Vich-Jan-Vohr, je ne m'abaisserai pas, dit le baron, à lui faire la moindre concession, dût-il faire restituer *in integrum* tous les bœufs et toutes les vaches que lui, ses ancêtres et son clan, ont volés depuis Malcolm-Canmore. Au fait, il opinait pour la guerre, et dit qu'il fallait avertir Balmawhapple, Killancureit, Tulliellum et les autres lairds qui se trouvaient exposés aux mêmes déprédations. Ils joindront, dit-il, leurs forces aux nôtres pour poursuivre ces pillards, et alors, monsieur, ces *nebulones nequissimi*[3] comme les appelle Leslie, éprouveront le sort de leur prédécesseur Cacus :

Elisos oculos et siccum sanguine guttur[4].

Le bailli, qui n'approuvait pas du tout cet avis belliqueux, tira une montre énorme, de la couleur et presque de la grosseur d'une bassinoire d'étain, fit observer qu'il était plus de midi, qu'un peu après le lever du soleil on avait vu les Caterans dans le défilé de Bally-Brough, et qu'avant qu'on eût pu rassembler les coalisés, les voleurs et leur proie seraient au milieu de déserts sans routes où il ne serait ni prudent ni possible de les poursuivre.

Cette observation était trop juste pour qu'on pût y répondre. Le conseil se sépara sans avoir rien décidé, comme cela est parfois arrivé dans des assemblées d'une plus grande importance : il fut seulement arrêté que le bailli enverrait à la ferme ses trois vaches à lait pour les besoins de la maison du baron, et que l'on substituerait chez lui la petite bière au lait. Le bailli s'était empressé de consentir à cet arrangement proposé par Saunderson, par respect d'abord pour la famille de Bradwardine, et puis parce qu'il pensait intérieurement que son honnêteté lui serait, de manière ou d'autre, payée au décuple. Le baron sortit en même temps qu'eux pour donner quelques ordres; et Waverley saisit cette occasion de demander à miss Bradwardine si ce Fergus, dont il lui était impossible de prononcer les autres noms, était le grand *Thief-taker*[5] du canton.

---

1. Mandat. A. M.
2. Tribut levé par les chefs maraudeurs au moyen duquel ils accordaient leur protection. A. M.
3. Ces vauriens très-méchants. A. M.
4. Mot à mot : *les yeux hors de la tête et le gosier altéré de sang*. A. M.
5. Mot à mot *preneur de voleurs*, ce qu'on

— « *Thief-taker!* répondit Rose en riant; c'est un gentilhomme honoré et puissant ; le *chieftain* [1] d'une branche d'un clan considérable et indépendant de nos montagnes, et très-considéré tant à cause de sa propre position, qu'à cause de ses amis, parents et alliés. »

— « Et qu'a-t-il donc à démêler avec les voleurs ? est-il magistrat de la commission de paix ? » demanda Waverley.

— « Plutôt de la commission de guerre, s'il est d'une commission, dit Rose; c'est un très-désagréable voisin pour ceux qui ne sont pas ses amis; il a une plus grande suite que des gentilshommes qui ont trois fois plus de biens que lui. Quant à ses rapports avec les voleurs, je ne saurais trop vous les expliquer ; mais je sais seulement qu'aucun d'eux n'oserait voler un sabot à quelqu'un qui paie le *black-mail* à Vich-Jan-Vohr. »

— « Qu'est-ce donc que le *black-mail ?* »

— « C'est une espèce de tribut de protection que les habitants des basses terres situées près des montagnes paient à un chef highlandais, pour qu'il ne leur fasse lui-même aucun tort, et qu'il empêche les autres de leur en faire. Si l'on vous vole des vaches, écrivez-lui tout de suite, et il vous les fera rendre; ou bien il fait une descente dans un canton, dans des manoirs qui ne paient pas le tribut, et y prend des vaches pour remplacer les vôtres. »

— « Et cette espèce de Jonathan Wild highlandais est bien vu dans le monde, et on lui donne le nom de gentilhomme ! »

— « Si bien, reprit Rose, que la brouille entre mon père et Fergus Mac-Ivor date d'une assemblée du comté où Fergus voulut avoir le pas sur tous les gentilshommes des basses terres. Mon père ne le lui céda point; Fergus ne manqua pas de mettre en avant que mon père était sous sa bannière, et qu'il lui payait un tribut. Mon père devint furieux : il ignorait que ce fût vrai, car le bailli Mac Wheeble, qui administre à sa manière, avait jugé à propos de lui faire un mystère du black-mail, et de le compter sur d'autres dépenses. Il y aurait eu combat singulier, si Fergus Mac-Ivor n'eût pas dit avec politesse qu'il ne lèverait point la main sur une tête à cheveux blancs aussi respectable que celle de mon père. Ah! que n'ont-ils continué à vivre en bonne intelligence ! »

— « Avez-vous quelquefois vu ce M. Mac-Ivor ? n'est-ce pas son nom, miss Bradwardine ? »

— « Ce n'est pas son nom; il ne vous pardonnerait de l'appeler *master*, que parce que vous êtes Anglais et que vous ne pouvez en savoir davantage; ce titre est un affront pour lui. Les habitants des basses terres l'appellent du nom de son manoir, Glennaquoich ; et les montagnards l'appellent Vich-Jan-Vohr, c'est-à-dire, fils de Jean-le-Grand; et nous, qui habitons le revers de la montagne, nous lui donnons tantôt un nom, tantôt l'autre. »

— « Je crains bien que ma langue anglaise ne puisse venir à bout de lui donner l'un ou l'autre. »

— « C'est un homme très-honnête, et d'une jolie figure, ajouta Rose; et sa sœur Flora passe pour la jeune personne la plus remarquable du pays par sa beauté et ses talents. Elle a été élevée dans un couvent de France ; elle était mon amie particulière avant cette malheureuse dispute. Cher capitaine Waverley, usez, je vous en prie, de votre crédit sur l'esprit de mon père pour le porter à régler cette affaire? Je suis bien sûre que nous ne sommes qu'au commencement de nos tribulations; le manoir de Tully-Veolan n'a jamais été sûr ni paisible lorsque nous avons été mal avec les montagnards. J'avais à peu près dix ans, il y eut, derrière la ferme, un combat entre vingt de ces hommes et mon père à la tête de ses domestiques. Trois montagnards furent tués ; on les enveloppa dans leurs plaids ; on les

---

pourrait rendre chez nous par cette périphrase : officier chargé d'arrêter les voleurs. A. M.

[1]. Titre qui répond chez nous à celui de capitaine. A. M.

déposa sur le pavé de la grande salle, et le lendemain leurs femmes et leurs filles vinrent, et, se tordant les mains, poussant des gémissements et chantant le *coronach*[1], elles emportèrent les morts, précédées par les joueurs de cornemuse. Je ne pus dormir de six semaines ; je croyais toujours entendre leurs cris de douleur ; j'avais toujours devant les yeux ces corps étendus sur la pierre et recouverts de *tartans* ou draps sanglants. Depuis ce temps, un détachement de la garnison de Stirling vint avec un warrant du lord Justice-Clerk, ou de tout autre grand personnage, nous enlever toutes nos armes ; quand les montagnards viendront nous attaquer en force, comment pourrons-nous nous défendre ? »

Waverley ne put s'empêcher de tressaillir en entendant un récit qui avait tant de rapports avec des événements qui avaient été l'objet de ses rêveries. Il avait devant lui une jeune fille d'un caractère doux, d'une jolie figure, qui avait à peine dix-sept ans, et qui avait été témoin de scènes qui s'offraient à son imagination, et qu'il croyait ne pouvoir rencontrer qu'en remontant à des temps éloignés. Il éprouva à la fois un mouvement de curiosité et cette crainte légère du danger qui augmente l'intérêt de la situation. Il eût pu dire avec *Malvolio*[2] : « Je ne suis donc pas si fou de m'être laissé entraîner par mon imagination ; me voilà sur le terrain des aventures belliqueuses et romanesques, et il ne me reste plus qu'à savoir la part que j'y prendrai. »

Tout ce qui se passait dans le pays semblait d'ailleurs à Waverley non moins extraordinaire que nouveau. Il avait, il est vrai, souvent entendu parler des voleurs montagnards ; mais il n'avait aucune idée de leur système réglé de déprédation, et que cela se faisait avec la permission et même à l'instigation des chefs de clan, qui trouvaient dans ces *creaghs* ou pillages un moyen d'habituer leurs vassaux au maniement des armes, et de se faire craindre de leurs voisins des basses terres pour lever sur eux, comme nous l'avons vu, un impôt sous l'apparence d'un tribut de protection.

Le bailli Mac Wheeble, qui entra bientôt après, s'étendit davantage sur ce sujet. La conversation de ce digne homme se ressentait tellement de son état, que Davie Gellatley dit un jour que ses discours avaient l'air d'un ordre de payer. Il assura à notre héros que, de temps immémorial, les voleurs, maraudeurs, brigands des montagnes, avaient, en raison de leurs surnoms, fait entre eux une association pour commettre larcins, vols et pillages chez les honnêtes habitants des basses terres, où ils enlevaient toute espèce de choses, blé, vaches, chevaux, moutons, oiseaux de basse-cour, mobilier ; que de plus, quelquefois ils faisaient des prisonniers, rançonnant et exigeant des cautions ; toutes violences prévues par divers articles du livre des Statuts, par l'acte de 1567 et autres ; lesquels articles, et tout ce qui s'ensuit, avaient été indignement violés par lesdits voleurs, maraudeurs et brigands, réunis en associations pour lesdits vols, pillages, incendies, meurtres, *raptus mulierum*, enlèvement de femmes, et autres crimes mentionnés ci-dessus. »

Waverley croyait rêver en voyant que de pareils actes de violence étaient regardés comme une chose ordinaire ; qu'ils arrivaient journellement ; qu'il n'était pas besoin, pour en être témoin, de traverser les mers, qu'il suffisait d'être dans une partie du royaume de la Grande-Bretagne, si bien administré ailleurs[3].

---

1. Chant de mort des montagnards.
2. Personnage d'une pièce de Shakspeare. A. M.

3. « Mac-Donald de Bucrisdale, un des derniers gentilshommes highlandais qui exercèrent en grand le pillage, était un homme instruit et de bonne compagnie. Il fit graver sur sa claymore ces vers bien connus :

Hæ tibi erunt artes, pacisque imponere morem,
Parcere subjectis, et debellare superbos.

A la vérité, la levée du black-mail, avant 1745, fut pratiquée par plusieurs chefs de haut rang, qui, en agissant ainsi, prétendaient qu'ils prêtaient le secours de leurs armes, et accordaient une protection qu'on aurait en vain demandée

CHAPITRE XVI.

VISITE INATTENDUE.

Le baron rentra à l'heure du dîner; il avait presque entièrement repris sa tranquillité d'esprit et sa bonne humeur. Non seulement il confirma tous les détails qu'Édouard tenait de Rose et du bailli, mais même il raconta quelques anecdotes sur les montagnards, où lui-même avait joué un rôle. Il dit que les chefs étaient en général pleins d'honneur et d'une haute naissance, et que leur parole était une loi pour leur famille ou leur clan. Ils ont tort, dit-il, de prétendre toutefois, comme cela est dernièrement arrivé, que leur *prosapia* ou lignage, qui repose en grande partie sur les vaines et partiales chansons de leurs sennachies ou bardes, puisse être comparé à celui des nobles maisons des basses terres dont les titres reposent sur des chartes anciennes et des édits de divers rois d'Écosse. Telle est néanmoins leur *outrecuidance* et leur présomption, qu'ils estiment peu ceux qui possèdent de tels titres, comme s'ils avaient tous leurs biens dans un parchemin.

Cela expliquait naturellement la cause de la querelle du baron et de son allié des montagnes. M. Bradwardine rapporta sur les mœurs, les usages et les coutumes de cette race patriarcale, des particularités qui piquèrent tellement la curiosité d'Édouard, qu'il demanda au baron s'il ne serait pas possible de faire une excursion dans ces montagnes, dont il avait aperçu au loin l'imposante barrière, et qu'il avait un extrême désir de connaître. Le baron lui répondit que rien ne serait plus facile, sitôt que les hostilités seraient finies, parce qu'alors il lui donnerait des lettres pour les principaux chefs, qui le recevraient dans leurs manoirs avec toute la courtoisie possible.

La conversation continuait sur ce sujet, lorsque la porte s'ouvrit, et que l'on vit entrer dans l'appartement un Highlandais en costume de guerre complet, et introduit par Saunderson. Si le sommelier n'eût pas rempli avec calme et dignité sa charge de maître des cérémonies; si M. Bradwardine et sa fille n'eussent pas gardé leur sang-froid, Édouard eût certainement cru voir entrer un ennemi. Il tressaillit néanmoins, parce que c'était la première fois qu'il voyait un montagnard d'Écosse dans le vrai costume national. Ce Gaël était un jeune homme vigoureux, au teint brun, de petite taille; l'art avec lequel son plaid était arrangé, mettait en relief ses formes robustes. Son *kilt* ou jupon court montrait à nu ses jambes nerveuses; sa bourse de peau de bouc pendait devant lui, avec un poignard d'un côté, et un pistolet d'acier de l'autre, armes ordinaires des montagnards; sa toque portait une petite plume, qui montrait qu'il voulait être traité comme un *duinhewassel*, espèce de gentilhomme; sa large épée battait à son côté, une *targe* ou bouclier pendait sur son épaule; il tenait de la main gauche un long fusil espagnol; de l'autre, il ôta sa toque; et le baron, qui connaissait les usages des Highlandais, et savait comment on devait leur parler, lui dit aussitôt avec un ton de dignité, sans se lever, si bien qu'Édouard crut voir un souverain recevant un ambassadeur : « Soyez le bien-venu, Evan-Dhu-Maccombich; quelles nouvelles avez-vous à me donner de Fergus Mac-Ivor Vich-Jan-Vohr ? »

« Fergus Mac-Ivor Vich-Jan-Vohr, répondit l'ambassadeur en bon anglais, offre ses salutations au baron de Bradwardine et de Tully-Veolan, et lui témoigne qu'il voit avec peine qu'un nuage se soit interposé entre vous et lui, et

---

aux magistrats dans l'état de trouble du royaume. L'auteur a vu un mémoire de Macpherson de Cluny, chef de l'ancien clan de ce nom, d'après lequel il paraît que son black-mail s'élevait à une grande somme d'argent qui lui était payée volontairement par ses voisins, même les plus pauvres. Un gentilhomme de ce clan, entendant un ecclésiastique prêcher sur le vol, interrompit le prédicateur pour lui dire que pour donner du poids à ses doctrines il devait s'en rapporter à Cluny Macpherson, dont l'épée arrêterait le vol plutôt que les sermons de tous les ministres du synode. » Note de la nouvelle édition d'Édimbourg. A. M

vous ait empêché de prendre en considération la vieille amitié et les alliances de vos deux maisons. Il désire que ce nuage se dissipe, que les relations se rétablissent entre le clan Ivor et la maison de Bradwardine, comme au temps où il n'y avait entre vous d'autre pierre qu'un œuf, et que vous n'aviez tous deux pour armes que le couteau de table. Il espère que vous direz comme lui, que ce nuage vous afflige, et que désormais personne ne demandera si le nuage est descendu de la montagne dans la vallée, ou s'il s'est élevé de la vallée à la montagne; celui qui est armé de l'épée ne frappe pas avec le fourreau; et malheur à celui qui perd son ami par un nuage orageux d'une matinée de printemps ! »

Le baron répondit avec toute la dignité convenable, « qu'il connaissait le chef du clan Ivor pour un homme dévoué au roi, et qu'il était fâché qu'un nuage se fût jeté entre lui et un gentilhomme de principes aussi purs; parce que, dit-il, lorsque les hommes se forment en société, bien faible est celui qui reste sans frère. »

Les deux parties étant satisfaites, pour solenniser convenablement la réconciliation entre les augustes personnages, le baron fit venir un flacon d'usquebaugh, et en remplit un verre qu'il but à la santé et à la prospérité de Mac-Ivor de Glennaquoich, marque de courtoisie à laquelle l'ambassadeur celtique s'empressa de répondre en remplissant aussi un verre de cette liqueur généreuse, et en le vidant avec tous les souhaits d'usage pour la famille Bradwardine.

Après avoir ratifié de part et d'autre les préliminaires généraux du traité de paix, l'envoyé se retira avec Mac Wheeble pour convenir de certains articles secondaires, dont on ne pensa pas qu'il fût nécessaire d'ennuyer le baron. Ces articles avaient probablement rapport à la cessation du tribut, et le bailli trouva sans doute le moyen d'arranger cela de manière à ne pas laisser penser à son maître que sa dignité fût compromise. Du moins, il est certain qu'après que les plénipotentiaires eurent bu une bouteille de brandy, qui ne fit pas plus d'effet sur ces deux individus, coutumiers du fait, qu'elle n'en aurait fait sur les deux ours de l'entrée de l'avenue, Evan-Dhu Maccombich, que l'on avait instruit de tout ce qui concernait le vol de la nuit précédente, promit de faire retrouver les vaches, qui, suivant lui, ne devaient pas être loin. « Ils ont brisé l'os, ajouta-t-il, mais ils n'ont pas eu le temps de sucer la moelle. »

Notre héros, qui avait accompagné Evan-Dhu, fut vivement frappé de la manière franche dont il prit ses informations et dont il promit d'en faire un prompt usage. Evan-Dhu, de son côté, fut très-flatté de l'attention que Waverley avait mise à l'écouter, de l'intérêt que lui inspiraient ses questions, et du désir qu'il témoigna de connaître par lui-même les mœurs et le pays des montagnards. Sans autre cérémonie, il invita Édouard à faire avec lui une petite promenade de dix ou quinze milles dans les montagnes, à venir voir l'endroit où l'on avait conduit les vaches. « Car il est probable, ajouta-t-il, que vous n'avez jamais vu et que vous ne verrez jamais rien de semblable de votre vie, si vous ne venez parmi nous. » Notre héros sentit sa curiosité vivement excitée par l'idée de visiter l'antre d'un Cacus highlandais; il prit toutefois la précaution de s'informer s'il pouvait se fier à son guide. On lui assura que s'il y avait eu le moindre danger à courir, l'invitation ne lui eût pas été faite, et qu'il n'y avait à craindre qu'un peu de fatigue; et comme Evan lui proposa de passer un jour en revenant au manoir de son chef, où il était sûr d'être bien accueilli, cette course n'avait en apparence rien de redoutable. Rose cependant devint pâle lorsqu'elle en entendit parler; mais son père, qui aimait la vive curiosité de son jeune ami, n'essaya pas de le refroidir en lui parlant de périls qui n'existaient pas réellement; et, accompagné d'une espèce de garde-chasse qui portait sur ses épaules un havresac rempli de tout ce dont on pouvait avoir besoin, notre héros se mit en route, un fusil de chasse à la main, avec son nouvel ami Evan Dhu. Leur suite se composait du garde-chasse dont on vient de parler, et de deux domestiques d'Evan, dont l'un portait sur son épaule une hache à long manche, nommée *Lochaber-Axe*¹, et l'autre une canardière. Evan, sur la remarque d'Édouard, lui dit que cet appareil militaire lui était tout à fait inutile pour sa sûreté, mais qu'il avait voulu, ajouta-t-il en ajustant son plaid avec dignité, se montrer à Tully-Veolan d'une manière convenable, et comme le devait le frère de lait de Vich-Jan-Vohr. « Je voudrais, dit-il, que vos Saxons *duinhé-wassels* (gentilshommes anglais) vissent notre chef avec sa queue! »

« Avec sa queue! » répéta Édouard d'un accent de surprise.

— « Oui, avec sa queue, ou sa suite, quand il visite quelqu'un de son rang. Il y a, continua-t-il en l'arrêtant et se dessinant fièrement tandis qu'il comptait avec ses doigts les divers officiers de la maison de Mac-Ivor; il y a son *hanchman*, ou homme de sa droite; et puis son *barde* ou poète; et puis son *bladier* ou orateur pour haranguer les grands personnages qu'il visite; et puis son *Gilly-more*, ou écuyer chargé de porter les armes, l'épée, la targe et le fusil; et puis son *Gilly-casfluch*, qui le porte sur son dos lorsqu'il faut traverser les ruisseaux et les petites rivières; et puis son *Gilly-comstrain*, qui mène son cheval par la bride dans les chemins escarpés et difficiles; et puis son *Gilly-trussharnish*, pour porter son havresac; et puis le joueur de cornemuse, et le domestique du joueur de cornemuse, et puis une douzaine de jeunes gens qui n'ont autre chose à faire qu'à suivre le laird, et à se tenir toujours prêts à exécuter les moindres ordres de son honneur. »

« Est-ce que votre chef entretient ordinairement tous ces gens-là? » demanda Waverley.

« Oui, tous, répondit Evan, et beaucoup d'autres qui ne sauraient où se coucher sans la vaste grange de Glennaquoich. ».

Evan Dhu, pour faire paraître la route moins longue à Waverley, continua à l'entretenir de la grandeur de son chef dans la paix et dans la guerre, jusqu'à ce qu'ils fussent au pied de ces montagnes qu'Édouard n'avait encore vues que de loin. Ils entrèrent vers le soir dans un de ces défilés effrayants qui communiquent des hautes aux basses terres; le sentier, extrêmement roide et raboteux, tournait entre deux roches imposantes, et suivait le lit qu'un torrent écumeux, qui grondait au-dessous, paraissait s'être creusé depuis des siècles. Quelques obliques rayons du soleil couchant éclairaient la profondeur du torrent, et faisaient voir les rochers et les chutes d'eau dont il était semé. L'espace qui séparait le sentier du torrent formait un véritable précipice. On apercevait çà et là un quartier de granit, un arbre rabougri qui enfonçait ses racines tortues dans les fentes du rocher. A droite, la roche qui s'élevait au-dessus du sentier était aussi escarpée, aussi inaccessible; mais à gauche, au-delà du torrent, la pente était couverte d'un bois taillis où s'entremêlaient quelques pins.

« C'est ici, dit Evan, le défilé de Bally-Brough, où, dans les anciens temps, dix montagnards du clan de Donnochie tinrent contre cent hommes des basses terres. On peut voir encore les tombes de ceux qui furent tués dans ce petit corri ou fond de l'autre côté du torrent, où, si vous avez de bons yeux, vous distinguerez des taches vertes sur la bruyère. Mais voici un *earn*, que vos gens du midi appellent un aigle; vous n'avez pas en Angleterre d'oiseau de cette espèce; il va chercher son souper dans les terres

---

1. Les gardes de la ville d'Édimbourg étaient encore, à une époque récente, armés de cette hache lorsqu'ils s'acquittaient de leurs fonctions. Il y avait au dos de la hache un crochet, dont les Highlandais se servaient pour gravir les murailles en l'enfonçant dans le faîte et en s'élevant avec le manche. On pense que cette hache fut apportée en Angleterre par les Scandinaves. A. M.

de Bradwardine, mais je veux lui envoyer une balle. »

Il tira dessus aussitôt et manqua le roi superbe des tribus emplumées, qui, sans avoir l'air de s'apercevoir qu'on l'eût visé, continua majestueusement son vol vers le sud.

Un millier d'oiseaux de proie, faucons, milans, corneilles et corbeaux, effrayés par le coup de fusil, quittèrent les retraites qu'ils s'étaient choisies pour la nuit, mêlèrent leurs cris rauques et discordants que renvoyait l'écho des rochers, et qui se confondaient avec le fracas du torrent. Evan, un peu désappointé d'avoir manqué l'oiseau lorsqu'il eût voulu donner une preuve de son adresse, se mit à recharger son fusil en sifflant un *pibroch* pour dissimuler sa honte, et, sans adresser un seul mot à son compagnon de voyage, continua de monter le défilé; il plongeait sur un vallon étroit, entre deux montagnes très-hautes et couvertes de bruyère. Le torrent se trouvait toujours sur la route, et ils furent de temps à autre obligés de le franchir en ses détours; cas dans lesquels Evan offrait constamment à Édouard de le faire porter par ses domestiques, ce que notre héros, qui avait toujours été assez bon piéton, refusait sans cesse, pour montrer à son guide qu'il ne craignait pas de se mouiller les pieds; il voulait, il est vrai, sans trop d'affectation, ôter à Evan l'opinion qu'il avait des habitants des basses terres, et particulièrement des Anglais, qu'il regardait comme des gens efféminés.

A travers la gorge de ce vallon, ils arrivèrent à une fondrière d'une dimension effrayante, pleine de larges ouvertures qu'ils franchirent avec beaucoup de difficulté et de danger, par des chemins que les montagnards seuls avaient suivis jusque-là. Le sentier, ou plutôt la portion de terre un peu solide où nos deux voyageurs marchaient tantôt à sec, tantôt dans l'eau, était rude, rompu, et dans beaucoup d'endroits marécageux et peu sûr. Quelquefois même ils étaient obligés de s'élancer d'un talus sur un autre, en franchissant un espace où un homme eût probablement disparu. Ce n'était qu'un jeu pour les Highlandais, qui portaient des brogues à semelles minces faites pour de tels chemins, et faisaient preuve d'une agilité particulière; mais Édouard commençait à trouver cet exercice, auquel il n'était pas accoutumé, plus fatigant qu'il ne s'y était attendu. Les derniers rayons du soleil couchant les guidaient à travers cette fondrière serbonienne; mais ils les abandonnèrent presque entièrement au pied d'une petite montagne escarpée et pierreuse, que nos voyageurs avaient à gravir. La nuit toutefois était belle et peu profonde; et Waverley, rassemblant toute son énergie morale pour supporter la fatigue physique, continua à marcher bravement, mais enviant en son cœur la vigueur des montagnards, qui, sans donner le moindre signe de lassitude, marchaient toujours avec la même rapidité de pas, ou plutôt de trot, depuis le commencement du voyage; il pensait qu'il pouvait avoir fait environ quinze milles.

Lorsqu'ils eurent monté la colline, et qu'ils commencèrent à la descendre sur l'autre côté au milieu d'un bois épais, Evan Dhu dit quelques mots à ses domestiques, en conséquence desquels un des montagnards se chargea du bagage d'Édouard, porté jusque-là par le garde-chasse, qui partit avec l'autre montagnard dans une direction différente des trois autres voyageurs. Waverley demanda le motif de cette séparation à Evan, qui lui répondit qu'il envoyait l'homme des basses terres passer la nuit dans un hameau éloigné d'environ trois milles, attendu qu'à moins d'être un ami particulier de Donald Bean Lean, le digne montagnard qu'il croyait le détenteur des vaches enlevées, on ne pouvait, sans l'indisposer, s'approcher de sa retraite. Cette observation satisfit Édouard, et fit taire le soupçon qui s'était subitement élevé dans son cœur au moment où il s'était vu en un tel lieu, à une telle heure, privé de son compagnon des basses terres. Evan ajouta aussitôt après qu'il pensait qu'il ferait bien d'aller en avant, et d'annoncer leur visite à Donald Bean Lean, parce que l'arrivée inattendue d'un *sidier roy* (soldat rouge) pourrait lui causer une surprise désagréable; et sans attendre de réponse (en termes de courses de chevaux), il partit au trot, et fut bientôt hors de vue.

Waverley fut ainsi abandonné à ses réflexions par le guide qui lui restait; le montagnard à la hache d'armes parlait à peine anglais. Ils traversèrent un épais bois de pins dont la profonde obscurité empêchait de voir les traces d'un sentier; mais le montagnard semblait les trouver par instinct; il marchait sans hésiter et d'un pas rapide, et Édouard le suivait d'aussi près qu'il le pouvait.

Après avoir parcouru une certaine étendue de chemin sans lui adresser un seul mot, il ne put s'empêcher de lui dire : « Arriverons-nous bientôt ? »

« La caverne est à trois ou quatre milles, répondit le Highlandais; mais comme le Duinhe Wassel est un peu fatigué, Donald pourra envoyer...... il enverra un *curragh*. »

Cela n'apprenait pas grand'chose à Waverley. Qu'est-ce que ce *curragh* qu'on lui promettait? un homme? un cheval? une charrette? une chaise de poste? et l'homme à la hache d'armes ne fit d'autre réponse aux questions qu'il réitéra, que : « Oui, oui, *curragh*. »

Mais bientôt Édouard commença à le comprendre, quand, à la sortie du bois, ils se trouvèrent sur le bord d'une large rivière ou d'un lac, et lorsque son guide lui donna à entendre qu'il fallait s'asseoir pour attendre quelque temps. La lune, qui se levait, lui fit voir l'étendue d'eau qu'il avait devant lui, et les formes vagues et confuses des montagnes qui paraissaient l'environner. Le repos et l'air pur et frais d'une nuit d'été remirent un peu de la fatigue de son pénible voyage Waverley, qui respirait avec délices les parfums des fleurs du bouleau [1] baignées de la rosée du soir.

Il eut alors le temps de livrer ses pensées au romanesque de sa position. Il était là, sur les bords d'un lac qui lui était inconnu, n'ayant pour compagnon qu'un sauvage montagnard dont il ne connaissait pas la langue; et il allait visiter la caverne de quelque brigand fameux, un autre Robin Hood, peut-être un Adam de Gordon; on était au milieu de la nuit; il avait voyagé avec danger et fatigue, avait été séparé de son domestique et abandonné par son guide : que de circonstances propres à faire travailler une imagination romanesque, sans compter que sa position devait lui paraître incertaine sinon périlleuse ! Ce qui contrastait désagréablement avec le reste, c'était la cause de son voyage, les vaches du baron : aussi rejetait-il cet incident peu noble sur le dernier plan du tableau.

Tandis qu'il se livrait à ses rêveries, son compagnon lui frappa doucement sur l'épaule, et lui montrant du doigt un endroit devant eux au delà du lac, lui dit : « Voilà la caverne. »

Une légère clarté parut au loin dans cette direction, elle s'accrut par degrés en volume et en éclat, et semblait un météore qui s'élève au-dessus de l'horizon. Tandis qu'Édouard observait ce phénomène, il crut entendre dans le lointain comme un bruit de rames. Le bruit augmentait à chaque instant, et un grand coup de sifflet arriva à son oreille dans la même direction. L'homme à la hache d'armes répondit aussitôt à ce signal de la même manière, et bientôt un bateau, conduit par quatre ou cinq Highlandais, entra dans une petite anse, près de laquelle Édouard était assis; il se leva avec son compagnon pour aller au-devant de deux vigoureux montagnards, qui le portèrent officieusement dans le bateau, où

[1] Ce n'est pas le bouleau formant l'espèce la plus commune des montagnes d'Écosse, mais ce bouleau à larges feuilles des basses terres, qui exhale une odeur très-agréable. A. M.

il ne fut pas plus tôt assis, que l'on reprit les rames, et que l'on se mit à fendre les eaux du lac avec une grande rapidité.

CHAPITRE XVII.

DEMEURE D'UN VOLEUR HIGHLANDAIS.

Un profond silence régnait dans le bateau, où l'on n'entendait que le bruit d'une chanson gaëlique, que l'homme placé au gouvernail chantait à voix basse, et dont la cadence monotone semblait régler le mouvement des rames. La clarté dont on approchait de plus en plus présentait par degrés un foyer plus vaste et un plus grand éclat. On voyait que c'était un grand feu; mais Édouard ne pouvait distinguer s'il était allumé dans une île ou en terre ferme. La surface limpide du lac reproduisait cette masse éclatante de lumière, et Édouard croyait voir le char de feu dans lequel le génie du mal d'un conte oriental parcourt la terre et l'onde. Quand ils furent plus près, Waverley put reconnaître, à la lumière du feu, qu'il était au pied d'un roc escarpé et sauvage, qui s'élevait sur le bord de l'eau. Le front de ce roc, que la réverbération colorait d'un rouge sombre, formait un contraste étrange et même effrayant avec les sables voisins, qui de temps en temps et en partie étaient éclairés par la pâle lumière de la lune.

Le bateau touchait au rivage, et Édouard vit que ce grand feu était amplement alimenté avec des branches de pin par deux hommes qui, dans les reflets de la flamme, avaient l'air de deux démons; qu'ils étaient placés devant l'ouverture d'une grande caverne dans laquelle l'eau du lac semblait entrer; et il conjectura avec raison que le feu avait été allumé pour servir de phare aux bateliers à leur retour.

Ils ramèrent droit à la bouche de la caverne; et bientôt, retirant leurs avirons, ils abandonnèrent à l'impulsion qu'ils lui avaient donnée la barque, qui doubla la pointe ou plate-forme du rocher sur lequel le feu était allumé. L'esquif, après avoir parcouru environ deux fois sa longueur, s'arrêta à l'endroit où l'on montait dans la caverne, voûtée à sa partie supérieure, par cinq ou six larges rebords de roc, si faciles et si réguliers, qu'on eût pu dire que c'était un escalier naturel. Au même instant on jeta une quantité d'eau sur le feu, qui s'éteignit en sifflant, et la lumière disparut. Quatre ou cinq vigoureux montagnards enlevèrent Waverley de la barque, le mirent sur ses pieds, et le conduisirent vers l'intérieur de la caverne. Il fit quelques pas dans l'obscurité, en marchant, avec ses guides, vers un bruit confus de voix qui semblaient sortir du rocher; et après avoir dépassé l'angle que formait cette route souterraine, il vit devant lui Donald Bean Lean et toute sa maison.

L'intérieur de la caverne, tres-élevée en cet endroit, était éclairé par des torches de bois de pin qui jetaient en pétillant une lumière brillante, et répandaient une odeur forte quoique non désagréable. A cette clarté se mêlait celle d'un grand feu de charbon de bois, autour duquel étaient assis cinq ou six Highlandais armés, tandis que d'autres, enveloppés de leurs plaids, étaient couchés pêle-mêle dans les enfoncements de la caverne. Dans une ouverture du rocher, que le voleur appelait facétieusement son *spence* ou garde-manger, étaient pendus par les pieds un mouton ou une brebis et deux vaches tués récemment. Le principal habitant de cette singulière demeure, accompagné d'Evan Dhu qui lui servait de maître des cérémonies, vint à la rencontre de son hôte et lui parut bien différent de ce qu'il se l'était représenté. D'après la profession qu'il exerçait, le lieu désert qu'il habitait, les visages sauvages et guerriers dont il était entouré, toutes choses bien faites pour inspirer de l'effroi, Waverley s'attendait à trouver un homme à formes gigantesques, à figure farouche et terrible, que Salvator eût placé au milieu d'un de ses groupes de bandits [1].

Donald Bean Lean était tout l'opposé de cela. Il était mince et de petite taille; il avait une chevelure couleur de sable, et un teint pâle dont il tirait son surnom de *beau* ou *blanc*; et quoiqu'il fût vif, bien proportionné, agile, c'était en tout un être d'une médiocre apparence. Il avait servi dans l'armée française avec un grade inférieur; et pour recevoir dignement notre jeune Anglais, croyant sans doute lui faire honneur, il avait mis de côté son vêtement de montagnard, et avait pris un vieil uniforme bleu et rouge, et un chapeau à plumes; mais loin de se montrer ainsi à son avantage, il paraissait si peu en rapport avec tout ce qui était autour de lui, que Waverley se fût mis à rire s'il n'eût pas craint d'être malhonnête ou de compromettre sa sûreté. Le voleur reçut le capitaine avec toutes les démonstrations de la politesse française et de l'hospitalité écossaise; il paraissait connaître parfaitement son nom et sa famille, et particulièrement les principes politiques de son oncle, dont il fit beaucoup de compliments à Waverley, qui trouva prudent de n'y répondre que d'une manière vague.

Édouard s'était assis assez loin du feu de charbon de bois, pour ne pas être incommodé par la chaleur qui se joignait à celle de la saison; une grande fille highlandaise vint placer devant lui, Evan et Donald Bean, trois *cogues* ou vases faits avec des morceaux de bois enlacés, et contenant de *l'eanaruich* [2], sorte de soupe forte, préparée avec un morceau particulier de l'intérieur du bœuf. Après ce mets qui, quoique grossier, fut trouvé exquis, grace à la fatigue et à la faim, on servit en abondance des côtelettes rôties sur les charbons; elles disparurent devant Evan et Donald avec une promptitude si merveilleuse, que Waverley, tout surpris, ne pouvait concilier leur voracité avec ce qu'il avait entendu dire de la sobriété des Highlandais; il ignorait que cette sobriété n'avait lieu que dans la classe inférieure, et forcément, et que, comme certains animaux carnassiers, les montagnards la mettaient en pratique habituellement, se réservant de s'en dédommager lorsqu'il leur arriverait de pouvoir le faire.

Pour commencer le festin, le whisky fut largement versé; les Highlandais le burent copieusement et sans mélange; mais Édouard en ayant pris un peu avec de l'eau, ne trouva pas cette boisson assez bonne pour être tenté d'y revenir. Donald s'excusa beaucoup de ne pouvoir lui offrir du vin, et lui dit que s'il eût été prévenu de sa visite vingt-quatre heures plus tôt, il s'en fût procuré, eût-on dû courir pour cela à quarante milles à la ronde; qu'un gentilhomme ne peut faire plus pour celui dont il reçoit la visite que de lui offrir tout ce qu'il a de meilleur chez lui; qu'on ne doit pas chercher de noix là où il n'y a pas de noyers, et que l'on doit faire comme ceux avec lesquels on vit.

---

[1] Une aventure très-semblable à celle-ci arriva à M. Abercromby de *Tully-Body*, grand-père du lord Abercromby actuel, et père du célèbre sir Ralph. Lorsque ce gentilhomme, qui vécut dans un âge très-avancé, vint s'établir dans le Stirlingshire, ses vaches lui furent plusieurs fois volées par le fameux Rob-Roy ou quelqu'un de sa bande, et il fut enfin obligé, après avoir obtenu un sauf-conduit, de faire au Cateran une visite semblable à celle de Waverley chez Bean Lean. Rob le reçut avec beaucoup de politesse, et le plaignit des vols qu'on lui avait faits, dit-il, par quelque méprise. Il servit à M. Abercromby des tranches de deux de ses propres vaches qui étaient pendues par les pieds dans la caverne, et le fit reconduire à son manoir après en avoir reçu la promesse de lui payer un petit black-mail, en considération duquel Rob-Roy lui promit non seulement qu'on ne lui volerait plus son bétail à l'avenir, mais même qu'il lui ferait rendre ce qui lui avait été pris par d'autres maraudeurs. M. Abercromby rapporte que Rob-Roy affecta de le regarder comme un jacobite et un ennemi de l'Union. Le laird n'avait point cette opinion; mais il jugea à propos de ne pas détromper son hôte, pour ne pas en venir à une discussion politique dans une telle situation. C'est en 1792, je crois, que cette histoire me fut racontée par le vénérable gentilhomme qu'elle concerne. » A. M.

[2] Ce fut le mets que Rob-Roy offrit au laird de Tully-Body. A. M.

Ensuite il déplora avec Evan Dhu la mort d'un vieillard, Donnacha an Amrigh (ou Duncan du bonnet), devin qui, doué de la seconde vue, pouvait dire si les personnes que l'on recevait chez soi étaient des amis ou des espions.

« Son fils Malcolm n'est-il pas *tais-hatr* (un devin)? » demanda Evan.

« Oui, mais il ne vaudra jamais son père, reprit Donald Bean. Il nous prédit l'autre jour que nous allions recevoir la visite d'un grand personnage faisant route à cheval, et nous ne vîmes de toute la journée que Shemus Beg, le joueur de harpe aveugle, et son chien; une autre fois il nous prédit un mariage, et il y eut un enterrement; et dans un *creagh* d'où il nous avait assuré que nous tirerions une centaine de bêtes à cornes, nous prîmes, pour tout butin, le gros bailli de Perth. »

Ils causèrent après cela des affaires politiques et militaires du pays; et Waverley fut étonné et même alarmé de voir qu'un homme de l'espèce de Donald connût si bien la force des troupes en garnison au nord du Tay. Il savait exactement le nombre de recrues qui étaient venues avec Waverley des domaines de son oncle, et fit l'observation que c'étaient de jolis garçons, ne voulant pas dire de beaux hommes, mais de bons soldats. Il rappela une ou deux particularités d'une revue générale du régiment, de manière à lui faire penser que le voleur en avait été témoin oculaire; et Evan Dhu s'étant retiré pour se reposer enveloppé dans son plaid, Donald demanda à Édouard, d'un ton tout à fait expressif, s'il n'avait rien de particulier à lui dire.

Waverley, surpris et en quelque sorte effrayé d'une question de cette nature, lui répondit qu'il n'avait eu, en le visitant, d'autre motif que le désir de voir une habitation aussi curieuse. Donald Bean le regarda en face pendant quelques instants, et lui dit avec un air très-significatif: « Vous auriez pu vous ouvrir à moi : je suis aussi digne de votre confiance que peut l'être le baron de Bradwardine ou Vich-Jan-Vohr; mais vous n'en êtes pas moins le bienvenu chez moi. »

Waverley se sentit saisi d'un frisson involontaire en entendant le langage mystérieux que lui tenait ce bandit hors la loi, et il n'eut pas la force de lui en demander le sens. Un lit de bruyère jonché de fleurs avait été préparé pour lui dans un coin de la caverne; il s'y coucha, se couvrit du mieux qu'il put de quelques plaids déchirés, et observa quelques instants ce qui se passait dans cet antre. Il vit à plusieurs reprises deux ou trois hommes entrer ou sortir sans autre cérémonie que de dire quelques mots au chef en langue gaélique, ou à un grand Highlandais qui paraissait son lieutenant et qui veillait pendant son sommeil. Il en entra deux qui semblaient revenir d'une excursion dont ils rendirent compte, et qui, sans façon, allèrent au garde-manger et coupèrent avec leurs dirks des morceaux de viande qui y étaient à leur discrétion, et qu'ils se mirent à faire griller et à manger ensuite.

La boisson était dispensée d'une manière plus régulière; elle était distribuée par Donald lui-même, ou par son lieutenant, ou par la grande fille highlandaise dont nous avons déjà parlé, la seule femme qui se fût encore montrée dans la caverne. Toutefois, la distribution de whisky eût paru considérable à d'autres qu'à des montagnards qui, habitués à vivre en plein air et dans un climat très-humide, étaient capables de consommer une grande quantité de liqueurs spiritueuses sans éprouver aucun des funestes effets qu'elles produisent ordinairement sur l'organisation morale ou physique.

A la fin, ces groupes mouvants se dérobèrent aux regards de notre héros, à qui le sommeil ferma les yeux : il ne les rouvrit le lendemain que lorsque le soleil était déjà élevé sur le lac, bien que les rayons n'éclairassent que faiblement l'intérieur de l'*uaimh an Ri*, la caverne du Roi, nom que Donald Bean Lean avait orgueilleusement donné à sa demeure.

CHAPITRE XVIII.

WAVERLEY CONTINUE SON VOYAGE.

Quand Édouard fut tout à fait éveillé, il fut étonné de voir la caverne déserte. S'étant levé, et ayant mis un peu d'ordre dans sa toilette, il regarda avec plus d'attention autour de lui; mais il ne vit personne. Il n'y avait d'autres traces de Donald et de sa bande que les tisons éteints, ou convertis en cendres grises, et les restes du repas consistant en os à demi brûlés, à demi rongés, et une ou deux *kegs* vides. Waverley courut à l'entrée de la caverne, d'où il s'aperçut que l'on pouvait aller à la pointe de rocher, qui conservait les marques du feu de signal, par un petit sentier ou naturel ou grossièrement creusé dans le roc, le long du petit canal qui entrait de quelques toises dans la caverne, et dans lequel la barque avait été la nuit et était encore amarrée comme dans un bassin. Arrivé à la plate-forme où le signal avait été établi, il eût cru qu'il était impossible d'aller plus loin par terre, s'il n'eût pas pensé qu'il était probable que la caverne avait une autre issue que le lac; il remarqua à l'extrémité de la plate-forme trois ou quatre rebords de rocher, dont il se servit comme d'un escalier pour grimper sur le haut de la caverne, d'où il descendit de l'autre côté avec quelque difficulté, et il se trouva bientôt sur les bords déserts d'un lac, d'environ quatre milles de longueur sur un et demi de largeur, entouré de montagnes couvertes de bruyères et d'un aspect sauvage, sur le sommet desquelles reposait encore le brouillard du matin.

En regardant derrière lui vers l'endroit d'où il venait, il ne put s'empêcher de remarquer avec quelle adresse on avait choisi un lieu de retraite si solitaire et si caché. Le rocher autour duquel il avait tourné à l'aide de quelques inégalités peu apparentes où il y avait à peine de quoi poser le pied, n'offrait à l'œil qu'un précipice affreux qui fermait entièrement toute communication avec les bords du lac, dont la largeur empêchait de découvrir de l'autre rivage l'ouverture étroite et basse de la caverne; de manière qu'à moins que la recherche en fût faite avec des barques, ou que la trahison ne la fît connaître, ceux qui l'habitaient pouvaient y rester en sûreté aussi longtemps que les munitions de bouche ne manqueraient pas. Après avoir satisfait sa curiosité, Waverley regarda de tous côtés pour tâcher de découvrir Evan et son domestique, qu'il jugeait avec raison ne devoir pas être très-éloignés. quelque parti qu'eussent pris Donald et sa bande, que leur genre de vie exposait à de rapides émigrations: à la distance d'environ un demi-mille, il aperçut un Highlandais qu'il crut être Evan, pêchant au bord du lac à côté d'un autre, qu'à l'arme qu'il avait sur l'épaule il reconnut pour l'homme à la hache d'armes.

Beaucoup plus près il entendit les sons animés d'une chanson gaëlique, qui le guidèrent dans un enfoncement exposé au soleil, ombragé par le feuillage luisant d'un bouleau, et tapissé par un sable blanc et solide. Il y trouva la grande fille de la caverne, dont la chanson l'avait attiré, occupée à préparer de son mieux un repas du matin, consistant en lait, en œufs, en pain d'orge, en beurre frais et en miel. La pauvre jeune personne avait déjà fait le matin un tour de quatre milles pour se procurer les œufs et la farine nécessaires pour faire les gâteaux et les autres parties du déjeuner, qu'elle avait demandés ou qu'elle avait empruntés dans différentes fermes du voisinage. Donald Bean Lean et sa troupe ne se nourrissaient guère que de la viande des animaux qu'ils enlevaient dans les basses terres. Le pain même était regardé comme un mets exquis et rare, par la difficulté qu'ils avaient à s'en procurer, et toutes les provisions de ménage, telles que le lait, la volaille, le beurre, n'étaient nullement en usage dans cette espèce de camp scythe. J'avais oublié de dire que quoique Alice eût employé une partie de la matinée à se pourvoir, pour le déjeuner de son hôte, de ces choses que l'on n'avait pas dans la caverne, elle avait eu le temps de faire sa toilette. Son ajustement était simple; elle n'avait qu'un petit corset rouge et une jupe fort courte, mais cela était propre et arrangé avec soin.

Un *snood*, pièce d'étoffe écarlate brodée, contenait ses cheveux noirs, qui s'échappaient par-dessus en longues et nombreuses boucles; elle avait mis de côté son plaid rouge qui eût pu l'empêcher d'être aussi prompte à servir l'étranger. J'oublierais ce qu'Alice avait de plus beau dans sa parure, si je ne parlais pas de boucles d'oreilles d'or et d'un rosaire doré que son père (elle était fille de Donald Bean Lean) lui avait apportés de France, et qui avaient été probablement son butin dans un combat ou un assaut.

Sa taille, quoique un peu forte pour son âge, était bien proportionnée, et sa démarche avait une grace naturelle et simple sans rien avoir de la gaucherie ordinaire d'une villageoise. Ses sourires, qui faisaient voir deux rangs de dents d'une blancheur ravissante, et l'expression de son regard, lui servirent pour souhaiter à Waverley un bonjour qu'elle ne pouvait lui exprimer en anglais; et ce langage muet eût pu être interprété par un fat, ou par un jeune officier qui, sans avoir ce défaut, avait la conscience de ses avantages extérieurs, comme quelque chose de plus que la simple courtoisie d'une hôtesse; et je n'oserais pas affirmer que la jeune et sauvage montagnarde eût accueilli quelque vieux gentilhomme, le baron de Brawardine, par exemple, avec les soins, les attentions qu'elle eut pour Édouard. Elle semblait empressée de le voir s'asseoir devant ce déjeuner qu'elle avait pris la peine de préparer, et auquel elle venait d'ajouter quelques baies sauvages, cueillies dans un marais voisin. Lorsqu'elle vit Waverley à table, elle alla s'asseoir sur une pierre à quelque distance, d'où elle paraissait épier avec beaucoup d'attention l'occasion de le servir.

Evan et son domestique arrivèrent alors lentement le long du rivage; le dernier portait une grosse truite saumonnée, produit de la pêche du matin, avec la ligne qui lui avait servi à la prendre; et Evan, qui le précédait d'un air aisé, satisfait et fier, s'avança vers le lieu où Waverley faisait honneur au déjeuner. Après les salutations d'usage de part et d'autre, Evan le regardant, dit à Alice, en langue gaëlique, quelque chose qui la fit rire, et rougir d'une manière visible, malgré la couleur de son teint bruni par l'air et le soleil, puis il lui demanda de préparer le poisson pour déjeuner. Il alluma un morceau d'amadou au bassinet de son pistolet, ramassa quelques branches, et en fit en peu de temps des charbons ardents, sur lesquels on mit griller la truite coupée en larges tranches. Pour couronner le repas, Evan tira d'une poche de sa jaquette une grande conque, et de dessous son plaid une corne de bélier pleine de whisky. Il en but d'abord assez copieusement, disant qu'il avait déja pris le coup du matin avec Donald Bean Lean, avant son départ, et il offrit le cordial à Alice et à Édouard, qui le refusèrent tous deux. Alors, avec l'air de bonté d'un seigneur, il présenta la conque à Dugald Mahony, son domestique, qui, sans attendre qu'on le lui répétât, la vida avec délices. Evan se leva, et proposa à Waverley de se mettre dans la barque, tandis qu'Alice arrangeait dans un petit panier tout ce qu'elle pensait mériter d'être emporté; elle se couvrit de son plaid, s'approcha d'Édouard avec la plus grande ingénuité, lui serra la main, lui donna sa joue à baiser et lui fit une révérence. Evan, qui était regardé comme un agréable parmi les montagnards, s'avança comme pour obtenir la même faveur ; mais Alice saisit aussitôt son panier, s'élança sur le rocher aussi lestement qu'un chevreuil, se retourna, se mit à rire, et adressa à Evan, en langue gaëlique, quelques mots auxquels il répondit sur le même ton et dans la même langue; puis Alice fit de la main ses adieux à Édouard, se mit en route, et disparut bientôt au milieu des broussailles, quoiqu'on entendît encore quelques moments après la vive chanson qu'elle avait chantée sous le bouleau.

Evan et Waverley rentrèrent dans la gorge de la caverne, et descendirent dans la barque, que Mahony détacha et dont, pour tirer avantage, il déploya la voile grossière; Evan prit le gouvernail, et dirigea la barque, comme Waverley s'en aperçut aussitôt, vers un lieu plus avancé que celui où il s'était embarqué la nuit précédente. Tandis que la barque glissait sur la surface transparente des eaux, Evan ouvrit l'entretien par l'éloge d'Alice, qui, suivant lui, était aussi adroite que gentille, et outre cela la meilleure danseuse de *strathpeys* ou rigodons à la cornemuse, de tout le pays. Édouard approuva tout ce qu'il put comprendre de ses louanges, et ne pouvait toutefois s'empêcher de la plaindre d'être condamnée à une vie si horrible et si dangereuse.

« Comment cela ? dit Evan; il n'y a rien dans le Perthshire qu'elle ne puisse se procurer en le demandant à son père, à moins que ce ne soit trop chaud ou trop lourd. »

— «Mais être la fille d'un voleur de bestiaux, d'un voleur ordinaire ! »

— «D'un voleur ordinaire!... non, certes ; Donald Bean Lean n'a jamais enlevé de sa vie moins d'un troupeau.»

— «C'est donc un voleur extraordinaire ? »

— «Oh non... Celui qui enlève la vache d'une pauvre veuve, le bœuf d'un paysan, est un voleur; celui qui enlève un troupeau à un laird saxon est un gentilhomme-bouvier ; et d'ailleurs, un Highlandais n'a jamais pensé à rougir de prendre un arbre dans une forêt, un saumon dans une rivière, un daim sur un coteau ou une vache dans les basses terres. »

— « Mais comment finirait-il, s'il venait à être pris pendant qu'il s'approprie le bien d'autrui ? »

— « Alors, sans nul doute, *il mourrait pour la loi*, comme il est arrivé avant lui à plus d'un joli garçon. »

— « Pour la loi ! »

— « Oui, c'est-à-dire avec la loi ou par la loi; il serait pendu au gracieux gibet de Crieff[1], où son père, son grand-père, sont morts, où j'espère qu'il mourra lui-même, s'il ne meurt d'un coup de feu ou d'un coup de sabre dans un *creagh* ou une maraude. »

— « Evan, vous espérez une telle mort pour votre ami ? »

— « Certainement; voudriez-vous que je lui souhaitasse de mourir sur une botte de paille humide, au fond de sa caverne, comme un chien galeux ? »

— « Mais que deviendrait alors Alice?»

— « Comme, si cet accident arrivait, son père ne pourrait plus la protéger, qui m'empêcherait de l'épouser, et de me charger de ce soin ? »

— « Noble projet; mais en attendant, dites-moi, qu'est-ce que celui qui sera votre beau-père, s'il est pendu, a fait des vaches du baron ? »

— « Avant que le soleil fût levé sur Ben-Lawers, votre domestique et Allan Kennedy chassaient le troupeau devant

---

1. La dernière génération se rappelle avoir vu ce célèbre gibet à l'extrémité occidentale du bourg de Crieff, dans le comté de Perth. Nous ne pouvons dire précisément au lecteur le motif qui avait fait donner à ce gibet le nom de douce potence ou gracieux gibet ; mais on rapporte que les Highlandais, lorsqu'ils passaient près de ce lieu qui avait été si fatal à tant de leurs compatriotes, avaient coutume de toucher leur toque, et de s'écrier : « Que Dieu me bénisse et que le diable vous emporte ! » Peut-être avait-on donné à cette potence l'épithète de douce, parce qu'elle était une espèce de lieu de rassemblement commun aux compatriotes et aux parents de ceux qui devaient y souffrir, et accomplir ainsi leur propre destinée A. M..

eux ; ils doivent être maintenant au défilé de Bally-Brough; et toutes les vaches arriveront bientôt dans les parcs de Tully-Veolan, à l'exception de deux, qui malheureusement avaient été égorgées avant mon arrivée à la caverne du Roi. »

« Et où allons-nous, Evan, si j'ose vous le demander ? » dit Waverley.

— « Où voulez-vous que je vous mène si ce n'est au manoir du laird, à Glennaquoich ? Je pense que vous ne voudriez pas venir dans ce pays sans lui faire votre visite ? ce serait un crime digne de mort. »

— « Mais sommes-nous loin de Glennaquoich ? »

— « Il n'y a plus guère que cinq petits milles, et Vich-Jan-Vohr viendra au-devant de nous. »

Environ une demi-heure après, ils arrivèrent au bout du lac, et lorsque Édouard fut descendu à terre, les deux Highlandais conduisirent la barque dans un enfoncement, au milieu d'une forêt de joncs et de roseaux, où elle était parfaitement cachée. Ils cachèrent les rames en un autre endroit, avec l'intention sans doute que Donald Bean Lean pût seul les trouver, lorsqu'il viendrait dans ces parages. »

Les voyageurs marchèrent quelque temps au milieu d'un vallon délicieux entre deux collines, traversé par un petit ruisseau qui se dirigeait vers le lac. Quand ils eurent fait un peu de chemin, Waverley renouvela ses questions sur l'hôte de la caverne.

— « Demeure-t-il toujours dans le souterrain ? »

— « Oh non ! Bien fin celui qui pourrait dire en quels lieux il se trouve chaque jour. Il n'y a pas un trou, un antre, une grotte, une caverne dans tout le pays que Donald ne connaisse. »

— « D'autres que votre maître lui accordent-ils protection ? »

« Mon maître ? Mon maître est dans le ciel ! » répondit Evan avec fierté ; et reprenant aussitôt son ton ordinaire de politesse : « Mais vous voulez parler de mon chef ; non, il n'accorde pas protection à Donald Bean Lean et à ceux de son espèce; mais, ajouta-t-il en riant, il lui accorde le bois et l'eau. »

— « Je pense, Evan, que ce n'est pas leur accorder grand'chose ; car le bois et l'eau sont en abondance dans ce pays. »

— « Vous ne comprenez pas. Qui dit le bois et l'eau dit les montagnes et le lac ; et j'imagine que si le laird se mettait, avec une trentaine d'hommes, à la poursuite de Donald dans le bois de Kailychat, il n'aurait pas plus beau jeu que si moi ou quelque autre joli garçon conduisions nos barques à la caverne du Roi. »

— « Mais supposons que des troupes vinssent des basses terres pour l'attaquer, votre chef le défendrait-il ? »

— « Non ! il ne brûlerait pas une amorce pour lui si l'on venait au nom de la loi. »

— « Et que ferait alors Donald ? »

— « Il serait forcé de quitter le pays, et de chercher un asile sur le mont de Letter-Scriven. »

— « Et si on l'y poursuivait ? »

— « Je pense qu'il se réfugierait chez son cousin, à Rannock. »

— « Et si on allait l'y chercher ? »

— « Cela n'est pas croyable ; et il n'y a pas un seul homme des basses terres qui osât passer d'une portée de fusil le défilé de Bally-Brough sans le secours des *Sidier Dhu*. »

— « Qu'est-ce que cela ? »

— « Les *Sidier Dhu*, ce sont les soldats noirs ; c'est le nom qu'on donne aux compagnies franches que l'on organise pour maintenir la paix, et faire observer les lois dans les montagnes. Vich-Jan-Vohr a commandé une de ces compagnies pendant cinq ans, et j'y ai servi en qualité de sergent. On les appelle Sidier Dhu à cause de la couleur de leurs tartans, comme on dit de vos hommes, les hommes du roi George, *Sidier Roy* ou les soldats rouges. »

— « Bien, Evan ; mais quand vous étiez payés par le roi George, vous étiez certainement les soldats du roi George ? »

Edinburgh.

— « C'est juste ; mais vous pouvez demander à Vich-Jan-Vohr ; car nous servons son roi sans nous inquiéter de ce qu'il est. Personne ne peut dire d'ailleurs que nous soyons maintenant les soldats du roi George, lorsqu'il y a plus d'un an que nous n'avons touché de solde. »

Édouard, trouvant ce dernier argument sans réplique, se garda bien d'essayer d'y répondre, et ramena la conversation sur Donald Bean Lean.

« Donald se contente-t-il d'enlever le bétail ou fait-il butin de tout ce qu'il trouve sur son chemin ? »

— « Tout est à sa convenance ; mais plus particulièrement les vaches, les chevaux ou les chrétiens ; les brebis font la route trop lentement : d'ailleurs, outre cet inconvénient, il n'est pas facile de s'en défaire dans le pays. »

— « Il enlève donc des hommes et des femmes ? »

— « Sans doute ; ne vous a-t-il pas parlé hier soir de sa capture du bailli de Perth ? La rançon de ce digne homme lui coûta cinq cents marcs d'argent, que l'on apporta à l'entrée méridionale du défilé de Bally-Brough. Il faut que je vous raconte un bon tour de Donald [1]. On devait bientôt, dans la vallée de Mearns, célébrer le mariage de lady Cramfeezer (elle était veuve et d'un certain âge) avec le jeune Gilliewhackit qui, en vrai gentilhomme, avait dissipé meubles et immeubles aux combats de coqs, aux combats de taureaux, aux courses de chevaux ; Donald Bean Lean ayant appris que le fiancé, qui voulait se marier pour attraper de l'argent, était fort aimé de la dame, à l'aide de ses gens il enleva Gilliewhackit un soir qu'il allait soupirer ou plutôt souper chez sa fiancée, le conduisit avec la rapidité de l'éclair dans les montagnes, et le mit à l'abri dans la caverne du Roi, où il eut tout le temps de stipuler sur sa rançon, que Donald ne voulait pas mettre à moins de mille livres. »

— « Diable ! »

— « De mille livres d'Écosse [2] ; car la dame, autrement, n'eût pu fournir cette somme, eût-elle mis sa robe en gage. Elle s'adressa au gouverneur du château de Stirling et au major de la garde noire. L'un lui répondit que cette affaire ne le regardait pas, vu que l'enlèvement avait eu lieu hors de son district, et l'autre que ses soldats étaient allés à la maraude, et qu'il ne les rappellerait pas pour toutes les Cramfeezers de la chrétienté, avant qu'ils se fussent approvisionnés, parce que ce serait préjudiciable au pays. Pendant ce temps-là, Gilliewhackit fut attaqué de la petite vérole, et l'on ne trouva à Perth ou à Stirling aucun médecin qui voulût venir voir le pauvre garçon. Je ne leur en fais pas de reproche, car Donald, qui avait été mal traité par un médecin de Paris, avait juré qu'il jetterait dans le lac le premier docteur qui lui tomberait sous la main. Cependant quelques vieilles femmes voisines de Donald eurent tant de soin de Gilliewhackit, qu'avec un bon air et du petit-lait il recouvra la santé aussi bien que s'il eût été enfermé dans une chambre à glaces, avec un bon lit et de beaux rideaux, et qu'on l'eût nourri de pain blanc et de vin rouge. Donald en fut si fâché, que lorsqu'il le

---

[1]. L'histoire du marié enlevé par les Caterans, le jour même de ses noces, est prise d'une histoire semblable racontée à l'auteur, il y a quelques années, par le feu laird de Mac Nab. Enlever des personnes des Lowlands, et exiger une rançon pour leur délivrance, était une coutume assez ordinaire chez les Highlandais sauvages, comme on dit que cela se pratique de nos jours chez les bandits du midi d'Italie. Voici le trait auquel on fait allusion : un parti de Caterans enleva un nouveau marié et le cacha dans un antre, près de la montagne de Schihallion. Le jeune homme fut attaqué de la petite vérole avant que l'on fût d'accord sur le prix de sa rançon ; mais soit par suite de la fraîcheur de l'endroit où il se trouvait, soit par suite du défaut de secours médical, ce que Mac Nab ne prétend point assurer positivement, le prisonnier recouvra la santé, paya sa rançon et fut rendu à ses amis et à sa jeune épouse. Mais on pensa toujours que les voleurs highlandais lui avaient sauvé la vie par leur manière de traiter la maladie dont il avait été attaqué. » A. M

[2]. Une livre d'Écosse ne vaut que 2 francs, tandis que la livre sterling vaut 25 francs, A. M.

vit tout à fait bien portant il le renvoya, laissant à son choix la manière de reconnaître les soins et la peine qu'il avait occasionés. Je ne saurais précisément vous dire comment ils s'arrangèrent; mais ils se quittèrent si satisfaits l'un de l'autre, que Donald fut invité à venir danser à la noce avec le *trews*[1] des montagnards, et qu'on ne lui a jamais vu sa bourse si bien garnie, avant ou après cette époque; et de plus, Gilliewhackit disait que si l'on venait à faire une enquête contre Donald, il ne l'accuserait de rien, à moins qu'il ne se fût rendu coupable d'un incendie volontaire ou d'un meurtre. »

Par la conversation d'Evan, Waverley s'instruisait de la position des Highlands, conversation qui l'amusait peut-être plus qu'elle n'amusera le lecteur : enfin, après avoir franchi sables, coteaux, bois et bruyères, Édouard, quoiqu'il connût bien la générosité des Écossais pour mesurer les distances, commença à penser que les cinq milles d'Evan étaient à peu près doublés. Il dit que les Écossais mettaient moins d'économie dans la mesure des routes que dans la supputation de leur monnaie, et Evan lui répondit avec cette vieille plaisanterie proverbiale: « Le diable emporte ceux qui ont la mesure courte[2]. »

Ils entendirent en ce moment le bruit d'un coup de fusil, et ils aperçurent un chasseur avec des chiens et un domestique sur le haut du vallon. « Je crois que c'est le chef, » dit Dugald Mahony.

« Ce n'est point lui, répondit Evan d'un ton affirmatif. Penses-tu qu'il puisse venir ainsi au-devant d'un gentilhomme anglais ? »

Mais quand ils furent un peu plus près,

il dit avec un air mortifié : « C'est lui, certainement, et il n'a point de suite ! il n'a avec lui d'autre créature humaine que Callum Beg. »

Dans le fait, Fergus Mac-Ivor, dont un Français aurait pu dire, avec plus de vérité qu'aucun habitant des montagnes : *Il connaît bien ses gens*, n'avait point eu l'idée de se faire valoir aux yeux d'un jeune et riche Anglais en se montrant à lui avec un vain cortége de montagnards. Il avait pensé que cet inutile appareil eût paru à Édouard plus ridicule qu'imposant. Il était plus jaloux que qui que ce fût des droits de chieftain et de la puissance féodale; et c'était pour cela qu'il avait soin de ne pas mettre en évidence les marques extérieures de sa dignité, à moins que la circonstance ne l'exigeât pour produire un grand effet. S'il eût eu à recevoir un autre chieftain, il n'eût sans doute pas manqué de s'environner de tout ce cortége qu'Evan avait décrit avec tant de pompe; il jugea que pour aller à la rencontre de Waverley il était plus convenable de ne se faire suivre que d'une seule personne. C'était un bel et jeune Highlandais qui portait la carnassière de son maître et sa claymore, sans laquelle il lui arrivait rarement de sortir.

Quand Fergus et Waverley se rencontrèrent, ce dernier fut frappé de la grace et de la dignité du chieftain. Sa taille, au-dessus de la moyenne, était bien proportionnée; son costume de Highlandais, fort simple, mettait en relief ses avantages physiques. Il portait le trews. Dans les autres parties, son habillement ressemblait à celui d'Evan, excepté qu'il n'était armé que d'un dirk richement monté en argent. Son page, comme nous l'avons dit, portait sa claymore, et le fusil que Fergus tenait à la main ne semblait être qu'un fusil de chasse. Il avait dans sa promenade tiré quelques jeunes canards sauvages ; car, quoique la défense de chasse n'existât pas, les grousses étaient encore trop petites pour être chassées. Toute sa personne était décidément écossaise; sa physionomie avait quelque

---

1. Espèce de pantalon écossais à bas et d'une seule pièce d'étoffe. A. M.

2. Les Écossais sont libéraux dans la supputation de leurs terres et de leurs boissons; la pinte écossaise répond à une demi-pinte anglaise; quant à leur monnaie, tout le monde, dit Walter Scott, se rappelle les deux vers dont voici le sens : « Comment ces coquins peuvent-ils prétendre au sens commun ? leur livre ne vaut que 20 pences (c'est-à-dire environ 2 francs. » A. M.

chose de la dureté du Nord, mais si peu prononcé, qu'il eût été regardé partout comme un joli homme. Sa toque, surmontée d'une plume d'aigle, comme marque de distinction, avait un caractère guerrier, et ajoutait beaucoup à l'expression mâle de son visage, accompagné par des boucles de cheveux noirs bien plus gracieuses que celles que l'on étale dans les boutiques de Bond-Street¹. Cet air ouvert et affable augmentait beaucoup l'impression favorable que faisait naître un extérieur aussi beau et aussi noble. Toutefois un habile physionomiste eût été moins satisfait en le regardant une seconde fois. Ses sourcils et sa lèvre supérieure trahissaient l'habitude du commandement absolu ; sa politesse, quoique simple, franche et expressive, laissait percer le sentiment qu'il avait de son importance personnelle ; le mouvement soudain et rapide de ses yeux annonçait un caractère vif, fier et vindicatif, qui, quoiqu'il cherchât à le dissimuler, n'en était pas moins à craindre. En un mot, l'ensemble de ce chieftain pouvait être comparé à un de ces jours riants d'été qui montrent par des signes certains, quoique légers, qu'avant le soir les éclairs sillonneront l'air et le tonnerre grondera.

Ce ne fut pas toutefois à cette première entrevue qu'Édouard eut occasion de faire des observations aussi peu favorables. Le chef le reçut comme un ami du baron de Bradwardine, lui témoigna beaucoup de bienveillance, et le remercia de sa visite. Il lui reprocha obligeamment d'avoir choisi pour passer la nuit un abri aussi sauvage que la caverne du Roi ; et se mit à plaisanter sur l'intérieur du ménage de Donald Bean, sans dire un mot de ses déprédations, ni du motif qui amenait Waverley, qui crut, par conséquent, devoir éviter de parler de ces deux sujets. Tandis qu'ils cheminaient gaiement vers le manoir de Glennaquoich, Évan formait respectueusement l'arrière-garde avec Callum Beg et Dugald Mahony, qui marchaient derrière lui.

Nous voudrions faire connaître au lecteur quelques détails sur le caractère et l'histoire de Fergus Mac-Ivor, détails dont Waverley ne fut instruit qu'après avoir formé avec lui une liaison qui, quoique née du hasard, eut pendant assez long-temps la plus grande influence sur son caractère, ses actions et ses espérances. Mais ce sujet est trop important pour ne pas faire le commencement d'un autre chapitre.

CHAPITRE XIX.

LE CHEF ET SON MANOIR.

L'INGÉNIEUX licencié Francisco de Ubeda, commençant son histoire de la *Picara Justina Giez*, qui, soit dit en passant, est un des livres les plus rares de la littérature espagnole, se plaint de ce qu'un cheveu se trouve pris dans le bec de sa plume ; il commence tout d'abord, avec plus d'éloquence que de sens commun, à raisonner, affectueusement toutefois, avec cet instrument utile, lui reprochant de n'être qu'une plume d'oie volatile inconstant par sa nature, puisqu'il fréquente indifféremment l'eau, la terre et l'air, et qu'il ne s'attache en conséquence jamais à aucun des trois. Quant à moi je t'assure, lecteur bénévole, que, sous ce rapport, mon opinion diffère entièrement de celle de Francisco de Ubeda, et que la qualité la plus utile que je reconnaisse à ma plume, consiste dans la faculté qu'elle possède de passer promptement du plaisant au sévère, aussi bien que d'une description et d'un dialogue à un caractère et un récit. De telle sorte que si ma plume ne conserve des penchants de sa mère l'oie que l'inconstance qui caractérise cette dernière, je m'estimerai fort heureux en vérité, et je pense que vous, mon digne ami, vous n'en éprouverez aucun sujet de déplaisir. Ainsi donc, du jargon des gillies des High-

---

1. Rue de Londres fameuse par ses magasins et ses dandys. A. M.

lands[1], je passe au caractère de leur chef. Nous allons nous livrer à un important examen : aussi, semblables à Dogberry[2], devons-nous faire usage ici de tout notre discernement.

Un des ancêtres de Fergus Mac-Ivor avait, il y a environ trois cents ans, adressé une réclamation à l'effet d'être reconnu chef du clan nombreux et puissant auquel il appartenait, et dont il n'est pas nécessaire de mentionner le nom. Un antagoniste qui avait plus de droits à ce titre, ou au moins plus de forces à opposer, ayant été préféré à ce Fergus, il se dirigea vers le sud, accompagné de ceux qui lui restaient attachés; il cherchait, comme un second Énée, à former un établissement nouveau; l'état dans lequel se trouvaient alors les Highlands du Perthshire favorisait ses projets. Un baron puissant de ce pays venait tout récemment de trahir les intérêts de la couronne : Jan (c'était le nom de notre aventurier de la famille des Fergus) se joignit à ceux qui étaient chargés par le roi de punir le traître, et il rendit des services d'une telle importance, qu'il obtint la cession de biens considérables sur lesquels il ne cessa de résider, et après lui sa famille. Jan suivit aussi le roi dans la guerre qu'il fit dans les régions fertiles de l'Angleterre, et, au milieu de cette expédition, il employa si activement ses heures de loisir à lever des subsides sur les habitants du Northumberland et du Durham, qu'à son retour il put élever une tour ou forteresse en pierre tellement admirée de ses partisans et de ses voisins, que lui, qui jusqu'alors avait été appelé Jan MacIvor, ou Jan fils d'Ivor, fut ensuite distingué dans les chansons et la généalogie par le noble titre de Jan Nan Chaistel, ou Jean de la Tour. Les descendants de ce digne chef étaient si fiers de lui, que le chef régnant portait toujours le titre patronymique de Vich Jan-Vohr, c'est-à-dire, fils de Jean-le-Grand; et le clan, pour être distingué de celui dont il s'était séparé, était généralement connu sous la dénomination de Sliochd Nan Ivor, race d'Ivor.

Le père de Fergus, dixième descendant direct de Jean de la Tour, prit la part la plus active dans l'insurrection de 1715, et fut forcé de fuir en France, les tentatives faites alors pour relever la maison des Stuarts ayant été infructueuses. Plus heureux que les autres fugitifs, il obtint du service dans l'armée française, et épousa, dans ce royaume, une femme d'un rang élevé qui le rendit père de deux enfants, Fergus et Flora; ce dernier enfant était une fille. Les biens qu'il avait en Écosse avaient été confisqués et vendus; mais ils furent rachetés à vil prix au nom du jeune Fergus, qui vint alors habiter les domaines de ses pères[3]. On s'aperçut bientôt qu'il possédait une vivacité d'esprit vraiment rare, qu'il était plein de feu et d'ambition : aussi, dès qu'il se fut pénétré de la situation du pays, il acquit peu à peu ce ton particulier et peu ordinaire, qu'on ne pouvait s'arroger qu'il y a soixante ans.

Si Fergus Mac-Ivor eût vécu soixante ans plus tôt, il est très-probable qu'il eût possédé moins de ces manières polies et de cette connaissance du monde dont il était doué; et s'il eût vécu soixante ans plus tard, son ambition et son attachement aux lois auraient modéré l'ardeur qui le caractérisait person-

---

1. *Gillies*, mot qu'il est impossible de bien traduire, et dont la signification renferme les diverses personnes attachées à un chieftain highlandais. A. M.

2. Personnage ridicule d'une pièce de Shakspeare, intitulée : *Much ado about nothing*, beaucoup de bruit pour rien. A. M.

3. Cette circonstance se présenta plusieurs fois. Ce ne fut réellement, observe l'auteur, qu'après la destruction totale de l'influence des clans, après 1745, qu'on put trouver des acquéreurs qui offrissent un prix raisonnable des biens confisqués en 1715. Ces biens furent alors mis en vente par les créanciers de la compagnie des constructeurs d'York, qui avait acheté le tout ou la plus grande partie au gouvernement, et à un prix très-modique. Même à l'époque de 1745, les préventions du public en faveur des héritiers des familles dont les biens avaient été confisqués apportèrent divers obstacles à la vente de ces propriétés. A. M.

nellement. Il était vraiment, dans sa petite sphère, aussi parfait politique que Castruccio Castrucani lui-même. Il s'appliqua avec la plus vive ardeur à apaiser toutes les querelles et toutes les dissensions qui s'élevaient fréquemment au milieu des autres clans de son voisinage : aussi le prenaient-ils souvent pour arbitre de leurs discussions. Il fortifia sa propre autorité patriarcale au moyen de toutes les dépenses que sa fortune lui permettait de faire; il employa tous les moyens pour maintenir cette hospitalité grossière mais abondante, attributs appréciés particulièrement chez un chef. Par la même raison, il remplit ses possessions de tenanciers braves et propres à la guerre, mais dont le nombre n'était pas proportionné aux productions que le sol pouvait offrir. Ces tenanciers se composaient surtout de ceux de son propre clan, et, autant qu'il était en son pouvoir de l'empêcher, il ne souffrait pas qu'ils quittassent ses domaines. Il s'attachait aussi quelques aventuriers du clan dont il descendait, et qui abandonnaient un chef moins guerrier, quoique plus riche, pour rendre hommage à Fergus Mac-Ivor; même d'autres individus qui ne pouvaient alléguer cette excuse, étaient reçus dans ses domaines, dont l'entrée n'était refusée à aucun de ceux qui, comme Poins [1], étaient disposés aux coups de main, et désireux de porter le nom de Mac-Ivor.

Bientôt il put discipliner ses forces, ayant obtenu le commandement de l'une de ces compagnies indépendantes levées par le gouvernement pour maintenir la paix dans les Highlands. Tant qu'il fut revêtu de cette dignité, il sut agir avec vigueur et intelligence, et le plus grand ordre régna dans le pays où il commandait. Il fit entrer ses vassaux à tour de rôle dans sa compagnie, les faisant servir pendant un certain espace de temps, ce qui leur donna à tous des notions générales sur l'art militaire. Dans ses campagnes contre les bandits on s'aperçut qu'il s'arrogeait un pouvoir tout à fait discrétionnaire qui, tandis que les lois n'avaient point libre cours dans les Highlands, devait nécessairement appartenir à la force militaire appelée pour les appuyer. Ainsi, il traitait avec une indulgence tout à la fois grande et soupçonneuse les maraudeurs qui restituaient avec obéissance les prises qu'ils avaient faites et offraient de se soumettre personnellement à lui; mais il usait de rigueur envers les pillards qui osaient mépriser ses observations ou ses ordres, et il les faisait saisir et livrer aux tribunaux. D'un autre côté, si des officiers de justice, des militaires ou des citoyens osaient poursuivre sur son territoire des voleurs ou maraudeurs sans avoir préalablement obtenu son consentement, ils pouvaient être certains d'échouer. Dans ces circonstances, Fergus Mac-Ivor était le premier à s'affliger avec eux; et après avoir blâmé avec quelque ménagement leur témérité, il ne manquait jamais de déplorer avec amertume l'insuffisance des lois du pays. Ces prétendues doléances n'éloignèrent point les soupçons, et tout ce qu'il se permettait alors fut si bien représenté au gouvernement, que notre chieftain fut privé de son commandement militaire [2].

Dans cette circonstance, Fergus Mac-Ivor eut l'art de cacher toute apparence de mécontentement; mais le pays d'alentour commença bientôt à ressentir les funestes effets de sa disgrace. Donald Bean Lean, et autres de sa classe, qui

1. Un des personnages de la tragédie de Shakspeare, intitulée *Henri IV*. A. M.

2. Cette espèce de jeu politique, dit l'auteur, attribué à Mac-Ivor, fut réellement joué par quelques chefs des Highlands, et par le célèbre lord Lovat, en particulier, qui eut recours à cette sorte de finesse, et la poussa jusqu'au dernier degré. Le laird de Mac était aussi capitaine d'une compagnie indépendante; mais il savait trop apprécier les douceurs que lui procurait sa solde pour courir le risque de la perdre en servant la cause jacobite. Sa femme eut le courage de faire lever son clan et de marcher à sa tête en 1745. Mais le chef lui-même refusa de prendre part à cette rébellion, ne voulant point reconnaître d'autre monarque que celui qui donnait au laird de Mac une demi-guinée par jour. A. M.

bornaient alors leurs déprédations à quelques districts, parurent dès lors s'être établis sur cette malheureuse frontière; ils ne trouvaient dans leurs ravages que peu d'opposition, les habitants des Lowlands ayant presque tous été désarmés comme jacobites. Ce fut ce qui obligea beaucoup de ces habitants à passer, en faveur de Fergus Mac-Ivor, le contrat de black-mail, par suite duquel ils le reconnaissaient pour leur protecteur; ce qui lui donnait une grande autorité dans toutes leurs contestations, et lui procurait des fonds pour exercer son hospitalité féodale, que la suppression de sa charge eût autrement diminuée d'une manière sensible.

En se conduisant ainsi, Fergus avait bien un autre objet que celui d'être uniquement le grand homme de son voisinage et d'avoir sur un petit clan une autorité despotique. Depuis son enfance il s'était voué à la cause de la famille exilée, et il était convaincu que non seulement son rétablissement sur le trône de la Grande-Bretagne serait prompt, mais que ceux qui l'auraient facilité recevraient en retour un rang et des honneurs. C'était dans ce but qu'il s'efforçait de réconcilier les Highlandais, et qu'il donnait à ses propres forces tout l'accroissement possible, afin de se trouver prêt à la première occasion favorable. Toujours dans ce but, il se concilia la faveur de tous les gentilshommes des Lowlands, ses voisins, qui étaient attachés à la bonne cause; et pour la même raison, ayant eu antérieurement, sans le vouloir, quelque discussion avec M. Bradwardine, qui, malgré son originalité, était très-respecté dans le pays, il sut tirer avantage de l'excursion de Donald Bean Lean, en apaisant la discussion de la manière que nous venons de mentionner. Quelques uns même soupçonnèrent que Fergus avait suggéré à Donald la pensée de cette entreprise, afin de se préparer ainsi un moyen de réconciliation qui, en supposant que tout se fût passé comme quelques personnes le pensaient, avait coûté au laird de Bradwardine deux excellentes vaches à lait. Ce zèle pour la maison des Stuarts lui attira de leur part une confiance illimitée, quelquefois des sacs de louis d'or, une grande quantité de belles paroles, et un parchemin signé et scellé, constatant que le titre de comte était accordé par le roi Jacques, troisième du nom en Angleterre et huitième en Écosse, à son féal, brave, fidèle et bien-aimé Fergus Mac-Ivor de Glennaquoich, du comté de Perth, au royaume d'Écosse.

Muni de cette future couronne de comte qui brillait à ses yeux, Fergus paya de sa personne dans toutes les conspirations qui signalèrent cette malheureuse époque, et, de même que tous les agents actifs d'un parti, il trouva facilement dans sa conscience l'excuse des excès que se permettait le sien; et certainement l'honneur et l'orgueil l'eussent détourné de ces excès, s'il n'avait eu pour objet que son avancement personnel. Après cette analyse d'un caractère hardi, ambitieux, passionné, mais fin et politique, nous reprendrons le fil interrompu de notre récit.

Le chef et son hôte étaient alors arrivés à la demeure de Glennaquoich, qui consistait dans le manoir de Jan Nan Chaistel. C'était une tour haute et carrée, d'un aspect grossier, à laquelle on avait ajouté une maison à deux étages. L'aïeul de Fergus l'avait fait construire au retour de cette mémorable expédition si bien connue dans les comtés de l'ouest sous le nom de Highland Host. Vich Jan Vohr avait probablement été aussi heureux dans cette croisade contre les whigs et les covenantaires du comté d'Ayr, que l'avait été son prédécesseur lors de son excursion dans le Northumberland, puisqu'il laissa à sa postérité, comme monument de sa magnificence, un édifice rival de la tour élevée par Jan Mac-Ivor.

Autour de ce château, élevé sur une éminence au milieu d'une vallée étroite des Highlands, on n'apercevait aucune trace de ces soins, encore moins de ces ornements qui décorent ordinairement les lieux environnant l'habitation d'un gentilhomme. Un enclos ou deux, divisés par des murs en pierres sans ciment, étaient les seules parties du domaine qui fussent défendues. Les étroites lisières de terrain qui s'étendaient sur les bords du ruisseau présentaient des champs d'orge peu abondants, exposés en outre aux constantes déprédations des troupeaux de chevaux sauvages et de bétail noir qui paissaient sur les coteaux voisins. Ces troupes d'animaux faisaient même quelquefois une incursion sur les terres labourables; mais alors ils étaient repoussés par les cris bruyants, barbares et dissonnants d'une demi-douzaine de bergers highlandais, courant tous comme des fous et appelant un chien étique et affamé, pour défendre les terres confiées à leur garde. A une petite distance, vers le haut du vallon, on apercevait un bois de bouleaux petits et rabougris; les coteaux étaient élevés et couverts de bruyères, mais la surface n'en était point variée : aussi l'ensemble du paysage était-il triste et sauvage, plutôt que grand et solitaire. Cependant, quel que fût ce séjour, aucun véritable descendant de Jan Nan Chaistel ne l'eût changé pour celui de Stow ou de Bleinheim [1].

Vis-à-vis de la porte du manoir, un tableau se présenta aux yeux de Waverley, et ce tableau était tel qu'il eût peut-être frappé plus agréablement le premier propriétaire de Bleinheim que le plus beau paysage des possessions que lui avait concédées son pays à titre de reconnaissance. Cent Highlandais environ étaient rangés avec ordre et couverts de leurs costumes et de leurs armes. Les ayant aperçus, le chieftain s'excusa auprès de Waverley avec un certain air de négligence : « J'avais oublié, dit-il, de vous avertir que j'avais ordonné à quelques uns de mes vassaux de se trouver sous les armes, à l'effet de voir s'ils étaient équipés et armés de manière à pouvoir protéger le pays, et prévenir des accidents de la nature de celui qu'a éprouvé le baron de Bradwardine, dont la nouvelle m'a causé un véritable déplaisir. Avant que je les congédie, peut-être, capitaine Waverley, désirerez-vous les voir se livrer à leurs exercices ordinaires? »

Édouard fit un signe affirmatif, et les Highlandais exécutèrent avec agilité et précision quelques unes des évolutions militaires généralement en usage. S'étant ensuite séparés, chacun d'eux visa un but, afin de montrer leur dextérité extraordinaire dans le maniement du pistolet et de l'arquebuse. Ils visaient, selon le commandement, ou debout, ou assis, ou penchés, ou couchés, et toujours avec succès; bientôt ils se mirent deux à deux pour le combat à l'épée, et après avoir fait preuve de leur adresse et de leur dextérité individuelles, ils formèrent deux corps séparés et commencèrent une bataille simulée : la charge, la fuite, le ralliement, la poursuite, étaient représentés au son de la grande cornemuse de guerre.

A un signal du chef, l'escarmouche cessa; ils formèrent alors des parties pour la course, la lutte, le saut, le jeu de la barre, et autres, dans lesquels cette milice féodale déploya une adresse, une force et une agilité incroyables; elle accomplit ainsi le but que le chieftain avait à cœur, qui était de produire sur l'esprit de Waverley une forte impression, en lui montrant le mérite de ses gens comme soldats, et le pouvoir de celui qui les faisait obéir par un seul signe [2].

---

[1]. *Stow*, fameux jardins d'Angleterre. *Bleinheim*, domaine donné par la reine Anne au duc de Marlborough, en récompense de ses services dans la guerre contre la France. A.

[2]. Pour donner l'explication des exercices militaires observés au château de Glennaquoich, l'auteur fera remarquer que les Highlandais, non seulement maniaient avec habileté l'épée, l'arquebuse, et étaient experts aux jeux et exercices adoptés dans toute l'Écosse, mais qu'encore ils avaient une sorte de jeu tout particulier, conforme à leur costume et à leur manière de se battre. Ainsi ils avaient plusieurs manières de disposer leur plaid, une quand ils voyageaient tranquillement, une autre quand il y avait quelque dan-

« Et quel est le nombre de ces braves qui sont assez heureux pour vous appeler leur chef ? » demanda Waverley.

« Dans une bonne cause et sous un chef qu'ils aiment, la race d'Ivor fournit rarement moins de cinq cents claymores : mais vous savez sans doute, capitaine Waverley, que le désarmement opéré il y a à peu près vingt ans empêche que le nombre de nos hommes prêts à combattre soit aussi considérable qu'autrefois. Je n'ai sous les armes qu'un nombre d'hommes suffisant pour défendre mes propriétés et celles de mes amis, quand le pays est troublé par des hommes comme votre hôte de la nuit dernière. Le gouvernement nous ayant ôté tous autres moyens de défense, ne doit point trouver étrange que nous nous protégions nous-mêmes. »

« Mais, avec ce nombre d'hommes, il vous serait facile de détruire ou de soumettre la troupe de Donald Bean Lean. »

« Oui, sans doute; et pour récompense je me trouverais obligé de remettre au général Blackney, à Stirling, le peu d'armes qui nous ont été laissées : ce serait agir sans discernement, je crois. Mais allons, capitaine, le son des cornemuses m'annonce que le dîner est servi; que j'aie donc l'honneur de vous recevoir dans mon rustique manoir. »

---

ger à craindre ; une manière de s'envelopper dedans pour goûter un sommeil non interrompu, et une autre au moyen de laquelle ils pouvaient se lever, à la moindre alarme, l'épée et le pistolet à la main.

Avant l'année 1720, ou à peu près, le plaid à ceinture était universellement adopté; la partie qui entourait le milieu du corps et celle qui tombait sur les épaules ne formaient qu'une seule pièce. Dans une attaque désespérée, le plaid était jeté, et le clan s'avançait dépouillé de son costume, ne conservant qu'une espèce de chemise arrangée artificiellement, et qui, comme celle des Irlandais, était toujours ample, et de plus le sporran-mollac, ou bourse en peau de chèvre.

La manière de tenir le pistolet et le dirk ou poignard, faisait aussi partie de l'exercice manuel des Highlandais, que l'auteur a vu faire par des hommes qui l'avaient appris dans leur jeunesse. A. M.

CHAPITRE XX.

UN REPAS DANS LES HIGHLANDS.

Avant que Waverley fît son entrée dans la salle du banquet, on s'empressa, selon l'usage patriarcal, de lui offrir un bassin où il pût se laver les pieds; il était tout naturel que notre héros agréât cette offre, car la chaleur était alors étouffante, et les marécages que les voyageurs venaient de traverser les avaient accablés de fatigue. Mais on ne déploya point dans cette occasion le luxe dont les héros voyageurs de l'*Odyssée* étaient l'objet dans une circonstance semblable. La tâche de l'ablution ne fut point remplie par une belle demoiselle instruite

A bien frotter le corps, et dont la main charmante
Verse avec soin l'huile odorante,

mais par une vieille femme des Highlands, à la peau noire et décharnée, qui, ne semblant pas se trouver fort honorée de la tâche qui lui était imposée, marmottait entre ses dents : « Les troupeaux de nos pères ne paissaient pas si près les uns des autres pour que je sois obligée de vous rendre ce service. » Néanmoins un petit présent réconcilia amplement cette vieille femme de chambre avec sa dégradation supposée, et lorsque Waverley s'avança vers la salle, elle lui donna sa bénédiction en citant ce proverbe gaëlique : « Que la main qui s'ouvre soit toujours remplie ! »

La salle dans laquelle la fête avait été préparée occupait tout le premier étage de l'édifice originaire de Jan Nan Chaistel, et une immense table de chêne y était dressée dans toute sa longueur. L'aspect du dîner était simple et même grossier, la compagnie était nombreuse, la salle tout à fait remplie. Au haut de la table était le chef lui-même, avec Édouard et deux ou trois visiteurs highlandais des clans du voisinage; après ces personnages venaient immédiatement les aînés de la tribu, les wadsetters et les tacksmen : c'était ainsi qu'on appelait ceux qui possédaient quelques portions des domaines de leur chef à titre de mainmortables et de fermiers ; au-dessous d'eux on remarquait leurs fils, leurs neveux et leurs frères de lait ; venaient ensuite les officiers de la maison du chef, selon leur rang ; enfin la partie la plus basse de la table était occupée par les tenanciers qui cultivaient la terre. Outre ce grand nombre de convives, Édouard, en dirigeant ses regards vers une vaste porte à battants alors ouverte, pouvait apercevoir sur le gazon une multitude de Highlandais d'une classe inférieure, mais qui néanmoins étaient considérés comme invités au festin, et devaient avoir leur part de l'affabilité et de la bonne chère de celui qui traitait. A une distance plus éloignée et autour du cercle que formait le banquet on distinguait un groupe mobile de femmes, de garçons et de filles en haillons, de mendiants jeunes et vieux, de lévriers, de bassets, de chiens d'arrêt, et d'autres d'une espèce dégénérée ; tous prenaient une part plus ou moins directe à l'action principale de la fête.

Cette hospitalité, qui de prime abord paraissait sans bornes, n'était point cependant dépourvue d'économie domestique. Ce n'était pas sans quelque peine que l'on avait préparé les plats de poisson, de gibier, etc., qui se trouvaient placés au haut bout de la table, et sous les yeux mêmes de l'hôte étranger. Plus bas figuraient des pièces énormes de mouton et de bœuf, qui, si ce n'eût été l'absence du porc [1], abhorré dans les Highlands, auraient rappelé le festin grossier des amants de Pénélope ; mais le plat du milieu était un agneau d'un an, appelé *a hog in hur'st* [2], rôti en entier, placé sur ses jambes et tenant entre les dents un bouquet de persil. On l'avait probablement servi dans cette attitude pour satisfaire l'orgueil du cuisinier, qui, dans le service de la table de son maître, se piquait plutôt d'abondance que d'élégance. Les flancs de ce pauvre animal furent attaqués avec fureur par les hommes du clan : les uns faisaient usage de leur dague, les autres de couteaux qui se trouvaient ordinairement dans le même fourreau que leur poignard ; enfin l'animal ne présenta bientôt plus qu'un objet mutilé et mis en pièces. Dans la partie la moins élevée de la table, les vivres semblaient être d'une espèce plus grossière encore, mais on les servait avec abondance. Du bœuf bouilli, des oignons, du fromage, et les restes du banquet, étaient la part des fils d'Ivor qui assistaient à la fête en plein air.

Les boissons étaient fournies dans la même proportion et d'après le rang des convives. D'excellent vin de Bordeaux et de Champagne était libéralement distribué à ceux qui entouraient le chef ; du whisky pur ou étendu d'eau et de la bière forte étaient servis aux convives placés plus bas. Cette inégalité de distribution ne semblait pas causer le moindre mécontentement, chacun comprenant que son goût devait se régler d'après le rang qu'il occupait à la table : aussi les tacksmen et leurs tenanciers répétaient-ils toujours que le vin était trop froid pour leur estomac, et ils demandaient sans cesse, comme s'ils avaient eu la faculté de choisir, la boisson qui leur était assignée par économie [3]. Des

---

1 La chair de porc, de quelque manière qu'on la préparât, fut long-temps en horreur parmi les Écossais, ils n'en mangent que depuis peu d'années, encore n'est-elle jamais pour eux un plat favori. Le roi Jacques porta ce préjugé en Angleterre, et on sait qu'il abhorrait le cochon presque autant que le tabac. Ben Johnson a rappelé cette particularité lorsqu'il fait dire à une Bohémienne examinant la main du roi :

« D'après toutes ces lignes, vous devez aimer un « cheval, un lévrier, mais nullement la chair de « porc. » (*Les Bohémiennes métamorphosées*.)

Le banquet que Jacques eût voulu proposer au diable se serait composé d'une tranche de porc, d'une tête de morue, et d'une pipe de tabac pour la digestion. A. M.

2. Phrase écossaise qui signifie un agneau rôti tout entier, avec la tête et les pieds. A. M.

3 En réunissant des personnes de tout rang à la même table, quoiqu'ils ne mangeassent pas les mêmes mets, les chefs highlandais se conformaient

joueurs de cornemuse, au nombre de trois, firent entendre, pendant tout le temps que dura le dîner, un chant de guerre épouvantable; l'écho des voûtes de l'édifice et les sons de la langue celtique produisaient un bruit tellement confus que Waverley craignit de perdre à jamais le sens de l'ouïe. Ce fut au point que Mac-Ivor s'excusa de la confusion occasionée par une si nombreuse compagnie, et lui démontra la nécessité de sa situation qui lui imposait comme un devoir une hospitalité illimitée. « Ceux de mes parents que vous apercevez, dit-il, gens robustes mais paresseux, regardent mes possessions comme un dépôt à moi confié pour soutenir leur fainéantise; il faut que je leur trouve du bœuf et de l'ale, tandis que les coquins ne font rien autre chose que de s'exercer à l'épée, parcourir les montagnes, chasser, pêcher, boire, et courtiser les filles du Strath. Mais que puis-je faire, capitaine Waverley? Tout être dans la nature tient à sa famille, que ce soit un faucon ou un Highlandais. » Édouard lui fit la réponse attendue, en le complimentant sur le grand nombre de ses vassaux, sur leur courage, et sur l'attachement qu'ils portaient à leur chef.

« Oui, sans doute, répondit Fergus, et si j'étais disposé comme mon père à courir les risques de recevoir un coup sur la tête ou deux sur le cou, je crois que les drôles ne m'abandonneraient pas. Mais qui pourrait songer à de telles choses aujourd'hui que la maxime est : Préférez une vieille femme avec une bourse dans sa main à trois hommes avec leur sabre au côté? » Se tournant alors vers la compagnie, il proposa un toast en l'honneur du capitaine Waverley, le digne ami de son honorable voisin et allié le baron de Bradwardine.

« Il est le bien-venu dans ces montagnes, dit un des anciens, s'il vient de de la part de Cosme Comyne de Bradwardine. »

« Je ne partage pas cet avis, dit un vieillard qui sans doute n'approuvait pas ce toast; car tant qu'il y aura une feuille verte dans la forêt, il se trouvera de la fraude dans le cœur d'un Comyne. »

« Il n'y a rien que d'honorable dans le caractère du baron de Bradwardine, fit observer un autre ancien, et l'hôte qui vient de sa part doit être le bien-venu, ses mains fussent-elles teintes de sang, pourvu que ce ne soit pas de celui de la race d'Ivor. »

Le vieillard dont la coupe restait toujours pleine ajouta : « Il y a eu assez de sang de la race d'Ivor répandu par la main de Bradwardine. »

« Ah! Ballenkeiroch, répondit le premier, vous pensez au coup de carabine donné aux mains [2] de Tully-Veolan, et vous oubliez qu'à Preston il tira l'épée pour la bonne cause. »

« Et ce n'est pas sans raison, dit Ballenkeiroch: le coup de carabine me priva d'un fils, et le coup d'épée a fait fort peu pour la cause du roi Jacques. »

à une coutume qui avait été autrefois observée universellement dans l'Écosse. Un voyageur, nommé Fynes Morisan, voyageant dans les Lowlands d'Écosse, vers la fin du règne d'Élisabeth, s'exprime ainsi : « Je me trouvai dans la maison d'un chevalier qui avait plusieurs domestiques pour le servir; ils apportèrent les mets après s'être couvert la tête d'espèces de bonnets bleus; la table était plus d'à moitié garnie de vastes plats de soupe, contenant chacun un morceau de viande bouillie; et lorsque le dîner eut été servi, les domestiques s'assirent avec nous; mais sur le haut de la table on remarquait, au lieu de la soupe, un poulet et quelques perdreaux dans du bouillon. »

Jusque dans le dernier siècle, les fermiers d'une condition respectable dînaient avec leurs hommes de peine. La ligne de démarcation entre les diverses classes était marquée par la salière, ou quelquefois par une raie à la craie sur la table. Lord Lovat, qui savait comment flatter la vanité et contenir l'appétit de ses vassaux, permettait à tout robuste montagnard qui avait la plus petite prétention à être un duinhé-wassel l'honneur insigne de s'asseoir à sa table; mais en même temps il avait soin que ses jeunes parents ne prissent aucun goût pour les friandises étrangères. Sa seigneurie était toujours prête à présenter quelque excuse favorable pour que les vins et les eaux-de-vie de France, qu'il supposait propres à diminuer les habitudes guerrières de ses cousins, ne circulassent point sur la table au-delà d'un point déterminé. A. M.

2. *Main*, certaine étendue de terre qui entoure un manoir. A. M.

Le chieftain expliqua alors brièvement à Waverley, en français, que dans une querelle qui avait eu lieu près de Tully-Veolan sept années auparavant, le baron avait tué le fils de ce vieillard. Le chieftain se hâta de détruire les préjugés de Ballenkeiroch en lui annonçant que Waverley était Anglais, qu'il n'était attaché à la famille de Bradwardine ni par naissance ni par alliance; après cette explication le vieillard saisit et éleva la coupe à laquelle jusqu'alors il n'avait pas touché, et la but avec courtoisie en l'honneur de Waverley. Cette cérémonie achevée, le chieftain fit par un signe cesser les cornemuses, et dit à haute voix : « Mes amis, les chants sont-ils cachés de manière que Mac Murrough ne puisse les retrouver ? »

Mac Murrough, le barde de la famille, homme âgé, comprit la signification de ces paroles, et se mit à chanter, tantôt lentement, tantôt avec rapidité, une longue suite de vers celtiques que les auditeurs accueillirent avec tous les applaudissements de l'enthousiasme. Plus il chantait, plus son ardeur semblait s'accroître. En commençant, il tenait ses yeux dirigés vers la terre; mais il les jeta bientôt autour de lui non plus pour implorer, mais pour commander l'attention. Les divers tons de sa voix et les gestes qui les accompagnaient étaient à la fois sauvages et passionnés. Édouard, qui l'écoutait avec le plus vif intérêt, crut remarquer qu'il citait beaucoup de noms propres, qu'il déplorait la mort des guerriers, qu'il apostrophait les absents, et qu'il exhortait, suppliait, excitait ceux qui étaient présents. Il crut même discerner son propre nom; et ce qui le confirma dans cette opinion, c'est que les yeux des assistants se tournèrent alors simultanément vers lui. Le poète semblait communiquer son ardeur à tous ses auditeurs. Leurs figures sauvages et hâlées prirent une expression plus fière et plus animée, tous se penchèrent vers le barde, quelques uns se levèrent et agitèrent leurs armes avec enthousiasme, quelques autres portèrent la main à leurs épées : quand les chants eurent cessé, il y eut un profond silence; après quoi les sentiments du poète et des auditeurs reprirent graduellement leur cours habituel.

Le chieftain, qui pendant cette scène avait semblé plutôt étudier les émotions excitées qu'il n'avait pris part au ton élevé de l'enthousiasme, remplit de vin de Bordeaux une petite coupe d'argent placée près de lui. « Donnez ceci, dit-il à un serviteur, à Mac Murrough nan Fonn [1], et quand il aura bu sa liqueur, dites-lui d'accepter la coupe en l'amour de Vich-Jan-Vohr. » Le présent fut reçu par Mac Murrough avec une profonde gratitude; il but le vin, et baisant la coupe il l'enveloppa respectueusement dans le manteau dont les plis couvraient sa poitrine. Élevant la voix, il improvisa des chants qu'Édouard supposa être des actions de graces et des louanges adressées à Fergus. Ces chants furent applaudis, mais ils ne produisirent pas l'effet des premiers. Il était facile de voir cependant que le clan approuvait entièrement la générosité de son chef. Quelques toasts gaëliques furent alors proposés et approuvés, et le chieftain en traduisit quelques-uns à son hôte, ainsi qu'il suit :

« A celui qui ne tourne le dos ni à un ami, ni à un ennemi ! A celui qui n'abandonna jamais un camarade ! A celui qui n'acheta ni ne vendit jamais la justice ! Hospitalité à l'exilé et mort aux tyrans ! Aux jeunes gens couverts de kilts ! Highlandais, épaule contre épaule ! » Enfin les autres toasts renfermaient des sentiments énergiques de la même nature.

Édouard désirait surtout connaître la signification de l'hymne qui avait semblé produire un effet si magique sur les passions des assistants; il fit part de son désir à Fergus. « Comme j'ai remarqué, dit celui-ci, que trois fois vous avez laissé passer la bouteille, je me disposais à vous offrir de quitter le festin

---

[1]. C'est-à-dire Mac Murrough des chants. A. M.

pour aller prendre le thé à la table de ma sœur : elle pourra vous expliquer toutes ces choses beaucoup mieux que moi. Quoique je ne puisse arrêter l'élan de mes vassaux au milieu de la fête, je ne suis point obligé moi-même de rester avec eux jusqu'à ce qu'il leur plaise d'y mettre fin ; et puis, ajouta-t-il en riant, je ne garde point un ours[1] pour lui laisser dévorer l'intelligence de ceux qui peuvent en faire un heureux usage. »

Édouard accepta sur-le-champ cette proposition, et le chieftain, adressant quelques mots à ceux qui l'entouraient, quitta la table, suivi de Waverley. Dès que la porte fut refermée sur eux, Édouard entendit le nom de Vich-Jan-Vohr, prononcé dans un toast au milieu de la joie la plus franche et la plus animée : ce mouvement spontané prouvait combien était grande la satisfaction du clan, et combien était profond aussi son dévouement pour la personne de son chef.

CHAPITRE XXI.
LA SOEUR DU CHIEFTAIN.

Le salon de Flora Mac-Ivor était meublé de la manière la plus simple et la plus unie ; car au château de Glennaquoich les objets qui ornaient les appartements étaient, autant que possible, calculés pour maintenir dans toute sa dignité l'hospitalité du chieftain, et en outre pour retenir et multiplier le nombre de ses vassaux et de ses adhérents. Mais l'apparence de cette parcimonie ne se faisait point remarquer dans le costume de lady Flora ; l'ensemble en était élégant et même riche, il tenait à la fois et de la mode parisienne et de celle beaucoup plus simple qui était adoptée dans les Highlands ; mais ce mélange avait été opéré avec un goût remarquable. Sa chevelure n'était point défigurée par l'art du coiffeur, mais elle retombait sur son cou en boucles d'un noir éclatant, et n'était retenue que par un cer-

[1]. Allusion à l'*ours* du baron de Bradwardine.

cle enrichi de diamants. Sous ce rapport elle se conformait entièrement aux préjugés des Highlandais, qui ne pouvaient souffrir que la tête d'une femme fût couverte avant le jour de son mariage.

Flora Mac-Ivor ressemblait à son frère Fergus d'une manière frappante, au point qu'ils eussent pu représenter Viola et Sébastian, et produire dans ces rôles la même illusion que mistriss Henri Siddons et son frère M. William Murray. Ils avaient dans le profil la même régularité ; leurs yeux, leurs cils, leurs sourcils étaient également noirs ; on distinguait chez le frère et la sœur la même fraîcheur sur le visage ; cependant les exercices durs et fatigants avaient bruni celui de Fergus, et celui de Flora possédait une certaine délicatesse féminine pleine de graces. La physionomie du frère était fière et quelquefois sauvage ; celle de la sœur respirait la douceur d'un ange. Leurs voix avaient absolument le même accent, quoiqu'elles différassent par le timbre : celle de Fergus surtout, lorsque pendant les exercices militaires il donnait des ordres à ses soldats, rappelait à Édouard un passage favori de la description d'Émétrius :

« Une voix se faisait ouïr dans le lointain
Ainsi qu'une trompette au son clair, argentin. »

La voix de Flora, au contraire, était harmonieuse et douce, chose inappréciable dans une femme ; et si elle traitait quelque sujet favori, c'était presque toujours avec une éloquence naturelle ; ses accents possédaient aussi bien le ton de la crainte et de la conviction que celui d'une insinuation persuasive. Le coup d'œil vif et pénétrant qui, chez le chieftain, semblait impatient à la seule vue des objets, avait chez sa sœur une aimable mélancolie. Les regards de Fergus paraissaient chercher la gloire, la puissance et tout ce qui pouvait dans le monde l'élever au-dessus des autres ; ceux de sa sœur, comme si déja ils eussent été certains de sa supériorité intellectuelle, semblaient plaindre plutôt qu'envier les hommes qui s'efforçaient de courir après quelque distinction mondaine. Ses sentiments s'accordaient avec l'expression de sa physionomie. Une éducation précoce avait imprimé dans son esprit aussi bien que dans celui du chieftain l'attachement le plus dévoué à la famille exilée des Stuarts. Elle pensait que son frère et ses vassaux, aussi bien que tout habitant de la Grande-Bretagne, devaient, même au prix de leur sang, contribuer à cette restauration que les partisans du chevalier de Saint-George ne cessaient d'espérer. Pour arriver à ce but, elle était disposée à tout faire, à tout souffrir, à tout sacrifier. Mais si sa loyauté surpassait celle de son frère en fanatisme, elle la surpassait aussi en pureté. Accoutumé à de petites intrigues, enveloppé nécessairement dans mille discussions personnelles, ambitieux d'ailleurs par caractère, la foi politique de Fergus était imprégnée, pour ne pas dire infectée de vues d'intérêt et d'avancement, le tout si étroitement combiné, que le jour où il dégaînerait sa claymore, il serait peut-être difficile de décider s'il agissait pour faire de Jacques Stuart un roi, ou pour faire de Fergus Mac-Ivor un comte. Tout cela formait un mélange de sentiments qu'il ne s'avouait point à lui-même, mais qui cependant existait dans son ame au plus haut degré.

Dans le cœur de Flora, au contraire, le zèle de la loyauté était pur et exempt de tout sentiment intéressé. Elle se serait plutôt servie de la religion comme d'un masque pour satisfaire des vues ambitieuses et intéressées, si quelques unes avaient eu accès dans son ame, qu'elle n'eût eu recours à ses sentiments de patriotisme et de fidélité pour arriver à ce but. De tels exemples de dévouement n'étaient point rares parmi les partisans de la race infortunée des Stuarts; et peut-être mes lecteurs peuvent-ils s'en rappeler quelques uns. L'intérêt tout particulier que le chevalier de Saint-George et la princesse son épouse avaient témoigné à la famille de Fergus et de sa sœur, et même à ces deux enfants lorsqu'ils étaient orphelins, n'avait pas peu contribué à accroître la fidélité qu'ils avaient vouée à ces illustres protecteurs. Fergus, à la mort de ses parents, avait été pendant quelque temps page d'honneur à la suite de la princesse, qui, en raison de sa beauté et de son esprit, l'avait toujours traité avec une distinction toute particulière. Cette protection s'étendit jusqu'à Flora, qui fut placée pendant quelques années dans un couvent de premier ordre, aux dépens de la princesse, et ramenée ensuite au sein de sa famille, où elle avait à peu près passé deux ans. Les bontés de cette auguste personne inspirèrent au frère et à la sœur des sentiments de reconnaissance profonds et ineffaçables.

Ayant ainsi développé les principaux traits du caractère de Flora, je n'ajouterai plus à ce sujet que quelques mots. Elle était vraiment accomplie; car, possédant ces manières élégantes que l'on devait nécessairement attendre d'une jeune personne qui, dans son jeune âge, avait été la compagne d'une jeune princesse, elle n'avait cependant point appris à substituer le vernis de la politesse à la réalité des sentiments. Lorsqu'elle se vit confinée dans les régions solitaires de Glennaquoich, elle pensa que la connaissance qu'elle avait acquise des littératures française, anglaise et italienne, lui serait de peu d'usage; et pour remplir tous ses instants, elle résolut de s'identifier avec la musique et les traditions poétiques des Highlands; elle trouva bientôt un plaisir réel dans ces études que son frère, dont le goût littéraire était doué de moins de finesse, affectait de trouver agréables dans l'unique but d'accroître sa popularité. Flora était encore affermie dans sa résolution de continuer ses recherches, par l'extrême plaisir que ses questions semblaient causer à ceux auxquels elle demandait des renseignements.

L'amour qu'elle portait à son clan, attachement qui était presque héréditaire dans son cœur, était, comme sa loyauté[1], une passion plus pure que

[1] Le lecteur doit savoir qu'ici le mot *loyauté* est toujours employé dans le sens de royalisme. A. M.

celle de son frère. Celui-ci était trop profond politique, et considérait trop son influence patriarcale comme un moyen d'agrandir ses domaines, pour que nous le présentions ici comme un type du chef highlandais. Flora éprouvait ainsi que son frère le désir d'étendre eur puissance, mais uniquement dans le but généreux d'arracher à la pauvreté, ou au moins à la tyrannie étrangère, ceux que son frère était, d'après les notions du temps et du pays, appelé par sa naissance à gouverner. Les épargnes de son revenu (car elle avait une petite pension de la princesse Sobieski) étaient consacrées, non point à procurer des douceurs à ses vassaux (ce mot leur était inconnu, et ils ne semblaient pas chercher à le connaître), mais à soulager leurs besoins de première nécessite, lorsqu'ils étaient ou malades ou accablés de vieillesse. Dans toute autre circonstance, ils s'efforçaient plutôt de se procurer quelque objet qu'ils pussent partager avec le chef comme une preuve de leur attachement, qu'ils ne s'attendaient à recevoir de lui d'autres secours que ceux qui résultaient de la grossière hospitalité de son manoir et de la division et subdivision de ses domaines. Flora était tellement aimée d'eux, que, lorsque Mac Murrough eut composé une chanson dans laquelle il énumérait toutes les principales beautés du district, et donnait à entendre que Flora l'emportait sur toutes, en disant à la fin de sa chanson que « la plus belle pomme était suspendue à la branche la plus élevée, » il reçut en présent, de tous les membres du clan, plus d'orge qu'il n'aurait pu en semer pendant dix ans dans son Parnasse des Highlands, appelé *the Bard's Croft*, ou Champ du Barde.

Par situation, aussi bien que par choix, la société de miss Mac-Ivor était extrêmement limitée. Sa plus intime amie avait été Rose Bradwardine, à laquelle elle était très-attachée ; et lorsqu'on les apercevait ensemble, elles auraient pu fournir à un artiste deux admirables sujets, l'un enjoué, l'autre mélancolique. En effet, Rose était tellement aimée de son père, et le cercle de ses désirs était tellement limité, qu'elle n'en manifestait pas un seul qu'on ne cherchât à satisfaire, et il était rare qu'on n'arrivât pas à ce but. Il n'en était pas de même de Flora. Encore enfant, elle avait éprouvé un changement de fortune extraordinaire. A la joie et à la splendeur avaient succédé alors la solitude et la pauvreté ; et les idées, les désirs qui l'occupaient étaient relatifs à de grands événements nationaux qui ne pouvaient s'opérer sans hasards, sans effusion de sang, et sur lesquels l'esprit ne pouvait se reporter avec une humeur légère et frivole. En conséquence, ses manières étaient généralement graves, quoiqu'elle s'empressât de contribuer par ses talents à l'amusement de la société, et qu'elle jouît de la plus grande considération dans l'opinion du vieux baron, qui avait coutume de chanter avec elle des duo français, tels que celui de Lindor et Chloris, ainsi que cela était d'usage vers la fin du règne de Louis-le-Grand.

On pensait généralement, quoique personne n'osât le donner à entendre au baron de Bradwardine, que les prières de Flora n'avaient pas peu contribué à apaiser la colère de Fergus à l'occasion de la querelle qu'il avait eue avec celui-ci. Elle sut attaquer son frère par son côté faible, d'abord en appuyant sur l'âge du baron, et ensuite en lui représentant le coup que la cause des Stuarts pourrait éprouver, et l'échec que recevrait sans doute l'opinion que l'on avait de sa prudence, qualité si nécessaire à un agent politique, s'il persistait à jouer ce rôle jusqu'à l'extrémité. Il est probable que, sans l'intervention de Flora, cette querelle eût été terminée par un duel ; d'abord parce que le baron avait, dans une première occasion, répandu le sang d'un membre du clan, quoique l'affaire eût été arrangée à temps, et de plus, parce qu'il possédait la réputation d'un homme habile à manier les armes, réputation à laquelle

Fergus portait envie. Par cette même raison Flora avait tout employé pour opérer leur réconciliation, à laquelle le chieftain avait été le premier à consentir, attendu qu'elle favorisait quelques projets ultérieurs qu'il avait conçus.

Ce fut à cette jeune lady, faisant alors les honneurs d'un thé, que Fergus présenta le capitaine ; elle le reçut selon les usages adoptés par la politesse.

CHAPITRE XXII.

CHANTS DES HIGHLANDS.

Après les premiers compliments d'usage, Fergus dit à sa sœur : « Ma chère Flora, avant de vous quitter pour aller de nouveau présider aux coutumes barbares de nos ancêtres, je dois vous dire que le capitaine Waverley est idolâtre de la muse celtique, par la raison peut-être qu'il ne comprend pas un mot de son langage. Je lui ai dit que vous aviez traduit avec perfection la poésie highlandaise, et que Mac Murrough admirait la traduction que vous aviez faite de ses chansons, sans doute d'après le même principe qui excite l'admiration du capitaine pour l'original, c'est-à-dire que Mac Murrough admire votre ouvrage, parce qu'il ne le comprend pas. Voulez-vous avoir la bonté de lire ou de réciter à notre hôte, en langue anglaise, la série extraordinaire de noms que Mac Murrough a rassemblés dans le chant gaélique qu'il nous a fait entendre ? Je gagerais ma vie contre un oiseau, que vous avez fait une traduction de ces noms ; car je sais que le barde vous demande des avis, et que vous connaissez ses chansons long-temps avant qu'il nous les chante dans la salle du festin. »

— « Comment pouvez-vous tenir un pareil langage, Fergus ? Vous savez combien ces vers sont dépourvus d'intérêt pour un étranger, pour un Anglais, en supposant même que j'eusse pu les traduire, comme vous le pensez. »

— « Vous vous trompez, ma chère sœur ; ces vers intéresseront autant le capitaine qu'ils m'intéressent moi-même. Aujourd'hui vos compositions (je persiste à dire que vous participez à celles du barde) m'ont coûté la dernière coupe d'argent du château, et je suppose qu'elles me coûteront quelque chose de plus la première fois que je tiendrai *cour plénière*, si la muse descend sur Mac Murrough ; car vous connaissez notre proverbe : « Quand la main du chef cesse de donner, le génie du barde ne tarde point à se glacer. » Eh bien ! je désirerais qu'il en fût ainsi. Aujourd'hui trois choses sont inutiles à un Highlandais, son épée qu'il ne doit plus tirer, un barde pour chanter des actions qu'il n'ose plus imiter, et une large bourse de peau de chèvre, quand il n'a pas un louis d'or à y mettre. »

— « Eh bien, mon frère ! puisque vous trahissez mes secrets, ne vous attendez point à ce que je garde les vôtres. Je vous assure, capitaine Waverley, que Fergus est trop fier pour changer sa claymore contre un bâton de maréchal ; qu'à ses yeux Mac Murrough est préférable à Homère, et qu'il ne donnerait pas sa bourse de peau de chèvre pour tous les louis d'or qu'elle peut contenir. »

— « Très-bien, Flora ; coup pour coup, comme Conan disait au diable[1]. Maintenant parlez l'un et l'autre de bardes et de poésie, non de bourses et de claymores ; quant à moi, je retourne

---

[1]. Dans les ballades irlandaises qui ont rapport à Fion (le Fingal de Macpherson) il se rencontre, ainsi que dans la poésie primitive de presque toutes les nations, une foule de héros dont chacun a un attribut distinctif. D'après ces qualités et les aventures de ceux qui les possédaient, on a établi plusieurs proverbes qui sont encore bien connus dans les Highlands. Entre autres on distingue en quelque sorte Conan comme une espèce de Thersite, mais brave et audacieux jusqu'à la témérité ; il avait fait vœu de ne jamais recevoir un coup sans le rendre ; et ayant, comme beaucoup d'autres héros de l'antiquité, fait une descente dans les régions infernales, il reçut un soufflet de l'archidémon qui y présidait ; il le rendit aussitôt en se servant de l'expression du texte. Parfois le proverbe est cité ainsi qu'il suit : « Griffe pour griffe, et que le diable prenne les ongles plus courts, comme Conan le dit au diable. »

Note de l'auteur. A. M.

au banquet pour en faire les derniers honneurs aux sénateurs de la tribu d'Ivor. » En disant ces mots, il se retira.

La conversation continua entre Flora et Waverley; car deux jeunes femmes, élégamment vêtues, et qui semblaient être à la fois les compagnes et les suivantes de notre héroïne, n'y prenaient aucune part. Elles étaient jolies l'une et l'autre; mais leur présence relevait encore la grace et la beauté de leur maîtresse. L'entretien suivit le cours que lui avait donné Fergus; et ce que miss Mac-Ivor raconta de la poésie celtique amusa Waverley et le surprit également.

« Le récit de ces poésies, dit-elle, qui célèbrent les hauts faits des héros, les plaintes des amants, et les combats des tribus ennemies, forme le principal amusement de l'hiver dans les chaumières des Highlands. Quelques uns de ces poëmes sont, dit-on, fort anciens, et s'ils sont jamais traduits dans une des langues des nations civilisées de l'Europe, ils produiront certainement une sensation profonde et générale. D'autres sont plus modernes; ils ont été composés par ces bardes que les chieftains les plus illustres et les plus puissants retiennent auprès d'eux, comme poètes et historiens de leurs tribus. Ces dernières poésies possèdent différents degrés de mérite, dont une partie s'évapore dans la traduction, ou est perdue pour ceux dont les sentiments ne sympathisent pas avec le génie du poète.»

—« Et votre barde, dont les chants semblaient produire aujourd'hui tant d'effet sur les assistants, le compte-t-on au nombre des poètes favoris des montagnes? »

—« Il est assez difficile de répondre à cette question. Sa réputation est grande parmi ses compatriotes, et ne vous attendez pas que je cherche à la déprécier [1]. »

—«Mais sa chanson, miss Mac-Ivor, a semblé animer tous les guerriers, jeunes et vieux. »

—« Sa chanson n'est guère qu'un catalogue des noms des clans highlandais d'après leurs particularités distinctives, et une exhortation qu'il leur fait de se rappeler les actions de leurs ancêtres pour chercher à les imiter. »

—« Ai-je donc tort de conjecturer, quelque extraordinaire que semble être mon observation, que dans les chants qu'il faisait entendre, quelque allusion me concernait? »

—« Capitaine Waverley, vous avez un discernement fort heureux qui ne vous a point trompé dans cette occasion. La langue gaëlique, étant extraordinairement vocale, s'adapte parfaitement à la poésie improvisée; et un barde manque rarement d'augmenter les effets d'une chanson préparée, en y jetant quelques stances que peuvent lui suggérer les circonstances au moment où il commence son récit. »

—« Je donnerais mon meilleur cheval pour connaître ce que le barde highlandais a pu trouver à dire sur un indigne habitant du sud, tel que moi.»

—« Pour le savoir, il ne vous en coûtera pas même un de ses crins. Una, *mavourneen!* (Elle adressa quelques mots à une de ses jeunes suivantes, qui, ayant fait un profond salut, sortit de la chambre.) Je viens d'envoyer Una près du barde pour connaître les expressions dont il a fait usage, et alors je vous servirai de drogman. »

Una revint au bout de quelques minutes, et répéta à sa maîtresse des vers en langue gaëlique. Flora sembla réfléchir un peu, et se tournant ensuite vers Waverley, elle lui dit en rougissant: « Il m'est impossible, capitaine, de satisfaire votre curiosité, sans m'exposer à être taxée de présomption. Si vous voulez m'accorder quelques moments de réflexion, je tâcherai d'adapter le sens de ces vers à une grossière traduction anglaise que j'ai faite d'une partie de l'original. Les cérémonies du thé semblent toucher à leur fin, et la

---

[1]. Le poète highlandais, observe l'auteur, est presque toujours improvisateur. Le capitaine Burt en rencontra un à la table du laird Lovat. A. M.

soirée est délicieuse; Una vous montrera le chemin conduisant à une de mes retraites favorites, où je vous rejoindrai, accompagnée de Cathleen. »

Una, ayant reçu des instructions dans sa langue natale, fit prendre au capitaine un passage différent de celui qui l'avait conduit dans l'appartement. De loin il entendit le bruit des cornemuses, et les cris ainsi que les applaudissements des convives, qui faisaient encore retentir la salle du banquet. Par le moyen d'une fausse porte ou poterne, il se trouva bientôt, ainsi que sa compagne, au milieu de la campagne; ils se dirigèrent pendant quelque temps vers le haut de la vallée sauvage et étroite où était situé le château, en suivant le cours du ruisseau qui l'arrosait. A environ un quart de mille du manoir, deux ruisseaux se réunissaient, et leur jonction formait une petite rivière; le plus considérable des deux descendait le long de la vallée, dont l'étendue ne comportait aucun accident ou élévation de terrain, l'œil pouvant à peine distinguer les coteaux qui la bornaient. Mais l'autre ruisseau, qui avait sa source au milieu des montagnes à gauche du Strath, paraissait sortir d'une ouverture étroite et obscure, placée entre deux rochers. Ces ruisseaux présentaient à l'œil deux aspects différents. Le plus considérable était tranquille et même lent dans son cours, ses eaux semblaient se replier sur elles-mêmes dans des gouffres profonds, ou rouler des masses d'eau d'un bleu foncé; mais les mouvements de l'autre étaient rapides et furieux; il s'élançait à travers les précipices, comme un aliéné qui, sorti de sa prison, hurle et écume. Ce fut vers la source de ce dernier ruisseau que Waverley, comme un chevalier de roman, fut conduit par la belle demoiselle des Highlands, son guide silencieux. Un petit sentier qui avait été réparé dans quelques endroits pour ouvrir un passage commode à Flora, le conduisit vers un paysage d'une nature tout opposée à celui qu'ils venaient de quitter. Autour du château, tout était froid, nu, désolé, et même barbare, mais cet étroit vallon, à une si petite distance, semblait conduire vers une terre magique et idéale. Les rocs prenaient mille formes particulières et variées. Dans un endroit, un rocher d'une grosseur extraordinaire présentait sa masse gigantesque, comme pour empêcher qu'on pénétrât au-delà de la barrière qu'il formait; et ce ne fut que lorsqu'il eut atteint sa base, que Waverley aperçut le circuit au moyen duquel le sentier faisait le tour de ce formidable obstacle. Dans un autre endroit, les rocs qui se projetaient des côtés opposés de la gorge, se trouvaient à une distance si rapprochée, que deux pins couchés en travers, et garnis de gazon, formaient un pont rustique dont la hauteur était de cent cinquante pieds au moins. On n'y apercevait point d'appuis, et sa largeur n'excédait pas trois pieds.

En contemplant ce périlleux passage, qui, comme une ligne noire, traversait le petit espace non intercepté par la projection des rochers, ce fut avec une sensation d'horreur que Waverley vit paraître Flora et sa suivante. Il la vit aussi, semblable à une créature aérienne et imaginaire, poser le pied sur cette construction tremblante. Flora, ayant aperçu le capitaine au-dessous d'elle, s'arrêta, et avec un air gracieux qui le fit frémir, elle agita son mouchoir en forme de signal. Et tel était le vertige que causait à Édouard le péril auquel elle exposait sa vie, qu'il n'eut pas la force de répondre à son salut; et il n'avait jamais éprouvé plus de soulagement que lorsqu'il vit la belle apparition quitter la dangereuse éminence où elle était restée d'un air si indifférent, et disparaître de l'autre côté du ruisseau.

Waverley s'avança alors, et passa sous le pont dont la vue lui avait causé tant de terreur. Le sentier montait rapidement depuis le bord du ruisseau, et le vallon s'élargissait au point de former un agreste amphithéâtre; on y voyait quelques bouleaux, de jeunes chênes, des noisetiers et des ifs épars çà et là. Dans ce lieu les rochers disparaissaient, on n'apercevait plus à travers les bois que leurs crêtes grises et ombragées. On voyait un peu plus haut des pics et des éminences, les uns stériles et nus, les autres boisées; celles-ci rondes et couvertes de bruyères, ceux-là fendus et inégaux. Waverley, en suivant le sentier, perdit bientôt de vue le ruisseau, et après un léger détour, il se trouva soudain placé en face d'une cascade tout à fait romantique. On admirait moins sa hauteur et la masse de ses eaux que le site agreste où elle se trouvait placée. La cataracte avait à peu près vingt pieds de hauteur; les eaux étaient reçues dans un immense bassin, formé par la nature; elles étaient d'une limpidité telle, que dans les endroits où les bulles formées par la chute s'évaporaient, l'œil pouvait apercevoir les cailloux qui se trouvaient au fond du bassin, quelle qu'en fût la profondeur. Le ruisseau, après être sorti de ce réservoir, serpentait sur une surface assez unie, après quoi il formait une seconde chute, qui bientôt se précipitait dans un abîme; se frayant ensuite un nouveau passage à travers les rochers que son cours avait polis, il errait en murmurant dans le vallon, et formait la rivière que Waverley venait de remonter[1]. Les bords de ce réservoir vraiment romantique répondaient à sa beauté; il y avait dans leur aspect quelque chose de triste, de sévère, et même de majestueux. Des bancs de mousse et de gazon avaient été placés de distance en distance entre les rochers; ces bancs étaient ombragés par des arbrisseaux, dont quelques uns avaient été plantés sous la direction de Flora, mais avec une adresse telle qu'ils ajoutaient à la grace du paysage sans rien lui faire perdre de son aspect romantique et sauvage.

Ce fut dans ce lieu que Waverley trouva Flora, les regards dirigés vers la cascade; elle lui apparut comme une de ces jeunes beautés qui embellissent les paysages du Poussin. A quelques pas derrière elle était Cathleen, tenant une petite harpe écossaise; l'usage de cet instrument avait été enseigné à Flora par Rory Dall, un des derniers bardes de la partie occidentale des Highlands. Le soleil, dont on n'apercevait plus alors que les derniers rayons, répandait une teinte riche et variée sur tous les objets d'alentour; il semblait ajouter encore à l'expression plus qu'humaine des yeux noirs de Flora; son teint paraissait avoir plus de fraîcheur et de pureté, et sa taille plus de dignité et de grace. Édouard pensa que, même au milieu de ses rêves les plus fantastiques, jamais une figure si céleste et si ravissante ne s'était offerte à ses regards. La beauté sauvage de la solitude où il se trouvait produisit sur lui un effet magique, et ajoutait encore au sentiment de plaisir et de crainte avec lequel il s'approcha d'elle, comme d'une belle enchanteresse de Boiardo ou de l'Arioste, qui d'un signe paraissait avoir fait du paysage qui les entourait un Éden dans le désert.

Flora, comme toute femme à qui la nature a donné la beauté en partage, connaissait le pouvoir de ses charmes et en observait avec plaisir les effets; car elle ne pouvait se méprendre à cet égard en voyant la crainte et le respect du jeune militaire. Mais, comme elle était douée d'un heureux discernement, elle attribua à la sublimité de la scène et à d'autres circonstances accidentelles, une partie de la vive et puissante émotion qui semblait le dominer; elle ne connaissait point d'ailleurs le caractère du capitaine et jusqu'à quel point il se laissait impressionner par son imagination: aussi considérait-elle son hommage comme le tribut passager qu'une femme d'une beauté même ordinaire pouvait attendre dans une situation semblable à la sienne. Elle s'éloigna alors à pas lents de l'endroit où

---

[1]. La description de la chute d'eau dont il est question dans ce chapitre est prise de celle de Ledeard, à la ferme qui porte ce nom au nord de Lochard, et près de la source du lac, à quatre ou cinq milles d'Aberfoyle. Elle est sur une petite échelle, mais du reste c'est une des plus jolies cascades qu'il soit possible de voir. A. M.

elle se trouvait, et s'arrêta vers un point assez distant de la cascade pour que le bruit de sa chute pût accompagner plutôt qu'interrompre les sons de sa voix et de son instrument, et s'asseyant sur un fragment de rocher moussu, elle prit la harpe des mains de Cathleen.

« Je vous ai donné la peine de venir de ce côté, capitaine Waverley, dit-elle, parce que je pensais que le paysage nous offrirait de l'intérêt, et que des chants highlandais perdraient trop dans mon imparfaite traduction si je ne vous les présentais accompagnés de tous ces accidents sauvages appropriés à leur nature. Pour parler le langage poétique de mon pays, c'est au milieu des collines secrètes et solitaires que la muse celtique a fixé son séjour; elle aime à marier sa voix au murmure du ruisseau de la montagne; celui qui l'invoque doit préférer le rocher nu à la vallée fertile, et la solitude du désert aux fêtes splendides des palais. »

En entendant cette beauté ravissante prononcer ces mots d'une voix harmonieuse et exaltée, qui ne se serait écrié que la muse invoquée par elle ne pourrait jamais trouver un être plus digne de la représenter ? Mais, quoique cette pensée se présentât à l'esprit d'Édouard, il n'eut pas le courage de l'exprimer: les sensations délicieuses que lui firent éprouver les premiers sons qu'elle tira de la harpe étaient mêlées d'un sentiment pénible. Il n'eût pas, pour toutes les richesses de l'univers, quitté la place qu'il occupait près d'elle; cependant il soupirait presque après la solitude : il eût voulu savourer à loisir les diverses émotions qui l'agitaient.

Flora fit succéder au récitatif monotone et mesuré du barde un air noble et pompeux qui, dans les premiers âges, avait été un champ de combat. Après quelques accords essayés au hasard, elle en fit entendre de sauvages et d'une nature particulière, qui semblaient former une espèce d'harmonie avec le bruit éloigné de la cascade et le doux frémissement de la brise du soir se jouant dans les feuilles d'un tremble dont les rameaux s'étendaient sur le siége où se trouvait assise la sœur de Mac Ivor. Les vers qui suivent, chantés et accompagnés par elle, ne donneront qu'une faible idée des sensations qu'ils excitèrent dans l'ame de Waverley :

CHANT DU BARDE ÉCOSSAIS.

Le brouillard ceint les monts, la nuit ceint la vallée;
Des enfants de Gaël bien plus noir est le sort :
L'étranger les vainquit, leur gloire est envolée,
Tous les cœurs sont glacés, tous les bras sans ressort.

La rouille a dévoré la sanglante claymore;
La poussière a couvert le dirk[1], le bouclier.
Si des armes le bruit dans les monts roule encore,
C'est le plomb du mousquet abattant le gibier.

Si nos bardes chantaient les exploits de nos pères,
Que la honte ou la mort soit le prix de leurs chants!
Que la harpe se taise en voyant nos misères,
Et prouve que la gloire a déserté nos champs.

Mais l'aurore a rompu des nuits les sombres trames,
Et déjà le soleil dore le haut des monts.
Tes pics, Glenaladale, ont lui de ses rayons;
Glenfinnan, tes ruisseaux en ont jeté des flammes[2].

Moray[3], banni long-temps, et par le sort froissé,
Au lever du soleil fais briller ta bannière;
Vents du nord, balancez sa toile aventurière
Comme un dernier rayon quand l'orage a cessé.

Fils des braves, sitôt que poindra cette aurore,
La harpe devra-t-elle appeler aux combats ?
Vos pères songeaient-ils à la harpe sonore,
Quand ce signe appelait à la gloire, au trépas?

Fils de rois, chefs de clans, audacieux cortége,
Rassemblez-vous, venez, et d'un pas affermi,
Comme des flots sortis de montagnes de neige
Venez, marchez, volez, écrasez l'ennemi.

Lochiel, à ta main que ton glaive frémisse;
Saisis ton bouclier, noble race d'Evan;

1. Espèce de poignard, comme la claymore est une épée antique. A. M.
2. Le jeune et audacieux aventurier Charles-Édouard débarqua à Glenaladale, dans le Moidart, et déploya sa bannière dans la vallée de Glenfinnan, rassemblant autour de lui les Mac Donald, les Cameron, et les autres clans moins nombreux qu'il avait su attirer dans ses rangs. Il y a sur le lieu même un monument portant une inscription latine du docteur Grégoire. A. M.
3. Frère aîné du marquis de Tullibardine, qui, long-temps exilé, revint en Écosse avec Charles-Édouard en 1745. A. M

De ton cor, fier Keppoch, terrible en ton élan,
Que jusqu'à Coryarrick l'âpre son retentisse.

Brave fils de Kenneith, vaillant chef de Kintail,
Que ton fier étendard au gré des vents s'agite ;
Puisse de Glenlivat la belliqueuse élite
Long-temps servir encor d'affreux épouvantail !

Clan de Fingon, toujours en héros si fertile,
Au clan de Rorri-More unis ton noble effort,
Pour lancer à la mer le navire indocile
Et manier la rame attachée à son bord.

Glorieux Mac Shimei, quelle sera ta joie
Quand ton chef de la toque armera ton vieux front !
De l'ennemi bientôt il va faire sa proie,
Venger la mort d'Alpine et son antique affront.

Fils de Dermid, effroi du sanglier sauvage,
Du vaillant Callum-More oublierez-vous les droits ?
Mac Neil et Moy du Lac, armez votre courage :
La liberté, l'honneur, vous somment à la fois.

A cet endroit du poëme, un énorme lévrier, paraissant dans le vallon, accourut près de Flora, et par ses importunes caresses interrompit ses chants. Un sifflet s'étant fait entendre au loin, l'animal se retourna et descendit de nouveau le sentier avec la rapidité d'une flèche. « Ce lévrier est le fidèle compagnon de Fergus, capitaine Waverley, et ce coup de sifflet est son signal ordinaire ; il n'aime pas la poésie, mais bien ce qui respire la gaieté ; il vient assez à temps pour mettre fin au long catalogue de nos tribus, qu'un de vos poètes anglais a eu l'insolence d'appeler

Un fier et vain ramas de tristes mendiants,
Qui surchargent de *Macs*[1] leurs noms retentis-
[sants. »

Édouard témoigna le regret que lui faisait éprouver cette interruption.
— « Oh ! ce que vous perdez se réduit à fort peu de chose ! Dans les vers qui suivent le barde se croit obligé d'adresser trois longues stances à Vich-Jan-Vohr des Bannières ; il énumère toutes ses grandes qualités, et n'oublie point de louer sa bienveillance pour le barde de la tribu, et surtout les sentiments de générosité dont il fait preuve. Vous eussiez en outre entendu l'apostrophe adressée au fils de l'étranger, au jeune homme aux blonds cheveux, qui habite le pays où le gazon est toujours vert ; des stances en l'honneur du cavalier monté sur un coursier aux riches harnais, dont la couleur ressemble à celle du corbeau, et dont le hennissement est comme le cri perçant de l'aigle avant le combat. D'autres vers rappelaient avec douceur au vaillant cavalier que ses ancêtres s'étaient rendus célèbres par leur loyauté, ainsi que par leur courage. Voilà tout ce que vous avez perdu ; mais, puisque votre curiosité n'est pas satisfaite, d'après le son éloigné du sifflet de mon frère, je vois que je puis avoir le temps de chanter les stances finales avant qu'il arrive et ne se mette à rire de ma traduction :

Sur vos coteaux et dans vos îles,
Braves fils des lacs et des monts,
Éveillez-vous, soyez dociles
A la voix du cor dont les sons
Viennent de remplir ces vallons.
Il appelle, non pour la chasse,
Non pour les jeux et les chansons,
Mais pour retremper votre audace.

C'est le signal des vrais soldats
Pour la victoire ou le trépas,
Quand sur les monts et les bruyères
On voit déployer les bannières.
Armez-vous donc, nobles guerriers,
Ceignez le dirk et la claymore ;
Prenez vos larges boucliers ;
Il s'agit de coups meurtriers,
De gloire et de patrie encore.

Que le glaive ardent du chieftain
Brille et s'agite ; ainsi de Fin
Le fer brillait, frappait, avide
De morts et de sanglant butin ;
Que le sang, comme un feu rapide,
Dans les veines bouillonne enfin :
Remplis d'une nouvelle rage,
Brisez le joug de l'étranger,
Marchez, défiez le danger :
Mieux vaut la mort que l'esclavage.

CHAPITRE XXIII.

WAVERLEY RESTE A GLENNAQUOICH.

COMME Flora achevait sa chanson Fergus se présenta devant eux. « Je savais que je vous trouverais ici, même sans le secours de mon ami Bran. Un goût simple et peu sublime comme le mien préférerait un jet d'eau de Versail-

---

1. Épithète honorifique répondant à *fils*. A. M.

les à cette cascade avec tous ses accompagnements de rochers et de rugissements; mais ceci est le Parnasse de Flora, capitaine Waverley, et cette fontaine est son Hélicon. Ce serait au grand profit de ma cave si elle pouvait pénétrer son coadjuteur, Mac Marrough, du prix de son influence : il vient à l'instant de boire une pinte d'usquebaugh, pour corriger, dit-il, la fraîcheur du vin de Bordeaux. Laissez-moi essayer de sa vertu. »
Il but un peu d'eau dans le creux de sa main, et commença aussitôt d'un air théâtral :

« Salut, ô dame du désert,
Qui du Gaël aimes la lyre
Et le poétique délire.
Toi dont l'œil au jour s'est ouvert
Loin de la source qui m'inspire
Et de ces champs au tapis vert ! »

« Mais la poésie anglaise ne réussira jamais sous l'influence d'un Hélicon des Highlands. »

« Allons, courage,
Vous qui buvez à tasse pleine
A cette heureuse fontaine
Où l'on ne voit sur le rivage
Que quelques vilains troupeaux,
Suivis de nymphes de village
Qui les escortent sans sabots[1]. »

« Trêve, cher Fergus ! épargnez-nous ces personnages les plus ennuyeux et les plus stupides de toute l'Arcadie. Pour l'amour du ciel, n'allez pas nous chercher Corydon et Lindor ! »

— « Eh bien, si vous n'aimez pas la houlette et le chalumeau, nous ferons entendre avec vous des chants héroïques. »

— « Cher Fergus, vous avez certainement plutôt puisé des inspirations dans la coupe de Mac Murrough que dans la mienne. »

— « Je m'en défends, ma belle demoiselle, quoique je proteste qu'elle serait celle des deux qui me conviendrait le mieux. Quel est celui de vos fous de romanciers italiens qui dit :

Io d'Elicona niente
Mi curo, in fe di dio; che'l bere d'acque
(Bea chi ber ne vuol) sempre mi spiacque[2]?

Mais, capitaine Waverley, si vous préférez le gaëlique, voici la petite Cathleen qui vous chantera Drimmindhu. Allons, Cathleen, *astore* (ma chère), commencez; pas d'excuse pour le Bean-Kinne. »

Cathleen chanta avec beaucoup de vivacité une petite chanson gaëlique, élégie burlesque d'un paysan sur la perte de sa vache, dont le ton comique fit rire Waverley plus d'une fois, quoiqu'il n'en comprît pas le langage.

« Admirable, Cathleen ! s'écria le chef : il faut que je vous trouve un joli mari parmi les hommes du clan, un de ces jours. »

Cathleen rit, rougit, et alla se réfugier derrière sa compagne.

Pendant qu'ils retournaient au château, le chef engagea vivement Waverley à rester une semaine ou deux, afin de voir une grande partie de chasse à laquelle il devait se joindre ainsi que plusieurs gentilshommes des montagnes. Les charmes de la mélodie et de la beauté avaient fait trop d'impression sur le cœur d'Édouard pour lui permettre de refuser une invitation aussi agréable. On convint donc qu'il écrirait un billet au baron de Bradwardine, annonçant son intention de rester une quinzaine à Glennaquoich, et le priant de lui envoyer par le porteur (c'était un gill du chef) les lettres qui pourraient être arrivées à son adresse.

Ceci fit tomber la conversation sur le baron, que Fergus loua beaucoup comme gentilhomme et comme militaire. Flora s'étendit davantage sur son caractère; elle fit la remarque qu'il était le parfait modèle des vieux chevaliers écossais, qu'il avait toutes leurs qualités et leur originalité. « C'est un caractère, capitaine Waverley, qui s'efface de plus en plus; car ce qu'il avait de meilleur était un respect de soi-même qu'on n'avait pas encore perdu de vue jusqu'à présent. Mais, maintenant, les gentilshommes auxquels leurs principes ne permettent pas de faire leur cour au gouvernement existant, sont négligés et dégradés, et beaucoup se

---

1. Ces vers se trouvent dans le texte anglais. A. M.
2. Oh je me soucie peu, ma foi, de boire à la source d'Hélicon (y boira pourtant qui voudra), car je n'aime pas à boire de l'eau. A. M.

conduisent en conséquence; semblables à quelques unes des personnes que vous avez vues à Tully-Veolan, ils adoptent des habitudes et des compagnons incompatibles avec leur naissance et leur éducation. L'impitoyable proscription de parti semble dégrader les victimes qu'elle flétrit, quoique injustement. Mais espérons qu'un plus beau jour approche, où un gentilhomme campagnard écossais sera lettré sans avoir la pédanterie de notre ami le baron, chasseur sans les manières grossières de M. Falconer, et cultivateur judicieux de sa propriété sans devenir un véritable bouvillon à deux jambes comme Killancureit. »

Ce fut ainsi que Flora prophétisa une révolution, que le temps a amenée en effet, mais d'une manière tout autre qu'elle ne l'avait pensé.

On cita ensuite l'aimable Rose, en faisant les plus vifs éloges de sa personne, de ses manières et de son esprit. « Il trouvera, dit Flora, un inestimable trésor dans les affections de Rose Bradwardine, l'homme qui aura le bonheur d'en devenir l'objet. Elle place le bonheur de son ame dans sa maison et dans l'accomplissement de ces vertus paisibles dont l'intérieur domestique est toujours le centre. Son époux sera pour elle ce que son père est maintenant, l'objet de tous ses soins, de sa sollicitude et de son affection. Elle ne verra rien, ne s'unira à rien que par lui et avec lui. Si c'est un homme de bon sens et de vertu, elle sympathisera avec ses chagrins, le distraira de ses fatigues, et partagera ses plaisirs. Si elle vient à appartenir à un époux négligent et grossier, elle s'accordera également avec son goût, car elle ne survivra pas longtemps à sa dureté. Hélas! combien est grande la chance que quelque personnage indigne ne devienne le mari de ma pauvre amie! Que ne suis-je reine dans ce moment, et que ne puis-je commander au plus digne jeune homme de mon royaume d'accepter le bonheur avec la main de Rose Bradwardine! »

« Je souhaiterais que vous lui commandassiez d'accepter la mienne en attendant, » dit Fergus en riant.

Je ne sais par quel caprice ce souhait, quoique exprimé d'un ton plaisant, contraria les sentiments d'Édouard, malgré son inclination croissante pour Flora et son indifférence pour miss Bradwardine. C'est un de ces points inexplicables de la nature humaine, que nous nous dispenserons d'examiner.

« La vôtre, mon frère? reprit Flora en le regardant fixement. Non, vous avez une autre épouse; l'honneur et les dangers qu'il vous faut courir à la poursuite de sa rivale briseraient le cœur de la pauvre Rose. »

Tout en discourant ils atteignirent le château, et Waverley eut bientôt préparé ses dépêches pour Tully-Veolan. Comme il savait que le baron était pointilleux dans de pareilles affaires, il était prêt à imprimer sur son billet un cachet sur lequel étaient gravées ses armes, mais il ne le trouva pas après sa montre, et crut l'avoir laissé à Tully-Veolan. Il en annonça la perte, en empruntant en même temps le cachet de la famille du chef.

« Assurément, dit miss Mac Ivor, Donald Bean Lean n'aurait pas... »

« J'engagerais ma vie pour lui en pareille circonstance, reprit son frère, d'ailleurs, en pareil cas, jamais il n'aurait laissé la montre en arrière. »

« Après tout, Fergus, dit Flora, et avec toutes les concessions, je suis étonnée que vous favorisiez cet homme. »

— « Que je le favorise? Cette bonne sœur vous persuaderait, capitaine Waverley, que je prends ce que les gens de l'ancien temps appelaient *a steakraid*, c'est-à-dire *a collop of the foray*, ou, en termes plus clairs, une portion du butin du voleur, qu'il paie au laird ou chef sur le terrain duquel il fait passer sa proie. Oh, il est certain que si je ne trouve moyen de jeter un charme sur la langue de Flora, le général Blakeney enverra de Stirling un détachement avec un sergent (il prononça ces mots avec une ironie hautaine et emphatique) pour saisir Vich-Jan-Vohr, sobriquet qu'on me donne, dans son propre castel. »

— « Allons, Fergus, notre hôte doit-il s'apercevoir que tout ceci est folie et affectation ? Vous avez assez d'hommes pour vous servir, sans enrôler des bandits, et votre propre honneur est au-dessus de toute tache. Pourquoi ne chassez-vous pas ce Donald Bean Lean que je hais plus pour sa duplicité et sa flatterie, que même pour sa rapine hors de vos domaines ? Nulle cause ne pourrait me faire souffrir un pareil bandit. »

« *Nulle cause*, Flora ? » dit le chef d'un air significatif.

— « Nulle cause, Fergus ! pas même celle que j'ai le plus à cœur. Épargnez-lui le présage de soutiens aussi dangereux ! »

« Oh ! mais, ma sœur, reprit gaiement le chef, vous n'avez pas égard à mon respect pour la belle passion. Evan Dhu Maccombich est amoureux de la fille de Donald, Alice ; et vous ne devez pas compter que je le dérangerai dans ses amours. Tous les clans crieraient honte sur moi. Vous savez qu'un de leurs sages proverbes est : qu'un parent est une partie du corps de l'homme, mais qu'un frère de lait est une partie de son cœur. »

— « Fergus, il n'y a point à disputer avec vous, mais je désire que tout ceci se termine bien ! »

— « C'est prier dévotement, ma chère et prophétique sœur, et c'est le meilleur moyen de mettre fin à un argument douteux. Mais n'entendez-vous pas les cornemuses, capitaine Waverley ? peut-être aimerez-vous mieux danser avec eux dans la salle, que d'être étourdi par leur harmonie sans prendre part à l'exercice auquel ils nous invitent ? »

Waverley prit la main de Flora. La danse, les chants et les jeux continuèrent, et terminèrent la fête du château de Vich-Jan-Vohr. Édouard se retira enfin, l'esprit agité d'une variété de sentiments nouveaux et confus, qui interrompirent son repos pendant quelque temps, et retinrent son esprit dans cet état qui n'est pas sans agrément, où l'imagination s'empare du gouvernail, et où l'ame glisse paisiblement sur le torrent rapide et trouble des réflexions plutôt que de s'exercer à les combattre, les mettre en système, ou les examiner. Enfin, à une heure avancée, il s'endormit, et rêva de Flora Mac-Ivor.

CHAPITRE XXIV.

UNE CHASSE AU CERF ET SES SUITES.

Ce chapitre sera-t-il long ou court ? C'est une question dans laquelle, ami lecteur, vous n'avez pas voix délibérative, quoique vous puissiez être intéressé au résultat ; tout comme vous pouvez (ainsi que moi-même) n'avoir probablement rien à démêler avec un nouvel impôt, sauf la légère circonstance d'être obligé de le payer. Plus heureux, certes, dans le cas actuel, puisque, quoiqu'il soit en mon pouvoir arbitraire de donner à mes matériaux l'étendue que je juge convenable, je ne puis vous faire venir devant la cour de l'échiquier si vous ne jugez pas à propos de lire mon récit. Il faut donc que j'y réfléchisse. Il est vrai que les annales et les documents que j'ai entre les mains parlent peu de cette chasse des montagnes ; mais aussi je puis trouver ailleurs d'amples matériaux pour des descriptions. J'ai là à mon côté le vieux Lindsay de Pitscottie, avec sa chasse d'Athole, et son palais élevé et à solives de bois vert, et toutes les sortes de boissons qu'on peut se procurer dans les bourgs et dans les terres, comme, par exemple, de l'ale ou de la bière forte, du vin, du muscat, du malvoisie, de l'hippocras et de l'eau-de-vie ; aussi du pain de froment, du pain d'épice, du bœuf, du mouton, de l'agneau, de la venaison, des oies, des marcassins, des chapons, des lapereaux, des grues, des cygnes, des perdrix, des pluviers, des canards, des cannes, des oiseaux de marais ; sans oublier le coucher dispendieux, la vaisselle, les nappes, et encore moins les excellents maîtres d'hôtel, les parfaits cuisiniers avec leurs confitures et leurs plats pour le dessert. Outre les détails qu'on peut recueillir de ce repas dans les montagnes (dont la splendeur fut telle qu'elle engagea le délégué du pape à changer l'opinion qu'il avait eue jusqu'alors, que l'Écosse était le... le... le dernier bout du monde); outre ceux-ci, n'aurais-je pas pu enluminer mon ouvrage à l'aide de Taylor, le poète de la chasse aquatique dans les bas-fonds du comté de Mar, où,

> Au travers de la bruyère,
> Et de la mousse et des marais,
> Au milieu d'une grenouillière,
> Et des étangs et des forêts,
> Les lièvres, les daims et les biches,
> Et les chevreuils par les limiers
> Sont poursuivis jusqu'aux halliers ;
> En gibier tous les ans si riches ;
> Là du chasseur le coup certain
> Vous a suffi pour mettre à terre
> Quatre-vingts daims, qui vont vous faire
> Un digne et copieux festin.
> Vos plaisirs, terre des campagnes,
> Sont tout aussi bas que vos champs,
> Les jeux et l'esprit des montagnes
> Sont plus élevés et plus grands.

Mais, sans tyranniser davantage mes lecteurs, et sans déployer l'étendue de mes propres connaissances, je me contenterai d'emprunter un seul incident de la chasse mémorable de Lude, consignée dans l'Essai de l'ingénieux M. Gunn sur la harpe calédonienne, puis je continuerai mon récit avec toute la brièveté que me permettra mon style naturel, joint à ce que les écoliers appellent la périphrase et les ambages, et le vulgaire, des circonlocutions.

Diverses causes retardèrent la chasse solennelle pendant trois semaines. Waverley passa ce temps dans une satisfaction parfaite à Glennaquoich ; car l'impression que Flora avait faite sur son âme à leur première entrevue augmentait chaque jour. Elle avait précisément le caractère propre à charmer un jeune homme d'une imagination romanesque. Ses manières, son langage, ses talents dans la poésie et dans la musique, ajoutaient une influence variée à ses charmes personnels. Même dans ses heures de gaieté, elle paraissait, à son imagination exaltée, au-dessus des filles ordinaires d'Ève, et ne semblait s'abaisser que pour un instant à ces sujets d'amusement et de galanterie pour lesquels seuls les autres semblent vivre. Dans la société de cette enchanteresse, tandis que la chasse employait les matinées, la musique et la danse remplissaient les heures de la soirée, Waverley était de plus en plus charmé de son hôte hospitalier, et plus épris de sa séduisante sœur.

Enfin arriva l'époque fixée pour la grande chasse, et Waverley et le chef se dirigèrent vers le lieu du rendez-vous, qui était à une journée de distance au nord de Glennaquoich. En cette occasion, Fergus était accompagné d'environ trois cents hommes de son clan, bien armés et complétement équipés. Waverley se conforma aux coutumes du pays jusqu'à adopter leurs trews (il ne pouvait s'habituer au *kilt*), les brogues et le bonnet, comme le vêtement le plus convenable à l'exercice auquel il devait se livrer, et qui l'exposait le moins aux regards comme étranger en arrivant au rendez-vous. Ils trouvèrent au lieu assigné plusieurs chefs puissants auxquels Waverley fut présenté suivant le cérémonial, et accueilli cordialement par tous. Leurs vassaux et leurs hommes de clan, dont une partie du devoir féodal était de suivre leurs chieftains ou capitaines dans ces parties, étaient en si grand nombre qu'ils formaient une petite armée. Ces aides actifs se répandaient dans le pays et formaient un cercle qu'on appelait techniquement le *tinchel*, qui, se resserrant graduellement, chassait les daims en troupeaux vers les taillis où les chefs et les principaux chasseurs les attendaient. Pendant ce temps, ces personnages distingués bivouaquaient sur la bruyère fleurie, enveloppés dans leurs manteaux, mode de passer une nuit d'été que Waverley ne trouva pas du tout désagréable.

Pendant plusieurs heures après le lever du soleil, les côtes des montagnes et les passages conservaient leur apparence ordinaire de silence et de solitude, et les chefs avec leurs serviteurs s'amusaient à différents passe-temps, dans lesquels les plaisirs de la coupe, ainsi que le dit Ossian, n'étaient pas oubliés ; d'autres se retiraient à part sur une colline, probablement aussi occupés de discussions politiques et de nouvelles que l'esprit de Milton l'était de recherches métaphysiques. Enfin, on distingua et l'on entendit des signaux de l'approche du gibier : des sons éloignés retentissaient de vallon en vallon, à mesure que différents partis de montagnards, gravissant les rochers, traversant des bouquets de bois, des ruisseaux et des taillis, se rapprochaient les uns des autres, et forçaient le daim étonné et tous les autres animaux sauvages qui fuyaient devant eux, à se resserrer dans un circuit plus étroit. De temps à autre on entendait le bruit des mousquets répété par mille échos ; l'aboiement des chiens venait s'ajouter au tumulte qui croissait de plus en plus ; enfin les partis avancés des daims commencèrent à se montrer, et à mesure que les traîneurs descendaient deux ou trois ensemble dans le passage en bondissant, les chefs montraient leur adresse en choisissant les plus gras, et signalaient leur dextérité en les abattant avec leur fusil. Fergus se fit aussi remarquer, et Édouard eut le bonheur d'attirer l'attention et les applaudissements des chasseurs.

Mais en ce moment le corps principal des daims parut à l'entrée du taillis, resserré dans un espace très-étroit et présentant une phalange si imposante, que leurs andouillers paraissaient au loin, sur le bord du passage escarpé, comme une forêt dépouillée de feuilles. Leur nombre était très-grand, et dans une pause désespérée qu'ils firent tandis que les plus grands cerfs étaient rangés en avant, dans une sorte d'ordre de bataille, contemplant le groupe qui leur barrait le passage du taillis, les chasseurs les plus expérimentés commencèrent à en augurer du danger. Cependant l'œuvre de la destruction commençait de tous côtés, les chiens et les chasseurs étaient à l'ouvrage, et les mousquets et les fusils résonnaient de toutes parts ; les daims, poussés au désespoir, firent enfin une charge effroyable sur l'endroit où s'étaient placés les chasseurs les plus distingués : on leur cria en gaëlique de se jeter visage contre terre ; mais Waverley, dont les oreilles anglaises n'avaient pu connaître le signal, faillit devenir victime de son ignorance de l'ancienne langue dans laquelle il avait été donné. Fergus, apercevant son danger, s'élança précipitamment et le tira avec violence par terre, précisément à l'instant où tout le troupeau fondait sur eux. On ne pouvait résister à ce torrent, et les blessures de la corne du cerf étant fort dangereuses [1], on peut dire que dans ce cas l'activité du chef sauva la vie à son hôte : il le retint fortement contre la terre jusqu'à ce que tout le troupeau eût entièrement passé par-dessus leurs corps. Waverley essaya alors de se lever, mais il s'aperçut qu'il avait reçu plusieurs fortes contusions, et un examen plus approfondi découvrit qu'il s'était foulé très-fortement la cheville.

Cet accident réprima la joie générale, quoique les montagnards, habitués et préparés à de pareils incidents, n'eussent éprouvé aucun mal. En un instant on eut construit une cabane ; dans laquelle on déposa Édouard sur un lit de fougère ; le chirurgien, ou celui qui prenait ce titre, paraissait réunir les qualités de médecin et de sorcier : c'était un vieux montagnard enfumé, portant une vénérable barbe grise, et ayant pour tout vêtement une robe de tartan, dont les pans descendaient jusqu'aux genoux, et qui, n'étant pas ouverte par devant, servait tout à la fois de pourpoint et de haut de chausses [2]. Il observa beaucoup de

---

1. Un coup des bois ou des cornes du cerf était considéré comme bien plus dangereux que celui de la défense du sanglier :

« Si tu es blessé par la corne du cerf, elle t'amène au cercueil ; mais la main du barbier guérira le mal du sanglier : ainsi n'aie aucune crainte. » Note de l'auteur. A. M.

2. Ce vêtement, qui ressemblait à celui qu'on

cérémonies en s'approchant d'Édouard, et quoique notre héros fût torturé par la douleur, il ne voulut commencer aucune opération qui aurait pu le soulager, avant d'avoir fait trois fois le tour de son lit, marchant de l'est à l'ouest, selon la direction du soleil. Cette cérémonie, qu'on appelait faire le *deasil* [1], paraissait être regardée par le médecin et par les spectateurs comme une opération de la plus haute importance pour la guérison; et Waverley, que la douleur rendait incapable de faire des remontrances, et qui dans le fait ne voyait pas de chance d'être écouté, s'y soumit en silence.

Dès que cette cérémonie fut convenablement accomplie, le vieil esculape saigna son malade avec un verre à ventouse, en faisant preuve de la plus grande dextérité, et continua, tout en marmottant sans cesse en gaëlique, à faire bouillir certaines herbes dont il composa un liniment; ensuite il fomenta les parties blessées, ne manquant jamais de murmurer des prières ou des charmes; c'est ce que Waverley ne put distinguer, son oreille n'ayant pu saisir que les mots *Gasper, Melchior, Balthazar, Max, Prax, Fax*, et autre galimatias semblable. La fomentation eut un prompt effet, calma la douleur, et fit diminuer le gonflement; ce que notre héros attribua à la vertu des herbes ou à l'effet de la chaleur, tandis que tous les assistants l'attribuèrent au charme qui avait accompagné l'opération. On apprit alors à Édouard que pas une des herbes n'avait été cueillie hors le temps de la pleine lune, et que le médecin avait, tout en les cueillant, récité uniformément un charme, qui se traduirait ainsi :

Je te salue, herbage heureux,
Et qui croissais en terre sainte;
Au mont Olivet si fameux
Tu fus jadis ravi sans crainte.
Tu peux guérir bien plus d'un mal
Et bien plus d'une meurtrissure;
Tu guéris plus d'une blessure :
Oui ton pouvoir n'a pas d'égal
Au nom sacré de Notre-Dame,
Je te dérobe au sol natal,
Et tu vas servir de dictame [2].

Édouard remarqua avec surprise que Fergus lui-même, malgré ses connaissances et son éducation, semblait partager les idées superstitieuses de ses compatriotes, soit qu'il jugeât impolitique d'affecter le scepticisme dans un point d'une croyance générale, ou plus vraisemblablement que, comme beaucoup d'hommes qui ne réfléchissent pas mûrement et exactement à un sujet, il conservât un fonds de superstition qui balançait la liberté de ses expressions et de ses manières en toute autre occasion. Aussi Waverley ne fit-il aucun commentaire sur le mode de traitement; mais il récompensa le professeur médical avec une libéralité qui surpassait ses plus hautes espérances. Celui-ci lui donna tant de bénédictions incohérentes en gaëlique, en anglais, que Mac Ivor, un peu scandalisé de l'excès de sa reconnaissance, l'arrêta tout court, en s'écriant : *Cend mile mhalloich ort!*... c'est-à-dire : Cent mille malédictions sur vous ! et poussa le sauveur des malades hors de la cabane.

Quand Waverley fut seul, l'épuisement causé par la douleur et la fatigue (car l'exercice de toute la journée avait été violent) le plongea dans un sommeil profond, mais agité par la fièvre, qu'il devait principalement à une dose opiacée que lui avait préparée le vieux montagnard avec une décoction d'herbes de sa pharmacopée.

De bonne heure le lendemain matin, ayant rempli l'objet de leur entrevue, et

---

met souvent aux enfants en Écosse, et qu'on appelle *polonie* (polonaise), est une modification très-ancienne de l'habillement montagnard. Ce n'était, dans le fait, que le haubert ou la cotte de mailles, fait de toile au lieu d'anneaux d'une armure. A. M.

1. Les vieux montagnards font encore le *deasil*, dit l'auteur, autour de ceux à qui ils veulent du bien. Tourner autour d'une personne en sens opposé, ou *wither shins* (allemand, *wider shins*) est considéré comme malencontreux, et même une espèce d'enchantement. A. M.

2. Ce charme rhythmique, ou quelque chose qui lui ressemble, se retrouve, dit Walter Scott, dans l'ouvrage de Reginald Scott sur le sortilége. A. M.

les jeux étant dérangés par l'accident fâcheux arrivé à Waverley, pour lequel Fergus et ses amis montrèrent beaucoup de sympathie, on commença à songer à ce qu'on devait faire du chasseur malade; ce point fut bientôt décidé par Mac Ivor : il fit préparer une litière de bouleaux et de coudriers, qui fut portée par ses gens avec tant de précaution et de dextérité, qu'il ne serait pas improbable qu'ils aient été les ancêtres de quelques-uns de ces vigoureux Gaëls qui ont le bonheur de porter nos belles d'Édimbourg, dans leurs chaises à porteurs, à dix routs dans la même soirée. Quand Édouard fut élevé sur leurs épaules, il ne put s'empêcher d'admirer l'effet romantique produit par la levée de ce camp champêtre.

Les diverses tribus furent assemblées chacune au pibroch de leur clan natif, et sous la conduite de leur chef patriarcal. Quelques-unes, qui avaient déjà commencé à se retirer, montaient le long de la colline ou descendaient les passages qui conduisaient au lieu de la chasse, tandis que le son de leurs cornemuses mourait dans le lointain ; d'autres offraient encore un tableau plein de vie dans la plaine étroite, formant des groupes variés, leurs plumes et leurs manteaux déployés s'agitant au zéphyr du matin, tandis que leurs armes étincelaient au soleil levant. La plupart des chefs vinrent faire leurs adieux à Waverley et lui exprimer leur vif espoir de se revoir bientôt; mais les soins de Fergus abrégèrent la cérémonie des adieux. Enfin, tous les hommes de son clan étant assemblés, Mac Ivor commença sa marche, mais non vers le quartier d'où il était venu; il donna à entendre à Édouard que la plus grande partie de ses serviteurs, qui se trouvaient maintenant sur pied, étaient engagés pour une expédition lointaine, et que lorsqu'il l'aurait déposé dans la maison d'un gentilhomme, qui lui donnerait tous les soins possibles, il serait obligé lui-même de les accompagner la plus grande partie du chemin. mais qu'il ne perdrait pas de temps à rejoindre son ami.

Waverley fut assez surpris que Fergus n'eût pas parlé de cette destination ultérieure lors de leur départ pour la chasse; mais sa situation ne permettait pas de faire beaucoup de questions. La plus grande partie des hommes du clan partirent sous la conduite du vieux Ballenkeiroch et d'Evan Dhu Maccombich, qui paraissait au comble de la joie. Quelques uns restèrent pour escorter le chef, qui se mit en marche à côté de la litière d'Édouard et lui montra les attentions les plus soutenues. Vers midi, après un voyage que le mode de transport, la douleur des meurtrissures et la rudesse du chemin rendaient excessivement pénible, Waverley fut reçu avec hospitalité dans la maison d'un gentilhomme parent de Fergus, qui avait fait pour lui tous les préparatifs que permettaient les simples habitudes généralement répandues alors dans les Highlands. Dans ce personnage, vieillard de soixante-dix ans, Édouard admirait les restes de la simplicité primitive : il ne portait pas d'autres vêtements que ceux que fournissait sa propriété; le drap était la laine de son troupeau, tissu en tartan par ses serviteurs, et teint des couleurs que produisaient les herbes et les lichens des collines environnantes ; son linge était filé de son lin par ses filles et ses servantes, et sa table, quoique abondamment servie, et approvisionnée même en gibier et en poisson, n'offrait pas non plus un article qui ne fût un produit de ses domaines.

Ne réclamant lui-même aucun droit sur les clans ou les vassaux, il se trouvait heureux de l'alliance et de la protection que Vich-Jan-Vohr et quelques autres chefs hardis et entreprenants lui accordaient dans la vie tranquille et sans ambition qu'il menait. Il est vrai que les jeunes gens nés sur ses terres se décidaient parfois à le quitter pour prendre du service chez ses amis plus actifs; mais quelques vieux servi-

7.

teurs et quelques tenanciers secouaient leur tête grise, quand ils entendaient blâmer leur maître de son manque de vigueur; ils observaient que, quand le vent est calme, la pluie est douce. Ce bon vieillard, dont le caractère et l'hospitalité étaient sans bornes, aurait reçu Waverley avec bonté, quand il eût été le moindre paysan saxon, puisque son état exigeait des secours; mais son attention pour un ami et un hôte de Vich-Jan-Vohr était affectueuse et sans relâche. On appliqua d'autres liniments sur le membre malade, et l'on employa de nouveaux charmes; enfin, après plus de sollicitude que ne paraissait exiger peut-être l'état d'Édouard, Fergus lui dit adieu pour quelques jours; alors, dit-il, il tâcherait de revenir à Tomanrait, et espérait qu'à cette époque Waverley serait en état de monter sur un des chevaux montagnards de son hôte, et de revenir ainsi à Glennaquoich.

Le lendemain, quand son bon vieil hôte parut, Édouard apprit que son ami était parti dès l'aurore, ne laissant de ses serviteurs que le vieux Callum Beg, espèce de valet de pied qui avait l'habitude de servir sa personne, et qui devait maintenant servir Waverley. Ayant demandé à son hôte s'il savait où était allé le chef, le vieillard le regarda fixement, et ne lui fit pour toute réponse qu'un sourire qui avait quelque chose de triste et de mystérieux. Waverley répéta sa question, et son hôte y répondit par un proverbe:

Sur les bords infernaux on les faisait descendre
Pour demander ce qu'ils pouvaient apprendre[1].

Il allait continuer, mais Callum Beg reprit d'une manière assez impertinente, à ce qu'il parut à Édouard, que Ta Tighearnach (le chef) ne voulait pas que le Sassenagh Duinhe Wassel (le gentilhomme saxon) fût tourmenté par beaucoup de paroles, vu qu'il ne se portait pas encore bien. D'après ceci, Waverley en conclut qu'il désobligerait son ami en s'informant auprès d'un étranger du but de son voyage, quand il ne le lui avait pas communiqué lui-même. Il est inutile de suivre les progrès de la guérison de notre héros. La sixième matinée commençait, et il était en état de se promener avec une canne, quand Fergus revint avec environ une vingtaine de ses hommes. Il semblait parfaitement satisfait; il félicita Waverley sur son rétablissement, et en apprenant qu'il était en état de se tenir à cheval, il lui proposa de retourner immédiatement à Glennaquoich. Waverley y consentit avec joie, car l'image de la belle habitante du manoir l'avait poursuivi dans ses rêves tout le temps qu'avait duré sa maladie:

Il parcourt à cheval les monts, les fondrières,
Et les marais et les bruyères.

Fergus, pendant tout ce temps, accompagné de ses myrmidons, marchait à grands pas à son côté, ou s'éloignait pour faire feu sur un chevreuil ou un coq de bruyère. Le cœur de Waverley battit violemment quand ils approchèrent de la vieille tour de Jan-Nan-Chaistel, et qu'il put distinguer la belle taille de Flora, qui s'avançait pour les recevoir.

Fergus commença aussitôt, avec sa gaîté ordinaire, à s'écrier: « Ouvrez vos portes, incomparable princesse, au Maure Abindarez, couvert de blessures, que Rodrigue de Narvez, connétable d'Antiquera, amène à votre castel[2]; ou bien, ouvrez-les, si vous le préférez, au célèbre marquis de Mantoue, le triste compagnon de son ami blessé, Baldovinos de la montagne... Ah! que ton âme repose en paix, Cervantes! Si je n'invoquais ton bon génie, comment pourrais-je donner à mon langage la tournure qui convient à des oreilles romanesques! »

Flora s'avança, et reçut Waverley avec beaucoup de bonté, lui exprimant

[1]. Ce qui répond à ce proverbe écossais des basses terres: *Mony ane speirs the door they ken fu' weel*, c'est-à-dire: *Beaucoup de gens demandent la porte qu'ils connaissent bien*. A. M.

[2]. Voyez le roman de l'inimitable Cervantes, *Don Quichotte*. A. M.

le regret que lui causait son accident, dont elle avait déjà appris les détails, et sa surprise que son frère n'eût pas eu soin de mettre un étranger en garde contre les dangers d'une chasse à laquelle il l'engageait. Édouard excusa facilement le chef qui, au fait, lui avait, à ses risques et périls, probablement sauvé la vie.

Cette réception terminée, Fergus dit trois ou quatre paroles à sa sœur en gaëlique; des larmes brillèrent aussitôt dans ses yeux, mais elles paraissaient être des larmes de plaisir et de joie, car elle leva ses yeux vers le ciel, et joignit les mains comme dans une expression solennelle de prière ou de reconnaissance. Après une pause d'une minute, elle présenta à Édouard quelques lettres qui lui avaient été envoyées de Tully-Veolan pendant son absence, et en même temps elle en remit à son frère. Elle donna aussi à ce dernier trois ou quatre numéros du Mercure calédonien, le seul journal qu'on publiât alors au nord de la rivière de la Tweed.

Les deux gentilshommes se retirèrent pour examiner leurs dépêches, et Édouard vit bientôt que celles qu'il avait reçues contenaient des affaires du plus grand intérêt.

CHAPITRE XXV.

NOUVELLES D'ANGLETERRE.

Jusqu'alors les lettres que Waverley avait reçues de ses parents d'Angleterre n'étaient pas de nature à mériter une attention particulière dans ce récit. Son père lui écrivait, en général, avec la pompeuse affectation d'un homme trop surchargé par les affaires publiques pour s'occuper de celles de sa famille. De temps à autre il citait des personnages de rang en Écosse, auxquels il désirait que son fils rendît quelque hommage; mais Waverley, occupé jusque-là des amusements qu'il avait trouvés à Tully-Veolan et à Glennaquoich, avait fait peu d'attention à des avis donnés aussi froidement, d'autant plus que la distance, la brièveté des congés qu'il obtenait, et autres raisons semblables, fournissaient une excuse toute prête. Mais le dernier paquet d'épîtres paternelles de M. Richard Waverley consistait en certains avis mystérieux de grandeur et d'influence, qui assureraient à son fils l'avancement le plus rapide s'il restait au service militaire. Les lettres de sir Éverard étaient différentes; elles étaient laconiques : le bon baronnet n'était pas de ces correspondants éternels, dont le manuscrit inonde les replis de leur grand papier, et ne laisse pas de place pour le cachet; elles étaient pleines de bonté et d'affection, et se terminaient rarement sans faire quelque allusion au haras de notre héros, quelque question sur l'état de sa bourse, et une enquête particulière relativement aux recrues qui l'avaient précédé de Waverley-Honour. La tante Rachel lui recommandait de se rappeler ses principes religieux, d'avoir soin de sa santé, de se garantir des brouillards d'Écosse, qui, avait-elle ouï dire, mouillaient un Anglais de part en part; de ne jamais sortir la nuit sans son surtout, et principalement de porter de la flanelle sur la peau.

M. Pembroke n'avait écrit qu'une lettre à notre héros, mais elle était du volume de six épîtres de ces jours dégénérés, contenant, dans l'étendue modérée de dix-pages in-folio, écrites très-serrées, un précis d'un manuscrit in-quarto supplémentaire de *addenda, delenda et corrigenda*, ayant rapport aux deux brochures qu'il avait offertes à Waverley. Il considérait que ceci n'était qu'une tartine trempée dans la poêle pour apaiser l'appétit de la curiosité d'Édouard, jusqu'à ce qu'il trouvât l'occasion de lui envoyer le volume même, trop pesant pour être mis à la poste, volume qu'il se proposait d'accompagner de certaines brochures intéressantes publiées récemment par son ami de la Petite-Bretagne [1], avec lequel il avait

[1]. Quartier de Londres. A. M.

entretenu une espèce de correspondance littéraire, en suite de laquelle les rayons de la bibliothèque du manoir de Waverley s'étaient chargés de beaucoup de verbiage ; et un bon billet, du montant de trois chiffres au moins, arrivait chaque année a sir Éverard Waverley de Waverley-Honour, baronnet, billet tiré par Jonathan Grubbet, libraire et papetier à la Petite-Bretagne. Tel avait été jusqu'alors le style des lettres qu'Édouard avait reçues d'Angleterre; mais le paquet qu'on lui remit à Glennaquoich était d'une nature toute différente, et bien plus intéressant. Il serait impossible au lecteur, quand même j'insérerais les lettres tout au long, de comprendre la cause qui y avait donné lieu, sans jeter un coup d'œil sur l'intérieur du cabinet anglais à cette époque.

Les ministres du jour se trouvaient (événement qui n'est pas rare) divisés en deux partis, dont le plus faible, suppléant par l'assiduité de l'intrigue à son infériorité réelle, avait récemment acquis de nouveaux prosélytes, et avec eux l'espoir de supplanter ses rivaux dans la faveur du roi, et de les accabler dans la chambre des communes. Entre autres personnages ils avaient jugé nécessaire de se servir de Richard Waverley. Cet honnête gentilhomme, par sa conduite grave et mystérieuse, son attention un peu plus grande pour la forme des affaires que pour leur essence, sa facilité à faire de longs discours ennuyeux, consistant en proverbes et en dictons embrouillés par un jargon technique d'office, qui empêchait que l'on ne découvrît la nullité de son talent oratoire, avait acquis un certain nom et de la confiance dans la vie publique, et jouissait même, auprès de plusieurs, de la réputation de grand politique; non pas comme un de ces orateurs brillants, il est vrai, dont les talents s'évaporent en fleurs de rhétorique et en traits d'esprit, mais comme un homme qui possédait des connaissances solides dans les affaires, qui serait d'un *bon usage*, ainsi que disent les dames qui achètent de la soie, qui doit être bonne à un service commun et journalier, puisqu'on avoue qu'elle n'est pas fabriquée d'un tissu convenable aux jours de fête.

Cette croyance était devenue si générale, que le parti insurgé du cabinet dont nous avons parlé, après avoir sondé Richard Waverley, fut si satisfait de ses sentiments et de ses moyens, qu'on lui proposa, au cas d'un changement dans le ministère, de prendre une place élevée dans le nouvel ordre de choses, non pas effectivement du premier rang, mais de beaucoup supérieure, tant pour les appointements que pour l'influence, à celle qu'il occupait actuellement. Il n'était guère possible de résister à une proposition aussi séduisante, quoique le grand personnage, sous la protection duquel il était enrôlé tant que ce dernier s'était maintenu en faveur, fût le but principal de l'attaque dirigée par les nouveaux alliés. Malheureusement ce beau projet d'ambition fut coupé dans sa fleur par un mouvement prématuré. Tous les gentilshommes en office qui y étaient intéressés et qui hésitèrent à se démettre volontairement apprirent que le roi n'avait plus besoin de leurs services; et, quant à Richard Waverley, que le ministre considérait comme plus coupable par son ingratitude, sa démission fut accompagnée de quelque chose qui ressemblait à un mépris personnel et à un affront. Le public, et même le parti dont il partageait la disgrace, plaignirent peu le désappointement de cet homme d'état égoïste et intéressé; et il se retira à la campagne avec la triste pensée qu'il avait perdu, en même temps, sa réputation, la confiance, et, ce qu'il déplorait pour le moins autant, les appointements de sa charge.

La lettre de Richard Waverley à son fils, dans cette circonstance, était un chef-d'œuvre en son genre. Aristide lui-même n'eût pas été plus à plaindre. Un monarque injuste, un pays ingrat, tel était le refrain de chaque paragraphe bien enflé. Il parlait de sacrifices, de longs services non récompensés; quoique les seconds eussent été payés au-delà par son salaire, et que personne ne pût deviner en quoi consistaient les premiers, à moins que ce ne fût d'avoir déserté, non par conviction mais par l'appât du gain, les principes royalistes de sa famille. En terminant, son ressentiment était porté à un si haut point, par la force de son style oratoire, qu'il n'avait pu réprimer quelques menaces de vengeance, quoique vagues et impuissantes, et il invitait son fils à exprimer son ressentiment de l'injure qu'il avait reçue, en renvoyant sa commission dès que cette lettre lui parviendrait. C'était, ajouta-t-il, aussi le désir de son oncle, ainsi qu'il le lui indiquerait lui-même.

Effectivement, la lettre qu'Édouard ouvrit ensuite était de sir Éverard. La disgrace de son frère semblait avoir effacé de son cœur tout souvenir de leurs différends, et, éloigné comme il l'était de tout moyen d'apprendre que la disgrace de Richard n'était réellement que la suite juste et naturelle de ses propres intrigues déjouées, le bon mais crédule baronnet l'inscrivait aussitôt comme un exemple nouveau de l'injustice du gouvernement existant. Il était vrai, disait-il, et il ne pouvait le cacher même à Édouard, que son père n'aurait pas éprouvé un pareil affront, que l'on faisait pour la première fois à un membre de sa famille, s'il ne s'était pas soumis à accepter un emploi sous le régime actuel. Sir Éverard ne doutait pas qu'il ne vît et ne sentît toute l'étendue de son erreur, et que quant à lui (sir Éverard) il aurait soin que la cause de son regret ne s'étendît pas aux suites pécuniaires. C'était assez qu'un Waverley eût supporté la disgrace publique; l'injure patrimoniale pouvait se réparer aisément par le chef de la maison. Mais l'opinion de M. Richard Waverley et la sienne était qu'Édouard, le représentant de la famille de Waverley-Honour, ne restât point dans une situation qui l'exposait à un traitement semblable à celui qui avait flétri son père. Or, il priait son neveu de saisir l'occasion la plus convenable et la plus prompte de transmettre sa démission au bureau de la guerre, et lui donnait à entendre, néanmoins, qu'il fallait peu de cérémonie quand on en avait usé de si peu envers son père. Il envoyait mille salutations au baron de Bradwardine.

Une lettre de la tante Rachel s'expliquait plus clairement. Elle considérait la disgrace de son frère Richard comme la juste récompense de sa renonciation à son serment de fidélité envers un souverain légitime, en prêtant un serment nouveau à un étranger; concession que son grand-père, sir Nigel Waverley, avait refusée, soit au parlement des têtes-rondes, soit à Cromwell, quand sa vie et sa fortune étaient également menacées. Elle espérait que son cher Édouard suivrait les traces de ses ancêtres, et se débarrasserait le plus tôt possible de son lien de servitude envers une famille usurpatrice, et qu'il envisagerait les injures faites à son père comme un avis du ciel, que toute désertion du sentier de la loyauté amène son propre châtiment. Elle terminait aussi en présentant ses respects à M. Bradwardine, et priait Waverley de lui dire si sa fille, miss Rose, était assez âgée pour porter une paire de très-belles boucles d'oreilles qu'elle se proposait de lui envoyer comme gage de son affection. La bonne dame demandait également si M. Bradwardine prenait toujours autant de tabac écossais, et était aussi infatigable à la danse qu'il l'avait été dans le manoir de Waverley, trente ans auparavant.

Ces lettres, ainsi qu'on doit s'y attendre, excitèrent vivement l'indignation de Waverley. D'après le genre irrégulier de ses études, il n'avait pas une opinion politique assez fixe pour contenir le ressentiment que lui faisaient éprouver les injures supposées de son père. Édouard ignorait totalement la cause réelle de sa disgrace; et ses habitudes ne l'avaient jamais porté à examiner la politique de son siècle, ni les intrigues dont son père s'occupait avec activité. Toute impression qu'il eût adoptée relativement aux partis de ce temps était même, par rapport à la société dans laquelle il se trouvait à Waverley-Honour, plutôt défavorable au gouvernement et à la dynastie régnante. Il partagea donc, sans hésiter, le ressentiment de ses parents qui avaient bien droit de diriger sa conduite; et cette détermination lui coûta peut-être d'autant moins, qu'il se rappelait l'ennui de son quartier et le peu de figure qu'il faisait parmi les officiers de son régiment. S'il lui fût resté quelques doutes, il se serait décidé d'après la lettre suivante de son officier commandant. Comme elle est très-courte, nous l'insérons en entier :

MONSIEUR,

Ayant porté un peu au-delà de la ligne de mon devoir une indulgence que les lumières de la nature, et encore plus celles du christianisme n'autorisent pas dans les erreurs où peuvent conduire la jeunesse et l'inexpérience; et comme cette indulgence ne produit aucun effet salutaire, je suis forcé, bien malgré moi, dans la crise actuelle, d'employer le seul remède qui soit en mon pouvoir. Recevez donc, par celle-ci, l'ordre de vous rendre à......, quartier général de votre régiment, sous trois jours, à partir de celui de la date de cette lettre. Si vous y manquiez, je me verrais contraint de faire mon rapport au bureau de la guerre, en vous déclarant absent sans permission, et je prendrais d'autres mesures qui vous seraient aussi désagréables qu'à moi.

Je suis, monsieur,

Votre obéissant serviteur,

GARDINER,

lieutenant-colonel, commandant le .... régiment de dragons.

Le sang d'Édouard bouillonnait dans ses veines en lisant cette lettre. Il avait été habitué dès son enfance à être maître en grande partie de son temps, et par ce moyen il avait pris des habitudes qui faisaient que les règles de la discipline militaire lui étaient aussi insupportables en ce point qu'en beaucoup d'autres. L'idée qu'on serait moins sévère pour lui s'était, dès le principe, emparée de lui, et jusque-là cette opinion avait été confirmée par l'indulgence de son lieutenant-colonel. Ensuite il ne s'était rien passé, à sa connaissance, qui eût pu engager son officier commandant, sauf les avertissements dont nous avons parlé à la fin du quatorzième chapitre, à prendre tout à coup un ton si dur, et, selon Édouard, une autorité si impérieuse. Réunissant ce fait aux lettres qu'il venait de recevoir de sa famille, il ne put que supposer qu'on avait l'intention de lui faire sentir, dans sa situation actuelle, la même dureté de pouvoir dont on avait usé envers son père, et que le tout était un plan concerté pour tracasser et avilir la famille Waverley.

Aussi, Édouard, sur-le-champ, écrivit quelques lignes assez froides, dans lesquelles il remerciait son lieutenant-colonel de ses bontés passées, et exprimait son regret qu'il eût cherché à en effacer le souvenir en prenant avec lui un ton différent. Le style de cette lettre, joint à ce que lui, Édouard, considérait comme son devoir, dans la crise actuelle, l'obligeait, disait-il, à remettre sa commission. Il envoyait donc la résignation formelle d'un poste qui l'assujétissait à une correspondance aussi désagréable, et priait le colonel Gardiner d'avoir la bonté de la faire passer aux autorités compétentes.

Ayant terminé cette épître magnanime, il se trouva un peu embarrassé sur la manière dont devait être conçue sa démission; il résolut de consulter à ce sujet Fergus Mac-Ivor. Il est bon de remarquer en passant que la promptitude et la hardiesse de penser, d'agir et de parler, qui distinguaient ce jeune chef, lui avaient donné un ascendant considérable sur l'esprit de Waverley. Doué pour le moins d'une égale intelligence, et d'un génie beaucoup plus fin, Édouard, néanmoins, cédait à l'activité hardie et décisive d'une intelligence aiguisée par l'habitude d'agir d'après un système régulier et conçu d'avance, ainsi que par une connaissance étendue du monde.

Quand Édouard trouva son ami, ce dernier tenait encore à la main le journal qu'il avait lu, et il s'avança vers lui avec l'embarras de quelqu'un qui a des nouvelles pénibles à communiquer. « Vos lettres, capitaine Waverley, confirment-elles la fâcheuse nouvelle que je trouve dans ce journal ? »

Il lui remit en main le papier où la disgrace de son père était consignée dans les termes les plus amers, extraits probablement de quelque journal de Londres. A la fin de ce paragraphe on trouvait ce passage remarquable :

« Il paraît que ce même *Richard* qui a fait tout ceci n'est pas le seul exemple de *l'honneur inconstant* de W-v-r-ly H-n-r [1]. Voyez la gazette du jour. »

Pressé et agité par une appréhension fébrile, notre héros cherche à l'endroit indiqué, et y trouve ces mots : « Édouard Waverley, capitaine au..... régiment de dragons, révoqué pour absence ; » et à l'article des promotions militaires du même régiment, il lit : « Le lieutenant Julius Butler, nommé capitaine en remplacement d'Édouard Waverley, révoqué. »

Le cœur de notre héros brûlait du ressentiment qu'une insulte, apparemment préméditée et non méritée, excite dans le sein de celui qui, après avoir aspiré à l'honneur, se voit aussi cruellement livré au mépris et à la disgrace publique. En comparant la date de la lettre de son colonel avec celle de l'article de la gazette, il s'aperçut que la menace de faire un rapport sur son absence avait été accomplie à la lettre, et sans s'informer, à ce qu'il paraissait, si Édouard avait reçu les ordres ou s'il était disposé à s'y conformer. Le tout ne lui parut maintenant qu'un projet combiné pour le dégrader aux yeux du public, et l'idée qu'on avait réussi fit sur lui une impression si amère, qu'après plusieurs efforts pour la cacher, il se jeta enfin dans les bras de Mac-Ivor, et s'abandonna à des larmes de honte et d'indignation.

Le chieftain n'avait pas le défaut d'être indifférent aux chagrins de ses amis, et, indépendamment de certains projets auxquels il était lié, il éprouvait pour Édouard un intérêt vif et sincère. Ce procédé lui parut aussi extraordinaire qu'à Édouard ; à la vérité, il connaissait mieux que Waverley les motifs qui avaient donné lieu à l'ordre péremptoire de rejoindre son régiment ; mais que sans plus d'enquête dans les causes d'un retard nécessaire, l'officier-commandant, contre son caractère bien connu, eût agi aussi durement et d'une manière si étrange, c'était un mystère qu'il ne pouvait pénétrer. Néanmoins, il consola notre héros du mieux qu'il put, et commença à tourner ses pensées à la vengeance de son honneur outragé.

Édouard saisit avidement cette idée. « Voulez-vous porter un message pour moi au colonel Gardiner, mon cher Fergus, et m'obliger à jamais ? »

Fergus réfléchit. « C'est un acte d'amitié auquel j'obéirais, s'il pouvait être utile, ou conduire au rétablissement de votre honneur ; mais dans ce cas, je doute si votre officier-commandant y répondrait, en raison des mesures qu'il a prises, qui, quoique dures et empreintes d'exaspération, étaient néanmoins dans les bornes de son devoir. D'ailleurs Gardiner est un strict huguenot, et a adopté certaines idées sur le péché de pareilles rencontres ; il serait peut-être difficile de le faire changer d'avis, d'autant plus que son courage est au-dessus du soupçon ; et je... je..., à dire vrai, je n'ose en ce moment, pour des raisons puissantes, approcher d'aucun quartier occupé par des troupes de ce gouvernement. »

« Et faut-il donc, dit Waverley, que je me repose tranquille et satisfait après l'injure que j'ai reçue ? »

— « C'est ce que je ne conseillerai jamais à mon ami, reprit Mac-Ivor ; mais je

---

[1]. Ici l'auteur fait jouer sur les mots, en opposant *wavering honour* (l'honneur inconstant ou chancelant) à *Waverley-Honour*, nom de famille. A. M.

voudrais que la vengeance tombât sur la tête et non sur la main, sur le gouvernement tyrannique et oppresseur qui projette et dirige ces insultes préméditées et réitérées, plutôt que sur les instruments officieux qu'il a employés pour exécuter les injustices commises envers vous. »

« Sur le gouvernement ! » dit Waverley.

« Oui, reprit l'impétueux montagnard, sur la maison usurpatrice de Hanovre, que votre grand-père n'aurait pas plus servie qu'il n'aurait reçu des gages en or brûlant, des mains du grand ennemi infernal ! »

« Mais depuis mon grand-père deux générations de cette dynastie ont occupé le trône, » dit tranquillement Édouard.

« C'est vrai, reprit le chieftain ; et parce que nous leur avons laissé si longtemps les moyens de montrer le naturel de leur caractère, parce que vous et moi nous avons vécu dans une soumission paisible, que nous nous sommes même accommodés avec les temps jusqu'à recevoir des commissions sous eux, et que nous leur avons ainsi donné l'occasion de nous disgracier publiquement en nous les retirant, ne devons-nous pas, par cette raison, ressentir des injures que nos pères n'avaient fait que craindre, et que nous endurons réellement ? ou la cause de la famille infortunée des Stuarts est-elle devenue moins juste, parce que leur titre est dévolu à un héritier qui est innocent des accusations de mauvais gouvernement portées contre son père ? Vous rappelez-vous ce passage de votre poète favori

Si de plein gré Richard eût abdiqué le trône,
Un roi ne peut donner que le bien qu'on lui donne ;
Mais cet acte royal s'effaçait sans retour,
Si de Richard un fils avait reçu le jour ?

Vous voyez, mon cher Waverley, que je puis citer de la poésie aussi bien que vous et Flora. Mais, allons, éclaircissez votre front obscurci, et fiez-vous à moi pour trouver un moyen légitime d'arriver à une vengeance prompte et glorieuse. Cherchons Flora ; elle a peut-être d'autres nouvelles à vous annoncer de ce qui se sera passé en notre absence ; elle se réjouira de vous savoir délivré de la servitude. Mais d'abord ajoutez un *post scriptum* à votre lettre : marquez le temps où vous avez reçu le premier appel de ce colonel calviniste, et exprimez votre regret que la précipitation de ses procédés ait empêché l'envoi de votre démission ; faites-le rougir de son injustice. »

On cacheta la lettre qui contenait la résignation formelle de la commission, et Mac-Ivor l'envoya avec quelques lettres à lui par un messager spécial qui avait ordre de les mettre à la poste la plus voisine dans les basses terres.

CHAPITRE XXVI.

ÉCLAIRCISSEMENTS.

Ce n'était pas sans intention que le chef avait dit ce mot au sujet de Flora. Il avait remarqué avec une vive satisfaction l'attachement croissant de Waverley pour sa sœur, et il n'avait rien vu qui s'opposât à leur union, excepté le poste qu'occupait le père de Waverley au ministère, et le grade d'Édouard dans l'armée de George. Maintenant ces obstacles se trouvaient écartés, et d'une manière qui semblait promettre que le jeune Anglais pourrait se dévouer à une autre cause : sous tous les autres rapports ce mariage lui paraissait avantageux ; cette union semblait devoir faire le bonheur de la sœur qu'il chérissait, et lui assurer un sort honorable. Son cœur se gonflait d'orgueil et de joie quand il réfléchissait combien il gagnerait en considération auprès du monarque au service duquel il s'était dévoué, par une alliance avec une de ces anciennes et puissantes familles anglaises qui s'étaient fait remarquer par leur royalisme du temps de la république, et dont il était si important pour la cause des Stuarts de pouvoir réveiller l'attachement qu'elles avaient jadis professé pour cette famille. Fergus n'apercevait pas d'obstacle à ce projet :

la passion de Waverley était évidente; et comme il était d'un physique agréable, et que ses goûts paraissaient s'accorder avec ceux de sa sœur, il ne prévoyait aucune opposition du côté de Flora. D'ailleurs, avec ses idées de puissance patriarcale, et celles qu'il s'était formées en France sur la manière de disposer des femmes sans les consulter, malgré toute son affection pour sa sœur, un refus de celle-ci eût été le dernier obstacle auquel il eût pensé ou dont il se fût inquiété, dans le cas même où cette union lui eût présenté moins d'avantages.

Sous l'influence de ces idées, le chef conduisit Waverley chez miss Mac-Ivor, non sans quelque espoir que l'agitation qu'éprouvait son ami lui donnerait assez de courage pour abréger ce que lui, Fergus, appelait le roman, et brusquer le dénoûment. Ils trouvèrent Flora au milieu de ses deux fidèles suivantes, Una et Cathleen, qui s'occupaient à préparer des nœuds de rubans blancs comme s'il se fût agi d'une noce. Déguisant de son mieux son émotion, Waverley demanda pour quelle fête miss Mac-Ivor faisait de semblables préparatifs.

« C'est pour la noce de mon frère, » dit-elle en souriant.

« Vraiment? dit Édouard; il faut convenir qu'il a bien gardé son secret. J'espère qu'il me permettra de conduire la mariée. »

« Non, ce n'est pas à vous que cet honneur est réservé, » reprit Flora.

— « Et puis-je demander, miss Mac-Ivor, quelle est la belle... ? »

« Ne vous ai-je pas dit depuis longtemps que Fergus n'avait d'autre fiancée que la gloire? » répondit Flora.

« Me croyez-vous donc indigne de lui servir d'aide et de compagnon dans la route qui y conduit? reprit notre héros, dont le front se couvrit d'une vive rougeur; suis-je si mal dans votre opinion ? »

— « Bien loin de là, capitaine Waverley. Plût au ciel que vous fussiez de notre parti ! Je ne me suis servie de l'expression qui vous a blessé que parce que

A nos drapeaux, nos lois, vous n'êtes point soumis,
Et marchez dans les rangs de nos fiers ennemis.

« Ce temps est passé, ma sœur, dit Fergus, et vous pouvez complimenter, non plus le capitaine, mais Édouard Waverley, d'être affranchi du joug de l'usurpateur, dont il va cesser de porter la couleur sinistre. »

« Oui, dit Waverley en détachant la cocarde de son chapeau, il a plu au roi qui m'avait accordé cette distinction de me la retirer d'une manière qui me donne peu de regret de quitter son service. »

« Le ciel en soit loué! s'écria la belle enthousiaste. Oh! puissent-ils être toujours assez aveugles pour traiter avec la même indignité tous les hommes d'honneur qui se seraient dévoués à leur service, afin qu'au jour de la lutte décisive j'aie moins de sujets de regret! »

« Maintenant, ma sœur, dit le chef, il vous faut remplacer cette cocarde par une autre d'une couleur plus riante. Je crois qu'au temps jadis il était d'usage pour les dames d'armer les chevaliers et de les parer de leurs couleurs, lorsqu'ils se préparaient à accomplir quelque fameux exploit. »

« Mais non avant que le chevalier eût bien pesé la justice et le danger de l'aventure qu'il allait tenter, mon cher Fergus, reprit miss Mac-Ivor. M. Waverley est en ce moment trop agité par l'émotion qu'il vient d'éprouver, pour que nous le pressions de prendre une résolution aussi importante. »

Waverley, quoique un peu alarmé par la pensée de prendre des couleurs qui étaient un signe de rébellion pour la majorité du royaume, ne put cependant cacher le chagrin qu'il éprouvait de la froideur avec laquelle Flora avait accueilli les paroles de son frère. « Je m'aperçois, dit-il avec un peu d'amertume, que miss Mac-Ivor trouve le chevalier indigne de ses encouragements et de ses bontés. »

« Non pas, monsieur Waverley, dit-elle avec une grande douceur; et pourquoi refuserais-je au digne ami de mon frère un don que j'ai distribué à tout son clan? Je me trouverais heureuse d'enrôler tous les gens d'honneur sous les bannières auxquelles mon frère s'est dévoué. Mais Fergus a pris son parti avec connaissance de cause; depuis le berceau son existence a été consacrée à son roi; l'appel qu'il fait à son cœur est tellement sacré pour lui, qu'il y obéirait, dût-il le conduire au tombeau. Mais comment puis-je désirer que vous, monsieur Waverley, avec si peu d'expérience du monde, éloigné comme vous l'êtes des parents et des amis dont vous devez respecter l'influence et les conseils, vous vous laissiez emporter, par un premier mouvement de ressentiment et d'indignation, à vous plonger dans une entreprise aussi désespérée? »

Fergus, qui ne comprenait rien à de pareils scrupules, parcourait l'appartement à grands pas en se mordant les lèvres; puis il dit en sortant, avec un sourire forcé : « Fort bien, ma sœur, continuez; je vous laisse remplir votre nouveau rôle de médiatrice entre l'électeur de Hanovre et les sujets de votre souverain légitime, de votre bienfaiteur. »

Il y eut quelques moments d'un silence pénible qui fut rompu par miss Mac-Ivor. « Mon frère est injuste, dit-elle, et cela vient de ce qu'il ne peut rien supporter de ce qui lui semble contraire à la loyauté de son zèle. »

« Mais ne partagez-vous pas son ardeur? » demanda Waverley.

« Si je la partage! répondit Flora; Dieu sait que la mienne la surpasse encore, s'il est possible. Mais n'étant pas entraînée comme lui dans le tumulte des préparatifs militaires et de tous les détails infinis de l'entreprise actuelle, je ne perds pas de vue une minute les grands principes de justice et de vérité qui doivent lui servir de base, et dont l'observation doit assurer son triomphe. Or, si je ne me trompe, monsieur Waverley, ce serait mal m'y conformer que de profiter de votre exaltation passagère pour vous engager dans une démarche irrévocable, dont vous n'avez examiné ni la justice ni le danger. »

« Incomparable Flora! dit Édouard en lui pressant la main; combien j'ai besoin d'un pareil guide! »

« Monsieur Waverley en trouvera un bien meilleur en lui-même, dit Flora en retirant doucement sa main, quand il voudra écouter la voix de sa conscience. »

— « Non, miss Mac-Ivor, je ne puis m'en flatter; gâté par le concours de mille circonstances, je suis devenu l'esclave de mon imagination, plus que celui de la raison. Si j'osais espérer, si je pouvais penser qu'un jour vous daigneriez être pour moi une amie indulgente et sensible, qui m'aiderait à racheter mes erreurs passées! dès lors, ma vie entière... »

— « Chut, chut! mon cher monsieur! maintenant je trouve que, dans la joie de vous être tiré des mains d'un recruteur jacobite, vous vous livrez à un excès de joie qui va beaucoup trop loin. »

— « Chère Flora! je vous en conjure, cessez cette plaisanterie! vous ne pouvez vous méprendre sur la nature d'un sentiment dont l'expression m'est échappée presque involontairement; et, puisque enfin j'ai rompu le silence, permettez que je profite de mon audace, ou souffrez du moins que je m'adresse à votre frère. »

— « Pour rien au monde, monsieur Waverley... »

« Qu'entends-je! dit Édouard : existe-t-il quelque fatal obstacle? Peut-être une autre inclination... »

« Aucune, monsieur, répondit Flora; je crois me devoir à moi-même de vous assurer que je n'ai jamais vu personne qui m'eût inspiré des idées de ce genre. »

— « Il y a si peu de temps que nous nous connaissons... Si miss Mac-Ivor daignait m'accorder du temps, peut-être... »

— « Je ne chercherai pas cette excuse; le capitaine Waverley a un caractère si franc, si ouvert, si naturel en un mot, qu'il est impossible de ne pas en connaître immédiatement la force et la faiblesse »

« Et sa faiblesse est cause que vous me méprisez? » dit Édouard.

— « Pardon, monsieur Waverley; mais rappelez-vous qu'il y a une demi-heure il existait encore entre nous une barrière insurmontable pour moi, puisque je n'aurais jamais pu regarder un officier au service de l'électeur de Hanovre autrement que comme une simple connaissance. Permettez-moi donc de recueillir mes idées sur un sujet aussi inopiné, et dans une heure au plus tard je crois pouvoir expliquer ma résolution par des raisons qui, si elles ne flattent pas vos désirs, satisferont du moins votre jugement. » En parlant ainsi, Flora se retira, laissant Waverley réfléchir à son aise sur la manière dont elle avait reçu sa déclaration.

Avant qu'il se fût précisément expliqué si ses vœux avaient été tout à fait rejetés ou non, Fergus entra dans l'appartement. « Eh quoi, je vous trouve pâle comme la mort, Waverley! s'écria-t-il; allons, descendez un moment avec moi, et vous verrez un spectacle qui vaut mieux que les plus belles tirades de tous vos romans. Cent arquebuses, mon ami, et cent bons sabres qui viennent de nous être envoyés par des amis, avec deux ou trois cents gaillards prêts à combattre entre eux à qui s'en saisira le premier! Mais laissez-moi vous examiner le plus près? Comment donc! un vrai montagnard dirait que l'esprit malin a jeté sur vous quelque charme. Serait-ce cette petite fille qui vous plongerait dans un tel abattement? N'y pensez pas, mon cher Édouard : la plus sage de son sexe n'est encore qu'une folle quand il s'agit des intérêts essentiels de la vie. »

« Je vous avouerai, mon cher ami, reprit Waverley, que si je pouvais faire un reproche à votre sœur, ce serait d'être au contraire trop raisonnable et trop sensée. »

— « Si ce n'est que cela, je vous parie un louis d'or que ce caprice ne durera pas vingt-quatre heures. Il n'y a pas de femme qui puisse continuer d'être raisonnable pendant cet espace de temps, et si cela vous fait plaisir, je vous garantis que demain vous trouverez Flora aussi folle qu'aucune de son sexe. Il vous faut apprendre, mon cher Édouard, à traiter les femmes en mousquetaire. » Et finissant ces mots il prit Waverley par le bras et l'entraîna avec lui pour être témoin de ses préparatifs militaires.

CHAPITRE XXVII.
CONTINUATION DU MÊME SUJET.

FERGUS MAC-IVOR avait trop de tact et de délicatesse pour renouer la conversation qu'il venait d'interrompre. Il avait, ou du moins paraissait avoir la tête si remplie de fusils, sabres, bonnets et autres objets d'uniforme, que Waverley ne put pendant quelque temps attirer son attention sur un autre sujet.

« Allez-vous bientôt entrer en campagne, Fergus, que je vous vois faire tous ces préparatifs de guerre? »

— « Quand il sera décidé que vous m'y accompagnerez, vous saurez tout; autrement cette confidence pourrait vous être nuisible. »

— « Mais avez-vous sérieusement le projet de prendre les armes contre un gouvernement établi, avec des forces aussi inférieures? c'est une véritable démence. »

— « Laissez faire à don Antoine[1], j'aurai soin de moi. Dans tous les cas nous imiterons Conan, qui ne recevait pas un coup sans en donner deux. Je ne voudrais pas cependant, ajouta le chef, que vous me prissiez pour un fou qui ne sait pas attendre l'occasion favorable, je ne lâcherai pas mes chiens que le gibier ne soit levé. Mais encore une fois, voulez-vous vous joindre à nous, et vous saurez tout? »

« Comment le puis-je, dit Waverley, moi qui si récemment occupais un rang dans l'armée, et dont la démission est encore en route. En l'acceptant n'avais-je pas pris l'engagement de la fidélité,

[1]. Phrase du texte. A. M.

n'avais-je pas reconnu la légitimité du gouvernement? »

« Un engagement téméraire, dit Fergus, ne nous lie pas par des chaînes de fer, surtout quand celui qui le contracta était la dupe d'une erreur, et qu'il fut récompensé par un outrage. Mais si vous ne pouvez vous décider immédiatement pour un parti qui vous offre une vengeance glorieuse, allez en Angleterre, et avant d'avoir traversé la Tweed, vous apprendrez des nouvelles dont le bruit retentira dans le monde entier; et si votre oncle, sir Éverard, est encore ce brave et loyal chevalier dont le portrait m'a été fait par quelques-uns de nos braves gentilshommes de 1715, il vous trouvera un plus beau régiment, et surtout une meilleure cause que celle que vous venez de quitter. »

— « Mais votre sœur, Fergus? »

« Oh! véritable lutin femelle, s'écria le chef en riant, comment peux-tu tourmenter ainsi ce pauvre garçon? Mais dites-moi, Édouard, n'avez-vous que les femmes dans la tête? »

« Parlons sérieusement, je vous en prie, mon cher ami, dit Waverley; je sens que le bonheur de ma vie entière dépend de la réponse que miss Mac-Ivor va faire à l'aveu que j'ai osé risquer ce matin! »

« Et est-ce là ce que vous appelez parler sérieusement? dit Fergus, ou sommes-nous encore dans les domaines de la fiction ou du roman? »

— « Je parle très-sérieusement : comment pourriez-vous supposer que je voulusse plaisanter sur un pareil sujet. »

« Alors, reprit son ami, je vous répondrai très-sérieusement aussi que je suis enchanté de ce que vous me dites, et je fais un tel cas de Flora, que vous êtes le seul Anglais auquel je puisse parler ainsi. Cependant, avant de me serrer la main avec tant d'ardeur, nous avons des réflexions à faire. Votre famille approuvera-t-elle votre union avec la sœur d'un montagnard de haute naissance, mais qui n'a pas le sou? »

« La position de mon oncle, dit Waverley, ses opinions en général, et sa constante indulgence, m'autorisent à dire que la naissance et les qualités personnelles sont tout ce qu'il envisagerait dans une telle union. Et où puis-je les trouver réunies dans une plus grande perfection que dans votre sœur? »

« Oh! nulle part, cela va sans dire, reprit Fergus en souriant; mais votre père a le droit d'être consulté. »

— « Sans doute; mais la disgrace qu'il vient d'éprouver auprès des puissances du jour écarte toutes les craintes que j'aurais pu concevoir à ce sujet, et d'autant plus que mon oncle, j'en suis certain, plaidera chaudement ma cause. »

« La différence de religion, peut-être, dit Fergus, nous suscitera des obstacles, quoique nous ne soyons pas des catholiques intolérants? »

— « Ma grand'mère appartenait aussi à l'église romaine, et jamais sa religion ne fut un obstacle pour la famille. N'en cherchez donc pas du côté de mes parents, mon cher Fergus; souffrez au contraire que j'invoque votre influence pour m'aider à les combattre là où ils me paraissent devoir être le plus puissants, je veux dire auprès de votre aimable sœur. »

« Mon aimable sœur, reprit Fergus, tout comme son aimable frère, est assez disposée à ne prendre conseil que de sa volonté, qui est passablement décidée. Cependant je vous servirai de tout mon crédit et de mes avis. Et pour commencer à vous mettre sur la voie, je vous dirai que la fidélité à la cause d'un roi malheureux est le sentiment qui la domine; depuis qu'elle a su lire l'anglais, elle s'est éprise d'une belle passion pour la mémoire du brave capitaine Vogan, qui, après avoir renoncé au service de l'usurpateur Cromwell pour rejoindre les drapeaux de Charles II, marcha à la tête d'une poignée de cavaliers de Londres jusqu'aux hautes terres, afin de se réunir à Middleton, qui portait alors les armes en faveur du roi, et mourut glorieusement pour la cause à laquelle il s'était dévoué ; priez-la de vous montrer les vers qu'elle a composés sur ce sujet, ils ont été fort admirés, je vous assure. Le second point sera de... Mais il me semble que j'ai vu Flora, il y a un moment, se diriger du côté de la cascade ; suivez-la, mon cher, suivez-la. Ne donnez pas à la garnison le temps de se fortifier dans ses projets de résistance. *Alerte à la muraille!* Allez chercher Flora, et connaître sa décision le plus tôt possible, et que Cupidon vous accompagne ! pendant ce temps je vais m'occuper d'examiner des caisses de ceinturons et de cartouches. »

Waverley monta le petit vallon avec un cœur palpitant d'inquiétude. L'amour, et toutes les sensations diverses d'espoir, de désir et de crainte qui forment son cortége ordinaire, se mêlaient à des sentiments d'un genre moins facile à définir. Il ne pouvait s'empêcher de se rappeler à quel point cette matinée venait de changer son sort, et dans quelle complication d'embarras elle semblait devoir le jeter. Le matin même encore, il possédait un grade distingué dans l'honorable profession des armes ; son père, suivant toute apparence, s'élevait rapidement en faveur auprès de son souverain : et tout ceci s'était évanoui comme un rêve. Dans l'espace de quelques heures, il voyait son père disgracié, lui-même déshonoré et devenu le confident, sinon le complice involontaire, de complots coupables et dangereux qui devaient entraîner le renversement du gouvernement qu'il avait servi, ou la perte de tous ceux qui y auraient participé. Et quand même Flora accueillerait favorablement ses vœux, quelle perspective avait-il de pouvoir réaliser des projets de bonheur, au milieu du tumulte de l'insurrection qui se préparait ? ou comment oserait-il lui proposer de quitter le frère qu'elle aimait si tendrement pour se retirer avec lui en Angleterre, et y rester spectatrice tranquille du succès de l'entreprise de ce frère ou de la ruine de toutes ses espérances ?

Et d'un autre côté, s'engager sans aucun autre secours que celui de son bras dans le parti dangereux et irréfléchi que lui proposait le chef, se laisser entraîner par lui dans ses tentatives les plus désespérées en lui abandonnant le droit de juger et de décider de la prudence de ses actions, c'était une perspective qui n'était pas très-flatteuse pour l'amour-propre de Waverley, quoiqu'il ne pût s'arrêter à aucune autre conclusion, excepté dans le cas où Flora rejetterait ses vœux ; et dans l'état d'angoisses auquel le livrait l'effervescence de son esprit, il ne pouvait supporter l'amertume que renfermait pour lui une telle pensée. Tout en méditant sur ce que l'avenir lui offrait d'incertitude et de dangers, il arriva à la cascade, et, comme Fergus l'avait prévu, il y trouva Flora. Elle était assise, et se leva pour aller au-devant de lui. Édouard essaya de commencer la conversation par quelques-uns de ces compliments, ou quelques-unes de ces phrases banales que l'usage autorise, mais ce fut sans succès. Flora avait d'abord paru éprouver le même embarras ; mais elle se remit plus promptement (présage peu favorable aux espérances de Waverley), et ce fut elle qui reprit la première le sujet de leur dernière entrevue. « Il m'est de la plus grande importance, monsieur Waverley, dit-elle, et sous tous les rapports possibles, de ne pas vous laisser le moindre doute sur mes sentiments. »

« Ne vous hâtez pas de les exprimer, dit Waverley fort agité ; s'ils sont tels que votre manière me le fait pressentir, je dois craindre de vous entendre. Mais permettez-moi d'espérer que le temps, ma conduite future et l'influence de votre frère... »

« Non, monsieur Waverley, dit Flora dont le teint s'était animé d'une légère rougeur, quoique sa voix restât ferme et calme ; je m'exposerais aux plus sévères reproches de ma conscience, si je différais d'un seul moment à vous déclarer la conviction intime où je suis que je ne pourrai jamais vous regarder autrement que comme un ami, un ami justement apprécié. Je vois que je vous afflige, et j'en souffre moi-même, mais il vaut mieux que ce soit maintenant que plus tard ; oh! oui, monsieur Waverley, il vaut mieux mille fois que vous éprouviez à présent cette peine passagère, que les longs et flétrissants chagrins qui accompagnent une union inconsidérée et mal assortie. »

« Grand Dieu ! s'écria Waverley, et comment pourriez-vous prévoir qu'ils seraient la conséquence d'une union où la naissance est égale, que la fortune favorise, dans laquelle, si j'ose le dire, il y a rapport de goûts, lorsque vous déclarez n'avoir aucune préférence pour un autre, et que vous daignez même exprimer une opinion favorable de celui que vous rejetez ? »

— « Oui, monsieur Waverley, je l'éprouve cette opinion favorable, et à un tel point que, quoique j'eusse préféré garder le silence sur les motifs de ma résolution, je suis prête à vous les découvrir, si vous exigez cette marque de mon estime et de ma confiance. »

Elle s'assit sur un fragment de roc, et Waverley se plaçant auprès d'elle, la supplia de lui accorder l'explication qu'elle venait de lui promettre.

« J'ose à peine, dit-elle, vous faire connaître mes sentiments, tant ils sont différents de ceux qu'on attribue généralement aux jeunes personnes de mon âge, et je n'ose pas davantage parler de ceux que je vous suppose, dans la crainte de vous blesser en cherchant à vous offrir quelque consolation. Quant à moi, depuis mon enfance jusqu'à ce jour, je n'ai eu qu'un vœu, c'est de voir les souverains qui furent mes bienfaiteurs replacés sur leur trône légitime. Il est impossible de vous exprimer à quel point je porte le dévouement sur ce sujet ; j'avouerai franchement qu'il a absorbé toutes mes pensées, au point que je n'en eus jamais une seule à donner à ce qu'on appelle mon établissement dans le monde. Que je vive assez pour voir cette heureuse restauration, et peu m'importe que j'habite une chaumière dans les montagnes, un couvent en France, ou un palais en Angleterre. »

—« Mais, chère Flora, comment l'enthousiasme de votre zèle pour la famille exilée serait-il incompatible avec mon bonheur ? »

— « Parce que vous cherchez, ou devez chercher dans l'objet de votre attachement, un cœur qui ne se plaise qu'à augmenter votre bonheur domestique et à vous rendre votre affection avec toute l'ardeur qui puisse réaliser l'exaltation de vos idées. Un homme d'une sensibilité moins vive, avec une tête plus froide, une ame moins tendre, pourrait peut-être se contenter des sentiments de Flora Mac-Ivor ; car une fois engagée par des serments irrévocables, elle ne s'écarterait jamais des devoirs qu'elle aurait juré de remplir. »

— « Et pourquoi, pourquoi, miss Mac-Ivor, croiriez-vous devoir faire plutôt le bonheur d'un homme qui serait moins capable de vous aimer et de vous apprécier que moi ? »

— « Seulement parce que nos sentiments seraient plus en harmonie, et que sa sensibilité, moins exigeante, n'attendrait pas de moi une passion que je ne pourrais lui accorder. Mais vous, monsieur Waverley, vous auriez toujours devant les yeux le tableau du bonheur domestique tel qu'une imagination comme la vôtre a pu le tracer, et tout ce qui ne réaliserait pas l'idéal que vous vous en êtes fait, serait pris par vous pour de la froideur et de l'indifférence ; et vous pourriez considérer l'attachement que je porte à la famille royale comme un vol fait aux affections que vous auriez droit d'attendre de moi. »

« C'est-à-dire, miss Mac-Ivor, qu'il vous est impossible de m'aimer ? » reprit le jeune homme avec une profonde tristesse. »

— « Je puis vous estimer, monsieur Waverley, autant et plus peut-être qu'aucun homme que j'aie jamais connu. Mais je ne puis vous aimer comme vous méritez de l'être... Ah ! ne regrettez pas, je vous en conjure, dans votre propre intérêt, une épreuve si dangereuse! la femme que vous épouserez doit partager vos sentiments et vos opinions; vos goûts et vos occupations doivent être les mêmes; le désir, la crainte, les espérances, en un mot toutes les émotions du cœur doivent être communes entre vous: elle doit augmenter vos plaisirs, partager vos chagrins, adoucir votre mélancolie. »

— « Et pourquoi, vous qui savez si bien décrire les douceurs d'une heureuse union, n'en réaliseriez-vous pas pour moi l'image délicieuse? »

« Je vois que vous ne voulez pas me comprendre, répondit Flora; ne vous ai-je pas dit que toute la sensibilité dont mon ame est capable est concentrée dans un événement au succès duquel je ne puis contribuer, hélas! que par mes ardentes prières? »

« Et si vous daigniez exaucer les miennes, dit Waverley trop emporté par ses sentiments pour réfléchir à ce qu'il allait dire, ne serviriez-vous pas les intérêts de la cause à laquelle vous vous êtes dévouée? ma famille est riche et puissante, portée par principes pour la famille des Stuarts; et si une occasion favorable.... »

« Une occasion favorable! dit Flora d'un air un peu dédaigneux... portée par principes...! Et croyez-vous qu'une adhérence aussi tiède puisse être honorable pour lui, et flatteuse pour votre légitime souverain? Pensez, d'après ma manière de sentir, ce que j'éprouverais en entrant dans une famille qui soumettrait aux plus froides discussions les droits qui sont à mes yeux les plus sacrés, et qui ne les jugerait dignes d'être soutenus que lorsqu'ils seraient sur le point de triompher sans son appui. »

« Vos craintes sont injustes en ce qui me concerne, reprit vivement Waverley; je saurai soutenir la cause que j'aurai embrassée, quels que soient les dangers qu'elle présente, avec autant d'intrépidité que le plus hardi qui ait tiré l'épée en sa faveur. »

— « C'est ce dont je ne puis douter un moment. Mais consultez votre bon sens et votre raison plutôt qu'une inclination irréfléchie et qui n'est due peut-être qu'au hasard qui vous a fait rencontrer dans une retraite écartée et romantique une jeune personne dont les talents fort ordinaires ne vous auraient pas frappé partout ailleurs; que ce soit donc la conviction qui vous fasse prendre un rôle dans ce grand et dangereux drame, et non un sentiment soudain et passager. »

Waverley voulut essayer de répondre, mais les paroles lui manquèrent. Flora n'avait pas prononcé un mot qui ne justifiât son attachement; car même dans l'exaltation et l'enthousiasme de ses principes de loyauté, il y avait une générosité et une noblesse qui lui faisaient dédaigner de servir la cause à laquelle elle s'était dévouée, par des moyens que la délicatesse la plus susceptible n'approuverait pas.

Après avoir suivi le sentier pendant quelques moments en silence, Flora reprit la conversation. « Encore un mot, monsieur Waverley, avant que nous abandonnions pour jamais ce sujet; et pardonnez, je vous prie, ma hardiesse, si ce mot ressemble à un conseil. Mon frère Fergus désire ardemment que vous vous joigniez à l'entreprise qui se prépare. Mais, je vous en conjure, n'y consentez point. Vos efforts seuls ne suffiraient pas pour en assurer le succès, et vous partageriez inévitablement sa perte si la volonté de Dieu est qu'il y doive succomber. Laissez-moi vous prier de retourner dans votre pays; et, vous étant affranchi de tous les liens qui vous attachaient au gouvernement usurpateur, j'espère que vous profiterez de la première occasion de servir utilement votre souverain légitime et si long-temps outragé, et qu'ainsi que vos fidèles ancêtres vous vous montrerez, à la tête de vos vassaux et de vos adhérents, comme un digne représentant de la famille de Waverley. »

— « Et si j'avais le bonheur de me distinguer en pareil cas, pourrais-je espérer...? »

« Excusez-moi de vous interrompre, dit Flora : il n'y a que le moment présent qui soit à nous, et je ne puis que vous exposer avec franchise les sentiments qui m'animent maintenant. Il serait inutile de faire des conjectures sur le changement que pourrait y apporter un concours d'événements trop favorables pour oser même en concevoir l'espérance. Croyez seulement, monsieur Waverley, qu'après mon frère, il n'y a pas d'homme pour le bonheur et la gloire duquel je formerai des vœux plus sincères. »

Elle le quitta en achevant ces mots, car ils étaient arrivés à l'endroit où le sentier était croisé par un autre. Waverley rentra au château, en proie à mille passions tumultueuses. Il évita de se trouver seul avec Fergus, ne se sentant disposé ni à soutenir ses railleries, ni à répondre à ses sollicitations. La gaieté bruyante du festin (car Mac-Ivor tenait table ouverte pour son clan) servit en quelque sorte à étourdir la réflexion. Quand la fête fut terminée, il commença à réfléchir de quelle manière il reverrait désormais miss Mac-Ivor après la pénible et intéressante entrevue qu'ils avaient eue le matin, mais Flora ne parut pas. Fergus, dont les yeux étincelèrent lorsque Cathleen lui dit que sa maîtresse avait l'intention de garder sa chambre ce soir-là, alla lui-même la chercher ; mais apparemment ses représentations furent inutiles, car il revint bientôt après, le teint animé et avec toutes les marques d'un profond mécontentement. Le reste de la soirée se passa, tant de la part de Fergus que de celle de Waverley, sans aucune allusion au sujet qui absorbait toutes les pensées de ce dernier et peut-être de tous les deux.

Lorsqu'il se fut retiré dans son appartement, Édouard essaya de récapituler tous les événements de la journée. Il ne pouvait douter que pour le moment Flora ne persistât dans ses refus, mais il pouvait peut-être espérer que le temps la lui rendrait plus favorable, si les circonstances lui permettaient de lui exprimer de nouveau ses vœux. Cet enthousiasme de loyauté qui, en ce moment d'exaltation, ne laissait pas de place à une passion plus tendre, ne survivrait peut-être pas dans toute sa force et aussi exclusivement au succès ou à la ruine des complots politiques auxquels elle prenait une si grande part ; et dans ce cas ne pouvait-il pas se flatter que l'intérêt qu'elle avait avoué prendre à son sort pourrait devenir un sentiment plus tendre ? En vain il interrogeait sa mémoire, et cherchait à se rappeler chaque mot qu'elle avait prononcé, avec le regard et le geste qui l'avaient accompagné ; il finissait toujours par se retrouver dans la même incertitude. Aussi, malgré les fatigantes agitations de la journée, ce ne fut que très-tard que le sommeil vint apaiser le trouble de son esprit.

CHAPITRE XXVIII.

LETTRE DE TULLY-VEOLAN.

Vers le matin, après que le sommeil eut succédé de plusieurs heures aux pénibles réflexions de Waverley, il entendit de la musique dans ses rêves, mais non la voix de Selma. Il se crut transporté à Tully-Veolan, et il lui semblait ouïr la voix matinale de Davie Gellatley chantant dans la cour ces fragments d'airs qui le réveillaient ordinairement pendant son séjour chez le baron de Bradwardine. Les sons qui frappaient ses oreilles dans cette vision devinrent de plus en plus forts jusqu'à ce qu'Édouard s'éveillât tout à fait. Cependant l'illusion n'avait pas encore disparu ; il était bien dans un appartement de la forteresse de Jan-Nan-Chaistel, mais c'était la voix de Davie Gellatley qui chantait sous ses croisées les paroles suivantes :

Mon cœur n'est plus ici mais au sein des mon-
[tagnes;

A la chasse il poursuit le chevreuil et le daim ;
Soit aux champs, soit aux bois, ou parmi les cam-
[pagnes,
Mon cœur est sur les monts, car tel est mon destin.

Curieux de savoir quel motif avait pu déterminer Gellatley à une excursion d'une étendue si peu ordinaire, Édouard se mit à s'habiller à la hâte, et pendant qu'il s'en occupait, Davie changea plus d'une fois l'air qu'il chantait.

Aux montagnes il n'est que des herbes sauvages,
Et que de verts gaillards sans pourpoints et pieds
[nus.
Mais nous retrouverons nos antiques usages
Lorsque Jacque et les siens nous seront revenus.

Lorsque Waverley fut habillé et qu'il sortit, il vit que Davie était entré en connaissance avec deux ou trois montagnards fainéants qui ne quittaient presque jamais les portes du château, et il le trouva sautant, cabriolant et dansant avec eux un *reel* à quatre, espèce de gigue écossaise dont il sifflait l'air lui-même. Il continua de remplir la double fonction de danseur et de musicien jusqu'à ce qu'un joueur de cornemuse, spectateur oisif de son zèle, obligé de répondre au cri unanime de *Seid suas*, qui l'invitait à jouer de son instrument, vint le remplacer dans cette dernière fonction. L'apparition de Waverley n'interrompit pas l'exercice auquel se livrait Gellatley, seulement il chercha à faire comprendre à notre héros, par ses signes, ses grimaces et quelques contorsions de plus dont il rehaussa la grace avec laquelle il exécutait cette mesure écossaise, qu'il le reconnaissait parfaitement. Puis, au moment où il semblait le plus occupé à gesticuler, crier et faire claquer ses doigts au-dessus de sa tête, il prolongea tout d'un coup son pas de côté de manière à s'approcher de l'endroit où se tenait Édouard, et continuant de battre la mesure de l'air, ainsi qu'Arlequin dans une pantomime, il glissa une lettre dans la main de notre héros, sans avoir manqué à un seul pas ou fait une seule pause. Édouard, qui reconnut sur l'adresse l'écriture de Rose, se retira pour la lire, laissant le fidèle messager qui l'avait apportée continuer de sauter jusqu'à ce que le musicien ou lui en eût assez.

Le contenu de la lettre causa beaucoup de surprise à Waverley. Il vit qu'on avait d'abord mis en tête, *Cher Monsieur;* mais ces mots avaient été soigneusement effacés, et celui de *Monsieur* tout seul leur avait été substitué. Nous rapporterons la lettre entière de Rose

« Monsieur,

« Je crains de prendre une liberté inconvenante en vous importunant, et je n'ai cependant pas d'autre moyen de vous communiquer les choses qui se sont passées ici, et dont il me semble nécessaire que vous soyez informé. Si j'ai tort dans la démarche que je fais en ce moment, veuillez l'excuser, monsieur Waverley, car, hélas ! n'ayant personne pour me conseiller, je n'ai pu me laisser guider que par mon propre cœur. Mon bien-aimé père n'est plus ici, et Dieu sait quand il pourra revenir me secourir et me protéger ! Vous avez sans doute appris qu'en conséquence de quelques nouvelles inquiétantes de mouvements qui se font dans les montagnes, on avait envoyé des mandats pour arrêter plusieurs gentilshommes du pays, et entre autres mon cher père. Malgré mes larmes et les prières que je lui fis de se rendre aux ordres du gouvernement, il a trouvé moyen de s'y soustraire, et de se joindre à M. Falconer et à quelques autres gentilshommes qui ont pris la route du nord avec un corps de quarante cavaliers. Ainsi, je crains moins pour sa sûreté personnelle en ce moment que je ne redoute le résultat de tous ces troubles qui ne font que commencer. Tous ces détails vous sont peut-être bien indifférents, monsieur Waverley ; cependant j'ai cru que vous seriez bien aise d'apprendre que mon père s'est échappé, dans le cas où vous auriez entendu

8.

parler du danger qu'il courait d'être arrêté.

« Le lendemain du départ de mon père, un détachement de soldats vint à Tully-Veolan, et traita fort rudement le bailli Mac Wheeble. Cependant l'officier qui le commandait fut très-honnête à mon égard, et me dit seulement que son devoir l'obligeait à faire une recherche exacte des papiers et des armes qui pouvaient se trouver dans la maison. Heureusement mon père avait pourvu à cela en emportant toutes les armes, excepté ces vieilles armures inutiles qui sont pendues dans la grande salle, et en cachant tous ses papiers. Mais pourquoi faut-il que je vous dise, monsieur Waverley, qu'il fit un interrogatoire sévère à votre sujet? Entre autres questions, on demanda à quelle époque vous aviez séjourné à Tully-Veolan, et où vous étiez maintenant. L'officier est reparti avec son détachement, mais il a laissé dans la maison un sous-officier avec quatre hommes comme une espèce de garnison. Jusqu'à présent ils se sont très-bien comportés, et nous sommes obligés de les tenir en belle humeur; mais ces soldats ont donné à entendre que vous seriez en grand danger si vous tombiez entre leurs mains. Je ne puis me décider à écrire toutes les odieuses faussetés qu'ils ont débitées contre vous, car je gagerais que ce sont des faussetés, quoique vous soyez le meilleur juge de ce que vous avez à faire. Le détachement, en partant, a emmené votre domestique prisonnier; il a pris aussi vos deux chevaux, et tout ce que vous aviez laissé à Tully-Veolan. J'espère que Dieu vous protégera, et vous fera la grace de retourner sans accident en Angleterre, où vous m'avez dit souvent qu'on ne souffrait pas de violence militaire, où il n'y avait pas de clans qui se battissent entre eux, mais où les lois sont égales pour tous les hommes, et protégent toujours l'innocent. J'ose réclamer votre indulgence pour la hardiesse que j'ai eue de vous écrire· mais il m'a semblé, quoique peut-être à tort, que votre honneur et votre sûreté y étaient intéressés. Je suis bien sûre, du moins je crois que mon père aurait approuvé cette démarche, et j'étais la seule qui pusse la faire, puisque M. Rubrick s'est réfugié chez son cousin pour éviter d'être maltraité des soldats et des whigs, et que le bailli Mac Wheeble n'aime pas, à ce qu'il dit, se mêler des affaires des autres; j'ose me flatter cependant que chercher à servir un ami de mon père dans cette circonstance, ne peut être regardé comme une intervention indiscrète. Adieu, capitaine Waverley; il est probable que je ne vous reverrai plus, car il serait inconvenant à moi de désirer votre présence à Tully-Veolan dans un tel moment, lors même que les soldats l'auraient quitté; mais je me rappellerai toujours avec gratitude la complaisance avec laquelle vous avez bien voulu aider de vos conseils une aussi pauvre écolière que moi, et surtout vos attentions pour mon bien-aimé père.

« Croyez-moi votre très-obligée

« ROSE COMYNE BRADWARDINE. »

« *P. S.* J'espère que vous me répondrez un mot par Davie Gellatley, ne fût-ce que pour m'apprendre que vous avez reçu ma lettre, et que vous veillerez à votre sûreté. Pardonnez-moi si j'ose vous supplier, dans votre propre intérêt, de ne vous mêler à aucune de ces malheureuses intrigues, et de vous y dérober en partant le plus tôt possible pour votre heureuse patrie. Mes compliments à ma chère Flora et à Glennaquoich. N'est-il pas vrai que vous l'avez trouvée aussi belle et aussi aimable que je vous l'avais dépeinte? »

Tel était le contenu de la lettre de miss Rose Bradwardine, dont Waverley fut également surpris et affligé. Que le baron fût devenu suspect au gouvernement par suite de la fermentation qui avait eu lieu parmi les partisans des Stuarts, c'était une chose toute naturelle et la conséquence de ses principes politiques;

mais ce qui lui semblait inexplicable, c'était que lui, qui, jusqu'au jour précédent, n'avait pas formé une pensée contraire à la prospérité de la famille régnante, pût se trouver aussi l'objet de ces soupçons.

A Tully-Veolan et à Glennaquoich, ses hôtes avaient respecté ses engagements avec le gouvernement actuel, et quoiqu'il eût été témoin accidentel de différentes circonstances d'une nature à lui faire comprendre que le baron et le chef montagnard étaient du nombre de ces gentilshommes mécontents, encore assez nombreux en Écosse, cependant jusqu'au moment où ses engagements avec l'armée avaient été rompus par sa destitution, il n'avait eu aucune raison de supposer qu'ils eussent formé des projets hostiles, du moins d'une prompte exécution, contre le gouvernement établi. Cependant, il sentait qu'à moins d'embrasser tout à coup le parti que lui proposait Fergus, il lui importait de quitter sans délai un voisinage qui pouvait le compromettre autant, et de se rendre, sans perdre de temps, sur les lieux où il pourrait soumettre sa conduite à un examen, et l'expliquer d'une manière satisfaisante. Il se détermina donc à peu près pour ce dernier parti, d'autant plus qu'en agissant ainsi, il suivait le conseil de Flora, et que d'ailleurs l'idée de contribuer à amener sur son pays le fléau d'une guerre civile, lui inspirait une répugnance inexprimable. Une réflexion calme lui disait que quels que fussent les droits primitifs des Stuarts, Jacques II, sans prétendre décider s'il pouvait disposer de ceux de sa postérité, avait du moins abdiqué les siens à la voix unanime de la nation. Depuis cette époque, quatre monarques avaient régné glorieusement et paisiblement sur l'Angleterre, soutenant chez l'étranger l'honneur de la nation, et lui conservant dans l'intérieur sa liberté et ses priviléges; sa raison demandait s'il convenait de troubler un gouvernement affermi depuis si long-temps, et de plonger un royaume dans toutes les horreurs de la guerre civile pour l'unique objet de replacer sur le trône les descendants d'un monarque qui l'avait volontairement abdiqué. Et quand même, d'un autre côté, sa conviction intérieure ou les ordres de son père et de son oncle finiraient par l'entraîner à embrasser la cause des Stuarts, il n'en devait pas moins commencer d'abord par justifier son caractère en prouvant qu'il n'avait fait aucune démarche à ce sujet, comme il en était faussement soupçonné, tant qu'il avait conservé le grade qu'il tenait du monarque régnant.

L'aimable simplicité de Rose, ses craintes affectueuses pour sa sûreté si ingénument exprimées, la pensée de son état d'abandon, de la terreur, et même des dangers réels auxquels elle pouvait être livrée sans appui et sans protection, firent une vive impression sur son esprit, et il se hâta de lui écrire, et de la remercier de la manière la plus affectueuse de l'aimable inquiétude qu'elle avait éprouvée à son égard, l'assurant qu'il ne courait aucun danger. Il lui exprimait en même temps le tendre intérêt qu'il prenait à son sort et les vœux sincères qu'il formait pour son père et pour elle. Mais il fut bientôt distrait des émotions qu'il avait éprouvées en écrivant cette lettre, par la nécessité où il se voyait de faire ses adieux à Flora Mac-Ivor, et peut-être pour jamais. Cette réflexion était accompagnée d'une angoisse inexprimable; car par l'élévation de son âme et de son caractère, par le désintéressement de son dévouement à la cause qu'elle avait embrassée, et sa délicatesse scrupuleuse sur les moyens de la servir, elle avait justifié aux yeux d'Édouard le choix de son cœur. Mais le temps pressait; l'active calomnie l'employait à flétrir son nom, et chaque délai lui en offrait un nouveau moyen; son départ ne pouvait donc souffrir aucun retard.

Dans cette résolution, il chercha Fergus et lui communiqua le contenu de la lettre de Rose, lui déclarant en même temps qu'il avait pris le parti de se rendre sur-le-champ à Édimbourg, et de s'adresser à quelqu'un des personnages influents auxquels son père l'avait recommandé, pour lui expliquer sa conduite, et de le charger de le disculper des griefs qui pourraient s'élever contre lui.

« Vous courez vous jeter dans la gueule du lion, lui répondit Mac-Ivor; vous ne connaissez pas la sévérité d'un gouvernement tourmenté par les justes craintes que lui inspire le sentiment de son illégitimité et des dangers auxquels elle l'expose. Je vois qu'il faudra que je vous délivre d'un des cachots de Stirling ou d'Édimbourg. »

« Mon innocence, mon rang, l'intimité de mon père avec lord M....., le général G....., etc., me serviront, j'espère, de protection, » dit Waverley.

— « Vous verrez que ce sera tout le contraire, ces messieurs auront assez à s'occuper de leurs propres affaires. Encore une fois, voulez-vous prendre les couleurs écossaises, et rester encore quelque temps avec nous au milieu des brouillards et des corbeaux [1], pour l'amour de la meilleure cause qui ait jamais fait tirer l'épée à un brave? »

— « J'ai plusieurs raisons, mon cher Fergus, pour vous prier de m'en excuser. »

« Alors, dit Mac-Ivor, je vous trouverai certainement sous peu exerçant vos talents poétiques à composer des élégies sur une prison, ou vos connaissances en fait d'antiquités à découvrir l'origine du caractère oggam [2], ou à déchiffrer un hiéroglyphe punique gravé sur les murs de quelque ancienne voûte d'une architecture curieuse. Ou que dites-vous *d'un petit pendement bien joli?* Ma foi, je ne garantirais pas qu'il ne vous fallût passer par cette désagréable cérémonie, si vous rencontrez un corps armé des whigs de l'ouest. »

« Et pourquoi me traiteraient-ils ainsi? » dit Waverley.

« Pour mille bonnes raisons, répondit Fergus : premièrement, parce que vous êtes Anglais ; secondement, parce que vous êtes gentilhomme ; troisièmement, parce que vous avez abjuré l'épiscopat, et quatrièmement, parce qu'il y a long-temps qu'ils n'ont eu l'occasion d'exercer leurs talents dans ce genre. Mais ne vous désespérez pas, mon cher, tout cela se fera pour la plus grande gloire de Dieu. »

— « N'importe, il faut que je me livre à mon sort. »

— « Vous êtes donc bien décidé? »
— « Absolument. »

« Vous êtes un entêté, dit Fergus; mais vous ne pouvez pas aller à pied, et moi je n'aurai pas besoin de mon cheval, car il faut que je marche à la tête des enfants d'Ivor. Vous prendrez le brun Dermid. »

— « Si vous voulez me le vendre, je vous en aurai certainement beaucoup d'obligations. »

— « Eh bien! si votre orgueil anglais ne vous permet pas d'en accepter le don ou le prêt, je ne refuserai pas votre argent à la veille d'une campagne : son prix est de vingt guinées (rappelez-vous, lecteur, qu'il y a soixante ans). Et quand vous proposez-vous de partir? »

« Le plus tôt sera le mieux, » dit Waverley.

— « C'est vrai, puisqu'il faut que vous partiez, ou plutôt puisque vous voulez partir. Je prendrai le petit cheval de Flora, et je vous accompagnerai jusqu'à Bally-Brough. Callum Beg, faites préparer les chevaux, et portez le bagage de M. Waverley jusqu'à.... (il nomma une petite ville), où il pourra trouver un cheval et un guide pour le conduire à Édimbourg. Vous prendrez l'habit des basses terres, Callum, et vous aurez soin de tenir votre langue, si vous ne voulez pas que je vous la coupe moi-même. M. Waverley montera Dermid. »

---

[1]. Un poëme higlandais sur l'expédition de Glencairn, en 1650, contient deux vers dont voici le sens : « Nous resterons quelque temps parmi les corbeaux, à manier l'épée et à courber l'arc. » A. M.

[2]. L'oggam est une espèce de vieux caractère irlandais. Mais ce ne fut que très-postérieurement à Fergus que le général Vallancey établit sa théorie des rapports existants entre le celte et le punique ; une scène de Plaute lui suggéra, dit Walter Scott, l'idée de cette théorie. A. M.

Puis se tournant vers Édouard : « Vous allez faire vos adieux à ma sœur? »

— « Sans doute; c'est-à-dire si miss Mac-Ivor veut m'accorder cet honneur. »

— « Cathleen, allez prévenir ma sœur que M. Waverley désire lui faire ses adieux avant de partir. Mais il faut s'occuper de la situation de Rose Bradwardine ; je voudrais qu'elle fût ici ; eh! pourquoi n'y viendrait-elle pas? Il n'y a que quatre habits rouges à Tully-Veolan, et leurs mousquets nous seraient ici fort utiles. »

Édouard ne fit aucune réponse à ces réflexions sans suite; elles frappaient son oreille, mais son ame tout entière était concentrée dans l'attente de voir paraître à tous moments Flora Mac-Ivor. La porte s'ouvrit, mais ce n'était que Cathleen qui venait annoncer que sa maîtresse priait le capitaine Waverley de l'excuser, et d'agréer les vœux qu'elle formait pour sa santé et son bonheur.

CHAPITRE XXIX.

ACCUEIL QUE WAVERLEY REÇOIT DANS LE PLAT PAYS APRÈS SON VOYAGE DANS LES MONTAGNES.

Il était midi quand les deux amis arrivèrent en haut du défilé de Bally-Brough. « Je ne puis aller plus loin, dit Fergus Mac-Ivor, qui, pendant la journée, s'était efforcé en vain de dissiper l'abattement de son ami ; si ma fantasque sœur a la moindre part à votre tristesse, je dois vous assurer qu'elle a la plus haute opinion de vous, quoique les inquiétudes que lui inspirent en ce moment les affaires publiques l'absorbent au point de l'empêcher de s'occuper de tout autre sujet. Confiez-moi vos intérêts ; je ne les trahirai pas, pourvu que vous me promettiez de ne plus reprendre cette honteuse cocarde. »

—«Vous ne devez pas le craindre, en vous rappelant de quelle manière elle m'a été ôtée. Adieu, Fergus ; tâchez que votre sœur ne m'oublie pas. »

— « Adieu donc, Waverley ; peut-être entendrez-vous bientôt parler d'elle sous un titre plus élevé : retournez chez vous, écrivez-nous, faites-vous des amis en aussi grand nombre et aussitôt que vous pourrez. Nous aurons bientôt des hôtes inattendus sur la côte de Suffolk, ou les nouvelles que j'ai reçues de France me tromperaient bien [1]. »

Ainsi se séparèrent les deux amis : Fergus reprit la route de son château, tandis qu'Édouard, suivi de Callum Beg, qui avait pris en tous points le costume d'un domestique des basses terres, se rendit à la petite ville de...

Édouard, pendant la route, était livré à ces sensations pénibles qui assiégent le cœur d'un amant condamné à la séparation et à l'incertitude, et auxquelles pourtant il aime à s'abandonner. Je ne sais pas si les femmes comprennent bien tout le pouvoir de l'absence, et je ne croirais pas non plus qu'il fût sage de le leur apprendre, de peur qu'à l'exemple des Mandane et des Clélie du temps jadis, la fantaisie ne leur reprît d'exiler de nouveau leurs amants. Le fait est que la distance produit souvent sur l'imagination le même effet que dans la perspective réelle; elle arrondit, adoucit les objets et les fait paraître sous des formes plus gracieuses. L'éloignement affaiblit ce qu'il peut y avoir de commun et même d'inégalités choquantes dans les traits d'un caractère; la mémoire ne nous en retrace que les côtés brillants, et ceux-ci suffisent pour donner à l'ensemble de l'élévation, de la grace, ou de la beauté. De même que l'horizon sensible, l'imagination a aussi ses ombres et ses demi-teintes, dont elle couvre ce qu'il y a de moins agréable dans les objets qui lui apparaissent à une distance éloignée ; elle a aussi ses effets de lumière qu'elle sait distribuer à propos sur les points saillants qui demandent à être éclairés.

[1]. Les jacobites ardents, pendant les années mémorables de 1745-6, entretenaient, dit Walter Scott, les espérances de leur parti, par les bruits continuels de descentes effectuées sur les côtes par les Français, en faveur du chevalier Saint-George. A. M.

Waverley oubliait les procédés de Flora Mac-Ivor, en songeant à sa magnanimité, et lui pardonnait presque la froideur dont elle payait son attachement, en se rappelant quels sublimes sentiments remplissaient son ame tout entière. Si un sentiment exalté de reconnaissance concentrait à ce point toutes ses facultés dans la cause de son bienfaiteur, avec quelle sensibilité n'aimerait-elle pas l'homme qui serait assez heureux pour toucher son cœur? Il se demandait ensuite s'il était jamais destiné à être cet heureux mortel, et son imagination cherchait à répondre à cette question d'une manière propre à flatter ses vœux, en lui rappelant tout ce qu'elle avait pu dire à sa louange, et en y ajoutant un commentaire plus flatteur que le texte ne l'y autorisait. Tout ce qui appartenait à la vie réelle, aux actions communes et banales qu'elle ramène tous les jours, disparaissait dans ces rêves de l'imagination, qui ne lui représentaient Flora qu'avec la grace et la dignité qui la distinguaient réellement de la généralité de son sexe, sans lui permettre d'apercevoir les traits par lesquels elle appartenait à l'humanité. Édouard enfin était bien près de faire une divinité de la jeune personne dont la beauté, les talents et le noble caractère l'avaient séduit, et le temps se passait à faire des châteaux en Espagne, quand il arriva à une descente rapide qui lui fit découvrir à ses pieds le petit bourg...

La politesse montagnarde de Callum Beg [1] (et je dirai en passant qu'il y a peu de nations qui puissent se vanter d'autant de politesse naturelle que les montagnards); les idées de civilité de Callum Beg, dis-je, ne lui avaient pas permis de troubler les rêveries de notre héros. Mais en l'en voyant sortir à l'aspect du bourg, il s'approcha de lui, et lui dit qu'il espérait qu'étant à l'auberge, son honneur voudrait bien ne pas parler de Vich-Jan-Vohr, car les gens de cet endroit étaient des enragés whigs, au point qu'il souhaitait que le diable voulût les exterminer.

Waverley assura au prévoyant page qu'il serait prudent; et ayant remarqué non pas le son des cloches, mais le tintement de quelque chose qui ressemblait à un marteau frappant contre les côtés d'un vieux chaudron vermoulu qu'on avait retourné et suspendu dans une espèce de cahute ouverte, de la forme et de la grandeur d'une cage de pierrot, et qu'on avait érigée pour servir d'ornement à un bâtiment ressemblant à une grange, il demanda à Callum Beg si ce n'était pas un jour de dimanche.

Callum Beg ne put le lui dire précisément : on ne voyait pas souvent de dimanche, disait-il, de l'autre côté du Pas de Bally-Brough.

En entrant dans la ville cependant et en s'approchant de l'auberge la plus apparente qui s'offrit, le nombre de vieilles femmes couvertes de mantelets rouges et de jupons bariolés, qui sortaient du vieux bâtiment analogue à une grange, et qui discutaient en chemin les différents mérites du bienheureux jeune homme Jabesh Rentowel et de ce vase d'élection, M. Goukthrapple, porta Callum à assurer à son maître passager, que c'était sans doute le grand dimanche, ou bien le petit dimanche du gouvernement, qu'on appelait fête.

En descendant à l'enseigne du *Chandelier d'or aux sept branches*, qui, pour la plus grande satisfaction du public, portait une courte devise en hébreu, ils furent reçus par mon hôte, grande et maigre figure puritaine, qui semblait débattre en lui-même s'il donnerait asile à des gens qui voyageaient un tel jour; réfléchissant cependant, suivant toute probabilité, qu'il était en son pouvoir de leur infliger une amende pour cette irrégularité, et qu'ils pou-

---

[1] Les Highlandais, autrefois, gardaient, dit l'auteur, une haute opinion d'eux-mêmes qu'ils désiraient communiquer à tous ceux avec lesquels ils conversaient. Leur langage était rempli d'expressions de politesse et de courtoisie; et par l'habitude qu'ils avaient de porter les armes et de se mêler avec ceux qui les portaient aussi, il était important qu'ils observassent entre eux les règles de la plus scrupuleuse politesse. A. M.

vaient lui échapper en allant descendre chez George Duncanson, à l'enseigne du *Montagnard,* M. Ebenezer Cruickshanks daigna les admettre dans sa demeure.

Ce fut à ce dévot personnage que Waverley adressa la demande de lui procurer un guide avec un cheval de selle pour porter sa valise à Édimbourg.

« Et d'où pouvez-vous venir ? » demanda mon aubergiste du *Chandelier.*

— « Je vous ai dit où je désirais aller; je ne crois pas que le guide et le cheval aient besoin d'en savoir davantage. »

« Hum! hum! répliqua l'hôte du *Chandelier* un peu déconcerté de cette rebuffade; c'est aujourd'hui un jeûne général, monsieur, et je ne puis pas m'occuper d'affaires temporelles un tel jour, où tout le monde doit s'humilier, et où les apostats doivent rentrer dans le salut, comme dit le digne M. Goukthrapple, et quand, comme le dit aussi l'excellent M. Jabesh Rentowel, le pays doit être en deuil pour la violation et la destruction de l'acte d'alliance » (*covenant*).

« Mon bon ami, dit Waverley, si vous ne pouvez me procurer un cheval et un guide, mon domestique ira les chercher ailleurs. »

— « Fort bien ! Votre domestique? et pourquoi votre domestique ne vous accompagne-t-il pas lui-même ? »

Waverley avait naturellement très-peu de la fermeté et de la résolution d'un capitaine de cavalerie; je veux parler de ce genre de fermeté auquel j'ai eu moi-même plus d'une obligation lorsque le hasard m'a fait rencontrer en diligence quelque militaire qui voulait bien se charger de mettre les garçons d'auberge à la raison, et de taxer les comptes des aubergistes. Toutefois, pendant le temps qu'il avait servi, il avait fait quelques progrès dans cette science, si utile dans le cours de la vie, et la grossière curiosité de l'aubergiste commençait à l'échauffer.

« Vous oubliez que je suis entré chez vous pour me reposer, et non pour répondre à vos impertinentes questions. Il s'agit de me dire si vous pouvez ou non me procurer ce que je vous demande, et dans l'un et l'autre cas, je saurai le parti que j'ai à prendre. »

M. Ebenezer Cruickshanks quitta la salle en murmurant quelques paroles entre ses dents, mais Édouard ne put comprendre si elles étaient affirmatives ou négatives. L'hôtesse, qui lui parut une femme civile, tranquille et laborieuse, et probablement soumise en esclave à son mari, vint prendre ses ordres pour le dîner; mais Édouard ne put en arracher de réponse au sujet du cheval et du guide; car il paraît que la loi salique régnait dans les écuries du *Chandelier d'or.*

En s'approchant d'une fenêtre qui donnait sur la petite cour sombre et étroite dans laquelle Callum était occupé à frotter les chevaux après la route, Waverley entendit le dialogue suivant entre l'avisé page de Vich-Jan-Vohr et son hôte :

« Vous êtes probablement du nord, jeune homme ? » commença ce dernier.

— « Vous pouvez bien le dire. »

— « Et il paraît que vous avez fait une longue route aujourd'hui. »

— « Assez longue pour boire volontiers la goutte. »

— « Bonne femme, apportez-moi la pinte. »

Ici il y eut un échange de civilités convenables à la circonstance; après quoi mon hôte du *Chandelier d'or*, qui se flattait de s'être attiré la confiance de son hôte par cette attention hospitalière, reprit la conversation.

« Vous n'avez guère de meilleur whisky que celui-ci au-dessus du Pas. »

— « Je ne suis pas de ce côté-là. »

— « On voit bien à votre accent que vous êtes montagnard. »

— « Non, je suis du côté d'Aberdeen. »

— « Et votre maître vient-il aussi d'Aberdeen ? »

« Oui-da, il l'a quitté en même temps que moi, » répondit froidement l'impénétrable Callum.

— « Et quelle espèce de gentilhomme est-ce ? »

— « Je crois que c'est un des officiers

du roi George; au moins il va prendre la route du midi, et il a les poches pleines d'argent; il est généreux avec tout le monde, et paie sans marchander. »

— « Et il a besoin d'un cheval et d'un guide pour aller à Édimbourg? »

— « Sans doute, et il faut les lui procurer sur-le-champ. »

— « Hum! cela lui coûtera cher. »

— « Il se soucie peu de cela. »

— « Fort bien, Duncan : ne m'avez-vous pas dit que votre nom était Duncan, ou Donald? »

— « Non, non ; Jamie, Jamie Steenson, je vous l'ai déjà dit. »

Le sang-froid de cette réponse déjoua entièrement tous les projets de M. Cruickshanks, qui, quoique assez mécontent de la réserve du maître et de la vivacité de la riposte tout aussi peu satisfaisante du valet, prit cependant le parti de faire payer la location du cheval d'une manière qui pût le dédommager de voir frustrer sa curiosité. La circonstance de la solennité du jour ne fut pas oubliée dans le prix qu'il demanda, et qui, au total, ne s'élevait pas à beaucoup plus du double de ce qu'il aurait dû être honnêtement.

Callum Beg bientôt après vint annoncer la ratification de ce traité. « Ce vieux diable, dit-il, va accompagner lui-même votre honneur. »

— « Ce ne sera pas très-agréable, Callum, ni peut-être même très-sûr, car notre hôte paraît être un personnage fort curieux ; mais il faut qu'un voyageur se soumette à ces inconvénients. En attendant, mon garçon, voilà une bagatelle pour boire à la santé de Vich-Jan-Vohr. »

L'œil de faucon de Callum pétilla de joie en voyant la brillante guinée qui accompagnait ces paroles ; il se hâta, non sans maudire l'incommodité des poches, ou *spleuchan*, comme il les appelait, d'une culotte saxonne, d'y mettre en sûreté son trésor. Puis, comme s'il voulait témoigner sa reconnaissance de cet acte de générosité, il s'approcha d'Édouard, et avec une expression de physionomie très-significative, il lui dit à voix basse : « Si votre honneur pense que ce vieux coquin de whig puisse lui être dangereux, je trouverai moyen d'y pourvoir, sans que personne s'en doute. »

— « Comment? de quelle manière? »

— « Callum pourrait aller l'attendre à une petite distance de la ville, et faire son affaire avec son *skene o'ccle*. »

— « *Skene o'ccle!* qu'est-ce que cela. »

Callum déboutonna son habit, leva le bras gauche, et avec un geste expressif montra la poignée d'un petit poignard caché dans la doublure de sa veste. Waverley crut avoir mal compris ce qu'il voulait dire ; il regarda fixement Callum, et ne découvrit sur ses traits un peu hâlés, mais d'une beauté remarquable, que le même degré de méchanceté malicieuse qui pourrait animer ceux d'un jeune Anglais, du même âge, au moment où il formerait le complot de voler les fruits d'un verger.

« Grand Dieu! Callum, voudriez-vous ôter la vie à cet homme? »

« Ma foi, répliqua le jeune déterminé, je crois qu'il a déjà fait un bail assez long, s'il songe à trahir d'honnêtes gens qui viennent dépenser leur argent dans son auberge. »

Édouard vit que dans ce cas il ne gagnerait rien par des raisonnements ; il se contenta donc d'enjoindre à Callum de mettre de côté ses projets contre la personne de M. Ebenezer Cruickshanks, et le page y acquiesça avec l'air de la plus grande indifférence.

« Son honneur peut faire là-dessus ce qu'il lui plaît ; le vieux coquin n'a jamais fait de mal à Callum. Mais voilà un bout de lettre de la part du chef, qu'il m'a chargé de remettre à votre honneur avant de le quitter. »

La lettre du chef contenait les vers de Flora sur le capitaine Wogan, dont le caractère entreprenant a été si bien dessiné par Clarendon. Il avait d'abord été attaché au parti du parlement, mais l'avait abandonné lors de l'exécution de Charles Ier, et en apprenant que l'étendard royal avait été arboré par le comte de Glencairn et le général Middleton, dans les hautes terres d'Écosse, il prit congé de Charles II, alors à Paris, repassa en Angleterre, assembla un corps de cavaliers dans les environs de Londres, traversa le royaume qui était depuis si long-temps sous la domination de l'usurpateur, et mit tant d'adresse, d'habileté et de courage dans ses marches, qu'il parvint à réunir, sans accident, sa poignée de cavaliers au corps de montagnards qui avait pris les armes. Après plusieurs mois d'une guerre dont les chances furent variables, et où les talents et l'intrépidité de Wogan lui acquirent la plus brillante réputation, il eut le malheur d'être blessé d'une manière dangereuse, et se trouvant hors de portée de recevoir les secours d'un chirurgien, il termina sa courte et glorieuse carrière.

Le chef, en habile politique, avait eu plusieurs raisons évidentes pour désirer mettre l'exemple de ce jeune héros sous les yeux de Waverley, dont le caractère romanesque avait un tel rapport avec lui. Cependant sa lettre roulait principalement sur quelques commissions insignifiantes que Waverley devait remplir pour lui en Angleterre, et ce ne fut que vers la fin qu'Édouard y trouva ces mots : « Je garde rancune à Flora de ce qu'elle nous a privés hier de sa compagnie ; et pour en tirer vengeance, puisque je suis obligé de vous faire lire ceci afin de vous rappeler votre promesse de m'envoyer de Londres la ligne à pêcher et l'arbalète que vous m'avez promises, j'y joindrai ses vers sur la mort de Wogan. Je sais que cela la contrariera; car, à vous parler franchement, je la crois plus amoureuse de la mémoire du héros défunt qu'elle ne le sera probablement jamais d'aucun vivant, à moins qu'il ne marche sur ses traces. Mais les gentilshommes anglais de nos jours gardent leurs chênes pour en orner leurs parcs remplis de daims, s'en servent quelquefois pour réparer les pertes qu'ils ont faites au jeu, et ne les invoquent ni pour ceindre leur tête, ni pour ombrager leur tombeau. Permettez-moi, cependant, d'espérer qu'il se trouvera parmi eux une brillante exception dans la personne d'un ami bien cher, auquel je serais heureux de pouvoir donner un titre encore plus doux. »

Les vers portaient le titre suivant :

A UN CHÊNE

Du cimetière de ...., dans les hautes terres d'Écosse, et qui, dit-on, marque la tombe du capitaine Wogan, mort en 1649.

Emblème glorieux de la vieille Angleterre,
Étends avec fierté tes rameaux imposants
Sur la tombe où sommeille, au matin de ses ans,
Un serviteur fidèle, un vaillant militaire.

Du brave heureux modèle, habitant du cercueil,
Ne va point murmurer si ce climat dénie
A la terre où tu dors les fleurs qu'avec orgueil
Aux regards du soleil offre une autre patrie.

Le printemps les fait naître, et l'été les flétrit ;
Elles ont disparu lorsque l'hiver commence.
Ainsi donc quand chacune et se fane et périt,
Leur destin est pareil à ta courte existence.

Ton ame infatigable, aux tempêtes du sort
S'opposa plus ardente, et plus haute et plus forte
Et quand le désespoir des autres fut l'escorte,
Tu pris ton vol brillant qu'a suspendu la mort.

Quand les fils d'Albion désertèrent la lutte,
Alors tu vins chercher aux montagnes d'Albin
Une race sauvage, heureuse sous la hutte,
Que battit, sans la vaincre, un despote inhumain.

D'un parent, d'un ami, ta mort n'eut point les larmes ;
L'airain ne sonna point ton dernier *requiem* ;
Le pibroch[1] unissant les montagnards en armes
Fut ton hymne funèbre et devint ton *salem*.

Mais qui voudrait changer ta course éblouissante
Bien qu'obscurcie avant d'arriver au zénith,
Contre une longue vie où végète l'esprit,
Surchargé des faveurs que le hasard présente?

C'est à toi qu'appartient l'arbre dont les rameaux
Bravent l'été brûlant et l'hiver et l'orage ;
Rome de chêne a ceint le front de ses héros :
Il faut que de Wogan la tombe s'en ombrage.

Quel que fût le mérite réel des vers de Flora Mac-Ivor, l'enthousiasme qu'ils respiraient était bien fait pour en inspirer un semblable à son amant. Ces lignes furent lues et relues, puis placées

1. Nous avons dit ailleurs que le pibroch est le chant de guerre des montagnards écossais, adapté à la cornemuse. Quant au mot *salem*, on sait qu'il signifie *salut* et *paix* dans les langues orientales. *Jérusalem* elle-même veut dire *vision de la paix*. A. M.

sur le cœur de Waverley, qui les en retira bientôt pour les relire encore, vers par vers, d'une voix lente et émue, et avec des pauses fréquentes, qui prolongeaient son ravissement de même qu'un épicurien savoure lentement et goutte à goutte la jouissance que lui procure un breuvage délicieux. L'arrivée de mistriss Cruickshanks avec le vin et les autres articles tout à fait terrestres qui devaient servir à son dîner, n'interrompit qu'à moitié ces transports d'un enthousiasme passionné.

A la fin du repas, Ebenezer vint présenter sa taille haute et gauche, et son disgracieux visage. La partie supérieure de son corps, quoique la saison ne demandât pas une telle précaution, était enveloppée d'une grande redingote qui couvrait ses habits ordinaires et était attachée par une ceinture. Elle était surmontée d'un grand capuchon de même étoffe qui avançait sur la tête et le chapeau, les couvrait entièrement tous deux, et s'attachait sous le menton. Ceci s'appelait un *trot-cozy*. Sa main tenait un énorme fouet de postillon avec une monture de cuir; ses maigres jambes étaient revêtues d'une paire de guêtres attachées sur le côté avec des agrafes rouillées. Ainsi accoutré, il entra majestueusement dans l'appartement, annonçant sa mission d'un ton bref : « Les chevaux sont prêts. »

— « Vous venez donc avec moi vous-même, monsieur l'aubergiste? »

— « Jusqu'à Perth seulement, où vous pourrez trouver un guide pour Édimbourg si vous en avez besoin. »

En parlant ainsi, il mit sous les yeux de Waverley le mémoire qu'il tenait à la main, et en même temps, sans autre invitation que la sienne, il remplit son verre de vin, et but dévotement au succès de leur voyage. L'impudence de cet homme révolta Waverley; mais comme leurs rapports devaient être de courte durée, et qu'il avait besoin de lui, il ne fit aucune observation; et ayant payé le mémoire, il exprima le désir de partir sur-le-champ. En conséquence, il monta sur Darmid et sortit du *Chandelier d'or*, suivi de la figure puritaine que nous avons décrite, après que celui-ci eut, avec beaucoup de temps et de peine et à l'aide d'un banc de pierre érigé pour la commodité du voyageur à la porte de sa maison, élevé sa personne sur la longue, vieille et maigre carcasse d'un animal poussif et couvert de plaies qui avait été autrefois un cheval de race, et sur le dos duquel le porte-manteau de Waverley fut déposé. Notre héros, quoiqu'il ne fût pas de très-belle humeur, eut de la peine à s'empêcher de rire en contemplant son nouvel écuyer, et en se représentant l'étonnement que sa présence exciterait au manoir de Waverley s'il y paraissait dans cet équipage.

L'envie de rire d'Édouard n'échappa point à mon hôte du *Chandelier d'or*, qui en comprit en même temps la cause, ce qui doubla le levain d'amertume qu'exprimait sa figure pharisienne, et il résolut intérieurement de faire payer cher au jeune Anglais le mépris avec lequel il semblait le regarder. Callum se tenait aussi à la porte et s'amusait, avec une gaieté qu'il laissait éclater tout entière, de la ridicule figure de M. Cruickshanks. Waverley passa devant lui; il le salua respectueusement, et, s'en approchant, lui dit tout bas de prendre garde que ce vieux coquin de whig ne lui jouât quelque tour.

Waverley le remercia et lui dit adieu à plus d'une reprise, puis lança son cheval lestement, étant bien aise d'échapper aux cris que poussaient les enfants en voyant le vieil Ebenezer s'élever et retomber sur les étriers pour éviter les secousses assez dures qu'occasione un trot un peu vif sur une rue à demi pavée. Bientôt le village de ..... fut à plusieurs milles derrière eux.

CHAPITRE XXX.

QUE LA PERTE D'UN FER A CHEVAL PEUT ÊTRE UN ACCIDENT TRÈS-FACHEUX.

Les manières et l'air de Waverley, mais par-dessus tout le brillant contenu de sa bourse, et l'indifférence avec laquelle il semblait le regarder, intimidaient un peu son compagnon, et l'empêchaient de faire aucune tentative pour entrer en conversation. Il formait dans son esprit diverses conjectures à l'égard de son compagnon de voyage, et divers plans, tous relatifs à son intérêt personnel, fondés sur ces conjectures. Les voyageurs chevauchèrent donc en silence, jusqu'à ce que le conducteur le rompît pour annoncer que son bidet avait perdu le fer d'un pied de devant, et que sans doute son honneur considérerait comme étant son affaire de le remettre.

C'était ce que les jurisconsultes appellent une question insidieuse, qui avait pour but de constater jusqu'à quel point Waverley était disposé à se soumettre à cette petite imposition, pour pouvoir agir ensuite en conséquence.

« Mon affaire de remettre le fer de votre cheval, maraud ! » répondit Waverley se méprenant sur l'intention de son interlocuteur.

« Sans doute, répondit M. Cruickshanks ; quoique ce cas n'ait point été prévu dans nos conventions, vous ne devez pas compter que je payerai les accidents qui arriveront à mon pauvre cheval pendant qu'il est au service de votre honneur... Pourtant, si votre honneur... »

— « Ah ! vous voulez dire que je payerai le maréchal ! mais où en trouverons-nous un ? »

Enchanté de voir son maître, ou au moins celui qu'il servait pour le moment, en de si bonnes dispositions, M. Cruickshanks l'assura que Cairnvreckan, un village dans lequel ils allaient entrer, possédait un maréchal excellent ; mais comme c'était un *professeur*, il ne ferrait pas un cheval, pour qui que ce fût, le dimanche ou un jour de fête, sinon en cas d'absolue nécessité, auquel cas il faisait payer six pences par fer. La partie de cette observation, la plus importante pour celui qui la faisait, ne fit guère d'impression sur l'esprit de celui qui l'écoutait ; il se demandait à quel collége appartenait ce professeur vétérinaire ; il ne savait pas qu'on donnait ce nom de professeur à ceux qui appliquaient à une austérité extraordinaire des faits de religion et de morale.

En entrant dans le village de Cairnvreckan, ils reconnurent aussitôt la maison du forgeron ; c'était en même temps une auberge ; elle était haute de deux étages, et elle élevait son toit, couvert d'une poussière grisâtre, au-dessus des misérables cabanes qui l'entouraient. Dans la forge qui était contiguë ne régnaient pas le silence et le repos que Ebenezer avait annoncés d'après la sainteté de son ami. Au contraire, les marteaux tombaient avec fracas sur l'enclume retentissante, les soufflets gémissaient, et tout l'appareil de Vulcain était en pleine activité, et ce n'était point pour des travaux pacifiques et agricoles. Le maître forgeron, nommé, comme on le lisait à l'enseigne, John Mucklewrath, avec deux compagnons, était fort occupé à arranger, réparer, fourbir de vieux mousquets, des pistolets, des épées, qui étaient entassés au fond de sa boutique, dans une confusion tout à fait militaire. Le hangar sous lequel se trouvait la forge était entouré de gens qui allaient et venaient, comme pour apporter ou recevoir d'importantes nouvelles. Il suffisait d'un regard sur le peuple qui traversait à la hâte la rue, ou qui se tenait assemblé en groupes, les yeux et les mains levés au ciel, pour concevoir que quelque événement extraordinaire agitait les esprits, dans la commune de Cairnvreckan. « Il y a des nouvelles, dit l'aubergiste du *Chandelier* en poussant brusquement au milieu de la foule son cheval décharné, et sa personne jaune et maigre. Il y a ici des nouvelles ; et, s'il plaît à mon Créateur, j'en saurai quelque chose. »

Waverley, contenant mieux sa curiosité que son compagnon, descendit de cheval et donna sa monture à garder à un enfant qui était là sans rien faire. Par un effet peut-être de la timidité de son caractère pendant sa première jeunesse, il sentit quelque répugnance à s'adresser à un étranger, même pour lui demander les plus simples renseignements, sans avoir préalablement examiné sa physionomie et son extérieur. Pendant qu'il promenait les yeux autour de lui pour découvrir la personne avec laquelle il entamerait plus volontiers la conversation, les mots qui se prononçaient de tous côtés autour de lui lui épargnèrent, pour ainsi dire, l'embarras de questionner. Les noms de Lochiel, Clanronald, Glengerry et autres chefs considérables des Highlands, parmi lesquels Vich-Jan-Vohr était le plus fréquemment cité, sortaient de la bouche des interlocuteurs aussi souvent que leurs propres noms. Et à l'alarme qui régnait sur tous les visages, il comprit que les chefs étaient déjà descendus dans les basses terres, ou du moins qu'on les y attendait d'un moment à l'autre.

Avant que Waverley pût demander quelques détails, une femme d'environ quarante ans, d'une grande taille, aux larges épaules, aux traits durs, habillée comme si ses vêtements eussent été mis sur elle avec une fourche, les joues couvertes d'un rouge écarlate partout où elle n'était pas barbouillée de suie et de noir de fumée, se fit jour au milieu de la foule; et, brandissant en l'air un enfant de deux ans qu'elle faisait sauter dans ses bras sans tenir compte des cris que lui arrachait la terreur, elle se mit à chanter de toute la force de ses poumons :

Le petit Charle est mon mignon,
Mon mignon, mon mignon ;
Le petit Charle est mon mignon,
Le jeune chevalier.

« Entendez-vous ceux qui vous arrivent, grands rustres de whigs? continua l'amazone; entendez-vous ceux qui descendent pour faire cesser votre tapage ?

Vous ne savez pas qui s'avance,
Vous ne savez pas qui s'avance :
Les fiers Macrows vont arriver. »

Le Vulcain de Cairnvreckan, qui reconnut sa Vénus dans cette bacchante inspirée, lui lançait déjà un regard furieux qui promettait une chaude dispute, quand un des anciens du village vint s'interposer. « Holà ! bonne femme, est-ce un temps, est-ce un jour à chanter vos folles chansons,... que le temps où le vin de la colère est tiré tout pur dans la coupe de l'indignation; que le jour où le pays va porter témoignage contre le papisme, l'épiscopat, le quakerisme, l'indépendance, la suprématie, l'érastianisme, l'antinomianisme, et toutes les erreurs de l'Église ? »

« Tout cela n'est que whiggerie, s'écria l'héroïne jacobite, whiggerie, pur presbytérianisme, méchants tondus, gueux de paysans!... Bah! pensez-vous que les amis en jupons s'inquiéteront de vos synodes, de vos presbytères, de votre calotte, de votre tabouret de repentir ? Au diable le noir tabouret ! on y a mis plus d'une honnête femme qui valait mieux qu'aucun whig du pays, et que moi-même. »

Ici, John Mucklewrath, craignant qu'elle n'entrât dans des explications qu'elle devait à son expérience, interposa son autorité maritale : « Va-t'en à la maison et sois d.....! (si je pouvais le dire) et prépare-nous à souper. »

« Et toi donc, vieux radoteur, répondit sa douce moitié, dont la colère qui jusque-là ne s'était répandue que sur toute l'assemblée, allait s'élancer impétueusement par son canal ordinaire, tu t'amuses à forger des pointes pour des épées qui ne toucheront jamais un montagnard, au lieu de gagner du pain pour ta famille, et de ferrer le cheval de ce jeune et beau gentilhomme qui arrive du nord! Je gagerais qu'il n'a pas toujours, comme vous autres, son roi George à la bouche; c'est un brave Gordon, pour le moins. »

Les yeux de l'assemblée se tournèrent aussitôt sur Waverley, qui profita de l'occasion pour prier le maréchal de ferrer promptement le cheval de son guide, parce qu'il désirait se remettre en route. Ce qu'il avait entendu lui suffisait pour comprendre qu'il y avait du danger à s'y arrêter plus long-temps. Les yeux du maréchal le fixèrent avec un regard de mécontentement et de soupçon, que n'atténuait nullement l'ardeur avec laquelle sa femme appuyait la demande de Waverley. « Eh bien, entends-tu ce que dit ce jeune et beau gentilhomme, ivrogne maudit, fieffé vaurien ? »

« Et quel peut être votre nom, monsieur ? » demanda Mucklewrath.

— « Peu vous importe, l'ami, pourvu que je vous paye votre travail ? »

« Mais c'est une chose importante pour le gouvernement, monsieur, répliqua un vieux fermier qui puait le whisky et la tourbe ; vous ne repartirez pas avant d'avoir vu le laird. »

« A coup sûr, s'écria Waverley fièrement, vous verrez qu'il sera difficile et dangereux de m'arrêter, à moins de produire l'ordre précis. »

Il y eut un repos... puis un chuchotement dans l'assemblée... « C'est le secrétaire Murray, — lord Louis Gordon, —peut-être le Chevalier lui-même ! » tels étaient les bruits qui circulaient de bouche en bouche, et on semblait de plus en plus disposé à retenir Waverley. Il essaya de leur parler avec douceur, mais son alliée volontaire, mistriss Mucklewrath, s'élança et l'interrompit dans son discours, parlant et agissant avec une violence qui était mise sur le compte d'Édouard par ceux qui s'en ressentaient. « Arrêterez-vous un gentilhomme ami du prince ? » car elle avait aussi, mais sans partager la haine des paysans, adopté l'opinion générale sur notre héros. « Osez donc le toucher ! » s'écriat-elle en étalant ses doigts longs et nerveux, armés d'ongles qu'un vautour lui aurait enviés. « J'appliquerai mes dix commandements sur la face du premier coquin qui le touchera du bout du doigt. »

« Et la maison ! bonne femme, dit le même fermier ; vous feriez mieux de soigner les enfants de ce brave homme que de nous menacer ici. »

« *Ses enfants !* répliqua l'amazone en regardant son mari avec une effroyable grimace de dédain... *Ses enfants !*

Que n'es-tu mort, mari si bon ?
Que n'es-tu des pieds à la tête,
En un lit couvert de gazon !
Déjà, dans sa peine secrète,
Pour mieux consoler son malheur,
Ta veuve a fait une conquête ;
Un montagnard charme son cœur. »

Ce cantique entraînant, qui fit rire sous cape la jeunesse mêlée à l'auditoire, épuisa la patience du timide desservant de l'enclume. « Diable m'enlève si je ne lui fais pas avaler cette barre de fer rouge ! » s'écria-t-il dans un accès de fureur, en tirant la barre de la fournaise ; et il eût exécuté sa menace, si une partie de la foule ne l'eût arrêté, tandis que l'autre s'efforçait d'entraîner l'héroïne hors de sa présence.

Waverley songea à s'échapper dans la confusion, mais il n'apercevait plus son cheval. A la fin il découvrit à quelque distance son fidèle guide Ebenezer qui, voyant la tournure que les affaires allaient prendre, avait retiré les deux chevaux de la foule, et, monté sur l'un, tenant l'autre par la bride, répondit à Waverley qui lui criait à tue-tête d'amener son cheval : « Non, non ! Si vous n'êtes ami ni du roi, ni de l'Église, si on vous arrête comme suspect, vous avez un compte à régler avec les anciens pour manque de parole ; je garde donc le bidet et la valise comme dommages et intérêts, vu que mon cheval et moi nous perdrons la journée de demain, sans parler du sermon du soir. »

Édouard perdit patience : assailli, poussé dans tous les sens par la foule, s'attendant à chaque instant à des voies de fait, il avisa au moyen de les intimider, et saisissant enfin ses pistolets, il menaça de brûler la cervelle au premier qui oserait le toucher, et enjoignit à Ebenezer par un argument semblable de ne point reculer d'un pas avec les chevaux. Le sage Partridge dit qu'un homme avec un pistolet peut combattre cent ennemis désarmés, parce que s'il n'en a qu'un à tuer sur le nombre, chacun peut craindre d'être la malheureuse victime. La levée en masse de Cairnvreckan aurait donc sans doute reculé; Ebnezer lui-même, dont la pâleur habituelle avait pris une teinte trois fois plus cadavéreuse, n'eût pas osé désobéir à cet ordre péremptoire, si le Vulcain du village, brûlant de décharger sur quelqu'un qui en fût digne la fureur que sa femme avait provoquée, et ravi de trouver ce quelqu'un dans Waverley, n'eût couru à lui avec la barre de fer rouge, et si bien déterminé qu'Édouard fut forcé pour se défendre de tirer son pistolet. Le malheureux fut renversé; et pendant que Waverley, saisi d'horreur à cet accident, n'avait pas la présence d'esprit de saisir son épée ou de prendre son autre pistolet, la populace se jeta sur lui, le désarma, et allait sans doute user de violence, quand un vénérable ecclésiastique, le pasteur de la paroisse, mit un frein à leur fureur.

Ce digne homme, qui n'était ni un Goukthrapple, ni un Rentowel, se faisait respecter du bas peuple, quoiqu'il prêchât la pratique aussi bien que la théorie abstraite du christianisme; il s'était concilié l'estime des hautes classes, bien qu'il refusât de flatter leurs erreurs spéculatives en convertissant la maison de l'Évangile en une école de morale païenne. Quoique son ministère ait fait époque dans les annales de Cairnvreckan, tellement que les gens de la paroisse, en parlant d'une chose arrivée il y a soixante ans, disent encore qu'elle arriva « au temps du bon M. Morton; » toutefois, c'est probablement ce mélange de la pratique et de la théorie qui m'a empêché de savoir s'il était du parti évangélique ou du parti modéré de l'Église. Mais cette question me semble peu importante, depuis que l'un, je le m'en souviens encore, eut pour chef un Erskine et l'autre un Roberston [1].

---

[1]. Le Révérend John Erskine D. D., célèbre théologien écossais, homme excellent, était chef du parti évangélique dans l'église d'Écosse, en même temps que le fameux Robertson l'historien

M. Morton avait été alarmé par le bruit du pistolet et par le tumulte toujours croissant autour de la forge. Son premier soin, après avoir recommandé aux spectateurs de retenir Waverley, mais sans lui faire de mal, fut de s'occuper du malheureux Mucklewrath sur lequel sa femme, par un retour subit d'affection, criait, hurlait, déchirait son visage de sorcière, dans un accès de frénésie. En relevant le forgeron, on s'aperçut bientôt qu'il n'était pas mort, mais tout aussi propre à la vie que s'il n'eût jamais entendu un coup de pistolet. Pourtant il l'avait échappé belle, la balle lui avait effleuré la tête, et l'avait étourdi pour une minute ou deux, étourdissement que sa terreur et son trouble avaient un peu prolongé; il ne se remit sur pied que pour demander vengeance sur Waverley, et ce fut avec peine qu'il se rendit à la proposition de M. Morton, de faire conduire l'inconnu devant le laird, comme juge de paix, et de le remettre entre ses mains. Toute l'assemblée approuva la mesure, même mistriss Mucklewrath qui venait de reprendre l'usage de ses sens. « Je ne m'oppose pas aux volontés du ministre, dit-elle en larmoyant; il a toujours bien fait son métier, et j'espère le voir quelque jour affublé d'une belle robe d'évêque, ce qui est plus joli, je pense, que vos manteaux et vos ceintures de Genève. »

Les querelles ainsi terminées, Waverley, escorté par tous les habitants du village qui pouvaient marcher, fut conduit au château de Cairnvreckan à un demi-mille de distance.

CHAPITRE XXXI.

UN INTERROGATOIRE.

LE major Melville de Cairnvreckan, gentilhomme déjà sur l'âge qui avait passé à la tête du parti modéré. Ces deux illustres ministres desservaient ensemble l'église des vieux moines gris à Édimbourg; et malgré leur différence d'opinion politique, ils vivaient en parfaite harmonie, comme amis privés et comme chargés de la même cure. A. M.

sé sa jeunesse au service, reçut M. Morton avec beaucoup d'amitié, et notre héros avec une politesse que les circonstances où se trouvait Édouard rendaient roide et contrainte.

Le major s'informa de la blessure qu'avait reçue le forgeron; comme elle était fort légère, et qu'Édouard n'avait agi que dans un cas de légitime défense, le major jugea qu'il devait borner le châtiment de Waverley à une petite somme, déposée entre ses mains, pour soulager le blessé.

« Je souhaiterais, monsieur, continua-t-il, qu'ici se bornât mon devoir; mais je suis forcé de vous adresser quelques questions sur les motifs de votre voyage, à cette époque de troubles et d'agitation. »

M. Ebenezer Cruickshanks s'avança en ce moment, et communiqua au magistrat tout ce qu'il savait ou conjecturait, d'après la réserve de Waverley et les réponses évasives de Callum Beg. Il connaissait, disait-il, le cheval que montait Édouard pour appartenir à Vich-Jan-Vohr; il n'osait pas en affirmer autant de l'homme qui accompagnait auparavant Édouard, dans la crainte que quelque nuit sa maison et ses étables ne fussent incendiées par cette race maudite des Mac-Ivor. Il termina en appuyant beaucoup sur les services qu'il croyait rendre à l'Église et à l'État, ayant été l'instrument, avec l'aide de Dieu, comme il le disait modestement, au moyen duquel avait été arrêté le redoutable et dangereux délinquant. Il insinua qu'il espérait être récompensé, et en attendant être dédommagé immédiatement de la perte de son temps, et même du tort qu'il avait fait à sa réputation en voyageant pour le service du public un jour de fête.

Le major Melville répondit avec un grand sang-froid que, loin de se prévaloir de sa conduite en cette circonstance, M. Cruickshanks devrait se trouver bien heureux s'il échappait à une forte amende, pour n'avoir pas, conformément à la proclamation récemment publiée, rendu compte au magistrat le plus voisin de tous les étrangers qu'il avait reçus dans son auberge; que M. Cruickshanks, faisant sonner bien haut son attachement à la religion et au roi, il n'attribuait pas sa conduite à la désaffection, mais qu'il ne pouvait s'empêcher de croire que le zèle de M. Cruickshanks pour l'Église et pour l'État avait cédé à la tentation de faire payer à un étranger le loyer de son cheval deux fois plus qu'il ne valait; qu'en définitive, se trouvant incompétent pour prononcer tout seul sur la conduite d'une personne aussi importante, il laisserait le soin de la juger à la prochaine session des juges de paix du comté. L'aubergiste du *Chandelier d'or* se retira confus et mécontent : notre histoire ne fait plus mention de lui.

Le major Melville ordonna aux villageois de s'en retourner chez eux; il n'en retint que deux qui faisaient l'office de constables, et auxquels il commanda d'attendre en bas. Tout le monde retiré, il ne resta donc dans la chambre que M. Morton, qui demeura sur l'invitation du major, une espèce d'homme d'affaires qui servait de greffier, et Waverley lui-même. Un silence pénible et embarrassé dura pendant quelques instants; enfin le major, après avoir regardé Waverley avec compassion, et consulté à diverses reprises son papier ou *memorandum* qu'il tenait à la main, lui demanda son nom.

— « Édouard Waverley. »

— « C'est ce que je pensais; dernièrement dans le.... régiment de dragons, neveu de sir Waverley de Waverley ? »

— « Oui, monsieur. »

— « Jeune homme, je suis bien affligé d'avoir à remplir un si pénible devoir. »

— « Si c'est un devoir, major Melville, vous n'avez pas besoin d'excuses. »

— « Vous avez raison, monsieur. Permettez-moi donc de vous demander de quelle manière vous avez employé votre temps depuis que vous avez obtenu l'autorisation de quitter votre régiment, il y a quelques mois, jusqu'à ce moment. »

I.

« Ma réponse à une question si générale, dit Waverley, dépendra de la nature des charges qui vous portent à m'interroger. Je demande à connaître quelles sont ces charges, et quelle autorité m'impose le devoir de vous répondre? »

— « Ces charges, monsieur Waverley, je le dis avec peine, sont bien graves ; elles vous attaquent et comme soldat et comme sujet : en la première qualité, vous êtes accusé d'avoir répandu l'indiscipline et l'esprit de rébellion parmi les hommes que vous commandiez ; de leur avoir donné l'exemple de la désertion, en prolongeant votre absence du régiment, au mépris des ordres formels de votre colonel ; comme sujet, vous êtes accusé de haute trahison, et d'avoir pris les armes contre le roi, le plus grand crime dont un homme puisse se rendre coupable contre son souverain.

— « Et quelle autorité m'impose le devoir de répondre à de si odieuses calomnies? »

— « Une autorité à laquelle vous devez respect et obéissance. »

Il remit dans les mains de Waverley un mandat de la cour criminelle d'Écosse, en bonne forme, pour arrêter et détenir la personne d'Édouard Waverley, *esquire*, suspect de menées contre le gouvernement, et autres crimes d'état et actes de trahison.

L'étonnement que Waverley laissa paraître à cette lecture fut attribué, par le major Melville, au trouble d'une conscience coupable, mais M. Morton était plus enclin à ne le considérer que comme la surprise de l'innocence injustement accusée. Il y avait quelque chose de vrai dans les conjectures de l'un et de l'autre : quoique Édouard au fond du cœur se sentît innocent du crime qu'on lui imputait, cependant, en jetant un rapide coup d'œil sur sa conduite passée, il reconnut qu'il ne pourrait, sans grande difficulté, se justifier aux yeux des autres.

« C'est une circonstance déplorable, dans cette affaire toute pénible pour moi, dit le major Melville après un moment de silence, que je sois obligé, vu la gravité des soupçons qui pèsent sur vous, d'exiger communication de tous les papiers dont vous êtes porteur.

« Volontiers, monsieur, sans réserve, dit Édouard en mettant sur la table son portefeuille et son agenda ; cependant il y a un papier que je vous prierai de ne point examiner. »

— « Je suis désolé, monsieur Waverley, de ne pouvoir vous accorder cette demande. »

— « Vous verrez donc cette pièce, monsieur ; mais comme elle ne peut être d'aucune utilité, je vous prierai de me la remettre. »

Il tira de son sein les vers qu'il avait reçus le matin, et les présenta avec leur enveloppe. Le major les lut en silence, et les passa à son clerc pour qu'il en tirât copie. Il plaça cette copie dans l'enveloppe, mit le tout devant lui sur la table, et repassa l'original à Waverley avec un air grave et triste.

Après avoir donné au prisonnier (car nous pouvons maintenant regarder notre héros comme prisonnier) le temps qu'il jugea nécessaire pour qu'il pût recueillir ses idées, le major Melville reprit son interrogatoire. Il commença par dire que M. Waverley se plaignant des questions générales, il lui en adresserait d'aussi spéciales qu'il lui serait possible, d'après les renseignements qu'il possédait sur l'affaire. Il continua donc son interrogatoire, ayant soin de répéter ses demandes et les réponses de l'accusé au greffier, qui consignait les unes et les autres par écrit.

— « Connaissez-vous, monsieur Waverley, un nommé Humphry Houghton, sous-officier dans les dragons de Gardiner? »

— « Certainement ; il était brigadier de ma compagnie, et fils d'un des fermiers de mon oncle. »

— « C'est cela. Et il avait une grande part dans votre confiance, et beaucoup d'influence sur ses camarades. »

« Je n'ai jamais accordé ma confiance

à un homme de cette condition, répondit Waverley. J'aimais le brigadier Houghton comme un garçon plein d'intelligence et d'activité ; et je crois que ses camarades l'estimaient à cause des mêmes qualités. »

— « Mais c'est l'intermédiaire dont vous vous serviez pour communiquer avec les soldats de votre compagnie qui avaient été recrutés à Waverley ? »

— « Oui, sans doute. Ces pauvres gens se trouvant dans un régiment presque entièrement composé d'Irlandais et d'Écossais, s'adressaient à moi dans tous leurs petits malheurs, et naturellement ils choisissaient un compatriote et un brigadier pour orateur en de pareilles occasions. »

« Le brigadier Houghton, continua le major, avait donc surtout de l'influence sur les jeunes gens des domaines de votre oncle qui vous avaient suivi au régiment? »

— « Sans doute. Mais qu'y a-t-il de commun entre cela et mon arrestation ? »

— « C'est ce que je vais vous apprendre ; et je vous prie de me répondre avec la plus entière franchise. Avez-vous, depuis que vous avez quitté le régiment, entretenu aucune correspondance, directe ou indirecte, avec le brigadier Houghton? »

— « Moi ! entretenir une correspondance avec un homme de cette condition et de ce grade ! Comment et pourquoi ? »

— « C'est à vous de l'expliquer. Mais ne lui avez-vous pas écrit pour lui demander quelques livres ? »

— « Vous me faites souvenir d'une commission que je donnai au brigadier Houghton, parce que mon domestique ne savait pas lire. Je me rappelle lui avoir ordonné par une lettre de se procurer certains livres dont je lui envoyai la liste, et de me les expédier à Tully-Veolan. »

— « Et de quelle nature étaient ces livres? »

— « C'étaient, pour la plupart, des ouvrages de littérature; ils étaient destinés aux lectures d'une dame. »

— « Ne se trouvait-il pas, dans le nombre, monsieur Waverley, des écrits contre le gouvernement et des pamphlets? »

— « Il y avait quelques traités sur des matières politiques, auxquels je donnai à peine un coup d'œil. Ils m'avaient été adressés par l'obligeance d'un excellent ami, plus estimable pour la droiture de son cœur que pour la prudence de ses lumières en politique ; c'étaient, à ce qu'il me parut, des compositions sans aucun mérite. »

« Cet ami, continua l'opiniâtre interrogateur, était M. Pembroke, un ecclésiastique non assermenté, auteur de deux traités contre le gouvernement, dont les manuscrits ont été trouvés dans votre bagage? »

« Mais dont, je vous en donne ma parole de gentilhomme, je n'ai jamais lu l'exposé, » répliqua Waverley.

— « Je ne suis pas votre juge, monsieur Waverley : votre interrogatoire sera transmis à qui de droit. Continuons..... Connaissez-vous une personne qui se nomme Wily Will, ou Will Ruthven ? »

— « Voilà la première fois que j'en entends parler. »

« N'avez-vous jamais, par son intermédiaire ou par celui de tout autre, excité le brigadier Houghton à déserter avec autant de ses camarades qu'il en pourrait entraîner avec lui, afin de se joindre aux Highlandais et aux autres rebelles maintenant en armes sous les ordres du jeune Prétendant? »

— « Je vous jure que non seulement je suis parfaitement innocent des pratiques criminelles que vous m'imputez, mais que je les déteste du fond de mon ame ; et quand je devrais y gagner un trône pour moi ou pour quelque homme que ce fût, je ne me rendrais pas coupable d'un telle trahison. »

— « Cependant quand je considère cette enveloppe, de la main d'un des gentilshommes égarés qui sont maintenant en armes contre leur pays, et les vers qu'elle renferme, je ne puis m'empêcher de trouver quelque analogie entre l'entreprise dont je vous ai parlé et les exploits de Wogan, que l'auteur de l'enveloppe semble espérer que vous prendrez pour modèle. »

Waverley fut confondu de cette coïncidence, mais il nia qu'on pût considérer les désirs ou les espérances de l'auteur de la lettre comme les preuves d'une accusation qui n'avait aucun fondement.

— « Mais, si je suis bien informé, votre temps, durant votre absence du régiment, a été partagé entre la maison de ce chef de montagnards et celle de monsieur Bradwardine de Bradwardine, qui a aussi pris les armes pour cette malheureuse cause ? »

— « Je n'en disconviens pas ; mais je nie de la manière la plus formelle avoir eu connaissance de leurs projets contre le gouvernement. »

— « Cependant vous ne nierez pas, je le présume, avoir accompagné votre hôte Glennaquoich à un rendez-vous où, sous prétexte d'une partie de chasse générale, la plupart des complices de cette trahison se réunirent pour se concerter sur les moyens et l'époque de leur soulèvement. »

« Je reconnais, dit Waverley, que j'ai assisté à cette réunion ; mais je n'ai rien vu, rien entendu qui pût me faire supposer qu'elle avait le but que vous lui donnez. »

« De là, continua le magistrat, vous allâtes avec Glennaquoich et une partie de son clan rejoindre l'armée du jeune Prétendant, et, après lui avoir présenté vos hommages, vous revîntes pour armer et enrégimenter le reste du clan, et le réunir à l'armée du prince lorsqu'elle se dirigeait vers le sud. »

— « Je n'ai jamais voyagé avec Glennaquoich dans une telle intention. Voici la première fois que j'entends dire que la personne que vous avez nommée est dans ce pays-ci. »

Il raconta alors en détail l'accident qui lui était arrivé à la partie de chasse ; il ajouta qu'à son retour il s'était trouvé tout à coup privé de sa commission ; il avoua qu'alors pour la première fois il avait remarqué parmi les Highlandais des symptômes qui indiquaient de leur part l'intention de prendre les armes ; il ajouta encore, que n'ayant aucune inclination pour s'associer à eux, et aucune raison de rester plus long-temps en Écosse, il retournait en ce moment dans son pays natal où il était rappelé par des personnes qui avaient le droit de diriger sa conduite, ainsi que le major Melville le reconnaîtrait par les lettres qui étaient sur la table.

Le major Melville, déférant à cette invitation, prit lecture des lettres de Richard Waverley, de sir Éverard, et de la tante Rachel ; mais les conséquences qu'il en tira n'étaient pas telles que l'espérait Waverley. Il y vit le langage de la haine contre le gouvernement, des projets de vengeance assez clairement exprimés ; et la lettre de miss Rachel, qui affirmait positivement la justice de la cause des Stuarts, parut au major une déclaration franche des sentiments que les autres n'exprimaient que d'une façon détournée.

« Permettez-moi encore une question, monsieur Waverley, dit le major Melville : n'avez-vous pas reçu plusieurs lettres de votre colonel, où il vous invitait et vous enjoignait de revenir à votre poste, et vous avertissait de l'usage qu'on avait fait de votre cachet pour semer l'esprit de mécontentement parmi les soldats ? »

— « Non, major Melville. Je n'ai reçu de mon colonel qu'une lettre où il exprimait, avec beaucoup de civilité, le désir que je n'employasse pas tout le temps de mon congé à résider à Bradwardine ; ce qui, je l'avoue, me parut de sa part une recommandation un peu indiscrète ; enfin, le jour même où je lus dans la gazette que j'étais remplacé, je reçus du colonel Gardiner une seconde lettre où il m'ordonnait de rejoindre le régiment ; mais, à cause de l'absence dont je viens de vous parler, cette lettre m'arrivait quand il n'était plus temps d'y obéir. S'il y a eu quelques lettres à moi adressées par le colonel entre ces deux-là, et le noble caractère du colonel ne me permettrait pas d'en douter, elles ne me sont jamais parvenues. »

« J'ai oublié, monsieur Waverley, continua le major Melville, de vous demander des détails sur une circonstance moins importante, mais dont on a parlé dans le public à votre désavantage. On a dit qu'un toast contre le gouvernement établi ayant été proposé en votre présence, vous, officier dans les troupes de Sa Majesté, vous avez laissé à un gentilhomme de la compagnie le soin de demander raison de cet outrage. Ceci, monsieur, ne peut être le sujet d'une accusation contre vous devant une cour de justice ; mais si, comme j'en suis informé, les officiers de votre régiment vous ont demandé des explications sur un tel bruit, en votre qualité de gentilhomme et de militaire, je ne puis que m'étonner que vous ne les ayez point satisfaits. »

C'en était trop ; environné, pressé de tous côtés par des accusations dans lesquelles de grossiers mensonges se trouvaient mêlés avec des circonstances véritables, de telle sorte qu'elles ne pourraient manquer de le rendre vraisemblables ; seul, sans amis, loin de son pays, Waverley crut que c'en était fait de son honneur et de sa vie ; appuyant sa tête sur sa main, il refusa de répondre davantage aux questions du major, puisque les réponses franches et sincères qu'il avait faites jusqu'à présent avaient servi uniquement à fournir des armes contre lui.

Sans laisser paraître ni surprise ni mécontentement de la résolution de Waverley, le major Melville continua, avec un sang-froid imperturbable, à lui adresser de nouvelles questions. « Que me sert de vous répondre ? dit tristement Édouard ; vous paraissez convaincu que je suis coupable, et dans chacune de mes répliques vous découvrez une nouvelle raison en faveur de l'opinion que vous avez conçue d'avance. Jouissez donc de votre triomphe supposé, et ne me tourmentez pas davantage. Si je suis coupable de la lâcheté et de la trahison que vos soupçons font peser sur moi, je ne mérite pas que vous ajoutiez foi à aucune de mes réponses. Si ces soupçons sont injustes, et Dieu et ma conscience sont témoins qu'ils le sont, je ne vois pas pourquoi je prêterais, par ma franchise, des armes contre moi à mes accusateurs. Je ne vois donc aucune raison pour répondre un mot de plus, et je suis déterminé à persister dans cette résolution. » Et il reprit l'attitude d'un homme décidé à un silence triste et opiniâtre.

« Permettez-moi, dit le magistrat, de vous faire envisager quels avantages vous pourriez espérer d'un aveu sincère et sans réserve. Les jeunes gens sans expérience, monsieur Waverley, sont souvent la dupe des artifices d'hommes adroits et perfides : un de vos amis au moins (je veux parler de Mac-Ivor de Glennaquoich) peut être rangé parmi ces derniers, et à une des premières places. Et à votre candeur apparente, à votre jeunesse, à votre ignorance des mœurs des Highlandais, on vous placerait volontiers parmi les premiers : dans une telle position, un faux pas, un moment d'erreur comme la vôtre, que je serais heureux de pouvoir considérer comme involontaire, pourraient vous être pardonnés, et je solliciterais volontiers en votre faveur. Mais vous devez nécessairement connaître les forces des seigneurs de ce pays qui ont pris les armes, leurs moyens d'attaque, leurs plans ; j'espère donc que vous mériterez cette intercession de ma part, par une déclaration franche et sincère de tout ce qui est venu à votre connaissance sur chacun de ces sujets. Dans ce cas, je crois pouvoir vous assurer que la part que vous avez prise à ces criminelles intrigues n'aura pour vous d'autres fâcheuses conséquences que quelques jours de prison. »

Waverley écouta avec un grand sang-froid cette exhortation jusqu'à la fin; mais se levant tout à coup avec une énergie qu'il n'avait pas fait paraître jusque-là : « Major Melville, puisque c'est là votre nom, dit-il, jusqu'à présent j'ai répondu à vos questions avec franchise, ou j'ai, avec calme, refusé d'y répondre, parce qu'elles ne concernaient que moi seul ; mais, puisque vous me croyez l'ame assez basse pour me faire le délateur de ceux qui, quels que soient leurs torts politiques, m'ont reçu chez eux comme un hôte et comme un ami, je vous déclare que je regarde vos questions comme plus injurieuses mille fois que vos soupçons calomnieux ; et, puisque ma mauvaise fortune ne me laisse d'autre moyen de vous témoigner, pour le moment, de mon ressentiment qu'une défiance de vos insinuations, vous m'arracherez plutôt le cœur qu'une parole sur des choses que je ne puis connaître que grace à l'aveugle confiance de mes généreux hôtes. »

M. Morton et le major se regardèrent : le premier, qui, dans le cours de l'interrogatoire, avait été à plusieurs fois pris d'accès de toux, fut contraint d'avoir recours à sa tabatière et à son mouchoir.

« Monsieur Waverley, dit le major, ma situation présente me défend également de faire ou de souffrir une insulte; je ne prolongerai pas davantage une discussion qui pourrait bientôt se terminer par l'une et par l'autre. Je crains d'être obligé de signer un mandat de détention contre vous ; mais, provisoirement, ma maison vous servira de prison. Ne puis-je espérer que vous accepterez à souper avec nous ? » — Édouard secoua la tête en signe de refus. « Je ferai porter des rafraîchissements dans votre appartement. »

Notre héros salua et se retira. Deux constables le conduisirent à une chambre petite mais propre. Il ne toucha ni au vin ni aux mets qu'on lui offrit; il se jeta sur son lit, harassé par les aventures fatigantes et par les agitations violentes de cette journée d'infortunes, et tomba dans un profond sommeil. C'était plus qu'il n'espérait lui-même ; mais on dit que les Indiens de l'Amérique du Nord, attachés au poteau ou lit de torture, dans les intervalles de leur agonie, s'endorment si profondément, qu'on ne peut les éveiller qu'en appliquant sur leurs corps des charbons ardents.

CHAPITRE XXXII.

UNE CONFÉRENCE ET SES RÉSULTATS.

Le major Melville avait retenu M. Morton pendant l'interrogatoire de Waverley, pour deux motifs : il espérait pouvoir profiter de son bon sens, de ses lumières, et de son attachement reconnu au gouvernement établi ; il voulait en outre avoir un témoin de la franchise sans bornes et de la loyauté de ses procédés, quand il s'agissait de l'honneur et de la vie d'un jeune Anglais d'un haut rang, d'une famille distinguée, et l'héritier présomptif d'une très-grande fortune. Chaque pièce de cette instruction serait soigneusement examinée ; il tenait, pour sa justification personnelle, à mettre sa justice et son intégrité au-dessus de toute espèce de soupçon.

Waverley retiré, le laird et l'ecclésiastique s'assirent en silence devant la table dressée pour le souper. Tant que les domestiques furent là, ni l'un ni l'autre ne se souciait de parler du sujet qui l'occupait, et était peu disposé aussi à en choisir un autre. La jeunesse de Waverley, la candeur qui paraissait dans toutes ses réponses, formaient un contraste singulier avec les tristes soupçons qui planaient sur lui ; il y avait en lui une naïveté, des manières libres et ouvertes, qui semblaient annoncer un jeune homme peu familier aux ruses de l'intrigue, et qui plaidaient hautement en sa faveur.

M. Morton et le major repassaient dans leurs souvenirs les particularités de l'interrogatoire, et chacun les voyait diversement, selon ses propres sentiments. Tous deux étaient doués d'un esprit vif et perçant, tous deux également en état de combiner entre elles les diverses circonstances d'un récit, et d'en tirer des conséquences justes et bien déduites; mais la différence de leur éducation et de leurs habitudes leur faisait souvent tirer des mêmes faits des conclusions bien peu d'accord entre elles.

Le major Melville avait passé sa vie au milieu des camps et du monde. Sa profession l'avait rendu vigilant; l'expérience l'avait rendu circonspect. Il avait vu dans la société beaucoup de mal, et quoique lui-même magistrat intègre et homme de bien, ses opinions sur les autres étaient toujours sévères, quelquefois jusqu'à l'injustice. Au contraire, M. Morton, après les travaux littéraires de l'université, où il était aimé de ses camarades et considéré de ses maîtres, avait pris possession de la vie heureuse et tranquille qu'il menait encore; là, il n'avait eu que bien peu d'occasions de voir le mal, et toujours pour encourager le repentir et l'amendement des coupables; ses paroissiens, pleins d'amour et de respect pour lui, s'acquittaient, pour ainsi dire, de la tendre affection qu'il leur portait, en lui cachant ce qui l'aurait vivement affligé, les infractions aux lois de la morale qu'il leur recommandait avec tant de zèle et d'onction de suivre. Quoique le major et lui fussent bien vus dans le pays, c'était cependant un proverbe fort répandu que le laird ne connaissait que le mal qui se faisait dans la paroisse, et le ministre que le bien.

L'amour des lettres, quoique subordonné à ses études et à ses devoirs comme ecclésiastique, était l'un des goûts les plus vifs du pasteur de Cairnvreckan. Ce goût avait donné, dans sa jeunesse, à son esprit une tournure un peu romanesque, tournure que les accidents de la vie réelle n'avaient pas entièrement détruite. La mort prématurée d'une femme jeune et aimable, qu'il avait épousée par amour, et que suivit bientôt dans la tombe un fils unique, répandait encore, bien des années après ces tristes événements, une teinte de mélancolie sur un caractère naturellement doux et rêveur. Ses sentiments en cette occasion ne pouvaient donc s'accorder avec ceux du militaire rigide, du magistrat sévère, de l'homme du monde soupçonneux.

Quand les domestiques se furent retirés, le silence continua entre les deux convives, jusqu'à l'instant où le major Melville, après avoir rempli son verre et passé la bouteille à M. Morton, commença l'entretien.

«Voilà une affligeante affaire, monsieur Morton! Je crains que ce jeune homme ne se soit lui-même attaché la corde au cou....»

«Que Dieu nous en préserve!» répondit le ministre.

«Ainsi soit-il! répondit le magistrat; mais je doute que votre logique, tout indulgente qu'elle soit, puisse empêcher cette conclusion.»

«Sûrement, major, répondit l'ecclésiastique, je puis espérer que ce malheur n'arrivera pas, d'après ce que nous avons entendu ce soir.»

«Vous croyez? répliqua Melville; mais, mon bon ministre, vous êtes de ceux qui veulent étendre sur tous les criminels l'indulgence de l'Église.»

— «Oui, sans doute, je le voudrais; pardon et résignation, voilà les bases de la doctrine que j'ai mission d'enseigner.»

— « C'est très-bien parler sous le rapport religieux; mais le pardon accordé à un criminel pourrait être une grande injustice pour le reste des citoyens. Je ne parle point de ce jeune homme en particulier; je souhaite du fond de mon cœur qu'il puisse se justifier, car sa modestie et sa vivacité me plaisent. Mais je crains qu'il n'ait mis sa tête en un grand péril....»

— «Et pourquoi? Des centaines de gentilshommes égarés ont maintenant les armes à la main contre le gouvernement· beaucoup, on n'en peut douter, par des principes que l'éducation et des préjugés d'enfance ont décorés à leurs yeux des noms de patriotisme et d'héroïsme. La justice, quand elle choisira ses victimes parmi cette multitude (car sûrement elle ne les frappera pas toutes), tiendra compte des motifs de leur faute. Que celui que l'ambition, que l'espérance d'un avantage personnel a porté à troubler la paix d'un gouvernement bien établi, soit offert en holocauste aux lois qu'il a violées ; mais la jeunesse égarée par des rêves de la chevalerie et d'une loyauté imaginaire, obtiendra pardon. »

« Si les lois de la chevalerie et une loyauté imaginaire poussent au crime de haute trahison, répliqua le magistrat, je ne connais pas de cour de justice dans la chrétienté, mon cher monsieur Morton, où elles obtiendront leur *habeas corpus.* »

« Mais je ne vois pas que le crime de ce jeune homme soit si bien prouvé, Dieu merci ! » dit le ministre.

« Parce que la bonté de votre cœur obscurcit votre bon sens, répliqua le major. Écoutez-moi un peu : ce jeune homme descend d'une famille où les sentiments jacobites sont héréditaires ; son oncle est le chef du parti tory dans le comté de......; son père est un courtisan disgracié et mécontent, son précepteur un ecclésiastique non assermenté, auteur de deux pamphlets contre le gouvernement. Ce jeune homme donc entre dans les dragons de Gardiner, amenant avec lui un corps de recrues levées dans les domaines de son oncle, qui n'ont pas manqué, quand l'occasion s'est présentée, de manifester dans leurs disputes avec leurs camarades les principes religieux qu'ils avaient reçus à Waverley. Waverley témoigne un intérêt extraordinaire à ces jeunes gens; ils ont de l'argent plus qu'il n'est nécessaire à un soldat et qu'il ne convient pour le maintien de la discipline; ils sont sous les ordres d'un brigadier par le moyen duquel ils entretiennent avec leur capitaine des communications extrêmement fréquentes; ils se considèrent comme indépendants des autres officiers, et comme supérieurs à leurs camarades.»

— « Tout cela, mon cher major, s'explique naturellement par leur attachement à leur jeune seigneur, et par cela qu'ils se trouvaient dans un régiment levé presque entièrement au nord de l'Irlande et au midi de l'Écosse, par conséquent au milieu de camarades disposés à leur chercher querelle en leur double qualité d'Anglais et de membres de l'église épiscopale. »

« Très-bien, ministre, répondit le magistrat. Je voudrais que quelques membres de votre synode vous eussent entendu ; mais laissez-moi continuer. Ce jeune homme obtient la permission de s'absenter de son régiment, il va à Tully-Veolan. Les principes du baron de Bradwardine ne sont inconnus à personne, sans parler qu'il a été tiré d'affaire par l'oncle de ce jeune homme en 1715 ; il s'engage dans une querelle, ou il a, dit-on, manqué aux devoirs que lui imposait sa qualité d'officier; le colonel Gardiner lui écrit, en termes fort doux d'abord, plus sévèrement ensuite : vous ne doutez pas qu'il ne l'ait fait, puisqu'il le dit; le corps des officiers lui demande des explications sur sa querelle ; il ne répond ni à son colonel, ni à ses camarades. Pendant ce temps, ses soldats se mutinent et méprisent la discipline. A la fin, quand la nouvelle de la malheureuse insurrection des Highlands se répand, son favori le brigadier Houghton et un autre sont surpris en correspondance avec un émissaire français accrédité, d'après la propre déclaration de celui-ci, par le capitaine Waverley, lequel, toujours d'après le dire du coupable, l'engageait à déserter avec la compagnie, et à rejoindre le capitaine alors auprès du prince Charles. Cependant ce loyal capitaine, ainsi qu'il nous l'a avoué, résidait à Glennaquoich avec le plus actif, le plus rusé, le plus audacieux jacobite d'Écosse. Il va avec lui au moins jusqu'à leur rendez-vous, et peut-être encore un peu plus loin. Deux

ÉCOSSE (Comté de Perth).

Abercairnay Abbey.

1. Écosse.

lettres pendant ce temps-là lui sont adressées; la première, pour l'avertir de l'esprit de rébellion qui régnait dans sa compagnie; la seconde, pour lui enjoindre péremptoirement de revenir au régiment; ce que le bon sens tout seul aurait dû lui suggérer de faire, quand il fut informé des progrès de l'insubordination parmi les soldats. Il répond par un refus positif et en renvoyant son brevet de capitaine. »

« On le lui avait déjà retiré, » dit M. Morton.

— « Oui, mais il exprime le regret d'avoir été prévenu. On saisit son bagage à la garnison et à Tully-Veolan; on y trouve un assortiment de pamphlets jacobites, suffisant pour empester tout un comté, sans parler des manuscrits de son digne ami et précepteur, M. Pembroke. »

« Il a dit ne les avoir jamais lus, » répondit le ministre.

— « En tout autre cas, je l'aurais cru, car le style en est aussi pédantesque et aussi plat que les sentiments en sont criminels. Mais croyez-vous que, si ce n'était par considération pour les principes qui y sont professés, un jeune homme de cet âge emporterait un tel fatras avec lui? Quand on reçoit la nouvelle que le Prétendant approche, il se met en route sous une espèce de déguisement, il refuse de dire son nom, il monte un cheval connu pour avoir appartenu à Glennaquoich; il porte sur lui des lettres de sa famille, où l'on trouve l'expression de la haine la plus violente contre la maison de Brunswick, et une pièce de vers en l'honneur d'un capitaine Wogan, qui abandonna le service du parlement pour se joindre à la tête d'un corps de cavalerie anglaise aux Highlandais insurgés, quand ils prirent les armes pour rétablir la famille des Stuarts. C'est précisément ce qu'il voulait faire lui-même. Et au bas de ces vers, un *imitez-le* est écrit de la main de ce loyal sujet, de cet ami de la paix et du gouvernement, Fergus Mac-Ivor de Glennaquoich Vich-Jan-Vohr, etc.

Et enfin, continua le major Melville qui s'échauffait en exposant ses divers moyens de conviction, où se trouve cette seconde édition du chevalier Wogan? où? dans le lieu le plus convenable pour l'exécution de ses desseins, et déchargeant son pistolet sur le premier sujet du roi qui se hasarde à l'interroger sur le motif de son voyage. »

Morton, en homme prudent, s'abstint de contredire le major; il sentait que des objections n'auraient servi qu'à le confirmer dans l'opinion qu'il venait de soutenir; il lui demanda seulement ce qu'il comptait faire du prisonnier.

« Ceci est assez embarrassant, répondit le major, eu égard à l'état du pays. »

— « Ne pourriez-vous le retenir dans votre maison, par égard pour sa naissance et pour son rang, jusqu'à ce que cet orage soit passé? ici il n'aurait rien à craindre. »

« Mon bon ami, dit le major Melville, ni ma maison ni la vôtre ne lui seraient long-temps un sûr abri contre l'orage, en admettant qu'il fût légal de l'y retenir prisonnier. Je viens d'apprendre que le commandant en chef qui marchait vers les Highlands, pour chercher les insurgés et les disperser, a refusé de leur livrer bataille à Corryerick, qu'il est en mouvement avec toutes les forces disponibles du gouvernement, vers Inverness; le diable m'enlève si je sais pourquoi! mais en attendant, il laisse la route des basses terres libre et sans défense à l'armée des Highlandais. »

« Bon Dieu! dit l'ecclésiastique, cet homme est-il un lâche, un traître ou un imbécile? »

« Rien de tout cela, je crois, répondit Melville. Sir John possède le courage vulgaire nécessaire à son grade, il est assez honnête homme, il fait ce qu'on lui commande, comprend ce qu'on lui dit; mais il est aussi en état d'agir de lui-même dans des circonstances difficiles, que moi, mon cher ministre, de monter en chaire à votre place. »

Cette importante nouvelle fit un moment diversion à l'affaire de Waverley, mais à la fin les deux interlocuteurs en revinrent à ce sujet intéressant.

« Je crois, dit le major, que je confierai ce jeune homme à quelqu'un des partis détachés et volontaires qui ont été envoyés dernièrement pour contenir les districts mal intentionnés. On les a rappelés au fort de Stirling, et un petit corps doit passer par ici aujourd'hui ou demain : il est commandé par cet homme de l'ouest... comment le nomme-t-on? vous l'avez vu, et m'avez dit que c'est le portrait d'un des saints du régiment de Cromwell. »

« Gilfillan le caméronien, répondit M. Morton. Je souhaite que le jeune prisonnier n'ait rien à craindre de sa part; dans l'emportement et l'agitation d'une crise si violente, on peut s'attendre à d'étranges excès; et de plus, je crains que Gilfillan n'appartienne à une secte qui a souffert la persécution sans apprendre à être tolérante. »

« Il n'aura qu'à conduire M. Waverley au château de Stirling, dit le major, je lui recommanderai fortement de le bien traiter. En vérité, je n'imagine pas pour lui de manière de voyager plus sûre, et je ne pense pas que vous m'engageriez à me compromettre moi-même en lui rendant la liberté. »

« Mais voyez-vous quelque inconvénient à ce que j'aie demain avec lui un entretien particulier? » dit le ministre.

« Non, sans doute. Votre loyauté et votre caractère me sont de sûrs garants de votre conduite. Mais dans quelle intention me faites-vous cette demande?»

« Uniquement, répliqua M. Morton, pour essayer s'il ne serait pas possible d'obtenir de lui quelque confidence qui me fournirait les moyens, sinon de justifier, au moins d'excuser sa conduite. »

Les amis se dirent adieu, et se retirèrent pour reposer, tous deux l'esprit rempli des plus pénibles inquiétudes sur l'état du pays.

......

CHAPITRE XXXIII.

Un confident.

Waverley s'éveilla le lendemain matin, après des rêves fatigants et un sommeil qui ne l'avait point rafraîchi, pour envisager plus distinctement toutes les horreurs de sa situation. Comment en sortirait-il? c'est ce qu'il ne pouvait prévoir. Il pouvait être traduit devant un conseil de guerre, qui, dans un moment de dissension civile, ne serait point scrupuleux ni sur le choix des victimes, ni sur la force des preuves de conviction. L'idée d'être mis en jugement devant la cour de justice d'Écosse ne le rassurait pas davantage; il savait que les lois et les formes de la procédure différaient en beaucoup de points de celles de l'Angleterre; et l'opinion générale, quoique mal fondée, était que les droits et la liberté des citoyens n'y trouvaient pas les mêmes garanties. Un sentiment de haine s'éleva dans son cœur contre le gouvernement, qu'il considérait comme la cause de ses périls et de ses embarras, et au fond de l'ame il maudit les scrupules qui l'avaient empêché de s'associer à l'entreprise de Mac-Ivor, ainsi que ce dernier l'en avait prié.

« Pourquoi, se disait-il à lui-même, n'ai-je pas, à l'exemple de tant de gens d'honneur, saisi l'occasion qui se présentait de rétablir sur le trône de l'Angleterre le descendant de nos anciens rois, l'héritier légitime de la couronne? Pourquoi n'ai-je pas,

Défiant la rébellion,
Apporté de nouveau la foi dans ma patrie,
Et de Charle implorant un généreux pardon,
Rangé sous ses drapeaux la jeunesse aguerrie?»

« Tout ce qu'on a jamais dit d'honorable et de glorieux touchant la maison de Waverley est fondé sur son inviolable attachement à la famille des Stuarts. D'après le sens que ce magistrat écossais a découvert dans les lettres de mon oncle et de mon père, il est évident que j'aurais dû les comprendre comme une invitation à imiter la conduite de mes ancêtres; c'est mon défaut de pénétration et l'obscurité dont ils se sont enveloppés par précaution, qui m'ont empêché de deviner leur volonté. Si j'avais obéi au premier mouvement de ma généreuse indignation, en apprenant qu'on portait atteinte à mon honneur, combien différente serait maintenant ma situation! Je serais libre, les armes à la main, combattant comme mes ancêtres pour l'amour, la loyauté et la gloire. Et aujourd'hui me voilà tombé dans le piège, pris dans les toiles, à la discrétion d'un homme soupçonneux, sévère, impassible; destiné peut-être à la solitude d'une prison d'état, ou à l'infamie d'une exécution publique. O Fergus! que votre prophétie a peu tardé à se vérifier! combien, hélas! elle s'est promptement accomplie! »

Pendant qu'Édouard s'abandonnait à ces tristes réflexions, et que naturellement, mais fort injustement, il imputait à la dynastie régnante les malheurs qu'il ne fallait attribuer qu'au hasard, ou, en partie au moins à la légèreté de sa conduite, M. Morton, en vertu de l'autorisation du major, vint lui rendre une visite le matin.

Le premier mouvement de Waverley fut de lui dire qu'il ne désirait être troublé ni par des questions, ni par un entretien; mais il supprima cette observation peu obligeante, en remarquant l'air bienveillant et respectable du ministre qui l'avait préservé de la violence des habitants du village.

« Dans toute autre circonstance, lui dit l'infortuné captif, je vous aurais exprimé vivement ma reconnaissance, comme à un homme auquel je dois la vie; mais telle est l'agitation de mon esprit, et telle est ma préoccupation du sort qui m'est sans doute réservé, que je suis à peine en état de vous faire les remerciements que je vous dois. »

M. Morton lui répondit que bien loin de se croire des droits à sa reconnaissance, son seul désir et l'unique but de sa visite étaient de trouver les moyens de la mériter. « Mon excellent ami, le major Melville, continua-t-il, a les sentiments d'un militaire qui remplit les devoirs d'un magistrat. Ma position n'est point semblable à la sienne; et je ne partage pas toujours ses opinions, où je trouve souvent trop peu d'indulgence pour les faiblesses de la nature humaine. » Il se tut un moment, et reprit en ces termes : « Je ne sollicite pas votre confiance, monsieur Waverley, pour obtenir de vous des révélations qui pourraient être préjudiciables à vous ou aux autres; mais je vous avoue que mon désir le plus ardent serait que vous fissiez connaître des particularités qui pourraient servir à votre justification. Je vous assure, et je ne vous parle point légèrement, qu'elles seront confiées à un homme fidèle, et dont le zèle pour vous n'aura de bornes que les limites de sa faible puissance. »

— « Vous êtes, monsieur, à ce que je présume, un ministre presbytérien ? » M. Morton fit un geste de tête affirmatif.
— « Si je m'abandonnais aux préjugés de mon éducation, je douterais de la sincérité de votre zèle en ma faveur; mais j'ai remarqué que dans ce pays on a des préjugés semblables contre mes pères, les croyants de l'église épiscopale. Je crois volontiers que les préjugés sont aussi mal fondés dans un cas que dans l'autre. »

« Malheur à qui pense autrement, dit M. Morton, et qui regarde la discipline ecclésiastique et ses cérémonies comme la base indispensable de la foi chrétienne et des vertus morales! »

« Mais, dit Waverley, je ne vois pas pourquoi je vous ennuierais du récit de mes aventures : après les avoir repassées, aussi attentivement que possible, dans mon esprit, je me sens hors d'état de repousser la plupart des charges qui pèsent sur moi. Je sens très-bien que je suis innocent, mais je ne sais comment m'y prendre pour le prouver, je n'ai pas l'espérance d'y réussir. »

— « C'est précisément pour cela, monsieur Waverley, que je sollicite votre confiance. Je connais tout le monde, ou à peu près, dans ce pays; et je trouverai aisément des moyens de recommandation auprès de ceux que je ne connais pas personnellement. Votre situation vous empêchera, j'en ai la crainte, de faire les démarches nécessaires pour réunir les preuves de votre innocence, et confondre d'injustes accusations ; je ferai ces démarches pour vous ; si mon zèle vous est inutile, au moins il ne peut vous être préjudiciable. »

Waverley, après quelques minutes de réflexion, fut convaincu qu'en accordant sa confiance à M. Morton, pour tout ce qui le concernait lui-même, il ne ferait tort ni à M. Bradwardine, ni à Fergus Mac-Ivor, qui tous deux avaient pris ouvertement les armes contre le gouvernement ; qu'au contraire il en pourrait peut-être tirer quelques avantages pour lui-même, si les protestations de dévouement de son nouvel ami étaient aussi sincères qu'elles étaient vives et pressantes. Il fit donc à M. Morton un récit abrégé de tous les événements que le lecteur connaît déjà ; seulement il passa sous silence son attachement pour Flora, et il ne parla pas non plus, dans le cours de sa narration, de Rose Bradwardine.

M. Morton sembla surtout étonné de la visite de Waverley à Donald Bean Lean. « Je me réjouis, lui dit-il, que vous n'ayez point fait mention de cette particularité devant le major. Elle est de nature à produire une grande impression, et pas du tout à votre avantage, sur l'esprit de ceux qui ne comprennent pas tout ce que la curiosité et des motifs romanesques peuvent faire entreprendre à un jeune homme. Quand j'avais votre âge, monsieur Waverley, une expédition si folle (je vous demande pardon de l'expression) aurait eu pour moi un attrait inexprimable ; mais le monde ne manque pas de gens qui ne peuvent croire qu'on s'expose au péril et à la fatigue, sans de bonnes raisons pour cela ; et ils sont ainsi conduits à assigner aux actions des motifs tout à fait contraires à la vérité. Ce Bean Lean est renommé dans le pays comme une espèce de Robin Hood, et les histoires qui se débitent sur son adresse et son esprit entreprenant, sont les récits ordinaires du coin du feu pendant l'hiver. Il possède certainement des talents bien supérieurs à la sphère subalterne où il les déploie ; n'étant ni dépourvu d'ambition, ni retenu par les scrupules, il ne négligera sans doute aucun moyen de se distinguer dans le cours de ces malheureuses commotions. »

M. Morton prit des notes fort exactes sur les diverses particularités de l'entrevue de Waverley avec Donald Bean, et sur les autres événements qu'il lui avait racontés.

L'intérêt que cet excellent homme semblait prendre à ses infortunes, et surtout la confiance qu'il faisait paraître dans l'innocence de Waverley, ne pouvaient manquer de rendre du courage à ce jeune homme, à qui la froideur du major avait fait croire que tout l'univers était ligué contre lui. Il serra affectueusement la main du ministre, et l'assura que sa bienveillance et sa sympathie avaient fait rentrer le calme dans son cœur en proie aux plus cruelles inquiétudes ; il ajouta que, quel que pût être son sort, il appartenait à une famille qui était reconnaissante de ce qu'on faisait pour elle, et qui avait le pouvoir de témoigner sa reconnaissance. La vivacité de ses remerciements fit venir les larmes aux yeux du digne ecclésiastique, qui portait maintenant deux fois plus d'intérêt à la cause pour laquelle il avait bénévolement offert ses services, par la naïveté et la touchante franchise de son jeune ami.

Édouard demanda à M. Morton s'il savait où on allait l'envoyer.

« Au château de Stirling, répliqua celui-ci. J'en suis charmé pour vous ; car le gouverneur est un homme honorable et humain. Mais je ne suis pas rassuré sur la manière dont vous serez traité pendant la route ; le major Melville est, à son grand regret, obligé de vous confier à la garde d'une autre personne. »

« Tant mieux, répondit Waverley ; je déteste ce magistrat écossais, à l'âme sèche, au cœur froid. J'espère ne jamais le revoir. Il n'a de compassion ni pour l'innocence ni pour le malheur ; l'attitude glaciale avec laquelle il accomplissait toutes les formalités de la politesse, pendant qu'il me tourmentait de ses questions, de ses soupçons, de ses rapprochements, me faisait souffrir autant que les tortures de l'inquisition... N'entreprenez pas de le justifier, je ne pourrais vous écouter de sang-froid ; dites-moi plutôt à qui l'on confiera un prisonnier d'état d'aussi grande importance que moi. »

— « A un nommé Gilfillan, à ce que je crois ; un membre de la secte des caméroniens. »

— « Je n'ai jamais entendu parler de cette secte. »

— « Elle a la prétention, répondit le ministre, de représenter les presbytériens rigides, qui, au temps de Charles II, refusèrent de profiter de la tolérance, ou, comme on disait alors, de l'indulgence accordée par le gouvernement à leurs co-religionnaires. Ils tenaient des conventicules dans la campagne ; le gouvernement écossais les traitait avec tant de violence et de cruauté, que, durant ces derniers règnes, ils ont plus d'une fois pris les armes. Ils tirent leur nom de leur chef, Richard Caméron. »

« Je me le rappelle, dit Waverley ; mais le triomphe du presbytérianisme, à l'époque de la révolution, n'a-t-il pas éteint cette secte ? »

— « Point du tout, répliqua Morton. La révolution fut bien loin de réaliser leurs espérances, qui n'allaient à rien moins qu'à l'établissement complet de l'église presbytérienne sur les bases de l'ancienne ligue solennelle et du Covenant. A vrai dire, je crois qu'ils ne savent guère ce qu'ils veulent ; mais formant une agrégation nombreuse peu familière avec le maniement des armes, ils se sont tenus à l'écart comme un parti séparé dans l'État ; et à l'époque de l'Union, il y a peu de temps, ils formèrent une alliance, on peut dire monstrueuse, avec leurs vieux ennemis les jacobites, pour s'opposer à cette grande mesure nationale. Depuis lors, leur nombre a diminué graduellement ; mais on en trouve encore beaucoup dans les comtés de l'ouest ; et un assez grand nombre, mieux avisés qu'en 1707, ont pris les armes pour la défense du gouvernement. Celui qu'ils nomment Gifted Gilfillan a été long-temps un de leurs chefs, et maintenant il commande un petit parti qui passera par ici aujourd'hui ou demain : ils se rendent à Stirling ; et c'est sous cette escorte que le major a décidé que vous feriez la route. Je parlerais volontiers à Gilfillan en votre faveur ; mais, imbu comme il l'est des préjugés de sa secte, et en ayant pris le caractère rude et sauvage, il tiendrait peu de compte des recommandations d'un docteur érastien, comme il ne manquerait pas de me nommer poliment.... Adieu, mon cher ami ; je ne veux pas, pour cette fois, abuser de l'indulgence du major, afin d'obtenir la permission de vous faire, dans le courant de la journée, une seconde visite. »

CHAPITRE XXXIV.

LES AFFAIRES PRENNENT UNE MEILLEURE TOURNURE.

Vers midi, M. Morton revint. Il apportait à Waverley une invitation à dîner de la part du major Melville. Le major espérait que M. Waverley lui accorderait l'honneur de sa compagnie, malgré la fâcheuse affaire pour laquelle il était retenu à Cairnvreckan, et de laquelle le major le verrait avec la joie la plus sincère entièrement débarrassé. La vérité était que le récit que Morton avait fait de sa conférence avec Édouard, son opinion favorable à celui-ci, avaient un peu ébranlé l'opinion du vieux militaire touchant la part qu'aurait prise Waverley à la mutinerie de la compagnie. Dans la malheureuse situation du pays, la désaffection présumée, l'inclination à se joindre aux jacobites insurgés, pouvaient bien être criminelles, mais n'étaient point déshonorantes. D'ailleurs une personne en qui le major avait confiance avait démenti (quoique à tort, comme on le verra dans la suite) les fâcheuses nouvelles qu'on avait apportées la veille au soir. D'après cette seconde édition des nouvelles, les Highlandais s'étaient éloignés de la frontière des basses terres pour suivre l'armée dans sa marche vers Inverness. Le major avait de la peine à concilier ce mouvement avec l'habileté bien connue de certains chefs de l'armée des Highlandais, quoiqu'il dût obtenir l'approbation de certains autres chefs. Il se rappelait qu'une politique semblable les avait retenus dans le nord en 1715, et il en concluait que l'insurrection se terminerait de la même manière qu'à cette époque.

Ces nouvelles le mirent de si bonne humeur, que M. Morton lui ayant proposé de donner quelques marques de bienveillance à son malheureux hôte, il y consentit avec empressement, et ajouta même qu'il espérait que son affaire ne serait considérée que comme une *escapade* de jeunesse, et qu'elle se terminerait par une petite correction, par quelques jours de prison. Le généreux médiateur ne parvint pas aisément à faire accepter à son jeune ami l'invitation du major. Il n'osait lui faire connaître le véritable motif de son instance: c'était d'obtenir du major qu'il ferait sur l'affaire de Waverley un rapport favorable au gouverneur Blakeney. Il comprenait qu'avec le caractère un peu romanesque de notre héros, le meilleur moyen de lui faire refuser l'invitation, c'eût été de lui dire un seul mot de cela. Il se borna donc à lui représenter que la politesse du major était une preuve qu'il n'ajoutait pas foi à cette partie des charges qui portaient atteinte à l'honneur de Waverley comme gentilhomme et comme militaire; que ne pas répondre à cette politesse, ce serait reconnaître qu'il ne méritait pas la bonne opinion du major. En un mot, il démontra si bien à Édouard la nécessité,

dans l'intérêt de son savoir-vivre et de sa fermeté, de se présenter devant le major avec des manières libres et assurées, qu'il surmonta la répugnance que lui inspirait la civilité froide et pointilleuse du major, et consentit à suivre son nouvel ami.

La réception fut froide et cérémonieuse. Mais Édouard, ayant accepté l'invitation, et se sentant l'ame calmée et raffermie par la bienveillance de Morton, se crut obligé de montrer de l'aisance, quoiqu'il lui fût impossible de témoigner de la cordialité; le major était un assez bon vivant, et son vin de première qualité. Il raconta l'histoire de ses vieilles campagnes, et fit paraître une grande connaissance des hommes et du monde. M. Morton avait un fond de gaieté douce et tranquille, qui manquait rarement d'animer une société peu nombreuse où il se trouvait à son aise. Waverley, dont la vie était un rêve, s'abandonna à l'impression du moment et devint le plus gai des trois. Il avait en tout temps un talent remarquable pour la conversation, mais le découragement le rendait aisément silencieux. En cette occasion, il se piqua de se montrer à ses compagnons comme un homme qui, au milieu des circonstances les plus inquiétantes, supportait son infortune avec calme et enjouement. Son esprit, qui manquait peut-être de force, était prompt et fécond; il lui fournit les moyens de briller. Les trois convives étaient engagés dans une conversation animée, chacun paraissait content des deux autres, et l'hôte, qui n'était pas le moins aimable, demandait une troisième bouteille de Bourgogne, quand on entendit à quelque distance le bruit d'un tambour. Le major, à qui la gaieté naturelle à un vieux soldat avait fait oublier ses devoirs de magistrat, maudit avec un juron militaire le contre-temps qui le rappelait à ses fonctions judiciaires. Il se leva, et s'approcha de sa fenêtre qui donnait sur la grande route: ses deux hôtes le suivirent,

Le tambour approchait : ce n'était pas le son régulier d'une marche militaire, mais une espèce de roulement semblable à celui du tambour pour les incendies, lorsqu'il éveille les artisans endormis d'un bourg d'Écosse. L'auteur de cette histoire se fait un devoir de rendre justice à tout le monde : il doit donc déclarer pour la justification du musicien, supposé qu'on puisse donner ce nom à un tambour, qu'il n'avait point caché qu'il ne pouvait exécuter aucune marche ou air militaire, comme dans l'armée anglaise ; en conséquence, il avait commencé celui des *tambours de Dumbarton*. Mais il lui fut imposé silence par Gifted Gilfillan, le commandant de la troupe, qui ne voulut pas permettre à ses gens de marcher au bruit de son air profane, et même, comme il le disait, persécuteur ; et il enjoignit au tambour de battre le cxix^e psaume. Comme cela était au-dessus de la capacité de l'artiste qui frappait sur une peau de mouton, il fut réduit à se rabattre sur un *ran-plan-plan*, faible mais innocente compensation de la musique sacrée que son talent ou son instrument ne lui permettait pas d'exécuter. Ceci pourra paraître une particularité sans importance, néanmoins le tambour dont il s'agit n'était rien moins que le tambour de la ville d'Anderton. Il me rappelle encore son successeur dans cet office, membre de cette corporation illustre, *la Convention britannique*. Que sa mémoire soit donc entourée du respect qui lui est dû !

CHAPITRE XXXV.

UN VOLONTAIRE IL Y A SOIXANTE ANS.

Dès que le major Melville entendit le son désagréable du tambour, il se hâta d'ouvrir une porte vitrée et sortit sur une espèce de terrasse qui séparait sa maison de la grande route d'où partait cette musique militaire ; Waverley et son nouvel ami le suivirent, quoique probablement il se fût bien passé de leur compagnie. Ils virent bientôt s'avancer d'un pas solennel, d'abord le tambour, ensuite un large drapeau à quatre compartiments sur lesquels étaient écrits ces mots, *le Covenant, l'Église, le Roi, les Royaumes*. L'individu qui avait l'honneur de porter cette enseigne était suivi par le commandant de la troupe, homme sec et sombre, au regard sévère, et d'environ soixante ans. L'orgueil dévot qui chez mon hôte du *Chandelier* se montrait dans une sorte d'hypocrisie méprisante, avait, sur la figure de ce chef, un caractère plus relevé et pourtant gâté par un fanatisme sincère et fougueux. Il était impossible de le voir sans que l'imagination le plaçât dans quelque crise étrange où la religion serait la seule règle de conduite. Martyr sur le chevalet, soldat sur le champ de bataille, banni loin des hommes, errant et consolé par la conviction d'une foi pure et solide ; peut-être inquisiteur féroce, aussi inflexible dans l'exercice de son autorité qu'impitoyable pour l'infortune : tous ces rôles semblaient convenir à ce personnage. Avec ces traits marqués d'énergie, il y avait quelque chose d'affecté dans la concision de ses discours et dans la gravité de sa démarche qui prêtait au ridicule ; on pouvait donc, suivant l'humeur où l'on se trouvait, et la manière dont se présentait M. Gilfillan, être frappé, en le voyant, de crainte et d'admiration, ou se mettre à rire. Il était habillé comme les paysans de l'ouest, d'une étoffe moins grossière, il est vrai, que celle des pauvres montagnards, mais sans prétendre le moins du monde à la mode du temps ou à celle des seigneurs écossais à aucune époque. Il était armé d'un sabre et d'un pistolet qui, d'après leur tournure antique, pouvaient avoir vu la déroute de Pentland ou de Bothwell-Bridge[1].

Quand il fut à quelques pas du major Melville, il le salua en touchant gravement mais légèrement son grand bon-

---

1. Voyez le *Vieillard des Tombeaux*, où il en est plusieurs fois question. A. M.

net bleu à petit bord, pour rendre la pareille au major qui avait poliment ôté un petit chapeau triangulaire tout bordé d'or. Waverley ne put alors s'empêcher de croire qu'il voyait un chef des têtes-rondes d'autrefois en conférence avec un capitaine de Marlborough.

La troupe d'environ trente hommes qui suivait cet honnête commandant ne portait pas d'uniforme : leur habillement était celui des habitants des basses terres, et ce costume de différentes couleurs, contrastant avec leurs armes, leur donnait un air d'indiscipline et de sédition ; tant les yeux sont habitués à associer l'uniformité d'équipement au caractère militaire. Sur la première ligne étaient ceux qui sans doute partageaient l'enthousiasme de leur chef, gens qu'il n'eût pas été bon à coup sûr de rencontrer dans un combat où leur courage naturel eût été exalté par le fanatisme religieux. D'autres se pavanaient, tout fiers de porter des armes et de la nouveauté de leur situation, pendant que les derniers, fatigués sans doute de leur marche, se tournaient nonchalamment ou s'écartaient de leurs compagnons pour s'aller rafraîchir dans les chaumières et dans les cabarets du voisinage. Six grenadiers de Ligonier, pensa le major en se rappelant sa vie militaire, auraient envoyé tous ces gaillards-là au diable.

Toutefois, s'adressant avec politesse à M. Gilfillan, il lui demanda s'il avait reçu la lettre qu'il lui avait écrite, et s'il pouvait, comme il l'en avait prié, se charger de conduire un prisonnier d'état jusqu'au château de Stirling. « Oui, » fut la seule réponse du chef caméronien, et encore d'une voix qui semblait sortir des *penetralia*[1] mêmes.

« Mais votre escorte, monsieur Gilfillan, n'est pas si forte que je le croyais, » dit le major Melville.

— « Quelques-uns de mes hommes ont eu faim et soif pendant la route et se sont arrêtés pour rafraîchir leurs pauvres âmes avec la parole. »

— « Je suis fâché, monsieur, que

1. Du fond de ses entrailles. A. M.

vous n'ayez pas cru trouver des rafraîchissements pour vos hommes à Cairnvreckan ; tout ce que renferme ma maison est aux ordres des gens qui servent leur pays. »

« Je ne parle pas de nourriture charnelle, répondit le covenantaire en regardant le major avec un sourire presque méprisant ; toutefois, je vous remercie ; mais les traîneurs sont restés à attendre le précieux M. Jabesh Rentowel pour assister à l'exhortation du soir. »

— « Et quand les rebelles sont prêts à se répandre à travers le pays, comment avez-vous pu, monsieur, laissé la plus grande partie de votre troupe au sermon d'un prédicateur ambulant ? »

Gilfillan sourit encore d'un air de mépris en faisant cette réponse indirecte : « Ainsi donc les enfants de ce monde sont plus sages aujourd'hui que les enfants de la lumière ! »

« Pourtant, monsieur, dit le major, puisque vous vous chargez de conduire ce jeune homme à Stirling, et de le remettre avec ces papiers entre les mains du gouverneur Blakeney, je vous prie d'observer pendant la route quelques règles de discipline militaire. Par exemple, je vous conseillerais de ne point permettre à vos hommes de tant s'écarter, mais de veiller à ce que chacun en marchant couvre son chef de file, au lieu de traîner comme une oie dans un champ ; et de peur de surprise, je vous recommande surtout de former une petite avant-garde de vos meilleurs soldats, avec une seule vedette qui précède toute la troupe, de sorte qu'en approchant d'un village ou d'un bois... » Ici le major s'interrompit. « Mais comme je vois que vous ne m'écoutez pas, monsieur Gilfillan, je suppose que je n'ai pas besoin de me donner la peine de parler davantage sur ce sujet ; vous savez indubitablement mieux que moi les mesures à prendre. Mais il est une chose que je vous prie de ne point oublier, c'est de traiter votre prisonnier sans rigueur ni impolitesse, et d'employer la sévérité à son égard seulement pour prévenir son évasion. »

« J'ai lu mes instructions, dit M. Gilfillan, signées par un digne et noble seigneur, William, comte de Glencairn; et je n'y ai point trouvé qu'il me fallût recevoir les conseils ou les ordres du major William Melville de Dairnvreckan. »

Le rouge monta jusqu'aux oreilles du major, et éclata malgré la poudre dont les couvraient ses canons frisés à la militaire, d'autant plus qu'il vit M. Morton sourire au même moment. « Monsieur Gilfillan, répondit-il avec aigreur, je vous demande mille pardons de contredire un homme de votre importance, mais pourtant il me semble, puisque vous avez été nourrisseur de bestiaux, si je ne me trompe, que ce serait ici l'occasion de vous rappeler la différence qu'il y a entre les montagnards et les troupeaux des montagnes; et s'il vous arrivait de rencontrer un gentleman qui eût servi et fût disposé à parler de discipline, je m'imagine encore que vous pourriez l'écouter sans vous en trouver plus mal. Mais j'ai fini, et n'ai plus qu'à recommander ce jeune seigneur à vos égards aussi bien qu'à votre surveillance. — Monsieur Waverley, je suis vraiment fâché que nous nous quittions ainsi; mais j'espère, quand vous reviendrez dans notre canton, avoir le plaisir de vous rendre le séjour de Cairnvreckan plus agréable que les circonstances ne l'ont permis en ce moment. »

A ces mots il secoua la main de notre héros; Morton aussi lui dit un cordial adieu; et Waverley, montant sur son cheval dont un mousquetaire prit la bride, se mit en marche entre deux haies de soldats, pour prévenir son évasion, avec Gilfillan et sa troupe. En traversant le petit village, ils furent poursuivis par les acclamations des enfants : « Eh ! voyez donc le gentleman du sud, on va le pendre pour avoir tiré sur John Mucklewrath, le maréchal ! »

CHAPITRE XXXVI.

INCIDENT.

Il y a soixante ans, on dînait en Écosse à deux heures. Ce fut donc vers les quatre heures d'une délicieuse journée d'automne que M. Gilfillan se mit en marche, espérant bien pouvoir, en empruntant une ou deux heures à la nuit, arriver le soir même à Stirling, quoique le château fût à dix-huit milles. Il marchait donc bravement à la tête de sa compagnie, aussi vite que possible, regardant de temps en temps notre héros, comme s'il eût voulu lier conversation avec lui. A la fin, ne pouvant résister à la tentation, il ralentit son pas jusqu'à ce qu'il fût de front avec le cheval du prisonnier, et après avoir cheminé quelque temps en silence à côté de lui, il lui demanda tout à coup : « Pourriez-vous me dire quel est le rustre en manteau noir et à tête poudrée qui se trouvait avec le laird de Clairnvreckan ? »

« Un ministre presbytérien, » répondit Waverley.

« Presbytérien ! répéta Gilfillan avec mépris; un misérable érastien, ou plutôt un sot prélatiste, un partisan de la hideuse tolérance; un de ces chiens muets qui ne peuvent aboyer; ils répètent toujours dans leurs sermons des phrases sonores de terreur et de consolation qui n'ont ni sens, ni douceur, ni vie. Vous avez été nourri dans un pareil bercail, je crois ? »

« Non, je suis de l'église d'Angleterre, » répondit Waverley.

« C'est presque la même chose, répliqua le covenantaire; il n'est pas étonnant qu'ils s'accordent si bien ! Qui aurait cru que la sainte structure de l'église d'Écosse, bâtie par nos pères en 1642, serait gâtée par les affections de la chair et par les corruptions du siècle ? Oui, qui aurait cru que la voûte du sanctuaire se serait si tôt écroulée ? »

Cette lamentation, à laquelle un ou deux des assistants firent chorus en poussant un profond soupir, ne sembla point à notre héros mériter une réponse.

Aussi M. Gilfillan, espérant du moins avoir un auditeur sinon un controversiste, continua sa jérémiade.

— « Et doit-on s'étonner maintenant que, faute d'ouvrage, faute de service à faire devant l'autel et de devoirs quotidiens à remplir, les ministres saints se laissent aller à de coupables complaisances envers les grands, accordent des indulgences, se lient par des serments et des promesses, enfin se livrent à la corruption ? Faut-il s'étonner, dis-je, si vous-même, monsieur, et d'autres gens aussi malheureux que vous, vous travailliez à reconstruire votre vieille Babel d'iniquité, comme aux jours sanglants de la persécution des saints? A coup sûr, si vous n'étiez pas aveuglé par les graces et les faveurs, par les plaisirs et les jouissances, par les places et les richesses de ce monde, je pourrais vous prouver par l'Écriture que vous faites consister la foi dans de misérables haillons; que vos surplis, vos chapes et vos rabats ne sont que les vieilles robes de la grande prostituée assise sur les sept collines et buvant à la coupe de l'abomination. Mais, je le vois, vous êtes sourd comme les couleuvres de ce côté de la tête; oui, vous êtes séduit par ses enchantements, vous trafiquez de ses marchandises, et vous vous enivrez à la coupe de sa fornication. »

On ne peut trop savoir combien de temps le militaire théologien eût continué ses invectives, n'épargnant que les restes dispersés des hommes de la montagne, comme il le disait. La matière était abondante, sa voix infatigable, sa mémoire excellente : aussi était-il presque impossible qu'il terminât son exhortation avant d'arriver à Stirling, si son attention n'eût été attirée par un colporteur qui avait joint la troupe par un chemin de traverse, et qui soupirait et sanglotait fort régulièrement au bout de chaque phrase de sa complainte.

« Et qui êtes-vous, l'ami ? » demanda le digne Gilfillan.

— « Un pauvre colporteur, qui se rend à Stirling et réclame la protection de Votre Honneur, dans ces temps de trouble. Ah ! Votre Honneur est fort habile à trouver et à démontrer les secrètes... oui les secrètes, obscures et incompréhensibles causes des égarements de ce pays ; oui, Votre Honneur attaque l'erreur jusque dans ses racines. »

« Ami, dit Gilfillan d'un ton plus gracieux que celui qu'il avait pris jusqu'alors, ne me donnez point le titre d'Honneur. Je ne vais point dans les promenades, dans les châteaux, dans les places publiques pour que les laboureurs, les paysans, les bourgeois m'ôtent leurs bonnets, comme au major Melville de Cairnvreckan, et m'appellent Laird, Capitaine, ou Honneur ; non. Ma petite fortune, qui n'était d'abord que de 120 livres, s'est accrue, Dieu aidant ; mais l'orgueil de mon cœur n'a pas crû avec elle. Je n'aime pas le titre de capitaine, et pourtant ce titre m'est donné dans la commission qu'a signée pour moi un noble seigneur qui pratique l'Évangile, le comte de Glencairn. Tant que je vivrai, je suis et serai toujours appelé Habakkuk Gilfillan, qui combattra sous les étendards des doctrines adoptées par l'illustre église d'Écosse avant qu'elle trafiquât avec le maudit Achan, tant qu'il aura un plack [1] dans sa bourse ou une goutte de sang dans le corps. »

« Ah ! dit le colporteur, j'ai vu vos terres à Mauchlin. La belle propriété ! vous êtes tombé sur un endroit charmant ! il n'y a pas de plus beau bétail dans tous les pâturages des lairds d'Écosse. »

« Vous avez raison, vous avez raison, l'ami, répliqua vivement Gilfillan (car il n'était pas insensible à ce genre de flatterie); vous avez raison; ce sont de vraies bêtes du comté de Lancastre, on ne voit pas les pareilles, même dans les mains de Kilmaurs ; » et il se mit alors à faire sur leur excellence une discussion qui sans doute n'intéresserait pas nos lecteurs plus qu'elle n'a-

[1]. Petite monnaie d'Écosse d'alors. A. M.

musa notre héros. Après cet épisode, il reprit ses dissertations théologiques, tandis que le colporteur, moins profond sur ces sujets mystiques, se contentait de soupirer et d'exprimer à propos son édification de temps à autre.

« Quelle bonne fortune ce serait, disait-il, pour les pauvres nations aveugles et papistes que j'ai parcourues, si elles avaient une lumière aussi brillante pour éclairer leurs pas! Tout en faisant mon petit commerce de colporteur, je suis allé jusqu'en Russie, j'ai visité la France et les Pays-Bas, toute la Pologne et presque toute l'Allemagne : mais, hélas! Votre Honneur aurait l'ame peinée, s'il voyait les jours de sabbat souillés par les murmures, les chants et les messes dans l'Église, par la musique dans le chœur, et surtout par les danses profanes et les jeux de hasard! »

Ceci amena Gilfillan sur le livre des divertissements, le covenant, les engagistes, les protestants, l'incursion des Whiggamores, l'assemblée des théologiens à Westminster, les deux catéchismes, le grand et le petit, l'excommunication de Torwood et le meurtre de l'archevêque Sharp. Ce dernier sujet le conduisit à disserter sur la légitimité des armes défensives, et dans cette discussion il montra beaucoup plus de bon sens qu'on n'en pouvait attendre d'après les autres parties de sa harangue; il attira même l'attention de Waverley, resté jusque-là enfoncé dans ses tristes réflexions. M. Gilfillan examinait donc le droit d'un simple particulier à être le vengeur de l'oppression publique, et défendait avec chaleur la cause de Mas James Mitchell qui avait tiré sur l'archevêque de Saint-André, quelques années avant l'assassinat de l'évêque à Magus Muirs[1], quand un incident inattendu vint lui couper la parole.

Les rayons du soleil couchant pâlissaient au haut de l'horizon, lorsque la troupe gravissait un sentier creux et escarpé qui conduisait au haut d'une éminence. La vue s'étendait au loin sur des bruyères et des pâturages, mais le pays pourtant n'était pas uni, et l'on rencontrait tantôt des ravins remplis de ronces et de genêts, tantôt de petits vallons couverts de maigres broussailles. Un buisson d'épines couronnait la colline que la troupe gravissait. Les soldats les plus robustes et les plus agiles étaient allés en avant, avaient atteint le sommet et se trouvaient hors de vue pour le moment. Gilfillan avec le colporteur, et le détachement qui servait d'escorte à Waverley, était encore au bas de la montagne, et les autres les suivaient à de grandes distances.

Telle était la situation des choses quand le colporteur qui avait, disait-il, perdu un petit chien, s'arrêta, et se mit à siffler pour l'appeler. Cette interruption, plus d'une fois répétée, offensa l'amour-propre de son compagnon, parce que c'était montrer combien il faisait peu de cas des rares trésors d'érudition en matière de théologie et de controverse, qu'il versait pour son édification. Il lui signifia donc d'un ton sec qu'il ne pouvait perdre son temps à attendre un animal inutile.

— « Mais si Votre Honneur se rappelle l'histoire de Tobie... »

« De Tobie! s'écria Gilfillan avec chaleur; Tobie et son chien sont deux païens et apocryphes, et il n'y a qu'un ami des prélats ou du pape qui puisse en douter. Je crois m'être mépris sur votre compte, l'ami! »

« Très-probablement, répondit le colporteur avec le plus grand sang-froid; mais, néanmoins, je prendrai la permission de siffler encore une fois mon pauvre Bawty. »

On répondit à ce dernier signal d'une manière fort surprenante, car six ou huit grands montagnards qui étaient postés derrière les buissons et les broussailles s'élancèrent dans le chemin creux, et se mirent à courir vers la troupe, leurs claymores en main. Gilfillan ne fut point épouvanté par cette apparition

---

[1]. Pour l'assassinat de Sharp, archevêque de Saint-André, voyez le *Vieillard des Tombeaux*, ch. IV. A. M

désagréable, et s'écria même courageusement : « L'épée du Seigneur et de Gédéon ! » et tirant son large sabre, il allait sans doute faire autant d'honneur à la bonne vieille cause que les intrépides champions de Drumclog, quand tout à coup le colporteur, saisissant le mousquet d'un soldat qui était près de lui, en déchargea sur la tête de son instituteur dans les croyances caméroniennes un coup si bien appliqué qu'il fut incontinent renversé par terre. Dans la confusion qui suivit, le cheval que montait notre héros fut tué par un des hommes de Gilfillan, qui tirait sans viser. Waverley tomba aussi et même sous l'animal, et reçut plus d'une grave contusion, mais il fut presque aussitôt tiré de sa fâcheuse position par deux montagnards, qui, l'empoignant chacun par un bras, l'emmenèrent de force loin de la scène du combat et loin de la grande route. Ils couraient à toutes jambes, soutenant ou plutôt entraînant notre héros, qui put malgré tout entendre quelques coups de fusil partir derrière lui. Il sut dans la suite qu'ils provenaient des soldats de Gilfillan qui s'étaient enfin réunis, l'avant-garde attaquant l'ennemi de front, et les traîneurs le prenant en queue. A leur approche les montagnards reculèrent, mais non pas avant d'avoir dépouillé Gilfillan et deux de ses hommes qui étaient étendus sur la place dangereusement blessés. Ils échangèrent encore plusieurs coups de fusil avec les gens de l'ouest ; mais ceux-ci, dès lors sans chef et craignant une seconde attaque, ne cherchèrent pas sérieusement à reprendre leur prisonnier, et trouvèrent plus sage de continuer leur route vers Stirling, emmenant avec eux leur capitaine et leurs camarades blessés.

CHAPITRE XXXVII.

WAVERLEY EST ENCORE MALHEUREUX.

La rapidité ou plutôt la violence avec laquelle on entraînait Waverley lui avait presque ôté la respiration, car les meurtrissures qu'il avait reçues dans sa chute l'empêchaient de faire agir ses jambes aussi vigoureusement qu'il eût pu le faire sans ce malheur. Ses guides s'en aperçurent : ils appelèrent à leur aide deux ou trois compagnons, et emmaillottant notre héros dans un manteau, ils se partagèrent ainsi la charge, et l'emportèrent aussi vite qu'auparavant et sans plus de peine. Parlant peu, et encore en langue gaëlique, ils ne ralentirent leur pas qu'après une course d'environ deux milles, accablés qu'ils étaient de lassitude, mais continuèrent toujours à marcher avec vitesse, se relayant les uns les autres de temps en temps.

Notre héros essaya de leur parler, mais on lui ferma la bouche avec un « Cha n'eil beurl' agam, » c'est-à-dire « Je ne sais pas l'anglais. » Ce qui est toujours, comme le savait bien Waverley, la réponse d'un montagnard quand il ne comprend pas, ou ne veut point répondre à un Anglais ou à un homme des basses terres. Il prononça aussi le nom de Vich-Jan-Vohr, croyant qu'il devait à son amitié d'être sorti des griffes du digne Gilfillan ; mais son escorte ne sembla point s'en apercevoir.

L'astre de la nuit commençait à briller quand la troupe s'arrêta au bord d'une vallée profonde qui, éclairée en partie par les rayons de la lune, paraissait pleine d'arbres et de broussailles. Deux des montagnards y descendirent par un petit sentier comme pour en visiter l'intérieur, et l'un d'eux revint quelques minutes après, dit un mot à ses compagnons, qui reprirent sur-le-champ leur fardeau et l'emportèrent avec beaucoup de soin et d'attention par la descente étroite et rapide. Mais, malgré leurs précautions, le corps de Waverley heurta plus d'une fois et assez rudement contre les troncs et les branches qui barraient le chemin.

Au bas de la descente et comme il se croyait auprès d'un ruisseau, car Waverley entendit la chute d'une source abondante, quoiqu'il ne pût en distinguer le cours dans l'obscurité, la troupe s'arrêta de nouveau devant une petite chaumière grossièrement bâtie. La porte en fut ouverte, et l'intérieur ne se trouva point plus agréable ni moins grossier qu'on ne devait s'y attendre d'après sa position et son extérieur. Il n'y avait aucune espèce de plancher et l'on voyait plus d'un trou au toit; les murs étaient construits en cailloux et en gazon; des branches d'arbres faisaient la couverture; le foyer était au milieu et remplissait toute la chaumière de fumée, quoiqu'elle pût s'échapper par la porte aussi bien que par une ouverture circulaire pratiquée dans le toit. Une vieille sibylle montagnarde, la seule habitante de cette misérable demeure, semblait occupée à préparer quelque nourriture. Comme le feu éclairait la cabane, Waverley put reconnaître que ses conducteurs n'étaient pas du clan d'Ivor, car Fergus exigeait avec la dernière rigueur que ses gens portassent le tartan rayé suivant la mode particulière à leur race, marque de distinction anciennement adoptée par tous les montagnards et que conservaient encore les chefs fiers de leur lignage ou jaloux de leur autorité particulière et respective.

Édouard, qui était resté si long-temps à Glennaquoich, avait pu s'apercevoir d'une distinction dont il avait souvent entendu parler. Voyant donc que tous ses surveillants lui étaient inconnus, il promena tristement ses yeux dans l'intérieur de la cabane. Tout le mobilier, à l'exception d'un cuvier à lessive et d'une vieille armoire démantibulée, consistait en un grand lit de bois entouré, comme c'est la coutume en Écosse, d'une cloison qui s'ouvrait par un panneau à coulisse. Les montagnards y firent entrer Waverley après qu'il eut par signes refusé de rien prendre. Son sommeil ne fut ni paisible ni réparateur; d'étranges visions lui passaient devant les yeux, et il lui fallait faire, pour les éloigner, des efforts pénibles et continuels. Il ne tarda pas à ressentir un frisson violent, un mal de tête affreux et des douleurs aiguës dans tous les membres; aussi, le matin, les montagnards qui lui servaient de garde ou d'escorte, car il ne savait quel nom leur donner, reconnurent qu'il ne pouvait continuer sa route.

Après s'être long-temps consultés, six hommes de la troupe sortirent de la hutte avec leurs armes : deux seulement restèrent, un vieux et un jeune. Le premier déshabilla Waverley et bassina ses contusions, qu'on pouvait aisément voir à la couleur violette et livide de la peau. Il put changer de linge, car les montagnards n'avaient point oublié de prendre son porte-manteau, qu'on lui rendit, à sa grande surprise, sans qu'il y manquât la moindre chose. Les draps du lit étaient propres, les matelas assez bons, et son vieux surveillant ferma la porte de cette armoire, car il n'y avait point de rideaux, après avoir prononcé quelques mots gaëliques où Waverley crut comprendre qu'il l'engageait à prendre du repos. C'est ainsi que notre héros se trouvait pour la seconde fois entre les mains d'un Esculape montagnard, mais dans une situation bien moins agréable que quand il était l'hôte du digne Tomanrait.

La fièvre occasionée par les contusions qu'il avait reçues dura plus de trois jours; mais enfin, grace aux soins de son surveillant et à la vigueur de sa constitution, il parvint à se mettre debout sur son lit, quoique non sans peine. Mais il remarqua que la vieille femme qui lui servait de garde-malade et le vieux montagnard n'avaient point l'air trop disposés à permettre que le panneau de son armoire restât ouvert, et il crut pouvoir s'amuser un peu de leur embarras. Mais à la fin, quand Waverley eut ouvert nombre de fois la porte de sa cage qu'on venait aussitôt refermer, l'homme de la montagne mit fin à ce jeu en l'assujettissant à l'extérieur par un clou si solide qu'il fut impossible d'ouvrir le panneau avant qu'on l'eût déverrouillé en dehors.

Tandis qu'il réfléchissait sur cet esprit de contradiction chez des gens dont la conduite à son égard n'indiquait aucune malveillance, et qui même pour toute autre chose semblaient ne consulter que son bien-être et ses désirs, notre héros se rappela que, pendant la plus forte crise de sa maladie, il avait vu une figure de femme, plus jeune que sa vieille garde, s'approcher de son lit. Il y avait, à vrai dire, bien de la confusion dans ce souvenir; mais ses soupçons furent confirmés lorsqu'en prêtant une oreille attentive il lui arriva plus d'une fois dans le cours de la journée d'entendre une autre voix de femme causer tout bas avec sa surveillante. Qui peut-elle être? et pourquoi semble-t-elle vouloir se cacher? Son imagination se mit aussitôt en campagne et lui montra Flora Mac-Ivor. Mais après s'être bercé quelques minutes de son vif désir de croire qu'elle était près de lui, veillant comme un ange de consolation sur son lit de souffrance, Waverley fut forcé de reconnaître que sa conjecture était tout à fait impossible, car supposer qu'elle eût quitté le château de Glennaquoich, où elle était en sûreté, pour descendre dans les basses terres sur le théâtre de la guerre civile et habiter une si misérable retraite, c'était chose à peine imaginable. Pourtant son cœur bondissait quand il entendait distinctement le pas léger d'une femme entrer et sortir de la hutte, ou les sons étouffés de sa douce et tendre voix lorsqu'elle répondait au coassement rauque et sourd de la vieille Janet, car c'était, à ce qu'il comprit, le nom de son antique surveillante.

Ne pouvant mieux se distraire dans sa solitude, il tâcha d'aviser à un moyen de satisfaire sa curiosité en dépit des précautions sévères de Janet et du vieux janissaire montagnard, car il n'avait pas vu le jeune de toute la matinée. A la fin, après une minutieuse recherche, la vétusté de sa prison de bois parut devoir le mettre à même de combler ses plus chers désirs, car il parvint à arracher un clou d'une planche vermoulue. A travers ce trou étroit il put apercevoir une taille de femme, enveloppée dans un manteau, occupée à causer avec Janet. Mais, depuis le temps de notre grand'mère Ève, une excessive curiosité a toujours été punie par l'impossibilité de se satisfaire. Cette femme n'avait pas la taille de Flora, et il ne put voir sa figure; et pour comble de malheur, tandis qu'il s'efforçait, à l'aide du clou, d'élargir l'ouverture pour porter ses regards plus loin, un léger bruit trahit son entreprise, et l'objet de sa curiosité disparut aussitôt; la jeune femme, autant qu'il put le remarquer, ne revint plus à la chaumière.

Toutes les précautions prises pour l'empêcher de voir furent dès lors abandonnées, et non seulement on lui permit de descendre de son lit, mais encore on l'aida à sortir de ce qu'on peut à la lettre appeler sa prison. Néanmoins il lui fut interdit de quitter la cabane. Le jeune montagnard avait rejoint son aîné, et l'un ou l'autre faisait toujours bonne garde. Quand Waverley approchait de la porte, la sentinelle qui était en faction lui barrait le chemin poliment, mais avec fermeté, et l'empêchait de sortir, cherchant à lui faire entendre par signes qu'il y avait du péril à le tenter et des ennemis dans le voisinage. La vieille Janet semblait inquiète et surveillait aussi Waverley, qui, n'ayant pas encore repris assez de force pour tâcher de s'enfuir en dépit de l'opposition de ses gardiens, se résignait par nécessité à la patience. Il faisait bien meilleure chère qu'il ne s'y était attendu, car la volaille et le vin n'étaient pas étrangers sur la table. Les montagnards n'osaient jamais manger avec lui et le traitaient avec le plus grand respect, à moins qu'il ne fallût le retenir. Son seul amusement était de regarder par une fenêtre, ou plutôt par une ouverture irrégulière qu'on avait pratiquée pour en tenir lieu, un ruisseau large et rapide qui rugissait et écumait dans un lit de rochers, presque recouvert par des arbres et des buissons, et passant à environ dix pieds au-dessous de sa prison.

Le sixième jour de sa réclusion, Waverley se trouva si bien qu'il commença à chercher les moyens de sortir d'une prison si triste et si ennuyeuse, convaincu que les dangers qu'il allait courir dans cette tentative n'étaient rien, comparés à la monotonie insupportable de la masure de Janet ; mais la question était de savoir où il porterait ses pas quand il serait en liberté. Deux projets lui semblaient bons à suivre, bien que l'un et l'autre fussent difficiles et périlleux. Le premier était de retourner à Glennaquoich et de se joindre à Fergus-Mac-Ivor, qui ne pourrait manquer de lui faire bon accueil ; et, d'après la manière dont il considérait les choses, la rigueur dont on avait usé à son égard le dégageait, selon lui, de toute obéissance au gouvernement établi. Le second projet était de tâcher de gagner un port d'Écosse et de s'y embarquer pour l'Angleterre. Son esprit flottait irrésolu entre ces deux plans, et sans doute, s'il se fût évadé comme il en avait l'intention, il se serait finalement déterminé pour celui qui lui aurait paru comparativement le plus facile à exécuter. Mais sa fortune avait résolu qu'il n'aurait pas l'embarras du choix.

Le soir du sixième jour, la porte de la hutte s'ouvrit tout à coup et deux montagnards entrèrent. Waverley les reconnut pour être de ceux qui l'avaient amené à la chaumière ; ils causèrent quelques minutes avec leur vieux compagnon et son camarade, puis firent comprendre par des signes à Waverley qu'il se préparât à les accompagner : cette nouvelle le combla de joie. Tout ce qui s'était passé durant sa réclusion ne lui permettait pas de penser qu'on voulût lui faire aucun mal, et son esprit romanesque, qui avait repris dans la retraite beaucoup de l'élasticité que lui avaient fait perdre l'inquiétude, la haine, le désappointement et toutes les sensations pénibles excitées en lui par ses dernières aventures, était alors fatigué d'inaction. Sa passion pour le merveilleux, quoiqu'il soit dans la nature de cette disposition de l'ame d'être excitée par un péril qui donne seulement plus d'élévation aux sentiments de l'individu qui s'expose, s'était éteinte en présence des maux extraordinaires et insurmontables en apparence dont il semblait environné à Cairnvreckan. En effet, une vive curiosité, jointe à une imagination sans frein, forme une espèce particulière de courage qui ressemble pour ainsi dire à la lumière que porte avec lui un mineur, assez brillante il est vrai pour le guider et soutenir sa persévérance dans les périls ordinaires de son travail, mais qu'il est forcé d'éteindre, s'il rencontre, par le plus terrible des hasards, des accumulations d'humidité ou de vapeurs pestilentielles. C'était pourtant avec un courage qu'il avait pu ranimer encore une fois, avec un sentiment enfin d'espérance, de crainte et d'inquiétude, que Waverley contemplait les montagnards, ceux qui venaient d'arriver dévorant à la hâte un morceau, les autres prenant leurs armes et faisant au plus vite les préparatifs du départ.

Pendant qu'il était assis dans la hutte enfumée, à quelque distance du feu, autour duquel ils étaient groupés, il se sentit doucement tirer par le bras ; il tourna la tête : c'était Alice, la fille de Donald Bean Lean ; elle lui montra un paquet de papiers de manière à n'être remarquée de personne, mit pendant une seconde ses doigts sur ses lèvres, et s'en alla comme pour aider la vieille Janet à serrer toutes les hardes de Waverley dans son porte-manteau. Elle désirait évidemment qu'il ne parût point la reconnaître ; mais elle tournait sans cesse les yeux de son côté, dès qu'elle trouvait moyen de le faire sans être vue, et quand elle se fut aperçue qu'il suivait tous ses mouvements, elle enveloppa avec adresse et promptitude le paquet dans une des chemises qu'elle plaça dans le porte-manteau.

Dès lors nouveau champ à conjectures. Était-ce Alice la gardienne mystérieuse ? La jeune fille de la caverne était-elle le génie tutélaire qui avait veillé près de sa couche pendant sa maladie ? Était-il entre les mains de son père ? Et dans ce cas, que lui voulait ce brigand ? Il semblait en cette occasion n'avoir point fait son métier ; car il rendait à Waverley tous ses bagages, et même on lui avait toujours laissé sa bourse, qui pourtant aurait pu tenter ce voleur de profession. Peut-être le paquet expliquerait-il tout ce mystère; mais Alice lui avait donné à comprendre qu'il ne devait l'ouvrir qu'en secret, et ne l'avait plus regardé dès qu'elle fut sûre que ses signes avaient été remarqués et compris. Au contraire, elle était bientôt après sortie de la chaumière, et ce ne fut qu'en fermant la porte que, favorisée par l'obscurité, elle fit à Waverley un sourire d'adieu et une œillade d'intelligence, puis s'enfonça dans la ténébreuse vallée.

Le jeune montagnard fut à plusieurs reprises envoyé par ses camarades, comme pour reconnaître le pays; enfin, quand il fut de retour pour la troisième ou quatrième fois, toute la troupe se leva et fit signe à Waverley de la suivre. Mais avant de partir il serra la main de la vieille Janet, qui l'avait si bien soigné, et lui donna des marques plus positives de sa reconnaissance pour ses bons offices.

« Dieu vous bénisse, capitaine Waverley! Dieu vous protége! » dit Janet en bon écossais des basses terres, quoiqu'il ne lui eût pas encore entendu prononcer une syllabe autrement qu'en langue gaëlique. Mais l'impatience de son escorte l'empêcha de demander des explications.

CHAPITRE XXXVIII.

AVENTURE NOCTURNE.

Il y eut un moment de halte quand toute la troupe fut sortie de la chaumière, et le chef des montagnards, que Waverley, en recherchant dans sa mémoire, crut reconnaître pour le vigoureux gaillard qui servait de lieutenant à Donald Bean Lean, commanda par des signes et des demi-mots le plus profond silence. Il remit à Édouard une épée et une paire de pistolets, puis, montrant la route, lui mit la main sur la poignée de sa claymore, comme pour lui faire comprendre qu'il leur faudrait peut-être recourir à la force pour se frayer un passage. Il se plaça alors à la tête de sa troupe, qui monta le sentier sur une seule file, à la mode des Indiens. Waverley était à côté du chef, qui s'avançait avec beaucoup de précaution, comme pour ne pas donner l'alarme, et s'arrêta quand il fut au haut de la montée. Waverley en comprit bientôt le motif, car il entendit à peu de distance une sentinelle anglaise crier : « Tout est bien! [1] » Sa voix sonore, portée sur les ailes du vent, retentit jusque dans les broussailles de la vallée, et fut renvoyée par les échos d'alentour, et le même signal fut répété une seconde, une troisième et une quatrième fois, mais de plus faible en plus faible, comme de plus loin en plus loin. On ne pouvait douter qu'il n'y eût aux environs un détachement de soldats, et tous étaient sur leurs gardes; mais toute cette vigilance ne put faire découvrir à la sentinelle des hommes aussi habiles dans toutes les ruses de brigands que ceux dont elle épiait alors inutilement le passage.

Ces cris moururent donc dans le silence de la nuit, et les montagnards se remirent tout de suite en route, mais toujours avec plus de précaution et dans le plus grand silence. Waverley n'avait ni le temps, ni même l'envie d'observer, et il s'aperçut seulement qu'ils passaient à quelque distance d'un vaste édifice aux fenêtres duquel brillaient encore une ou deux lumières. Un peu plus loin, le chef montagnard flaira le vent comme un chien couchant, puis ordonna à sa troupe de s'arrêter une seconde fois; il se mit à quatre pattes, enveloppé dans son manteau, de façon à ne point trop paraître au-dessus de la bruyère qu'il parcourait, et dans cette posture s'avança à la découverte. Il revint bientôt, congédia tous ses hommes, à l'exception d'un seul, et faisant signe à Waverley de l'imiter, ils se

---

[1]. Ce cri, *all's well*, répond à celui qui est en usage parmi les sentinelles françaises pour se tenir sur leurs gardes pendant la nuit : « *Sentinelles, prenez garde à vous.* A. M.

traînèrent tous trois, sans bruit, sur leurs mains et leurs genoux.

Après avoir marché de cette manière pénible plus de temps qu'il n'en fallait pour s'abîmer les genoux et les jambes, Waverley sentit une odeur de fumée qui sans doute avait frappé beaucoup plus tôt l'odorat plus fin de son guide. Elle sortait du coin d'une bergerie basse et presque en ruine, dont les murailles étaient faites de cailloux, comme toutes les chaumières d'Écosse. Le montagnard conduisit notre héros jusqu'au pied du mur, et sans doute pour lui faire comprendre l'imminence du danger, ou peut-être pour lui donner une plus haute idée de sa propre adresse, lui fit signe, tout en lui donnant l'exemple, de lever la tête, et de chercher à voir dans la bergerie. Waverley obéit, et aperçut cinq ou six soldats étendus près de leurs armes ; ils dormaient tous, à l'exception de la sentinelle, qui se promenait de long en large, son fusil sur l'épaule ; la lueur rougeâtre du feu se réfléchissait sur le canon de son fusil, tandis qu'elle passait et repassait devant le foyer dans sa courte promenade, tournant sans cesse les yeux vers le ciel, du côté où la lune, cachée jusqu'alors par le brouillard, semblait près de se montrer.

En moins d'une ou deux minutes, par un de ces changements soudains d'atmosphère, si fréquents dans un pays de montagnes, une brise s'éleva et balaya devant elle les nuages qui avaient obscurci l'horizon ; puis l'astre de la nuit éclaira de toute sa lumière une vaste bruyère grisâtre, bordée de taillis et d'arbres chétifs dans la partie d'où ils venaient, mais unie et nue du côté qui leur restait à parcourir, de façon que la sentinelle pouvait tout voir. Les murs de la bergerie les cachaient bien tant qu'ils restaient baissés, mais il semblait impossible de quitter cet abri sans être aperçu.

Le montagnard fixait la voûte azurée ; mais, au lieu de bénir l'utile clarté des cieux, comme les héros d'Homère, ou plutôt comme le paysan de Pope, surpris par la nuit [1], il murmura un juron gaélique contre la *lanterne de Mac-Farlane*, qui brillait mal à propos [2]. Il regarda quelque temps d'un air inquiet autour de lui, puis sembla prendre une résolution. Laissant son compagnon avec Waverley, après avoir fait signe à Édouard de rester tranquille et donné à voix basse des instructions à son camarade, il s'éloigna, favorisé par l'inégalité du terrain, dans la direction qu'ils avaient prise, et de la manière qu'ils étaient venus. Édouard, le suivant des yeux, l'aperçut qui courait à quatre pattes avec l'agilité d'un Indien, profitant, pour n'être point vu, des moindres buissons, du moindre monticule, et ne franchissant jamais un endroit découvert qu'au moment où la sentinelle avait le dos tourné. A la fin, il gagna les taillis et les buissons qui couvraient presque toute la lande de ce côté et s'étendaient sans doute jusqu'au bord du vallon où notre héros avait si long-temps demeuré. Le montagnard disparut, mais seulement pour quelques minutes ; car il sortit de nouveau par un autre côté, et s'avançant bravement sur la bruyère comme pour se faire voir, épaula son fusil, et tira sur le factionnaire. Une blessure au bras interrompit fort désagréablement le pauvre diable au milieu de ses observations météorologiques et tandis qu'il s'amusait à siffler l'air de *Nancy Dawson* ; il riposta, mais sans succès, et ses camarades, éveillés par le bruit, coururent aussitôt vers l'endroit d'où

---

1. Allusion à la traduction de l'*Iliade*, par Pope. A. M.
2. Le clan de Mac-Farlane, qui occupait, dit Walter Scott, le territoire à l'ouest du lac Lomond exerçait de grandes déprédations sur les basses terres ; et comme les excursions de ces montagnards s'opéraient ordinairement pendant la nuit, on disait proverbialement que la lune était leur lanterne. Leur célèbre pibroch de Hoggil-Nambo (c'est le nom de leur chant de ralliement) se rapporte à ces habitudes de déprédation ; en voici le sens :

« Nous enlevons les bœufs à travers les fondrières, les collines, les monts, dans l'orage et la pluie. Lorsque la lune jette ses rayons sur le lac glacé ou sur des montagnes de neige, nous nous mettons en route avec gaieté, et tout cela pour un petit gain. » A. M.

était parti le coup. Le montagnard, après leur avoir donné le temps de l'apercevoir, s'enfonça dans les buissons, car sa ruse de guerre avait parfaitement réussi.

Pendant que les soldats poursuivaient leur audacieux ennemi dans cette direction, Waverley, obéissant aux instructions du montagnard resté près de lui, parcourut à toutes jambes l'espace par où son guide voulait d'abord le conduire, et qui n'était plus ni surveillé, ni gardé, puisque l'attention du détachement était occupée ailleurs; après un quart de mille, ils arrivèrent au sommet d'une petite colline où il était impossible qu'on les aperçût. Cependant ils entendaient encore dans le lointain les cris des soldats qui s'appelaient les uns les autres au milieu de la bruyère, et distinguaient aussi dans la même direction le bruit éloigné d'un tambour battant un rappel; mais ces sons hostiles retentissaient bien loin derrière eux et mouraient avec la brise qui les apportait.

Après une demi-heure de marche à travers une campagne toujours nue et stérile, ils rencontrèrent un vieux tronc de chêne qui, à en juger par les restes, devait avoir été d'une grandeur extraordinaire. Dans un creux voisin ils trouvèrent plusieurs montagnards avec un ou deux chevaux. Ils les avaient à peine joints, et le surveillant de Waverley leur expliquait sans doute le motif de leur retard, car on répéta souvent le nom de Duncan Duroch, quand Duncan lui-même parut, hors d'haleine, il est vrai, comme s'il avait couru pour échapper à un péril, mais riant et tout joyeux de la réussite du tour qu'il avait joué à ceux qui le poursuivaient. Waverley n'eut pas grand peine à comprendre que cet exploit était facile à un montagnard agile, connaissant parfaitement les lieux et se dirigeant avec une certitude et une confiance qui devaient manquer à ses ennemis. L'alarme qu'il avait donnée paraissait durer encore, car on entendit à une grande distance un ou deux coups de fusil qui ne firent qu'augmenter la gaieté de Duncan et de ses compagnons.

Le montagnard reprit les armes qu'il avait données à notre héros, lui faisant comprendre qu'ils étaient heureusement échappés au péril du voyage. Waverley monta alors sur un des chevaux, secours que les fatigues de la nuit et sa maladie récente lui firent accepter avec le plus grand plaisir. On plaça son portemanteau sur le second cheval, Duncan sauta sur le troisième, et ils poursuivirent leur route d'un bon pas, accompagnés de leur escorte. Il n'arriva rien de remarquable durant le reste de la nuit, et au point du jour ils se trouvèrent au bord d'une rivière rapide. Le pays d'alentour était à la fois fertile et pittoresque. Sur les rives couvertes de bois, on voyait çà et là des champs de blé, et la récolte, à demi terminée, semblait des plus abondantes.

De l'autre côté de la rivière et entouré en partie par un détour de ses eaux, s'élevait un vaste et massif château dont les tourelles presque ruinées étaient déjà éclairées par les premiers rayons du soleil[1]. L'édifice avait la

---

1. « Ces nobles ruines sont chères à ma mémoire, elles me rappellent des souvenirs douloureux et qui datent déjà de long-temps. Le château de Doune domine les bords de la rivière de Teith. C'était l'un des plus vastes édifices de ce genre en Écosse; Madoch, duc d'Albanie, fondateur de ce magnifique manoir, fut décapité sur le Castlehill de Stirling, d'où il pouvait voir les tours de Doune, monument de sa grandeur passée.

« En 1745 ou 46, une garnison fut placée au nom du Chevalier dans ce château, alors moins délabré qu'à présent. Elle était commandée par M. Stewart de Ballock, en qualité de gouverneur pour le prince Charles. C'était un gentilhomme qui possédait des domaines près de Callender. C'est de ce château que s'échappèrent, d'une manière si romanesque, John Home, l'auteur de *Douglas*, et quelques autres prisonniers qui avaient été pris à la bataille de Falkirk et renfermés à Doune par les insurgés. Le poète, qui était lui-même abondamment pourvu de cet esprit enthousiaste et de ce goût romanesque pour les aventures qu'il a donnés au jeune héros de son drame, conçut et tenta la périlleuse entreprise de s'évader de prison. Il fit partager ses sentiments à ses compagnons, et quand toute tentative par la force ouverte fut reconnue impossible, ils résolurent de se servir de leurs draps de lit en guise de corde

forme d'un carré long assez étendu pour renfermer une large cour intérieure. Les tours de chaque angle étaient plus hautes que les autres fortifications, et en outre étaient surmontées par des donjons de hauteur inégale et de forme irrégulière. Sur un de ces donjons veillait une sentinelle dont le bonnet et le manteau agité par le vent faisaient reconnaître un montagnard, et un immense drapeau blanc qui flottait sur une autre tour annonçait que le château était occupé par les rebelles partisans des Stuarts.

Après avoir traversé rapidement une petite ville de pauvre apparence où leur arrivée ne causa ni surprise ni curiosité chez les paysans que la moisson commençait à mettre en campagne, la troupe passa sur un pont ancien et étroit, de plusieurs arches, prit à gauche par une avenue de vieux sycomores; et Waverley se trouva en face du château sombre mais pittoresque qu'il n'avait encore admiré que de loin. Une énorme grille en fer qui fermait la porte extérieure était déja ouverte pour les recevoir; une seconde porte en chêne et non moins solide, toute couverte de clous à grosses têtes, s'ouvrit bientôt, et ils entrèrent dans la cour intérieure. Un gentilhomme en costume de montagnard, et une cocarde blanche à son bonnet, vint aider Waverley à descendre de cheval, et lui dit avec politesse qu'il était le bien-venu au château.

Le gouverneur, car c'est ainsi que nous l'appellerons, conduisit Waverley dans un appartement à demi ruiné, où il y avait encore un petit lit de camp, et allait le quitter après lui avoir offert des rafraîchissements à son choix.

« Ne serez-vous point encore assez complaisant, dit Waverley après toutes les civilités d'usage, pour avoir la bonté de me dire où je suis, et si je dois ou non me regarder ici comme prisonnier? »

— « Il m'est impossible de répondre aussi explicitement que je le voudrais. Un mot, pourtant: vous êtes au château de Doune, district de Menteith, et vous ne courez aucun danger. »

— « Et sur quoi puis-je me fier à cette promesse? »

— « Sur l'honneur de Donald Stewart, gouverneur de la garnison, et lieutenant-colonel au service de Son Altesse Royale le prince Charles-Édouard. » A ces mots, il se hâta de sortir pour ne pas être obligé d'en dire plus.

Épuisé par les fatigues de la nuit, notre héros se jeta sur le lit et ne tarda point à s'endormir.

CHAPITRE XXXIX.

LE VOYAGE CONTINUE.

Lorsque Waverley s'éveilla, le jour était déja fort avancé, et il commença à sentir qu'il n'avait pas mangé depuis long-temps. Ce petit malheur fut bientôt réparé par un déjeuner copieux; mais le colonel Stewart, pour éviter sans doute les questions de son hôte, ne parut pas lui-même: toutefois, le domestique lui présenta les compliments de son maître, qui offrait au capitaine Waverley tout ce dont il pouvait avoir besoin pour son voyage, car il devait se remettre en route le soir même. A toutes les autres demandes du prisonnier, le valet opposa la barrière impénétrable d'une stupidité et d'une ignorance réelles ou affectées,

---

et de descendre par ce moyen. Quatre prisonniers et Home lui-même descendirent sans accident; mais la corde se rompit sous le cinquième, qui était un homme d'une haute taille et très-puissant. Le sixième était Thomas Barrow, brave et jeune Anglais, ami particulier de Home. Déterminé à risquer l'entreprise, quelque danger qu'elle présentât, Barrow saisit le drap déchiré, glissa jusqu'au bout et se laissa tomber à terre. Ses amis qui étaient au bas parvinrent à amortir la violence de la chute, néanmoins il se disloqua la hanche et se brisa plusieurs côtes. Mais ses compagnons l'emportèrent avec eux.

« Le lendemain les Highlanders se mirent à la recherche de leurs prisonniers avec une grande activité. Un vieux gentleman a dit à l'auteur qu'il se souvenait d'avoir vu le commandant Stewart,

Le visage enflammé, les éperons sanglants,

courant à cheval comme un furieux à travers le pays pour rattraper les fugitifs. »

Note de la nouvelle édition d'Édimbourg. A. M.

il desservit la table, et Waverley fut encore une fois abandonné à ses méditations solitaires.

Tandis qu'il réfléchissait sur les bizarreries de la fortune, qui semblait prendre plaisir à le mettre à la disposition d'autrui, sans qu'il fût jamais libre d'agir à son gré, les yeux d'Édouard rencontrèrent tout à coup son porte-manteau qu'on avait apporté dans sa chambre pendant qu'il dormait. La mystérieuse apparition d'Alice dans la chaumière de la vallée lui revint aussitôt à l'esprit, et il allait prendre et examiner le paquet mis au milieu de ses chemises, quand le domestique du colonel Stewart reparut et chargea le porte-manteau sur son épaule.

« Mais, l'ami, ne puis-je au moins changer de linge ? »

— « Votre Honneur a les chemises plissées du colonel à son service ; pour vos bagages, j'ai ordre de les mettre dans le fourgon. »

A ces mots, il emporta tranquillement le porte-manteau, sans écouter de plus longues remontrances, laissant notre héros dans un état où le désappointement et le dépit se disputaient à qui prendrait le dessus. Il entendit bientôt une voiture sortir de la cour inégale, et ne douta point qu'il ne fût alors privé, pour un temps du moins, sinon pour toujours, des seuls documents qui semblaient promettre d'éclaircir quelque peu les singuliers événements qui venaient d'influer sur son sort. Il eut encore quatre ou cinq heures de solitude pour se livrer à ces tristes réflexions.

Au bout de ce temps, il entendit des chevaux piaffer dans la cour, et bientôt après le colonel Stewart vint prier son hôte de manger encore un morceau avant de partir. L'offre fut acceptée ; car notre héros, bien qu'il eût déjeuné très-tard, était encore bien en état de faire honneur au dîner qu'on lui servit. La conversation de son hôte annonçait un bon gentilhomme de campagne ; il lâchait de temps à autre des plaisanteries et des expressions de soldat, mais il évitait soigneusement tout ce qui avait rapport aux opérations militaires ou à la politique du jour ; et quand Waverley le pressait un peu trop sur quelques uns de ces points, il répondait qu'il lui était défendu de causer sur de tels sujets.

Le dîner fini, le gouverneur se leva, et souhaitant bon voyage à Édouard, lui dit qu'informé qu'on avait fait partir ses bagages devant, il s'était permis de lui préparer le linge dont il pourrait avoir besoin avant de retrouver son porte-manteau. Après cette honnêteté il se retira. Un domestique vint aussitôt avertir Waverley que son cheval était prêt.

Notre héros descendit donc dans la cour, y trouva un soldat qui tenait un cheval bridé, se mit en selle, et traversa le portail du château de Doune, escorté par une douzaine d'hommes armés, tous à cheval. Ces gens ressemblaient moins à des soldats réguliers qu'à des personnes ordinaires qui avaient pris tout à coup les armes pour un motif urgent et inattendu. Leur uniforme bleu et rouge, qui voulait imiter celui des chasseurs français, était fort incomplet, et leur donnait une tournure grotesque. L'œil de Waverley, accoutumé à voir un régiment bien discipliné, s'aperçut aisément, aux manières et à l'allure de son escorte, que ce n'étaient point des troupes régulières, et que s'ils montaient assez bien à cheval, c'était plutôt comme veneurs ou laquais, que comme militaires. Leurs chevaux n'allaient point ce pas uniforme si nécessaire pour exécuter les évolutions avec ordre et promptitude ; eux-mêmes ne semblaient pas *embauchés* (c'est l'expression technique) pour manier le sabre. Ces hommes pourtant étaient de robustes et vigoureux gaillards, et auraient pu individuellement être formidables dans la cavalerie irrégulière. Le chef de cette petite troupe montait un excellent cheval de chasse ; et quoiqu'il portât aussi l'uniforme, ce changement de costume n'empêcha pas Waverley de reconnaître sa vieille connaissance M. Falconer de Balmawhapple.

Quoique la manière dont ce gentilhomme et lui s'étaient quittés ne fût pas des plus amicales, Édouard eût volontiers alors sacrifié tout souvenir de leur folle querelle pour le plaisir de se renvoyer encore une fois des demandes et des réponses, plaisir dont il était depuis si longtemps privé. Mais Balmawhapple se rappelait sans doute la blessure qu'il avait reçue du baron de Bradwardine, et dont Édouard avait été la cause involontaire, et cet affront faisait encore saigner le cœur de l'homme mal élevé et pourtant orgueilleux; il évita donc soigneusement de paraître avoir reconnu notre héros, et se mit bravement à la tête de ses hommes qui étaient décorés du titre de « brigade du capitaine Falconer, » bien qu'ils fussent à peine assez nombreux pour former une escouade, et précédés par un trompette qui sonnait de temps en temps, et par un étendard que portait la cornette Falconer, son plus jeune frère; le lieutenant, vieillard bien vert, avait l'air peu noble, mais d'un excellent homme. L'enjouement animait chez lui une figure et des traits communs, qui de plus annonçaient une intempérance habituelle; il portait, comme c'était l'usage alors, un chapeau retroussé sur l'oreille, et tout en sifflant l'air de Rob [1] de Dumblain, sous l'influence d'une demi-pinte d'eau-de-vie, il semblait trotter joyeusement avec une heureuse indifférence pour l'état du pays, la conduite de la troupe, le but du voyage, et tout autre objet de ce monde.

Voyant ce personnage se balancer à droite et à gauche sur son cheval, Waverley espéra en tirer quelques renseignements, ou du moins faire diversion à l'ennui du voyage en causant.

« Voilà une belle soirée, monsieur, » dit Édouard en l'abordant.

« Oh! oui, monsieur! une nuit superbe, » répondit le lieutenant dans l'écossais le plus vulgaire.

« Et une belle moisson, sans doute, » continua Waverley en revenant à l'attaque.

— « Oui, la récolte est assez bonne,

1. *Rob*, abréviation du mot *Robert*. A. M.

mais les fermiers, le diable les brûle! et les marchands de fourrages vont encore renchérir pour faire du tort à ceux qui ont des chevaux à nourrir. »

— « Vous êtes peut-être quartier-maître, monsieur? »

« Oui, quartier-maître, maître d'équitation et lieutenant, répondit l'officier *factotum*; et pour sûr personne ne sait nourrir, entretenir ces pauvres bêtes mieux que moi qui les achète et les vends. »

— « Oserai-je vous prier, monsieur, si ce n'est pas prendre trop de liberté, de me dire où nous allons en ce moment? »

« Faire le message d'un fou, j'en ai peur, » répondit le lieutenant communicatif.

« En ce cas, dit Waverley, résolu à ne pas épargner les politesses, j'aurais pensé qu'un personnage tel que vous ne se serait pas mis en route pour une pareille commission. »

« C'est vrai, c'est vrai, monsieur, reprit l'officier, mais on ne fait pas toujours ses volontés. Vous le savez sans doute, le laird m'a acheté tous ces chevaux pour monter sa troupe, et est convenu de me les payer suivant les circonstances et les prix du temps. Mais alors il n'avait pas un sou vaillant, et j'ai appris que son billet ne vaudrait pas une tête d'épingle sur l'État, et pourtant j'avais tous mes marchands à payer à la Saint-Martin; ainsi, comme il m'offrait amicalement ce grade, et que je n'avais pas à espérer que le vieux *Fifteen* [2] me fît rembourser mon argent pour avoir fourni des chevaux contre le gouvernement; eh bien! monsieur, la conscience! j'ai pensé que je n'avais rien de mieux à faire pour obtenir paiement que d'aller dehors moi-même [3]; et vous pouvez

2. Les juges de la cour suprême d'Écosse, dit l'auteur, sont proverbialement appelés par les paysans, *The Fifteen*, les quinze. A. M.

3. *To go out*, ou *to have been out*, c'est-à-dire, *aller dehors* ou *avoir été dehors*, en Écosse, était une phrase correspondante à celle des Irlandais *ho go up* ou *to have been up*, avoir été en haut; elles signifient toutes deux *avoir pris part à la rébellion*. En Écosse, c'était un signe de mau-

croire, monsieur, qu'ayant vendu des licous toute ma vie, je n'ai pas grand' peur de me voir mettre au cou une cravate de Saint-Johnstone. »

« Alors vous n'êtes point soldat de profession? » dit Waverley.

« Non, non, Dieu merci, répliqua cet intrépide partisan; je n'étais pas né pour une si courte longe; je devais manger à plein ratelier. J'étais né pour vendre des chevaux, monsieur; et si je puis vous voir à Whitson-Tryst, ou à Stagshawbank, ou à la foire d'hiver de Hawick, et que vous ayez besoin d'un bon coureur à dévorer le chemin, foi d'honnête homme, je vous servirai comme il faut, car Jamie Jinker n'est pas un garçon à en imposer à un gentilhomme. Vous êtes gentilhomme, monsieur, et vous devez vous connaître en chevaux : vous voyez la superbe bête que monte Balmawhapple, c'est moi qui la lui ai vendue; elle est née de Lick-the-Laddie, qui gagna le prix du roi à Caverton-Edge, et de White-Foot, appartenant au duc d'Hamilton, etc., etc. [1]. »

Mais au moment où Jinker entrait à pleines voiles dans la généalogie de la jument de Balmawhapple, et en était déjà au grand-père et à la grand'mère, tandis que Waverley épiait l'occasion de le faire jaser sur un sujet plus intéressant, le noble capitaine piquant son coursier vint le rejoindre, et sans avoir l'air de regarder Édouard, il dit d'un ton sévère au généalogiste : « Il me semble, lieutenant, que j'avais expressément défendu de parler au prisonnier ?... »

L'ex-maquignon se tut aussitôt et alla se placer à l'arrière-garde, où, pour se consoler, il entama une violente dispute sur le prix du foin avec un fermier qui avait suivi à contre-cœur le laird en campagne, afin de conserver sa ferme dont le bail venait de finir. Waverley se résigna donc au silence, car il vit bien qu'essayer davantage de lier conversation avec les gens de la troupe, c'eût été fournir à Balmawhapple l'occasion de déployer insolemment son autorité et la brutalité naturelle de son caractère, qu'une basse complaisance pour ses vices et une servile adulation avaient encore contribué à augmenter.

En deux heures de temps la troupe arriva en vue du château de Stirling, et vit flotter sur les créneaux l'étendard de l'Union que frappaient les rayons du soleil couchant. Pour s'épargner du chemin, ou peut-être pour faire parade de son importance et insulter la garnison anglaise, Balmawhapple, tournant à droite, traversa le parc royal qui touche et environne le roc sur lequel le fort est situé.

Avec un esprit plus calme, Waverley eût sans doute admiré le mélange de naturelles et romantiques beautés qui rendait si intéressants les lieux qu'il parcourait alors; la plaine qui avait été jadis le théâtre de plusieurs tournois; le rocher d'où les dames regardaient le combat, tandis que chacune faisait des vœux pour le triomphe de son chevalier favori; les tours de l'église gothique où ces vœux devaient être remplis; et enfin, dominant tout, le fort lui-même, citadelle et palais à la fois, où la valeur recevait des mains du roi la récompense, où les chevaliers et les belles terminaient la soirée par mille amusements, par les danses, les chants et les festins. Tous ces objets à coup sûr devaient émouvoir et enflammer une imagination romanesque.

Mais Waverley avait bien autre chose à penser, et un incident qui survint tout à coup était de nature à troubler ses plus profondes méditations. Balmawhapple, dans l'orgueil de son cœur, fit avec son petit corps de cavalerie le tour des murailles du château, ordonna

---

vaise éducation de se servir des mots de rébellion et de rebelle, qui auraient pu être regardés par quelques personnages présents comme une insulte personnelle. Il était aussi plus poli, même chez les whigs les plus ardents, d'appeler Charles-Édouard, le Chevalier, plutôt que le Prétendant. Cette politesse d'expression avait cours dans la société, où l'on rencontrait des personnes des deux opinions mêlées indistinctement et sur un pied amical. A. M.

[1]. *Lick-the-Laddie*, lèche-cuiller, et *White-Foot*, pied blanc, deux noms de chevaux. A. M.

à son trompette de sonner une fanfare, et au cornette de déployer son étendard. Cette insulte fut apparemment sentie; car dès que la cavalerie fut assez loin de la batterie du sud pour qu'on pût pointer contre elle un canon, un éclair sortit par une des ouvertures du rocher, et avant même qu'on entendît la détonation qui l'accompagna, Balmawhapple sentit passer en sifflant au-dessus de sa tête un boulet qui, allant frapper la route quelques pas plus loin, fît rejaillir sur lui la poussière. Besoin ne fut pas de commander le galop, car, cédant tous à l'impulsion du moment, ils forcèrent les chevaux de M. Jinker à montrer leur agilité; et se retirant plutôt avec vitesse qu'en bon ordre, ils ne reprirent le trot, comme l'observa dans la suite le lieutenant, qu'après avoir descendu une éminence, qui les mettait à l'abri d'un deuxième compliment aussi peu agréable que le premier. Je dois pourtant à la justice de dire, que non seulement Balmawhapple se tint à l'arrière-garde et s'efforça de rétablir les rangs, mais encore qu'emporté par sa valeur, il riposta au canon en tirant un coup de pistolet du côté des murailles : mais comme c'était à un demi-mille de distance, je n'ai pu savoir si cet acte de vengeance avait eu grand résultat.

Les voyageurs traversèrent alors la mémorable plaine de Bannockburn et arrivèrent à Torwood, lieu de glorieuse et terrible mémoire pour les paysans écossais, puisqu'il leur rappelle les exploits de Wallace et les cruautés de Wude-Willie Grime. A Falkirk, ville déjà fameuse dans l'histoire d'Écosse, et qui allait devenir plus célèbre encore, comme théâtre de la guerre, Balmawhapple proposa de s'arrêter pour la nuit. On n'eut dans cette halte aucun égard à la discipline militaire : son digne quartier-maître ne songea qu'à trouver l'endroit où se vendait la meilleure eau-de-vie; on crut inutile de poser des sentinelles, et il n'y eut de consigne que pour aller chercher la liqueur. Cinq ou six hommes déterminés eussent facilement taillé toute la troupe en pièces; mais de tous les habitants, quelques-uns étaient favorables aux cavaliers, le plus grand nombre était indifférent, le reste glacé d'épouvante. Il n'arriva donc rien de remarquable pendant la nuit, sinon que le sommeil de Waverley fut plus d'une fois interrompu par les buveurs qui hurlaient à tue-tête et sans remords leurs chansons jacobites.

Le lendemain, ils étaient de bonne heure à cheval et sur la route d'Édimbourg, quoique la pâleur du visage de presque tous les soldats montrât qu'ils avaient passé la nuit, non pas à dormir, mais à boire. Ils firent halte à Linlithgow, célèbre par son antique palais, qui était encore entier et habitable il y a soixante ans, mais dont les vénérables ruines ont failli, *il n'y a pas soixante ans*, être métamorphosées en baraques pour les prisonniers français. Paisibles et bénies soient les cendres de l'homme d'état patriote qui, entre autres services par lui rendus naguère à l'Écosse, a empêché cette profanation!

En approchant de la capitale de l'Écosse, à travers une campagne unie et bien cultivée, ils ne tardèrent pas à entendre des sons de guerre. Les détonations éloignées, mais distinctes, du canon, qui partaient par intervalles, apprirent à Waverley que l'œuvre de destruction allait bon train. Balmawhapple lui-même jugea nécessaire de prendre quelques précautions : il envoya plusieurs de ses hommes en avant, fit marcher les autres en bon ordre, et s'avança au grand trot.

Ainsi disposée, la troupe arriva bientôt sur une éminence d'où l'on apercevait Édimbourg s'étendant au bas de la colline élevée qui, du côté de l'est, monte au château. Cette citadelle était assiégée, ou plutôt bloquée par les insurgés du nord, déjà maîtres de la ville depuis deux ou trois jours. Les défenseurs tiraient de temps en temps sur les corps de montagnards qui se montraient sur la grande route ou dans les environs. La matinée était calme et belle.

Le résultat de cette canonnade était d'envelopper le château d'un tourbillon de fumée dont l'extérieur se dissipait lentement dans les airs, tandis qu'elle était entretenue à l'intérieur par de nouveaux nuages qui sortaient sans cesse des fortifications; et le château, ainsi caché en partie, parut à Waverley plus vaste et plus sombre encore, plus terrible surtout, quand il réfléchit à la cause de ce brouillard et songea que chacune de ces explosions pouvait coûter la vie à un brave.

Avant qu'ils arrivassent à la ville, le feu, qui s'était successivement ralenti, avait tout à fait cessé; mais Balmawhapple, se rappelant la salutation peu amicale qu'il avait reçue des batteries de Stirling, n'avait probablement pas envie d'essayer si l'artillerie du château lui ferait meilleur accueil. Il quitta donc la grand'route, et se détournant de beaucoup vers le sud, pour ne plus être à la portée du canon, il s'approcha de l'ancien palais d'Holy-Rood sans entrer dans la ville. Il rangea ses hommes en bataille devant ce vénérable édifice, et confia Waverley à la garde d'un corps de montagnards dont l'officier l'introduisit dans l'intérieur du bâtiment.

Une galerie longue, basse et irrégulière, décorée de peintures représentant, dit-on, les rois d'Écosse qui, s'ils ont jamais vécu, ont dû vivre au moins deux ou trois centaines d'années avant l'invention de la peinture à l'huile, servait de salle des gardes ou de vestibule aux appartements que l'aventureux Charles-Édouard occupait alors dans le palais de ses ancêtres. Des officiers en costume de montagnards et d'habitants des basses terres, passaient et repassaient sans cesse, ou se tenaient dans cette pièce, comme s'ils attendaient des ordres. Des secrétaires expédiaient des feuilles de route, examinaient des rôles, donnaient des ordres. Tous semblaient affairés, comme à l'approche de quelque grand événement. Waverley, que personne n'avait remarqué s'assit dans l'embrasure d'une fenêtre, réfléchissant avec inquiétude sur la crise de sa destinée, qui paraissait approcher plus que jamais.

CHAPITRE XL.

UNE VIEILLE ET UNE NOUVELLE CONNAISSANCE.

Pendant qu'il était plongé dans ses rêveries, Waverley entendit derrière lui le bruissement d'un tartan écossais; on lui frappa amicalement sur l'épaule, et une voix amie lui cria :

« Le prophète de la montagne a-t-il dit vrai? faut-il se moquer du don de seconde vue? »

Notre héros se retourna, et fut chaudement embrassé par Fergus Mac-Ivor. « Soyez mille fois le bien-venu à Holy-Rood, reconquis enfin par son légitime possesseur! Ne vous avions-nous pas prédit que nous réussirions, et que vous tomberiez dans les mains des Philistins si vous nous quittiez? »

« Cher Fergus! dit Waverley en l'embrassant à son tour, il y a long-temps que je n'ai entendu la voix d'un ami. Où est Flora? »

— « Elle est en bonne santé et contemple avec joie nos triomphes. »

— « Elle est ici? »

— « Oui, dans cette ville du moins, et vous la verrez bientôt; mais avant, il vous faut visiter un ami auquel vous ne songez guère, et qui pourtant vous a plus d'une fois demandé. »

Ainsi parlant, il prit le bras de Waverley, et l'entraîna hors de l'appartement; si bien qu'Édouard, avant même de savoir où il allait, se trouva dans un salon orné comme pour recevoir un prince.

Un jeune homme à cheveux blonds, remarquable par la dignité de sa tournure et la noble expression de ses traits délicats et réguliers, sortit du groupe d'officiers et de chefs montagnards qui l'entourait. Notre héros crut dans la suite l'avoir reconnu, à ses manières aisées et gracieuses, à sa haute naissance et à son rang, sans avoir eu besoin de remarquer l'étoile qui brillait sur sa poitrine et la jarretière brodée qui ornait son genou.

« Permettez-moi, dit Fergus en s'inclinant profondément, de présenter à Votre Altesse Royale... »

« Le descendant d'une des plus anciennes et des plus loyales familles d'Angleterre, » continua le jeune Chevalier en l'interrompant. « Je vous demande pardon de vous interrompre, mon cher Mac-Ivor; mais il ne faut pas un maître des cérémonies pour présenter un Waverley à un Stuart. »

A ces mots il tendit avec courtoisie sa main à Édouard, qui n'aurait pu, quand même il l'eût désiré, ne pas lui rendre l'hommage qui semblait dû à son rang, et que méritait à coup sûr sa naissance. « Je suis fâché d'apprendre, monsieur Waverley, continua le prince, que, par des circonstances qui ne m'ont encore été que mal expliquées, vous ayez eu à vous plaindre de mes gens dans le Perthshire ou en venant ici; mais nous sommes dans un temps si mauvais, qu'on peut à peine connaître ses amis; et même en ce moment, je ne sais si je puis compter monsieur Waverley au nombre des miens. »

Il s'arrêta un instant, et, sans laisser à Édouard le temps de trouver une réponse convenable, ni même de débrouiller ses idées, il lui remit un papier, et continua : « Je n'aurais, à coup sûr, aucun doute à ce sujet, si je pouvais en croire cette proclamation lancée par les amis de l'électeur de Hanovre, où monsieur Waverley se trouve au nombre des nobles et des seigneurs menacés des peines de haute trahison pour fidélité à leur légitime souverain; mais je veux ne devoir mes partisans qu'à l'amitié et à la conviction. Si monsieur Waverley préfère continuer son voyage vers le sud, je signerai son passeport, il a toute liberté de partir; je regrette seulement d'être aujourd'hui dans l'impuissance de le garantir des dangers probables d'une telle démarche; mais, » continua Charles-Édouard après une nouvelle pause, « si monsieur Waverley, comme son aïeul sir Nigel, voulait embrasser une cause qui ne se recommande encore que par sa justice, et suivre un prince qui s'en remet à l'affection de son peuple pour reconquérir le trône de ses pères ou périr en voulant y remonter, je puis dire qu'il trouvera de dignes associés pour cette généreuse entreprise parmi les nobles et vaillants seigneurs, et qu'il servira un souverain qui peut être malheureux, mais qui ne sera jamais ingrat. »

Le chef de la tribu d'Ivor avait senti, en politique habile, qu'il travaillait pour lui en ménageant à Waverley une entrevue privée avec le royal aventurier. Notre héros ne connaissait ni le langage ni les manières d'une cour polie; aussi les discours et la bonté de Charles, qui les connaissait si bien, allèrent droit à son cœur, et lui firent rejeter les conseils de la prudence. Être ainsi personnellement sollicité comme défenseur par un prince dont la figure et les sentiments, non moins que son courage dans cette singulière entreprise, répondaient à ses idées d'un héros de roman; être reçu par lui dans les antiques appartements de son palais paternel, reconquis à la pointe d'une épée qui allait faire de nouvelles conquêtes : tout cela rendit à Édouard et à ses propres yeux la dignité et l'importance qu'il avait cessé de regarder comme ses attributs. Rejeté, calomnié, menacé par un parti, il était irrésistiblement enchaîné à la cause que des préjugés d'éducation et les principes politiques de sa famille lui avaient déjà recommandée comme la plus juste. Ces réflexions traversèrent son esprit comme un torrent, chassant devant elles toute autre considération. De plus, il fallait se décider à l'instant; et Waverley, tombant aux genoux de Charles-Édouard, voua son cœur et son épée à la défense de ses droits.

Le prince (car, quoique malheureux par les fautes et les folies de ses ancêtres, nous lui donnerons ici comme ailleurs le titre dû à sa naissance) releva Waverley, et l'embrassa avec un transport de joie trop vif pour ne pas être sincère. Il remercia aussi plus d'une fois Fergus Mac-Ivor de lui avoir trouvé un tel partisan, et présenta Waverley aux seigneurs, aux chefs et aux officiers qui l'entouraient, comme un jeune gentilhomme de mérite et de grande espérance, dont l'enthousiasme et le dévouement à sa cause leur donnaient une preuve des dispositions des familles illustres d'Angleterre dans cette crise importante [1]. En effet, c'était une question dont doutaient fort les partisans des Stuarts; et si une défiance bien fondée dans la coopération des jacobites anglais éloignait encore de son étendard beaucoup de chefs illustres de l'Écosse, et diminuait le courage de ceux qui l'avaient déjà rejoint, il ne pouvait rien arriver de plus favorable au prétendant que la déclaration publique en sa faveur de la part d'un représentant de la famille des Waverley-Honour, si long-temps connus comme cavaliers et royalistes : c'est ce que Fergus avait prévu dès le commencement. Il aimait réellement Waverley, parce que leurs sentiments et leurs desseins ne s'étaient jamais contrariés; il espérait le voir uni à Flora, et se félicitait de servir avec lui la même cause. Mais, comme nous l'avons dit, il se réjouissait aussi, en politique habile, que cette cause eût conquis un partisan si considérable, et il était loin d'être insensible à l'importance personnelle qu'il gagna auprès du prince pour l'avoir si puissamment secondé dans une telle conquête.

Charles-Edouard, de son côté, semblait désireux de montrer à sa cour l'estime qu'il portait à son nouvel ami; il le mit donc aussitôt dans la confidence de toutes ses affaires. « Vous avez si long-temps vécu loin du monde, monsieur Waverley, pour des motifs qui me sont encore à peine connus, qu'il vous a sans doute été impossible de recueillir en quelques jours beaucoup de détails sur mes singulières aventures. Vous savez, pourtant, que j'ai débarqué dans le district éloigné de Moidart, avec une escorte de sept hommes, et que le loyal enthousiasme des chefs et de leurs clans a mis tout à coup un aventurier solitaire à la tête d'une vaillante armée. Vous devez aussi, je pense, avoir appris que le général en chef de l'électeur de Hanovre, sir John Cope, marchait contre les montagnards à la tête d'une armée nombreuse et bien équipée, avec intention de nous livrer bataille, mais que le courage lui a manqué lorsque nous avons été à trois heures de marche l'un de l'autre; il nous a échappé en se dirigeant vers le nord, sur Aberdeen, laissant ainsi les basses terres ouvertes et sans défense. Pour ne pas perdre une occasion si favorable, j'ai marché sur la capitale, chassant devant moi deux régiments de cavalerie, celui de Gardiner et celui d'Hamilton, lesquels avaient juré de couper en morceaux tous les montagnards qui oseraient dépasser le fort de Stirling; et tandis que les magistrats et les bourgeois d'Édimbourg étaient en discussion pour savoir s'ils devaient se défendre eux-mêmes ou se rendre, mon digne ami Lochiel, » dit Charles en mettant la main sur l'épaule de ce chef intrépide et accompli, « leur épargna la peine de délibérer plus long-temps, en pénétrant dans la ville avec cinq cents Camérons. Depuis, succès

---

[1] Les sentiments jacobites étaient généraux dans les comtés de l'ouest et dans la principauté de Galles. Mais, quoique les grandes familles des Wynnes, des Wyndhames, et d'autres, se fussent engagées à joindre le prince Charles, s'il pouvait débarquer, elles l'avaient fait à la condition qu'il serait appuyé par une armée française, sans laquelle elles jugeaient que l'entreprise était désespérée. Sincèrement attachées à sa cause, et cherchant une occasion de le joindre, elles ne se crurent pas en honneur obligées de le faire, le prince n'étant soutenu que par un corps de sauvages montagnards parlant un dialecte inconnu et portant des vêtements bizarres. La marche vers Derby les frappa plutôt de crainte que d'admiration ; mais il était difficile de dire ce qu'il serait résulté si les batailles de Preston ou de Falkirk eussent été livrées et gagnées pendant que l'on marchait sur l'Angleterre.

constant ; mais toutefois, comme l'air vif d'Aberdeen attaquait les nerfs du brave sir John, il s'est dirigé par mer sur Dunbar, et je viens d'apprendre d'une manière certaine qu'il est débarqué d'hier. Son intention est sans doute de marcher contre nous pour reprendre cette capitale. A présent il y a deux opinions dans mon conseil de guerre: l'une, c'est qu'inférieurs peut-être en nombre, et à coup sûr en discipline et en bonne tenue, sans parler de notre manque total d'artillerie et de la faiblesse de notre cavalerie, le plus sûr serait de nous replier vers les montagnes et d'y traîner la guerre en longueur jusqu'à ce qu'il nous arrivât des secours de France, et que tous les clans des montagnes eussent pris les armes en notre faveur. L'opinion contraire soutient qu'un mouvement rétrograde dans notre situation peut jeter un grand discrédit sur nos armes et sur notre entreprise; et qu'au lieu d'augmenter le nombre de nos partisans, ce serait le moyen de décourager ceux qui sont accourus sous nos drapeaux. Les officiers qui appuient cet argument, et votre ami Fergus Mac-Ivor est du nombre, prétendent que si les montagnards sont étrangers à la tactique militaire de l'Europe, les soldats qu'ils auront à combattre ne sont pas moins étrangers à leur mode particulier et terrible d'attaque; qu'on peut compter sur le dévouement et le courage des chefs et des nobles, et que lorsqu'ils marcheront à l'ennemi, leurs clans n'hésiteront pas à les suivre; enfin qu'ayant tiré l'épée, il fallait jeter le fourreau, se battre et se confier au dieu des combats. Monsieur Waverley voudra-t-il nous honorer de son avis dans une circonstance si critique?»

L'honneur d'être ainsi consulté fit rougir Waverley de plaisir et de modestie; il répondit au prince, avec autant d'esprit que de promptitude, qu'il n'osait pas donner son opinion comme fruit d'une longue expérience, mais que l'avis qui lui serait le plus agréable devait être à coup sûr celui qui lui donnerait le plus tôt l'occasion de prouver son dévouement au service de Son Altesse Royale.

« C'est parler comme un Waverley ! répliqua Charles-Édouard; et pour que vous teniez un rang tant soit peu digne de votre nom, permettez-moi, au lieu du grade de capitaine que vous avez perdu, de vous offrir celui de major dans mon armée, avec l'avantage de servir comme aide-de-camp auprès de ma personne, jusqu'à ce que je puisse vous donner un régiment, ce qui, j'espère, ne peut tarder long-temps. »

«Votre Altesse Royale m'excusera, répondit Waverley en se rappelant Balmawhapple et sa petite troupe, si je refuse d'accepter aucun grade avant d'être en temps et lieux où mon crédit puisse me donner un bataillon, de manière à m'employer utilement au service de Votre Altesse. En attendant j'espère que vous me permettrez de servir comme volontaire sous les ordres de mon ami Fergus Mac-Ivor. »

« Du moins, dit le prince, évidemment charmé de cette proposition, permettez-moi d'avoir le plaisir de vous armer à la façon des montagnards. » A ces mots, il détacha le sabre qu'il portait, dont le ceinturon était couvert d'argent, et la poignée richement travaillée. « Cette lame, dit le prince, est une véritable André Ferrara [1]; c'est une espèce d'héritage dans notre famille, mais je suis persuadé qu'elle est maintenant en meilleures mains que dans les miennes, et j'y joindrai des pistolets de la même fabrique. Colonel Mac-Ivor, vous devez avoir beaucoup de choses à dire à votre ami, je ne vous empêcherai pas plus long-temps de causer ensemble ; mais songez-y, nous comptons sur vous deux pour ce soir. C'est peut-être la dernière nuit où nous pourrons rire dans ces appartements; et comme nous allons au combat avec une conscience pure, il faut passer joyeusement la veille de la bataille. »

Ainsi congédiés, le chef et Waverley sortirent de la salle.

1. Fameux armurier italien

CHAPITRE XLI.

LE MYSTÈRE COMMENCE A S'ÉCLAIRCIR.

« Comment le trouvez-vous? » fut la première question de Fergus, tandis qu'ils descendaient le large escalier de pierres.

« C'est un prince pour qui l'on doit vivre et mourir, » répondit Waverley avec enthousiasme.

— « Je savais bien que vous penseriez ainsi quand vous l'auriez vu, et je voulais que vous fissiez connaissance plus tôt, mais cette maudite entorse vous a privé de ce bonheur. Pourtant il a son côté faible, ou plutôt il a de mauvaises cartes à jouer, et ses officiers highlandais, qui sont nombreux, ne lui donnent pas d'excellents conseils [1] ; ils ne peuvent s'entendre sur toutes les prétentions qu'ils mettent en avant. Le croiriez-vous ? il m'a fallu pour le moment renoncer à mon titre de comte que j'avais mérité par dix ans de services, pour ne pas exciter la jalousie, ma foi, de C... et de M... — Mais vous avez bien fait, Édouard, de refuser la place d'aide-de-camp. Il y en a deux de vacantes, oui, mais Clanronald et Lochiel, et presque tous les chefs enfin, en ont demandé une pour le jeune Aberchallader, et les Irlandais, les gens des basses terres, désirent obtenir l'autre pour le Maître de F... Si l'un de ces candidats était évincé en votre faveur, vous vous feriez des ennemis. Mais je suis surpris que le prince vous ait offert le grade de major, quand il sait fort bien qu'il faudrait un titre de lieutenant-colonel pour en contenter d'autres qui ne peuvent amener cent cinquante hommes sur le champ de bataille. — Mais patience, cousin, et mêlez les cartes ! voilà qui ne va point mal pour le moment ; il faut que nous vous équipions pour ce soir dans votre nouveau costume ; car, à vrai dire, votre homme extérieur n'est pas présentable à la cour. »

« Ah ! dit Waverley en regardant son habit déchiré, ma veste de chasse a toujours été de service depuis notre séparation. Mais vous le savez sans doute, mon ami, aussi bien ou mieux que moi. »

— « C'est faire trop d'honneur à ma seconde vue, dit Fergus. Nous avons été si occupés, d'abord du projet de livrer bataille à Cope, ensuite de nos opérations dans les basses terres, que je n'ai pu donner que des instructions bien vagues à ceux de mes gens qui restaient dans le Perthshire pour vous secourir et vous protéger, si par hasard ils vous rencontraient. Mais contez-moi en détail vos aventures, car elles ne nous sont parvenues qu'à moitié et en raccourci. »

Waverley lui conta donc au long les événements dont nous avons déja informé le lecteur : Fergus écouta tout avec la plus grande attention. Cependant ils étaient arrivés à la porte de son logement, dans une ruelle étroite qui aboutissait à la rue de la Canongate, chez une veuve enjouée, de quarante ans, qui semblait sourire très-gracieusement au beau et jeune chef, car c'était une personne que la bonne mine et la bonne humeur prévenaient toujours envers ses hôtes, quelles que fussent leurs opinions politiques. Callum Beg les y reçut avec un sourire de vieille connaissance. « Callum, dit le chef, appelez Shemus ou Snachad (Jacques de l'Aiguille), » c'était le tailleur héréditaire de Vich-Jan-Vohr. « Shemus, M. Waverley a besoin d'un habillement

---

[1]. Les divisions ne tardèrent pas à éclater dans la petite armée du Chevalier, non seulement entre les chefs indépendants, trop orgueilleux pour obéir les uns aux autres, mais entre les Écossais et le gouverneur de Charles, O'Sullivan, Irlandais de naissance, et qui ayant été, comme plusieurs de ses camarades, dans la brigade irlandaise au service du roi de France, avait une influence marquée sur l'aventurier, laquelle excitait le ressentiment des Highlandais, qui voulaient que leurs clans fussent la principale ou la seule force de l'entreprise. Il y eut aussi une querelle entre lord George Murray et John Murray de Broughton, secrétaire du prince ; la rupture entre ces deux gentilshommes embarrassa les affaires de l'aventurier. En général, mille prétentions divisaient leur petite armée et ne contribuèrent pas peu à sa défaite.

couleur bataille, dit Fergus en désignant ainsi le tartan ; vous avez quatre heures pour travailler. Vous connaissez la mesure d'un homme bien fait, deux doubles points au bas de la jambe. »

« Onze de la hanche au talon, sept à la ceinture.—Je permets à Votre Honneur de pendre Shemus, s'il y a sur le dos d'aucun montagnard un équipement mieux taillé que celui qu'on va vous faire. »

« Faites un plaid et une ceinture avec le tartan de Mac-Ivor, continua le chef ; de plus un bonnet bleu comme celui du prince, chez M. Mouat, à Crames, vous savez ; ma veste verte à broderies et à boutons d'argent lui ira à merveille ; je ne l'ai jamais portée. Dites à l'enseigne Maccombich de choisir une de mes plus belles targes. Le prince a donné à M. Waverley un sabre et des pistolets, je lui trouverai le dirck et la bourse ; ajoutez maintenant une chaussure à talons bas. Et puis, mon cher Édouard, dit-il en se tournant vers lui, vous voilà un véritable fils d'Ivor. »

Ces ordres nécessaires donnés, le chef revint aux aventures de Waverley. « Il est évident, continua-t-il, que vous avez été prisonnier de Donald Bean Lean. Vous saurez qu'au moment où je partis avec mon clan pour rejoindre le prince, je priai cet honnête membre de la société de me rendre un léger service : mes instructions remplies, il devait m'amener toutes les troupes qu'il aurait pu réunir ; mais au lieu de cela, le digne homme, trouvant le pays dégarni, a pensé qu'il valait mieux faire la guerre pour son compte, et il s'est mis à battre la campagne, pillant, je crois, amis et ennemis, sous prétexte de lever le black-mail, tantôt par mes ordres et tantôt..., au diable son impudence consommée ! en son nom, en son grand nom. Sur mon honneur, si dans ma vie je revois le rocher de Benmore, j'aurais la bonne envie de pendre ce drôle-là ! Je reconnais son faire, surtout dans la manière dont il vous a tiré des griffes de ce vieil hypocrite de Gilfillan ; et je suis sûr que Donald lui-même a joué le rôle du colporteur en cette occasion ; mais qu'il ne vous ait pas dévalisé, qu'il ne vous ait pas mis à rançon ; enfin qu'il n'ait pas, d'une façon ou d'une autre, profité de votre captivité, voilà qui me passe. »

« Comment et quand avez-vous appris ma réclusion ? » demanda Waverley.

« Le prince lui-même m'en instruisit et voulut connaître les plus petits détails de votre histoire. Il me dit alors que vous étiez entre les mains d'un de nos partisans du nord ; vous sentez que je ne pouvais demander des explications. Il me consulta sur ce qu'il fallait faire de vous : —L'amener ici prisonnier,—répondis-je, désirant ne pas vous compromettre auprès du gouvernement anglais, dans le cas où vous persisteriez dans votre projet de retourner vers le midi. J'ignorais, vous savez, qu'on vous accusât comme complice et fauteur d'un crime de haute trahison, et ce fait contribua sans doute à vous faire changer vos premiers plans. On envoya cet imbécile, cette grosse bête de Balmawhapple pour vous escorter depuis Doune avec ce qu'il appelle son escadron de cavalerie ; quant à sa conduite envers vous, outre son antipathie naturelle pour tout ce qui sent l'honnête homme, je présume que son aventure avec Bradwardine lui trotte encore dans la tête. Je suis donc porté à croire que sa manière de conter cette histoire a contribué aux mauvais bruits qui sont parvenus à votre régiment. »

« C'est bien possible, dit Waverley ; mais maintenant, à coup sûr, mon cher Fergus, vous avez le temps de me parler un peu de Flora. »

— « Ah ! répondit Fergus, je puis seulement vous dire qu'elle se porte bien, et qu'elle demeure pour le moment dans cette ville chez une parente. J'ai cru convenable de la faire venir ici, car depuis nos succès, bon nombre de dames illustres fréquentent notre cour militaire ; et je vous assure que c'est beaucoup a être proche parent d'une personne telle que Flora Mac-Ivor; et quand il y a si grande rivalité de demandes et de sollicitations, on doit employer tout moyen honnête de grossir son importance. »

Il y avait dans cette dernière phrase quelque chose qui blessait Édouard; il lui répugnait à penser que Flora fût considérée par son frère comme un moyen de faveur, grace à l'admiration qu'elle devait indubitablement exciter. Quoique ce calcul n'eût rien d'étonnant chez un homme tel que Fergus, il sembla pourtant à notre héros dicté par l'égoïsme et indigne de l'esprit élevé de la sœur, aussi bien que de l'orgueil indépendant du frère. Fergus, à qui de pareilles manœuvres étaient familières, puisqu'il avait vécu à la cour de France, ne remarqua point l'impression défavorable que, par mégarde, il avait faite sur l'esprit de son ami, et termina en disant qu'il leur serait difficile de voir Flora avant le soir, où elle devait venir au concert et au bal de la cour. « Nous avons eu déja querelle ensemble sur ce qu'elle n'était point venue vous dire adieu; je n'ai nulle envie de recommencer; en la priant de vous recevoir ce matin, peut-être ne ferais-je, par mon intervention, que l'empêcher de vous voir dans la soirée. »

Pendant qu'ils causaient ainsi, Waverley entendit dans la cour, sous les fenêtres du salon, une voix bien connue. « Je vous jure, mon digne ami, disait-on, que c'est une violation manifeste de la discipline militaire; et si vous n'étiez encore, pour ainsi dire, que *tyro*, votre conduite mériterait de graves reproches. Un prisonnier de guerre ne doit jamais être chargé de fers, ni jeté *in ergastulo*, comme il fût arrivé si vous aviez mis ce gentilhomme au fond des souterrains de Balmawhapple. J'accorde pourtant qu'on peut enfermer un gentilhomme, pour plus de sûreté, *in carcere*, c'est-à-dire dans une prison publique [1]. »

On entendit la voix grognarde de Balmawapple comme s'il s'éloignait mécontent; mais le mot *vaurien* fut le seul qu'on put distinguer. Le capitaine avait disparu quand Waverley sortit pour présenter ses respects au digne baron de Bradwardine. L'uniforme qu'il portait alors était un bonnet bleu tout brodé d'or, un justaucorps et une culotte écarlates; enfin, un immense jabot semblait ajouter à la roideur et à l'air sévère de sa longue figure perpendiculaire; le sentiment de son grade et de son autorité militaire avait augmenté, dans la même proportion, l'importance de ses manières et le ton dogmatique de sa conversation.

Il reçut Waverley avec sa bonté ordinaire, et se hâta, dans son inquiétude, de lui demander des détails sur la perte du grade qu'il avait dans le régiment de Gardiner. « Ce n'est pas, dit-il, que j'aie jamais eu la moindre crainte que mon jeune ami eût mérité un traitement si sévère de la part du gouvernement; mais il est juste et convenable que le baron de Bradwardine ait non seulement le droit, mais encore le pouvoir de réfuter complètement toutes les calomnies déversées sur l'héritier des Waverley-Honour, qu'il avait tant de titres à regarder comme son propre fils. »

Fergus-Mac-Ivor, qui venait de les rejoindre, eut bientôt conté toutes les aventures de Waverley, et n'oublia point l'accueil flatteur qu'il avait reçu du jeune Chevalier. Le baron écouta en silence, et à la fin serra cordialement la main d'Édouard en le félicitant d'entrer au service de son prince légitime. « Car, continua-t-il, quoique toutes les nations aient justement regardé comme un sujet de scandale et de déshonneur la violation du *sacramentum militare*, et cela qu'il fût prêté par tous les soldats l'un après l'autre, ce que les Romains appelaient *per conjurationem*, ou par un seul au nom de toute l'armée, toutefois on ne douta jamais qu'un sol-

[1] *Tyro*, novice, recrue; *in ergastulo*, dans un cachot, où l'on avait les fers aux pieds. A. M.

dat ne fût dégagé du serment ainsi juré par la *demissio*, c'est-à-dire par la destitution; car autrement notre état serait aussi dur que celui des charbonniers, des sauniers, et autres *adscripti glebæ*, ou esclaves de la glèbe. Votre cas est discuté par le savant Sanchez, dans son traité de *Jurejurando*, et sans doute vous l'avez consulté en cette occasion. Quant aux gens qui ont menti pour vous calomnier, par le ciel que j'en prends à témoin, je pense qu'ils ont justement encouru la peine portée par la *Memnonia lex*, appelée aussi *lex Rhemnia*, qui est commentée par Tullius, dans sa harangue *in Verrem*. J'aurais cru pourtant, monsieur Waverley, qu'avant de vous engager dans l'armée du prince, vous vous seriez informé du rang qu'y occupe le vieux Bradwardine, et s'il ne se fût pas estimé très-heureux de vous voir servir dans le régiment de cavalerie qu'il est sur le point de lever. »

Édouard se disculpa en insistant sur ce qu'il lui avait fallu donner tout de suite une réponse au prince, et sur ce qu'il ignorait, dans le moment, si son ami le baron était à l'armée ou autre part.

Cette vétille arrangée, Waverley s'informa de miss Bradwardine et apprit qu'elle était venue à Édimbourg avec Flora Mac-Ivor, escortée par un détachement. Cette précaution était à coup sûr nécessaire, car Tully-Veolan était devenu un séjour peu agréable et même dangereux pour une jeune dame sans défense, comme situé près des montagnes, et non loin de deux ou trois gros villages qui, aussi bien par haine des réquisitions que par amour pour le presbytérianisme, s'étaient déclarés en faveur du gouvernement, et formaient des corps irréguliers de partisans qui avaient de fréquentes escarmouches avec les montagnards, et attaquaient souvent les châteaux de la noblesse jacobite sur la frontière, c'est-à-dire entre la montagne et la plaine.

« Je vous proposerais, continua le baron, de pousser jusqu'à mon logement dans les Luckenbooths, et d'admirer en passant High-Street, qui, sans l'ombre du doute, est plus belle que toutes les rues de Londres et de Paris; mais Rose, la pauvre petite, a grand' peur du canon du château, quoique je lui aie prouvé par Blondel et Cohorn qu'il est impossible à un boulet d'atteindre notre maison; et de plus, Son Altesse Royale m'a chargé d'aller au camp pour donner ordre de *conclamare vasa*, c'est-à-dire de plier armes et bagages pour se mettre en marche demain à la pointe du jour. »

« C'est ce que nous aurons bientôt fait presque tous, » dit Mac-Ivor en riant.

— « Avec votre permission, colonel Mac-Ivor, pas si vite que vous semblez le croire. Je sais que la plupart de vos gens ont quitté la montagne, *expediti*, c'est-à-dire légers de bagages; mais on ne saurait dire tous les meubles inutiles qu'ils ont ramassés en route. Enfin, je vous demande encore pardon : j'ai vu un de vos drôles avec une glace sur le dos. »

« Oui, dit Fergus encore de bonne humeur; il vous aurait répondu, si vous l'aviez interrogé, que pied qui marche s'accroche toujours. Mais allez, mon cher baron, vous savez aussi bien que moi, que cent hulans ou la moindre troupe de pandours de Schmirschitz feraient plus de mal à un pays que le chevalier du Miroir et tous nos clans ensemble. »

« C'est assez vrai, répliqua le baron; ils sont, comme dit l'auteur païen, *ferociores in aspectu, in actu mitiores*, affreux et terribles de visage, mais plus doux de caractère que ne semblent l'annoncer leur physionomie et leur extérieur. Mais je m'amuse à causer avec deux enfants, mes amis, quand je devrais être au Parc du Roi. »

« Mais ne dînerez-vous pas avec Waverley et moi, à votre retour? dit Fergus. Je vous assure, baron, que si je puis vivre au besoin comme un montagnard, je n'ai point oublié mon éducation de Paris, et je sais fort bien faire la meilleure chère. »

« Mais qui diable en douterait, répondit le baron en riant, lorsque vous amenez seulement votre cuisinier, et prenez vos provisions dans notre bonne ville? Eh! bien, j'ai aussi quelques affaires à terminer : mais je vous rejoindrai à trois heures...... si le dîner peut m'attendre aussi long-temps. »

A ces mots, il prit congé de ses amis et s'en alla remplir la mission dont il était chargé.

CHAPITRE XLII.

UN DINER DE SOLDAT.

JACQUES DE L'AIGUILLE était homme de parole quand le whisky ne se mettait pas de la partie; et en cette occasion Callum Beg, qui se regardait encore comme débiteur de Waverley, puisque notre héros n'avait point voulu se faire payer aux dépens de mon hôte du *Chandelier*, profita de cette circonstance pour acquitter sa dette, en montant la garde devant le tailleur héréditaire de Sliochd Nan Ivor; et pour citer ses paroles, « le poursuivit l'épée dans les reins » jusqu'à ce qu'il eût terminé sa besogne. Pour se débarrasser de cet importun, Shemus fit glisser son aiguille comme un éclair à travers le tartan; et l'artiste, qui tout le temps chanta une terrible bataille de Fin Macoul, cousait au moins trois points par chaque héros qu'il faisait mourir. L'habillement fut donc bientôt prêt, car le justaucorps vert allait à ravir, et il n'y avait presque rien à faire au reste de la toilette.

Quand notre héros se fut affublé du costume du vieux Gaul [1], bien propre à donner un air de force à une taille qui, quoique grande et bien faite, était plus élégante que robuste, j'espère que mes jolies lectrices le lui pardonneront, il se regarda plus d'une fois dans la glace et

[1]. Voyez Ossian. A. M.

ne put s'empêcher de reconnaître qu'il y voyait un très-joli garçon. Au fait, il ne se trompait nullement. Ses cheveux noirs, car il ne portait pas perruque malgré la mode générale du temps, allaient à merveille avec la toque qui les couvrait en partie. Sa tournure annonçait la vigueur et la souplesse; les amples plis du tartan lui donnaient de plus un air de dignité. Son œil bleu semblait exprimer

Les ardeurs de l'amour et les feux de la guerre.

Enfin, son esprit de timidité, qui ne provenait que d'un manque d'usage du monde, rendait sa figure intéressante, sans lui ôter la grace ni le piquant.

« C'est un bel homme, un fort bel homme, dit Evan Dhu, depuis enseigne Maccombich, à l'hôtesse enjouée de Fergus. »

« Il est fort bien, répondit la veuve Flockhart, mais il n'est pas si bien tourné que notre colonel, enseigne. »

« Je ne les compare point, répliqua Evan, je ne dis pas que M. Waverley soit mieux fait, non : mais seulement qu'il a l'air propre, déterminé, l'air d'un digne fils de sa maison, qui ne criera pas à l'orge dans une bataille. Et vraiment il manie joliment le sabre et la targe. J'ai souvent joué avec lui à Glennaquoich, et Vich-Jan-Vohr aussi, l'après-dîner du dimanche. »

« Que le Seigneur vous pardonne, enseigne Maccombich, dit la presbytérienne alarmée, je suis sûre que cela n'est jamais arrivé à votre colonel. »

« Oh! oh! mistriss Flockhart, répondit l'enseigne, nous sommes jeunes, vous savez, et jeunes saints, vieux diables. »

« Mais est-il vrai qu'on livre demain bataille à sir John Cope, enseigne Maccombich ? » demanda mistriss Flockhart à son hôte.

« Vrai, mistriss Flockhart; nous marcherons sur lui et il marchera sur nous, » répondit le montagnard.

« Et vous serez face à face avec ces terribles ennemis, ces dragons, enseigne

Maccombich ? » demanda une seconde fois l'hôtesse.

— « Griffes contre griffes, comme Conan dit à Satan, mistriss Flockhart, et malheur à qui a les ongles les moins longs. »

— « Et le colonel lui-même s'exposera aux baïonnettes ? »

— « Vous pouvez en être sûre, mistriss Flockhart ; par saint Phédar, il y courra le premier. »

« Bonté divine ! et s'il est tué au milieu des habits rouges ! » s'écria la veuve au cœur tendre.

— « Ah ! si pareil malheur lui arrivait, mistriss Flockhart, je sais bien qui ne survivrait pas pour le pleurer. Mais nous sommes encore tous vivants aujourd'hui, et il nous faut à dîner ; voilà Vich-Jan-Vohr qui rentre, et M. Waverley est las de s'examiner depuis si longtemps dans la glace ; ce vieux rustre à tête grise, le baron de Bradwardine, qui a tué le jeune Renald de Ballenkeiroch, va aussi venir avec ce gros bailli, cet effronté flatteur qu'on appelle Mac Wheeble et qui ressemble au cuisinier français de laird de Kittlegab ; plus, son cher tournebroche qui le suit partout ; enfin, moi aussi je suis affamé comme un milan, ma bonne veuve ; dites donc à Kate de tremper la soupe, et mettez votre cornette ; n'oubliez pas surtout que Vich-Jan-Vohr ne voudra jamais s'asseoir avant de vous voir à la tête de la table ; et n'oubliez pas la bouteille à l'eau-de-vie, madame. »

Cette admonition hâta le dîner. Mistriss Flockhart, souriant sous son costume de deuil, comme le soleil à travers un brouillard, se mit à la place d'honneur, ne s'inquiétant guère peut-être du temps que durerait une insurrection qui lui procurait une compagnie si au-dessus de sa société ordinaire. Elle avait à ses côtés Waverley et le baron, et le chef pour vis-à-vis. Les hommes de paix et de guerre, c'est-à-dire le bailli Mac Wheeble et l'enseigne Maccombich, après plusieurs salutations profondes à leurs supérieurs et beaucoup de civilités

l'un envers l'autre, se placèrent à droite et à gauche du colonel. La chère était excellente, vu le temps, le lieu et la circonstance, et Fergus était d'une gaieté extraordinaire. Méprisant le péril, présomptueux par caractère, jeune et ambitieux, il voyait en imagination toutes ses espérances couronnées de succès, et ne songeait guère à la tombe presque toujours ouverte pour un soldat. Le baron s'excusa quelque peu d'avoir amené Mac Wheeble. Ils s'étaient occupés, disait-il, des dépenses de la campagne ; « Et ma foi ! continua le vieux militaire, puisque c'est ma dernière, sans doute, je veux finir comme j'ai commencé, sans un sou. J'ai toujours trouvé qu'il était plus difficile de se procurer les nerfs de la guerre, ainsi qu'un savant auteur appelle la caisse militaire, que sa chair, son sang et ses os. »

« Quoi ! dit Fergus, vous avez levé le seul corps de cavalerie qui nous soit utile, et n'avez pas eu un seul des louis d'or du *Doutelle*, pour vous aider [1] ? »

—« Non, Glennaquoich ; des drôles plus habiles ont passé avant moi. »

« C'est un scandale, dit le jeune montagnard ; mais nous partagerons ce qui me reste encore de mon subside. Vous pourrez du moins passer une nuit tranquille, et demain vous serez comme nous tous, car nous aurons tous des provisions, d'une façon ou d'une autre, avant le coucher du soleil. » Waverley en rougissant jusqu'aux oreilles, mais avec beaucoup d'empressement, fit au baron les mêmes offres.

« Je vous remercie tous deux, mes chers enfants, dit Bradwardine, mais je n'entamerai pas votre *peculium* ; le bailli Mac Weeble a trouvé la somme nécessaire. »

A ces mots, le bailli sauta et tressaillit sur sa chaise ; il semblait tout déconcerté. A la fin, après avoir craché cinq ou six fois et protesté en termes rebattus de son dévouement au service de Son

---

[1]. *Le Doutelle* était un vaisseau de guerre qui apporta de France de l'argent et des armes aux insurgés. A. M.

Honneur, nuit et jour, à la vie et à la mort, il se mit à insinuer que les argentiers avaient transporté toutes leurs espèces au château; que sans doute Sandie Goldie, l'orfèvre, ferait beaucoup pour Son Honneur, mais qu'il y avait bien peu de temps pour compléter la somme; qu'ainsi donc, si le colonel ou M. Waverley pouvaient arranger...»

« Que je n'entende pas de ces sottises, monsieur, dit le baron d'un ton qui rendit Mac Weeble muet; mais agissez comme nous en sommes convenus avant dîner, si vous souhaitez rester à mon service. »

A cet ordre péremptoire, le bailli, quoiqu'il se crût réellement condamné à souffrir une transfusion de son propre sang dans les veines du baron, n'osa faire aucune réponse. Toutefois, après s'être quelque temps agité sur sa chaise, il s'adressa à Glennaquoich, et lui dit que si Son Honneur avait plus d'argent disponible qu'il ne lui en fallait pour solder ses troupes, il pouvait le placer sûrement et à bon intérêt entre les mains du baron.

A cette proposition Fergus éclata de rire, et répondit, quand il eut repris son sérieux : « Mille remerciements! bailli ; mais vous saurez que nous avons l'habitude, nous autres soldats, de prendre notre hôtesse pour banquier... Mistriss Flockhart, » dit-il en tirant cinq ou six larges pièces d'or d'une bourse bien remplie, et en faisant sonner la bourse elle-même et ce qu'elle contenait encore, dans le creux de sa main ; « voilà de quoi pourvoir à mes besoins ; prenez le reste : soyez mon banquier, si je vis, et mon légataire, si je meurs. Mais ayez soin de donner quelque chose aux pleureuses de la montagne[1] qui feront les plus belles lamentations en l'honneur du dernier Vich-Jan-Vohr. »

« C'est, dit le baron, le *testamentum militare*, qui, chez les Romains, pou-

vait être verbal. » Mais le tendre cœur de mistriss Flockhart se fondit en larmes aux paroles du colonel ; elle poussa un lamentable soupir et refusa net de recevoir le dépôt, que Fergus fut obligé de reprendre.

« Eh bien, dit le chef, si je succombe, ce sera pour le grenadier qui me cassera la tête, mais j'aurai soin de lui tailler bonne besogne. »

Le bailli Mac Wheeble fut encore tenté de remettre sa rame à l'eau ; car, dès qu'il s'agissait d'espèces, il lui était difficile de se taire. « Peut-être, suivant lui, mieux vaudrait envoyer la somme à miss Mac-Ivor, en cas de décès ou d'accident de guerre. On rédigerait une donation *mortis causa*, en faveur de la jeune lady, et pour ce, il n'en coûterait qu'un trognon de plume. »

« La jeune lady, répliqua Fergus, si pareil événement arrivait, aurait bien autre chose à penser qu'à ces misérables louis d'or. »

—« C'est vrai... incontestable... sans l'ombre d'un doute ; mais Votre Honneur sait qu'un profond chagrin... »

—« Est beaucoup plus facile à supporter, d'ordinaire, qu'une faim bien vive ?... C'est vrai, bailli, fort vrai; et je crois même qu'il y a des gens qu'une telle réflexion consolerait de l'anéantissement de toute l'espèce humaine. Mais il est un chagrin qui ne connaît ni faim, ni soif ; et la pauvre Flora... » Il s'interrompit, et tous les convives partagèrent son émotion.

Les pensées de Bradwardine se reportèrent naturellement sur sa fille qui restait sans défense, et de grosses larmes brillèrent dans les yeux du vétéran. « Si je succombe, Mac Wheeble, vous avez tous mes papiers, vous connaissez toutes mes affaires ; soyez juste envers Rose. »

Le bailli, après tout, était de limon terrestre : il avait sans doute bien des vices, bien des mauvais penchants, mais aussi quelques sentiments de bonté et de justice, surtout quand il s'agissait du baron ou de la jeune miss. Il poussa

---

1. *Highland Caillinchs*, dit le texte ; vieilles femmes qui faisaient le métier de pleurer les morts. Les Irlandais les appellent *Keenning*.
A. M.

un gémissement lugubre. « Si ce triste jour arrivait, s'écria-t-il, Duncan Mac Wheeble n'eût-il qu'une obole, elle serait pour miss Rose. Je me mettrai copiste à un plack la plage, avant de lui laisser connaître le besoin; si les belles baronnies de Bradwardine et de Tully-Veolan, avec les châteaux et les fermes qui en dépendent... (il ne manquait pas de sangloter à chaque pause...) avec champs, prés, marais, moulins... terres en clos et hors clos... bâtiments, granges, pigeonniers... avec droit de pêche à la ligne et au filet dans les étangs et rivières de Veolan... avec église, cure et presbytère... tenants et aboutissants... droits de pâture... chauffage, nourriture et boisson... fermages, arrérages et redevances... (là, il eut recours au bout de sa longue cravate, car il pleurait à chaudes larmes, et malgré lui, aux idées qu'évoquait le jargon technique)... lesquels biens sont désignés plus au long dans les titres et contrats... et situés dans la paroisse de Bradwardine et dans le comté de Perth... Si, dis-je, tous ces biens passent, non à la fille de mon maître, mais à Inch-Grabbit, qui est whig et Hanovrien, et sont confiés aux soins de son homme d'affaires, Jamie Howie, qui n'est pas capable d'être garde-chasse, et encore moins bailli... »

Le commencement de cette jérémiade avait réellement quelque chose de touchant, mais la fin fit éclater un rire général. « N'ayez point peur, bailli, dit l'enseigne Maccombich, le bon vieux temps du trouble et du désordre est revenu, et Sneckus Mac Snackus (désignant sans doute les arrérages et les fermages) ainsi que vos autres amis, s'enfuiront devant la plus longue claymore. »

« Et cette claymore sera la nôtre, bailli, » dit le chef en voyant Mac Wheeble pâlir à ces mots ;

« Nous leur donnerons en paiement
Le seul métal de nos montagnes ;
Au lieu de pièces d'or et de pièces d'argent,
Des claymores seront leurs fidèles compagnes.

Bientôt nous serons délivrés
Des créanciers et des créances ;
Car, de nos glaives déchirés,
Les créanciers doubleront les cadences. »

« Mais voyons, bailli, point de chagrin; videz gaiement votre verre; le baron retournera vivant et victorieux à Tully-Veolan, il réunira même les domaines de Killancureit aux siens, puisque le lâche pourceau qui les possède ne viendra pas, en gentilhomme, défendre le prince. »

« Pour sûr, les deux domaines sont voisins, dit le bailli en s'essuyant les yeux; et ils dépendraient tout naturellement de la même administration. »

« Et moi, continua le chef, je prendrai soin de ma personne; car vous saurez que j'ai ici une bonne œuvre à finir : c'est de faire entrer mistriss Flockhart dans le sein de l'église catholique, ou du moins à moitié chemin, c'est-à-dire dans votre assemblée épiscopale. O baron ! si vous l'entendiez avec sa voix de basse-taille réveiller le matin Kate et Matty, vous qui êtes musicien, vous trembleriez rien qu'à l'idée de l'entendre hurler les psaumes de Haddo's-Hole. »

— « Dieu vous pardonne ! colonel, quel train vous allez ! Mais j'espère que Vos Honneurs prendront du thé avant de se rendre au palais, et j'en vais préparer. »

A ces mots, mistriss Flockhart quitta la compagnie, et les convives, comme on peut le supposer, parlèrent surtout des événements prochains de la campagne.

CHAPITRE XLIII.

LE BAL

L'ENSEIGNE Maccombich partit pour le camp des montagnards où l'appelait son devoir; le bailli Mac Wheeble se retira dans quelque taverne obscure pour digérer son dîner et l'explication de la loi martiale donnée par Evan Dhu ; Waverley, avec le baron et le chef, se dirigèrent vers Holy-Rood. Ces deux derniers étaient d'une gaieté folle ; et, chemin faisant, le baron plaisantait notre héros sur la jolie tournure que lui donnait son nouveau costume. « Si vous avez des vues sur le cœur de quelque belle Écossaise, dit-il, je vous engage, quand vous lui ferez votre déclaration, de vous rappeler ce passage de Virgile :

*Nunc insanus amor duri me Martis in armis
Tela inter media atque adversos detinet hostes;*

vers que Robertson de Struan, chef du clan Donnochy (à moins que les prétentions de Lude ne soient jugées meilleures, *primo loco*), a rendus fort élégamment :

L'impitoyable amour m'a pris ma jarretière
Et dans un philabeg[1] m'enferme le derrière ;

cependant vous avez mis un pantalon, vêtement que je préfère de beaucoup à l'autre, comme plus ancien et plus décent. »

« Mais, reprit Fergus, écoutez plutôt ma chanson :

« Elle ne voulut pas d'un laird de basse terre,
Ne voulut pas d'un époux d'Angleterre ;
Mais avec Duncan Græme elle prit sans façon
Le doux chemin de Cupidon ;
Et Græme dans son plaid emporta la bergère. »

En discourant ainsi ils arrivèrent au palais d'Holy-Rood, et furent annoncés chacun par leur nom à leur entrée dans les salles.

On sait parfaitement combien de gentilshommes distingués par le rang, l'éducation et la fortune, prirent part à la fatale et funeste entreprise de 1745. Les dames d'Écosse épousèrent aussi presque toutes la cause d'un jeune prince brave et bien fait, qui se jetait entre les bras de ses compatriotes plutôt en héros de roman qu'en politique habile. Il ne faut donc pas s'étonner qu'Édouard, qui avait passé la plus grande partie de sa vie dans la grave solitude de Waverley-Honour, fût ébloui du luxe et de l'élégance alors déployés dans les salles depuis si long-temps désertes du château écossais. L'ameublement n'était pas, il est vrai, fort splendide, mais il était aussi élégant du moins que le permettaient la confusion et le trouble des circonstances : l'effet général était imposant, et l'assemblée, si l'on considère le haut rang des personnes réunies, pouvait s'appeler brillante.

Il ne fallut pas long-temps à notre amoureux pour découvrir l'objet de son affection. Flora Mac-Ivor retournait à sa place, presque à l'extrémité de l'appartement, avec Rose Bradwardine à son côté. Parmi tant de parures et de beautés, elles avaient attiré à elles seules l'attention générale, se trouvant à coup sûr au premier rang des plus jolies femmes présentes. Le prince les remarqua beaucoup toutes deux, Flora surtout, qu'il choisit pour danseuse; préférence qu'elle dut sans doute à ce qu'elle avait été élevée en pays étranger, et parlait facilement le français et l'italien.

Lorsque la confusion ordinaire à la fin d'une contredanse se fut apaisée, Édouard, comme par instinct, suivit Fergus jusqu'à l'endroit où sa sœur était assise. L'espérance dont il avait nourri son amour en l'absence de l'objet chéri, parut s'évanouir en sa présence; et, semblable à un homme qui cherche à retrouver les détails d'un rêve oublié, il eût donné le monde en ce moment pour se rappeler les motifs qui avaient servi de fondement à un espoir devenu tout à coup une illusion. Il suivait Fergus les yeux baissés, les oreilles tintantes, et avec les sensations du criminel qui, pendant que la fatale charrette s'avance lentement à travers la multitude rassemblée pour assister à son supplice, perce vaguement et le bruit qui remplit ses oreilles, et l'agitation de la foule sur laquelle ses yeux se promènent au hasard.

Flora parut peu, fort peu émue et troublée à son approche. « Je vous présente un fils adoptif d'Ivor, » dit Fergus.

« Et je le reçois comme un second frère, » répondit Flora.

Elle prononça ces mots avec une légère affectation qui eût échappé à tout

---

[1]. Espèce de jupon écossais.

autre qu'à un amant brûlé par la fièvre de la crainte ; mais évidemment, d'après le ton et la manière qu'elle mit à prononcer toute la phrase, elle voulait dire : « Je n'ai jamais songé à m'unir plus étroitement à monsieur Waverley. » Édouard s'arrêta, salua, et regarda son ami, qui se mordit les lèvres : signe de mécontentement qui prouvait que Fergus n'interprétait pas plus favorablement l'accueil que sa sœur faisait à son jeune protégé. « Voilà donc la fin de mon rêve ! » Telle fut la première pensée de Waverley; et elle fut si poignante, qu'elle éloigna de ses joues jusqu'à la dernière goutte de sang.

« Bon Dieu ! dit Rose Bradwardine, il n'est pas encore rétabli ! »

Ces mots, qu'elle prononça avec une vive émotion, furent entendus par le prince lui-même, qui vint aussitôt de ce côté, prit la main de Waverley, et lui demanda affectueusement des nouvelles de sa santé, ajoutant qu'il désirait causer avec lui. Par un effort violent et soudain que la circonstance rendait indispensable, Édouard se remit assez pour suivre le prince en silence dans un coin de l'appartement.

Charles le retint quelque temps, lui fit diverses questions sur les grandes familles royalistes et catholiques d'Angleterre, sur leur crédit, leur influence, et sur leurs dispositions à l'égard des Stuarts. Waverley, dans un autre moment, n'eût pu répondre que fort vaguement à toutes ces questions; on croira donc sans peine qu'en proie à un trouble si pénible, il répondit d'une manière confuse et bizarre. Le prince sourit deux ou trois fois de l'incohérence de ses réponses; mais il ne changea point de sujet, quoique forcé de faire les frais de la conversation jusqu'à ce que Waverley pût causer plus sensément. Il est probable que cette longue entrevue avait pour but principal d'accréditer le bruit, qu'à la satisfaction du prince ses partisans croyaient déjà, que Waverley était un personnage d'une grande influence politique. Mais il sembla, d'après ses derniers mots, qu'il avait un motif différent et fort généreux, tout personnel à notre héros, pour prolonger cet entretien. « Je ne puis, dit-il, résister à la tentation de me vanter de ma discrétion comme confident d'une dame : vous le voyez, monsieur Waverley, je sais tout, et je vous assure que je m'intéresse vivement à cette affaire. Mais, mon jeune et cher ami, il faut mieux cacher vos sentiments. Il y a ici bien des personnes dont les yeux peuvent voir aussi clairement que les miens, mais il vous est impossible de compter sur leur discrétion comme sur la mienne. »

A ces mots il se détourna avec aisance, et rejoignit un groupe d'officiers à quelques pas, laissant Waverley réfléchir sur sa dernière phrase; et s'il n'en pouvait comprendre tout le sens, il comprenait du moins qu'on lui recommandait la prudence. Faisant donc un effort pour se montrer digne de l'intérêt que son nouveau maître lui avait témoigné, en suivant sans plus tarder ses conseils, il se dirigea vers l'endroit où Flora et miss Bradwardine étaient assises; et, après avoir présenté ses respects à cette dernière, il réussit, au-delà même de son attente, à tenir une conversation banale.

Mon cher lecteur, s'il vous est jamais arrivé de prendre des chevaux de poste à... ou à... (il vous sera facile de remplir un au moins de ces blancs, et les deux, sans doute, avec le nom d'une auberge voisine de votre demeure), vous avez à coup sûr observé, et probablement avec peine et sympathie, la répugnance qu'ont les pauvres haridelles à charger d'abord leur cou galeux du collier et des harnais. Mais quand l'argument irrésistible du postillon les a forcées à courir un mille ou deux, elles ne songent plus à leurs premières douleurs ; et, dès qu'elles sont *échauffées*, comme disent les postillons, elles galopent aussi vite que si elles n'avaient jamais eu d'écorchures au garrot. Cette comparaison peint si bien les sensations de Waverley dans le cours de cette mémorable soirée, que je la préfère (et surtout elle est, je pense, fort originale) à une métaphore plus brillante qu'aurait pu me fournir l'*Art poétique* de Byshes.

Tout effort a, comme la vertu, sa propre récompense; et notre héros avait d'ailleurs d'autres motifs non moins puissants pour persister à feindre la froideur et à jouer l'indifférence en retour du mauvais accueil de Flora. L'amour-propre, qui applique sur les plaies de l'amour des caustiques salutaires, quoique douloureux, vint bientôt à son secours. Honoré de la faveur du prince; destiné, il pouvait en concevoir l'espérance, à remplir un rôle important dans la révolution qui allait ébranler un grand royaume; supérieur sans doute pour l'esprit, et du moins égal, pour les avantages physiques, à la plupart des nobles et seigneurs parmi lesquels il tenait alors un rang distingué; jeune, riche, bien né..., pouvait-il ou devait-il languir pour les beaux yeux d'une beauté capricieuse?

O nymphe, quels que soient tes dédains, ta rigueur,
Mon cœur ne sera pas moins cruel que ton cœur.

Les sentiments renfermés dans ces jolis vers, qui pourtant n'étaient pas composés alors, déterminèrent Waverley à convaincre Flora qu'il n'était pas découragé par un refus; sa vanité lui disait tout bas qu'elle y perdrait peut-être plus que lui, et pour hâter ce changement si soudain, une espérance vint flatter Waverley à son insu: miss Flora apprendrait sans doute à mieux apprécier l'affection de son amant quand elle ne se verrait plus tout à fait maîtresse de l'enflammer ou de l'éteindre à son gré. Il y avait aussi un ton mystérieux d'encouragement dans les paroles du Chevalier; mais il craignait qu'elles ne se rapportassent qu'au désir de Fergus pour son union avec sa sœur. Enfin pourtant, diverses considérations, le moment, le lieu, la circonstance, se réunirent pour éveiller son imagination et lui faire déployer un caractère mâle et ferme, laissant au sort le soin du dénoûment. Si lui seul paraissait triste et abattu la veille d'une bataille, avec quelle joie les mauvaises langues qui s'étaient déjà tant occupées de sa réputation, broderaient un nouveau conte!... «Jamais, jamais, s'écria-t-il, des ennemis que je n'ai pas provoqués n'auront le plaisir de m'adresser des injures méritées!»

Influencé par ces idées diverses et excité de tamps à autre par un sourire d'intelligence et d'approbation du prince, lorsqu'il passait de ce côté, Waverley fit dépense d'imagination, de vivacité et d'éloquence, et s'attira l'admiration générale de la société. Peu à peu la conversation prit un tour plus favorable encore à ses talents et à ses connaissances; la gaieté de la soirée étant plutôt animée que troublée par les périls du lendemain, tous les esprits espéraient pour l'avenir et songeaient à jouir du présent. Cette disposition de l'ame est surtout favorable à l'exercice des facultés de l'imagination, à la poésie, et à cette éloquence qui ressemble tant à la poésie. Waverley, comme nous l'avons ailleurs observé, avait parfois une aisance extraordinaire d'élocution, et dans cette soirée il s'éleva avec succès jusqu'aux matières les plus sérieuses, et redescendit avec bonheur aux sujets gais et badins; il était encouragé et soutenu par tous les bons esprits qui cédaient à l'impulsion du moment: ceux même d'habitude plus froids et plus réfléchis étaient entraînés par le torrent. Plusieurs dames abandonnèrent la danse, et sous divers prétextes se réunirent au groupe qui s'était formé autour du jeune et bel Anglais. On le présenta à plusieurs femmes de haut rang, et ses manières, dégagées alors de l'embarras timide qui, à moins d'aussi belle occasion, les contraignait d'ordinaire, firent les délices de l'assemblée.

Flora Mac-Ivor semblait la seule de toutes les femmes présentes qui le regardât avec un peu de froideur et de réserve. Toutefois elle ne put cacher sa surprise en apercevant des talents qu'elle ne l'avait jamais vu, depuis qu'ils se connaissaient, déployer avec autant d'éclat et d'effet. Je ne sais si elle n'éprouva point un certain regret d'avoir si brusquement dédaigné les vœux d'un amant qui paraissait destiné à tenir un rang honorable parmi les plus hautes classes de la société. Certainement elle avait jusqu'alors compté parmi les défauts incorrigibles d'Édouard sa mauvaise honte. Élevée dans les cercles brillants d'une nation étrangère, peu habituée à la réserve des manières anglaises, cette imperfection lui paraissait trop voisine de la timidité et de la faiblesse de caractère; mais si elle souhaita un instant que Waverley se fût toujours montré aussi aimable, aussi attrayant, ce souhait passa bien vite, car il était arrivé depuis leur séparation des choses qui rendaient, suivant elle, la résolution qu'elle avait prise à son égard décisive et irrévocable.

Avec des sentiments bien différents, Rose Bradwardine était toute ame pour entendre; elle ressentait une joie secrète du tribut d'éloges publiquement payé à un jeune homme dont elle avait trop tôt et trop bien su apprécier le mérite. Sans jalousie, sans crainte, sans chagrin, sans inquiétude, sans le moindre mouvement d'égoïsme, elle s'abandonnait au plaisir d'observer les murmures unanimes d'approbation. Quand Édouard parlait, elle avait l'oreille toute pleine de sa voix; quand d'autres répondaient, ses yeux se mettaient à leur tour en observation et épiaient sa réponse. Peut-être le plaisir qu'elle éprouva dans le cours de cette soirée, quoique passager et suivi par tant de chagrins, était-il dans son genre le plus pur et le plus désintéressé dont l'ame humaine soit capable de jouir.

« Baron, dit le Prétendant, je ne laisserais pas ma maîtresse en tête-à-tête avec votre jeune ami; il est à coup sûr, quoique peut-être trop romanesque, un des jeunes gens les plus aimables que j'aie jamais vus. »

« Et sur mon honneur, prince, répondit le baron, il est parfois aussi sérieux que moi, qu'un homme de soixante ans. Si Votre Altesse Royale l'eût vu rêver et soupirer à Tully-Veolan comme un hypocondriaque, ou, selon l'*Anatomie* de Burton, comme un malade frénétique ou léthargique, vous seriez étonné qu'il ait pu en si peu de temps reprendre tant d'enjouement et de gaieté. »

« En vérité, dit Fergus Mac-Ivor, je crois que c'est l'inspiration du tartan; car, quoique Waverley soit toujours un jeune homme de bon sens et d'honneur, je l'ai souvent trouvé distrait et inattentif. »

« Nous lui en sommes d'autant plus obligés, dit le prince, s'il avait réservé pour ce soir des qualités que même des amis si intimes ne soupçonnaient pas... Mais allons, messieurs, la nuit s'avance, et il faut songer un peu à notre besogne de demain : que chacun offre la main à sa belle et me fasse l'honneur d'accepter un léger rafraîchissement. »

Il conduisit la société dans d'autres appartements et prit place sous un dais, dans un magnifique fauteuil, à la tête d'une longue file de tables, avec cet air de dignité et de courtoisie qui convenait si bien à sa haute naissance et à ses grandes prétentions. Une heure s'était à peine écoulée lorsque les musiciens jouèrent le signal du départ si connu en Écosse [1].

« Bonne nuit, donc, dit le Chevalier en se levant; bonne nuit, mille prospérités à vous tous! Bonne nuit, mes belles dames qui avez fait tant d'honneur à un prince proscrit et exilé; bonne nuit, mes braves amis... Puisse le bonheur que nous avons goûté ce soir être le présage d'un retour prompt et triomphal dans cet antique château de mes pères! le présage de nombreuses, de fort nombreuses réunions, présidées par la gaieté et le plaisir, dans le palais d'Holy-Rood! »

Lorsque le baron de Bradwardine, dans la suite, racontait ces adieux du Chevalier, il ne manquait jamais de répéter d'une voix mélancolique :

Audiit, et voti Phœbus succedere partem
Mente dedit, partem volucres dispersit in auras.

« Vers, ajoutait-il, fort bien rendus en anglais par mon ami Bangour :

[1]. C'était ou ce devait être : « Bonne nuit, et la joie soit avec vous ! »

One half the prayer in Phœbus grace did find,
The other half he whistled down the wind¹. »

CHAPITRE XLIV

LA MARCHE.

Les passions diverses de Waverley, ses sentiments tumultueux ne lui avaient permis de s'endormir que tard, mais son sommeil était profond. Il rêvait à Glennaquoich et avait transporté dans les salles de Jan-Nan-Chaistel la fête qui venait d'embellir celles d'Holy-Rood. Il entendait même distinctement la cornemuse, et ceci du moins n'était pas une illusion, car le joueur en chef du clan de Mac-Ivor se promenait fièrement dans la rue, devant la porte de son maître; et comme il plut à mistriss Flockhart de le dire, elle qui sans doute n'aimait pas la musique, il ébranlait pierres et poutres de la maison avec ses sons criards. De fait, les sons devinrent bientôt trop bruyants pour le rêve de Waverley, qu'ils avaient d'abord plutôt favorisé.

Le bruit des chaussures de Callum dans son appartement (car Mac-Ivor avait encore confié Waverley à ses soins) fut un second signal de départ. « Votre Honneur ne se lève-t-il pas? Vich-Jan-Vohr et le prince sont déjà dans la grande prairie en face du château, qu'ils appellent le Parc du Roi², et bien des gens sont ce matin sur pied, qui retiendront ce soir sur le dos les uns des autres. ».

Waverley se leva donc, et avec l'assistance et les avis de Callum, ajusta d'une manière convenable son costume de tartan. Callum lui dit aussi que son *dorlach* de cuir à serrure était arrivé de Doune et allait repartir avec les bagages de Vich-Jan-Vohr.

Par cette périphrase, Waverley comprit aisément qu'il s'agissait de son porte-manteau; il pensa au paquet mystérieux de la fille de la caverne, qui semblait toujours lui échapper quand il était au moment de le saisir. Mais ce n'était pas le temps de satisfaire sa curiosité; il refusa le *bonjour*, c'est-à-dire la goutte du matin, que lui offrait mistriss Flockhart, et peut-être fut-il le seul homme dans l'armée du Chevalier qui n'eût pas accepté une invitation si aimable; il lui fit ses adieux, et partit avec Callum.

« Callum, dit Waverley en descendant une petite rue sale qui conduisait à l'entrée sud de la Canongate, où trouverai-je un cheval? »

« Que diable demandez-vous là? répondit Callum; Vich-Jan-Vohr, pour ne pas parler du prince qui fait tout comme lui, marche à pied en tête de son clan, sa targe sur l'épaule; il vous faut suivre son exemple. »

— « Eh bien! je le suivrai, Callum; donnez-moi ma targe... la voilà tout arrangée. Suis-je bien? »

— « Vous ressemblez au brave montagnard peint au-dessus du grand cabaret qu'on appelle *Luckie Middlemass*, » répondit Callum, croyant, je dois le dire, faire un joli compliment; car, suivant lui, l'enseigne de *Luckie Middlemass* était un vrai chef-d'œuvre. Waverley, qui ne comprit pas toute la force de cette honnête comparaison, ne lui adressa plus la parole.

Lorsqu'ils se furent tirés des faubourgs sales et laids de la capitale et marchèrent en pleine campagne, Waverley sentit doubler sa force et son courage; il promena avec calme ses souvenirs sur les événements de la soirée précédente, et considéra sans crainte ni faiblesse la journée qui se préparait.

Lorsqu'il eut gravi la petite colline de Saint-Léonard, le Parc du Roi ou la vallée profonde qui s'étend entre la montagne d'Arthur's Seat et les éminences sur lesquelles Édimbourg est à présent bâtie du côté du midi, se dé-

---

1. Phébus exauça la moitié de son vœu, et laissa l'autre se perdre dans les airs. A. M.
2. Le camp ou plutôt le bivouac de l'armée des montagnes était dans le Parc du Roi, aux environs du village de Duddingston.

roula sous ses pieds et présenta une vue bizarre et animée. Elle était occupée par l'armée des montagnards, qui se préparait alors à partir. Waverley avait vu quelque chose d'approchant à la chasse où il accompagna Fergus Mac-Ivor ; mais c'était sur une échelle beaucoup plus petite, et la scène était incomparablement moins intéressante. Les rochers qui formaient le fond du tableau, le rivage lui-même, retentissaient des accords des joueurs de cornemuse, chacun réveillant par un air particulier son chef et son clan. Les montagnards, qui avaient eu la terre pour couche et le ciel pour rideaux, se levant avec le tumulte et le désordre d'une multitude confuse et irrégulière, comme des abeilles alarmées et sortant de leurs ruches, semblaient avoir toute la souplesse nécessaire pour exécuter les manœuvres. Leurs mouvements paraissaient irréfléchis et confus, mais bientôt régna l'ordre et la régularité ; un général eût loué la bonne tenue des rangs, mais un instructeur eût tourné en ridicule la manière dont on les avait pris.

L'espèce de confusion occasionée par l'empressement que mettaient les divers clans à se ranger sous leur bannière respective, pour se mettre en marche, offrait un spectacle plein de vie. Point de tentes à plier ; presque tous et par goût dormaient à la belle étoile ; pourtant l'automne s'avançait, et les nuits devenaient froides. Pendant quelques minutes, tandis qu'on prenait les rangs, ce fut un mélange incertain, vague et confus, de tartans ondoyants, de plumes flottantes, de bannières déployant la fière devise des Clanronald, *Ganion Coheriga!* (contredise qui l'ose!); *Loch-Sloy*, mot d'ordre de Mac-Farlane ; *Forth, fortune, and fill the fetters*, cri de guerre du marquis de Tullibardine ; *Bydand*, celui de lord Louis Gordon ; et toutes les devises, tous les emblèmes des autres chefs et de leurs clans.

Enfin la multitude, après s'être long-temps agitée, se rangea sur une longue colonne étroite et brunâtre qui s'étendait dans toute la vallée. Au centre de cette colonne flottait l'étendard du Chevalier, avec une croix rouge sur un fond blanc et ces mots : *Tandem triumphans.* La cavalerie peu nombreuse, composée des nobles des basses terres avec leurs domestiques et leurs vassaux, formait l'avant-garde : et leurs drapeaux, beaucoup trop nombreux pour un si petit corps, ondulaient à l'extrémité de l'horizon. Plusieurs de ces cavaliers, parmi lesquels Waverley remarqua par hasard Balmawhapple et son lieutenant Jinker (qui tous deux pourtant, avec quelques autres, avaient été mis, d'après les conseils du baron de Bradwardine, au rang de ce qu'il appelait les officiers de réforme), ajoutaient à la vie, sinon à la régularité du tableau, en galopant aussi vite que la foule pouvait le permettre, pour s'aller mettre à l'avant-garde. Les enchantements des Circés de Kligh, et la ribote obligée qu'ils avaient prolongée toute la nuit, avaient sans doute retenu ces héros dans les murs d'Édimbourg un peu trop tard pour qu'ils fussent à leur poste dès la pointe du jour. Les plus prudents de ces traîneurs prenaient pour retourner à leurs rangs un chemin plus long, plus détourné, mais aussi plus découvert, passant à quelque distance de l'infanterie, et galopant à travers les enclos, sur la droite, au risque de se tuer en franchissant haies et fossés. Les mouvements irréguliers et la disparition de ces petits corps, aussi bien que la confusion occasionée par ceux qui cherchaient à passer tout droit et, bien qu'inutilement, à fendre les rangs des montagnards malgré leurs malédictions, leurs jurements et leur résistance, contrastaient d'une manière pittoresque et bizarre avec l'ordre qui s'organisait dans l'armée.

Tandis que Waverley contemplait à loisir ce singulier spectacle, que rendaient plus imposant encore les coups de canon tirés de temps à autre du château sur les sentinelles montagnardes, quand elles passaient aux environs pour rejoindre le corps principal, Callum, avec sa liberté ordinaire, lui rappela que le clan de Vich-Jan-Vohr se trouvait presque en tête de la colonne qui était encore éloignée, et « qu'on irait bon train une fois le canon tiré. » Waverley doubla donc le pas, mais non sans jeter souvent les yeux sur les masses sombres de guerriers réunies en face et au-dessous de lui. Mais de plus près, l'armée présentait peut-être un aspect moins imposant que lorsqu'on l'apercevait de loin. Les premières lignes de chaque clan étaient armées de sabres, de targes, de fusils; tous avaient des poignards, presque tous des pistolets. Mais c'étaient des gentilshommes, c'est-à-dire des parents du chef, plus ou moins éloignés, et qui avaient droit à son appui et à sa protection. On n'eût pas choisi dans les armées d'Europe des hommes mieux faits et plus résolus; habitués à vivre libres et indépendants, toutefois si dociles aux commandements du chef, et combattant d'après une tactique particulière aux montagnards, ils étaient aussi formidables par leur fermeté et leur courage individuel, que par leur intime conviction qu'il fallait agir de concert et donner à leur mode d'attaque national la plus grande chance de succès.

Mais aux derniers rangs se trouvaient des soldats moins bien équipés, les paysans des montagnes: quoiqu'ils ne pussent supporter ce nom et qu'ils prétendissent souvent, avec une apparence de raison, que leurs familles étaient plus anciennes que celles des maîtres qu'ils servaient, ils portaient toutefois la livrée d'une extrême misère, étaient mal équipés et plus mal armés, presque nus, petits et laids. Chaque clan considérable avait à sa suite un certain nombre de ces ilotes. Ainsi les Mac-Couls, quoique descendants de Comhal, père de Finn ou Fingal, étaient une sorte de Gabaonites ou serviteurs héréditaires pour les Stuarts d'Appine; les Macbeths, alliés au malheureux monarque de ce nom, étaient sujets des Morays et du clan d'Athole, roi des Robertsons d'Athole. Les citations ne manqueraient pas, mais je ne veux pas blesser l'orgueil de quelque clan qui peut exister encore, et par conséquent soulever une tempête montagnarde dans la boutique de mon libraire. Or ces ilotes, quoique forcés de se mettre en campagne par l'autorité arbitraire de leurs chefs, pour qui ils faisaient du bois et tiraient de l'eau, étaient généralement mal nourris, mal vêtus, plus mal armés. Cette dernière circonstance avait, il est vrai, pour cause principale, le désarmement général, ordonné et mis en apparence à exécution parmi les montagnards; mais la plupart des chefs étaient parvenus à éluder l'ordre en conservant les armes de leurs clans particuliers, et en ne livrant que celles de moindre valeur, qu'ils avaient enlevées à ces satellites subalternes. Il n'est donc pas surprenant que la plupart de ces pauvres gens, comme nous l'avons déjà remarqué, vinssent au combat dans un équipement si misérable.

Il résultait de là que dans tous les régiments les premières lignes avaient une excellente tenue, et les autres se composaient de véritables bandits. L'un avait une hache d'armes, l'autre une épée sans fourreau; celui-ci un fusil sans chien, celui-là une faux au bout d'une perche. Quelques-uns avaient seulement des poignards ou bien des bâtons et des gourdins coupés aux haies. L'aspect sauvage, grossier et féroce de ces hommes, qui la plupart regardaient avec toute l'admiration de l'ignorance les productions les plus ordinaires de l'art, surprenait les gens de la plaine, mais aussi répandait la terreur. A cette époque, la vie des montagnards était si peu connue, que les manières et l'apparition de leurs tribus, quand ils se précipitaient sur le pays plat en aventuriers militaires, excitaient autant de surprise parmi les habitants du sud, que si un torrent de Nègres ou d'Esquimaux fût descendu des montagnes septentrionales de leur patrie. Il n'est donc pas extraordinaire que Waverley, qui jusque-là avait jugé les montagnards en masse d'après les échantillons que l'adroit Fergus lui en avait montrés de temps à autre, se sentit abattu et découragé en voyant que c'était une troupe comptant à peine quatre mille hommes, dont la moitié au moins n'était pas armée, qui osait entreprendre une révolution et un changement de dynastie dans les royaumes de la Grande-Bretagne.

Pendant qu'il s'avançait le long de la colonne encore en repos, un canon de fer, la seule pièce d'artillerie au pouvoir d'une armée qui entreprenait une si importante révolution, fut tiré : c'était le signal du départ. Le Chevalier avait témoigné le désir qu'on abandonnât cette pièce de campagne tout à fait inutile; mais, à sa grande surprise, les chefs montagnards se réunirent pour solliciter la permission de l'emmener avec eux, alléguant la superstition de leurs clans, qui, peu accoutumés à l'artillerie, attachaient une importance ridicule à cette pièce, et s'imaginaient que sans elle il leur serait fort difficile, avec leurs mousquets et leurs épées seulement, de remporter une victoire. Deux ou trois artilleurs français furent donc chargés d'en faire le service; mais la machine de guerre, traînée par un attelage de bidets des montagnes, ne servit après tout qu'à donner des signaux [1].

A peine sa voix eut-elle retenti dans cette occasion, que toute la ligne se mit en mouvement; de féroces cris de joie déchiraient l'air à mesure que chaque bataillon s'ébranlait, mais ils se perdaient bientôt dans les sons criards des fifres, et ces fanfares aussi étaient en partie couvertes par les pas bruyants d'une si grande multitude qui tout à coup se mettait en marche. Les bannières brillaient et voltigeaient, les cavaliers se hâtaient d'aller prendre leurs rangs à l'avant-garde, ou partaient comme éclaireurs pour reconnaître les mouvements de l'ennemi. Ils échappaient aux yeux de Waverley, quand ils passaient autour d'Arthur's Seat, au bas de cette pente pittoresque de rochers rapides qui fait face au petit lac de Duddingston.

L'infanterie prit la même direction, réglant sa marche sur celle d'un autre corps qui suivait une route plus au midi; il fallut que Waverley doublât de vitesse pour arriver à l'endroit qu'occupait le clan de Fergus dans la ligne de bataille.

CHAPITRE XLV.

UN INCIDENT FAIT NAÎTRE DE TRISTES RÉFLEXIONS.

LORSQUE Waverley atteignit l'endroit de la ligne occupé par le clan de Mac-Ivor, les vassaux firent halte, se formèrent, et le reçurent avec de bruyan-

---

[1] Cette circonstance, qui est historique aussi bien que la description qui précède, rappellera au lecteur la guerre de la Vendée, dans laquelle les royalistes, qui n'étaient en grande partie que des paysans insurgés, attachaient un intérêt extraordinaire et presque superstitieux à la possession d'une pièce de campagne, qu'ils appelaient *Marie-Jeanne*.

Les Highlandais, dans l'origine, étaient effrayés du canon, dont le bruit et les effets leur étaient totalement inconnus. Ce fut à l'aide de trois ou quatre petites pièces d'artillerie que les comtes de Huntley et de Porol, du temps de Jacques VI, remportèrent la victoire à Glenlivat sur une nombreuse armée d'Highlandais, commandée par le comte d'Argyle. A la bataille du pont de Dee, le général Meddleson dut à son artillerie un succès pareil, les Highlandais n'étant pas en état de soutenir la décharge de *la Mère aux mousquets*, nom qu'ils donnaient aux canons. Dans une vieille ballade sur la bataille du pont de Dee on trouve ces vers :

> Le Higlandais est un vaillant guerrier
> Armé de son épée et de son bouclier ;
> Mais en rase campagne il ne semble plus guère
> Qu'un mortel timide et vulgaire.
>
> Le Higlandais est habile guerrier
> A manier la terrible claymore ;
> Mais pour braver le boulet meurtrier,
> C'est un homme nu qui s'ignore.
>
> Le fracas du canon, dans une nuit d'été,
> Est pareil au bruit du tonnerre ;
> Jamais d'un Higlandais la sauvage fierté
> N'a du canon méprisé la colère.

Les Higlandais de 1745 n'en étaient plus à la simplicité de leurs grands pères; ils montrèrent dans tout le cours de cette guerre combien ils redoutaient peu l'artillerie, quoique la multitude attachât toujours une grande importance à la pièce de campagne qui a donné lieu à cette note.

tes fanfares de cornemuses et de longs cris de joie, car les montagnards le connaissaient presque tous personnellement, et lui voyaient avec plaisir le costume de leur pays et de leur tribu. « Vous criez, dit à Evan Dhu un soldat du clan voisin, comme si c'était le chef lui-même qui arrivât. »

« *Mac e Bran is e a Brathair*, si ce n'est pas Bran, c'est le frère de Bran, dit Maccombich en répondant par un proverbe [1].

— « Ah! je vois, c'est le beau seigneur d'Angleterre que doit épouser lady Flora. »

— « Peut-être oui, peut-être non; mais, Grégor, ce ne sont ni vos affaires, ni les miennes. »

Fergus vint embrasser le volontaire et lui fit un accueil chaud et cordial; il crut devoir s'excuser sur la diminution de sa troupe, qui ne montait pas à plus de trois cents hommes : bon nombre de ses gens, dit-il, étaient partis en avant.

Mais de fait, la défection de Donald Bean Lean lui avait ôté trente braves soldats sur lesquels il comptait, et beaucoup des montagnards qui le suivaient en certaines occasions avaient été rappelés par leurs différents chefs sous les drapeaux auxquels ils devaient réellement fidélité; de plus, le chef de la grande branche du nord, rivale de la sienne, avait armé ses vassaux, quoiqu'il ne se fût encore prononcé ni pour le gouvernement ni pour le Chevalier, et par ses intrigues avait beaucoup diminué les troupes que Fergus mettait en campagne; mais en réparation de ce malheur, on reconnaissait généralement que les hommes de Vich-Jan-Vohr, pour la bonne tenue, l'équipement, les armes et leur dextérité à s'en servir, valaient bien les meilleurs soldats qui suivissent l'étendard de Charles-Édouard. Fergus avait le vieux Ballenkeiroch pour major : cet officier, ainsi que tous ceux qui avaient connu Waverley à Glennaquoich, firent une réception amicale à notre héros, et le félicitèrent de ce qu'il venait partager leurs périls et leurs triomphes.

La route que suivit l'armée des montagnards en quittant le village de Duddingston fut pendant quelque temps la grande route d'Édimbourg à Haddington. Après avoir passé la rivière d'Esk à Musselburgh, au lieu de prendre la plaine qui borde les côtes de la mer, elle s'avança plus dans l'intérieur et vint occuper les hauteurs de Carberry, lieu déjà célèbre dans l'histoire d'Écosse, car ce fut en cet endroit que la séduisante Marie se remit aux mains de ses sujets rebelles; on prit cette direction, parce que le Chevalier avait appris que l'armée du gouvernement, venue par mer d'Aberdeen et débarquée à Dunbar, avait passé la nuit à l'ouest d'Haddington, avec le projet de côtoyer la mer et d'approcher d'Édimbourg par la route basse. En occupant les hauteurs qui dominent cette route en plusieurs points, on espérait que les montagnards trouveraient l'occasion d'attaquer avec avantage. L'armée s'arrêta donc sur cette éminence, d'abord pour prendre du repos, ensuite parce que cette position centrale permettait de marcher à l'ennemi dès qu'on le jugerait convenable. Pendant cette halte, arriva à toute bride un messager qui avertit Mac-Ivor que le prince le demandait, ajoutant que les avant-postes avaient eu une escarmouche avec la cavalerie anglaise, et que le baron Bradwardine avait envoyé plusieurs prisonniers.

Waverley sortit des rangs pour satisfaire sa curiosité, et aperçut bientôt cinq ou six cavaliers, couverts de poussière, qui venaient au grand galop pour annoncer que l'ennemi était en pleine marche, vers l'ouest, le long de la mer. En avançant un peu plus loin, il fut arrêté par un gémissement qui partait d'une chaumière. S'étant approché, il entendit une voix qui, dans le patois de son comté natal, tâchait, quoique souvent interrompue par la douleur, de

---

1. Bran, le chien si connu de Fingal. Ce nom se retrouve souvent dans les proverbes et les chansons des montagnards écossais.

réciter la prière du Seigneur. La voix de l'infortuné trouvait toujours un écho dans le cœur de notre héros ; il entra dans la cabane, qui semblait construite pour faire ce qu'on appelle en Écosse, dans les comtés riches en troupeaux, une maison d'engrais ; et à travers l'obscurité, Édouard put seulement apercevoir d'abord une espèce de paquet rouge ; car les soldats, qui avaient enlevé au blessé ses armes et une partie de ses vêtements, lui avaient laissé le manteau de dragon dont il était enveloppé.

« Pour l'amour de Dieu, dit le blessé quand il entendit les pas de Waverley, donnez-moi une goutte d'eau... une seule !... »

« Vous allez l'avoir, » répondit Waverley en le prenant dans ses bras ; et, le portant à la porte de la cabane, il le fit boire à son propre flacon.

« Il me semble que je connais cette voix, » dit l'homme ; mais, fixant d'un œil égaré le costume de Waverley..., « non, continua-t-il, ce n'est pas le jeune maître... »

C'était le titre qu'on donnait d'habitude à Édouard dans les domaines de Waverley-Honour, et ce nom fit tressaillir son cœur, en lui présentant mille souvenirs que l'accent bien connu de son pays natal avait déjà réveillés. « Houghton !... s'écria-t-il en contemplant les traits pâles du blessé déjà défigurés par la mort, est-ce bien vous ?... »

« Je n'espérais pas entendre encore la voix d'un Anglais, répondit celui-ci ; ils m'ont jeté là sans s'inquiéter si je serais mort ou vivant dans une heure, parce que j'ai refusé de leur dire la force de notre régiment. Mais, jeune maître ! pourquoi nous avoir quittés si longtemps, nous avoir laissé croire les impostures de cet infâme Ruffin ? Pour sûr, nous vous eussions suivi à travers eau et feu. »

— « Ruffin ! Je vous assure, Houghton, que vous avez été indignement trompés. »

— « Je l'ai souvent pensé, quoiqu'ils nous montrassent votre cachet ; mais Timms a été fusillé, et moi je suis redevenu simple soldat. »

« Ne vous épuisez pas à parler, dit Édouard ; je vais vous chercher un chirurgien. »

Il vit approcher Mac-Ivor qui revenait du quartier-général, où s'était tenu un conseil de guerre, et qui se hâtait de le rejoindre. « Bonnes nouvelles ! s'écria le chef, nous commencerons avant deux heures. Le prince s'est mis lui-même à la tête de son armée, et en tirant son épée : « Mes amis, a-t-il dit, j'ai jeté le fourreau. Venez, Waverley, nous partons à l'instant. »

— « Un moment, un moment ; ce pauvre prisonnier se meurt, où trouverai-je un chirurgien ? »

— « Ma foi, où en trouver un ? Nous n'avons, vous savez, que deux ou trois carabins français qui, je crois, ne sont guère plus savants que *des garçons apothicaires.* »

— « Mais cet homme est blessé à mort. »

« Le pauvre malheureux ! » dit Fergus par un mouvement de compassion. Puis il ajouta aussitôt : « Mais ce sera le sort de bien des gens avant la nuit ; ainsi, venez. »

— « Impossible. Je vous dis que c'est le fils d'un des fermiers de mon oncle. »

— « Ah ! si c'est un de vos vassaux, il faut en prendre soin ; je vais vous envoyer Callum. Mais *diaoul! ceade millia mollighart*, continua le chef impatienté ; à quoi pense donc un vieux soldat comme Bradwardine, d'envoyer ici des mourants pour nous embarrasser ! »

Callum arriva avec sa promptitude ordinaire, et Waverley gagna plutôt qu'il ne perdit dans l'opinion des montagnards par sa sollicitude pour le blessé. Il est vrai qu'ils n'eussent pas compris cette philanthropie générale qui ne permettait pas à Waverley d'abandonner un homme dans un si pitoyable état ; mais quand ils surent que le blessé était un de ses vassaux, ils convinrent unanimement que Waverley s'était conduit comme un bon et digne chef qui méritait l'affection de ses gens. Au bout d'un quart d'heure le pauvre Humphrey rendit le dernier soupir, priant son jeune maître, quand il retournerait à Waverley-Honour, de faire du bien au vieux Job Houghton et à sa femme, et le conjurant de ne pas se battre avec ces sauvages en jupon contre la vieille Angleterre.

Quant il eut expiré, Waverley, qui avait vu avec un sincère chagrin et un cuisant remords l'agonie du mourant (c'était la première fois qu'il assistait à ce triste spectacle), ordonna à Callum d'emporter le corps dans la cabane. Le jeune montagnard obéit, mais non sans fouiller préalablement dans les poches du défunt. Mais, comme il l'observa, elles avaient été fort bien épongées [1]. Il prit pourtant le manteau, et, procédant avec toute la précaution d'un épagneul qui vole un os, il le cacha dans des broussailles et remarqua soigneusement l'endroit, réfléchissant que si jamais il repassait par là ce serait un excellent mantelet pour sa vieille mère Elspeth.

Waverley et Fergus ne purent qu'après de longs efforts regagner leur rang dans la colonne, qui s'avançait alors rapidement pour occuper les hauteurs du village de Tranent, car c'était entre ce village et la mer que devait passer l'armée ennemie.

La triste rencontre de Waverley avec son dernier sergent remplit son esprit de réflexions pénibles et douloureuses. Il était évident, d'après les aveux de cet homme, que les rigueurs du colonel Gardiner avaient été justement motivées et même rendues indispensables par les tentatives faites au nom d'Édouard pour exciter les soldats de son corps à la révolte. La circonstance du cachet lui revint alors en mémoire pour la première fois, et il se souvint de l'avoir perdu dans la caverne du brigand Bean Lean. Que cet adroit scélérat s'en fût emparé, qu'il s'en fût servi pour conduire à son profit une intrigue dans le régiment, c'était chose assez claire; et Édouard ne doutait pas que le paquet placé dans son porte-manteau par la fille du brigand ne lui fournît de plus amples explications. Cependant l'exclamation réitérée de Houghton, « Ah! jeune maître, pourquoi nous avoir quittés ? » tintait comme un glas à son oreille.

« Oui, dit-il, c'est la vérité ; j'ai agi envers vous avec la cruauté d'un étourdi. Je vous ai ravis à vos champs paternels, à la protection d'un seigneur bon et généreux; et après vous avoir soumis à toute la rigueur de la discipline militaire, je n'ai point voulu porter ma part du fardeau. J'ai abandonné la tâche que j'avais entreprise, laissant ceux que mon devoir était de protéger, et ma propre réputation, souffrir des impostures d'un scélérat. O indolence et indécision d'esprit! si vous n'êtes pas de véritables vices, à combien de cruelles misères et d'affreux tourments vous frayez parfois la route. »

CHAPITRE XLVI.

LA VEILLE DE LA BATAILLE.

Quoique les montagnards marchassent d'un bon pas, le soleil déclinait quand ils arrivèrent au faîte des hauteurs dominant la vaste plaine qui s'étend du nord à la mer, et où sont situés, mais à une grande distance l'un de l'autre, les petits villages de Seaton et de Cockenzie, et le bourg de Preston. Une des routes basses qui mènent à Édimbourg le long des côtes, traverse cette plaine depuis les dernières maisons de Seaton jusqu'à la ville ou au village de Preston, où elle rentre dans les défilés d'un pays montagneux. Le général anglais avait résolu de s'approcher de la capitale par ce chemin, d'abord parce qu'il était plus commode

---

[1] *Spunged*, dit en effet le texte, pour signifier *poches bien vidées*. A. M.

pour sa cavalerie, ensuite parce qu'il croyait sans doute par cette manœuvre rencontrer de front les montagnards venant d'Édimbourg dans la direction opposée. Mais il s'était trompé, car la prévoyance du Chevalier ou de ceux qui le conseillaient laissa libre le passage proprement dit, pour occuper la position avantageuse qui le dominait au loin.

Quand les montagnards eurent gravi les hauteurs qui commandaient la plaine, ils se formèrent aussitôt en ligne de bataille à leur sommet. Au même instant on aperçut l'avant-garde anglaise qui débouchait de derrière les arbres et les haies de Seaton et venait occuper la plaine entre les hauteurs et la mer; l'espace qui séparait les armées n'était que d'un demi-mille. Waverley put voir à son aise les escadrons de dragons, précédés de leurs éclaireurs, sortir l'un après l'autre des défilés et prendre position dans la plaine, leur front tourné vers celui de l'armée du prince. Ils étaient suivis par un train de pièces de campagne, qui furent aussi rangées sur une ligne quand elles rejoignirent le flanc de la cavalerie, et dirigées contre les hauteurs. Venaient ensuite trois ou quatre régiments d'infanterie qui formaient une colonne profonde. Leurs baïonnettes ressemblèrent à une longue haie d'acier, et leurs armes brillèrent comme des éclairs quand au signal donné ils firent tous volte-face, et se placèrent juste devant les montagnards. Un second train d'artillerie et un autre régiment de cavalerie fermaient la marche; ils se portèrent sur le flanc gauche de l'infanterie, terminant la ligne qui regardait le midi.

Pendant que l'armée anglaise faisait ces évolutions, les montagnards ne mettaient pas moins de promptitude et de zèle à se ranger en bataille. A mesure que les clans arrivaient sur les hauteurs en face de l'ennemi, ils s'alignaient, de sorte que les deux armées se trouvèrent en même temps prêtes à combattre. Ces dispositions terminées, les montagnards poussèrent un cri terrible que répéta derrière eux l'écho de la montagne. Les Anglais, animés d'un bouillant courage, répondirent par un long cri de joie en signe de défi, et tirèrent un ou deux coups de canon sur les avant-postes. Aussitôt les montagnards se disposèrent avec ardeur à l'attaque ; Evan Dhu stimulait Fergus par ses arguments. « Les habits rouges, disait-il, remuent comme un œuf sur un bâton, et nous avons tout l'avantage, car un haggis [1] même (Dieu le bénisse!) descendrait au galop la montagne. »

Mais la côte qu'avaient à descendre les montagnards, quoique peu étendue, était impraticable, parce qu'elle était coupée, là par des ravins, ici par des murs en pierre, et traversée dans toute sa longueur par un fossé large et profond, circonstances qui auraient donné à la mousqueterie des Anglais de terribles avantages avant que les montagnards eussent pu tirer leurs épées, la seule arme dont ils pouvaient se servir. L'autorité des chefs fut donc nécessaire pour réprimer l'impétuosité de leurs soldats. Quelques tireurs d'élite descendirent seulement pour escarmoucher avec les avant-postes, et reconnaître le terrain.

Le spectacle que présentaient alors les deux armées, était aussi intéressant qu'extraordinaire. Si différentes par la tenue et la discipline, et pourtant toutes deux admirablement faites à leur tactique particulière, ces deux armées dont la lutte devait décider, pour un temps du moins, du sort de l'Écosse, étaient alors en face l'une de l'autre comme deux gladiateurs dans l'arène, cherchant l'endroit le plus favorable pour s'attaquer. On distinguait les principaux officiers et les deux généraux en face de leurs lignes, occupés avec des lunettes à s'observer mutuellement, donnant des ordres et recevant des avis qu'apportaient les aides-de-camp et les officiers d'ordonnance qui animaient la scène en galopant dans

[1]. L'espèce de poudding fait avec de la farine d'avoine, des pieds ou foie de mouton, et cuit dans l'estomac d'un mouton. A. M.

toutes les directions comme si le sort de cette journée eût dépendu de la vitesse de leurs coursiers. L'espace qui séparait les armées était de temps à autre occupé par l'engagement partiel et irrégulier de quelques tirailleurs. On voyait parfois un chapeau ou un bonnet tomber à terre, ou bien un blessé qu'emportaient ses camarades. Pourtant ce n'étaient que de petites escarmouches, car les deux partis avaient leurs raisons pour ne point avancer davantage. Les paysans des villages d'alentour se montraient avec précaution, comme épiant l'issue de la lutte qui allait commencer. Un peu plus loin dans la baie étaient deux vaisseaux à trois mâts portant le pavillon anglais, et dont les haubans et les vergues étaient chargés de spectateurs moins timides.

Ce terrible repos dura quelques instants : alors Fergus et un autre chef reçurent l'ordre de diriger leurs corps respectifs sur le village de Preston pour harceler le flanc gauche de l'armée ennemie, et forcer sir Cope à changer de position. Pour exécuter ponctuellement cet ordre, le chef de Glennaquoich se plaça dans le cimetière de Tranent, poste élevé, et lieu fort convenable, comme Evan Dhu l'observait, « pour tous les gentilshommes qui auraient le malheur d'être tués et qui désireraient une sépulture chrétienne. » Afin de mettre en pièces ou déloger cette troupe, le général anglais fit avancer deux canons, escortés par un nombreux escadron de cavalerie. Ils approchèrent si près, que Waverley put fort bien reconnaître l'étendard du corps où il avait commandé, et entendit les trompettes et les tymbales au son desquelles il lui avait fallu si souvent marcher. Il distinguait aussi les mots de commandement qui lui étaient si connus, prononcés en anglais par une voix qu'il ne connaissait pas moins bien, celle de l'officier pour qui il avait eu tant de respect. Il y eut un moment où, jetant les yeux autour de lui, et voyant le costume et l'équipement singulier de ses camarades montagnards, entendant leurs chuchotements dans une langue barbare et inconnue, il regarda son propre habillement, si différent de celui qu'il avait porté depuis son enfance, et souhaita de se réveiller et de sortir de ce qui lui semblait en ce moment un songe étrange, horrible et surnaturel. « Bon Dieu ! pensa-t-il, suis-je donc traître à mon pays, déserteur de mon drapeau ; enfin, comme disait ce pauvre homme en mourant, ennemi de ma terre natale, de l'Angleterre ! »

Avant qu'il pût étouffer ces souvenirs, son ancien colonel s'était avancé pour reconnaître, et découvrait en plein sa grande taille militaire. « Maintenant je puis l'abattre, » dit Callum en levant avec précaution son fusil par dessus la muraille derrière laquelle il était couché, à moins de soixante pas.

Il sembla à Édouard qu'on allait commettre un parricide en sa présence. Car les cheveux blancs, l'air imposant et vénérable du vieux soldat, rappelaient le respect tout filial que la plupart de ses officiers lui témoignaient. Mais avant qu'il eût pu s'écrier « Arrête ! » un vieux montagnard, placé près de Callum Beg, lui retint le bras. « Gardez votre coup, dit l'homme à la seconde vue, son heure n'a pas encore sonné ; mais qu'il prenne garde à lui demain... Je vois son suaire sur sa poitrine. »

Callum, aussi sourd qu'une pierre pour d'autres motifs, était accessible à la superstition. Il pâlit à ces mots du devin [1], et baissa son fusil. Le colonel Gardiner, sans se douter du péril qu'il avait couru, fit un long circuit, et retourna lentement vers son régiment.

Cependant l'armée anglaise avait pris une autre ligne ; l'un de ses flancs s'était porté vers la mer, l'autre restait au village de Preston ; et comme il n'était pas moins difficile de les attaquer dans cette nouvelle position, Fergus et le reste du détachement furent rappelés à leur premier poste. Cette manœuvre en nécessita une semblable dans l'armée du

---

[1]. Le mot du texte est *taishatr*, expression géalique, pour *seer*, devin ou voyant. A. M.

général Cope, qui se remit sur une ligne parallèle à celle des montagnards. Ces dispositions de part et d'autre employèrent presque la fin du jour, et les deux armées se préparèrent à passer la nuit sous les armes, en gardant leurs positions.

« On ne fera rien ce soir, dit Fergus à son ami Waverley ; avant de nous envelopper dans nos plaids, allons voir à quoi s'occupe le baron à l'arrière-garde. »

En approchant de son poste, ils trouvèrent le vieux et prudent officier, qui, après avoir dirigé ses patrouilles de nuit, et placé ses sentinelles, s'occupait à lire au reste de sa troupe la prière du soir de l'église épiscopale. Sa voix était forte et sonore, et quoique ses lunettes sur le nez et l'attitude de Saunders Saunderson, qui faisait tout botté les fonctions de clerc, eussent quelque chose de risible, pourtant la situation périlleuse où l'on se trouvait, le costume militaire de l'auditoire, et la vue de leurs chevaux sellés et attachés à des piquets derrière eux, donnaient un air imposant et solennel à cet acte de dévotion.

« Je me suis confessé aujourd'hui, avant que vous fussiez éveillé, dit Fergus à l'oreille de Waverley ; mais je ne suis pas catholique assez sévère pour refuser d'entendre la prière de ce brave officier. »

Édouard accepta, et ils attendirent que le baron eût fini.

« Eh bien, mes enfants ! leur dit-il en fermant le livre, irons-nous demain à l'ennemi avec des mains pesantes et des consciences légères ? » Il salua alors cordialement Mac-Ivor et Waverley, qui lui demandèrent son avis sur leur situation. « Ma foi, vous le savez, comme dit Tacite, *in rebus bellicis maxime dominatur fortuna*, ce qui répond à notre vieil adage national : *La fortune peut beaucoup dans la mêlée*. Mais, croyez-moi, messieurs, le général anglais n'est pas un grand clerc. Il émousse le courage des pauvres gens qu'il commande, en les tenant sur la défensive, ce qui indique toujours infériorité ou crainte. Maintenant ils vont dormir tout armés, aussi inquiets, aussi mal à l'aise qu'un crapaud sous une herse, tandis que nos hommes seront frais et dispos pour l'action du matin. Ainsi bonsoir..... Une seule chose me trouble ; mais si tout va bien demain, je vous consulterai, Glennaquoich. »

« Je pourrais avec raison appliquer à M. Bradwardine le portrait que Henri fait de Fluellen, » dit Waverley à son ami tandis qu'ils revenaient vers leur *bivouac* :

> Bien qu'il ne soit plus dans sa fleur
> Il est sage et plein de valeur.

« Il a beaucoup servi, répondit Fergus, et on s'étonne parfois qu'il puisse allier tant de raison à tant d'absurdité. Je ne sais ce qui lui trouble l'esprit.... C'est sans doute sa chère Rose... Écoutez ! les Anglais placent leurs sentinelles. »

Le roulement du tambour et les sons criards du fifre retentirent derrière la colline..., moururent..., recommencèrent leur vacarme...., puis enfin cessèrent tout à fait : les trompettes et les timbales de la cavalerie jouèrent alors la belle marche militaire qui annonçait tous les soirs la retraite, accompagnant en cadence les sifflements lugubres du vent.

Les deux amis, en arrivant à leurs quartiers, s'arrêtèrent, et regardèrent autour d'eux avant de s'aller coucher. A l'ouest le ciel rayonnait d'étoiles, mais un froid brouillard qui s'élevait de l'Océan couvrait l'horizon du côté de l'est, et se balançait en blancs tourbillons au-dessus de la plaine où l'armée ennemie était campée. Leurs avant-postes venaient jusqu'au grand ravin au bas de la côte, et avaient allumé de grands feux en plusieurs endroits ; on les apercevait à la lueur pâle et vacillante qui, au milieu de l'épais brouillard, les entourait d'un cercle lumineux.

Les montagnards, pressés comme les feuilles dans la forêt de Vallombreuse [1],

---

[1]. Forêt des environs de Florence. A. M.

étaient étendus sur les hauteurs et plongés tous, excepté les sentinelles, dans le plus profond sommeil. « Combien de ces braves dormiront encore plus profondément avant la nuit de demain, Fergus! » dit Waverley avec un soupir involontaire.

« Il n'y faut point penser, répondit Fergus qui ne rêvait que combats. Il faut penser seulement à votre épée et à la personne qui vous l'a donnée : toute autre réflexion vient trop tard. »

Avec l'opiat[1] que renfermait cette réponse sans réplique, Waverley chercha à calmer le tumulte de son esprit agité. Le chef et lui, réunissant leurs plaids, se firent un lit chaud et passable. Callum s'assit à leur chevet, car il était chargé spécialement de veiller sur la personne du chef, et commença une longue et triste chanson gaélique sur un ton bas et uniforme, qui, semblable au murmure d'un vent lointain, les eut bientôt endormis.

CHAPITRE XLVII.

LA BATAILLE.

Fergus et son ami avaient à peine dormi quelques heures, lorsqu'ils furent éveillés et mandés près du prince. Ils s'y rendaient au plus vite quand l'horloge d'un village éloigné sonna trois heures. Le prince était déjà entouré de ses principaux officiers et des chefs des clans. Un sac de cosses de pois, qui venait de lui servir de lit, lui tenait alors lieu de siége. Au moment où Fergus entra dans le cercle, la délibération finissait. « Courage, mes braves amis! dit le Chevalier, et que chacun se mette aussitôt à la tête de son régiment ; un fidèle ami[2] m'a offert de nous conduire par une route praticable, quoique étroite et détournée, qui traverse à notre droite les fondrières et les marais, et même jusqu'à la plaine sur le terrain solide où sont campés les ennemis. Cette difficulté surmontée, c'est au ciel et à nos braves épées de faire le reste. »

Cette proposition causa une joie universelle, et chaque chef se hâta de ranger ses hommes avec le moins de bruit possible. L'armée, abandonnant sa position par un mouvement vers la droite, entra bientôt dans le sentier au milieu des marais, avançant toujours avec une grande rapidité et un silence profond. Le brouillard n'avait pas atteint les hauteurs, ils jouirent donc quelque temps de la clarté des étoiles ; mais cette lumière s'évanouit avant le lever du jour, et la tête de la colonne, continuant à descendre, se plongeait pour ainsi dire dans l'épais océan de brouillard qui roulait ses vagues blanchâtres sur toute la plaine et au-dessus de la mer qui la terminait. Ils rencontrèrent quelques difficultés inséparables de l'obscurité dans un chemin étroit, rompu et marécageux, et de la nécessité où ils se trouvaient de marcher en ordre. Toutefois, ces inconvénients étaient pour les montagnards,

impraticables. Quand il fut congédié, il se ressouvint qu'il y avait un sentier détourné qui à travers les marais conduisait vers l'est dans la plaine, et que par ce sentier les Highlandais pourraient tourner et prendre en flanc la position sans être exposés au feu de l'ennemi. Il retourna donc vers lord George, qui reçut ces renseignements avec la plus vive gratitude et à l'instant même éveilla le prince Charles, qui dormait à la belle étoile, une botte de vesce pour oreiller. Le jeune aventurier apprit avec la joie la plus grande qu'il lui serait possible de forcer une armée parfaitement équipée à engager une bataille décisive avec ses troupes irrégulières. Son allégresse en cette occasion ne s'accorde pas avec le reproche de lâcheté dirigé contre lui par le chevalier Johnston, un de ses partisans mécontents, dont les mémoires tiennent autant du roman que de l'histoire. Le chevalier Johnston place le prince à cinquante pas du front de la bataille, position que n'aurait pas choisie un homme qui eût craint d'en partager les périls. A moins que les chefs n'eussent consenti à la proposition du prince, de conduire en personne l'avant-garde, il ne pouvait jouer un rôle plus actif dans l'action.

---

[1]. Expression du texte. A. M.

[2]. Le fidèle ami qui indiqua le passage par lequel les Highlandais se rendirent de Tranent à Seaton, était un jeune gentilhomme qui possédait des terres dans le Lothian de l'est. Il avait été interrogé par lord George Murray sur la possibilité de traverser les landes sauvages et marécageuses qui séparaient les deux armées, et il avait répondu qu'elles étaient

d'après leur genre de vie, moins grands qu'ils ne l'eussent été pour d'autres troupes; ils allèrent donc toujours d'un pas ferme et rapide.

Lorsque le clan d'Ivor approcha de la terre ferme, en suivant les traces de ceux qui le précédaient, on entendit à travers le brouillard le cri d'une sentinelle, sans qu'on pût distinguer le dragon qui l'avait poussé : « Qui va là? »

« Chut! dit Fergus, chut! que personne ne réponde s'il tient à la vie. Pas accéléré! » et ils continuèrent leur marche en silence et d'un pas rapide.

La sentinelle déchargea sa carabine sur le régiment, et, le coup tiré, prit la fuite, car le galop de son cheval retentit quelques instants. « *Hylax in limine latrat,* » dit le baron de Bradwardine qui entendit le coup; « le coquin va donner l'alarme. »

Le clan de Fergus avait enfin gagné la plaine, naguère chargée d'une riche moisson. Mais la récolte était enlevée, et la campagne était nue; point d'arbres, point de buissons qui pussent arrêter la marche. Le reste des montagnards suivait à la hâte, quand on entendit les tambours ennemis battre la générale. Comme leur projet n'était pas de surprendre les Anglais, ils ne furent point déconcertés en apprenant par là que l'ennemi était sur ses gardes et prêt à les recevoir; ils hâtèrent seulement pour le combat leurs dispositions, qui furent très-simples.

Les montagnards, qui occupaient à l'est la vaste plaine, ou plutôt les champs encore couverts de chaume dont nous avons si souvent parlé, étaient rangés sur deux lignes, depuis les marais jusqu'à la mer. La première devait charger l'ennemi, la seconde servir de réserve. Le peu de cavalerie, que le prince commandait en personne, resta entre les deux lignes. L'aventurier avait manifesté le désir de charger lui-même à la tête de la première; mais, cédant aux instances de ceux qui l'entouraient, il avait enfin, quoique à regret, renoncé à sa résolution.

Les deux lignes se mirent alors en marche, la première prête à livrer bataille. Les clans qui la composaient formaient chacun une espèce de phalange séparée, présentant un front étroit et profond de dix, douze ou quinze rangs, selon le nombre des vassaux. Les mieux armés et les plus nobles, car ces deux mots étaient synonymes, occupaient le front de chacune de ces subdivisions irrégulières. Les autres, placés derrière, épaulaient le premier rang, et, pressant toujours, communiquaient une impulsion physique ainsi qu'un renouvellement d'ardeur et de confiance à ceux qui devaient les premiers s'offrir au péril.

« Quittez votre plaid, Waverley, s'écria Fergus en jetant le sien; nous aurons de la soie pour remplacer notre tartan, avant que le soleil soit au-dessus de la mer. »

Les montagnards se débarrassèrent tous de leurs plaids, préparèrent leurs armes, et il y eut un terrible silence d'environ trois minutes, pendant lequel, ôtant leurs toques et levant les yeux au ciel, ils murmurèrent une courte prière; après quoi ils remirent leurs toques et commencèrent à s'avancer, mais d'abord lentement. Waverley sentit en ce moment son cœur palpiter comme s'il eût voulu s'échapper de son sein; ce n'était pas crainte, ce n'était pas ardeur; c'était un mélange de ces deux sentiments, une énergie nouvelle et profonde qui, à la première secousse, étourdit et glaça son esprit, puis lui causa une sorte de fièvre et de délire. Le tumulte qui l'entourait venait encore animer son enthousiasme; les cornemuses jouaient, et les clans se précipitaient tous en épaisses colonnes. Bientôt ils se remirent au pas, et le murmure de tant de voix réunies ne tarda point à se changer en féroces clameurs.

A ce moment le soleil, arrivé au-dessus de l'horizon, dissipa le brouillard; les vapeurs se levèrent comme un rideau, et laissèrent voir les deux armées sur le point d'entamer l'action. La ligne des Anglais était directement opposée à la ligne de bataille des montagnards; elle brillait par son équipement et l'éclat des armures, et était flanquée de cavalerie et d'artillerie. Mais cette vue n'épouvanta point les assaillants.

« En avant, enfants d'Ivor ! s'écria leur chef; les Camérons répandront-ils le premier sang ? » Ils s'élancèrent avec des cris terribles.

Le reste est bien connu. La cavalerie, à laquelle on avait donné l'ordre de charger les montagnards qui attaquaient en flanc, reçut le feu irrégulier qu'ils lui lançaient en courant, et saisie d'une terreur panique, hésita, s'arrêta, se débanda et prit la fuite. Les artilleurs, abandonnés par la cavalerie, s'enfuirent après avoir tiré leurs pièces, et les montagnards, jetant leurs fusils après le premier feu, tirèrent leurs claymores et se précipitèrent avec une fureur terrible sur l'infanterie.

Dans ce moment de confusion et de frayeur Waverley remarqua un officier anglais qui semblait de haut rang, seul et appuyé contre une pièce de canon : après la fuite des soldats qui la servaient, il l'avait lui-même rechargée et tirée contre le clan de Mac-Ivor, dont il était le plus près. Frappé de sa noble et martiale figure, désireux aussi de l'arracher à une mort certaine, Waverley dépassa pour un instant les guerriers même les plus agiles, arriva le premier, et lui cria de se rendre; l'officier répondit par un coup d'épée que Waverley reçut dans sa targe; mais l'arme de l'Anglais, frappant à faux, se brisa. Au même instant la hache d'armes de Dugald Mahony était levée sur la tête de l'officier; Waverley arrêta et prévint le coup, et l'Anglais, voyant que toute résistance était vaine, frappé de la généreuse inquiétude d'Édouard pour sa sûreté, lui remit le tronçon de son épée et fut confié par Waverley à Dugald, avec l'ordre exprès de le bien traiter et de ne point le dévaliser, lui promettant toutefois un ample dédommagement.

A la droite d'Édouard la mêlée fut quelques instants furieuse et terrible. L'infanterie anglaise, exercée dans les guerres de Flandre, demeurait courageusement à son poste. Mais ses lignes étendues étaient rompues et brisées en plus d'un endroit par les masses serrées des clans; et dans le combat à outrance qui s'ensuivit, les armes, la vigueur et l'activité extraordinaire des montagnards leur donnèrent une grande supériorité sur des soldats habitués à mettre leur confiance dans leur tactique et leur discipline, et qui voyaient l'une sans effet, l'autre sans utilité. Waverley, en promenant ses regards sur cette scène de fumée et de carnage, aperçut le colonel Gardiner, abandonné de ses soldats malgré tous ses efforts pour les rallier, lançant encore son cheval à travers la plaine pour prendre le commandement d'un petit corps d'infanterie qui, adossé contre le mur de son parc (car sa maison se trouvait près du champ de bataille), opposait encore une résistance désespérée mais inutile. Waverley remarqua qu'il avait déjà reçu plus d'une blessure, car ses habits et sa selle étaient tachés de sang. Sauver ce digne et brave officier devint aussitôt le but de ses plus ardents efforts, mais il ne put que le voir tomber; car avant qu'Édouard se fût frayé un passage à travers les montagnards qui, furieux et avides de butin, se précipitaient les uns sur les autres, il vit son ancien colonel renversé de cheval par un coup de feu, et recevant même à terre plus de blessures qu'il n'en eût fallu pour lui arracher vingt fois la vie. Quand Waverley s'en approcha il n'était pourtant pas encore mort. Le guerrier expirant sembla reconnaître Édouard, car il fixa sur lui un regard de reproche, mêlé de tristesse, et il s'efforça d'ouvrir la bouche; mais sentant que la mort n'était pas éloignée, et renonçant à parler, il joignit les mains comme pour prier, et abandonna son âme à son Créateur. Le regard qu'il lança à Waverley pendant son agonie ne fit pas autant d'impression sur lui, dans ce moment de trouble et de confusion, que lorsqu'il se le rappela quelque temps après¹.

Des cris de triomphe retentissaient alors dans toute la plaine. La bataille était finie et gagnée; l'artillerie, les munitions de guerre et les bagages, tout resta au pouvoir des vainqueurs; jamais victoire ne fut plus complète; à peine quelques hommes échappèrent-ils, à l'exception de la cavalerie, qui avait pris la fuite au commencement de la bataille; encore était-elle divisée en plusieurs corps, et disséminée dans tout le pays. Autant que cela se rapporte à notre histoire, nous n'avons plus à raconter que le sort de Balmawhapple qui, monté sur un cheval aussi têtu et emporté que son maître, poursuivait les dragons à quatre milles environ du champ de bataille, lorsque quelques douzaines de fuyards, reprenant un peu de cœur, firent volte-face, et, lui brisant le crâne avec leurs sabres, montrèrent que le malheureux gentilhomme avait réellement une cervelle: ainsi sa mort prouva une chose dont on avait beaucoup douté pendant sa vie. Il fut peu regretté; la plupart des gens qui le connaissaient approuvèrent la remarque de l'enseigne Maccombich, savoir: qu'il y avait plus d'un mort à Sheriff-Muir. Son ami le lieutenant Jinker se mit en frais d'éloquence seulement pour disculper sa jument favorite de toute complicité dans la catastrophe: « Je l'ai répété mille fois au laird, disait-il, que c'était une grande honte de mettre une martingale à la pauvre bête, quand il pouvait la mener avec une gourmette longue d'un demi-pied; et que, pour ne point parler d'elle, il s'attirerait nécessairement quelque malheur en la faisant abattre ou autrement; au lieu que s'il eût voulu se servir d'un simple mors et d'un filet, elle se serait laissé conduire aussi aisément qu'un cheval de charrette. »

Telle fut l'oraison funèbre du laird de Balmawhapple ².

---

1. La mort de ce brave militaire est ainsi racontée par son ami et son biographe, le docteur Doddridge, d'après des renseignements donnés par des témoins oculaires:

« Il passa toute la nuit sous les armes, enveloppé dans son manteau et presque toujours abrité sous une meule d'orge qui se trouvait dans le champ. Sur les trois heures du matin, il appela ses domestiques: il y en avait quatre en ce moment auprès de lui; il en congédia trois. Au premier rayon du crépuscule, l'armée fut éveillée par le bruit des rebelles qui s'approchaient. L'attaque commença avant le lever du soleil; il ne faisait pas encore assez clair pour distinguer ce qui se passait sur le champ de bataille. Aussitôt que l'ennemi fut arrivé à la portée du mousquet, il fit une décharge furieuse, et l'on dit que les dragons qui formaient l'aile gauche prirent immédiatement la fuite. Le colonel, au commencement de l'attaque, qui en tout dura à peine quelques minutes, fut blessé par une balle au sein gauche, ce qui le fit brusquement sauter sur sa selle. Il reçut le moment d'après un coup de feu à la cuisse droite. On remarqua que plusieurs ennemis furent tués par lui, particulièrement un homme qui était venu le voir avec des intentions perfides quelques jours auparavant, et lui avait fait de grandes protestations de zèle pour le gouvernement. Après une fusillade faiblement nourrie, tout le régiment fut saisi d'une terreur panique, et, malgré les efforts du colonel et de plusieurs autres braves officiers pour le rallier, il se mit à la débandade. Quand le colonel Gardiner s'arrêta comme pour délibérer sur ce que le devoir lui ordonnait en pareille circonstance, tout son régiment l'ayant abandonné, il vit qu'un détachement de fantassins qui combattait bravement auprès de lui, et qu'il avait reçu l'ordre de soutenir, n'avait pas d'officier pour les commander; il s'écria vivement: « Ces braves gens seront-ils donc taillés en pièces faute d'un commandant! » En parlant ainsi, il se dirigea au galop vers eux, et leur dit: « Feu! mes amis, et ne craignez rien. » Mais dans le temps même que ces paroles sortaient de sa bouche, un montagnard s'avança vers lui avec une faux attachée à une longue perche, et lui en porta un coup si violent sur le bras droit, que son épée lui tomba de la main; et plusieurs autres se précipitant sur lui pendant qu'il était encore sous le coup de cette arme terrible, il fut jeté à bas de son cheval. Au moment où il tomba, un autre Highlandais le frappa avec une claymore ou lochaber sur le derrière de la tête: ce fut là pour lui le coup mortel.

A. M.

2. Il est inutile de dire que le caractère de ce jeune laird si grossier est entièrement d'invention. Cependant un gentilhomme qui ressemblait à Balmawhapple, mais pour le courage seulement, périt à Preston de la manière que j'ai décrite. Un gentleman du Perthshire, recommandable par sa bravoure et par l'élévation de son caractère, un de ces vaillants cavaliers qui suivirent la fortune de Charles-Édouard, poursuivit les dragons fugitifs, presque seul, jusqu'auprès de Saint-Clement's-Wells, où les efforts de plusieurs officiers étaient parvenus à les arrêter un moment. S'apercevant alors qu'ils étaient poursuivis par un seul homme et deux domestiques, ils se tournèrent contre lui, et le taillèrent en pièces avec leurs sabres. Je me

CHAPITRE XLVIII.

EMBARRAS IMPRÉVU.

Quand la bataille fut terminée et toute chose mise en ordre, le baron de Bradwardine, après avoir vaillamment fait son devoir tout le jour, assigné aux soldats qu'il commandait leurs postes respectifs, pensa au chef de Glennaquoich et à son ami Waverley. Il trouva le premier occupé du soin d'apaiser les disputes de ses vassaux, relatives à des points d'honneur ou à des prouesses, et décidant de hautes et difficiles questions au sujet du butin. La plus importante de ces discussions concernait une montre d'or qui avait appartenu à quelque malheureux officier anglais. La partie contre laquelle le jugement fut rendu s'en consola, en remarquant qu'elle (la montre, qu'il prenait pour un animal vivant) était morte la nuit où Vich-Jan-Vohr l'avait donnée à Murdoch : de fait, elle s'était arrêtée faute d'être montée.

Ce fut au moment même où cette grande question venait d'être décidée, que le baron de Bradwardine, avec un air de mystère et pourtant d'importance, rejoignit les deux jeunes guerriers. Il descendit de son cheval de bataille, qui était tout couvert de sueur, et recommanda à un de ses domestiques d'en prendre grand soin. « Je punis rarement, l'ami, dit-il au domestique ; mais si vous faites quelque tour de votre métier, et ne pansez pas mon pauvre Berwick comme il faut, pour courir au butin, le diable m'enlève si je ne vous casse pas la tête. » Il caressa alors avec complaisance l'animal qui l'avait porté à travers les périls de la journée, en lui disant un adieu cordial. « Eh bien ! mes chers et jeunes amis, continua-t-il, la victoire est glorieuse et décisive ; mais ces coquins d'Anglais ont tout d'abord pris la fuite. J'aurais eu grand plaisir à vous montrer les détails du *prælium equestre*, du combat équestre que leur lâcheté a remis à demain, et qui est à coup sûr l'orgueil et la terreur du métier. Après tout, j'ai encore une fois combattu pour cette vieille cause, quoique je n'aie pas tant besogné que vous, mes enfants, puisque j'étais chargé de tenir en réserve notre petit corps de cavalerie ; et un cavalier ne doit jamais envier la gloire de ses compagnons d'armes, même quand ils ont couru trois fois plus de danger, parce qu'il peut à quelque jour, Dieu aidant, se trouver en pareil cas. Mais Glennaquoich, et vous, M. Waverley, je vous prie de m'aider de toutes vos lumières au sujet d'une affaire fort importante, et qui touche de bien près à l'honneur de la maison Bradwardine. Je vous demande pardon, enseigne Maccombich, et à vous, Inveraughlin, et à vous Edderalshendrach, et à vous, monsieur... »

La dernière personne à laquelle il s'adressait était Ballenkeiroch, qui, se rappelant la mort de son fils, lança à Bradwardine un regard de provocation : le baron, aussi vif que l'éclair qui brille et disparaît, avait déjà froncé le sourcil, quand Glennaquoich, prenant à part son major, lui remontra, avec le ton impératif d'un chef, la folie de raviver en pareil moment une vieille querelle.

« La terre est couverte de cadavres, dit le vieux montagnard en s'éloignant malgré lui ; un de plus y eût été à peine remarqué ; et si ce n'était à cause de vous, Vich-Jan-Vohr, c'eût été celui de Bradwardine ou le mien. »

Le chef l'apaisa en l'entraînant, et revint ensuite au baron. « C'est Ballenkeiroch, lui dit-il à demi-voix et avec mystère, le père du jeune homme qui périt il y a huit ans à la malheureuse affaire des Mains. »

« Ah ! dit le baron en adoucissant aussitôt la sévérité incertaine de ses traits, je puis souffrir beaucoup d'un

---

rappelle, étant enfant, de m'être assis sur son tombeau, que l'herbe longue et touffue distinguait du reste de la prairie. Une femme de la famille qui habitait alors à Saint-Clement's-Wells avait coutume de me raconter l'événement tragique dont elle avait été témoin oculaire, et à l'appui elle me montrait une agrafe de la veste de cet infortuné gentilhomme.

homme à qui j'ai malheureusement causé une si grande peine; vous avez bien fait de m'en prévenir, Glennaquoich; il peut me lancer des regards aussi noirs qu'une nuit de la Saint-Martin, avant que Cosme Comyne Bradwardine se dise offensé. Ah! je n'ai pas de postérité mâle, et je puis endurer quelque chose d'un homme que j'ai privé de son fils; quoique vous sachiez bien que tout s'est légalement passé à votre propre satisfaction, et que j'ai depuis expédié des lettres mortuaires. Eh bien, comme je disais, je n'ai pas de postérité mâle, et pourtant je dois maintenir l'honneur de ma maison : c'est là-dessus que je vous avais priés de m'accorder toute votre attention. »

Les deux jeunes gens attendaient avec une curiosité inquiète.

« Mes enfants, continua-t-il, d'après votre éducation, je crois que vous devez comprendre le vrai caractère des droits féodaux ? »

Fergus, épouvanté d'une discussion interminable, répondit : « Certainement, baron, » et poussa du coude Waverley pour l'avertir de faire comme s'il comprenait.

— « Et vous savez sans doute que la baronnie de Bradwardine, qui est un fief de franc-alleu, ce qu'on appelle en latin, selon Craig, *blancum*, ou mieux *francum*, a passé dans ma famille à une condition particulière et honorable : *pro servitio detrahendi, seu exuendi caligas regis post battaliam?* [1] » Ici Fergus tourna vers Édouard son œil de faucon, en fronçant le sourcil d'une manière presque imperceptible, et haussa légèrement les épaules. « Or, continua le baron, deux difficultés se présentent à mon esprit sur ce sujet. La première est de savoir si, en aucun cas, je suis tenu à cette obligation, à cet hommage féodal, envers la personne du prince, les titres portant *per expressum* les bottes du roi lui-même, *caligas regis;* et je vous prie de me dire votre avis sur cette grave question, avant d'aller plus loin. »

« Eh! certainement, répondit Mac-Ivor avec un admirable sang-froid, le prince est régent : à la cour de France on rend à la personne du régent tous les honneurs qui sont dus à celle du roi; en outre, si j'avais le choix, j'aimerais dix fois mieux ôter les bottes au jeune Chevalier qu'à son père. »

— « Sans doute; mais ce n'est pas seulement une question de personnes. Toutefois votre argument a une grande force, puisqu'il est tiré des usages de la cour de France; et à coup sûr, le prince, comme un *alter ego*, a droit de réclamer l'*hommagium* des grands tenanciers de la couronne, puisque tous les fidèles sujets sont obligés, par l'acte de régence, à respecter le régent comme la personne du roi. Loin donc, loin de moi la pensée de vouloir ternir l'éclat de son autorité en lui refusant un hommage qui doit lui donner tant de splendeur; car j'ignore même si l'empereur d'Allemagne se fait ôter ses bottes par un franc baron de l'Empire. Mais il y a une grande difficulté, et la voici : le prince ne porte point de bottes, mais simplement des brogues et des trews [2]. »

Ce dernier dilemme faillit compromettre la gravité de Fergus.

« Mais, baron, dit-il, vous connaissez le proverbe qui dit : « Il est malaisé d'ôter la culotte d'un montagnard; » et les bottes se trouvent ici dans le même cas. »

« Pourtant, le mot *caligæ*, poursuivit le baron, quoique j'avoue que, suivant les traditions de ma famille, et même dans nos vieux titres *caligæ* soit mis pour *bottes*, signifie plutôt sandales, dans son acception primitive; et Caïus Cæsar, neveu et successeur de Caïus Tiberius, fut surnommé Caligula, *a caligulis, sive caligis levioribus, quibus adolescentior usus fuerat in exercitu patris sui Germanici.* Les *caligæ* étaient aussi portées par les ordres religieux;

---

1. Mot à mot « pour le service de tirer les bottes du roi après la bataille. »

2. Espèce de culotte avec des bas, le tout d'une seule pièce. A. M.

car nous lisons dans un ancien glossaire sur la règle de saint Benoît, dans l'abbaye de Saint-Amand, que les *caligæ* étaient attachées avec des courroies. »

« Alors ce sont des brogues, » dit Fergus.

— « Probablement, mon cher Glennaquoich, et les termes sont précis : *Caligæ dictæ sunt, quia ligantur; nam socci non ligantur, sed tantum intromittuntur;* c'est-à-dire, les *caligæ* tirent ce nom des courroies qui les attachent, au lieu que les *socci*, chaussure presque analogue à nos mules et à ce qu'on appelle pantoufles en anglais, entrent seulement sur le pied. Les mots de la charte sont aussi alternatifs, *exuere seu detrahere*, c'est-à-dire *ôter*, s'il s'agit de brogues ou de sandales, et *tirer*, comme nous disons communément, s'il s'agit de bottes. Mais je voudrais encore des renseignements plus positifs, et j'ai peur de ne pas trouver d'érudit auteur *de re vestiaria*. »

« J'en ai grand'peur aussi pour vous, dit le chef en jetant les yeux sur une troupe de montagnards qui revenaient chargés des dépouilles des morts; pourtant il ne paraît guère qu'on néglige la *res vestiaria.* »

Cette remarque venait à point pour la bonne humeur du baron ; il l'honora d'un sourire, mais se remit sur-le-champ à ce qui lui semblait une affaire si sérieuse.

« Mon bailli Mac Wheeble pense que, par sa nature, ce service honorable est *tantum si petatur*, seulement si Son Altesse Royale exige que le grand tenancier de la couronne vienne personnellement s'acquitter de ce devoir; il a aussi trouvé dans les Doutes et Questions de Dirleton un cas semblable au mien, Grippit *versus* Spicer : c'est la dépossession d'un domaine *ob non solutum canonem*, c'est-à-dire faute d'avoir payé une petite redevance de trois grains de poivre par an, estimés valoir les sept huitièmes d'un sou d'Écosse, à laquelle le défendeur était obligé. Mais, avec votre permission, j'ai cru que le plus sage parti était de me mettre en état de rendre au prince cet hommage et de remplir mes obligations. Mon bailli m'accompagnera avec une signification déjà rédigée, — la voilà, — portant que si le bon plaisir de Son Altesse Royale était de faire tirer ses *caligæ* (qu'on entende par ce mot des bottes ou des brogues) par d'autres que par le baron de Bradwardine, qui est ici prêt et disposé à le faire, cet acte ne peut nullement porter atteinte ou préjudice aux droits du susdit Cosme Comyne Bradwardine de remplir à l'avenir les susdites fonctions, et ne donne à l'écuyer, au gentilhomme de la chambre, à l'officier ou au page qu'il plaira à Son Altesse Royale d'employer, ni droit, ni titres, ni motif de déposséder le susdit Cosme Comyne de Bradwardine des domaines et de la baronnie de Bradwardine avec dépendances, puisqu'il est ici présent, comme il l'a déjà dit, pour s'acquitter fidèlement des devoirs de sa charge. »

Fergus approuva fort ce projet, et le baron prit cordialement congé d'eux avec un sourire d'importance satisfaite.

« Vive long-temps notre cher ami le baron! s'écria le chef dès qu'il ne fut plus à portée de les entendre; car c'est bien l'original le plus absurde qui existe de ce côté de la Tweed. J'aurais bien voulu songer à lui conseiller de venir ce soir au cercle, un tire-botte sous le bras. Je suis sûr qu'il eût profité de mon conseil, si je l'avais donné avec la gravité convenable.»

— « Et quel plaisir trouvez-vous à couvrir de ridicule un si digne homme? »

— « Avec votre permission, mon cher Waverley, vous êtes aussi ridicule que lui. Ne voyez-vous donc pas qu'il n'est occupé tout entier que de cette cérémonie? Cette cérémonie, ce privilége, sont les choses les plus solennelles au monde dont il ait entendu parler, auxquelles il ait songé depuis son enfance; et sans doute c'est dans l'espoir d'avoir le bonheur de remplir ses fonctions qu'il a pris les armes. Soyez-en sûr, si j'avais voulu l'empêcher de se donner en spectacle, il m'aurait traité de fat, de suffisant, ou peut-être l'envie lui eût-elle pris de me couper la gorge. C'est un plaisir qu'il a fait mine de vouloir se permettre à propos d'un point d'étiquette bien moins important à ses yeux que l'affaire des bottes et des brogues, des *caligæ* enfin, quelque sens que les savants donnent à ce mot. Mais il faut que je me rende au quartier général pour préparer le prince à cette scène extraordinaire; mon avis sera bien reçu, le fera rire à gorge déployée, et il pourra garder son sérieux au moment où le rire serait *mal à propos*. Ainsi donc, au revoir, mon cher Waverley.

CHAPITRE XLIX.

LE PRISONNIER ANGLAIS.

LE premier soin de Waverley, quand le chef l'eut quitté, fut d'aller voir l'officier à qui il avait sauvé la vie. Il était gardé avec ses compagnons d'infortune, qui étaient fort nombreux, dans la maison d'un gentilhomme, près du champ de bataille.

En entrant dans la chambre où ils étaient entassés, Waverley reconnut aussitôt l'homme qu'il cherchait, d'abord à la dignité particulière de ses traits, ensuite parce qu'il aperçut en faction près de lui Dugald Mahony, avec sa hache d'armes, qui ne l'avait pas quitté un seul instant, non plus que s'il eût été cousu à son côté. Par cette vigilance, il espérait peut-être s'assurer la récompense qu'Édouard lui avait promise; mais en même temps il avait empêché qu'on ne dévalisât le gentilhomme anglais dans la confusion générale; car Dugald calculait judicieusement que le prix de sa peine lui serait payé en proportion de l'état du prisonnier quand il le remettrait aux mains de Waverley; il se hâta donc de l'assurer, avec plus de mots qu'il n'en employait d'habitude, qu'il avait surveillé de près le *soldat rouge*, et qu'il ne valait pas un *plack* de moins depuis le moment où Son Honneur l'avait empêché de lui donner un coup de hache sur la tête.

Waverley promit à Dugald une récompense honnête, et s'approchant de l'officier anglais, lui témoigna son vif désir de faire pour lui tout ce qui pourrait lui être agréable dans sa malheureuse situation.

« Je suis soldat, répondit l'Anglais, et j'ai trop d'expérience pour me plaindre des hasards de la guerre. Je regrette seulement de voir dans notre île des scènes d'horreur que j'ai comparativement vues partout ailleurs avec indifférence. »

« Encore un jour comme celui-ci, répliqua Waverley, et je vous réponds que la cause de vos regrets n'existera plus; tout sera rentré dans la paix et dans l'ordre. »

L'officier sourit et secoua la tête. « Je n'oublierai point assez ma situation, dit-il, pour oser combattre votre opinion; mais, malgré votre victoire, malgré la valeur qui vous l'a fait remporter, vous avez entrepris une tâche bien au-dessus de vos forces. »

En ce moment Fergus fendit la presse :

« Venez, dit-il à Édouard, venez vite : le prince va passer la nuit à Pinkie-House, et si nous ne l'y suivons pas, nous perdrons toute la cérémonie des *caligæ*. Votre ami le baron s'est rendu coupable d'une grande cruauté, il a entraîné de force son bailli Mac Wheeble sur le champ de bataille; or, vous saurez que la bête noire du bailli est un montagnard armé, ou un fusil chargé; il est maintenant au milieu de la plaine, écoutant les instructions de Bradwardine au sujet de la protestation, baissant la tête comme une mouette, à chaque coup de fusil ou de pistolet que nos gens s'amusent à tirer, et essuyant en forme de pénitence, à chaque symptôme de frayeur, une sévère rebufade de son patron, qui n'admettrait point la décharge de toute une batterie de canon à cinq cents pas de distance, comme une excuse suffisante pour prêter peu d'attention à un discours où il s'agit de l'honneur de sa famille. »

« Mais comment M. Bradwardine a-t-il pu décider le bailli à s'avancer si loin ? » dit Édouard.

— « Ah! il était venu jusqu'à Musselburgh, je crois, dans l'espérance de faire nos testaments; et la bataille finie, d'après l'ordre formel du baron, il a poussé jusqu'à Preston. Il se plaint fort d'un ou deux bandits de notre corps qui ont mis sa vie en danger en lui présentant le canon de leurs fusils; mais, comme ils n'ont exigé qu'un sou anglais pour sa rançon, je ne crois pas qu'il soit nécessaire de troubler le prévôt militaire à ce sujet... Mais partons, Waverley. »

« Waverley! s'écria l'officier anglais avec une grande émotion, le neveu de sir Éverard Waverley, du comté de...? »

« Oui, monsieur! » répondit notre héros un peu surpris du ton sur lequel on lui parlait.

— « Je suis à la fois heureux et mécontent de vous rencontrer... »

— « J'ignore, monsieur, comment j'ai mérité tant d'attention... »

— « N'avez-vous jamais entendu votre oncle parler d'un de ses amis nommé Talbot? »

« Il a souvent fait l'éloge de cet ami, répondit Édouard; il est colonel, je crois, et marié à lady Émilie Blandeville; mais je pense que le colonel Talbot est en pays étranger. »

« J'arrive du continent, répliqua l'officier; et me trouvant en Écosse, j'ai cru que mon devoir était d'agir là où mes services pourraient être utiles. Oui, monsieur Waverley, je suis le colonel Talbot, mari de la dame que vous avez nommée; et je suis fier d'avouer que je dois mon grade dans l'armée et mon bonheur domestique à votre généreux et respectable parent. Bon Dieu! comment deviner que je retrouverais son neveu sous de pareils habits, et combattant pour une telle cause!... »

« Monsieur, dit Fergus fièrement, ces habits et cette cause appartiennent à des gens de naissance et d'honneur. »

« Ma position me défend d'entrer en contestation avec vous, dit le colonel Talbot; autrement il me serait facile de vous montrer que le courage et la noblesse ne sauraient rendre bonne une cause mauvaise. Mais avec la permission de monsieur Waverley et la vôtre, monsieur, si je puis la demander, j'aurais quelques mots à lui dire sur des affaires qui concernent sa famille. »

— « M. Waverley, monsieur, agit comme bon lui semble. — Vous allez, je pense, m'accompagner à Pinkie, ajouta Fergus en se tournant vers Édouard, quand vous aurez fini de causer avec votre nouvelle connaissance? » A ces mots le chef de Glennaquoich, ajustant son plaid d'un air encore plus hautain que d'habitude, sortit de l'appartement.

Waverley n'eut pas grande peine à obtenir pour le colonel Talbot la permission de descendre dans un vaste jardin qui touchait à sa prison. Ils firent plusieurs tours en silence, le colonel paraissant chercher un moyen d'entrer en conversation; enfin il commença :

« Monsieur Waverley, vous m'avez aujourd'hui sauvé la vie, et pourtant je remercierais Dieu de l'avoir perdue, avant de vous trouver avec l'uniforme et la cocarde des rebelles. »

— « Je vous pardonne ce reproche, colonel Talbot; il est bien intentionné, et les préjugés de votre éducation le rendent naturel. Mais il n'y a rien d'extraordinaire de rencontrer un homme dont l'honneur a été publiquement et injustement attaqué, là où il a cru avoir beau jeu pour se venger de ses calomniateurs. »

— « Et je dis, moi, que votre conduite devait confirmer les bruits qui ont couru, puisque vous avez suivi le plan qu'on vous accusait de vouloir suivre. Ignorez-vous, monsieur Waverley, l'excessive désolation et même les périls où votre conduite a plongé vos plus chers parents? »

— « Les périls ! »

— « Oui, monsieur, les périls!.. Quand j'ai quitté l'Angleterre, votre oncle et votre père, accusés de trahison, avaient été obligés de fournir caution, et c'est à force de zèle que des amis dévoués étaient parvenus à la faire recevoir. Je suis venu en Écosse dans la seule intention de vous retirer du gouffre où vous êtes tombé; et je n'ose songer aux maux qui vont fondre sur votre famille, maintenant que votre adhésion à la révolte est publique, quand le seul soupçon de ce crime l'a déjà compromise. Je regrette bien vivement de ne pas vous avoir rencontré avant cette dernière et fatale erreur. »

« En vérité j'ignore, dit Waverley d'un ton sec, pourquoi le colonel Talbot se fût donné pour moi tant de peine. »

« Monsieur Waverley, répondit Talbot, il est difficile de me piquer; je vais donc répondre aussi clairement que vous le désirez. Je dois plus à votre oncle qu'un fils ne doit à son père; j'ai pour lui un respect filial, et comme je crois qu'il m'est impossible de lui prouver mieux ma reconnaissance qu'en vous servant, je vous servirai, si je puis, même malgré vous. L'obligation personnelle que vous m'avez imposée aujourd'hui est sans doute la plus grande qu'un homme puisse imposer à son semblable; mais elle n'ajoute rien à mon zèle pour vous, et mon zèle sera toujours ardent, malgré toute votre froideur à l'accueillir. »

« Vos intentions peuvent être bonnes, monsieur, dit Waverley piqué; mais votre langage est dur ou du moins tranchant. »

« A mon retour en Angleterre, après une longue absence, continua le colonel Talbot, j'ai retrouvé votre oncle, sir Éverard Waverley, sous la surveillance d'un envoyé du roi, par suite des soupçons que votre conduite a suscités contre lui. C'est mon plus vieil ami, et, je le répéterai souvent, mon meilleur ami!.. Il m'a sacrifié ses projets de bonheur; il n'a jamais prononcé un mot, jamais conçu une pensée que la bienveillance la plus pure ait pu désavouer. Je trouvai cet excellent homme en prison, soumis à un traitement que lui rendaient plus dur les habitudes de sa vie, l'élévation de son ame et, excusez-moi, monsieur Waverley, la cause de son infortune. Je ne vous puis cacher quels furent alors mes sentiments à votre égard; vous m'avez paru criminel. Par le crédit de ma famille, qui est assez considérable, comme vous le savez, je parvins à obtenir la mise en liberté de sir Éverard, et je partis pour l'Écosse; je vis le colonel Gardiner, cet homme dont la mort seule suffirait pour rendre cette insurrection à jamais exécrable. En causant avec lui, je reconnus que, d'après des circonstances postérieures et un second interrogatoire des complices de la révolte, et surtout d'après la bonne opinion qu'il avait toujours eue de votre caractère, il ne vous condamnait plus aussi sévèrement, et je ne doutai pas, si j'avais le bonheur de vous découvrir, de pouvoir tout arranger; mais cette infame rébellion a tout détruit. J'ai pour la première fois de ma vie, dans le cours de ma longue carrière militaire, vu fuir honteusement les Anglais, saisis d'une terreur panique, et encore devant un ennemi sans armes ni discipline; et puis je trouve le fils de mon plus cher ami..., je puis dire le fils de sa tendresse, partageant un triomphe dont il devrait être le premier à rougir. Mais pourquoi plaindre Gardiner? Son sort est heureux, comparé au mien. »

Il y avait tant de dignité dans les manières du colonel Talbot, son visage exprimait si bien la résignation d'un soldat et le chagrin d'un homme, il avait raconté l'emprisonnement de sir Éverard avec une sensibilité si vive, qu'Édouard restait mortifié, abattu, honteux en présence du prisonnier à qui il avait sauvé la vie quelques heures auparavant. Il ne fut pas fâché que Fergus vînt une seconde fois les interrompre.

— « Son Altesse Royale ordonne à monsieur Waverley de se rendre près d'elle... » Le colonel Talbot jeta sur Édouard un regard de reproche qui n'échappa point à l'œil vif du montagnard. « De s'y rendre sur-le-champ, » répéta-t-il avec emphase. Waverley se tourna de nouveau vers le colonel.

— « Nous nous reverrons, dit-il; cependant, tout ce dont vous aurez besoin.... »

« Je n'ai besoin de rien, répliqua le

13.

colonel; laissez-moi partager le sort du dernier des braves qui dans cette journée de malheur ont préféré les blessures et la captivité à la fuite. Je changerais volontiers de place avec un de ceux qui ont péri, pour savoir que mes paroles ont fait impression sur votre esprit. »

« Gardez soigneusement le colonel Talbot, dit Fergus à l'officier montagnard qui surveillait les prisonniers; c'est l'ordre exprès du prince, c'est un prisonnier de haute importance. »

« Mais ayez pour lui tous les égards dus à son rang, » dit Waverley.

« Pourvu qu'ils se concilient avec la plus sévère vigilance, » répéta Fergus. L'officier promit qu'ils seraient tous deux satisfaits, et Édouard suivit Fergus à la porte du jardin, où Callum Beg les attendait avec trois chevaux sellés. En retournant la tête il vit le colonel Talbot qu'on ramenait à la prison entre deux haies de montagnards : le colonel s'arrêta sur le seuil de la porte, et fit de la main un signe à Waverley, comme pour le convaincre de tout ce qu'il avait dit.

« Il y a autant de chevaux, dit Fergus en montant sur le sien, que de mûres sur les buissons; pour en avoir, il ne faut qu'allonger la main. Allons, Callum, tenez-lui l'étrier, et courons à Penkie-House [1], aussi vite que les *ci-devant* chevaux de dragons voudront nous y conduire. »

CHAPITRE L.

RIEN D'IMPORTANT.

« JE suis revenu vous chercher par ordre du prince, dit Fergus à Édouard pendant qu'ils galopaient de Preston à Penkie-House. Mais vous savez, je suppose, de quelle importance est un prisonnier comme le très-noble colonel Talbot. Il passe pour un des meilleurs officiers des habits rouges; c'est l'ami particulier, le favori de l'électeur lui-

même et de ce terrible héros, le duc de Cumberland, qui s'est arraché à ses triomphes de Fontenoi [2] pour venir nous dévorer tout vivants, nous autres pauvres montagnards. Vous a-t-il dit comment sonnent les cloches de Saint-James? Ce n'est pas, j'imagine : « Reviens, Whittington, » comme celles de Bow aux jours d'autrefois? »

« Fergus! » dit Waverley d'un ton de reproche.

« Du diable si je sais ce qu'on pourra faire de vous, répondit Mac-Ivor: le vent de chaque doctrine vous emporte. Nous venons de gagner une victoire qui n'a point sa pareille dans l'histoire; votre conduite est élevée jusqu'aux cieux par tout le monde; le prince brûle de vous remercier en personne, et toutes nos beautés de la Rose blanche vous tressent des couronnes : et vous, le *preux chevalier* du jour, vous vous allongez sur le cou de votre cheval comme une marchande de beurre qui s'en va au marché; vous avez l'air aussi sombre qu'un enterrement! »

— « La mort de ce pauvre colonel Gardiner m'afflige; il eut pour moi tant de bontés! »

— « Et bien, de la tristesse pour cinq minutes, mais de la joie ensuite; son sort aujourd'hui peut être le nôtre demain; et le mal est-il si grand? Le mieux, après la victoire, est une mort honorable; mais c'est un *pis-aller :* que nos ennemis en profitent donc plutôt que nous-mêmes. »

— « Mais le colonel Talbot m'a appris que mon père et mon oncle sont tous deux emprisonnés à cause de moi, par ordre du gouvernement. »

— « Nous donnerons une caution, mon camarade; le vieil André Ferrara [3]

---

1. Charles-Édouard établit son quartier-général, après la bataille, à Penkie House près Musselburgh.

2. Phrase ironique. Le duc de Cumberland commandait l'armée combinée des Anglais et des Hollandais à cette bataille où il fut battu par le maréchal de Saxe : Louis XV et le Dauphin y assistaient en personne. A. M.

3. Le nom d'André de Ferrara se trouve sur toutes les épées écossaises renommées pour leur bonne trempe. Quel était cet ouvrier, sa fortune, son époque? c'est ce qui échappe encore aux re-

nous servira de répondant, et je voudrais qu'il justifiât de ses titres dans les salles de Westminster ! »

— « Oh ! ils sont déjà en liberté, moyennant une caution moins militaire. »

— « Alors, Édouard, pourquoi cet abattement? Pensez-vous que les ministres de l'électeur soient assez simples pour mettre leurs ennemis en liberté dans ce moment critique, s'ils pouvaient, s'ils osaient les enfermer et les punir? Soyez bien sûr, ou qu'ils manquent de motifs pour retenir vos parents plus long-temps en prison, ou, mieux encore, qu'ils redoutent nos amis, les braves cavaliers de la vieille Angleterre. Vous n'avez donc pas sujet de vous alarmer sur leur compte; et nous aviserons au moyen de leur faire passer de vos nouvelles. »

Quoique peu satisfaisants, ces arguments réduisirent Édouard au silence. Il avait été plus d'une fois choqué du peu de sympathie que témoignait Fergus pour les sentiments de ceux même qu'il aimait, s'ils ne correspondaient pas aux siens du moment, et surtout s'il était contrarié dans un projet qu'il avait à cœur d'exécuter. Parfois Fergus s'apercevait bien qu'il avait offensé Waverley ; mais visant toujours à un but, à une fin qui lui souriait, il ne songeait guère au chagrin plus ou moins long qu'il causait à Édouard, et la répétition de ces légères offenses avait un peu refroidi le vif attachement du volontaire pour son officier.

Le prince reçut Waverley avec son affabilité ordinaire et le complimenta fort de sa noble bravoure. Ensuite il le prit à part, lui fit plusieurs questions concernant le colonel Talbot et ses liaisons; et quand il eut recueilli tous les renseignements qu'Édouard pouvait lui donner, « Monsieur Waverley, continua-t-il, puisque ce gentilhomme est si intimement lié avec votre digne et excellent ami sir Éverard Waverley, puisqu'il tient par sa femme à la famille Blandeville dont le dévouement aux vrais et loyaux principes de l'église d'Angleterre est si bien connu, je ne puis croire en vérité qu'il se refuse à être des nôtres, quoiqu'il ait pris un masque pour s'accommoder aux circonstances. »

— « Si j'en juge par le langage qu'il m'a tenu aujourd'hui, je suis forcé de ne pas partager l'opinion de Votre Altesse Royale. »

— « Eh bien, on peut toujours en essayer. Je vous remets donc le colonel entre les mains, avec plein pouvoir d'agir à son égard comme bon vous semblera; et j'espère que vous trouverez moyen de connaître ses véritables dispositions pour le rétablissement de notre royal père. »

« Je suis convaincu, dit Waverley en s'inclinant, que si le colonel Talbot consent à donner sa parole, on peut s'y fier en toute sûreté; mais s'il la refuse, je prie Votre Altesse Royale de charger un autre que le neveu de son ami du soin de le tenir sous la surveillance nécessaire. »

« C'est à vous seul que je le confierai, dit le prince en souriant, mais en réitérant son ordre d'un ton sérieux; mon intérêt exige que vous paraissiez en bonne intelligence avec lui, quand même vous ne pourriez gagner réellement sa confiance. Vous le recevrez dans vos quartiers, et en cas qu'il refuse sa parole, vous le ferez garder convenablement : je vous prie de vous en occuper tout de suite; nous retournons demain à Édimbourg. »

Ainsi forcé de revenir aux environs de Preston, Waverley perdit le spectacle solennel de l'hommage du baron Brad-

---

cherches des antiquaires. Seulement on est porté à croire qu'André de Ferrara, armurier espagnol ou italien, fut amené par Jacques IV ou Jacques V en Écosse, pour apprendre aux habitants à fabriquer des armes. Les Écossais forgeaient des épées avec une grande perfection bien avant la bataille de Penkie ; et à cette époque l'historien Pasten dit qu'elles étaient larges et minces, presque toujours tranchantes, et de si bonne qualité, qu'il n'en a jamais vu d'aussi bonnes, et ne croit pas qu'on en puisse voir de meilleures. On peut remarquer que les véritables André Ferrara avaient une couronne sur la lame.

wardine; mais il songeait alors si peu à tout ce qui était vanité, qu'il avait totalement oublié la cérémonie pour laquelle Fergus avait voulu piquer sa curiosité. Mais le lendemain parut une gazette officielle contenant les détails de la bataille de Gladsmuir, ainsi que les montagnards aimaient à nommer leur victoire; elle finissait par un compte rendu de la cour tenue par le Chevalier à Penkie-House. Cette description des plus brillantes contenait le paragraphe qu'on va lire : »

« Depuis le fatal traité qui raya l'Écosse du rang des nations indépendantes, nous n'avons pas encore eu le bonheur de voir ses princes recevoir et ses nobles rendre ces hommages féodaux qui, fondés sur les hauts faits de la valeur écossaise, remettent en mémoire son histoire primitive avec la belle et chevaleresque simplicité des liens qui assuraient à la couronne l'hommage des guerriers armés sans cesse pour son soutien et sa défense. Mais dans la soirée du 20, nos souvenirs ont été réveillés par une de ces cérémonies qui appartiennent aux anciens jours de la gloire écossaise. Le cercle formé, Cosme Comyne Bradwardine, baron de même nom, colonel en activité, etc., etc., etc., a comparu devant le prince, accompagné de M. Mac Vheeble, bailli de son antique baronnie de Bradwardine (qui vient, dit-on, d'être nommé commissaire), et sous la forme d'une requête a réclamé la permission de remplir envers la personne de Son Altesse Royale, comme représentant son père, le service ordinaire et habituel qui, d'après une charte octroyée par Robert Bruce, — l'original fut présenté sur-le-champ et examiné par le grand-chancelier de Son Altesse Royale, — assure au réclamant possession de la baronnie de Bradwardine et des domaines de Tully-Veolan. La réclamation admise et enregistrée, Son Altesse Royale plaça son pied sur un coussin, et le baron de Bradwardine, mettant le genou droit en terre, détacha la courroie des brogues ou chaussure des montagnards, à talons bas, que notre jeune et brillant héros porte toujours pour plaire à ses braves partisans. Cela fait, Son Altesse Royale a déclaré la cérémonie terminée, et embrassant le brave colonel, a protesté que sans l'ordonnance très-précise de Robert Bruce il n'eût jamais consenti à recevoir, même pour la forme, un service si commun de mains qui avaient vaillamment combattu pour remettre la couronne sur la tête de son père. Le baron de Bradwardine fit alors délivrer entre les mains de M. le commissaire Mac Wheeble un certificat portant que tous les détails, toutes les circonstances de l'acte d'hommage avaient été *rite et solemniter acta et peracta*. Pareille consignation fut faite sur le livre du lord grand-chambellan et sur les registres de la chancellerie. Nous apprenons que Son Altesse Royale a dessein, si tel est le bon plaisir de Sa Majesté, d'élever le colonel Bradwardine à la pairie, en le faisant vicomte Bradwardine de Bradwardine et de Tully-Veolan, et qu'en attendant, au nom et de par l'autorité de son père, elle s'est plu à lui permettre une addition honorable à ses armoiries, à savoir un tire-botte placé en sautoir sur une épée nue qu'il portera en haut de son écusson, avec cette nouvelle devise au-dessous : « Tire et tire. »

«Sans le souvenir des railleries de Fergus, pensa Waverley après avoir lu ce long et grave document, combien tous ces détails me sembleraient intéressants, combien j'aurais peu songé à y rattacher une idée de plaisanterie ! Mais, après tout, chaque chose a son beau comme son vilain côté; et ma foi, je ne vois guère pourquoi le tire-botte du baron figurerait moins bien dans des armoiries que les cruches, les chariots, les roues de charrette, les socs de charrue, les navettes, les chandeliers et autres ustensiles qui n'eurent jamais rapport à la chevalerie, et qu'on trouve sur les écussons de nos plus anciennes familles...» Mais tout ceci n'est qu'une digression hors de notre histoire.

Quand Waverley revint à Preston et rejoignit le colonel Talbot, il le trouva remis des vives et violentes émotions dont un concours d'événements malheureux l'avait affecté. Il avait repris ses manières habituelles, celles d'un gentilhomme et d'un soldat anglais, brave, ouvert, généreux, mais non exempt de préjugés contre les gens qui n'étaient pas de son pays ou ne partageaient point ses opinions politiques. Quand Waverley eut appris au colonel que l'intention du Chevalier était de le mettre sous sa surveillance, « Je n'aurais, dit-il, de ma vie pensé que je serais redevable d'une si grande obligation à ce jeune gentilhomme. Je puis du moins répéter du fond de mon cœur la prière de l'honnête ministre presbytérien : Puisse-t-il, au lieu de la couronne qu'il travaille à obtenir en ce monde, en recevoir bientôt une dans le ciel [1] ! Je vous donnerai bien volontiers ma parole de ne pas chercher à m'évader à votre insu, puisque, de fait, c'est pour vous voir que je suis venu en Écosse ; je me félicite donc de cette bonne nouvelle. Mais je suppose que nous ne resterons pas long-temps ensemble. Votre Chevalier..., c'est un nom que nous pouvons lui donner entre nous... avec son plaid et son bonnet bleu, continuera, je pense, sa croisade vers le sud. »

— « Non pas que je sache ; je crois que l'armée s'arrête à Édimbourg pour attendre des renforts. »

« Et pour assiéger le château ? dit Talbot en riant d'un air moqueur. Ah ! à moins que mon vieux commandant le général Preston ne paie en argent faux, ou que le château ne tombe dans le loch du Nord, choses tout aussi probables l'une que l'autre, j'espère que nous aurons le temps de faire connaissance. Je parierais que le vaillant Chevalier s'imagine que je m'en vais devenir son partisan ; et comme je veux vous rallier à mon opinion, il ne peut rien nous arriver de mieux que de pouvoir à loisir conférer ensemble. Mais comme, en vous parlant aujourd'hui, j'ai tenu un langage qui ne m'est pas habituel, j'espère que vous me permettrez de reprendre nos discussions, seulement lorsque nous aurons pu nous mieux connaître. »

CHAPITRE LI.

INTRIGUES D'AMOUR ET DE POLITIQUE.

IL n'est pas nécessaire de rapporter ici l'entrée triomphale du Chevalier dans Édimbourg après l'affaire décisive de Preston. Une circonstance pourtant mérite l'attention, parce qu'elle honore l'ame élevée de Flora Mac-Ivor. Les montagnards qui entouraient le prince, dans la licence et le délire de cet heureux moment, tiraient sans cesse des coups de fusil ; l'un d'entre eux avait par hasard chargé à balle, et la balle effleura la tempe de la jeune lady qui agitait son mouchoir à un balcon [2]. Fergus, témoin de cet accident, se rendit aussitôt auprès d'elle ; et voyant que la blessure n'était qu'une bagatelle, il tira son épée pour s'élancer sur le soldat dont l'imprudence avait exposé sa sœur à un si grand péril ; mais le retenant par son plaid : « Ne faites point de mal à ce malheureux, s'écria-t-elle, ne lui faites pas de mal, remerciez plu-

[1]. Ce ministre se nommait Mac-Vicar. Protégé par le canon du château, il prêchait tous les dimanches dans l'église de l'ouest, pendant que les montagnards étaient maîtres d'Édimbourg ; et ce fut en présence de quelques jacobites qu'il fit pour le prince Charles-Édouard la prière que nous avons citée.

[2]. L'accident qu'on suppose arrivé à Flora Mac-Ivor arriva réellement, avec toutes les circonstances que nous rapportons, à miss Nairne, une dame que l'auteur a eu le plaisir de connaître. Comme l'armée des Highlandais entrait dans Édimbourg, miss Nairne, ainsi que d'autres dames qui étaient du parti jacobite, se tenait sur un balcon où elle agitait son mouchoir, lorsque tout à coup une balle partie du mousquet d'un soldat highlandais vint lui effleurer le front. « Graces à Dieu, dit-elle lorsqu'elle eut recouvré ses sens, heureusement que cet accident est arrivé à moi, dont les principes sont bien connus. Si c'eût été à une whig, on aurait dit que c'était un coup tiré à dessein. »

tôt Dieu avec moi que ce malheur soit arrivé à Flora Mac-Ivor ; car si une whig eût été blessée, on aurait prétendu que le coup était tiré à dessein. »

Waverley échappa à l'inquiétude que lui eût causée cet événement, parce qu'il était nécessairement en arrière, devant conduire le colonel Talbot à Édimbourg.

Ils voyageaient ensemble à cheval, et de temps à autre, comme pour sonder mutuellement leurs sentiments et leurs intentions, ils conversaient sur des sujets généraux et rebattus.

Quand Waverley aborda le sujet qui l'intéressait le plus vivement, savoir, la situation de son père et de son oncle, le colonel Talbot sembla chercher plutôt à alléger son chagrin qu'à l'aggraver. Cette disposition du colonel fut surtout évidente, lorsqu'il eut écouté les aventures d'Édouard, que celui-ci lui confia sans répugnance.

« Ainsi donc, reprit Talbot, il n'y avait pas préméditation, comme disent, je crois, les jurisconsultes, dans votre escapade; et ce sont les civilités de ce Chevalier errant d'Italie et d'un ou deux de ces montagnards, sergents-recruteurs, qui vous ont enjôlé? C'est une triste folie, à coup sûr, mais ce n'est pas encore si mal que j'imaginais. Toutefois, vous ne pouvez en ce moment même quitter le Prétendant... la chose paraît impossible. Mais je ne doute pas que, dans les divisions qui vont s'élever dans cette masse hétérogène d'hommes sauvages et violents, l'occasion ne puisse se présenter ; profitez-en, et vous sortirez encore avec honneur de cet engagement honteux, avant que la bouteille casse. Si nous en venons à bout, je vous conseille d'aller en Flandre chercher l'asile que je vous indiquerai ; et j'espère obtenir votre pardon du gouvernement après un exil de quelques mois.

« Je ne puis vous permettre, colonel Talbot, répondit Waverley, de me conseiller une telle infamie : je n'abandonnerai pas une entreprise où je me suis engagé à la hâte, mais du moins volontairement, et avec l'intention d'en attendre l'issue.

« Eh bien, dit le colonel en riant, laissez-moi du moins penser, espérer en liberté, sinon parler. Mais avez-vous jamais examiné ce paquet mystérieux...?

« Il est avec mes bagages, répliqua Édouard ; nous le retrouverons à Édimbourg. »

Ils y furent bientôt arrivés. Par ordre exprès du prince, on avait donné pour logement à Waverley une fort belle maison, où se trouvait un appartement pour le colonel Talbot. Son premier soin fut de fouiller dans son portemanteau, et sans beaucoup de peine il trouva le paquet désiré. Édouard l'ouvrit avec empressement. Dans une enveloppe blanche qui avait pour toute adresse *A É. Waverley, esquire,* étaient un grand nombre de lettres décachetées. Les deux premières qu'il lut venaient du colonel Gardiner. Dans la plus vieille de date, était une remontrance douce et amicale pour avoir négligé les conseils qu'on lui donnait sur l'emploi du temps de son congé qui allait finir, comme le capitaine Waverley devait le savoir. « Et même, disait le colonel, même sans cette circonstance, les nouvelles du dehors, et les instructions du ministre de la guerre, m'auraient forcé de vous rappeler, parce qu'on redoute, depuis les désastres en Flandre, l'invasion étrangère et l'insurrection des mécontents à l'intérieur. Soyez donc le plus tôt possible au quartier-général du régiment ; je dois ajouter que votre retour est d'autant plus nécessaire que votre compagnie semble mal disposée ; mais je diffère d'aller aux renseignements, jusqu'à ce que votre zèle vienne me seconder. »

La seconde lettre, datée de huit jours plus tard, était dans le style qu'avait dû prendre le colonel en ne recevant point de réponse à la première. Il rappelait à Waverley son devoir comme officier, comme homme d'honneur, et comme Anglais ; il lui marquait le mécontentement toujours croissant de sa troupe. On avait même entendu quelques soldats dire que le capitaine encourageait et approuvait leur mutinerie ; enfin on s'étonnait, on regrettait qu'il n'eût pas encore obéi à l'ordre de rejoindre le quartier-général. On l'avait prévenu que son congé expirait ; enfin le colonel le conjurait avec les reproches d'un père et l'autorité d'un supérieur, de réparer sa faute par un prompt retour à son régiment. « Pour être sûr, disait-il en finissant, que la présente vous sera remise, je l'envoie par votre caporal Timms, avec ordre de vous la remettre en mains propres. »

En lisant ces lettres, Waverley fut navré de douleur et forcé de faire *amende honorable* à la mémoire de son brave et excellent colonel ; car à coup sûr, puisque Gardiner avait tout lieu de croire qu'elles lui étaient parvenues, il était naturel que ne recevant point de réponse, il lui eût écrit ce troisième et dernier avertissement qu'à la vérité Édouard avait reçu à Glennaquoich, mais trop tard pour obéir ; sa destitution, quand il avait été averti trois fois, n'était plus un procédé ni dur ni sévère, mais une justice. La lettre qu'il ouvrit ensuite était du major de son régiment. Il lui marquait qu'un bruit peu honorable pour sa réputation circulait dans le pays ; « un M. Falconer de Ballihapple, ou un nom à peu près semblable, a proposé devant vous, dit-on, un toast de révolte, et vous l'avez souffert tranquillement, bien que l'outrage à la famille royale fût si grossier qu'un gentleman de la compagnie, peu connu d'ailleurs par son zèle pour le gouvernement, a cru devoir prendre son parti. Et de plus, à en croire la renommée, le capitaine Waverley a souffert qu'une personne peu intéressée à la chose s'indignât en sa place d'une injure qui lui était adressée personnellement comme officier ; qu'elle eût même une rencontre avec le provocateur. » Le major terminait en assurant qu'aucun des frères d'armes du capitaine Waverley ne pouvait croire cette histoire scandaleuse, mais qu'ils pensaient tous que pour son honneur et pour celui de son régiment, il fallait qu'il trouvât moyen de démentir sur-le-champ ces infamies, etc., etc.

« Que pensez-vous de tout cela ? » dit le colonel Talbot à qui Waverley passait les lettres à mesure qu'il les avait lues.

— « Ce que je pense ? puis-je penser encore ! il y a de quoi rendre fou. »

— Calmez-vous, mon jeune ami ; voyons un peu ces sales griffonnages qui viennent ensuite. »

La première de ces lettres était adressée à maître W. Ruffin. — « Mont chere mossieu, quelq-z-uns de nos jeunes enjolés ne veulent pas mordre, quoiq je leur zai di que vous m'avié montré le cachait du squire. Mai Times vous remetra les lettres que vous demandé et dira aux vieux Addem quil les a remize dans les mains du squire, et pareillement des votre, et quil serat prait pour le sinial. Et vive l'Église et Sachefrel, comme mon père chante après la moisson.

« Tout à vous, chair monsieur,
« H. H. »

« P. S. Dites au squire que nous voudrions de ses lettres ; on est mécontent qu'il n'écrive pas lui-même, et le lieutenant Bottler est sur les épines. »

« Ce Ruffin, dit le colonel, ne serait-ce pas votre Donald de la caverne qui aurait intercepté vos lettres et entretenu sous votre nom une correspondance avec ce pauvre diable d'Houghton ?

— « C'est bien possible ; mais qui peut être cet Addem ? »

— « Addem, pour Adam sans doute ; c'est le sobriquet du pauvre Gardiner. »

Les autres lettres étaient dans le même genre, et ils reçurent bientôt des détails encore plus positifs sur les machinations de Donald Bean.

John Hodges, ancien domestique de Waverley, qui était resté au régiment, fait prisonnier à Preston, entra dans ce moment. Il cherchait son maître pour rentrer, s'il était possible, à son service. Ils apprirent de cet homme que peu de temps après que Waverley eut quitté le quartier-général du régiment, un colporteur appelé Ruthven, Ruffin ou Rivone, connu parmi les soldats sous le nom de Wily Will, avait fait de fréquents voyages à la ville de Dundee. Il paraissait avoir la bourse bien garnie, vendait à bas prix ses marchandises, semblait toujours prêt à régaler ses amis au cabaret, et avait lié connaissance avec plusieurs dragons de la compagnie Waverley, et surtout avec le sergent Houghton et un certain Timms, sous-officier non commissionné, et leur fit part, au nom du capitaine, d'un projet de quitter le régiment et d'aller rejoindre les montagnards; car, disait-on, presque tous les clans avaient déjà pris les armes. Ces soldats, élevés dans les principes jacobites, autant qu'ils avaient une opinion, et sachant que leur seigneur sir Éverard avait toujours passé pour tenir à ce parti, tombèrent aisément dans le piége. Que Waverley fût au milieu des montagnes, c'était une explication suffisante de ce qu'il envoyait ses lettres par l'intermédiaire d'un colporteur, et la vue de son cachet si connu semblait donner de l'authenticité aux intrigues ourdies en son nom, quand il ne pouvait écrire sans s'exposer lui-même. Mais le complot fut éventé par les bravades indiscrètes des mutins. Wily Will a bien justifié son nom [1]; car, dès qu'il se vit soupçonné, il ne reparut pas. « Quand les feuilles publiques eurent fait connaître la destitution de M. Waverley, ajouta Hodges, bon nombre d'entre nous ne cachèrent plus leur projet de révolte; mais ils furent cernés et désarmés par le reste du régiment. Un jugement du conseil de guerre condamna Houghton et Timms à être fusillés; mais on leur permit de tirer au sort, qui désigna ce dernier. Houghton montra le plus vif repentir, convaincu, par les réprimandes et les explications du colonel Gardiner, qu'il avait réellement tenté un crime fort odieux. Dès que le pauvre diable fut bien persuadé, il eut, chose étonnante, l'intime conviction que l'instigateur avait agi sans les ordres du squire. « Ah! disait-il, si c'était déshonorer, exposer la vieille Angleterre, le capitaine ne savait rien du complot; il n'a jamais fait, jamais songé à faire rien de honteux, pas plus que sir Éverard et que tous ses ancêtres; et je soutiendrai à la vie, à la mort, que Ruffin a tout pris sous son bonnet. »

La ferme conviction avec laquelle Houghton s'exprimait, aussi bien que la certitude qui lui faisait soutenir que les lettres adressées à Waverley avaient été remises à Ruthven, produisirent dans les opinions du colonel Gardiner le changement dont Talbot s'était aperçu.

Le lecteur a sans doute déjà compris que Donald Lean Bean joua en cette occasion le rôle de provocateur. Voici en peu de mots quels étaient ses motifs: Doué d'un esprit actif et intrigant, il avait long-temps servi, aux confidents du Chevalier, d'agent subalterne et d'espion, sans même que Fergus-Mac-Ivor s'en doutât; car, s'il était obligé de recourir à la protection de ce chef, il ne le craignait et ne l'en détestait que davantage. Pour réussir dans cette partie, il avait naturellement cherché à s'élever par quelque coup hardi au-dessus du métier hasardeux et précaire de brigand qu'il exerçait d'abord. Il était surtout chargé de connaître la force des régiments cantonnés en Écosse, les dispositions des officiers, etc., et s'était long-temps arrêté à la compagnie de Waverley comme facile à embaucher. Donald croyait même que Waverley était au fond partisan des Stuarts, ce qui semblait confirmé par sa longue visite au jacobite baron de Bradwardine. Ainsi, quand Édouard vint à sa caverne avec un des vassaux de Glennaquoich, ce brigand, qui ne put jamais découvrir le véritable motif de cette visite, la curiosité, osa se flatter qu'il lui serait possible d'employer ses talents à quelque intrigue d'importance sous les auspices de ce jeune et riche Anglais. Il ne perdit même pas tout espoir quand Waverley, en dépit de toutes ses ouvertures, refusa de lui faire aucune com-

[1] *Wily* signifie *rusé*: c'est donc *Will le rusé*. A. M.

munication. Ce silence parut une réserve prudente et piqua un peu Donald Bean, qui, persuadé qu'on lui cachait un secret dont la connaissance promettait de grands avantages, résolut de jouer, bon gré mal gré, un rôle dans ce drame. Il avait donc, pendant le sommeil de Waverley, dérobé son cachet pour s'en servir au besoin auprès des dragons qu'il croirait dans la confidence du capitaine. Son premier voyage à Dundee, ville où le régiment était en garnison, le détrompa sur ce qu'il avait d'abord supposé, mais lui ouvrit un nouveau champ pour agir. Il savait qu'aucun service ne serait aussi bien récompensé par les amis du Chevalier que celui d'amener sous ses drapeaux une partie de l'armée anglaise. Il se lança donc à travers les intrigues qui sont déjà connues du lecteur et qui ont fait des événements de notre histoire un écheveau si embrouillé avant que Waverley quittât Glennaquoich.

D'après les conseils du colonel Talbot, Waverley refusa de garder à son service le jeune homme dont le récit avait jeté tant de lumière sur ces machinations. « C'était, disait-il, faire tort à ce pauvre garçon que de l'engager dans une entreprise désespérée, et, à tout événement, son témoignage pourrait du moins servir à expliquer les motifs qui avaient poussé Waverley à prendre ce parti. » Notre héros écrivit donc en quelques mots, à son père et à son oncle, tout ce qui lui était arrivé, les prévenant toutefois de ne pas chercher à lui répondre. Talbot remit alors au jeune dragon une lettre pour le capitaine d'un vaisseau de guerre anglais en croisière dans le détroit; il le priait de débarquer le porteur à Berwich avec un passe-port pour le comté de .... Ils lui garnirent ensuite le gousset de manière à ce qu'il fît diligence, lui conseillant de se rendre à bord sur un bateau de pêcheur qu'il paierait; et, comme ils l'apprirent plus tard, tout réussit à souhait.

Fatigué de la présence de Callum Beg, qui avait sans doute reçu l'ordre d'espionner sa conduite, Waverley choisit pour domestique un simple berger d'Édimbourg qui avait pris la cocarde blanche dans un accès de tristesse et de jalousie, parce que Jenny Jop avait dansé toute une nuit avec Bullock, caporal des fusiliers anglais.

CHAPITRE LII.

INTRIGUES DE SOCIÉTÉ ET D'AMOUR.

Le colonel témoignait plus d'amitié à Waverley depuis qu'il avait obtenu de lui le récit détaillé de ses aventures; et, comme ils étaient nécessairement presque toujours ensemble, le colonel gagna beaucoup dans l'estime de Waverley. Il lui avait d'abord paru un peu sévère dans ses censures, mordant et amer dans l'expression de ses antipathies et de ses aversions, quoique personne, dans ces discussions générales, ne fût plus facile et moins attaché à ses idées que lui. L'habitude du commandement avait aussi donné à ses manières quelque chose de brusque et de roide, malgré la politesse qu'elles avaient prise dans la haute société que fréquentait habituellement le colonel. Du reste, c'était un militaire que Waverley ne pouvait comparer à aucun de ceux qu'il avait vus jusque-là; le baron de Bradwardine était un militaire pédant; le major Melville, un militaire ridiculement attentif aux minuties et à la partie technique de la discipline; ce qui convient peut-être à celui qui fait manœuvrer un bataillon, mais fort peu à un général d'armée; l'esprit militaire de Fergus était tellement confondu et mêlé à ses plans d'ambition, à ses vues politiques, qu'il ressemblait moins à un soldat qu'à un petit souverain. Mais le colonel Talbot était à tous égards le vrai modèle de l'officier anglais. Dévoué de toute son ame au service de son prince et de son pays, il ne s'enorgueillissait pas de la connaissance théorique de sa profession, comme faisait le baron; il n'était point attaché aux minuties de la discipline, comme le major; il ne faisait pas servir ses connaissances militaires à des projets d'ambition personnelle, comme le chieftain [1] de Glennaquoich. Ajoutez a cela qu'il était homme éclairé, d'un esprit étendu et cultivé, quoique fort attaché, comme nous l'avons dit, aux préjugés particuliers à la nation anglaise.

Le caractère du colonel Talbot se développa par degrés aux yeux d'Édouard. Le siége inutile du château d'Édimbourg occupa les Highlandais pendant plusieurs semaines, et durant ce temps, Édouard n'avait qu'à rechercher tous les plaisirs que pouvait lui offrir la société; il aurait voulu déterminer son hôte à faire connaissance avec ses anciens amis. Mais le colonel, après deux ou trois visites, secoua la tête en disant qu'il en avait assez. Il ne s'en tint pas là; il prononça que le baron était le pédant le plus assommant et le plus ennuyeux qu'il eût eu le malheur de rencontrer; le chieftain de Glennaquoich, un Écossais francisé, qui avait pris la légèreté et la finesse de la nation chez laquelle il avait été élevé, en conservant l'humeur orgueilleuse, vindicative et turbulente de ses compatriotes. « Si le diable, dit-il, avait voulu choisir un agent tout exprès pour mettre sens dessus dessous ce malheureux pays, je crois qu'il eût pu difficilement en choisir un plus convenable que cet homme, d'un caractère tout à la fois actif, rusé et méchant, qui a pour soldats ou plutôt pour ministres dociles de ses volontés, une bande de coupe-jarrets, comme ceux qui vous semblent si admirables. »

Les dames du parti jacobite n'échappèrent pas à ses observations satiriques. Il reconnaissait que Flora Mac-Ivor était une belle femme, et Rose de Bradwardine, une jolie personne. Mais il ajoutait que la première détruisait l'effet de sa beauté par une affectation et de grands airs dont elle avait sans doute pris l'habitude dans la petite cour de Saint-Germain [2]. Pour Rose de Bradwardine, il était impossible, disait-il, d'admirer une petite campagnarde qui ne savait rien, ou dont les connaissances très-bornées ne convenaient pas plus à son âge et à son sexe, qu'un vieil uniforme de son père n'aurait convenu à sa personne. La plupart de ces décisions de l'excellent colonel Talbot provenaient de sa mauvaise humeur et de ses préjugés. Pour lui, une cocarde blanche sur la poitrine, une rose blanche dans les cheveux, un Mac au commencement d'un nom, auraient changé un ange en diable. Il disait en plaisantant, qu'il n'aurait pas reçu Vénus elle-même, si elle s'était fait annoncer à la porte de son salon sous le nom de miss Mac-Jupiter [3].

On pense bien que Waverley voyait les jeunes demoiselles avec d'autres yeux. Pendant le siége, il ne passait pas un jour sans les visiter, mais il remarquait avec chagrin que, malgré son assiduité, il ne faisait pas plus de progrès dans l'affection de la première que le Prétendant n'en faisait dans le siége de la forteresse. Elle ne s'écartait jamais de la règle qu'elle s'était tracée, le traitant avec indifférence, aussi éloignée de rechercher que d'éviter un tête-à-tête avec lui. Pas un mot, pas un regard qui ne fût d'accord avec son système; ni l'abattement de Waverley, ni le mécontentement de Fergus, qui ne prenait pas la peine de déguiser sa mauvaise humeur, ne pouvaient décider Flora à dépasser, en faveur de Waverley, les limites ordinaires de la politesse. D'un autre côté, Rose Bradwardine faisait des progrès dans l'opinion de Waverley. Dans plusieurs occasions, il s'aperçut que sitôt qu'elle avait surmonté sa timidité, ses manières prenaient de la dignité et de la noblesse; que les agitations et les troubles de ces temps critiques lui inspiraient des sentiments élevés, un langage énergique, qu'il n'avait pas encore remarqués en elle; enfin, qu'elle ne laissait échapper aucune occasion

---

1. On sait que *chieftain* veut dire chef ou capitaine. A. M.

2. Il faut se rappeler que Jacques II, roi d'Écosse, vint dans l'exil habiter le château de Saint-Germain près Paris. A. M.

3. *Mac*, dans les noms écossais, veut dire *fils* ou *fille*. Mac-Ivor, fils d'Ivor.

d'étendre ses connaissances et de perfectionner son goût.

Flora Mac-Ivor appelait Rose son élève; elle prenait plaisir à la diriger dans ses études, à développer son goût et son intelligence. Un observateur très-attentif aurait remarqué qu'en présence de Waverley, elle prenait plus de peine pour faire briller les talents de son amie que les siens propres. Mais je supplie le lecteur de croire que cette conduite généreuse et désintéressée était déguisée avec la plus ingénieuse délicatesse, et que nul n'aurait pu y démêler la moindre trace d'affectation. Cela ne ressemblait pas plus au manége si commun d'une jolie femme qui en prône une autre, que l'amitié de David et de Jonathas n'est comparable à l'intimité de deux désœuvrés de Bound-Street. Le fait est que l'effet était sensible, mais que la cause n'était point remarquée. Chacune de ces jeunes amies, comme deux actrices excellentes, était parfaite dans son rôle, et ravissait d'admiration les spectateurs. Il était impossible de découvrir que l'aînée cédait à son amie la première place, qui convenait mieux à la supériorité de ses talents.

Pour Waverley, Rose Bradwardine avait un charme auquel peu d'hommes peuvent résister; elle laissait paraître le plus vif intérêt pour tout ce qui le concernait. Elle était trop jeune et avait trop peu d'expérience pour sentir combien elle pouvait se compromettre en lui accordant une attention marquée. Son père était trop absorbé par ses discussions scientifiques ou stratégiques, pour avoir les yeux ouverts sur toutes les démarches de sa fille; Flora ne voulait point l'alarmer par des remontrances, parce qu'elle regardait la conduite de son amie comme devant à la fin lui gagner le cœur de Waverley.

Dans leur première conversation, depuis qu'elles étaient réunies, Rose, à son insu, avait laissé deviner l'état de son cœur par son attentive et pénétrante amie. Depuis ce moment Flora fut non seulement déterminée a rejeter d'une manière irrévocable la tendresse de Waverley, mais elle s'occupa avec zèle des moyens de faire passer, s'il était possible, cette tendresse sur son amie. Elle tenait beaucoup au succès de ce plan, quoique son frère parlât quelquefois, mais comme par plaisanterie et par saillie de gaieté, de faire la cour à miss Bradwardine. Elle savait que Fergus avait sur le mariage les principes un peu libres qu'il avait vu pratiquer sur le continent, et qu'il n'aurait pas accepté la main d'un ange, s'il n'eût trouvé dans cette alliance les moyens de se créer des amis dans une famille puissante, et d'augmenter son crédit et sa fortune. Le bizarre projet du baron de laisser ses domaines à un héritier mâle éloigné, de préférence à sa propre fille, serait donc un obstacle insurmontable à ce qu'il pensât jamais sérieusement à Rose Bradwardine. A la vérité, Fergus, doué d'une activité d'esprit infatigable, forgeait incessamment des projets et des plans d'intrigues de toute nature, de toute espèce; comme ouvrier plus fertile à concevoir que persévérant pour exécuter, souvent il abandonnait tout à coup, sans aucun motif apparent, un projet pour travailler à un autre qui venait de sortir de son ardente imagination, ou qu'il avait mis de côté quelque temps auparavant, après l'avoir à moitié ébauché. Il était souvent malaisé de prévoir quelle serait, en dernière analyse, sa conduite dans une circonstance donnée.

Quoique Flora fût sincèrement attachée à son frère, dont le caractère énergique aurait commandé son admiration, quand bien même elle ne lui eût pas été unie par les liens du sang, elle ne s'aveuglait pas sur ses défauts, elle ne les croyait pas compatibles avec le bonheur d'une femme qui chercherait la félicité du mariage dans la jouissance paisible de la société domestique, et l'échange d'une tendresse mutuelle et toujours croissante. Au contraire, le goût naturel de Waverley, malgré les rêves qui l'avaient jeté momentanement dans les combats et à la poursuite de la gloire militaire, semblait l'entraîner exclusivement vers la vie domestique. Il ne prenait et ne voulait prendre aucune part dans les scènes si agitées qui se passaient à chaque instant autour de lui ; il éprouvait plus de dégoût que d'intérêt, à la vue des prétentions, des droits et des passions qui se combattaient souvent en sa présence. Tout cela ne montrait-il pas un homme fait pour rendre heureuse une personne du caractère de Rose, caractère avec lequel le sien avait tant de sympathie?

Elle faisait quelques-unes de ces remarques sur le caractère de Waverley un jour que miss Bradwardine était assise à côté d'elle. « Il a le goût trop élégant et un génie trop élevé, répondit Rose, pour prendre de l'intérêt à de si frivoles discussions. Que lui importe, par exemple, si le chef des Macindallaghers, qui a amené avec lui seulement cinquante hommes, a droit au titre de colonel ou de capitaine? Comment voulez-vous que M. Waverley s'occupe sérieusement de la violente querelle entre votre frère et le jeune Corrinanchian, ou de savoir si le poste d'honneur appartient au cadet d'un clan, ou à son frère plus jeune ?

— « Ma chère Rose, si c'était un homme aussi distingué que vous le supposez, il se mêlerait de ces matières, non comme importantes en elles-mêmes, mais afin d'être le médiateur entre les esprits violents pour qui elles sont maintenant des sujets de discorde. Vous avez été témoin que quand Corrinanchian transporté de colère éleva la voix et porta la main à son épée, Waverley leva la tête comme s'il s'éveillait d'un rêve, et demanda de quoi il s'agissait. »

— « Oui ; et le rire qu'excita sa distraction ne servit-il pas mieux à terminer la dispute que n'auraient fait tous ses discours ? »

« C'est vrai, ma chère amie, répondit Flora ; mais il eût été plus glorieux pour M. Waverley de les ramener à la raison par la force de ses arguments. »

— « Voulez-vous qu'il se fasse le pacificateur entre tous les cerveaux brûlés d'Highlandais qui sont dans l'armée? Pardonnez-moi, Flora, de parler ainsi ; vous comprenez bien que cela ne s'applique point à votre frère, il a plus de sens que la moitié de ces gens-là. Mais pouvez-vous penser que ces montagnards arrogants, emportés, furieux, soient à comparer à M. Waverley? »

— « Je n'établis point de comparaison entre lui et ces hommes grossiers , ma chère Rose; seulement je m'afflige qu'avec ses talents et son génie, il ne prenne pas dans le monde la place éminente qu'il est en état de remplir, et qu'il ne développe pas toutes les ressources de son caractère et de son esprit pour le triomphe de la noble cause qu'il a adoptée. N'y a-t-il pas Lochiel, et P.... et M.... et G...., tous de l'éducation la plus soignée, doués des talents les plus éminents ? pourquoi n'imite-t-il pas leur dévouement et leur enthousiasme?...Bien souvent je suis tentée de croire que son bras est refroidi par cet Anglais hautain et flegmatique, dans la société duquel il passe une si grande partie de son temps. »

— « Le colonel Talbot? Je n'ai jamais vu d'homme plus déplaisant, à coup sûr. Il a l'air de penser qu'une femme écossaise n'est pas digne de lui offrir une tasse de thé ; mais M. Waverley est si aimable, si bien élevé... »

« Oui, dit Flora en riant, il peut admirer la lune et citer une stance du Tasse. »

« Vous savez aussi comment il s'est battu, » ajouta miss Bradwardine.

« Oui, pour le plaisir de se battre, répondit Flora ; je crois que tous les hommes (c'est-à-dire tous ceux qui méritent ce nom) en feraient autant; il faudrait, à dire vrai, plus de courage pour s'enfuir. D'ailleurs les hommes, mis en face de leurs semblables, sont poussés par une sorte d'instinct à s'élancer sur eux pour les combattre, comme nous le voyons dans les autres animaux, tels que les chiens, les taureaux, etc. Mais les entreprises grandes et périlleuses ne sont point le fait de Waverley. Il n'aurait jamais été son célèbre aïeul sir Nigel, il aurait été son panégyriste, son faiseur de ballades. Je vous dirai ce qui lui convient, où il sera à sa place, chez lui, au sein d'une vie paisible, douce et monotone, dans une oisiveté studieuse, au milieu de plaisirs élégants et tranquilles, dans son château de Waverley. Il rétablira la vieille bibliothèque dans le goût gothique le plus parfait; il en garnira les rayons des ouvrages les plus rares et les plus précieux;… il prendra des points de vue, dessinera des paysages, fera des vers, bâtira des kiosques, des temples, des grottes; par une belle soirée d'été il demeurera sous la galerie, devant sa maison, à épier les daims qui paraissent à la clarté de la lune, ou, s'enfonçant dans l'ombre épaisse formée par les rameaux de vieux chênes aux formes fantastiques.... il récitera des vers à sa belle épouse qui s'appuiera sur son bras; et ce sera un homme heureux. »

« Et elle sera une heureuse femme, » pensa la pauvre Rose. Mais elle se contenta de pousser un profond soupir, et laissa tomber la conversation.

CHAPITRE LIII.

FERGUS AMOUREUX.

Plus Waverley examinait attentivement la cour du Prétendant, moins il en était satisfait. Elle contenait (comme on dit qu'un gland renferme en germe tous les rameaux du chêne futur) des semences de divisions et de tracasseries, assez pour faire honneur à la cour d'un puissant souverain. Chaque personne considérable avait un but particulier qu'elle poursuivait avec une ardeur qui paraissait à notre héros bien au-dessus de l'importance de ce but. Chacun avait ses raisons personnelles de mécontentement, mais les plus légitimes étaient celles du vieux baron, qui ne s'affligeait que des malheurs de la cause commune.

« Nous aurons de la peine, dit-il un matin à Waverley, après avoir fait avec lui le tour du château, nous aurons de la peine à gagner la couronne *obsidionale*. C'était, comme vous savez, une couronne faite avec des racines ou des plantes rampantes cueillies dans la place assiégée; peut-être avec l'herbe nommée *pariétaire, parietaria;* nous ne la gagnerons pas à ce blocus ou siège du château d'Édimbourg. » Il appuya cette opinion des arguments les plus solides et des plus doctes citations. Le lecteur est sans doute peu curieux qu'on les lui répète.

Après avoir échappé au vieux baron, Waverley se rendit au logement de Fergus, qui l'avait invité à le venir voir à son retour du palais d'Holy-Rood. « Demain, avait-il dit la veille au soir à Waverley, je dois avoir une audience particulière: venez me voir, pour partager la joie que me procurera le succès de ma demande au prince; succès dont je suis assuré d'avance. »

Édouard ne manqua point à cette invitation. Il trouva dans l'appartement du chef l'enseigne Maccombich qui attendait Fergus pour lui rendre compte d'une espèce de fossé que les montagnards avaient creusé autour du château, et qu'ils appelaient une tranchée. Un moment après, on entendit la voix du chef dans l'escalier : il s'écriait du ton de la plus furieuse colère: « Callum! Callum Beg, misérable coquin![1] » Il entra dans la chambre avec toute l'agitation d'un homme transporté de la plus véhémente colère; et il n'y avait pas de visages où les symptômes de cette passion imprimassent des traces aussi profondes. Dans ses moments de frénésie, les veines de son front s'enflaient, ses narines se dilataient, ses joues et ses yeux étaient enflammés; son regard était celui d'un homme possédé du démon. Ces signes extérieurs de la rage étaient d'autant plus effrayants

---

1. *Diaoul*, dit le texte; ce qui répond à diable.
A. M.

qu'on voyait bien qu'ils provenaient en partie de ses violents efforts pour maîtriser un accès de fureur qui l'emportait malgré lui, et qu'ils étaient le résultat d'une lutte intérieure et extrêmement violente qui agitait toute sa personne et allait presque jusqu'à lui donner des convulsions.

En entrant, il détacha le ceinturon de son épée, et la jeta par terre avec tant de force que la lame jaillit du fourreau et coula jusqu'à l'autre bout de l'appartement. « Je ne sais, s'écria-t-il, qui m'empêche de faire le serment de ne jamais la reprendre pour son service: charge mes pistolets, et donne-les-moi à l'instant même, à l'instant, entends-tu? » Callum, que rien n'étonnait, n'effrayait ni ne déconcertait, obéit avec un sang-froid imperturbable; Evan Dhu, sur le front duquel la pensée que son maître avait été insulté faisait paraître les signes d'une colère presque aussi violente que la sienne, demeura dans un sombre silence, attendant qu'on lui fît connaître le temps et le lieu où la vengeance devait frapper.

« Ah! vous voilà, Waverley, dit le chef après s'être un peu remis. Oui, je me rappelle que je vous avais engagé à venir partager mon triomphe, et vous êtes venu pour être témoin de mon... désappointement, pour ne pas choisir un autre mot. » Evan lui présenta alors le rapport écrit qu'il tenait à la main; Fergus l'arracha avec la plus grande violence. « Plût à Dieu, dit-il, que la vieille tour tombât sur la tête des imbéciles qui l'attaquent et des lâches qui la défendent! Je vois, Waverley, que vous me prenez pour un fou : retirez-vous, Evan, mais ne vous éloignez pas. »

« Le colonel est dans une grande agitation, dit mistriss Flockhart à Evan, lorsqu'il fut descendu; je voudrais qu'il se calmât. Les veines de son front étaient grosses comme la corde d'un fouet. N'aurait-il pas besoin de prendre quelque chose? »

« Ordinairement on le saigne, quand il a de ces accès, » répondit le vieux Highlandais [1] avec un sang-froid parfait.

Quand l'enseigne eut quitté l'appartement, le chef reprit par degrés un peu de calme. « Je sais, Waverley, dit-il, que le colonel Talbot vous fait maudire dix fois par jour le moment où vous êtes entré au service de cette cause : ne vous en défendez pas; car je suis tenté, à cette heure, de maudire celui où j'y suis entré moi-même. Le croiriez-vous? j'ai fait ce matin deux demandes au prince, et il les a rejetées toutes les deux ! que pensez-vous de cela?

« Qu'en puis-je penser, répondit Waverley, jusqu'à ce que vous m'ayez dit quelles étaient ces demandes? »

—« Comment? que voulez-vous dire? Je vous répète que c'est moi qui les lui avais faites : moi, à qui il doit trois fois plus qu'à aucun des chefs qui sont réunis autour de son étendard; car c'est moi qui ai préparé par mes négociations toute l'insurrection, c'est moi qui ai levé des hommes dans le Perthshire, quand pas un d'entre eux n'osait remuer. Je ne suis pas homme, j'imagine, à demander des choses déraisonnables; et si j'en demandais, il faudrait encore y réfléchir à deux fois avant de me les refuser. Mais vous saurez tout, maintenant que je commence à pouvoir un peu respirer. Vous vous souvenez de ma patente de comte; elle me fut délivrée il y a quelques années pour des services rendus à cette époque, et si j'en étais digne alors, il est sûr que par ma conduite postérieure j'ai continué à la mériter, pour ne rien dire de plus. Je vous assure que j'estime cette bagatelle, une couronne de comte, aussi peu que vous pouvez le faire, vous et aucun philosophe sur la terre, car je pense que le chef d'un clan comme celui de Sliochd Mac-Ivor est au-dessus de tous les comtes d'Écosse, pour le rang et pour la puissance.

1. *Highland ancient*, dit le texte, pour désigner un des premiers parents ou officiers du chef de clan. A. M.

2. Il y a dans l'anglais un jeu de mots que nous ne pouvons traduire. *Det blood* signifie « se faire tirer du sang » et « en répandre ». A. M.

Mais j'avais des raisons pour prendre ce titre, titre maudit en ce moment. Il faut vous dire que j'ai appris que le prince a pressé ce vieux fou de baron Bradwardine de ne point laisser passer sa baronnie à son cousin au dix-neuvième ou vingtième degré, qui vient d'accepter un commandement dans les troupes de l'électeur de Hanovre, mais d'en disposer au profit de votre jolie petite amie, miss Rose : et telle étant la volonté de son roi et de son souverain, qui a le pouvoir de changer à son gré la destination d'un fief, le vieux gentleman ne peut s'empêcher d'obéir. »

— « Et que deviendra l'hommage ? »

— « Maudit soit l'hommage ! Je crois que miss Rose sera condamnée à ôter les pantoufles de la reine, le jour de son couronnement, ou à quelque autre folie pareille. Mais revenons au fait. Rose Bradwardine m'avait toujours paru un parti convenable pour moi, si ce n'eût été la ridicule prédilection de son père pour l'héritier mâle; mais cet obstacle une fois écarté, je n'en apercevais point d'autre, à moins que le baron ne prétendît que le mari de sa fille ne portât le nom de Bradwardine (ce qui m'était impossible dans ma position, comme vous le savez bien); mais je parais à cela en prenant le titre auquel j'avais si bien droit, et qui, sans aucun doute, aurait imposé silence aux scrupules du père. Si elle voulait être vicomtesse de Bradwardine après la mort de son père; encore mieux, je n'y aurais fait aucune objection. »

« Mais, Fergus, dit Waverley, je ne pensais pas que vous eussiez la moindre affection pour miss Rose, et vous êtes toujours à railler aux dépens de son père. »

— « Mon cher ami, j'ai pour miss Bradwardine autant d'affection qu'il en faut pour la future maîtresse de ma maison et la mère de mes enfants : c'est une jolie petite fille, pleine d'intelligence, et certainement sa famille est une des meilleures des basses terres; avec quelques leçons de Flora pour les manières du grand monde, elle représentera fort bien. Pour son père, c'est un original, j'en conviens, et souvent fort ridicule; mais il a donné de si sévères leçons à sir Henri Halbert, au feu le laird de Balmawhapple et à d'autres, que personne n'est tenté de rire à ses dépens; c'est donc comme s'il n'était pas ridicule. Je vous répète qu'il n'y avait aucun empêchement sérieux... aucun. J'avais tout prévu, tout arrangé dans ma tête. »

« Mais, dit Waverley, aviez-vous demandé le consentement du baron ou celui de Rose ? »

— « A quoi bon ? Parler au baron avant d'avoir pris mon titre, c'eût été, sans utilité, exciter des discussions prématurées et irritantes au sujet du changement de nom: tandis qu'une fois comte de Glennaquoich, je n'avais qu'à lui proposer de recevoir son ours et ses tire-bottes dans un petit coin de mon écusson, que j'aurais coupé par un pal, à moins qu'il n'eût porté la prétention jusqu'à vouloir joindre ses armes aux miennes. Bref, mon seul soin n'a été que de veiller à ce que mes armes ne fussent point déshonorées. Quant à Rose, je ne vois pas quelle objection elle eût pu faire, son père n'en faisant point[1]. »

— « Peut-être les mêmes que votre sœur fait contre moi, vous-même n'en faisant aucune. »

Fergus fut étonné au dernier point de la comparaison que cette réflexion impliquait; mais il eut la prudence de supprimer la réponse qu'il avait sur les lèvres. « Enfin, dit-il, nous aurions aisément arrangé tout cela. Je demandai donc une audience particulière; elle me fut accordée pour ce matin. Je vous engageai à venir me joindre à mon retour, pensant, comme un fou, que j'aurais besoin de vous comme garçon de noces. N'importe ; j'exposai mes

[1]. Tout ceci fait allusion à des détails ou droits de blason que les traités spéciaux expliqueront à ceux de nos lecteurs qui voudront les connaître.
A. M.

prétentions, mes droits, pour mieux dire, on ne les contesta pas; les promesses qu'on m'a faites tant de fois et les lettres patentes dont je suis porteur, on ne fit aucune objection contre tout cela. Je demandai, comme une conséquence naturelle, à prendre le titre et le rang que me confèrent ces lettres patentes. On m'a répondu par la vieille histoire de la jalousie de C... et de M..., mes ennemis jurés, a-t-on dit. J'ai détruit cet argument ridicule en offrant de rapporter le consentement écrit de l'un et de l'autre, en vertu de la date de ma patente, antérieure à leurs prétentions sans fondement. Je vous assure que j'aurais obtenu ce consentement, eût-il fallu l'enlever à la pointe de l'épée. Alors on daigne me faire connaître les vrais motifs. On ose me dire en face qu'il faut pour le moment ne pas faire usage de ma patente, de peur de blesser ce misérable lâche, ce fainéant (nommant le chef du clan rival du sien), qui n'a pas plus de droit à être chef que moi empereur de la Chine, et qui déguise sa répugnance à prendre les armes, comme il l'a promis vingt fois, sous le prétexte, agréable à sa lâcheté, de la partialité du prince en ma faveur; et, pour enlever à ce méprisable radoteur toute excuse pour son infame poltronnerie, le prince m'a demandé, comme une faveur qui lui serait personnelle, de ne pas insister pour le moment sur une demande si raisonnable et si juste. Après cela, fiez-vous aux princes!»

—«Et votre audience s'est-elle terminée là?»

—«Terminée là? oh! non. J'étais résolu à ne pas lui laisser de prétexte pour son ingratitude. Je lui exposai donc, avec tout le sang-froid qu'il me fut possible, car je vous assure que je tremblais de colère, les raisons particulières qui me faisaient souhaiter que Son Altesse Royale choisît un autre moyen d'éprouver mon dévouement et mon sincère désir de lui plaire, attendu que des projets d'où dépendaient le bonheur et la fortune de ma vie me faisaient considérer comme le plus pénible de tous les sacrifices ce qui en un autre cas n'eût été qu'une bien légère privation. Je lui découvris sans réserve tous mes plans?»

—«Et que répondit le prince?»

—«Ce qu'il répondit? Mais... heureusement qu'il est écrit : Ne maudissez pas le roi, pas même dans votre pensée! Mais il m'a répondu qu'il était charmé que je lui eusse fait ma confidence; qu'il pouvait, grace à cela, m'éviter un désappointement plus pénible, car il pouvait me garantir sur sa parole de prince que les affections de miss Bradwardine étaient engagées, et qu'il avait promis très-formellement de favoriser le choix qu'elle avait fait. « Ainsi, mon cher Fergus, dit-il avec le sourire le plus gracieux, comme il ne peut plus être question de mariage, il est inutile de nous occuper de ce titre de comte; » et puis il a fait la pirouette, et *m'a planté là.* »

—« Et que fîtes-vous? »

—« Dans ce moment-là, il n'est rien que je n'eusse fait; je me serais vendu au diable ou à l'électeur, à celui enfin qui m'eût offert la plus terrible vengeance. Maintenant je suis de sang-froid; je vois qu'il compte la marier à quelqu'un de ses misérables Français ou de ses officiers irlandais; mais je les surveillerai de près : que celui qui prétend me supplanter prenne bien garde à lui: *Bisogna coprirsi, signor*[1]. »

Après quelques autres propos qu'il est inutile de rapporter, Waverley prit congé du chef, dont la colère aveugle s'était changée en un profond et irrésistible désir de vengeance; il retourna chez lui, incapable d'analyser les sentiments confus que ce récit avait éveillés dans son propre cœur.

[1]. Il faut se couvrir, se cacher, monsieur. A. M.

CHAPITRE LIV.

JAMAIS CONSTANT.

« Je suis l'enfant du caprice, dit Waverley en verrouillant la porte de son appartement, et en le parcourant de long en large, à grands pas. Que m'importe que Fergus Mac-Ivor désire se marier avec Rose Bradwardine? je ne l'aime pas. J'en ai été aimé peut-être, mais j'ai rejeté sa tendresse simple, naturelle, touchante, pour me donner à une autre qui n'aimera jamais homme sur la terre, à moins que le vieux Warwick, le faiseur de rois[1], n'y revienne. — Et le baron? — Je ne me serais pas soucié le moins du monde de sa baronnie; l'affaire du nom n'aurait pas été une pierre d'achoppement. Le diable aurait pris les landes stériles et tiré les *caligæ* du roi, que je ne m'en serais pas inquiété.... Faite comme elle l'est pour le bonheur domestique, pour la tendresse, pour cet échange d'attentions pleines de charmes qui enchantent la vie de ceux qui la passent près d'elle, elle est recherchée par Fergus Mac-Ivor. Il ne la traitera pas mal, j'en suis sûr; il en est incapable; mais il la négligera au bout d'un mois; il sera trop occupé de soumettre quelque chef rival, de renverser quelque favori à la cour, d'ajouter à ses domaines quelque montagne couverte de bruyère, ou quelque lac, d'incorporer à la tribu quelque nouvelle bande de vassaux, pour s'inquiéter de ce qu'elle fait, et si elle est heureuse.

Le chagrin flétrira cette innocente fleur,
Et de son teint vermeil détruira la fraîcheur;
Pâle comme un fantôme on la verra paroitre,
Et nul ne pouvant plus dès lors la reconnaitre,
La mort achèvera cette longue douleur.

Et le malheur de la plus charmante créature qui soit au monde aurait été prévenu si M. Édouard Waverley avait eu les yeux de Fergus. Sur ma parole, je ne puis comprendre comment j'ai pu trouver que Flora était plus belle, je veux dire beaucoup plus belle que Rose.

[1]. Le fameux Warvick, le héros de la guerre civile entre les maisons d'York et de Lancastre, dite de la rose rouge et la rose blanche. A. M.

Elle est plus grande, il est vrai, et ses manières sont plus nobles; mais à beaucoup de gens miss Bradwardine paraît plus naturelle; à coup sûr elle est plus jeune. Je suis certain que Flora a deux ans de plus que moi. Je la regarderai bien attentivement ce soir. »

Avec cette résolution, Waverley alla prendre le thé (comme c'était la mode il y a soixante ans) chez une dame de qualité, attachée à la cause du Prétendant; il y trouva, comme il s'y attendait, les deux amies. Quand il entra tout le monde se leva; mais Flora reprit aussitôt sa place et la conversation dans laquelle elle était engagée; Rose au contraire fit, par un mouvement inaperçu, une petite place dans le cercle en retirant son siége, pour que Waverley pût en avancer un pour lui. « Décidément, ses manières sont plus engageantes, » se dit-il à lui-même.

Une discussion s'éleva sur la question de savoir laquelle de la langue gaëlique ou de l'italienne était la plus harmonieuse et la plus favorable à la poésie: l'opinion en faveur du gaëlique, qui partout ailleurs n'aurait probablement trouvé aucun défenseur, fut soutenue par sept dames des hautes terres, qui crièrent de toute la force de leurs poumons et assommèrent la compagnie avec des exemples d'*euphonie* celtique. Flora, voyant les dames des basses terres sourire de ce singulier parallèle, donna quelques raisons pour montrer qu'il n'était pas absolument insoutenable ; mais Rose, quand on lui demanda son opinion, se prononça avec chaleur pour l'italien, qu'elle avait appris sous la direction de Waverley. « Elle a l'oreille plus juste que Flora, quoique moins bonne musicienne, se dit Waverley en lui-même. Je suppose que miss Mac-Ivor entreprendra bientôt de comparer Mac-Murrough Nan Foon à l'Arioste ! »

L'assemblée se trouva indécise si l'on prierait Fergus de jouer de la flûte, son instrument favori, ou si l'on inviterait Waverley à lire une pièce de Shakspeare. La maîtresse de la maison, remplie de déférence pour le goût de la société, se chargea de recueillir les suffrages, sous la condition que celui dont les talents ne seraient pas mis à contribution ce soir-là, en ferait jouir la société le lendemain. Il se trouva que la voix de Rose devait décider la question. Flora, qui s'était fait une règle invariable de ne rien faire ni rien dire qui pût paraître un encouragement pour Waverley, avait voté pour la musique, à condition que le baron prendrait son violon pour accompagner Fergus. « Je vous félicite de votre goût, miss Mac-Ivor, pensa Waverley, pendant qu'on lui cherchait un volume de Shakspeare. Cela était bon quand nous étions à Glennaquoich, mais le baron n'est certainement pas un habile musicien, et Shakspeare mérite bien d'être écouté aussi. »

On choisit *Roméo et Juliette*; Édouard en lut plusieurs scènes avec beaucoup de goût, de sensibilité, d'énergie. Toute la compagnie l'applaudit en battant des mains, quelques personnes versaient des larmes. Flora, à qui cette pièce était connue depuis long-temps, fut parmi les premières; Rose, pour qui elle était nouvelle, fut dans la seconde classe d'admirateurs. « Elle est aussi plus sensible, » se dit en lui-même Waverley.

La conversation s'établit sur l'intrigue de la pièce et sur les caractères; Fergus déclara que le seul qui méritait des éloges, comme celui d'un homme élégant et spirituel, c'était le caractère de Mercutio. « Je ne puis pas, dit-il, parfaitement comprendre toutes les finesses surannées de ce caractère; mais ce devait être un fort aimable cavalier, d'après les idées de son temps. »

« C'est une honte, dit l'enseigne Maccombich, qui avait l'habitude de suivre son colonel partout, que ce Tibbert, ou Raggart [1], n'importe comme vous l'appelez, attaque un gentilhomme quand il était déjà engagé dans un combat avec l'autre gentleman. »

Les dames, comme on le pense bien, se déclarèrent hautement en faveur de Roméo; mais cette opinion ne passa pas sans contestation. La maîtresse de la maison et quelques autres dames lui reprochèrent secrètement la légèreté avec laquelle il transporte ses affections de Rosalinde à Juliette. Flora garda le silence jusqu'à ce qu'on l'eût pressée vivement de donner son opinion à cet égard; elle répondit alors qu'elle ne voyait là rien de contraire à la nature, mais bien plutôt qu'elle y apercevait une marque de la profondeur et de la pénétration du poète. « Il nous représente Roméo, dit-elle, comme un jeune homme facile à s'enflammer; son amour s'adresse d'abord à une femme qui ne peut le payer de retour; c'est ce qu'elle nous dit à plusieurs reprises :

Contre le faible amour et son arc souverain
Elle peut présenter un visage serein.

Plus loin :

Elle a renoncé sans retour
Aux douceurs du volage amour.

Comme il était impossible que l'amour de Roméo, en le supposant un homme raisonnable, pût durer sans espérance, le poète, avec une habileté merveilleuse, a choisi le moment où il est réduit au désespoir pour offrir à ses regards un objet plus accompli que celui dont il vient d'essuyer les refus, et qui est disposé à mieux répondre à sa tendresse. Je ne connais pas de situation plus habilement calculée pour exciter l'ardeur de l'amour de Roméo que de le faire passer de l'état de mélancolie profonde où il est plongé au commencement de la scène, à cet état de ravissement où il s'écrie :

Qu'importe le chagrin dont je suis oppressé !
Un seul moment que je la voie,
Et par un océan de joie
Ce noir chagrin sera vite effacé. »

« Bon Dieu, miss Mac-Ivor, dit une jeune dame de qualité, entendez-vous nous dépouiller de nos prérogatives? voulez-vous nous persuader que l'amour ne peut se fixer sans espérance, et que l'amant peut être inconstant si la dame est cruelle? Fi donc! je ne me serais pas

---

[1] L'interlocuteur estropie ici le nom de Tybalt, neveu de Capulet. A. M.

attendue à une opinion si contraire à la véritable sensibilité. »

« Un amant, ma chère lady Betty, dit Flora, peut persévérer dans sa passion malgré les circonstances les plus décourageantes. L'amour (maintenant comme au temps de Roméo) peut résister aux orages des plus cruelles rigueurs; mais il se glace à la température d'une froideur raisonnée. Quelque puissante que soit l'attraction de vos charmes; croyez-moi, n'en faites jamais l'expérience sur un amant dont vous estimeriez la tendresse. L'amour, pour subsister, n'a besoin que du plus faible espoir; mais, sans aucun espoir, il s'éteint. »

« C'est justement, dit Evan, comme la jument de Duncan Mac-Gidie, si vous excusez, mesdames, cette comparaison : il voulait l'habituer à se passer de manger; et le jour où il en était venu à ne lui plus donner qu'une petite poignée de paille, la pauvre bête mourut. »

L'exemple cité par Evan excita le rire de la compagnie, et la conversation changea de sujet. Quand on se fut séparé, et qu'Édouard fut revenu chez lui, réfléchissant sur ce que Flora avait dit : « Je n'aimerai pas davantage ma Rosalinde, s'écria-t-il; elle m'y a assez clairement invité. Je le déclarerai à son frère, et je ne pousserai pas plus loin mes prétentions à sa main. Mais une Juliette!... Serait-il loyal d'aller sur les brisées de Fergus? quoiqu'il soit possible qu'il ne connût jamais..... » S'il éprouvait un refus, *alors comme alors*. Et, avec cette résolution de se laisser guider par les circonstances, otre héros s'abandonna au sommeil.

CHAPITRE LV.

UN BRAVE DANS LA PEINE.

Pour le cas où mes belles lectrices penseraient que la légèreté de notre héros en amour est absolument impardonnable, je dois leur rappeler que tous ses chagrins et tous ses embarras ne provenaient pas de cette source. Le poète lyrique lui-même, qui déplore d'une façon si touchante ses infortunes amoureuses, n'oublie pas qu'en même temps il était ivre et endetté, ce qui aggravait singulièrement ses tendres chagrins.

Il y avait des jours entiers où Waverley ne pensait ni à Flora ni à Rose Bradwardine, et qu'il passait à réfléchir tristement sur le sort des habitants du château de Waverley et sur l'issue incertaine de la guerre civile dans laquelle il s'était engagé. Le colonel Talbot discutait souvent avec lui la justice de la cause qu'il avait embrassée : « Non, lui disait-il, qu'il vous soit possible de l'abandonner pour le moment; arrive ce qu'il pourra, vous devez être fidèle au serment que vous avez prêté avec tant d'imprudence. Mais je souhaite que vous reconnaissiez que le bon droit n'est pas de votre côté; que vous combattez contre les intérêts véritables de votre pays; que, comme Anglais et comme patriote, vous devez vous retirer de cette entreprise avant que la boule de neige fonde. »

Dans les discussions politiques, Waverley faisait valoir les arguments ordinaires de son parti, arguments dont il est inutile de fatiguer les oreilles du lecteur. Mais il ne savait trop que répondre quand le colonel l'engageait à comparer les forces avec lesquelles ils entreprenaient de renverser le gouvernement, et celles qui s'assemblaient pour la défense de ce gouvernement. A cette observation Waverley n'avait qu'une réponse : « Plus la cause que j'ai embrassée est périlleuse, plus il y aurait de honte à la déserter. » A son tour, par cette réflexion, il réduisait le colonel Talbot au silence et il faisait changer de sujet à la conversation.

Un soir, après une longue dispute de cette nature, les deux amis s'étaient séparés, et notre héros s'était couché; sur le minuit il fut réveillé par le bruit d'un gémissement étouffé. Surpris, il prêta l'oreille : le bruit venait de la chambre du colonel Talbot, qui n'était séparée de la sienne que par une cloison avec une porte de communication. Waverley s'approcha de cette porte, et entendit distinctement un ou deux profonds soupirs. Quelle en pouvait être la cause? « Le colonel, quand il m'a quitté, était, en apparence au moins, dans son état d'esprit ordinaire ; il faut qu'il se soit trouvé tout à coup indisposé. » Frappé de cette réflexion, il ouvre tout doucement la porte de communication, et aperçoit le colonel, en robe de chambre, assis devant une table sur laquelle étaient une lettre et un portrait. Celui-ci leva la tête brusquement au moment où Édouard ne savait s'il devait avancer ou se retirer, et Waverley s'aperçut que ses joues étaient couvertes de larmes

Comme honteux d'avoir été surpris quand il s'abandonnait à une si vive émotion, Talbot se leva d'un air mécontent et dit d'un ton de reproche : « Je pensais, monsieur Waverley, que dans mon propre appartement, et à une telle heure, tout prisonnier que je suis, je n'avais pas à redouter une pareille... »

—« Indiscrétion... Ne prononcez pas ce mot, colonel Talbot. J'ai entendu que votre respiration était gênée, j'ai craint que vous ne fussiez malade, cela seul a pu me décider à pénétrer chez vous. »

« Je me porte bien, dit le colonel, parfaitement bien. »

« Mais vous avez des chagrins, dit Édouard ; si l'on pouvait faire quelque chose pour les adoucir? »

—« Rien, monsieur Waverley. Seulement je pensais à de tristes nouvelles que j'ai reçues d'Angleterre. »

« Bon Dieu! mon oncle!» s'écria Waverley.

—« Non ; c'est un chagrin qui ne concerne que moi seul. Je suis honteux que vous m'ayez surpris dans un pareil moment d'abattement ; mais il faut quelquefois donner carrière à la douleur, afin de la supporter ensuite avec plus de fermeté. J'aurais voulu vous cacher cela, car je pense que vous en serez affligé, et vous ne pouvez rien pour me consoler. Je vois que vous êtes inquiet vous-même ; d'ailleurs je hais le mystère ; lisez cette lettre. »

Elle était de la sœur du colonel, et conçue en ces termes :

« J'ai reçu, mon très-cher frère, votre lettre par Hodges. Sir É. W. et M. R. sont toujours en liberté, mais on ne leur a pas permis de quitter Londres. Je voudrais pouvoir vous donner des nouvelles satisfaisantes de notre square [1] ; mais le récit de la funeste affaire de Preston est arrivé ici avec cette effroyable addition que vous étiez au nombre des morts. Vous savez quel était l'état de santé de lady Émilie quand votre amitié pour sir É. vous décida à la quitter. Elle fût très-péniblement affectée de la nouvelle que la rébellion avait éclaté en Écosse ; mais elle s'arma de courage comme il convenait, disait-elle, à votre femme et par amour pour l'héritier qu'elle devait bientôt vous donner et que si long-temps vous aviez inutilement espéré. Hélas ! mon cher frère, ces espérances sont maintenant évanouies. Malgré toutes mes précautions, cette funeste nouvelle lui fut annoncée sans qu'elle y fût préparée. Elle se trouva mal, et le pauvre enfant a survécu à peine quelques instants à sa naissance. Plût à Dieu que ce fût là tout ! Mais bien que, depuis votre lettre qui a démenti la plus horrible partie de la nouvelle, elle soit beaucoup mieux, cependant le docteur appréhende, je regrette d'être forcée de vous le dire, qu'il ne résulte de graves, de périlleuses conséquences pour sa santé, de l'incertitude où elle restera nécessairement encore pendant quelque temps sur votre sort, d'autant plus qu'elle se fait une idée effrayante de la férocité des ennemis dont vous êtes le prisonnier.

[1]. Nom générique de place à Londres et lieu qu'habite généralement le beau monde. A. M.

« Tâchez donc, mon cher frère, aussitôt cette lettre reçue, tâchez par tous les moyens possibles d'obtenir votre liberté sur parole, moyennant rançon; ne négligez rien pour cela. Je n'ai point exagéré l'état alarmant de la santé de lady Émilie; mais je n'ai pas dû... je n'ai pas osé vous dissimuler la vérité... Pour toujours, mon cher Philippe, votre affectionnée sœur,

« Lucy Talbot.»

Édouard, après avoir lu cette lettre, demeura immobile; il était évident que le colonel ne se trouvait dans cette cruelle position que par suite du voyage qu'il avait entrepris à sa recherche. Le malheur déjà consommé et irréparable était grand; car le colonel Talbot et lady Émilie, long-temps sans enfants, s'étaient livrés avec ravissement à l'espérance qui venait de leur être ravie. Mais ce n'était rien au prix du malheur non encore accompli, mais possible, mais imminent; et Édouard se regardait comme la cause de l'un et de l'autre.

Avant qu'Édouard fût assez maître de lui pour pouvoir parler, le colonel Talbot avait repris les manières calmes et froides qui lui étaient ordinaires, mais le trouble de ses regards faisait assez voir l'horrible agitation de son esprit.

« C'est une femme, mon jeune ami, pour laquelle il est pardonnable même à un soldat de pleurer. » En parlant ainsi, il lui présenta une miniature où Édouard aperçut des traits qui justifiaient pleinement cet éloge. « Et pourtant Dieu sait que vous ne voyez ici que la plus faible partie des charmes qu'elle possède... Qu'elle possédait, dois-je dire peut-être... Mais que la volonté du ciel s'accomplisse!...»

— « Colonel, il faut partir... partir à l'instant pour la sauver! Il n'est pas... il ne sera pas trop tard. »

— « Partir! comment cela? Je suis prisonnier sur parole! »

— « Je suis votre gardien... Je vous rends votre parole... Je répondrai pour vous. »

— « Vous agiriez contre votre devoir; et moi, je ne pourrais, sans manquer à l'honneur, me croire dégagé par vous de ma parole... on vous en rendrait responsable. »

« J'en répondrai sur ma tête, s'il le faut, s'écria avec impétuosité Waverley. J'ai été la cause infortunée de la mort de votre enfant; ne faites pas que je sois l'assassin de votre femme. »

« Non, mon cher Édouard, dit le colonel Talbot en lui prenant affectueusement la main, vous ne méritez aucun reproche; et, si depuis deux jours je vous cache ces malheurs domestiques, c'était de crainte qu'un excès de sensibilité ne vous portât à vous les imputer à vous-même. Vous ne pouviez penser à moi, à peine saviez-vous que je fusse au monde, quand je quittai l'Angleterre pour me mettre à votre recherche. C'est, Dieu le sait, une assez lourde responsabilité pour l'homme de rendre compte des conséquences prévues et nécessaires de ses actions... Pour leurs suites indirectes et éloignées, l'Être souverainement bon et puissant, qui seul prévoit l'enchaînement des événements humains les uns avec les autres, n'a pas ordonné que ses faibles créatures en fussent responsables. »

« Mais, dit Waverley avec beaucoup d'émotion, si vous n'aviez pas quitté lady Émilie dans la situation la plus intéressante pour un mari, pour vous mettre à la poursuite d'un...... »

« Je n'ai fait que mon devoir, répondit le colonel Talbot avec calme; et je ne le regrette pas, je ne dois pas le regretter. Si le sentier de la reconnaissance était toujours uni et facile, il y aurait peu de mérite à ne pas s'en écarter; mais nos devoirs sont souvent en contradiction avec nos intérêts, avec nos passions, quelquefois avec nos plus chères et nos plus saintes affections. Ce sont là les épreuves de la vie; et quoique celle-ci ne soit pas la moins cruelle (des larmes roulèrent malgré lui dans ses yeux), cependant ce n'est pas la première à laquelle le sort m'ait soumis ; mais nous parlerons de cela demain matin, dit-il en serrant avec force la main de Waverley. Bonne nuit! tâchez de l'oublier pendant quelques heures. Il fait jour à six heures, je crois, et il est maintenant deux heures passées. Bonne nuit! »

Édouard se retira sans pouvoir lui répondre.

CHAPITRE LVI.

DÉMARCHE.

Le lendemain matin, quand le colonel entra dans la salle où il déjeunait chaque jour avec son ami, il apprit du domestique de Waverley que notre héros était sorti de très-bonne heure, et qu'il n'était pas encore de retour. La matinée était fort avancée quand il rentra. Il arriva hors d'haleine, mais avec un air de joie qui surprit le colonel Talbot.

« Voilà, dit-il en jetant un papier sur la table, voilà mon travail de la matinée... Alick, faites les paquets du colonel, dépêchez-vous, dépêchez-vous. »

Le colonel, étonné, examina le papier. C'était un sauf-conduit du prince pour le colonel Talbot, afin de se rendre à Leith ou à tout autre port au pouvoir des troupes de Son Altesse Royale, et s'y embarquer pour l'Angleterre, ou pour toute autre ville, selon le bon plaisir du colonel, sous la seule condition qu'il donnerait sa parole de ne pas porter les armes contre la maison des Stuarts, avant un an.

« Au nom de Dieu, dit le colonel les yeux étincelants de joie, comment avez-vous obtenu cela ?

« Je me suis présenté au lever du Chevalier, d'aussi bonne heure que possible : il était déjà parti pour aller visiter le camp de Duddingston. Je l'y ai suivi ; j'ai demandé une audience, il me l'a accordée... Mais je ne vous dis pas un mot, que je ne vous voie faire vos paquets. »

— « Avant de savoir si je peux user de ce passeport, et comment vous l'avez obtenu..., »

— « Oh ! soyez persuadé que tout est en règle... Maintenant que je vous vois occupé, je continue : Quand je prononçai votre nom, ses yeux s'enflammèrent comme les vôtres il y a deux minutes. « A-t-il montré, me demanda-t-il avec vivacité, des sentiments favorables à notre cause ? — Pas le moins du monde, » et il n'y avait aucune espérance à former à cet égard... Il changea de visage. Je demandai votre liberté. « Impossible ! » me répondit-il. L'importance attachée à votre personne, comme l'ami et le confident de tel ou tel personnage, rendait à ses yeux ma demande extravagante. Je lui racontai mon histoire et la vôtre, et je le suppliai de juger quels devaient être mes sentiments, d'après les siens propres. Il a un cœur, colonel Talbot, un cœur généreux, quoi que vous en puissiez dire. Il prit un morceau de papier, et écrivit le sauf-conduit de sa propre main. « Je ne soumettrai point cette affaire à mon conseil, dit-il ; il m'empêcherait de suivre l'inspiration de mon cœur. Je ne puis souffrir qu'un ami, aussi précieux que vous l'êtes à mes yeux, soit en proie aux cruelles réflexions qui vous tourmenteraient si un nouveau malheur arrivait dans la famille du colonel Talbot ; je ne veux pas non plus retenir un brave ennemi prisonnier dans de telles circonstances. D'ailleurs, ajouta-t-il, je me justifierai devant mes prudents conseillers, en leur représentant le bon effet que produira cet exemple de douceur sur l'esprit des grandes familles anglaises auxquelles le colonel Talbot est allié. »

« Ici, dit le colonel, le politique s'est trahi. »

— « Soit. Mais il a conclu en fils de roi : « Prenez ce sauf-conduit, j'y ai mis une condition pour la forme. Si le colonel a quelque objection à faire contre cette condition, laissez-le partir sans exiger de lui aucun engagement. Je suis venu ici pour faire la guerre aux hommes, et non pour désoler les femmes et mettre leur vie en péril. »

— « Je n'aurais jamais cru que je dusse avoir tant d'obligation au Prétendant. »

ESCOCIA (Condado de Edimburgo)
ECOSSE (Comté d'Edimbourg)

Ruinas de la Chapelle St. Antoine près d'Edimbourg.

Ruinas de la Capilla San Antonio, cerca de Edimburgo.

« Au prince, » dit Waverley en riant.

« Au Chevalier, répliqua le colonel; c'est un excellent nom de voyage, duquel nous pouvons, vous et moi, nous servir pour désigner Édouard Stuart. Ne vous a-t-il rien dit de plus? »

« Il m'a seulement demandé s'il y avait quelque autre chose qu'il pût faire pour moi. Et quand je lui eus répondu que non, il me secoua la main, en disant qu'il souhaiterait bien que tous ses partisans fussent aussi peu exigeants; que des gens que je connaissais fort bien lui demandaient non seulement tout ce qu'il pouvait leur accorder, mais des choses même qui n'étaient ni en son pouvoir, ni en celui du plus puissant souverain de la terre. « En vérité, ajouta-t-il, jamais prince ne parut à ses sujets si semblable à un dieu, à en juger au moins par les demandes extravagantes qu'ils m'adressent chaque jour. »

« Le pauvre jeune homme! dit le colonel, je crois qu'il commence à sentir les difficultés de sa situation! N'importe, monsieur Waverley, ce que vous venez de faire pour moi est plus qu'un service d'ami, et ne sera jamais oublié tant que Philippe Talbot aura un cœur pour se ressouvenir des bienfaits. Ma vie, non, c'est Émilie qui vous remerciera : cinquante vies ne m'acquitteraient pas envers vous. Je n'hésite pas à vous donner ma parole, comme le désire le prince. La voilà, ajouta-t-il en lui présentant un papier qu'il venait d'écrire; et maintenant partirai-je? »

— « J'ai pourvu à tout; vos bagages sont prêts, mes chevaux vous attendent, et une barque a été retenue, avec la permission du prince, pour vous conduire à bord de la frégate le Renard. J'ai envoyé à cet effet un messager à Leith. »

— « Tout cela s'arrange pour le mieux; le capitaine Beaver est mon ami particulier; il me débarquera à Berwick ou à Shields, d'où je me rendrai en poste à Londres. Remettez-moi le paquet de lettres que vous avez recouvrées par le moyen de votre miss Bean Lean; je trouverai peut-être occasion d'en faire usage utilement pour vous. Mais j'aperçois votre ami des Highlands, Glen..., je ne puis me rappeler son nom barbare, et son officier d'ordonnance avec lui. J'aurais grand plaisir à me rencontrer avec ce jeune homme, si je n'avais pas maintenant les mains liées; je rabattrais son orgueil ou il rabattrait le mien. »

— « Allons donc, colonel Talbot, vous devenez furieux à la vue d'un tartan, comme le taureau, à ce qu'on dit, à la vue de l'écarlate. Vous ressemblez à Fergus; vous êtes aussi injuste dans vos préjugés nationaux que lui dans les siens. »

La dernière partie de cette conversation avait lieu dans la rue. Quand ils passèrent auprès du chef, le colonel et lui échangèrent un salut froid et cérémonieux, comme deux duellistes qui se rencontrent sur le terrain. Il était évident qu'ils ressentaient l'un pour l'autre une aversion réciproque. « Je n'ai jamais vu le brigand à figure refrognée qui le suit comme un barbet, dit le colonel après être monté à cheval, sans me rappeler les vers que j'ai entendus quelque part, au théâtre peut-être :

Bertram, morne et rêveur, le suit comme à la piste;
Un démon suit les pas d'un sorcier grave et triste,
Le pressant pour être employé,
Car il est déjà soudoyé. »

« Je vous assure, colonel, dit Waverley, que vous jugez trop sévèrement les Highlandais. »

— « Pas du tout. Je les juge comme il faut les juger; je n'en rabattrai pas un iota. Qu'ils restent dans leurs montagnes sauvages, qu'ils soient fiers comme des princes, arrogants comme des empereurs; qu'ils mettent, si tel est leur plaisir, leur bonnet sur les cornes de la lune; mais quelle envie ont-ils de venir dans un pays où on porte des culottes, et où l'on parle un langage intelligible, je dis intelligible en comparaison de leur jargon, car les habitants des basses terres parlent un anglais qui n'est guère meilleur que celui des Nègres à la Jamaïque. J'ai plaint le Pr..., je veux dire le Chevalier lui-même, d'avoir autour de lui de pareils bandits. Et ils apprennent leur métier de bonne heure. Il y a une espèce de diablotin, un diable apprenti, que votre ami Glenna... Glenamuck, a quelquefois à sa suite. A le voir, il a quinze ans; mais pour la méchanceté et la malice il en a cent. L'autre jour il jouait au palet dans la rue; un monsieur qui avait l'air assez distingué vint à passer, un palet le frappa à la jambe; et ce monsieur leva sa canne; aussitôt notre jeune brave tire son pistolet comme *Beau Clincher* [1], dans *un Jour de Jubilé*; et si un *Gardez l'eau* [2], prononcé d'une fenêtre au-dessus, n'eût mis les partis en fuite, dans la crainte de l'aspersion, ce pauvre monsieur aurait perdu la vie par les mains de ce petit démon. »

— « A Londres, quel beau portrait vous allez faire de l'Écosse, colonel Talbot ! »

— « Oh ! le juge de paix Shallow [3] m'en évitera la peine ; des déserts, des déserts, tous des gueux, tous des gueux. Un air pur à la vérité, mais seulement quand vous venez de sortir d'Édimbourg et que vous n'êtes pas encore entré à Leith, comme nous, en ce moment. »

Ils arrivèrent bientôt au port.

> De Leith le navire s'avance ;
> Et, grace au vent qui souffle fort,
> Les passagers en diligence
> De Berwick atteignent le port.

« Adieu, colonel, dit Waverley ; puissiez-vous trouver votre famille dans l'état où vous le souhaitez. Peut-être nous reverrons-nous plus tôt que vous ne l'attendez : on parle d'entrer immédiatement en Angleterre. »

« Ne me parlez pas de cela, répliqua le colonel Talbot. Je ne veux pas emporter de nouvelles sur vos futures opérations. »

— « Alors, tout simplement, adieu. Dites tout ce qu'il est possible de tendre et d'affectueux à sir Éverard et à ma tante Rachel ; serrez-les dans vos bras pour moi. Pensez à moi avec le plus d'amitié que vous pourrez ; parlez-en avec toute l'indulgence que vous permettra votre conscience : et encore une fois, adieu. »

— « Adieu, mon cher Waverley, adieu. Mille, dix mille remerciements pour vos généreux procédés. Tirez-vous de la bagarre à la première occasion. Je penserai toujours à vous avec reconnaissance ; et ma plus sévère censure sera de dire : *Que diable allait-il faire dans cette galère* [4] ? »

Ils se séparèrent, le colonel Talbot pour monter sur la chaloupe, Waverley pour retourner à Édimbourg.

CHAPITRE LVII.

LA MARCHE.

Nous n'avons pas l'intention d'empiéter sur le domaine de l'histoire. Nous nous bornerons donc à rappeler au lecteur qu'au commencement de novembre, le jeune Chevalier, à la tête de six mille hommes tout au plus, se résolut à tout risquer, en essayant une tentative pour pénétrer dans le centre de l'Angleterre, quoiqu'il n'ignorât pas les grands préparatifs qu'on avait faits pour le recevoir. Il partit pour cette croisade dans une saison qui l'aurait rendue impossible pour une autre armée, mais qui donnait à ses intrépides montagnards un avantage réel sur des troupes moins endurcies. Pour échapper à des forces supérieures réunies sur les *Borders* [5], et commandées par le feld-maréchal Wade, ils assiégèrent et prirent Carlisle, et aussitôt après ils continuèrent leur marche audacieuse vers le sud.

Comme le régiment du colonel MacIvor marchait à l'avant-garde des clans montagnards, lui et Waverley, qui

---

1. Le beau Clincher est un des personnages d'une comédie anglaise de Farghar. A. M.
2. Pour *Gare l'eau !* sans doute par corruption de cette locution française. Ceci rappelle les *Passerès* de Marseille, dans les vieux quartiers, où l'on jette encore, de nuit, certains vases par les fenêtres. A. M.
3. Personnage d'un drame de Shakspeare. A. M.
4. Phrase de Molière qui se trouve dans le texte. A. M.
5. Frontières de l'Écosse. A. M.

maintenant supportait la fatigue comme un Highlandais et commençait à parler un peu le gaëlique, se tenaient constamment à la tête du régiment. Fergus, qui n'était que feu et qu'audace, se croyant, les armes à la main, en état de tenir tête à tout l'univers, ne calculait rien, sinon que chaque pas le rapprochait de Londres. Il ne demandait, n'attendait, ne désirait aucun secours que celui des clans, pour replacer les Stuarts sur le trône. Quand, par hasard, quelques nouveaux partisans venaient se ranger sous l'étendard du prince, il les considérait comme de nouveaux prétendants aux faveurs du futur monarque, qui diminueraient d'autant la gratitude et les récompenses qui devaient se partager entre lui et ses compatriotes des montagnes.

Édouard pensait différemment. Il remarquait que dans les villes où ils proclamaient Jacques III, pas un homme ne répondait : « Que Dieu le bénisse ! » La populace demeurait étonnée, silencieuse; elle laissait faire, regardait, écoutait; mais elle ne s'abandonnait pas même à ce goût pour le tumulte qui la porte, dans toutes les occasions, à pousser des acclamations, pour le seul plaisir d'exercer sa voix harmonieuse. On avait fait croire aux jacobites que les comtés du nord-ouest abondaient en gentilshommes campagnards puissants, en fermiers intrépides, dévoués à la cause de la rose blanche. Mais de riches, je crois, ils en rencontrèrent fort peu. Quelques-uns avaient abandonné leurs châteaux ; d'autres se faisaient passer pour malades, d'autres enfin se mettaient dans les mains du gouvernement, pour prévenir les soupçons ; parmi ceux qui restaient, les ignorants considéraient avec un étonnement mêlé d'horreur et d'aversion, l'apparence sauvage, la langue inintelligible, l'accoutrement bizarre des clans écossais. Aux yeux des plus sensés, le petit nombre des Écossais, leur manque de discipline, qui frappaient tous les regards, la pauvreté de leur équipement, étaient des augures infaillibles de la fin désastreuse de leur tentative hardie. Ceux qui se joignaient à l'armée du prince étaient des jacobites que la ferveur de leurs principes politiques aveuglait sur l'avenir, ou que leur fortune détruite engageait à se risquer dans une entreprise si désespérée.

Le baron de Bradwardine, interrogé sur ce qu'il pensait de ces recrues, prit lentement sa prise de tabac, et répondit froidement qu'il ne pouvait en avoir bonne opinion, puisqu'ils ressemblaient exactement à ceux qui vinrent se joindre au roi David dans la caverne d'Adullam, c'est-à-dire, des gens misérables, des gens endettés, des gens mécontents ; ce que la Vulgate exprime en les appelant : « Ceux qui sont dans l'amertume du cœur. » — « Sans doute, ajouta-t-il, ils feront merveilles de leurs mains ; et il en est besoin, car j'ai vu bien des gens qui nous lançaient des regards sinistres. »

Aucune de ces réflexions ne touchait Fergus. Il s'extasiait sur la beauté, la richesse du pays, et sur l'admirable situation des châteaux qu'ils apercevaient de la route : « Le château de Waverley est-il aussi beau que celui-là, Édouard ? »

— « Une fois plus grand. »

— « Le parc de votre oncle est-il aussi vaste que celui-ci ? »

— « Trois fois plus ; c'est plutôt une forêt qu'un parc. »

— « Flora sera une heureuse femme. »

— « J'espère que miss Mac-Ivor aura pour être heureuse beaucoup de raisons indépendantes du manoir de Waverley. »

— « Je l'espère comme vous. Mais posséder un semblable domaine sera une fort jolie addition au reste. »

— « Une addition dont elle aura, j'espère, d'autres moyens de se passer, sans s'en apercevoir. »

« Comment ? dit Fergus s'arrêtant brusquement et regardant Waverley.... Comment dois-je l'entendre, monsieur Waverley ?... ai-je eu l'avantage de bien saisir vos paroles ? »

— « Elles sont assez claires, ce me semble, Fergus. »

— « Dois-je comprendre que vous ne désirez plus mon alliance et la main de ma sœur? »

« Votre sœur, dit Waverley, m'a défendu de prétendre à l'une et à l'autre; et par toutes les ressources qu'ont les dames de repousser des prétentions qui leur déplaisent. »

« Je n'ai jamais vu, répondit le chef, qu'une dame congédiât un prétendant, et que celui-ci se retirât, quand sa recherche avait été approuvée par le tuteur de la dame, sans l'en prévenir et lui donner moyen de s'entendre là-dessus avec sa pupille. Vous ne comptiez pas, j'espère, que ma sœur vous tomberait dans la bouche comme une prune mûre, dès votre première parole. »

— « Quant au droit de miss Flora pour congédier un prétendant, c'est un point que vous discuterez avec elle, et sur lequel je me tais, ne connaissant point les coutumes des Highlands à cet égard. Quant à mon droit de me soumettre à l'arrêt qu'elle a prononcé contre moi, sans en appeler à votre autorité supérieure, je vous dirai simplement, et sans rabaisser la beauté et les perfections incontestables de miss Mac-Ivor, que je n'accepterais pas la main d'un ange, avec un empire pour dot, si je ne la devais qu'aux importunités de ses parents et de ses tuteurs, et non pas à son choix libre, à sa seule inclination. »

« Un ange avec un empire pour dot, répéta Fergus d'un ton d'ironie amère; il n'est pas vraisemblable qu'on se tourmentera beaucoup pour faire accepter un semblable parti à un..... à un esquire du comté de.... Mais, monsieur Waverley, si Flora Mac-Ivor n'a pas un empire pour dot, elle est ma sœur; et cela doit suffire au moins pour qu'on ne se permette avec elle aucun procédé qui pourrait ressembler à de la légèreté. »

« Elle est Flora Mac-Ivor, répondit avec fermeté Waverley, et si j'étais capable de traiter aucune femme avec légèreté, ce seul titre la rendrait plus respectable à mes yeux qu'aucune autre. »

Le front du chef s'obscurcit des nuages de la colère, mais Édouard était trop indigné du ton arrogant qu'il avait pris, pour détourner par aucune concession l'orage près d'éclater. Ils s'étaient arrêtés depuis la fin de ce court dialogue; Fergus semblait à moitié disposé à ajouter quelque chose de plus violent; mais, par un pénible effort sur lui-même, il se retint, détourna la tête, et se mit à marcher, dans un sombre silence. Comme ils avaient presque toujours marché ensemble, l'un auprès de l'autre, Waverley continua aussi de s'avancer dans la même direction, mais aussi silencieux que Fergus, bien déterminé à laisser le chef reprendre sa bonne humeur, quand il lui plairait, et à ne pas céder lui-même un pouce de sa propre dignité.

Après qu'ils eurent marché environ un mille dans ces dispositions peu amicales, Fergus recommença l'entretien d'un ton bien différent. «Je crois que j'ai été un peu trop vif, mon cher Édouard, mais vous m'avez provoqué par votre défaut de connaissance du monde. Vous vous êtes piqué à cause de quelque affectation de pruderie de Flora, ou peut-être de ses idées de loyauté exaltée; et maintenant, comme un enfant, vous vous dépitez contre le joujou que vous demandiez en pleurant, et vous me battez, moi, votre fidèle gardien, parce que je n'ai pas le bras assez long pour le prendre à Édimbourg et vous le donner. Assurément, si je manquais de modération, la mortification de perdre l'alliance d'un homme comme vous, après que cet arrangement de famille a été le sujet de toutes les conversations dans les hautes et dans les basses terres, sans savoir comment ni pourquoi, suffirait bien pour exciter un terrible ressentiment dans un cœur plus froid que le mien. J'écrirai à Édimbourg; je remettrai vos affaires en bon train; c'est-à-dire, si vous le désirez; et en vérité, je ne puis croire que votre attachement pour Flora, attachement dont vous m'avez si souvent fait la confidence, puisse avoir cessé si subitement. »

« Colonel Mac-Ivor, répondit Waverley qui ne voulait pas se laisser entraîner plus loin qu'il n'en avait l'intention dans une affaire qu'il avait déjà attentivement considérée, et à laquelle il avait renoncé, je suis pénétré de la valeur de vos bons offices; et certainement, votre zèle à me servir dans une circonstance de cette espèce me fait le plus grand honneur; mais comme miss Mac-Ivor s'est déterminée volontairement, librement, que toutes mes attentions à Édimbourg ont été reçues par elle avec plus que de la froideur, je ne puis, par considération pour elle comme pour moi-même, consentir qu'on la tourmente encore à ce sujet. Il y a long-temps que je vous aurais fait part de ma résolution à cet égard, mais vous avez vu sur quel pied j'étais avec miss Mac-Ivor, et vous auriez pu comprendre tout cela vous-même. Si j'avais cru qu'il en fût autrement, j'aurais eu avec vous une explication moins tardive; mais j'avais une répugnance naturelle à aborder un sujet pénible pour vous et pour moi. »

« Fort bien, monsieur Waverley, répondit Fergus avec hauteur. Tout est dit. Je n'ai besoin de solliciter ma sœur en faveur de personne au monde. »

« Et moi, pas besoin de rechercher de nouveaux refus de sa part, » répondit Édouard sur le même ton.

« Néanmoins, continua le chef sans faire attention à ce que venait de dire Édouard, je prendrai des informations; je saurai ce que ma sœur pense de tout cela : nous verrons si la chose doit en rester là. »

« Au sujet de ces informations, dit Waverley, vous ferez ce que vous jugerez à propos. Il n'est pas probable, j'en suis convaincu, que miss Mac-Ivor change de détermination; mais si cet événement arrivait, ma détermination, à moi, n'en resterait pas moins invariable. Je ne fais cette remarque que pour prévenir dorénavant toute espèce de malentendu. »

En ce moment, Mac-Ivor aurait de grand cœur terminé leur querelle, l'épée ou le pistolet à la main : ses yeux étincelaient, il toisait Édouard des pieds à la tête, comme pour choisir le lieu qu'il faudrait viser pour le frapper à mort. Quoique nous ne nous querellions plus d'après les us et coutumes consacrés par Caranza ou Vincent Saviola [1], cependant personne mieux que Fergus ne savait qu'il faut quelque prétexte raisonnable pour un duel à mort. Par exemple, vous pouvez proposer un cartel à un homme pour vous avoir marché sur le pied dans la foule, pour vous avoir poussé contre le mur, pour avoir pris votre place au théâtre; mais le code moderne de l'honneur ne permet pas d'appeler un homme sur le terrain, parce qu'il refuse, malgré votre désir, de continuer de faire la cour à une femme de votre famille, qui a déjà rejeté ses prétentions. Fergus fut donc contraint de dévorer son affront supposé, jusqu'à ce que le temps et la fortune, dont il se promettait d'épier avec la plus grande attention toutes les chances, lui offrissent une occasion de se venger.

Le domestique de Waverley conduisait toujours pour lui un cheval sellé, à l'arrière-garde du régiment, quoique son maître le montât fort rarement. Mais maintenant, irrité au dernier point de la conduite insolente et déraisonnable de son ancien ami, Édouard laissa filer la troupe, monta à cheval, assez résolu à aller trouver le baron de Bradwardine, et à lui demander la permission de servir comme volontaire sous ses ordres au lieu de ceux de Mac-Ivor.

« J'aurais fait une belle affaire, pensa-t-il quand il fut monté à cheval, de m'allier de si près à ce parfait modèle d'orgueil, d'amour-propre et de violence. Un colonel ! en vérité, on dirait un généralissime. Un petit chef de trois à quatre cents hommes ! Son arrogance suffirait, et de reste, au khan de Tartarie, au grand-turc, au grand-mogol. Quand Flora serait un ange, il faudrait se résoudre à avoir pour beau-frère un

[1]. Fameux bretteurs d'alors. A. M.

nouveau Lucifer d'ambition et d'emportement. »

Le baron, dont l'érudition (comme les proverbes de Sancho dans la Sierra-Morena) semblait se rouiller faute d'exercice, accepta l'offre de Waverley, charmé d'avoir avec lui un auditeur avec lequel il pût entamer quelques dissertations savantes. Ce brave gentilhomme essaya pourtant d'opérer une réconciliation entre les deux anciens amis. Fergus l'écouta froidement, et lui fit une réponse respectueuse mais négative ; quant à Waverley, le baron ne voyait pas de motif pour qu'il fît des avances propres à renouer une liaison que le chef avait brisée avec si peu de raison. Le baron conta tout au prince ; celui-ci, jaloux de prévenir les querelles dans sa petite armée, déclara qu'il ferait lui-même des remontrances au colonel Mac-Ivor sur sa conduite si peu raisonnable. Mais dans la précipitation d'une marche rapide, un ou deux jours se passèrent sans qu'il trouvât l'occasion d'interposer sa médiation, comme il en avait le projet.

Cependant Waverley mettait à profit l'instruction militaire qu'il avait puisée au régiment de Gardiner ; il assistait le baron, dans son commandement, en qualité d'adjudant. *Parmi les aveugles, les borgnes sont rois*, dit le proverbe français. La cavalerie, composée principalement de gentilshommes des basses terres, de leurs fermiers, de leurs domestiques, conçut une haute idée des talents de Waverley, et un grand attachement pour sa personne. Cela venait en partie de la satisfaction qu'ils avaient ressentie en voyant un Anglais de distinction abandonner les Highlandais pour servir parmi eux ; car il y avait une inimitié secrète entre la cavalerie et l'infanterie, non seulement à cause de la différence des services, mais aussi parce que la plupart des gentilshommes qui demeuraient sur les frontières des Highlands avaient eu, à une époque ou à une autre, des querelles avec les tribus de leur voisinage, et que tous indistinctement voyaient avec un œil de jalousie les prétentions avouées des Highlandais à être regardés comme plus braves que les Lowlandais et comme plus utiles au service du prince.

CHAPITRE LVIII.

LA DISCORDE EST DANS LE CAMP DU ROI AGRAMANT.

Waverley avait pris l'habitude de chevaucher parfois à quelque distance du gros de l'armée pour aller visiter les objets curieux qui se trouvaient dans les environs. Les insurgés traversaient le Lancashire, quand notre héros, séduit par l'apparence pittoresque d'une vieille forteresse garnie de tours et de créneaux, abandonna l'escadron pour la voir de plus près et en prendre un croquis. Il revenait après avoir accompli son projet, en suivant l'avenue, quand il rencontra l'enseigne Maccombich. Cet homme portait une sorte d'intérêt à Waverley depuis le jour qu'il l'avait vu pour la première fois à Tully-Veolan et qu'il l'avait introduit dans les Highlands. Il paraissait ralentir le pas comme pour parler à notre héros. Cependant, quand il fut arrivé auprès de lui, il se contenta de s'approcher de son étrier en prononçant ces deux mots seulement : « Prenez garde ! » Il disparut aussitôt avec la plus grande légèreté, voulant éviter toute autre conversation.

Édouard, un peu surpris de cet avis, suivit des yeux Evan qui s'enfuyait ; il le vit, au bout de quelques minutes, disparaître parmi les arbres. Son domestique Alick Polwarth, qui l'accompagnait, suivit également des yeux le Highlandais, et venant se placer à côté de son maître, il lui dit :

« Ne vous en rapportez jamais à moi, monsieur, si je pense que vous êtes en sûreté parmi ces montagnards. »

« Que voulez-vous dire, Alick ? » demanda Waverley.

— « Les Mac-Ivor, monsieur, se sont

mis dans la tête que vous avez fait un affront à leur jeune maîtresse miss Flora; et j'en ai entendu plus d'un dire qu'il ne se gênerait pas pour vous traiter comme un coq de bruyère. Vous savez que la plupart ne se feraient pas scrupule de loger une balle dans le corps du prince lui-même, si le chef leur en donnait l'ordre, ou même sans qu'il le leur ordonnât, s'ils pensaient que cela lui fit plaisir. »

Waverley, quoique convaincu que Mac-Ivor était incapable d'une telle trahison contre lui, était beaucoup moins assuré de la fidélité des hommes de son clan. Il savait que sitôt que l'honneur du chef ou celui de la famille était attaqué, le plus heureux était celui qui trouvait le premier l'occasion de le venger ; il leur avait maintes fois entendu citer ce proverbe que « La meilleure vengeance est la plus prompte et la plus sûre. » Rapprochant cela de l'avis d'Evan, il jugea prudent de mettre son cheval au galop et de rejoindre l'escadron le plus promptement possible. Mais avant qu'il eût atteint le bout de l'avenue, une balle siffla à son oreille, et on entendit la détonation d'un coup de pistolet.

« C'est cet enragé démon de Callum Beg, dit Alick ; je l'ai vu se sauver en se cachant derrière les haies. »

Édouard, justement indigné de cet infâme guet-apens, arriva au grand galop au bout de l'avenue. Il aperçut la troupe de Mac-Ivor qui marchait à quelque distance dans la plaine sur laquelle l'avenue débouchait. Il distingua aussi un homme qui courait à toutes jambes pour rejoindre leur bataillon ; il en conclut que c'était l'assassin qui, en franchissant une clôture, avait trouvé un chemin plus court que celui que, étant à cheval, il avait dû suivre lui-même. Incapable de se contenir, il ordonna à son domestique d'aller trouver le baron de Bradwardine qui était à la tête de sa cavalerie, à l'avant-garde, à un demi-mille environ, et de lui apprendre ce qui venait de se passer : il se dirigea de sa personne immédiatement vers le corps de Fergus. Le chef lui-même rejoignait en ce moment sa troupe ; il était à cheval, revenant d'accompagner le prince. Sitôt qu'il aperçut Édouard qui venait vers lui, il tourna son cheval de son côté.

« Colonel Mac-Ivor, dit Waverley sans le saluer, j'ai à vous avertir qu'un de vos hommes vient tout à l'heure de tirer sur moi d'une embuscade. »

« C'est, répondit Fergus, à l'exception de la place qu'il a choisie, un plaisir que je me propose d'avoir moi-même ; je voudrais savoir lequel de mes gens a osé me prévenir. »

— « Je suis toujours à vos ordres ; celui qui s'est attribué votre office, c'est votre page Callum Beg.

— « Sortez des rangs, Callum ! Avez-vous tiré sur M. Waverley ?

« Non, » répondit Callum sans la moindre émotion.

« Vous l'avez fait ! » s'écria Alick qui était déjà de retour, ayant trouvé un dragon sur lequel il s'était déchargé de sa commission pour le baron de Bradwardine, pendant que lui-même revenait vers son maître au grand galop, n'épargnant ni la molette de ses éperons, ni les flancs de son cheval. « Vous l'avez fait. Je vous ai vu aussi distinctement que je vis jamais le vieux clocher de Coudingham. »

« Vous mentez, » répondit Callum avec la même obstination et la même impassibilité.

Le combat entre les chevaliers aurait été probablement, comme aux jours de la chevalerie, précédé d'une rencontre entre leurs écuyers (car Alick, un brave paysan du comté de Mers, redoutait les flèches de Cupidon plus que la dague ou la claymore d'un Highlandais); mais Fergus, avec un ton impérieux et décidé, demanda à Callum ses pistolets ; le chien était baissé, le bassinet et le canon étaient noircis par la fumée : le pistolet venait d'être déchargé !

« Tiens, dit Fergus en frappant Callum sur la tête de toute sa force, avec la crosse du pistolet ; tiens, voilà pour t'apprendre à agir sans ordre, et à mentir ensuite pour t'excuser. » Callum reçut le coup sans faire le moindre mouvement pour l'éviter; il tomba à terre sans aucun signe de vie. « Ne bougez pas, sur vos têtes, dit Fergus au reste du clan; je fais sauter la cervelle au premier qui s'interpose entre monsieur Waverley et moi. » Tous demeurèrent immobiles. Evan Dhu seul paraissait ému et inquiet. Callum était étendu par terre; le sang sortait en abondance de sa blessure : personne n'osait remuer pour le secourir : on eût dit qu'il avait reçu le coup de la mort.

— « Maintenant à nous deux, monsieur Waverley : voulez-vous nous éloigner à vingt pas dans la plaine? » Waverley fit ce que Fergus souhaitait. Quand ils furent à quelque distance de la route que suivait le régiment, Fergus se retourna vers lui, et lui dit en affectant un sang-froid extraordinaire : « Je ne m'étonne plus, monsieur, de l'excessive délicatesse que vous m'avez montrée l'autre jour. Un ange, comme vous l'observiez très-bien, n'aurait pas de charmes pour vous, à moins qu'il ne vous apportât un empire en dot. J'ai maintenant un commentaire excellent sur ce texte, qui m'avait paru obscur. »

— « Je ne puis comprendre ce que vous voulez dire, colonel Mac-Ivor, à moins que vous n'ayez l'intention arrêtée de me chercher querelle. »

— « Votre ignorance affectée, monsieur, ne vous servira de rien. Le prince... le prince lui-même m'a dévoilé vos manœuvres. J'étais loin de penser que vos engagements avec miss Bradwardine étaient le motif qui vous faisait rompre le mariage projeté entre vous et ma sœur. Il paraît que l'assurance que le baron avait changé la destination de son domaine, vous a paru une raison suffisante pour laisser là la sœur de votre ami, et enlever à ce même ami sa maîtresse? »

« Le prince vous a-t-il dit que j'étais engagé avec miss Bradwardine? demanda Waverley; c'est impossible. »

— « Il me l'a dit, répliqua Fergus; ainsi l'épée à la main, et défendez-vous, ou renoncez à vos prétentions à la main de cette jeune dame. »

« C'est de la folie, du délire, s'écria Waverley; ou il y a quelque étrange méprise. »

« Allons ! pas d'évasion ! tirez l'épée ! » s'écria le chef transporté de fureur. Lui-même avait déjà dégaîné.

— « Dois-je me battre quand un fou me cherche querelle? »

— « Alors abandonnez, maintenant et à tout jamais, vos prétentions à la main de miss Bradwardine. »

— « Quel droit avez-vous, s'écria Waverley qui commençait à n'être plus maître de lui, quel droit avez-vous, ou tout homme sur la terre, pour me dicter de telles lois? » Et il tira son épée.

A ce moment le baron de Bradwardine, suivi de quelques hommes de son régiment, arrivait à franc étrier; quelques-uns par curiosité, d'autres pour prendre part à la querelle, qui, à ce qu'ils avaient entendu dire confusément, avait éclaté entre les Mac-Ivor et le régiment de Bradwardine. Ceux-là, en les voyant arriver, s'ébranlaient pour venir au secours de leur chef, et une scène de confusion commençait, qui probablement ne se terminerait pas sans effusion de sang. Cent langues étaient en mouvement à la fois. Le baron dissertait, le chef tempêtait, les Highlandais criaient en gaëlique, les cavaliers vomissaient des imprécations en écossais des basses terres. Enfin, le désordre en vint au point que le baron menaça de charger les Mac-Ivor s'ils ne reprenaient leurs rangs, à quoi la plupart d'entre eux répondirent en dirigeant le canon de leurs armes à feu contre lui et ses cavaliers. La confusion était secrètement encouragée par Ballenkeiroch, qui ne doutait pas qu'enfin le jour de la vengeance ne fût arrivé pour lui, quand on entendit un cri : «Place! retirez-vous! place à Monseigneur! place à Monseigneur! » Ce cri annonçait l'arrivée du prince, qui accourait avec un escadron des dragons de Fitz-James, régiment étranger qui faisait auprès de lui le service de gardes du corps. Sa présence rétablit un peu l'ordre; les Highlandais reprirent leurs rangs ; la cavalerie forma un escadron régulier; le baron et le chef demeurèrent en silence.

Le prince leur ordonna ainsi qu'à Waverley de s'avancer. Ayant été informé de la cause primitive de la querelle, c'est-à-dire du guet-apens de Callum Beg, il ordonna qu'il fût livré à l'instant même au prévôt de l'armée, pour être exécuté sans délai, dans le cas où il survivrait au châtiment que lui avait infligé le chef. Fergus, d'un ton qui tenait le milieu entre celui avec lequel on réclame un droit et celui dont on sollicite une faveur, demanda qu'il fût laissé à sa disposition, promettant que sa punition serait exemplaire. Lui refuser cette demande eût paru porter atteinte à l'autorité patriarcale des chefs, autorité dont ils étaient singulièrement jaloux; il eût été impolitique de les désobliger en ce moment. Callum fut donc abandonné aux lois pénales de sa propre tribu.

Le prince voulut savoir quel était le sujet de la querelle qui venait de s'élever entre le colonel Mac-Ivor et Waverley. Il y eut un profond silence. Les deux rivaux regardaient la présence du baron de Bradwardine (car en ce moment ils étaient tous trois auprès du prince d'après son ordre) comme un obstacle insurmontable à s'expliquer sur une matière à laquelle le nom de sa fille devait nécessairement se trouver mêlé. Ils tenaient leurs yeux fixés à terre ; la confusion, l'embarras et le mécontentement se peignaient en même temps dans leurs regards. Le prince, qui avait été élevé au milieu des esprits mécontents et tracassiers de la cour de Saint-Germain, où des querelles, des altercations de toute espèce mettaient chaque jour à l'épreuve la patience du roi détrôné ; le prince, pour nous servir de l'expression du vieux Frédéric de Prusse, avait fait son apprentissage du métier de roi. Rétablir et maintenir la concorde entre ses partisans était indispensable; il prit ses mesures en conséquence.

« Monsieur de Beaujeu! [1] »

« Monseigneur! » répondit un bel officier de cavalerie française, qui lui servait d'aide-de-camp.

— « Ayez la bonté d'aligner ces montagnards-là, ainsi que la cavalerie, s'il vous plaît, et de les remettre en marche. Vous parlez si bien anglais, cela ne vous donnera[2] pas beaucoup de peine. »

« Ah! pas du tout, monseigneur, » répliqua M. le comte de Beaujeu, en inclinant la tête de manière à toucher le cou de son petit cheval, qu'il manœuvrait avec beaucoup de fierté et d'importance; il le fit piaffer et plier. Il s'élança à la tête du régiment de Fergus, plein de joie et d'assurance, quoiqu'il ne comprît pas un mot de gaélique et très-peu d'anglais.

«Messieurs les sauvages écossais, c'est-à-dire *gentilmans savages*, ayez la bonté d'arranger vous. »

Le clan comprenant ces ordres, plutôt par les gestes de M. de Beaujeu que par ses paroles, et rendu docile par la présence du prince, se hâta de serrer les rangs.

« *Ah! ver vell; dat ist* fort bien, dit le comte de Beaujeu, mais très-bien, *gentilmans savages*. Eh bien !..... qu'est-ce que vous appelez *visage*, monsieur ? (s'adressant à un soldat hors des rangs, qui se trouvait auprès de lui.) Ah, oui ! *face*... Je vous remercie, monsieur. Gentilshommes, *have de goodness*, de faire *face to the right*, par file, c'est-à-dire par *files*..... En avant, marche...'Mais, très-bien... Encore, messieurs ; il faut vous mettre en marche.... Marchez donc, au nom de Dieu ! parce que j'ai oublié

---

1. Dans le roman anglais le prince parle français et correctement, à deux mots près. M. de Beaujeu parle un français mêlé de quelques mots anglais défigurés. Il était difficile de reproduire dans la traduction le comique un peu bouffon de cette scène. Nous n'espérons pas y avoir réussi. Les bons Français, par orgueil national, se consoleront de rire un peu moins aux dépens de notre compatriote M. de Beaujeu. A. M.

2. Il y a dans le texte *donnerait*; et à la fin du chapitre le prince dit que *mon métier de prince est ennuyant* pour *ennuyeux*. Voilà les deux fautes de français que nous avons à reprocher à Son Altesse. A. M.

le mot anglais... mais vous êtes de braves gens et vous me comprenez très-bien. »

Le comte s'occupa immédiatement de mettre aussi en mouvement la cavalerie : « *Gentilmans cavaliers, you must fall in.* Ah! par ma foi, je ne vous ai pas dit de tomber, à vous. Je crains que ce gentilman, *litle gros*, ne se soit fait du mal. Ah, mon Dieu! c'est le commissaire qui nous a apporté la première nouvelle de ce maudit fracas. Je suis bien fâché, monsieur. »

C'était le pauvre Mac Wheeble qui, avec une épée au côté, et une cocarde blanche aussi large qu'une gaufre, représentait un commissaire des guerres, et qui avait été désarçonné au milieu de la confusion occasionée par les cavaliers qui se hâtaient de reprendre leur rang en présence du prince. Avant qu'il eût pu rattraper son bidet, il se trouva tout seul derrière, au milieu des rires immodérés des spectateurs.

— Eh bien! messieurs : Tournez à droite. Ah! *dat is ist.* Ah! monsieur de Bradwardine, ayez la bonté de vous mettre à la tête de votre régiment, car, par Dieu, je n'en puis plus. »

Le baron de Bradwardine fut obligé d'aller au secours de M. de Beaujeu, qui avait dépensé le peu de phrases anglaises qu'il savait. Un des deux buts que se proposait le Chevalier était ainsi atteint. Le second était de mettre les soldats des deux corps rivaux dans la nécessité d'écouter de toutes leurs oreilles des ordres donnés en sa présence par un interprète si peu intelligible, pour que leurs pensées se détournassent du canal de la haine et de la fureur, où en ce moment elles coulaient à pleins bords.

Aussitôt que Charles-Édouard se trouva seul avec le chef et Waverley, ayant fait signe au reste de sa suite de se retirer à quelque distance, il leur dit : « Si je devais moins à votre amitié désintéressée, je vous exprimerais à tous deux mon vif déplaisir, pour avoir excité sans motif ce tumulte extraordinaire, à un moment où le service de mon père exige si impérieusement le plus parfait accord. Le malheur de ma situation, c'est que mes meilleurs amis se croient maîtres de ruiner, pour le plus frivole caprice, eux et la cause qu'ils ont embrassée. »

Les deux gentilshommes protestaient qu'ils étaient disposés à soumettre leur différend à l'arbitrage du prince. « En vérité, dit Édouard, je sais à peine ce dont on m'accuse. Je cherchais le colonel Mac-Ivor uniquement pour lui donner avis que j'avais failli d'être assassiné par un homme attaché à sa personne, qui, j'en étais persuadé, avait commis un acte de lâcheté et de vengeance sans l'autorisation du colonel. Quant au motif pour lequel il m'a cherché querelle, je ne le connais point, à moins qu'il ne m'accuse, très-injustement à coup sûr, d'avoir gagné le cœur d'une jeune dame à la main de laquelle il prétendait. »

« Mon erreur, si je me suis trompé, dit le chef, provient d'une conversation que j'ai eue ce matin avec Son Altesse Royale elle-même. »

« Avec moi! dit le Chevalier ; comment le colonel Mac-Ivor peut-il m'avoir si mal compris ? »

Alors il prit à part le colonel Fergus, et après cinq minutes d'une conversation très-animée, il fit faire à son cheval un mouvement vers Édouard. « Est-il possible ? — mais approchez, colonel, je n'aime pas le mystère ;—est-il possible, monsieur Waverley, que je me sois trompé en supposant que vous étiez l'amant aimé de miss Bradwardine? Quoique vous ne m'eussiez jamais fait de confidence là-dessus, j'en étais tellement convaincu, d'après diverses circonstances, que j'alléguai ce fait à Vich-Jan-Vohr ce matin, comme une raison pour qu'il ne s'offensât pas de ce que vous ne pensiez plus à une alliance à laquelle un homme sans engagement, même après un refus, ne renoncerait pas aisément, tant elle a de charmes. »

— « Votre Altesse Royale se fondait sur des circonstances qui me sont absolument inconnues, quand elle me faisait l'honneur, très-flatteur sans doute, de me supposer l'amant aimé de miss Bradwardine. Je suis reconnaissant de ce que cette supposition a de glorieux pour moi, mais je n'en suis nullement digne. D'ailleurs ma confiance dans mon propre mérite est et doit être trop faible pour espérer d'être nulle part bien traité, après l'avoir été si mal d'un certain côté. »

Le Chevalier resta un moment en silence, les regardant l'un et l'autre avec beaucoup d'attention; il prit enfin la parole : « Sur mon honneur, monsieur Waverley, vous êtes moins heureux que je ne m'étais cru en droit de le penser. Maintenant, messieurs, permettez-moi d'être arbitre entre vous deux, non en ma qualité de prince régent, mais comme votre compagnon d'armes et d'aventures. Oubliez entièrement que je pourrais vous donner des ordres et exiger obéissance; faites attention à votre propre honneur, et s'il est bien, s'il est convenable de donner à nos ennemis la joie, à nos amis le scandale de voir que, si peu nombreux que nous sommes, la discorde règne entre nous ; et permettez-moi d'ajouter que les dames qui figurent dans cette affaire méritent trop de respect pour devenir des sujets de querelles et de discorde. »

Il tira Fergus un peu à part, et lui parla avec une extrême insistance pendant deux ou trois minutes; se rapprochant ensuite de Waverley, il lui dit: « Je crois avoir convaincu le colonel Mac-Ivor que son ressentiment était fondé sur un malentendu auquel j'avais donné lieu ; je suis certain que monsieur Waverley est trop généreux pour conserver aucun souvenir de ce qui vient de se passer, quand je lui certifie que cela est la vérité. Vous le ferez connaître à votre clan, Vich-Jan-Vohr, pour empêcher de sa part de nouvelles violences. » Fergus s'inclina. « Et maintenant, messieurs, que j'aie le plaisir de vous voir vous donner la main... »

Ils s'approchèrent froidement, à pas mesurés, ne voulant ni l'un ni l'autre avoir l'air de faire les premières avances; cependant ils se donnèrent la main,

et partirent après avoir pris respectueusement congé du prince.

Charles Édouard [1] se porta alors sur le front des Mac-Ivor ; là, il mit pied à terre, demanda un verre d'eau-de-vie de la cantine du vieux Ballenkeiroch, et marcha environ un demi-mille avec eux, s'enquérant de l'histoire et des alliances de Sliochd Mac-Ivor, plaçant adroitement le peu de mots gaéliques qu'il savait, témoignant un grand désir de l'apprendre à fond. Il remonta ensuite à cheval, et galopa vers la cavalerie du baron, qui était à l'avant-garde; il fit faire halte, il examina l'équipement des soldats, l'état de la discipline ; il adressa la parole aux principaux officiers, et même à plusieurs cadets ; il leur demanda des nouvelles de leurs femmes et fit l'éloge de leurs chevaux; il fit route environ une heure avec le baron Bradwardine, et en supporta patiemment trois longues histoires sur le feld-maréchal duc de Berwick.

« Ah! Beaujeu, mon cher ami, dit-il en reprenant la place qu'il occupait ordinairement quand l'armée était en marche, que mon métier de prince errant est plein d'ennui parfois! mais courage : c'est le grand jeu après tout. »

1. On a reproché à l'auteur de *Waverley* d'avoir peint ce jeune aventurier sous des couleurs plus aimables qu'il ne le méritait ; mais l'auteur ayant connu plusieurs individus qui avaient été attachés de très-près à sa personne, a tracé son portrait d'après ce que ces témoins oculaires lui avaient raconté du caractère et des qualités du Prétendant. Il faut sans doute attribuer quelque chose à l'exagération naturelle de ceux qui se le rappelaient comme le brave et aventureux prince au service duquel ils avaient affronté la mort ; mais leurs témoignages doivent-ils être étouffés par ceux d'un seul mécontent ?
Si le prince Charles avait terminé sa vie immédiatement après sa fuite miraculeuse, sa réputation dans l'histoire eût été des plus éclatantes. Telle qu'elle est, cette réputation le place au nombre de ceux dont la vie n'a eu qu'une époque brillante, laquelle forme un contraste frappant avec tout ce qui précède et tout ce qui suit.

CHAPITRE LIX.

UNE ESCARMOUCHE.

Il est presque inutile de rappeler au lecteur, qu'après un conseil de guerre tenu à Derby, le 5 décembre, les Highlandais renoncèrent à leur entreprise désespérée de s'avancer plus avant dans l'intérieur de l'Angleterre ; et au grand déplaisir de leur jeune et audacieux chef, ils résolurent positivement de faire leur retraite vers le nord. En conséquence, ils commencèrent leur mouvement rétrograde, et par l'extrême rapidité de leur marche, ils se dérobèrent au duc de Cumberland qui les poursuivait avec un nombreux corps de cavalerie.

Battre ainsi en retraite, c'était renoncer en réalité à leurs brillantes espérances ; personne ne s'était plus enivré de ces espérances que Fergus Mac-Ivor ; personne aussi ne fut plus cruellement mortifié en les voyant détruites. Il avait fait dans le conseil de guerre les raisonnements ou plutôt les remontrances les plus véhémentes ; et, quand son opinion fut rejetée, il versa des larmes de douleur et d'indignation. Depuis cet instant un changement complet s'opéra en lui ; ce n'était plus ce jeune homme fier et ardent, pour qui la terre entière semblait trop étroite un mois auparavant. Là retraite continuait depuis plusieurs jours, quand, le 12 décembre au matin, Édouard, à sa grande surprise, reçut la visite de Fergus, au quartier qu'il occupait dans un petit hameau, à peu près à moitié chemin entre Shap et Penrith.

N'ayant eu aucune relation avec le chef depuis leur rupture, Édouard attendait, l'âme pleine d'inquiétude, l'explication d'une visite si inopinée ; il ne put s'empêcher d'être surpris et même affligé du changement qu'il remarquait dans la personne de Fergus ; ses yeux avaient perdu leur éclat, ses joues étaient creuses, sa voix languissante ; sa démarche n'était plus rapide et assurée comme autrefois ; ses habillements, qu'il arrangeait ordinairement avec grand soin, étaient en désordre et attachés au hasard. Il invita Édouard à le suivre sur le bord d'un petit ruisseau qui coulait dans le voisinage, et sourit mélancoliquement en le voyant prendre son épée et l'attacher à son côté.

Quand ils furent arrivés dans un sentier solitaire et sauvage, sur le bord du ruisseau, le chef prit la parole : « Notre glorieuse entreprise est maintenant ruinée, totalement ruinée ; je voudrais savoir quels sont vos projets. Ne me regardez point avec ces yeux étonnés, Waverley. J'ai reçu hier des lettres de ma sœur ; si j'avais su plus tôt ce qu'elles m'ont appris, elles auraient empêché une querelle à laquelle je n'ai jamais pensé sans regret. Je lui avais écrit après notre dispute, pour lui en expliquer la cause ; elle me répond qu'elle n'a jamais eu, n'a jamais pu avoir l'intention de vous donner le moindre encouragement ; ainsi il est évident que j'ai agi comme un fou..... Pauvre Flora ! elle m'écrit pleine de joie et des espérances les plus exaltées : quel changement va produire en elle-même la nouvelle de cette malheureuse retraite ! »

Waverley, vivement touché du ton de mélancolie profonde avec lequel Fergus lui parlait, le supplia affectueusement de bannir de sa mémoire le souvenir de ce qui s'était passé entre eux ; ils se serrèrent la main, mais cette fois avec une sincère cordialité. Fergus demanda à Waverley quels étaient ses projets : « Ne feriez-vous pas mieux d'abandonner cette armée condamnée à périr, de vous rendre avant nous en Écosse, et de vous embarquer pour le continent, dans quelques-uns des ports de l'est qui sont encore en notre pouvoir ? Quand vous serez hors du royaume, vos amis obtiendront aisément votre pardon ; et, pour ne vous rien cacher, je souhaiterais que vous emmenassiez miss Bradwardine, après lui avoir donné le titre de votre épouse, et que Flora vous accompagnât : elle serait sous votre protection à tous deux. » Édouard ne put dissimuler son étonnement. « Elle vous aime, continua-t-il, et je crois que vous l'aimez, quoique peut-être vous ne vous en soyez pas encore aperçu, car vous ne passez pas pour très-habile à démêler vos propres sentiments. » Il prononça ces derniers mots avec une espèce de sourire.

« Comment pouvez-vous me donner le conseil d'abandonner l'entreprise dans laquelle nous sommes tous embarqués ? » répondit Édouard.

« Embarqués ? reprit Fergus ; le vaisseau va faire côte ; il est temps, oui bien temps, pour ceux qui le peuvent, de se sauver sur la chaloupe. »

« Que comptent faire nos compagnons ? continua Waverley, et pourquoi les chefs montagnards ont-ils consenti à cette retraite, si elle doit être si funeste à notre cause ? »

« Ah ! répliqua Mac-Ivor, ils se sont imaginé que, comme dans les précédentes insurrections, l'échafaud, la corde, les confiscations tomberaient principalement sur la noblesse des basses terres, et qu'on les laisserait tranquilles dans leur pauvreté, au sein de leur pays sauvage, comme dit leur proverbe, écouter le vent siffler sur la montagne jusqu'à ce que l'onde soulevée se calme ; mais ils se trompent ; ils ont trop souvent levé l'étendard de la révolte pour obtenir encore leur pardon ; et cette fois John Bull a eu trop grand' peur pour reprendre de sitôt sa bonne humeur. Les ministres hanovriens ont toujours mérité d'être pendus comme des coquins ; mais maintenant, s'ils sont les plus forts, comme ils le seront tôt ou tard, puisque ni l'Angleterre ne se soulève, ni la France ne nous envoie de secours..... ils mériteraient la potence, comme des imbéciles, s'ils laissaient dans les Highlands un seul clan en état d'inquiéter jamais le gouvernement. Oui, ils couperont les branches et ils arracheront les racines ; c'est moi qui vous en avertis. »

« Vous m'engagez à faire, dit Édouard, ce que je ne ferais pas, quand je devrais mourir mille fois.... Mais, vous-même, quels sont vos projets ? »

« Oh ! répondit Fergus d'un air de tristesse profonde, mon sort est fixé : mort ou captif, voilà ce que je serai demain. »

« Que voulez-vous dire, mon ami ? demanda Édouard : l'ennemi est derrière nous, à plus d'un jour de marche ; et s'il nous atteignait nous sommes encore en force pour le tenir en échec. Rappelez-vous Gladsmuir. »

— « N'importe ! ce que je vous dis est vrai, en ce qui me concerne au moins. »

— « Et d'après quelle autorité faites-vous de si tristes prédictions ? »

« D'après une autorité qui ne trompa jamais une personne de ma famille, répondit Fergus en baissant la voix : j'ai vu le Bodach Glas. »

— « Bodach Glas ? »

— « Oui ; avez-vous été si long-temps à Glennaquoich sans entendre parler du spectre gris, quoique nous ayons toujours quelque répugnance a faire mention d'un tel sujet ? »

— « Non, jamais. »

— « Ah ! c'eût été une belle histoire à vous faire conter par la pauvre Flora. Oh ! si cette colline était celle de Benmore, et si ce grand lac bleu que vous voyez là-bas, qui s'étend du côté de nos montagnes, était le lac Tay ou mon Lac an Ri, mon récit serait plus en harmonie avec la scène. Mais n'importe : asseyons-nous sur cette colline ; au moins le Saddlebach et l'Ulswater s'accorderont mieux avec ce que j'ai à vous dire que les haies vives, les clôtures et les fermes anglaises. Vous saurez donc que quand mon aïeul Jan Nan Chaistel dévasta le Northumberland, il avait pour associé dans cette expédition une espèce de chef du nord, un capitaine d'une bande de Lowlandais, nommé Halbert Hall. A leur retour, en traversant les monts Cheviots, ils se querellèrent pour le partage de l'immense butin qu'ils rapportaient avec eux ; des paroles ils passèrent aux coups. Tous les Lowlandais furent tués, pas un seul n'échappa; leur chef tomba le dernier, couvert de blessures que lui avait portées mon aïeul. Depuis, son esprit apparaît aux Vich-Jan-Vohr, le jour où quelque grand malheur doit leur arriver, mais surtout aux approches de leur mort. Mon père l'a vu deux fois; la première avant d'être fait prisonnier à Sheriff-Muir; la seconde, le matin du jour où il mourut. »

— « Comment pouvez-vous, mon cher Fergus, dire de pareilles folies d'un air sérieux? »

— « Je ne vous demande pas de me croire; mais je vous dis une vérité confirmée par l'expérience de plus de trois cents ans, et hier au soir par le témoignage de mes yeux. »

« Expliquez-vous, au nom du ciel! » dit Waverley avec vivacité.

— « Oui, mais à condition que vous ne plaisanterez pas sur ce sujet. Depuis que cette malheureuse retraite est commencée, à peine si j'ai pu goûter un moment de sommeil, tant je pensais à mon clan; à ce pauvre prince qu'on ramène en arrière, comme un chien en laisse, de bon gré ou de force; à la ruine de ma famille. Cette nuit dernière j'ai été si dévoré par la fièvre, que je suis sorti de mon quartier, et me suis mis à marcher à travers la campagne, dans l'espoir que le grand air et la rigueur du froid me calmeraient. Je ne puis vous dire combien il m'en coûte de continuer, parce que je sais que vous ne voudrez pas me croire; mais n'importe! Je passai sur un petit pont, et je me promenais de long en large, quand, à mon grand étonnement, je vis, à la clarté de la **lune**, une grande figure enveloppée d'un plaid gris, comme celui que portent les bergers dans le midi de l'Écosse : que je précipitasse ou que je ralentisse ma marche, elle se tenait toujours à quatre pas devant moi. »

— « Vous avez vu un paysan du Cumberland, avec son vêtement ordinaire, très-probablement. »

— « Pas du tout; je le crus d'abord, et j'étais étonné de l'audace de cet homme de s'attacher à mes pas. Je lui parlai; il ne me répondit pas. Une inquiétude, un trouble inexprimable, faisaient battre mon cœur; pour vérifier mes craintes, je m'arrêtai; sans changer de place je me tournai successivement vers les quatre points cardinaux. Édouard, je vous le dis à la face du ciel, de quelque côté que je me tournasse, la figure était devant moi, toujours exactement à la même distance! Alors je ne pus douter que ce ne fût le Bodach Glas : ma chevelure se hérissa, mes genoux se dérobaient sous moi; cependant je m'armai de courage, et je résolus de revenir à mon quartier. Mon affreux compagnon, — je ne puis dire qu'il marchait, — glissa devant moi jusqu'à ce que nous fussions arrivés au petit pont; là il fit volte-face. Il fallait ou traverser la rivière à gué, ou passer aussi près de lui que je le suis de vous : un courage désespéré, car je croyais toucher à l'instant de ma mort, m'inspira la résolution de m'ouvrir le passage en dépit du fantôme; je fis le signe de la croix, tirai mon épée, et m'écriai : Au nom de Dieu, esprit malin, fais-moi place. « Vich-Jan-Vohr, répondit-il d'une voix qui glaça mon sang dans mes veines, prends garde à demain! » A ce moment il ne paraissait plus qu'à un demi-pied de la pointe de mon épée; mais à peine ces mots furent-ils prononcés qu'il disparut, et aucune apparition ne s'opposa plus à mon passage. De retour à mon quartier, je me jetai sur mon lit, et j'y passai quelques heures dans une agitation que vous pouvez deviner; le matin, comme on n'annonçait pas que l'ennemi nous eût atteints, j'ai pris mon cheval et je suis venu pour avoir une explication avec vous; il me serait très-pénible de mourir sans m'être réconcilié avec un ami que j'ai offensé. »

Édouard ne doutait pas que ce fantôme ne fût une création de l'imagination de Fergus, exaltée par le désespoir, par l'épuisement de sa santé, et par la crédulité naturelle aux Highlandais pour de pareilles superstitions ; il n'en était pas moins disposé à plaindre Fergus ; l'abattement où il le voyait faisait revivre toute son ancienne tendresse pour lui. Dans l'espérance qu'il parviendrait à le distraire de ces funestes images, il lui dit qu'il allait demander au baron, qui ne la lui refuserait pas, la permission de rester dans son quartier jusqu'à ce que le corps de Fergus fût arrivé, et alors qu'il se remettrait à marcher avec lui comme autrefois. Le chef parut charmé de cette proposition, cependant il hésitait à l'accepter.,

« Nous sommes maintenant à l'arrière-garde, le poste le plus dangereux dans une retraite. »

— « Et le plus honorable, par conséquent. »

« Eh bien, dit Fergus, qu'Alick tienne votre cheval tout prêt pour le cas où nous viendrions à être attaqués, et j'aurai encore une fois le plaisir de causer avec vous. »

L'arrière-garde tarda à paraître ; elle avait été retenue par divers accidents et par le mauvais état des routes ; enfin elle entra dans le village. Quand Waverley se joignit aux Mac-Ivor, se tenant par le bras avec leur chef, la haine qu'ils avaient conçue contre lui sembla effacée de tous les cœurs. Evan Dhu l'accueillit avec un sourire de félicitation, et Callum Beg, qui était aussi leste et bien portant que jamais, quoique un peu pâle par suite sans doute de la blessure qu'il avait reçue à la tête, Callum Beg parut satisfait de le revoir.

« Il faut que le crâne de ce gibier de potence, dit Fergus, soit aussi dur que le marbre, le chien du pistolet s'y est brisé. »

« Pourquoi avez-vous frappé ainsi ce jeune garçon ? » dit Waverley avec quelque intérêt.

— « Si on ne les frappait pas fort de temps à autre, ces coquins s'oublieraient. »

Ils étaient alors en marche ; toutes les précautions étaient prises pour éviter une attaque imprévue ; le clan de Fergus et un autre clan, qui formaient le beau régiment de Badestoon, sous les ordres de Cluny Mac-Pherson, fermaient la marche. Ils venaient de traverser une large plaine, et entraient dans les murs qui entourent un petit village appelé Clifton. Le soleil, qui avait brillé pendant cette journée d'hiver, venait de se coucher, et Édouard commençait à railler Fergus sur les funestes prédictions du fantôme gris. « Les ides de mars ne sont pas encore passées, » répondit celui-ci en souriant. En ce moment, tournant les yeux vers la plaine, il aperçut confusément un corps nombreux de cavaliers qui s'avançaient sur sa brune et sombre surface. Se ranger en ordre de bataille derrière les murs et sur la route par laquelle les cavaliers devaient déboucher dans le village, ce fut pour les montagnards l'affaire d'un instant. Pendant que ces manœuvres s'opéraient, la nuit tomba ; elle était noire et profonde ; quoique la lune fût à cette époque dans son plein, quelquefois seulement un de ses rayons, se faisant jour à travers deux nuages, éclairait la scène où allait s'engager l'action.

Les Highlandais ne tardèrent pas à être attaqués dans les positions qu'ils avaient prises. A la faveur de la nuit, un corps nombreux de dragons qui avaient mis pied à terre essaya d'escalader les murs, pendant qu'un autre corps aussi nombreux tenta de forcer le passage par la grande route. Mais ces deux corps furent reçus par un feu terrible qui porta la confusion dans leurs rangs et les obligea de se retirer, peu satisfaits de ce premier succès. Fergus, dont l'âme ardente semblait, à l'aspect du danger, avoir repris toute son impétuosité, Fergus mit l'épée à la main, et poussant le cri de *claymore*, il encouragea ses hommes, et par la voix et par l'exemple, à sortir de derrière les haies qui leur servaient de remparts et à se précipiter sur l'ennemi. S'élançant donc au milieu des dragons démontés, ils les forcèrent, l'épée à la main, à fuir à toutes jambes vers la plaine, où un grand nombre furent taillés en pièces. Mais la lune, qui parut tout à coup, laissa voir aux Anglais le petit nombre des assaillants, en désordre par leur propre succès. Deux escadrons de cavalerie se mettant en mouvement pour secourir leurs compagnons, les montagnards s'efforcèrent de regagner leurs positions derrière les haies; mais beaucoup, et entre autres leur intrépide chef, furent enveloppés avant d'avoir pu opérer leur retraite. Waverley, cherchant des yeux Fergus dont il avait été séparé, aussi bien que du corps qui opérait sa retraite au milieu de la confusion et de l'obscurité, Waverley l'aperçut avec Evan Dhu et Callum Beg, se défendant tous trois, avec un courage désespéré, contre une douzaine de cavaliers qui les chargeaient avec leurs longs et larges sabres. En cet instant la lune se cacha entièrement sous les nuages, et Édouard, dans ces ténèbres, ne put ni porter secours à ses amis, ni trouver son chemin pour rejoindre l'arrière-garde. Après avoir failli deux ou trois fois d'être tué ou pris par des partis de cavaliers contre lesquels il alla donner au milieu de l'obscurité, il arriva à la fin à une clôture qu'il escalada; alors il se crut sauvé, et près de rejoindre les Highlandais, dont il entendait les cornemuses à quelque distance. Quant à Fergus, Édouard n'avait plus qu'un espoir, celui qu'il avait été fait prisonnier. En pensant avec inquiétude et chagrin au sort de son ami, la prédiction du Bodach Glas se représenta à son souvenir, et il se dit à lui-même avec une émotion involontaire : « Quoi donc, le diable dirait-il la vérité[1] ? »

[1]. Le récit suivant de l'affaire de Clifton est extrait des mémoires manuscrits d'Evan MacPherson de Cluny, qui eut le mérite de jouer un des principaux rôles dans cette escarmouche où les deux partis déployèrent tant de bravoure. Ces mémoires paraissent avoir été écrits vers 1755, dix années seulement après la bataille ils furent

CHAPITRE LX.

CHAPITRE D'ACCIDENTS.

ÉDOUARD se trouvait dans une position embarrassante et dangereuse. Il composés en France, où ce brave chef de montagnards était en exil : c'est ce qui explique certains gallicismes qu'on rencontre dans sa narration.

« Quand le prince se mit en mouvement pour retourner de Derby en Écosse, milord George Murray, lieutenant-général, se chargea avec joie du commandement de l'arrière-garde; poste très-honorable, sans doute, mais entouré de beaucoup de dangers, de difficultés, et surtout de fatigues. En effet, le prince, appréhendant que la retraite vers l'Écosse ne leur fût coupée par le maréchal Wade, qui tenait la campagne du côté du nord avec une armée bien supérieure à celle de Son Altesse Royale, pendant que le duc de Cumberland, avec toute sa cavalerie, le poursuivait vivement; le prince, dis-je, était obligé de marcher avec la plus grande précipitation. Or, il n'était pas possible à l'artillerie de suivre les mouvements rapides du prince au milieu de l'hiver, par un temps affreux et les plus mauvais chemins de l'Écosse; de sorte que George Murray était souvent obligé de continuer sa marche long-temps après la nuit tombée, étant à chaque instant inquiété par les partis avancés de l'armée du duc de Cumberland. Sur le soir du 28 décembre 1745, le prince entra dans la ville de Penrith, province de Cumberland; mais, comme lord George Murray ne pouvait le rejoindre avec l'artillerie aussi promptement qu'il l'aurait souhaité, il fut obligé de passer la nuit à six milles en deçà de cette ville, avec six régiments de Mac Donel de Glengarrie, qui se trouvait ce jour-là à l'arrière-garde. Le prince, dans l'intention de faire rafraîchir son armée, et de donner à lord George le temps d'arriver avec l'artillerie, résolut de séjourner le 29 à Penrith; il donna donc l'ordre à sa petite armée de se mettre le lendemain sous les armes, pour être passée en revue, afin qu'on reconnût à combien d'hommes elle se montait encore depuis son entrée en Angleterre : elle ne se trouva forte que de 5,000 hommes de pied, avec 400 de cavalerie, composée de gentilshommes qui servaient en qualité de volontaires.

« Pendant que cette petite armée était réunie en corps, le 29 décembre, sur un terrain qui allait en pente, au nord de Penrith, et où elle était passée en revue, M. de Cluny, avec sa tribu, reçut l'ordre de se porter au pont de Clifton, à un mille au sud de Penrith. L'artillerie arriva vers le coucher du soleil, vivement poursuivie par le duc de Cumberland, avec toute sa cavalerie, qui s'élevait à environ 3,000 hommes, dont une centaine, à ce qu'on supputa, étaient à pied, pour couper à l'artillerie le passage sur le pont, pendant que le duc et le reste de son monde demeuraient à cheval pour attaquer l'arrière-garde. Milord George Murray s'avança, et bien qu'il

cessa bientôt d'entendre le son des cornemuses ; et, ce qui était plus effrayant encore, quand après avoir long-temps et inutilement cherché, après avoir escaladé plusieurs clôtures, il approcha de la grande route, le bruit malsonnant à ses oreilles des timbales et des trompettes lui fit reconnaître qu'elle était occupée par la cavalerie anglaise, qui se trouvait ainsi entre lui et les Highlandais. N'osant point s'avancer droit devant lui, il résolut alors d'éviter les dragons anglais et de faire un détour sur la gauche pour tâcher de rejoindre ses compagnons. Un sentier qui se détournait du grand chemin dans cette direction,

trouvât M. de Cluny et sa tribu sous les armes et disposés à bien combattre, la circonstance paraissait extrêmement périlleuse. Les forces réunies du lord et de M. de Cluny étaient très-inférieures à celles du duc de Cumberland. L'attaque semblait fort dangereuse, aussi milord George Murray hésitait à l'ordonner, comme le demandait M. de Cluny. « Je les attaquerai de tout mon cœur, dit ce dernier, si vous m'en voulez donner l'ordre. » — « Eh bien ! je vous l'ordonne, » répliqua milord, et il s'avança avec M. de Cluny, et combattit avec lui, l'épée à la main et à pied, à la tête de la tribu de Mac-Pherson. En un moment ils s'ouvrirent un passage à travers une haie d'épines, à l'abri de laquelle la cavalerie avait pris ses positions ; en passant cette haie, milord George Murray, qui était habillé en montagnard, comme tout le reste de l'armée, perdit son bonnet et sa perruque ; il continua à se battre tête nue, jusqu'à la fin de l'action. Ils firent d'abord une décharge générale de leurs armes à feu contre l'ennemi, et l'attaquèrent ensuite avec leurs sabres ; ils en firent un si grand carnage qu'ils obligèrent le duc de Cumberland avec sa cavalerie à fuir précipitamment et en grande confusion ; à tel point que, si le prince eût eu à son service une cavalerie assez nombreuse pour profiter de ce désordre, il est incontestable que le duc de Cumberland et son corps de cavalerie auraient été faits prisonniers. Aussitôt que l'arrivée de l'ennemi fut connue du prince, Son Altesse Royale ordonna à milord comte de Nairne, brigadier, avec plusieurs bataillons et quelques autres troupes sous son commandement, de se porter en avant pour soutenir M. de Cluny et dégager l'artillerie. Mais l'action était entièrement terminée avant que le comte de Nairne fût arrivé sur les lieux du combat. Ils retournèrent donc tous à Penrith, et l'artillerie se mit en marche en bon ordre. Le duc de Cumberland n'osa plus s'approcher que d'un jour de marche de l'arrière-garde du prince, pendant tout le cours de cette retraite, qui se fit avec la plus grande prudence, et sans presque aucun échec, quoiqu'elle s'opérât en quelque sorte au milieu des ennemis. »

semblait lui offrir les moyens d'accomplir son projet. Ce sentier était fangeux ; la nuit était noire et froide ; mais ces inconvénients il les sentait à peine, tourmenté qu'il était par la crainte très-raisonnable de tomber au pouvoir des cavaliers anglais.

Après avoir marché pendant environ trois milles, il arriva enfin à un petit hameau. Sachant bien que la cause qu'il servait n'était pas bien vue de la plupart des habitants de la campagne, mais désirant, s'il était possible, se procurer un guide et un cheval pour se rendre à Penrith, où il espérait trouver l'arrière-garde, peut-être même le gros de l'armée du prince, il s'approcha de l'auberge du village. Il s'y faisait un grand bruit ; il s'arrêta pour écouter. Deux ou trois dragons anglais, qui chantaient le refrain d'une chanson militaire, lui apprirent que ce village était aussi occupé par les troupes du duc de Cumberland. Faisant son possible pour se retirer sans le moindre bruit, et bénissant l'obscurité qu'il avait maudite jusque-là, Waverley se glissa le long d'une palissade qui lui parut être la clôture du jardin de quelque chaumière. Lorsqu'il fut arrivé à la porte de cet enclos, sa main, qu'il étendait devant lui comme un homme qui marche à tâtons, fut saisie par celle d'une femme, laquelle lui dit en même temps : « Édouard, est-ce toi ? »

« Voilà quelque fâcheuse méprise, » pensa Waverley, s'efforçant de dégager doucement sa main.

— « Ne fais pas de bruit, ne fais pas de bruit : les habits rouges pourraient t'entendre. Ils ont arrêté et ont mis en réquisition tous ceux qui passaient ce soir devant la porte de l'auberge, pour leur faire conduire leurs fourgons et leurs bagages. Viens chez mon père, ou ils te feront quelque mauvais tour. »

« Une bonne idée ! » dit Waverley en suivant la jeune fille à travers un petit jardin. Il entra sur ses pas dans une petite cuisine pavée en briques ; sa jeune conductrice alluma à un feu presque éteint une allumette et puis une chandelle. A peine eut-elle aperçu Édouard que le chandelier lui tomba des mains, et elle s'écria : « Mon père! mon père! »

Le père ainsi appelé arriva aussitôt. C'était un vieux fermier encore vigoureux, avec des souliers en pantoufles, sans bas, et une culotte de peau qu'il avait passée à la hâte en s'élançant en bas de son lit. Le reste de son habillement consistait en une robe de chambre de paysan du Westmoreland, c'est-à-dire sa chemise. Sa figure était éclairée par une chandelle qu'il tenait dans la main gauche ; la droite était armée d'un *pocker*[1].

« Qu'y a-t-il donc, coquine ? »

« Ô mon Dieu ! s'écria la pauvre fille revenant à peine de son premier saisissement, je croyais que c'était Ned Williams, et c'est un homme en plaid ! »

— « Et qu'avais-tu à faire avec Ned Williams à une telle heure de la nuit ? » A cette question, l'une de celles sans doute qu'il est plus facile de faire qu'il ne l'est d'y répondre, la jeune fille aux fraîches couleurs ne répliqua rien ; elle continua de pousser des sanglots et de se tordre les mains.

— « Et toi, l'ami, sais-tu que les dragons sont dans le village ? le sais-tu ? et ils te hacheront comme un navet. »

« Je n'ignore pas, répondit Waverley, que ma vie est en grand danger ; mais si vous voulez me secourir, vous en serez bien récompensé : je ne suis pas Écossais, mais un malheureux gentilhomme anglais. »

— « Écossais ou non, dit l'honnête fermier, j'aurais mieux aimé que tu te fusses adressé ailleurs ; mais puisque te voilà, Jacob Repson ne trahira jamais son semblable ; d'ailleurs les tartans étaient de bons enfants, et ils n'ont pas fait grand mal quand ils ont passé par ici hier. » En conséquence il s'occupa activement de procurer à notre héros des rafraîchissements et un lit. Le feu fut bientôt rallumé, mais avec précaution, pour qu'on n'en aperçût pas la clarté de dehors. Le brave fermier coupa une tranche de jambon que Cicely fit griller en un moment, et son père y ajouta une ample cruche de sa meilleure ale. Il fut convenu qu'Édouard resterait dans la maison jusqu'après le départ des troupes, le lendemain matin ; qu'alors le fermier lui louerait ou lui vendrait un cheval, et qu'après s'être muni des meilleurs renseignements qu'il pourrait se procurer, il tâcherait de rejoindre ses amis. Un lit propre, mais un peu dur, reçut notre héros épuisé des fatigues de cette malheureuse journée.

Le lendemain on apprit que les Highlandais avaient évacué Penrith, et étaient en marche vers Carlisle ; que le duc de Cumberland était entré dans Penrith, et que des détachements de son armée parcouraient les chemins dans toutes les directions. Tâcher de passer à travers les détachements sans être découvert, eût été un acte de la plus insigne témérité.

Ned Williams (le véritable Édouard) fut appelé par Cicely et son père pour donner son avis. Ned, qui peut-être ne se souciait pas que son bel homonyme restât plus long-temps dans la même maison que sa bien-aimée (crainte de nouvelles méprises), proposa de faire quitter à Waverley son uniforme et son plaid pour l'habit du pays, après quoi il le conduirait dans la ferme de son père, près de l'Ulswater[2]. Il pourrait rester dans cette retraite paisible jusqu'à ce que les mouvements militaires eussent cessé dans le pays, et qu'il pût lui-même voyager sans péril. On fixa le prix de la pension qu'Édouard paierait au fermier pour le temps qu'il passerait chez lui, dans le cas où il voudrait partager sa table ; cette pension fut mise à un taux très-modéré, les braves et honnêtes gens au milieu desquels il se trouvait ne considérant pas sa position fâcheuse comme une raison d'exiger de lui une plus forte somme.

On se procura les habits nécessaires ;

---

1. Instrument dont on se sert pour remuer le charbon de terre sur la grille de la cheminée. A. M.

2. Lac du Westmoreland

et, en suivant des sentiers détournés connus du jeune fermier, ils espéraient échapper à toute mauvaise rencontre. Le vieux Repson et sa jolie fille refusèrent obstinément toute récompense pour l'hospitalité qu'ils avaient donnée à notre héros. Le premier se crut bien payé par une poignée de main affectueuse, et la seconde par un baiser. Le père et la fille, tous deux également inquiets sur le sort de leur hôte, lui firent les plus tendres adieux et les souhaits les plus sincères pour l'heureux succès de son voyage.

Édouard et son guide, pendant le cours de leur route, traversèrent la plaine où le soir précédent avait été livrée la bataille. Les pâles rayons d'un soleil de décembre éclairaient tristement la verte bruyère. A l'endroit où la grande route pénètre dans le parc de lord Honsdale, on voyait des cadavres d'hommes et de chevaux, et les convives affamés d'un champ de bataille, les oiseaux de proie, les corbeaux et les éperviers.

« Ici donc est ta dernière demeure! » se dit Waverley; et ses yeux s'emplissaient de larmes au souvenir des nobles qualités de Fergus, ou de leur ancienne amitié; ses défauts, ses passions étaient oubliés en ce moment. « Ici tomba le dernier Vich-Jan-Vohr, sur un coin inconnu de cette bruyère déserte; dans une misérable escarmouche, au milieu des ténèbres, s'éteignit cet esprit intrépide, qui croyait peu de chose pour lui d'ouvrir, l'épée à la main, à son maître, le chemin du trône d'Angleterre. L'ambition, la politique, la bravoure, toutes ces qualités supérieures de l'humanité, ont subi ici le sort réservé à tout ce qui est mortel. Toi, le seul appui d'une sœur dont l'ame était aussi fière, aussi élevée que la tienne, et plus exaltée encore, ici se sont terminées toutes tes espérances pour Flora, et pour cette illustre et antique famille dont tu te vantais de rehausser encore la gloire par ton audace et ta valeur. »

Ces idées se pressaient dans l'esprit de Waverley; il résolut d'aller sur le lieu même du combat, et de rechercher si, parmi les morts, il ne retrouverait pas le corps de son ami, dans la pieuse intention de procurer à ses restes les derniers honneurs de la sépulture. Le jeune homme qui l'accompagnait, poltron de son naturel, remontra à Édouard les dangers de son entreprise, mais il n'en persista pas moins dans sa résolution. Les goujats à la suite de l'armée avaient déjà dépouillé les morts de tout ce qu'ils avaient pu emporter; mais les habitants du pays, peu familiers avec les scènes de sang, ne s'étaient pas encore approchés du champ de bataille; plusieurs le considéraient à quelque distance, avec une curiosité mêlée d'effroi. Environ soixante ou soixante-dix dragons étaient étendus dans le premier enclos, tant sur la grande route que sur la bruyère. Parmi les Highlandais, à peine si une douzaine avaient péri; la plupart de ceux qui s'étaient trop avancés dans la plaine n'avaient pu regagner leurs retranchements. Il chercha inutilement parmi les morts le corps de Fergus. Sur une petite éminence, à quelque distance de ses compagnons, étaient étendus trois dragons anglais, deux chevaux et Callum Beg, dont le crâne, si dur qu'il fût, avait été fendu par le sabre d'un cavalier anglais. Il était possible que le corps de Fergus eût été emporté par son clan; il était possible aussi qu'il se fût sauvé, d'autant plus qu'Evan Dhu, qui n'abandonnait jamais son chef, ne se trouvait pas au nombre des morts; peut-être aussi était-il prisonnier, et le moindre des malheurs annoncés par l'apparition du Bodach Glas pouvait s'être réalisé. L'arrivée d'une troupe de dragons, pour forcer les passants d'ensevelir les morts, et de plusieurs campagnards qu'ils avaient déjà rassemblés à cet effet, obligea Édouard de rejoindre son guide, qui l'attendait avec anxiété dans une allée du parc.

Ils s'éloignèrent de ce champ de carnage, et arrivèrent heureusement au but de leur voyage. Chez le fermier

Williams on fit passer Édouard pour un jeune parent qui avait étudié pour entrer dans le ministère ecclésiastique, et qui s'était retiré à la ferme jusqu'à ce que les troubles civils fussent terminés et qu'il pût continuer paisiblement ses études. Cette explication suffit aux bons et simples paysans du Cumberland; d'ailleurs l'état supposé d'Édouard était en parfaite harmonie avec la gravité de ses manières et la vie solitaire et retirée qu'il menait. Cette précaution se trouva plus nécessaire qu'Édouard ne l'avait cru d'abord, une succession d'événements imprévus ayant prolongé son séjour à la ferme de Fasthwaite.

La neige, qui tomba avec abondance, rendit pendant dix jours son départ impossible. Quand les chemins commencèrent à devenir praticables, on apprit successivement que le Chevalier s'était retiré en Écosse, ensuite qu'il avait abandonné les frontières pour continuer son mouvement rétrograde sur Glasgow, et que le duc de Cumberland avait formé le siége de Carlisle : son armée fermait donc à Édouard le chemin de l'Écosse de ce côté. Sur les frontières de l'est, le maréchal Wade s'avançait vers Édimbourg et tout le long de la frontière, à la tête de forces considérables; des corps de troupes réglées, des volontaires, des paysans armés, étaient en campagne pour étouffer la rébellion, et arrêter les traîneurs ou les corps détachés que l'armée jacobite, dans sa retraite précipitée, avait laissés derrière elle en Angleterre. La reddition de Carlisle, et la sévérité avec laquelle fut traitée la garnison rebelle, fournit à Édouard un nouveau motif pour ne point entreprendre un périlleux voyage, seul et sans secours, à travers un pays ennemi, une armée nombreuse, afin de porter le secours d'une seule épée à une cause qui semblait irrévocablement perdue.

Dans cette vie solitaire et retirée, privé de la compagnie et de la conversation d'hommes d'un esprit cultivé, les arguments du colonel Talbot se représentèrent plus d'une fois à la pensée de notre héros. Un souvenir plus pénible et plus triste troublait quelquefois ses rêves... C'était le regard et le geste du colonel Gardiner à son dernier moment. Chaque fois que la poste, qui n'arrivait pas très-exactement à la ferme de Fasthwaite, lui apportait la nouvelle de quelques petits combats dont les succès étaient très-divers, il souhaitait de tout son cœur de n'être jamais réduit une seconde fois à tirer l'épée dans une guerre civile. Alors il réfléchissait à la mort supposée de Fergus, à la position désespérée de Flora, et avec plus d'intérêt encore à celle de Rose Bradwardine, qui n'avait pas ce dévouement exalté pour les Stuarts dans lequel son amie puisait la force de soutenir ses malheurs extraordinaires. Il avait tout le loisir de se livrer à ses rêveries sans être troublé ni distrait; c'est en se promenant par les beaux jours d'hiver sur les bords de l'Ulswater, qu'il apprit, mieux qu'il n'avait pu le faire jusque-là, à gouverner un esprit naturellement inquiet, mais qui s'était formé à l'école récente de l'adversité. C'est alors qu'il se crut autorisé à dire, avec un soupir peut-être, que son roman était fini, et qu'il commençait maintenant sa véritable histoire. Il ne tarda pas à avoir occasion de justifier ses nouvelles prétentions à la raison et à la philosophie.

CHAPITRE LXI.

UN VOYAGE A LONDRES.

La famille de Fasthwaite s'attacha bientôt à Édouard. Il avait cette douceur de caractère et cette politesse qui ne manquent jamais de nous gagner la bienveillance de nos semblables. Aux yeux de ces braves gens, la bonne éducation d'Édouard le rendait respectable, et sa tristesse intéressant. Il avait donné pour prétexte de cette tristesse, la mort d'un frère tué à l'affaire de

Clifton ; et, au milieu de ces mœurs simples, où les liens de famille n'ont rien perdu de leur force, la durée de son affliction excita la sympathie et non la surprise.

A la fin de janvier, Édouard eut occasion de déployer ses talents et sa gaieté, à propos de l'heureuse union d'Édouard Williams, le fils de son hôte, avec Cicely Repson; notre héros ne voulait pas troubler par la mélancolie les noces de deux personnes auxquelles il avait tant d'obligations. Il se mit donc en frais, il chanta, dansa, prit part à tous les divertissements de la fête, et se montra le plus gai de toute la compagnie. Mais le lendemain matin il eut à s'occuper d'affaires un peu plus sérieuses.

L'ecclésiastique qui avait marié les jeunes gens fut si charmé de l'esprit du prétendu étudiant en théologie, qu'il revint le lendemain de Penrith tout exprès pour lui faire une visite. Notre héros eût été un peu embarrassé s'il eût mis la conversation sur des matières théologiques ; mais par bonheur il aimait mieux raconter les nouvelles du jour, et disserter à ce sujet. Il avait apporté avec lui deux ou trois vieilles gazettes, dans l'une desquelles Édouard trouva un article qui le rendit absolument sourd à tout ce que le révérend M. Twigtythe lui débita sur l'état des affaires dans le nord, et sur la probabilité que le duc aurait avant peu battu et dispersé les rebelles. Cet article était conçu en ces termes, ou à peu près :

« Le 10 décembre courant, est décédé dans la maison de Hill-Street, Berkeley square, Richard Waverley, écuyer, fils cadet de sir Giles Waverley de Waverley-Honour. Il est mort des suites d'une maladie de langueur, aggravée par le chagrin de la position pénible où il se trouvait, ayant été obligé de donner une caution considérable au sujet d'une accusation de haute trahison intentée contre lui. Une accusation pareille est dirigée contre son frère aîné, sir Éverard Waverley, le représentant de cette ancienne famille. Nous avons entendu dire qu'il sera mis en jugement au commencement du mois prochain, à moins qu'Édouard Waverley, fils de feu Richard, neveu et héritier du baronnet, ne se constitue prisonnier. Dans ce cas, nous sommes informés que la gracieuse volonté de Sa Majesté est de suspendre toutes poursuites ultérieures contre sir Éverard. On prétend que cet infortuné jeune homme a pris les armes pour le Prétendant, et qu'il accompagnait les troupes des Highlandais dans leur invasion en Angleterre. Mais on n'en a pas entendu parler depuis l'affaire de Clifton, le 18 décembre dernier. »

Telle était la teneur de cet article, bien fait pour désoler notre héros.....
« Bon Dieu! s'écria-t-il, suis-je donc un parricide?... c'est impossible. Mon père, qui ne m'a jamais témoigné l'affection d'un père, tant qu'il a vécu, ne peut avoir été si affligé de la fausse nouvelle de ma mort, que cela ait causé la sienne; non : je ne puis le croire..... Ce serait une folie de se livrer un seul moment à de si horribles idées. Mais ce qui serait, s'il se peut, plus coupable qu'un parricide, ce serait de laisser en péril mon noble et généreux oncle, qui a toujours été pour moi plus qu'un père, s'il m'est possible de le sauver par quelque sacrifice que ce soit. »

Pendant que ces réflexions, aussi douloureuses que les piqûres du scorpion, pénétraient dans la tête de Waverley, le ministre interrompit une longue dissertation sur la bataille de Falkirk, étonné de la pâleur qu'elles avaient répandue sur le visage de son auditeur, et lui demanda s'il était indisposé. Par bonheur la mariée, la figure rayonnante de joie, entra en riant dans la chambre. Mistriss Williams était une femme douée d'une grande pénétration et d'un bon cœur ; et devinant à l'instant même qu'Édouard avait trouvé dans ces gazettes des nouvelles affligeantes, elle intervint si à propos, que, sans exciter les soupçons, elle détourna l'attention de M. Twigtythe, et trouva moyen de l'occuper jusqu'au moment où il s'en alla; ce qu'il ne tarda pas à faire. Waverley expliqua alors à ses amis qu'il se trouvait dans la nécessité de se rendre à Londres dans le plus court délai possible.

Cependant un motif de retard se présenta, auquel notre héros n'était pas accoutumé. Sa bourse, très-bien garnie quand il était parti pour Tully-Veolan, n'avait reçu depuis aucun renfort; et, quoique la vie qu'il avait menée depuis cette époque ne fût pas de nature à l'entraîner à de grandes dépenses, s'étant toujours trouvé ou chez ses amis, ou à l'armée, cependant il s'aperçut qu'après avoir réglé ses comptes avec son hôte il ne lui restait plus de quoi prendre la poste. Le mieux lui parut donc d'aller joindre la grande route du nord à Borough-Brigde, et là, de prendre une place dans la grande diligence du nord, espèce de fort carrosse dans le goût antique, attelé de trois chevaux, qui faisait le voyage d'Édimbourg à Londres (avec l'aide de Dieu, comme le disait l'affiche) en trois semaines. Notre héros se sépara donc, après de tendres adieux, de ses amis du Cumberland, leur promettant de n'oublier jamais leur bonté, et espérant en lui-même qu'il pourrait un jour leur donner des preuves non équivoques de sa reconnaissance. Après quelques petites difficultés, quelques délais impatientants, et après avoir fait l'acquisition d'habits plus convenables à son rang, quoique parfaitement simples et modestes, il termina son voyage à travers le pays, et se trouva dans la diligence désirée *vis-à-vis* de mistriss Nosebag, femme du lieutenant Nosebag, adjudant et maître d'équitation dans le ...ᵉ dragons, très-aimable femme de cinquante ans environ, qui portait une robe bleue bordée de rouge et tenait à la main un fouet à manche d'argent.

Mistriss Nosebag était une de ces personnes empressées qui prennent sur elles *de faire les frais de la conversation.* Elle arrivait du nord, et elle raconta à Édouard que son régiment (le régiment de mistriss Nosebag) aurait taillé à Falkirk [1] de belles croupières aux porte-jupons « si par malheur il ne s'était trouvé là un de ces sales marécages comme il y en a partout en Écosse, de sorte que ce cher petit régiment avait un peu souffert, comme dit mon Nosebag, dans cette malheureuse affaire. Avez-vous servi dans les dragons, monsieur? » Waverley fut si déconcerté par cette question inattendue qu'il répondit : « Oui. »

« Oh! je l'aurais deviné du premier coup! J'ai bien vu à votre tournure que vous étiez militaire, et j'étais sûre que vous n'étiez pas un de ces pieds poudreux, comme mon Nosebag les appelle. Quel régiment, s'il vous plaît? » C'était une question singulièrement agréable pour notre héros ! Il pensa, et avec raison, que cette bonne dame savait par cœur la liste de tous les régiments de l'armée; et, pour éviter de se trahir en altérant la vérité, il répondit : « Les dragons de Gardiner, madame; mais il y a quelque temps que je me suis retiré du service. »

— « Ah! ceux qui ont remporté le prix de la course à la bataille de Preston, comme dit mon Nosebag. Y étiez-vous, monsieur? »

— « J'ai eu le malheur, madame, répliqua-t-il, d'être témoin de cette affaire. »

— « C'est un malheur dont peu de dragons sont restés là pour être témoins, à ce que je crois, monsieur. Ha! ha! ha! je vous demande pardon, mais la femme d'un soldat aime à dire un bon mot. »

« Que le diable te confonde! pensa Waverley; quel infernal malheur m'a donné pour compagne cette vieille sorcière, qui m'assomme de ses questions? »

Heureusement la bonne dame ne restait pas long-temps sur le même sujet. « Nous voilà à Titersbridge, dit-elle. Il y a un parti de nos dragons chargé de prêter main-forte aux sergents, consta-

[1]. La bataille de Falkirk fut livrée en janvier 1746. A. M.

bles, juges de paix, et à cette espèce de gens qui examinent les passe-ports et qui arrêtent les rebelles; et voilà tout. » A peine étaient-ils arrivés à l'auberge qu'elle tira Waverley à la fenêtre, en s'écriant : « Voilà le brigadier Bridoon de notre compagnie; il vient avec le constable; Bridoon, un de nos agneaux, comme Nosebag les appelle. Vous, monsieur.... monsieur....; comment vous nommez-vous, monsieur? »

« Butler, madame, » dit Waverley, croyant plus prudent de s'attribuer le nom d'un de ses camarades que de s'exposer à être découvert en en prenant un qui n'existait pas au régiment.

« Ah! vous avez été fait capitaine il n'y a pas long-temps, quand ce gredin de Waverley passa aux rebelles. Ciel! que je voudrais que ce vieil animal de capitaine Crump passât aussi aux rebelles pour que Nosebag devînt capitaine. Ciel! qu'a donc ce Bridoon à se tenir là en se dandinant sur la porte? Que je sois pendue s'il n'est pas dans les brouillards, comme dit Nosebag. Venez, monsieur, vous et moi nous appartenons à l'armée, et nous forcerons ce coquin à se souvenir de ses devoirs. »

Waverley, avec des sentiments qu'il est plus facile de concevoir que de décrire, se vit obligé de suivre cet illustre général femelle. Le brave militaire ressemblait à un mouton autant que cela est possible à un brigadier de dragons ivre, haut de six pieds environ, avec de larges épaules, des jambes grêles, sans parler d'une grande balafre sur le nez. Mistriss Nosebag l'interpella en proférant un jurement, et lui ordonna de faire son devoir. « Vous êtes une damnée,... » commença à répondre le vaillant cavalier; mais levant les yeux pour donner, par le geste, plus de force à ses paroles, et aussi pour faire suivre l'épithète d'un substantif approprié à la personne qui lui parlait, il reconnut mistriss Nosebag, la salua militairement et prit sur-le-champ un autre ton. « Que Dieu bénisse votre charmante figure, madame Nosebag; c'est donc vous? Si un pauvre diable se trouve avoir bu un verre d'eau-de-vie dès le matin, c'est à qui lui fera de la peine à cause de cela. »

— « Bien, méchant garnement, bien; allons, remplissez votre devoir. Ce gentilhomme et moi appartenons à l'armée; mais faites attention à ce vilain merle, à ce chapeau rabattu sur le nez, qui occupe un des coins de la diligence. Je crois que c'est un rebelle déguisé! »

« Le diable enlève la vieille perruque, la vieille imbécile! dit le caporal quand elle se fut éloignée; cette coquine de milady cherche-partout, la mère l'adjudant, comme on l'appelle, est une plus grande peste pour le régiment que le prévôt, le brigadier en chef et le vieux Hubbe-de-Shruff, le colonel, tous ensemble. Allons, monsieur le constable, voyons si ce vilain merle, comme elle dit (c'était un quaker de Leeds avec lequel mistriss Nosebag avait eu une discussion très-aigre sur la légitimité de la guerre), voudra être le grand-père d'un verre d'eau-de-vie, car votre ale d'Yorkshire est trop froide pour mon estomac. »

La vivacité de mistriss Nosebag, qui tira Édouard de cet embarras, faillit le jeter dans deux ou trois autres semblables. A chaque ville où on s'arrêtait, elle voulait qu'il visitât avec elle le corps-de-garde, s'il y en avait un; et une fois il s'en fallut de peu qu'elle ne le conduisît à un brigadier qui faisait des recrues pour son ancien régiment. C'était toujours monsieur le capitaine, M. Butler, si bien que notre héros en mourait d'impatience et d'inquiétude. Aussi, de sa vie, il ne se réjouit davantage de la fin d'un voyage, qu'au moment où l'arrivée de la diligence à Londres le débarrassa des attentions de mistriss Nosebag.

CHAPITRE LXII.

QUE FAIRE?

Il était nuit quand ils arrivèrent à

Londres. Waverley, après avoir fait ses adieux à ses compagnons de voyage, traversa un grand nombre de rues, de peur d'être suivi, puis monta dans une voiture de place, et se fit conduire à la maison du colonel Talbot, dans un des principaux quartiers à l'extrémité occidentale de la ville. Ce gentilhomme, par la mort de plusieurs parents, avait, depuis son mariage, hérité d'une fortune considérable ; il jouissait d'une grande importance dans le monde politique, et menait ce qu'on appelle un grand train.

Waverley eut d'abord quelque peine à se faire introduire auprès de lui. Enfin on le conduisit dans un appartement où le colonel était à table ; lady Émilie, dont la charmante figure était encore pâle des suites de sa maladie, était placée en face de lui. Aussitôt qu'il entendit la voix de Waverley, il se leva brusquement, et se jeta dans ses bras. « Franck Stanley, mon cher enfant, comment vous portez-vous ? Émilie, ma chère, c'est le jeune Stanley. »

Le visage de la jeune femme se colora pendant qu'elle faisait à Waverley un accueil où la politesse se mêlait à la cordialité. Sa main tremblante et sa voix mal assurée montraient combien elle était émue et troublée. On rapporta le dîner. Pendant que Waverley prenait quelques rafraîchissements, le colonel continua : « Je m'étonne de vous voir ici, Franck ; les médecins m'ont dit que l'air de Londres ne convenait pas à votre santé. Vous n'auriez pas dû vous y exposer ; je n'en suis pas moins charmé de vous voir, et mon Émilie aussi ; mais je crains que nous ne puissions compter sur le plaisir de vous voir longtemps. »

« Des affaires particulières m'ont amené ici », murmura Waverley.

— « C'est ce que je suppose ; mais je ne vous permettrai pas d'y faire un long séjour. Spontoon (s'adressant à un vieux domestique sans livrée, à la tournure militaire), emportez cette valise ; vous viendrez vous-même si je sonne ; qu'aucun autre de mes gens ne vienne nous déranger ; j'ai à parler d'affaires avec mon neveu. »

Quand les domestiques se furent retirés : « Au nom du ciel, Waverley, quelle affaire vous amène à Londres ? votre vie y est en péril. »

« Cher monsieur Waverley, dit lady Émilie, vous à qui je ne pourrai jamais témoigner toute ma reconnaissance, comment avez-vous commis une telle imprudence ? »

— « Mon père.... mon oncle.... cet article.... » Il présenta la gazette au colonel Talbot.

« Je voudrais que les coquins fussent condamnés à être écrasés sous leurs presses ! dit le colonel. On m'a assuré qu'il ne se publiait pas moins de douze de ces gazettes à Londres ; il n'est pas étonnant qu'ils soient obligés d'inventer des mensonges pour procurer le débit de leurs feuilles. Cependant, mon cher Édouard, il est vrai que vous avez perdu votre père ; mais quant à cet embellissement, ajouté par le rédacteur, que le chagrin des poursuites dirigées contre lui a troublé son esprit et hâté sa mort, la vérité est, car, — quoiqu'il soit pénible de vous le dire, cela vous délivrera du poids d'une terrible responsabilité, — la vérité est que monsieur Richard Waverley, dans toute cette affaire, a montré la plus grande indifférence sur votre sort et sur celui de votre oncle. La dernière fois que je le vis, il me dit d'un air joyeux, que puisque j'étais assez bon pour me charger de vos intérêts, il avait pensé qu'il serait mieux d'entamer une négociation séparée pour lui-même, et de faire sa paix avec le gouvernement à l'aide d'anciennes liaisons qui subsistaient encore entre lui et les ministres, par suite du poste qu'il avait occupé dans l'administration. »

— « Et mon oncle, mon cher oncle ? »

— « Hors de danger, tout-à-fait hors de danger. Il est vrai (en regardant la date du journal) que vers cette époque il courut un bruit ridicule, mais absolument faux. Sir Éverard est reparti pour Waverley-Honour, n'ayant olus d'inquiétude qu'à votre sujet. Mais vous-même vous êtes en péril.... votre nom est sur toutes les listes de coupables; des mandats d'arrêt sont lancés contre vous.... Comment et depuis quand êtes-vous arrivé à Londres? »

Édouard raconta en détail son histoire; il supprima seulement sa querelle avec Fergus; étant lui-même plein d'attachement et d'admiration pour les montagnards, il ne voulait pas confirmer l'antipathie du colonel contre eux.

« Êtes-vous sûr d'avoir bien reconnu le page de votre ami Glen... parmi les morts à Clifton-Moor? »

— « Parfaitement sûr. »

— « Alors ce petit enfant du diable a fait un vol à la potence, car il était écrit qu'il devait mourir sur le gibet. Il n'en était pas moins, dit-il en se tournant vers lady Émilie, un très-beau garçon. Mais vous, Édouard, je souhaite que vous retourniez dans le Cumberland, et je voudrais plus encore que vous n'en fussiez jamais sorti; car il y a un embargo dans tous les ports, et l'on fait les recherches les plus actives contre les partisans du Prétendant. La langue de cette maudite femme va aller comme un moulin, jusqu'à ce qu'elle ait découvert, d'une façon ou d'autre, que le capitaine Butler est un personnage supposé. »

« Connaissez-vous, dit Waverley, ma compagne de voyage? »

— « Son mari a été mon sergent-major pendant six ans; c'était une veuve de bonne humeur, avec un peu d'argent devant elle... il l'épousa... C'était un bon garçon, et qui n'était pas mélancolique non plus. Je vais envoyer Spontoon pour savoir ce qu'elle est devenue; il la trouvera chez quelque connaissance du régiment : demain matin vous serez indisposé, et vous garderez la chambre pour vous remettre de vos fatigues; lady Émilie sera votre gouvernante, Spontoon et moi nous serons vos domestiques. Vous portez le nom d'un de mes plus proches parents qu'aucun de mes gens n'a encore vu, excepté Spontoon : ainsi vous pouvez être tranquille. Je vous en prie, dites le plus tôt possible que vous sentez votre tête brûlante et vos yeux appesantis, pour que lady Émilie et moi nous vous enjoignions de vous mettre au lit comme un malade; et vous, ma chère Émilie, voulez-vous ordonner qu'on prépare un appartement pour Frank Stanley, avec toutes les précautions nécessaires pour un malade? »

Le lendemain le colonel alla faire visite à son hôte. « J'ai, lui dit-il, quelques bonnes nouvelles à vous apprendre. Votre réputation comme gentilhomme et comme officier est déchargée de l'accusation de négligence dans l'accomplissement de vos devoirs militaires, et de complicité dans les mutineries du régiment de Gardiner. J'ai reçu, à cet égard, des lettres d'un ami bien zélé pour vos intérêts, votre ministre écossais Morton. La première missive était adressée à sir Éverard, mais je me suis chargé d'y répondre à la place de l'excellent baronnet. Il faut vous dire que votre connaissance, l'honnête Donald de la caverne, est à la fin tombé au pouvoir des Philistins; il emmenait les bestiaux d'un certain propriétaire nommé Killan... dit autrement... »

— « Killancureit? »

— « Précisément! Ce gentilhomme étant, à ce qu'il paraît, un gros fermier, et attachant un prix extrême à son troupeau, mais ne se sentant pas grand courage pour le défendre lui-même, avait demandé un détachement de soldats pour la protection de sa ferme. Donald, qui ne savait pas cela, mit sa tête dans la gueule du lion; sa bande fut taillée en pièces, et lui-même fait prisonnier. Ayant été condamné à mort, deux ecclésiastiques se disputèrent l'honneur de l'assister dans ses derniers moments, un prêtre catholique et votre ami M. Morton. Il repoussa le catholique, principalement en haine de la doctrine de l'extrême-onction, que Donald, grand partisan de l'économie, considérait comme une dépense inutile d'huile. Ainsi le soin de convertir ce pêcheur endurci échut à M. Morton, qui, j'ose le dire, s'en acquitta avec un zèle admirable; quoique après tout je ne suppose pas qu'il soit parvenu à faire de Donald un bien bon chrétien. Cependant il fit l'aveu devant un magistrat, un certain major Melville, qui m'a l'air d'un fort honnête homme, mais rigide et pointilleux, de toute son intrigue avec Houghton, expliquant en détail comment elle avait été poussée et conduite, et vous déchargeant d'y avoir pris la moindre part. Il raconta aussi qu'il vous avait délivré des mains de l'officier volontaire, et qu'il vous avait envoyé, par l'ordre du Pré..., du Chevalier, veux-je dire, comme prisonnier à Doune, d'où il avait appris que vous aviez éte conduit, toujours prisonnier, à Édimbourg. Ce sont là des détails qui ne peuvent que parler en votre faveur. Il laissa à entendre qu'il avait reçu la commission de vous délivrer et de veiller à votre sûreté, et qu'il en avait été récompensé; mais il ne voulut jamais dire par qui, alléguant qu'il ne s'était pas fait scrupule de violer tous les serments ordinaires pour contenter la curiosité de M. Morton, aux prières et aux exhortations duquel il devait tant, mais que dans ce cas on lui avait fait promettre le silence sur la pointe de son dirck, ce qui, à ce qu'il paraît, constituait, selon lui, une obligation inviolable [1]. »

— « Eh! que lui est-il arrivé? »

— « Mon Dieu, on l'a pendu à Stirling, après que les rebelles en ont eu levé le siége, accompagné de son lieutenant et de quatre autres farceurs ; on lui a fait l'honneur d'une potence plus haute que celles de ses compagnons. »

— « Soit. Je n'ai de raison ni pour m'affliger ni pour me réjouir de sa mort : et cependant il m'a fait beaucoup de mal et beaucoup de bien. »

— « Au moins ses aveux vous seront d'une grande utilité ; ils détruiront les soupçons qui compliquaient l'accusation portée contre vous, et qui lui donnaient un caractère différent de celle qui plane sur tant d'infortunés gentilshommes qui ont porté ou portent encore les armes contre le gouvernement légitime. Leur trahison, je dis le mot propre, quoique vous ayez participé à leur faute, provient d'un dévouement mal éclairé, et peut par conséquent être considérée comme un malheur, quoique, sans aucun doute, il y ait peu d'actions plus criminelles. Mais quand les coupables sont si nombreux, la clémence est assurée à la majeure partie ; je ne doute pas que je ne parvienne à obtenir votre pardon, pourvu que vous vous teniez à l'abri des griffes de la justice jusqu'à ce qu'elle ait choisi et frappé des victimes, autant qu'elle en voudra ; à ce cas, comme à bien d'autres, s'applique le proverbe vulgaire : Les premiers venus sont les premiers servis. D'ailleurs, le gouvernement, en ce moment, désire intimider les jacobites, parmi lesquels il se trouve peu d'hommes considérables pour faire des exemples. C'est une disposition vindicative et timide qui ne durera pas long-temps, car de tous les peuples, le moins sanguinaire c'est le peuple anglais : mais elle existe pour le moment, et il ne faut pas vous exposer à en subir les effets. »

En ce moment entra Spontoon, l'air inquiet et affairé. Par le moyen de ses connaissances du régiment, il avait découvert mistriss Nosebag ; il l'avait trouvée pleine de colère, s'agitant, criant contre un imposteur, dont elle venait de vérifier la fourberie, et qui

---

[1]. De même que les dieux du paganisme contractaient une obligation inviolable en jurant par le Styx, les Highlandais avaient quelque solennité particulière attachée à un serment par lequel ils entendaient s'engager irrévocablement. Cette solennité consistait le plus souvent à jurer en étendant la main sur leur dirck nu : le dirck devenant alors, pour ainsi dire, partie au contrat, était pris à témoin, comme devant punir celui qui y manquerait. Louis XI avait aussi une espèce particulière de serment, le seul auquel il ne manqua jamais, mais qu'il se décidait fort difficilement à prêter. Ce serment consistait à prendre à témoin de sa promesse la sainte croix de Saint-Lo d'Angers, laquelle contenait un morceau de la vraie croix. A. M.

avait voyagé avec elle, sous le nom du capitaine Butler des dragons de Gardiner. Elle allait faire sa déposition au magistrat, pour qu'on le cherchât, comme un émissaire du Prétendant ; mais Spontoon, rusé comme un vieux soldat, et feignant d'approuver fortement sa résolution, avait trouvé moyen d'en retarder l'accomplissement. Cependant il n'y avait pas de temps à perdre : la description exacte que cette folle n'allait pas manquer de faire de son compagnon de voyage conduirait probablement à la découverte que le prétendu capitaine Butler était Waverley, découverte dangereuse pour Édouard, pour son oncle et même pour le colonel Talbot. Dans quelle direction fallait-il se réfugier ? telle était maintenant la question.

« En Écosse, » dit Édouard.

« En Écosse ! reprit le colonel ; et pourquoi ? ce n'est pas pour vous joindre une seconde fois aux rebelles, j'espère ? »

— « Non. J'ai considéré ma campagne comme finie, quand, malgré tous mes efforts, il m'a été impossible de les rejoindre ; et maintenant, toutes les nouvelles s'accordent à dire qu'ils vont faire une campagne d'hiver dans les montagnes, où des partisans comme moi leur seraient plus à charge qu'utiles. Il paraît probable qu'ils ne prolongent la guerre qu'afin de donner au prince le temps de s'échapper, et d'avoir celui d'entrer en arrangement pour eux-mêmes. Les embarrasser de ma présence serait leur donner un adhérent qu'ils ne voudraient pas abandonner, et qu'ils ne seraient pas en état de défendre. J'ai entendu dire qu'ils avaient laissé, pour cette raison, tous les Anglais qui servaient dans leur armée en garnison à Carlisle ; et pour envisager les choses sous un point de vue plus général, colonel, s'il faut vous confesser la vérité, au risque de me faire tort dans votre opinion, je suis profondément dégoûté du métier de la guerre ; et, comme dit le joyeux lieutenant Fletcher, je suis las de batailles. »

— « De batailles ! et bien, qu'avez-vous vu ? une ou deux escarmouches. Ah ! si vous aviez vu la guerre en grand ; soixante, cent mille hommes en bataille, de chaque côté ! »

— « Je ne suis pas curieux, colonel ; un bon ordinaire, dit le proverbe de notre pays, vaut un festin. Les troupes avec leurs panaches, les combats, la mêlée, avaient coutume de m'enchanter dans les descriptions des poètes ; mais marcher pendant la nuit, ne pas dormir, coucher à la belle étoile pendant l'hiver, et beaucoup d'autres accompagnements du glorieux métier des armes, ne sont aucunement de mon goût dans la pratique. Quant aux coups, j'en ai eu tout mon soûl à Clifton, où, dix fois, je n'échappai que par miracle. Et vous-même, je pense que... » Il n'osa pas achever.

« J'en ai reçu suffisamment à Preston, voulez-vous dire ? répondit le colonel en riant ; mais c'est ma vocation. »

« Ce n'est pas la mienne, reprit Waverley ; et puisque j'ai remis honorablement dans le fourreau l'épée que je n'avais tirée que comme volontaire, je me contente de cet essai de la vie des camps, et je ne la continuerai pas. »

— « Je suis charmé de vous voir dans de tels sentiments ; mais que voulez-vous faire dans le nord ? »

— « Premièrement, quelques ports de la côte orientale d'Écosse sont encore au pouvoir des amis du prince ; si je parviens à en gagner un, je pourrai aisément m'embarquer pour le continent. »

— « Bon ! Votre seconde raison ? »

— « Mais, à vous dire la vérité, il y a une personne en Écosse, une personne de qui mon bonheur dépend plus que je ne l'avais cru jusqu'à présent, et sur le sort de laquelle je suis fort inquiet. »

— « Émilie avait donc raison ; il y avait, au fond de tout cela, une affaire d'amour. Et laquelle de ces deux jolies demoiselles écossaises que vous vouliez absolument me faire admirer, est la beauté préférée ? ce n'est pas miss Glen.., j'espère ? »

— « Non. »

— « Ah! passé pour l'autre. La simplicité peut se corriger, mais la morgue et la prétention, jamais. Soit : je ne vous en détourne pas. Je crois que cela ne déplaira pas à sir Éverard, d'après ce qu'il m'a dit quand je plaisantais devant lui là-dessus. Seulement j'espère que son père, si assommant avec son jargon prétentieux, son tabac, son latin, ses longues histoires, à faire dormir debout, sur le duc de Berwick, croira nécessaire à sa sûreté d'aller résider en pays étranger. Quant à sa fille, quoique, à mon avis, vous eussiez pu trouver un aussi bon parti en Angleterre, je ne vois aucun obstacle; car si votre cœur est fixé en faveur de cette Rose des bois écossais, d'un autre côté, sir Éverard a grande opinion de son père et de la noblesse de sa famille, et il désire ardemment de vous voir marié et établi, tant pour vous que pour les trois hermines passant, qui sans cela seraient exposées à s'éteindre. Au reste, je vous ferai connaître plus positivement sa manière de penser là-dessus, puisque vous n'êtes pas en correspondance avec lui pour le présent. Je ne tarderai pas à vous rejoindre en Écosse. »

— « Vraiment ! Et pour quel motif pensez-vous retourner en Écosse? Ce ne sont pas les tendres souvenirs que vous avez conservés du pays des montagnes et des torrents, je le crains bien? »

— « Non, sur mon honneur; mais la santé d'Émilie est maintenant, grace au ciel, rétablie, et, pour vous dire la vérité, j'ai quelque espérance de conclure heureusement une affaire que j'ai maintenant bien à cœur de terminer, si je puis obtenir une entrevue personnelle avec Son Altesse Royale, le commandant en chef; le Duc, comme dit Fluellen [1], a de la bienveillance pour moi, et je rends graces à Dieu d'avoir excité cette bienveillance par quelques services. Je vais maintenant sortir une heure ou deux, afin de tout régler pour votre départ.

[1]. Capitaine gallois, personnage d'un des drames de Shakspeare. A. M.

Votre liberté ne s'étend que jusqu'à la pièce voisine, le parloir de lady Émilie, où vous la trouverez quand vous serez disposé à faire de la musique, à lire, ou à causer. Nous avons pris nos précautions pour qu'il n'y vienne aucun domestique, excepté Spontoon, qui est sûr comme la lame de mon épée. »

Environ deux heures après, le colonel rentra; il trouva son jeune ami en conversation avec lady Émilie; elle était charmée de ses manières et de son entretien : Waverley goûtait le plaisir de se retrouver dans la société de personnes de son rang, plaisir dont il avait été privé depuis long-temps.

« Écoutez mes arrangements, dit le colonel; car nous n'avons pas de temps à perdre. Le jeune homme que voici, Édouard Waverley, autrement dit Williams, autrement le capitaine Butler, continuera d'être (pour son quatrième nom, autrement dit Francis Stanley), mon neveu : il partira demain pour le nord; ma voiture le conduira jusqu'au second relais. Là, il trouvera Spontoon, et ils prendront des chevaux de poste jusqu'à Huntingdon; la présence de Spontoon, bien connu sur la route pour être à mon service, éloignera tous les soupçons. A Huntingdon, vous trouverez le vrai Francis Stanley; c'est un étudiant de l'université de Cambridge. Il y a quelque temps, n'étant pas sûr que la santé d'Émilie me permît d'aller en Écosse, je lui ai procuré un passeport de la secrétairerie d'état, pour qu'il fît le voyage à ma place. Comme il devait principalement vous chercher, son voyage serait maintenant sans objet. Il connaît votre histoire; vous dînerez ensemble à Huntingdon; et peut-être qu'en réunissant vos lumières, vous trouverez quelque moyen de continuer votre voyage vers le nord, sans danger ou au moins le plus sûrement possible; et maintenant (en tirant une cassette de maroquin), permettez-moi de vous mettre en fonds pour la campagne. »

— « Je suis confus, mon cher colonel. »

« En toute occasion, répondit le colonel Talbot, ma bourse est à votre disposition; mais cet argent est à vous. Votre père, prévoyant le cas où vous seriez condamné pour haute trahison, m'a laissé ce dépôt pour vous. Ainsi vous possédez 15,000 livres, indépendamment de Brerewood-Lodge, une fort jolie fortune, je vous assure. Voici des billets pour 200 livres. Une somme plus considérable vous sera expédiée, ou des traites sur les pays étrangers, sitôt que vous en manifesterez le désir. »

Waverley se trouvant tout à coup à la tête de cette fortune, sa première pensée fut d'en profiter pour écrire au fermier Jobson, en le priant d'accepter une coupe d'argent, de la part de son ami Williams, qui n'avait pas oublié la nuit du 18 décembre dernier. Il le pria en même temps de conserver soigneusement son tartan et ses autres habits de montagnard, particulièrement ses armes, curieuses en elles-mêmes, mais auxquelles l'amitié du donateur donnait, à ses yeux, un prix inestimable. Lady Émilie se chargea de faire l'acquisition de quelque objet de nature à flatter la vanité et à plaire au goût de mistriss Williams; et le colonel, qui était un grand amateur de l'agriculture, promit d'envoyer au patriarche de l'Ulswater un excellent attelage de chevaux pour la charrue ou pour la charette.

Waverley passa à Londres une heureuse journée; il voyagea de la manière projetée, et trouva Francis Stanley à Huntingdon. Les deux jeunes gens eurent fait connaissance en une minute.

« Je devine l'énigme de mon oncle, dit Stanley. Le vieux soldat, malgré toute sa prudente réserve, n'avait pas besoin de tant de détours pour me dire de vous remettre le passe-port dont je n'ai pas besoin : mais si cela tournait mal, ce serait l'équipée d'un jeune Cantabre [1]; *cela ne tire pas à conséquence.*

Vous êtes donc Francis Stanley, avec ce passe-port. »

En effet, la précaution du colonel épargna à Édouard beaucoup de difficultés et d'embarras, dans le cours de son voyage; aussi il n'hésitait pas à s'en servir à chaque occasion, surtout parce que son voyage n'avait aucun but politique; il n'aurait pu être accusé de pratiquer des machinations contre le gouvernement, en voyageant sous la protection d'un passe-port de la secrétairerie d'état.

La journée se passa gaiement à Huntingdon. Le jeune étudiant était fort curieux de connaître les campagnes d'Édouard et les mœurs des Highlandais; Édouard fut obligé, pour lui complaire, de siffler un pibroch, de danser une *strathspey*, et de chanter une chanson highlandaise. Le lendemain Stanley accompagna son nouvel ami jusqu'à la première poste, sur la route du nord, et se sépara de lui à grand regret, sur les remontrances de Spontoon, qui, habitué à se soumettre à la discipline, la faisait rigoureusement observer par les autres.

CHAPITRE LXIII.

DÉSOLATION.

Waverley voyageant en poste, à franc étrier, selon l'usage de cette époque, atteignit les frontières d'Écosse sans autres aventures que deux ou trois questions sur son nom, auxquelles le talisman de son passe-port satisfit complétement. Ce fut là qu'il apprit des nouvelles de la bataille décisive de Culloden [2]. Il s'y attendait depuis long-temps, quoique le succès de Falkirk eût jeté quelque éclat sur les armes du Chevalier. Ce triste événement l'affecta profondément. Ce prince si généreux, si aimable, si brave, était alors fugitif, et sa tête mise à prix; ses partisans, si courageux, si enthousiastes, si dévoués, étaient tués, emprisonnés ou exilés. Où était

---

[1]. C'est-à-dire d'un étudiant de l'université de Cambridge, parce qu'on prétend qu'elle fut fondée par une colonie de Cantabres qu'y envoya l'empereur Probus. A. M.

[2]. Elle fut livrée en avril 1746, et termina l'expédition du dernier des Stuarts. A. M.

maintenant le fier et exalté Fergus, si toutefois il avait survécu à l'affaire de Clifton? Qu'était devenu le bon, l'honnête baron de Bradwardine, dont les ridicules mêmes semblaient ne faire que mieux ressortir son désintéressement, sa bonté candide et son courage à toute épreuve? Et Rose, et Flora, qui s'appuyaient sur ces colonnes maintenant renversées, où étaient-elles? dans quelle malheureuse position ne les avait point jetées la perte de leurs protecteurs naturels? Il songeait à Flora avec l'affection d'un frère pour sa sœur; mais il éprouvait pour Rose un sentiment plus tendre et plus vif. Il était peut-être destiné à remplacer les appuis qu'elles avaient perdus. Agité par ces pensées, il hâta encore son voyage.

Arrivé à Édimbourg, où ses recherches devaient nécessairement commencer, il sentit toute la difficulté de sa position. Un grand nombre des habitants de cette ville l'avaient vu, l'avaient connu sous le nom d'Édouard Waverley; comment pourrait-il donc se prévaloir d'un passeport qui portait celui de Francis Stanley? Cependant il ne pouvait se dispenser d'attendre un jour ou deux une lettre du colonel Talbot, et de lui laisser son adresse, sous son faux nom, à un endroit dont ils étaient convenus. Dans cette dernière intention, il se retira dans des rues sombres et de lui bien connues, évitant avec soin tous les regards : mais ce fut en vain. Une des premières personnes qu'il rencontra le reconnut : c'était mistriss Flockhart, la joyeuse hôtesse de Fergus Mac-Ivor.

« Que Dieu vous conduise, monsieur Waverley, est-ce vous? Oh! n'ayez pas peur de moi. Je suis incapable de trahir un gentilhomme dans la position où vous êtes... Le bonheur n'a qu'un jour. Hélas!... que les choses sont changées! que le colonel Mac-Ivor et vous, vous étiez joyeux dans notre maison! » Et la bonne veuve répandit quelques pleurs amers. Comme il n'était pas possible de se cacher de mistriss Flockhart, Waverley la reconnut de bonne grâce et lui avoua le danger de sa situation présente. — « Voilà qu'il fait déjà nuit, monsieur; vous allez venir chez nous prendre une tasse de thé, et si vous voulez coucher dans la petite chambre, je prendrai soin que vous n'y soyez point troublé, et personne ne vous reconnaîtra. Car Kate et Matty[1], mes deux servantes, sont parties avec deux dragons du régiment d'Hawley, et j'en ai deux nouvelles à leur place. »

Waverley accepta son invitation, et retint son logement pour une nuit ou deux, persuadé qu'il serait plus en sûreté dans la maison de cette honnête créature que partout ailleurs. Quand il entra dans le parloir, son cœur se gonfla en voyant le bonnet de Fergus, avec la cocarde blanche, suspendu à côté du petit miroir.

Mistriss Flockhart remarqua la direction des regards de Waverley : « Oui, dit-elle en soupirant, le pauvre colonel en avait acheté un neuf, la veille du jour où ils partirent. Je ne veux pas laisser gâter celui-ci; je le brosse tous les jours moi-même; quand je le regarde, je crois encore l'entendre crier à Callum de lui apporter son bonnet, comme il avait coutume de faire quand il allait sortir... C'est bien triste... Les voisins m'appellent jacobite...; mais qu'ils disent ce qu'ils voudront..., je suis sûre que ce n'est pas pour cela... Mais c'était le plus aimable, le meilleur gentilhomme qui fut jamais, et le mieux fait... Ah! savez-vous, monsieur, quand il sera mis en jugement? »

— « En jugement! bon Dieu! Mais où est-il donc?

— « Oh! au nom du ciel! ne le savez-vous pas? Le pauvre Dugald Mahoni vint ici il y a quelque temps, avec un bras de moins et une grande entaille à la tête... Vous vous rappelez Dugald; il portait une hache sur l'épaule... Il vint donc ici, comme je vous le disais, me demander quelque chose à manger. Eh bien! il nous dit que le chef, comme

---

[1]. Abréviations de Katerina et Marguarita. A. M.

ils l'appelaient (moi je ne le nommais que le colonel), et l'enseigne Maccombich, dont vous vous souvenez bien, avaient été pris quelque part, du côté de la frontière de l'Angleterre, dans une nuit si obscure, que ses soldats ne s'en étaient aperçus que long-temps après avoir quitté le champ de bataille, et qu'ils étaient revenus le chercher, mais inutilement. Il dit aussi que Callum Beg (c'était un méchant petit vaurien) et Votre Honneur avaient été tués la même nuit, dans la mêlée, avec beaucoup d'autres braves gens. Mais il jurait, en parlant du colonel, qu'on n'avait jamais vu son pareil. Maintenant le bruit court que le colonel sera mis en jugement et exécuté avec ceux qui ont été pris à Carlisle. »

— « Et sa sœur? »

— « Oui, qu'on appelait lady Flora. Elle est allée le joindre à Carlisle, et demeure chez quelque grand papiste de cette ville, pour être près de son frère. »

« Et, continua Édouard, l'autre jeune dame ? »

— « Quelle autre ? Je ne connais ici qu'une sœur au colonel. »

« Je parle de miss Bradwardine, dit Édouard. »

« Ah, oui! la fille du laird, répondit l'hôtesse; c'était une bien bonne personne, la pauvre créature, mais bien moins imposante que lady Flora. »

— « Où est-elle, au nom du ciel ? »

— « Que sais-je où ils sont tous maintenant! Les pauvres gens, ils sont tous prisonniers, à cause de leurs cocardes blanches et de leurs roses blanches. Mais elle est allée rejoindre son père dans le Perthshire, quand les troupes du gouvernement sont revenues à Édimbourg. Il y avait quelques jolis garçons dans ces troupes. Un major Whacker était logé chez moi, un gentilhomme très-honnête. Mais, monsieur Waverley, il n'avait pas si bonne tournure que le pauvre colonel. »

— « Savez-vous ce qu'est devenu le père de miss Bradwardine ? »

— « Le vieux laird? non, personne ne le sait: mais on sait qu'il s'est vaillamment battu à cette bataille, à Inverness [1]. Duncan Clank le ferblantier dit que les soldats du gouvernement sont enragés contre lui, parce qu'il est sorti deux fois [2]; et en vérité il était averti. Mais il n'y a rien de fou comme un vieux fou. Le pauvre colonel n'était encore sorti qu'une fois. »

Voilà tout ce que Waverley put tirer de mistriss Flockhart touchant les anciens hôtes et les connaissances de cette bonne dame. C'en fut assez pour le déterminer à partir sans retard pour Tully-Veolan, où il pensait, d'après ce qu'il venait d'entendre, qu'il trouverait Rose, ou au moins qu'il apprendrait de ses nouvelles. Il laissa une lettre pour le colonel Talbot, à l'endroit convenu, signée de son nom supposé, dans laquelle il lui donnait son adresse au bureau de poste le plus voisin de la résidence du baron.

D'Édimbourg à Perth il prit des chevaux de poste. Son intention était de faire le reste du chemin à pied : mode de voyager qu'il affectionnait particulièrement, et qui avait l'avantage de lui permettre de s'écarter du grand chemin quand il voyait des détachements de troupes à distance. La campagne qu'il venait de faire avait considérablement renforcé sa constitution, et augmenté son aptitude à supporter la fatigue. Il envoya son bagage devant lui, par une occasion qui se présenta.

A mesure qu'il avançait vers le nord, les traces de la guerre devenaient plus visibles. Des chariots brisés, des chevaux morts, des chaumières découvertes, des arbres abattus pour faire des palissades, des ponts détruits, ou seulement réparés en partie; tout indiquait les mouvements d'armées ennemies. Dans les endroits où les paysans passaient pour attachés à la cause des Stuarts, leurs maisons étaient démantelées ou ouvertes; le cours des

[1]. Culloden, où fut livrée la bataille, est dans le comté d'Inverness. A. M.

[2]. *Out twice*, dit le texte. On employait le mot *out* en Écosse pour dire d'une manière détournée qu'on avait pris les armes en 1745. A. M.

travaux qui font comme la parure de la campagne, était interrompu : on voyait les habitants errer çà et là, la crainte, le chagrin, le désespoir sur la figure.

Le jour baissait quand il approcha du village de Tully-Veolan avec une émotion et des sentiments bien différents de ceux qu'il avait éprouvés la première fois qu'il y était arrivé. Alors la vie lui était si nouvelle, qu'une journée sombre ou pluvieuse était l'un des plus grands malheurs que son imagination pût concevoir ; il lui semblait que son temps ne devait être employé qu'à des études instructives ou amusantes, ou aux distractions de la société, et à des parties de plaisir avec de jeunes amis. Maintenant, qu'il était changé ! Quelques mois avaient suffi pour dissiper ces douces illusions ; mais aussi combien son caractère avait gagné en solidité, en élévation ! L'adversité et les pertes sont des maîtres sévères, mais au moyen desquels on s'instruit vite. « Moins gai, mais plus sage, » il trouvait dans le sentiment de ses forces et de sa dignité d'homme, un dédommagement aux rêves brillants que l'expérience avait si promptement fait évanouir.

En approchant du village, il s'aperçut avec étonnement et inquiétude qu'un détachement de soldats campait tout près ; et, ce qui était pire, qu'il semblait là à poste fixe. C'est ce qu'il conjectura d'après quelques tentes qu'il distinguait sur ce qu'on appelait la place commune. Pour échapper au danger d'être arrêté et questionné dans un lieu où il ne pouvait manquer d'être reconnu, il fit un long détour, afin d'éviter le village, et d'arriver à la porte de l'avenue par un sentier qu'il connaissait bien. Il vit d'un coup d'œil qu'il était survenu d'étranges changements. Une moitié de la porte était toute brisée, et les débris, coupés comme du bois de chauffage, étaient mis en pile, prêts à être enlevés. L'autre battant tenait encore, mais inutilement, à ses gonds ébranlés ; les créneaux au-dessus de la porte étaient abattus et renversés, et les ours sculptés, qui, disait-on, montaient la garde à l'entrée du château depuis des siècles, arrachés de leurs postes, gisaient au milieu des décombres. L'avenue était horriblement ravagée. Plusieurs grands arbres, qu'on avait coupés, barraient le chemin ; les bestiaux des paysans, et les sabots plus lourds des chevaux de dragons, avaient changé en une boue noire la pelouse verdoyante que Waverley jadis avait tant admirée.

En pénétrant dans la cour, Édouard vit se réaliser toutes les craintes qu'il avait conçues. La maison avait été saccagée par les troupes du roi qui, ne cherchant qu'à malfaire, avaient essayé d'y mettre le feu. Et quoique, de certains côtés, l'épaisseur des murailles eût résisté à l'incendie, les écuries et les hangars avaient été dévorés par les flammes. Les tours et les donjons du bâtiment principal étaient noirs de fumée ; les pavés de la cour fracassés ou déplacés ; les portes arrachées ou tenant encore à un gond ; les fenêtres brisées, démontées ; enfin la cour jonchée de meubles qu'on avait pris plaisir à briser. Ces vieux écussons auxquels le baron, dans l'orgueil de son cœur, avait attaché tant d'importance et de vénération, avaient été souillés avec un soin extrême. La fontaine était démolie, et l'eau qui l'alimentait coulait au travers de la cour. Le bassin de pierre semblait servir d'abreuvoir aux bestiaux, d'après la manière dont il était disposé. Toute la famille des ours, grands et petits, avait été aussi rigoureusement traitée que ceux de l'arene, et un ou deux portraits de famille que les soldats semblaient avoir pris pour boucliers traînaient en lambeaux dans la boue. Ce fut avec un grand serrement de cœur, comme on peut se l'imaginer, que Waverley contempla cette scène de désolation dans un château si respecté. Ses craintes sur le sort des propriétaires, son inquiétude pour savoir ce qu'ils étaient devenus, augmentaient à chaque pas. Quand il entra sur la terrasse, ce fut un spectacle encore plus affligeant. La balustrade était renversée, les murs démolis, les plates-bandes couvertes d'herbes, les arbres à fruits coupés et arrachés : dans un coin de ce jardin à l'ancienne mode croissaient deux immenses châtaigniers dont la hauteur faisait l'orgueil du baron ; trop indolents peut-être pour les couper, les misérables, guidés par le génie du mal, les avaient minés, et rempli les trous avec force poudre à canon. Un fut mis en pièces par l'explosion, et ses débris mutilés étaient épars à l'entour, encombrant le lieu qu'il avait si long-temps ombragé. L'autre mine ne réussit qu'à moitié : un quart du tronc était détaché de l'arbre, qui, déparé et mutilé d'un côté, étendait encore de l'autre ses rameaux vastes et intacts [1].

Parmi toutes ces traces de ravage, il se trouvait des objets qui affligèrent plus particulièrement Waverley. Contemplant la façade du château ainsi ruiné, dévasté, ses yeux cherchèrent naturellement le petit balcon qui communiquait à la chambre de Rose. A son *troisième*, ou plutôt à son *cinquième étage*, il l'eut bientôt trouvé, car au-dessous gisaient les pots de fleurs et les arbrisseaux dont elle était fière de l'orner, et qu'on avait aussi renversés. Au milieu de ces débris étaient quelques-uns de ses livres, et parmi ces livres Waverley en reconnut un des siens, une petite édition de l'Arioste : il le ramassa comme un trésor, quoique abîmé par le vent et la pluie.

Pendant que, plongé dans les tristes réflexions que cette scène faisait naître, il promenait ses regards autour de lui, cherchant quelqu'un qui pût lui apprendre le sort des propriétaires, il entendit, dans l'intérieur du bâtiment, une voix qui chantait, sur un air bien connu, une vieille romance écossaise :

Ils fondirent sur nous dans une nuit obscure;
Et, brisant mon enclos, séjour hospitalier,
   Mirent à mort mon chevalier.
  À cette sinistre aventure,
Mes serviteurs, fuyant d'un pas précipité,
Nous laissèrent, hélas! à toute extrémité.
  La lune luit, le soleil brille;
Mais dans ses yeux plus de feu ne pétille :
   Il dort du sommeil du Léthé.

« Hélas ! se dit Édouard, est-ce toi ? Pauvre infortuné sans appui, restes-tu seul en ces lieux, à gémir, à pleurer, à faire retentir de tes chants sauvages et confus ces voûtes qui t'ont protégé ? » Il appela alors, d'abord bas, ensuite plus haut : « Davie ! Davie Gellatley ! »

Le pauvre fou se montra à travers les ruines d'un cabinet de verdure qui terminait jadis ce qu'on appelait la terrasse ; mais, à la première vue d'un étranger, il disparut comme épouvanté. Waverley, se rappelant ses habitudes, se mit à siffler un air qu'il aimait, un air que Davie prenait grand plaisir à entendre, et qu'il lui avait appris. La musique de notre héros ne ressemblait pas plus à celle de Blondel que Davie ne ressemblait à Cœur-de-Lion; mais elle produisit le même effet : il se fit reconnaître. Davie sortit de sa cachette, mais timidement, tandis que Waverley, dans la crainte de l'effrayer, fit tous les signes d'amitié imaginables. « C'est son ombre ! » dit Davie ; mais, en approchant davantage, il parut reconnaître une de ses connaissances de ce monde. Le pauvre insensé semblait lui-même l'ombre de ce qu'il avait été. L'habillement particulier qu'il portait en des jours plus heureux, au lieu de sa recherche bizarre, n'était plus que des lambeaux dont les trous étaient grossièrement rapetassés avec force morceaux de tapisseries, de rideaux et de toiles de tableaux. Sa figure avait perdu aussi son air de calme et d'insouciance ; ses yeux étaient creux, tous ses membres maigres, décharnés, secs à faire pitié. Après avoir hésité long-temps, il s'approcha enfin de Waverley avec quelque confiance, le regarda tristement en

---

[1]. Deux châtaigniers qui s'élevaient dans le château d'Invergarry, forteresse de Mac-Donald de Glengarry, furent détruits, l'un entièrement, l'autre en partie, par un acte semblable de vengeance furieuse et insensée.

face, et dit : « Tous morts et partis ! tous morts et partis ! »

« Et qui est mort? » demanda Waverley, oubliant que Davie ne pourrait faire une réponse sensée.

— « Le baron, et le bailli, et Saunders Saunderson, et lady Rose, qui chantait si doux : tous morts et partis ! tous morts et partis !

Mais suivez-moi quand, durant le repos,
Le ver luisant éclaire cet enclos ;
Je vais vous dire où chaque mort sommeille
Du sommeil éternel,
Tandis que le zéphir s'éveille,
Et que l'astre argenté luit sur le front du ciel.
Suivez-moi ; c'est un brave
Celui qui la nuit, sans entrave,
Foule l'enclos où dort ce qui fut un mortel. »

Après ce couplet, qu'il chanta d'un ton vif et rapide, il fit signe à Waverley de le suivre, et, marchant à grands pas, il se dirigea vers le fond du jardin, suivant le cours du ruisseau qui, on peut s'en souvenir, le terminait à l'est. Édouard, qui frissonna malgré lui en entendant ces mots, suivit son guide dans l'espoir de recueillir des renseignements. Comme la maison était déserte, il ne pouvait s'attendre à rencontrer au milieu des ruines un interlocuteur plus sensé.

Davie, toujours courant, parvint bientôt à l'extrémité du jardin, et grimpa sur le mur à demi ruiné qui le séparait jadis du vallon boisé où s'élevait la tour de Tully-Veolan. Il sauta dans le lit du ruisseau, et, suivi de Waverley, il continua sa marche aussi rapidement; tantôt franchissant des masses de rochers, tantôt les évitant par un long détour, ils passèrent au-dessous des ruines du château. Waverley avait peine à suivre son guide, car la nuit était arrivée. Après avoir descendu le ruisseau un peu plus bas, il le perdit totalement de vue; mais il se dirigea plus sûrement vers une petite lumière qui brillait à travers le taillis et les buissons. Il parcourut en quelques minutes un sentier difficile, et arriva enfin, guidé par la lumière, à la porte d'une misérable cabane. De terribles aboiements de chiens retentirent d'abord, mais ils cessèrent quand il fut plus près. Une voix parla en dedans, et il crut prudent d'écouter avant d'approcher davantage.

« Qui m'amènes-tu là, vilain imbécile que tu es ? » dit une vieille femme qui semblait indignée. Il entendit Davie Gellatley, pour toute réponse, siffler un morceau de l'air qu'il lui avait chanté pour se rappeler aux souvenirs du malheureux, et dès lors il n'hésita plus à frapper à la porte. Un terrible silence régna aussitôt dans la cabane, sauf le grognement des chiens. Puis, il entendit la maîtresse de la hutte s'approcher de la porte, non pas sans doute pour ouvrir le loquet, mais pour tirer un verrou. Waverley la prévint, et ouvrit lui-même.

Il se trouva en face d'une vieille femme en guenilles qui s'écria : « Que venez-vous chercher chez les gens à pareille heure ? » D'un côté, deux grands chiens de chasse menaçants et presque épuisés calmèrent leur fureur à sa vue, et parurent le reconnaître. De l'autre, à demi caché par la porte ouverte, mais ne semblant garder qu'à regret l'incognito, un pistolet armé d'une main, et l'autre prête à en tirer un second de sa ceinture, se tenait un homme grand, sec et décharné, avec un vieil uniforme, et une barbe de trois semaines.

C'était le baron de Bradwardine. Il est inutile d'ajouter que, posant les armes, il vint cordialement embrasser Waverley.

CHAPITRE LXIV.

ÉCLAIRCISSEMENTS.

DÉBARRASSÉE des citations et des proverbes latins, anglais, écossais, dont son érudition se plut à l'orner, l'histoire du baron n'était pas longue. Il insista beaucoup sur le chagrin qu'il avait ressenti de la perte d'Édouard et de Glennaquoich; il avait combattu à Falkirk et à Culloden, et raconta comment, après que tout fut perdu dans cette dernière bataille, il était retourné à son château, espérant trouver parmi ses vassaux et sur ses domaines un asile plus sûr qu'ailleurs. Un détachement de soldats avait été envoyé pour dévaster ses biens ; car la clémence n'était pas à l'ordre du jour : toutefois leurs ravages furent arrêtés par ordre des autorités civiles. La baronnie, pensa-t-on, ne pouvait être confisquée au profit de la couronne, et au préjudice de Malcolm Bradwardine d'Inch-Grabbit, l'héritier mâle, dont les droits n'étaient pas invalidés par sa parenté avec le baron, puisqu'il avait des titres d'une autre nature ; par suite de la substitution, il était entré sur-le-champ en jouissance. Mais, comme il arrive souvent en pareil cas, le nouveau laird montra bientôt que son intention était de priver son prédécesseur de tout secours, de tout revenu provenant des domaines, et de profiter, autant que possible, des malheurs du vieux baron. Cette conduite était d'autant moins généreuse, que, par un respect imaginaire pour les droits de ce jeune homme comme héritier mâle, et personne ne l'ignorait, le baron n'avait pas voulu léguer ses biens à sa fille.

Cet intérêt sordide fut senti par les paysans qui restaient attachés à leur ancien maître, et les irrita contre son successeur. Mais laissons parler le baron : « Monsieur Waverley, disait-il, les affaires ne s'arrangèrent pas au gré des vassaux de Bradwardine : les fermiers firent les récalcitrants pour payer fermages et redevances ; et quand mon parent alla au village avec le nouveau régisseur, M. James Howie, pour demander les rentes, un mauvais drôle... ce fut, je crois bien, John Heatherblutter, le vieux garde-chasse qui alla dehors avec moi en 1715..., lui tira un coup de fusil par derrière, dont il fut si effrayé, que je puis dire de lui comme Cicéron in Catilinam : « *Abiit, evasit, erupit, effugit* [1]; » c'est-à-dire, monsieur, qu'il s'enfuit à toutes jambes à Stirling. Le voilà maintenant qui met les domaines en vente, avec les titres de substitution... Et si quelque chose pouvait m'affliger aujourd'hui, ce serait plutôt cette façon d'agir que de le voir en possession de mes biens qui, après tout, dans l'ordre de ce monde, devaient avant peu lui revenir. Mais voilà la baronnie qui sort de la famille, où elle devait rester *in sæcula sæculorum*. Pourtant, que la volonté de Dieu s'accomplisse, *humana perpessi sumus*. Sir John de Bradwardine... sir John le Noir, comme on l'appelait...., qui fut le fondateur de notre famille et de celle des Inch-Grabbit, n'eût pas deviné qu'un pareil coquin dût naître de sa race. Cependant, il m'a dénoncé aux *primates*, au gouvernement provisoire, comme brigand, bandit, assassin et coupe-jarret. Ils ont alors envoyé des soldats pour garder les domaines, et m'ont chassé comme une perdrix par les montagnes, ainsi qu'il arriva, selon l'Écriture, au bon roi David, ou à notre vaillant sir William Wallace..... non que je veuille établir entre nous la moindre comparaison..... J'ai cru, en vous entendant frapper à la porte, qu'ils avaient forcé le vieux daim jusque dans son dernier asile, et je me préparais à mourir bravement, comme un cerf de noble race..... Mais voyons, Jeannette, pouvez-vous nous donner à souper ? »

— « Que oui, monsieur : je m'en vais apprêter la poule d'eau que John Heatherblutter a apportée ce matin, et vous connaissez le talent du pauvre Davie à faire cuire les œufs sous la cendre..... J'ose dire, monsieur Waverley, que vous n'avez jamais cru, en mangeant au château des œufs si bien cuits, manger de la cuisine de notre Davie..... Il n'y a pas son pareil dans le pays pour remuer avec les doigts la cendre rouge et faire cuire les œufs. » Cependant Davie s'était fourré dans le feu, accroupi sur les cendres, se brûlant les jambes, parlant tout seul, et retournant les œufs, quand la braise était trop chaude, de manière

---

[1]. Dans ses *Catilinaires* : partit, se sauva courut, s'enfuit. A. M.

à démentir le proverbe : « Il faut de la raison pour faire cuire un œuf », et à justifier l'éloge que la pauvre Jeannette avait donné

A celui qu'elle aimait, à son fils imbécile.

« Davie, continua-t-elle, n'est pas encore si niais qu'on le dit, monsieur Waverley ; il ne vous aurait pas amené ici, sans savoir que vous étiez l'ami intime de Son Honneur... Les chiens eux-mêmes vous ont reconnu, monsieur Waverley : vous êtes si bon pour les bêtes, pour tout le monde..... Je veux vous conter une histoire de Davie, avec la permission de Son Honneur : Son Honneur, voyez-vous, est obligé d'avoir une cachette en ces temps mauvais..... ça fait pitié... il passe les jours et souvent les nuits dans la caverne de la Sorcière ; mais quoiqu'elle soit assez chaude et que le vieux bonhomme de Corse-Cleugh l'ait garnie de paille, quand le pays est tranquille et la nuit trop froide, Son Honneur vient sans bruit se chauffer à mon feu, coucher dans des draps, et repart le matin. Aussi un matin, combien j'ai eu peur ! deux coquins d'habits rouges s'occupaient à tuer le poisson ou à quelque autre méchanceté..... car ils ne font jamais que le mal..... et quand ils furent à portée de Son Honneur qui entrait dans le bois, ils lui tirèrent un coup de fusil. Je sortis comme un faucon, et m'écriai : « Pourquoi tirez-vous donc sur ce pauvre innocent, sur l'enfant d'une honnête femme ! » Je courus à eux, et soutins que c'était mon fils. Ils prétendaient, juraient que c'était le vieux rebelle, comme les vilains appellent Son Honneur. Davie, qui était dans le bois, entendit le tapage, ramassa, sans que personne le lui eût dit, le manteau gris dont Son Honneur s'était débarrassé pour mieux courir, revint par le même sentier, avec l'air et la tournure du baron, et leur cria qu'ils s'étaient joliment trompés, qu'ils avaient tiré sur ce malheureux fou Sawney, comme on appelle Davie ; ils me donnèrent alors six pences et deux saumons pour ne rien dire... Non, non, Davie n'est pas comme tout le monde, le pauvre enfant ; mais il n'est pas si niais qu'on le pense... D'ailleurs, pourrions-nous jamais faire assez pour le baron, quand nous avons vécu, nous et les nôtres, deux cents ans sur sa terre ; quand il a mis mon pauvre Jamie à l'école et au collège, et l'a gardé au château jusqu'à ce qu'il eût trouvé une meilleure place ; quand enfin il a empêché qu'on ne me conduisît à Perth, comme sorcière... que le Seigneur pardonne aux méchants qui en voulaient à mon pauvre vieux corps !... et quand il a nourri, vêtu, logé le pauvre Davie depuis qu'il est au monde ? »

Waverley trouva enfin l'occasion d'interrompre le récit de Jeannette, en demandant des nouvelles de miss Bradwardine.

« Elle est à Duchran, en bonne santé, répondit le baron, et en sûreté, Dieu merci ! le laird nous est parent de loin, mais de plus près à mon chapelain M. Rubrick. Et quoiqu'il soit whig, il n'a pas oublié, dans ces malheureuses circonstances, une vieille amitié. Le bailli fait son possible pour sauver du naufrage la fortune de ma pauvre Rose. Mais je ne sais, je ne sais si je la reverrai jamais ; car il faut que je laisse mes os dans quelque pays lointain. »

« Bah ! dit Jeannette, Votre Honneur a perdu la belle baronnie, mais vous étiez aussi mal en 1715... Allons, les œufs sont prêts, la poule d'eau est grillée ; voilà une tranche de viande, du saumon, et le reste du pain blanc qui vient du bailli ; la dame-jeanne d'eau-de-vie que Luckie Maclearie a envoyée est encore pleine : ne souperez-vous pas comme des princes ? »

« Je souhaite qu'un prince de notre connaissance ne soit pas plus mal que nous, » dit le baron à Waverley, qui se joignit de bon cœur à ses vœux pour le salut de l'infortuné Chevalier.

Ils se mirent ensuite à s'entretenir de leurs projets pour l'avenir. Le plan du baron était très-simple. Il consistait à se réfugier en France, où, par la protection de ses anciens amis, il espérait obtenir du service, se voyant encore en état de faire la guerre. Il engagea Waverley à l'accompagner; ce que Waverley accepta, pour le cas où la protection du colonel Talbot ne lui procurerait pas son pardon. Il espérait, sans le dire, que le baron approuverait ses prétentions à la main de Rose, et qu'il lui donnerait le droit de l'assister durant son exil; mais il s'abstint d'entamer ce sujet avant que son propre sort fût décidé. Ils s'entretinrent ensuite de Glennaquoich, au sujet duquel le baron exprima les plus vives inquiétudes; il remarqua que c'était le véritable Achille d'Horace,

Impiger, iracundus, inexorabilis, acer.

«Ce qui, ajouta-t-il, a été traduit en anglais par ces deux vers:

A fiery etter-cap, a fractious chiel
As het as ginger, and as stieve as steel [1]. »

Flora eut une bonne part dans les tendres inquiétudes du bon vieillard.

Il commençait à se faire tard. La vieille Jeannette se retira dans une espèce de chenil, derrière une cloison. Davie, déjà depuis long-temps endormi, ronflait entre Ban et Buscar. Ces deux chiens l'avaient suivi à la hutte depuis que le château était abandonné, et ils y faisaient résidence. Leur férocité et la réputation de sorcière, dont la vieille femme jouissait dans le pays, contribuaient plus que tout le reste à éloigner les visiteurs. Aussi le bailli Mac Wheeble fournissait sous main à Jeannette de quoi nourrir ces animaux; il y ajoutait quelques petits objets de luxe, à l'usage du baron; mais on devine les précautions infinies du bailli pour n'être pas découvert. Après quelques difficultés, le baron se décida, sur les instances de Waverley, à garder son lit ordinaire; notre héros s'étendit dans un grand fauteuil de velours tout déguenillé, qui avait jadis orné la chambre à coucher de parade à

1. Ce qui veut dire

Emporté, menaçant, et valeureux guerrier,
Aussi chaud que le poivre, aussi dur que l'acier.

Tully-Veolan '(car maintenant les meubles du château étaient disséminés dans les chaumières des environs): il y dormit aussi à son aise que sur un lit d'édredon.

CHAPITRE LXV.

NOUVELLE EXPLICATION.

Dès la pointe du jour, la vieille Jeannette se mit à aller et venir dans la maison pour réveiller le baron qui dormait ordinairement d'un sommeil profond.

« Il faut que je retourne à ma retraite, dit-il à Waverley; voulez-vous y venir avec moi? »

Ils sortirent ensemble et suivirent un petit sentier étroit et embarrassé, que les pêcheurs et les bûcherons avaient tracé le long du ruisseau. Chemin faisant, le baron expliqua à Waverley qu'il pourrait sans danger rester quelques jours à Tully-Veolan et même se montrer aux environs, s'il prenait la précaution de se dire chargé d'examiner la propriété par un gentilhomme anglais qui voulait l'acheter. Il lui recommanda d'aller voir le bailli, qui demeurait encore dans la maison du fermier, au petit Veolan, quoiqu'il dût la quitter très-prochainement. Le passeport de Stanley devait répondre à toutes les questions de l'officier commandant des troupes; quant aux habitants qui pourraient reconnaître Waverley, le baron lui garantit qu'aucun d'eux ne le trahirait.

« Je suis sûr que la moitié des vassaux de la baronnie, continua-t-il, savent que leur vieux laird est dans ces environs, car je m'aperçois qu'ils ne laissent pas même venir ici un enfant pour dénicher des oiseaux, chose que je n'avais jamais pu empêcher complétement quand j'étais en pleine jouissance de mon pouvoir de baron. Souvent même j'ai trouvé sur ma route des provisions que les pauvres gens y déposaient, parce qu'ils pensaient que j'en avais besoin. Dieu les bénisse! Je leur souhaite un seigneur plus prudent et aussi bon que je l'étais pour eux! »

Il ne put retenir un soupir; mais la résignation avec laquelle il supportait son malheur avait quelque chose de respectable et même de sublime. Il ne se laissait point aller à des plaintes inutiles, à une mélancolie chagrine; il portait son fardeau avec une patience aisée mais grave, sans proférer de plaintes contre le parti dominant.

« J'ai fait ce que je croyais mon devoir, disait-il, et sans doute ils font ce qu'ils croient être le leur. Je m'afflige quelquefois en jetant les yeux sur ces murs noircis de la demeure de mes ancêtres, mais les officiers ne parviennent pas toujours à empêcher les soldats de piller et de dévaster; et Gustave-Adolphe lui-même le permit souvent, dans l'expédition du colonel Munro avec le régiment écossais appelé régiment de Mackay... Et en vérité, j'ai vu moi-même des châteaux en aussi triste état que l'est maintenant Tully-Veolan, quand je servais sous le maréchal de Berwick. Je puis certainement dire avec Virgile *Fuimus Troes* [1], et voilà la fin d'un vieil air. Mais les races, les familles, les hommes sont restés debout assez longtemps quand ils tombent avec honneur. Et maintenant j'ai atteint ma retraite, qui ne diffère guère d'une *domus ultima* [2]. » Ils étaient alors au bas d'un rocher. « Nous autres pauvres jacobites, continua le baron en levant les yeux, nous sommes comme ces lapins de l'Écriture que le grand voyageur Pocoke appelle Jerboa [3], une race persécutée, qui habite les rochers. Adieu donc, bon jeune homme; à ce soir chez Jeannette. Il faut que je rentre dans mon *Patmos* [4], ce qui n'est pas chose facile pour mes vieux membres. »

Il commença alors à gravir, en s'aidant des pieds et des mains, jusqu'à ce qu'il atteignît quelques buissons qui cachaient une ouverture semblable à la bouche d'un four; le baron passa d'abord sa tête et ses épaules, et fit entrer ensuite peu à peu le reste de son corps; enfin, ses jambes et ses pieds disparurent: on eût dit un énorme serpent se blottissant dans son trou, ou un immense arbre généalogique introduit avec peine et difficulté dans l'étroit pigeonnier d'un cabinet d'antiques. Waverley eut la curiosité de grimper aussi et de le visiter dans son antre, comme on pouvait appeler cette retraite. Il n'y ressemblait pas mal à ce qu'on appelle un *dévidoir dans une bouteille*, énigme si surprenante pour les enfants (et aussi pour quelques grandes personnes, pour moi, par exemple), qui ne peuvent comprendre comment il y est entré ni comment il en sortira. Elle était très-étroite, trop basse, pour s'y tenir debout, et presque pour s'y asseoir, quoique le baron essayât de se tenir dans cette posture. Son seul amusement était de parcourir son vieil ami *Tite-Live*, ou d'écrire avec son couteau des citations latines ou des textes de l'Écriture sur la pierre de grès qui formait les parois de la caverne, laquelle du reste était sèche et remplie de paille et de bruyère. « C'était, disait-il en s'y blottissant d'un air de contentement qui contrastait singulièrement avec sa situation, un gîte très-passable pour un vieux soldat, quand le vent du nord ne soufflait pas. D'ailleurs, ajoutait-il, il ne manquait pas de sentinelles pour veiller sur lui. Davie et sa mère étaient continuellement en faction pour découvrir et détourner le danger et l'en avertir. Et c'était une chose surprenante de voir combien l'affection instinctive donnait d'adresse à ce pauvre idiot, quand il s'agissait de la sûreté de son maître. »

Édouard songea dès ce moment à avoir une explication avec Jeannette. Il l'avait reconnue à la première vue pour la vieille femme qui l'avait soigné dans sa maladie, quand il était sorti des mains de Gifted Gilfillan. La cabane aussi, quoique un peu réparée et mieux meublée, était celle où il avait été retenu. Il se rappela aussi un tronc d'ar-

---

1. Nous fûmes Troyens. A. M.
2. Maison dernière, un tombeau. A. M.
3. Gerboises, genre de mammifères de l'ordre des rongeurs. A. M.
4. Ile de l'Archipel célèbre par le séjour qu'y fit saint Jean, qui y composa son *Apocalypse*. A. M.

bre, dans la lande de Tully-Veolan, qu'on appelait l'arbre du Rendez-vous; et il ne doutait pas que ce ne fût celui où s'étaient réunis les montagnards dans cette nuit mémorable. Des motifs que le lecteur comprend sans doute l'avaient empêché d'interroger Jeannette sur ce sujet en présence du baron.

Sa première question fut de demander quelle était la jeune dame qui l'avait visité durant sa maladie. Jeannette garda un instant le silence, et pensant enfin que révéler ce secret ne nuirait à personne : « C'est, dit-elle, une jeune dame qui n'a pas sa pareille au monde, miss Rose Bradwardine! »

« Alors, c'est sans doute aussi à miss Rose que je dois ma délivrance, » dit Waverley enchanté de voir confirmer une idée que les circonstances locales avaient déjà fait naître.

— « Sans doute, monsieur Waverley; mais combien elle eût été affligée, la pauvre demoiselle, que vous en apprissiez quelque chose! car elle m'avait ordonné de parler en langue gaëlique quand vous pouviez entendre, afin de vous faire croire que vous étiez parmi les montagnards. Je sais parler cette langue, parce que ma mère était montagnarde. »

Quelques autres questions apprirent à Waverley tous les détails de sa délivrance : jamais musique ne parut si harmonieuse à un amateur que le fut aux oreilles de Waverley le bavardage de la vieille Jeannette racontant jusqu'aux circonstances les plus minutieuses. Mais mon lecteur n'est pas amoureux, et pour ne pas lasser sa patience, j'essaierai de resserrer dans des limites raisonnables le récit de la vieille Jeannette, qui dura près de deux heures.

Quand Waverley communiqua à Fergus la lettre que lui avait envoyée miss Bradwardine par Davie Gellatley, et par laquelle Rose lui annonçait qu'un parti de troupes occupait Tully-Veolan, cette circonstance avait frappé l'esprit vif et actif du chef. Désirant enlever à l'ennemi ses positions, ne pas le laisser s'établir si près de lui, et enfin rendre service au baron (car l'idée d'un mariage avec miss Rose se présentait souvent à lui), il résolut d'envoyer quelques-uns de ses gens pour déloger les rouges, et amener Rose à Glennaquoich. Mais à peine avait-il donné à Evan l'ordre de s'acquitter de cette expédition avec un détachement, que la nouvelle de l'entrée de Cope dans les montagnes pour dissiper les troupes du Chevalier avant qu'elles se fussent réunies en corps d'armée, le contraignit de rejoindre les drapeaux avec toutes ses forces.

Il envoya à Donald Bean l'ordre de venir le trouver; mais ce rusé maraudeur, qui comprenait quels avantages on pouvait retirer d'un commandement particulier, différa d'obéir sous divers prétextes que Fergus, pressé par le temps, fut obligé d'admettre sans examen, se promettant bien, toutefois, de punir ce retard en temps favorable. Il ordonna à Donald de descendre dans la plaine, de chasser les rouges de Tully-Veolan, et de prendre position près du château pour protéger Rose et écarter tous les pillards et tous les partis de troupes qui se montreraient aux environs.

Donald se promit de tirer le plus d'avantage possible du pouvoir étendu qui lui était confié. Délivré de tout sujet immédiat de crainte du côté de Fergus, et s'étant d'ailleurs acquis quelque crédit dans les conseils du Chevalier par des services secrets, il résolut de faucher pendant que le soleil brillait. Il parvint sans peine à chasser les soldats de Tully-Veolan, et quoiqu'il n'osât s'attaquer aux gens du château ni à miss Rose, de peur de se faire un ennemi puissant dans l'armée du Chevalier,

Car il savait que du baron sévère
Il fallait craindre la colère,

il se mit à lever des contributions sur les vassaux, et à faire une espèce de guerre à son profit. Cependant il arbora la cocarde blanche et eut beaucoup d'égards pour Rose, parlant sans cesse de son zèle pour la cause que soutenait le baron, et s'excusant de ce qu'il était obligé de se permettre pour entretenir ses soldats. C'est alors que Rose apprit par le bruit public, qui exagère tout, que Waverley avait tué le forgeron de Cairnwreckan qui voulait l'arrêter ; qu'il avait été jeté en prison par le major Melville de Cairnwreckan, et devait être exécuté dans trois jours, en vertu de la loi martiale. Accablée par cette nouvelle, elle proposa à Donald Bean de délivrer le prisonnier. Il saisit avec empressement l'occasion de rendre un service de ce genre, qui pourrait faire passer sur quelques peccadilles qu'il aurait commises dans le pays. Il eut cependant l'adresse de résister, en alléguant son devoir et la discipline, jusqu'à ce que la pauvre Rose, désespérée, lui offrît, pour l'y décider, quelques bijoux précieux qui avaient appartenu à sa mère.

Donald Bean, qui avait servi en France, connaissait ou peut-être même s'exagérait la valeur de ces joyaux ; mais il s'aperçut aussi combien Rose craignait qu'on ne vînt à savoir qu'elle avait donné ces bijoux pour la délivrance de Waverley. Pour lui ôter toute crainte, il jura qu'il n'en dirait jamais rien ; et sachant qu'il aurait plus d'avantage à garder ce serment qu'à le rompre, il s'engagea, afin, dit-il à son lieutenant, d'agir loyalement avec la jeune dame, de la seule manière qui lui parût sacrée, d'après une convention avec lui-même : il jura secrètement sur son dirck nu. Il fut porté surtout à cet acte de bonne foi par les égards que témoignait miss Bradwardine à sa fille Alice, et qui, en gagnant le cœur de la jeune montagnarde, flattaient en même temps l'orgueil du père. Alice, qui commençait à parler anglais, était très-communicative à l'égard de Rose ; elle lui confia tout ce qui concernait l'intrigue avec le régiment de Gardiner, et consentit, sur sa demande, à rendre à Waverley, à l'insu de son père, tous les papiers qui l'intéressaient. « J'obligerai ainsi, se dit-elle, la jeune lady et le beau gentleman ; et quel besoin mon père a-t-il de ces morceaux de papier ? »

Elle exécuta ce projet, comme le lecteur le sait, la veille du jour où Waverley quitta la cabane.

Le lecteur doit aussi se rappeler comment Donald exécuta son entreprise. Mais l'expulsion des soldats de Tully-Veolan avait donné l'alarme, et tandis qu'il attendait Gilfillan, un corps de troupes assez considérable, auquel Donald n'aurait pu résister, fut envoyé pour chasser à leur tour les insurgés, occuper Tully-Veolan, et protéger le pays. Le commandant, gentilhomme et puritain, ne se présenta point chez miss Bradwardine, dont il respecta la situation, et défendit à ses soldats d'enfreindre en rien la discipline. Il établit un petit camp près du château, et plaça des postes dans les chemins du voisinage. Donald Bean apprit ces malencontreuses nouvelles comme il revenait à Tully-Veolan ; déterminé toutefois à obtenir la récompense de sa peine, il résolut, puisqu'il ne pouvait approcher davantage du château, de déposer son prisonnier dans la cabane de Jeannette, où n'auraient pu arriver sans guide ceux-là même qui habitaient depuis longtemps les environs, et qui n'était nullement connue de Waverley : il le fit, et reçut sa récompense. La maladie de Waverley dérangea tous leurs calculs : Donald fut forcé d'abandonner le pays avec ses gens, et de chercher un champ plus libre pour ses exploits. A la prière instante de Rose, il laissa un vieux montagnard, qui prétendait savoir un peu de médecine, pour soigner Waverley durant sa maladie.

Cependant des inquiétudes tourmentèrent bientôt le cœur de Rose ; la vieille Jeannette lui disait qu'une récompense était promise à celui qui saisirait Waverley, que ses effets d'ailleurs avaient beaucoup de valeur, et que la tentation pouvait entraîner Donald. Dans l'excès de sa douleur, Rose prit la résolution d'exposer au prince lui-même le danger que courait M. Waverley, persuadée que par politique et par humanité Charles-Édouard viendrait à son secours. Elle songea d'abord à envoyer une lettre anonyme, mais elle craignit qu'elle n'inspirât aucune confiance. Elle signa donc, quoique d'une main tremblante, et chargea de la missive un jeune homme qui, en quittant sa ferme pour aller joindre le drapeau du Chevalier, lui demanda une espèce de recommandation auprès du prince, dont il espérait obtenir une commission.

Le prince reçut la lettre dans sa marche vers les basses terres; et voyant de quelle importance il serait de faire croire qu'il avait des relations avec les jacobites d'Angleterre, il fit passer à Donald les ordres les plus positifs de respecter la personne et les effets de Waverley, et de le conduire chez le gouverneur du château de Doune. Le maraudeur n'osa désobéir, car les troupes du prince étaient si peu éloignées, que le châtiment ne se serait pas fait attendre; et d'ailleurs la politique lui défendait d'ébranler le crédit que lui avaient acquis ses services secrets, en désobéissant à un ordre formel. Il fit donc de nécessité vertu, et chargea son lieutenant d'escorter Édouard jusqu'à Doune, ce qui s'exécuta sans obstacles, comme on l'a vu dans un chapitre précédent. Le gouverneur de Doune avait ordre de diriger Waverley sur Édimbourg comme prisonnier de guerre; car le prince craignait qu'une fois mis en liberté, il ne retournât en Angleterre; et en cela il agit d'après le conseil de Fergus, qu'il consulta, comme on se le rappelle, sur ce qu'il devait faire d'Édouard, sans lui dire comment il avait appris le lieu de sa retraite.

Il est vrai que Charles-Édouard considérait cela comme un secret de femme; car quoique Rose eût conçu sa lettre dans les termes le plus généraux et les plus circonspects, et qu'elle eût assuré n'agir ainsi que par des motifs d'humanité et de zèle pour le service du prince, cependant elle exprimait un si vif désir que cette démarche de sa part ne fût pas connue, que le Chevalier soupçonna le profond intérêt qu'elle prenait à la conservation de Waverley. De cette conjecture, toute bien fondée qu'elle était, il tira de fausses conséquences. Ainsi l'émotion que manifesta Édouard en approchant de Flora et de Rose au bal d'Holy-Rood, le Chevalier l'attribua à la vue de cette dernière, et pensa que l'intention du baron de faire passer sa terre à son cousin, ou quelque autre obstacle de ce genre, contrariait leur inclination mutuelle. On parlait souvent, il est vrai, du mariage de Waverley avec miss Mac-Ivor, mais le Chevalier savait que le bruit public fait souvent de pareils mariages; observant attentivement la conduite des deux jeunes dames, il ne douta plus que le jeune Anglais ne sentît rien pour Flora, et ne fût aimé de Rose Bradwardine. Désirant attacher Waverley à son service, et faire en même temps un acte de bienveillance, le prince pressa vivement le baron de transmettre ses biens à sa fille. Bradwardine y consentit, ce qui décida Fergus à demander en même temps la main de Rose et le titre de comte; ce que le prince lui refusa, comme on a vu. Le Chevalier, toujours occupé de ses affaires multipliées, n'avait point encore eu d'explication avec Waverley, quoiqu'il eût eu souvent l'intention de l'entretenir. Quand Fergus eut fait connaître ses prétentions, le prince sentit la nécessité de rester neutre entre les deux rivaux, désirant seulement qu'ils différassent la décision de cette affaire, qui paraissait renfermer des germes de querelles, jusqu'à la fin de l'expédition. Mais en marchant sur Derby, Fergus, questionné par lui sur son différend avec Waverley, lui ayant dit que celui-ci voulait revenir sur la demande qu'il avait faite de la main de sa sœur, le Chevalier lui dit clairement qu'il avait observé lui-même la manière d'agir de miss Mac-Ivor avec Waverley, et qu'il était convaincu que celui-ci avait des engagements avec miss Bradwardine, et que Fergus se méprenait sur sa conduite. Le lecteur n'a point encore oublié la querelle qui s'ensuivit entre Fergus et Édouard. Ces détails serviront à expliquer quelques points de notre récit, que, selon la coutume des romanciers, nous avions laissés à dessein sans explication, pour exciter la curiosité du lecteur.

Quand Jeannette eut terminé son récit, Waverley put, à l'aide du fil que ces détails lui mettaient entre les mains, reconnaître les détours du labyrinthe où il avait été engagé. Il voua alors à miss Rose une vie qu'il eût maintenant voulu lui sacrifier : mais un peu de réflexion le convainquit bientôt qu'il serait plus convenable et plus agréable de vivre pour elle, et que, maître de sa fortune, il pourrait la partager avec elle dans sa patrie ou à l'étranger. Il trouvait aussi un grand charme à s'allier avec un homme aussi estimable que le baron, et si considéré par son oncle sir Éverard. Ses bizarreries, qui avaient quelque chose de grotesque quand il était heureux, semblaient, dans son infortune, s'harmoniser parfaitement avec les nobles traits de son caractère, et lui donner de l'originalité plutôt que du ridicule. Le cœur occupé de ces projets de bonheur futur, Édouard se dirigea vers le petit Veolan, où demeurait M. Duncan Mac Wheeble.

CHAPITRE LXVI.

Maintenant Cupidon est un enfant consciencieux;
il fait des restitutions.   SHAKSPEARE.

M. Duncan Mac Wheeble, qui n'était plus ni commissaire des guerres ni bailli, quoiqu'il en portât encore le vain titre, avait échappé à la proscription en se séparant promptement des insurgés, et par sa propre nullité. Édouard le trouva au milieu de registres et de papiers; devant lui était un vaste plat de soupe d'avoine, et à côté une cuiller en corne et une pinte de petite bière. Il parcourait rapidement de l'œil un immense contrat, et portait de temps en temps à sa large bouche une énorme cuillerée de cet aliment nutritif. Une grosse bouteille d'eau-de-vie de Hollande, placée aussi sur la table, indiquait que cet honorable jurisconsulte avait déjà bu son *coup du matin*, ou bien qu'il aidait de cette liqueur la digestion de sa soupe; peut-être était-ce à la fois l'un et l'autre. Son bonnet de nuit et sa robe de chambre avaient autrefois été de tartan; mais le bailli, aussi prudent qu'économe, les avait fait teindre en noir, afin que leur funeste couleur ne rappelât point sa malheureuse excursion à Derby. Pour compléter le tableau, sa figure était barbouillée de tabac jusqu'aux yeux, et ses doigts d'encre jusqu'aux phalanges. Il jeta un regard d'inquiétude sur Waverley en le voyant s'approcher de la barrière verte qui masquait son bureau et le séparait du vulgaire : le bailli ne craignait rien tant que de voir son aide réclamée par quelqu'un de ces malheureux gentilshommes dont la connaissance ne pouvait guère avoir d'avantage; mais c'était ce riche Anglais : qui savait quelle était sa situation? il était ami du baron; qu'allait-il faire?

Tandis que ces réflexions donnaient à la physionomie du pauvre bailli un air de stupidité, Waverley, songeant à la communication qu'il allait lui faire, et dont la nature contrastait si singulièrement avec la tournure de l'individu, ne put s'empêcher d'éclater de rire, et fut sur le point de s'écrier avec Syphax :

Caton, personnage excellent
Pour devenir mon confident.

Comme M. Mac Wheeble ne croyait pas qu'on pût rire de bon cœur entouré de dangers ou sous le poids de la pauvreté, il fut entièrement tiré d'embarras par l'hilarité d'Édouard; et lui souhaitant la bienvenue au petit Tully-Veolan, il lui demanda ce qu'on pourrait lui offrir pour déjeuner. Waverley avait d'abord à lui dire quelque chose en particulier, et le pria de fermer la porte au verrou. Cette précaution, qui sentait le danger d'une lieue, n'était nullement du goût de Duncan; mais il n'y avait pas moyen de reculer.

Persuadé qu'il pouvait se fier à cet homme en l'intéressant à être fidèle,

Édouard lui exposa et sa situation présente et ses projets pour l'avenir. Le prudent bailli fut de nouveau saisi de crainte quand il sut que Waverley était en état de proscription. Il se rassura un peu en apprenant qu'il avait un passe-port; il se frotta les mains avec joie quand Waverley parla de sa fortune présente; il ouvrit de grands yeux quand il lui fit connaître ses espérances; mais quand il manifesta son intention de tout partager avec Rose Bradwardine, le pauvre bailli fut sur le point de se pâmer de plaisir. Enfin, il s'élança de son siége, comme la pythonisse de son trépied, fit sauter sa meilleure perruque par la fenêtre, la tête à perruque sur laquelle elle était placée se rencontrant sur son passage, lança son chapeau au plafond et le rattrapa d'une main, se mit à siffler *Tullochgorum*, puis à danser une gigue montagnarde avec une grace et une agilité inimitables; enfin, il tomba épuisé dans un fauteuil en s'écriant: « Lady Waverley!... Dix mille livres de revenu!... Dieu me préserve de devenir fou! »

« *Amen* de tout mon cœur, dit Waverley; mais maintenant, monsieur Mac Wheeble, occupons-nous d'affaires. » Ce mot produisit en partie sur lui l'effet d'un calmant; mais sa tête, comme il le disait lui-même, était dans les brouillards [1]. Il tailla sa plume, prépara une demi-douzaine de feuilles de papier, et fit une large marge, prit les Formules de Dallas de Saint-Martin sur une tablette où ce vénérable ouvrage reposait à côté des Institutions de Stair, des Questions de Dirleton, de la Pratique de Balfour, et d'un reste de vieux registres; il ouvrit le volume à l'article *Contrat de Mariage*, et se disposa à faire ce qu'il appelait une minute pour empêcher les parties de se rétracter.

Waverley eut beaucoup de peine à lui faire comprendre qu'il allait un peu trop vite. Il lui expliqua qu'il avait d'abord à le prier d'écrire à l'officier des troupes qui occupaient Tully-Veolan, que M. Stanley, gentilhomme anglais, proche parent du colonel Talbot, était venu visiter pour affaires M. Mac Wheeble, et que connaissant l'état du pays, il envoyait son passe-port au capitaine Forster pour le viser. L'officier répondit fort poliment et fit inviter à dîner M. Stanley, qui refusa (comme on le pense bien) sous prétexte que ses affaires ne le lui permettaient pas.

Waverley pria ensuite M. Mac Wheeble d'envoyer un homme à cheval à..., où le colonel Talbot devait lui adresser ses lettres, avec ordre d'attendre qu'il vînt une lettre pour M. Stanley, et de l'apporter en toute hâte au petit Veolan. Le bailli appela aussitôt son clerc (ou son garçon, comme on disait indifféremment il y a soixante ans) Jock Scriver, et celui-ci fut bientôt sur le dos du bidet blanc.

« Ayez-en bien soin, lui dit-il, car il est un peu court d'haleine depuis que... hem... Dieu me garde (ajouta-t-il à voix basse), j'allais... oui depuis que je courus ventre à terre chercher le Chevalier pour séparer M. Waverley et Vich-Jan-Vohr, et faillis me casser le cou; mais il s'agissait d'une affaire importante, et ceci répare tout. Lady Waverley!... Dix mille livres de revenu... Dieu nous protége! »

— « Mais vous oubliez, monsieur Mac Wheeble, qu'il nous faut le consentement du baron, celui de miss Rose. »

— « Ils le donneront, j'en réponds sous ma responsabilité personnelle... Dix mille livres de rente!... Et qu'est-ce que Balmawhapple en comparaison! Le revenu d'une année payerait ses terres... Le ciel soit béni! »

Pour arrêter ce torrent d'actions de graces, Waverley lui demanda s'il avait entendu depuis peu parler de Fergus.

« Nullement, répondit-il, sinon qu'il est encore dans le château de Carlisle, et qu'il va bientôt être mis en jugement. Je ne lui veux pas de mal, mais j'espère que ceux qui l'ont pris le garderont, et ne le laisseront pas revenir sur les fron-

---

[1]. *The bailiff's head was still in the bees*, dit le texte; au lieu de *mouches*, nous mettons *brouillards*. A. M.

tières des Highlands, pour lever sur nous les *contributions noires*, nous opprimer ou nous dépouiller, lui-même ou ceux de sa suite; et encore il n'avait aucun souci de l'argent, et le jetait à quelque coquine d'Édimbourg. Il le perdait comme il l'avait acquis. Pour moi, je souhaite ne plus revoir jamais ici un habit rouge ni un fusil, si ce n'est pour tirer sur un montagnard. Quand ils vous ont causé quelque préjudice, vous avez beau obtenir contre eux un jugement, que gagnez-vous? ils n'ont pas un liard pour vous payer; on n'en peut rien tirer. »

Le temps se passa ainsi jusqu'à l'heure du dîner, et Mac Wheeble promit de trouver quelque moyen d'introduire sans danger Édouard au château de Duchran, où résidait alors miss Rose; ce qui ne paraissait pas facile, parce que le laird était fort zélé pour la cause du gouvernement. Le poulailler avait été mis à contribution, et les volailles arrivèrent bientôt dans la petite salle à manger du bailli. Il allait déboucher une bouteille de Claret[1] (provenant sans doute des caves de Tully-Veolan), quand la vue du bidet blanc passant au grand trot devant la fenêtre lui fit juger prudent de la mettre de côté pour le moment. Jock Scriver entra avec un paquet pour M. Stanley; c'était le cachet du colonel Talbot, et la main d'Édouard tremblait en l'ouvrant. Il en tomba deux actes pliés, signés et scellés en bonne forme. Le bailli, plein de respect pour tout ce qui avait l'apparence d'un acte, les releva promptement, et, y jetant les yeux, vit que par l'un, « protection était accordée par Son Altesse Royale à la personne de Cosme Comyne Bradwardine, écuyer, communément appelé baron de Bradwardine, et privé de sa baronnie pour avoir pris part à la rébellion; » l'autre accordait protection à Édouard Waverley, écuyer.

La lettre du colonel Talbot était conçue en ces termes :

« Mon cher Édouard,

« Je ne fais que d'arriver, et j'ai déjà

[1]. Vin de Bordeaux. A. M.

terminé mes affaires; cela m'a coûté quelques peines, comme vous allez voir. Je me présentai à Son Altesse Royale aussitôt mon arrivée; je la trouvai fort mal disposée pour ce que je venais lui demander. Trois ou quatre gentilshommes écossais assistaient à son lever. Après m'avoir accueilli avec une extrême bienveillance : « Croiriez-vous, colonel Talbot, que j'avais ici tout à l'heure plus d'une demi-douzaine des plus respectables gentilshommes et des plus fidèles amis du gouvernement dans ce pays, le major Melville de Cairnwreckan, Rubrick de Duchran, et d'autres, qui m'ont arraché, à force d'importunités, ma protection pour le présent, et la promesse d'un pardon pour l'avenir, en faveur de cet imbécile, de ce vieux rebelle qu'ils, appellent le baron de Bradwardine ? Ils allèguent que la noblesse de son caractère personnel, la clémence avec laquelle il a traité ceux de notre parti qui sont tombés dans les mains des rebelles, plaident pour lui; ils ajoutent que la perte de ses domaines sera un châtiment assez sévère. Rubrick s'est chargé de le garder chez lui jusqu'à ce que les affaires soient arrangées dans le pays; mais il est un peu dur d'être forcé de pardonner à un si mortel ennemi de la maison de Brunswick. » Ce n'était pas un moment favorable pour expliquer le but de mon voyage: néanmoins je dis que j'étais heureux de trouver Son Altesse Royale en train d'accueillir de telles requêtes, attendu que cela m'encourageait à lui en présenter une de la même nature en mon nom. Il laissa éclater sa mauvaise humeur, mais je ne me laissai pas effrayer. Je lui rappelai que je disposais de trois voix dans la chambre des communes, je parlai modestement de mes services sur le continent, services qui n'avaient de prix à mes yeux que parce que Son Altesse Royale avait daigné les accepter avec bonté; je me prévalus fortement de ses protestations d'amitié, de ses offres de service. Il fut embarrassé, mais il ne se rendit pas. Je lui fis sentir alors combien il serait politique de détacher pour toujours l'héritier d'une fortune aussi considérable que celle de votre oncle, de la cause des rebelles; je ne fis aucune impression. Je lui exposai les services que j'avais reçus de votre oncle et de vous personnellement, et je lui demandai, comme une récompense de ce que j'avais fait pour lui, qu'il me mît en état de témoigner ma reconnaissance; je m'aperçus qu'il se disposait à me refuser encore. Tirant ma commission de ma poche, je lui dis (c'était ma dernière ressource) que Son Altesse Royale ne me jugeant pas digne, dans des circonstances si pressantes, d'une faveur qu'elle avait accordée à d'autres gentilshommes, dont j'osais dire que les services n'étaient pas plus importants que les miens, je lui demandais humblement la permission de déposer ma commission dans les mains de Son Altesse Royale, et de me retirer du service. Il ne s'attendait pas à cela; il me dit de reprendre ma commission, ajouta quelques paroles flatteuses sur mes services, et m'octroya ma requête.

« Vous voilà donc libre encore une fois; j'ai promis pour vous que vous seriez à l'avenir un bon garçon, et n'oublieriez jamais ce que vous devez à la clémence du gouvernement. Ainsi, vous voyez que *mon* prince sait être aussi généreux que le *vôtre*. Je ne prétends pas toutefois qu'il accorde une faveur avec autant de grace et de courtoisie que votre chevalier errant; mais il a les manières franches d'un Anglais, et sa répugnance manifeste à répondre favorablement, montre qu'il sacrifie ses idées personnelles à ceux qui le sollicitent. Mon ami l'adjudant-général m'a procuré une copie des lettres de grace pour le baron; l'original reste entre les mains du major Melville, et je vous envoie cette copie, sachant que vous aurez grand plaisir, si vous pouvez le joindre, à lui apprendre le premier cette heureuse nouvelle. Il doit sans perdre de temps se rendre à Duchran, où il fera sa *quarantaine*. Pour vous, je vous permets de l'y accompagner, d'y rester même une semaine; car je sais que certaine jolie dame habite le château. Je suis charmé de pouvoir vous annoncer que vos progrès dans ses bonnes graces combleront de joie sir Éverard et mistriss Rachel, qui ne croiront jamais votre avenir certain, ni *les trois hermines* en sûreté, que vous ne leur présentiez une milady Édouard Waverley. Certaine intrigue d'amour qui m'intéressait, il y a bien long-temps, fit manquer de beaux projets proposés en faveur des trois hermines. Je suis donc en honneur tenu à réparer ma faute; ainsi, employez bien votre temps; et votre semaine finie, il faut absolument que vous veniez à Londres solliciter votre pardon devant les tribunaux.

« A jamais, mon cher Waverley, votre tout dévoué,

« Philippe Talbot. »

CHAPITRE LXVII.

<small>Heureux qui sait fléchir sa belle
En six jours qu'il passe près d'elle!</small>

Quand les premiers transports de joie causés par ces excellentes nouvelles se furent un peu calmés, Édouard proposa de descendre aussitôt dans la vallée pour en faire part au baron; mais le prudent bailli fit observer avec juste raison que, si le baron se montrait tout de suite en public, les vassaux et les paysans pourraient, en témoignant d'une manière trop vive leur satisfaction, offenser les autorités, espèce de gens pour qui le bailli avait toujours eu un respect sans bornes. Il proposa donc à Waverley d'aller seul chez la vieille Jeannette et de conduire le baron, à la faveur des ténèbres, au petit Veolan, où il pourrait jouir encore des douceurs d'un bon lit. « Cependant, dit-il, j'irai moi-même trouver le capitaine Forster, et lui montrerai les lettres de protection accordées au baron; j'obtiendrai son agrément pour le loger cette nuit; il trouvera tout prêts à la pointe du jour des chevaux qui le conduiront à Dunchran avec M. Stanley; car j'espère, ajouta le bailli, que pour le moment Votre Honneur gardera ce nom. »

— « Certainement, monsieur Mac Wheeble; mais vous-même reviendrez-vous sur le soir à la vallée, pour y voir votre patron? »

« Ce serait tout plaisir pour moi, et je vous suis bien obligé de m'avoir rappelé mon devoir; mais le soleil sera couché avant que je sois de retour de chez le capitaine, et à cette heure indue la vallée n'a pas bonne réputation; il court de mauvais bruits sur la vieille Jeannette Gellatley. Le laird n'en croit rien; mais il est d'une audace, d'une témérité!... il ne craint ni homme ni diable, et depuis long-temps. Mais j'ai de mes oreilles entendu dire à sir George Mackensie qu'un théologien ne pouvait mettre en doute l'existence des sorciers, puisque la Bible ordonne de leur arracher la vie, et qu'aucun jurisconsulte écossais n'en doit douter, puisqu'ils sont, d'après nos lois, punissables de mort. Ainsi, j'ai de mon côté la loi et les Écritures. Si le baron refuse d'en croire le *Lévitique*, il peut en croire du moins le livre des statuts... Au reste, il s'arrange à sa guise, peu importe à Duncan Mac Wheeble. Toutefois j'enverrai dire à la vieille Jeannette de venir ce soir; mieux vaut ne pas fâcher les gens de son espèce, d'autant plus qu'il me faudra Davie pour tourner la broche; car j'ordonnerai à Eppie de faire rôtir une bonne oie pour le souper de Vos Honneurs. »

Vers le coucher du soleil, Waverley se rendit à la cabane, et ne put s'empêcher de reconnaître que la superstition avait bien choisi le lieu et les matériaux pour bâtir ses terreurs imaginaires. C'était exactement la vallée que décrit Spencer :

> Là, dans une vallée obscure et solitaire,
> Son regard aperçut une simple chaumière,
> Construite de roseaux et murée en gazon,
> Où la vieille habitait, s'entourant d'une haire,
> Et maudissant le monde en disant l'oraison.
> C'est là qu'elle rêvait à de noirs artifices,
> Et que tous les démons lui devenaient propices.

Tout en récitant ces vers, il approchait de la cabane. La pauvre vieille Jeannette, courbée en deux par l'âge, aveuglée par la fumée de tourbe, s'occupait à balayer la maison, et parlait toute seule en nettoyant de son mieux le foyer et le plancher, pour recevoir les hôtes qu'elle attendait. Au bruit des pas de Waverley, elle tressaillit, leva la tête et se mit à trembler de tous ses membres, comme si elle souffrait la torture pour sauver son maître. Waverley eut peine à lui faire comprendre que le baron n'avait plus rien à craindre pour sa personne; et dès qu'elle fut persuadée de cette heureuse nouvelle, il ne fut pas moins difficile de lui ôter sa conviction qu'il rentrait dans tous ses biens. « Ce serait pourtant justice, disait-elle, toute justice; personne n'aurait l'impudence de lui voler un brin d'herbe, si seulement on voulait lui pardonner. Quant à cet Inch-Grabbit, je souhaiterais bien d'être sorcière pour le punir, si je ne craignais pas que le diable me prît au mot. » Waverley lui remit alors quelque argent, et lui promit que sa fidélité ne resterait pas sans récompense. « Et quelle plus belle récompense, dit Jeannette, peut-il m'arriver, monsieur, que de voir mon vieux maître et miss Rose revenir et vivre encore tranquilles ? »

Waverley prit alors congé de Jeannette, et arriva bientôt au Patmos du baron. Après un léger coup de sifflet, il vit le vétéran s'avancer pour reconnaître, comme un vieux blaireau qui sort la tête de son trou. « Vous venez de bonne heure, mon cher enfant, dit-il en descendant; il me semble que les *rouges* n'ont pas encore battu la retraite; alors point de sûreté pour nous. »

« Bonnes nouvelles ne peuvent être dites trop tôt, » répondit Waverley, et il lui communiqua avec des transports de joie la lettre de Talbot.

Le vieillard resta quelques minutes silencieux et ravi, puis il s'écria : « Dieu soit loué ! je reverrai ma fille. »

« Et pour ne jamais la quitter, j'espère, » dit Waverley.

— « Oui, je le jure! à moins que ce

ne soit pour tâcher de subvenir à ses besoins, car ma fortune est dans un pitoyable état; mais à quoi bon les richesses du monde? »

« Et, dit Waverley modestement, s'il était un moyen de mettre miss Bradwardine à l'abri des atteintes du malheur, et de la replacer au rang qu'elle a perdu, vous opposeriez-vous, mon cher baron, à un arrangement qui rendrait un de vos amis l'homme le plus heureux du monde? » Le baron se retourna avec empressement et regarda Waverley. « Oui, continua Édouard, je ne regarderai pas mon arrêt de bannissement comme révoqué, que vous ne m'ayez permis de vous accompagner à Duchran, et... »

Le baron sembla recueillir toute sa dignité pour faire une réponse convenable à ce qu'en d'autres temps il eût appelé la proposition d'un traité d'alliance entre les maisons de Bradwardine et de Waverley, mais ce fut vainement, le père l'emporta sur le baron : naissance illustre, rang distingué, il oublia tout. Dans cette agréable surprise, une légère convulsion passa sur son visage, tandis qu'il s'abandonnait à l'effusion de sa joie, qu'il entrelaçait Waverley dans ses bras, et s'écriait : « Mon fils! mon fils! si j'eusse pu choisir dans tout l'univers, c'est ainsi que j'aurais choisi. » Édouard lui rendit ses embrassements avec une émotion tout aussi vive, et ils gardèrent un moment l'un et l'autre le silence. Enfin Édouard le rompit :

« Mais miss Bradwardine... »

— « N'a jamais eu d'autres volontés que celles de son père; d'ailleurs vous êtes jeune, vous avez de bons principes et une naissance illustre; non, elle n'eut jamais de volonté que la mienne; et dans les jours de ma prospérité, je n'aurais pas souhaité pour elle un plus digne époux que le neveu de mon excellent et vieil ami sir Éverard. Mais, jeune homme, point de précipitation! j'espère que vous avez l'approbation de vos parents et amis; surtout celle de votre oncle, qui vous est *in loco parentis* [1]. Ah! c'est par là qu'il faut commencer... » Édouard l'assura que sir Éverard s'estimerait fort honoré de l'accueil flatteur qu'il avait daigné faire à sa proposition, et pour preuve il donna au baron la lettre du colonel Talbot : le baron la lut attentivement. « Sir Éverard, dit-il ensuite, méprisa toujours les richesses, en comparaison de l'honneur de la noblesse; et de fait, jamais il n'a pu faire la cour à la *diva Pecunia* [2]. Maintenant je voudrais, puisque ce Malcolm est un parricide, car c'est bien le nom qu'il mérite pour avoir aliéné les domaines de la famille; je voudrais, dit-il en fixant de ses regards un côté du château qu'on apercevait à travers les arbres, avoir légué à Rose ce vieux manoir et toutes ses dépendances!... Mais pourtant, continua-t-il plus gaiement après avoir réfléchi, c'est peut-être aussi bien; car, comme baron de Bradwardine, j'aurais cru que mon devoir m'ordonnait d'insister scrupuleusement sur la détermination des titres et armoiries, au lieu qu'à présent, laird sans terre avec fille sans dot, personne ne peut me blâmer de négliger tous ces points. »

« Ah! grace au ciel, pensa Waverley, sir Éverard n'est pas témoin de ces scrupules! car les trois hermines passant et l'ours rampant n'eussent pas manqué de se mordre les oreilles. » Puis, avec toute la chaleur d'un jeune amoureux, il assura au baron de quoi il lui fallait pour être heureux le cœur et la main de Rose, et que la seule approbation de son père le charmait autant que s'il donnait un comté pour dot à sa fille.

Ils se rendirent alors au petit Veolan. L'oie fumait sur la table; le bailli brandissait déjà son couteau et sa fourchette; il fit à son patron l'accueil le plus amical possible. Il y avait aussi société à la cuisine; la vieille Jeannette s'était établie au coin du feu, Davie avait tourné

---

1. Vous tient lieu de père. A. M.
2. A la fortune. A. M.

la broche à son éternel honneur; Ban et Buscar eux-mêmes, dans la libéralité de la joie de Mac Wheeble, s'étaient gorgés de viandes, et ronflaient alors sur le plancher.

Le jour suivant conduisit le baron et son jeune ami à Duchran, où le premier était attendu, parce que tous les Écossais amis du gouvernement s'étaient intéressés avec succès en sa faveur. Ces démarches avaient été si générales, si bien accueillies, que ses domaines, au dire de tout le monde, lui eussent été rendus, s'ils n'avaient point passé dans les mains rapaces d'un indigne parent dont les droits, comme héritier légitime du baron, ne pouvaient être invalidés par une grace de la couronne. Mais le vieux gentilhomme répétait avec sa gaieté ordinaire qu'il aimait bien mieux posséder l'estime de ses voisins que d'être réhabilité et rétabli *in integrum*[1], lors même que la chose serait possible.

Nous n'essaierons pas de retracer l'entrevue du père et de la fille, qui s'aimaient l'un l'autre si tendrement, et séparés par suite de circonstances si périlleuses; moins encore tenterai-je de décrire la vive rougeur de Rose en recevant les hommages de Waverley, et je n'examinerai pas si elle était curieuse de connaître les motifs de son voyage en Écosse. Nous n'ennuierons pas le lecteur de fastidieux détails sur la manière de faire la cour il y a soixante ans; il suffit de dire qu'avec un aussi rigide observateur de l'étiquette que le baron, tout se passa dans les règles. Il se chargea, le lendemain de leur arrivée, de communiquer les propositions de Waverley à Rose, qui les écouta avec toute la timidité d'une jeune fille. Toutefois la renommée ose dire qu'Édouard, le soir d'avant, lui avait appris en cinq minutes tout ce qu'il en était, pendant que le reste de la compagnie regardait trois serpents entrelacés qui formaient un jet d'eau dans le jardin.

Mes jolies lectrices décideront le cas: pour moi, je ne puis concevoir comment se peut faire, en si peu de temps, une communication si importante. Ce qu'il y a de certain, c'est que le baron mit une bonne heure à remplir sa tâche.

Waverley fut alors regardé comme amant en titre. La maîtresse de la maison, à force d'œillades et de sourires, parvenait toujours à le placer près de miss Bradwardine à table, près de miss Bradwardine au jeu. S'il rentrait dans le salon, et qu'une des quatre miss Rubrick fût à côté de Rose, elle avait soin de se rappeler que son dé ou ses ciseaux étaient à l'autre bout de la chambre, pour laisser vide la place la plus rapprochée de miss Bradwardine; et parfois, lorsque le papa et la maman n'étaient point là pour surveiller, les jeunes miss riaient tout à leur aise. Souvent le vieux laird lançait sa plaisanterie; la vieille dame de Duchran, sa remarque; le baron faisait comme les autres; mais Rose alors n'avait que la peine de conjecturer le sens, car ses bons mots étaient en latin. Les domestiques eux-mêmes ricanaient trop fort, les femmes de chambre jasaient trop haut, enfin il semblait régner dans toute la maison un air d'intelligence. Alice Bean, la jolie fille de la caverne, qui, depuis le *malheur* de son père, comme elle disait, servait à Rose de fille de chambre, riait et s'en donnait plus que personne. Mais Rose et Édouard supportaient toutes ces petites vexations, comme bien d'autres les ont supportées avant et depuis: sans doute qu'ils se dédommagèrent par la suite, quoiqu'on n'en dise rien, des six jours de persécution qu'ils eurent à passer à Duchran.

Il fut enfin arrêté qu'Édouard irait à Waverley-Honour faire les préparatifs convenables pour son mariage, puis à Londres prendre les mesures nécessaires pour obtenir son pardon, et qu'il reviendrait au plus vite réclamer la main de son aimable fiancée. Il se proposa aussi, dans ce voyage, de visiter le colonel Talbot, et surtout, car c'était son but principal, de s'informer du sort de l'infortuné Glennaquoich, de

---

[1] En toute intégrité. A. M.

l'aller voir à Carlisle, et d'essayer s'il y aurait moyen d'obtenir sinon sa grace, du moins une commutation de peine, ou une punition moins sévère que celle qu'on allait sans doute lui infliger; il voulait enfin, au pis-aller, offrir à la malheureuse Flora un asile près de Rose, ou lui rendre tous les services dont elle pouvait avoir besoin. Il semblait difficile de sauver Fergus : Édouard avait déja engagé son ami Talbot à s'intéresser en sa faveur; mais le colonel, par sa réponse, avait donné clairement à entendre que son crédit dans des affaires de ce genre était épuisé.

Talbot restait à Édimbourg, et se proposait d'y passer encore quelques mois pour d'importantes missions dont le duc de Cumberland l'avait chargé ; il devait être rejoint par lady Émilie, qu'on avait mise au lait de chèvre, en lui recommandant de ne point se fatiguer, et qui allait voyager dans le nord, accompagné de Francis Stanley. Édouard rencontra à Édimbourg le colonel, qui lui souhaita cordialement mille prospérités dans son mariage, et se chargea bien volontiers de plusieurs commissions que notre héros fut forcé d'abandonner à ses soins. Mais en ce qui concernait Fergus il fut inexorable : d'un côté il convainquit Édouard que son intervention serait inutile, et de l'autre avoua qu'en conscience il ne pouvait employer son crédit en faveur de ce malheureux chef.

« La justice, dit-il, qui demande à punir ceux qui ont plongé toute une nation dans l'inquiétude et le deuil, ne peut choisir une victime plus convenable; il s'est mis en campagne après avoir mûrement examiné la nature de l'entreprise; il a étudié et compris toute la portée du projet. Le sort de son père ne l'a point intimidé; la douceur des lois qui lui restituaient les droits et titres de son père ne l'a point fléchi. Brave, généreux, rempli de bonnes qualités, il n'en était que plus dangereux; accompli et bien élevé, son crime est moins excusable; fanatique pour une mauvaise cause, il doit plus que personne en être le martyr. Enfin il a poussé à prendre les armes bien des centaines de montagnards qui, sans lui, n'auraient jamais troublé la paix du pays.

« Je vous répète, dit le colonel, et le ciel m'est témoin que de tout mon cœur je plains en lui l'homme privé; je vous répète que ce jeune chef a connu et bien apprécié les chances du jeu désespéré qu'il allait jouer. Son enjeu était la vie ou la mort, une couronne ou un cercueil, et l'on ne peut, sans injustice pour le pays, le laisser maître de retirer les enjeux après que les chances ont tourné contre lui. »

C'est ainsi que, à cette époque, des hommes généreux et humains raisonnaient contre un ennemi vaincu. Souhaitons sincèrement qu'à cet égard au moins nous ne revoyions ni les événements ni les opinions qui étaient communes en Angleterre il y a soixante ans.

CHAPITRE LXVIII.

Demain ? ah ! cela est trop tôt !... Grace, grace pour lui. SHAKSPEARE.

ÉDOUARD, accompagné de son ancien domestique Alick Polwarth, qui était rentré à son service à Édimbourg, arriva à Carlisle pendant que la commission d'*Oyer et Terminer*[1], réunie pour le jugement de ses infortunés compagnons, était encore en séance. Il avait hâté son voyage, non, hélas ! qu'il eût la moindre espérance de sauver Fergus, mais au moins pour le voir une dernière fois. J'aurais dû dire qu'il avait fourni des fonds pour procurer des défenseurs aux accusés, de la manière la plus généreuse, aussitôt qu'il avait appris que le tour de leur mise en jugement était fixé. Un solliciteur et l'avocat le plus renommé les assistaient; mais c'était au même titre que l'on appelle les plus habiles médecins autour du lit d'un homme de qualité à l'agonie, les doc-

[1]. Cour de justice où les causes sont ouïes et jugées. A. M.

teurs pour s'attribuer quelque révolution miraculeuse opérée par la nature, les légistes pour se prévaloir de quelque nullité de procédure tout à fait improbable. La salle était remplie d'une foule immense. Son extrême empressement, son agitation, joint à ce qu'il arrivait du nord, le firent prendre pour un parent des prévenus, et la foule s'écarta pour lui livrer passage. C'était la troisième séance de la cour ; deux hommes étaient assis au banc des accusés. Le verdict[1] de culpabilité venait d'être prononcé. Édouard leva les yeux vers le même banc des accusés dans le moment de silence qui suivit la lecture du verdict. Il reconnut sur-le-champ la tournure imposante et la noble figure de Fergus, malgré le désordre de ses vêtements et la pâleur livide de son visage, causée par une longue et sévère détention. A son côté était Evan Maccombich. Édouard, en les voyant, sentit son cœur défaillir et ses yeux se troubler ; mais il fut rappelé à lui par la voix du greffier criminel qui prononçait la formule solennelle : « Fergus Mac-Ivor de Glennaquoich, autrement dit Vich-Jan-Vohr, et Evan Mac-Ivor dans le Dhu de Tarrascleugh, autrement dit Evan Dhu Maccombich, vous et chacun de vous, êtes atteints et convaincus de haute trahison. Qu'avez-vous à dire en votre faveur, pour que la cour ne prononce pas contre vous la peine capitale conformément à la loi ? »

Fergus, quand le président de la cour remit sur sa tête la fatale toque du jugement[2], plaça son bonnet sur sa tête, regarda le président d'un œil tranquille et sévère, et répondit d'une voix assurée : « Je ne puis laisser croire à cette nombreuse assemblée que sur une telle invitation je n'aie rien à répondre ; mais ce que j'ai à dire vous ne voudriez pas l'entendre, car ma défense serait votre condamnation. Continuez donc, au nom de Dieu, à faire ce que vous avez le pouvoir de faire. Hier et avant-hier vous avez condamné le plus loyal, le plus noble sang, à être répandu comme de l'eau. N'épargnez pas le mien ; tout celui de mes ancêtres fût-il dans mes veines, je l'aurais exposé pour cette cause.» Il se rassit, et refusa de se relever.

Evan Maccombich le regarda avec des yeux pleins d'émotion et se leva ; il semblait vouloir parler ; mais l'appareil de la cour, la difficulté de s'exprimer dans une langue qui ne lui était pas familière, le troublèrent au point qu'il ne put prononcer un mot. Un murmure de compassion se fit entendre parmi les spectateurs ; on pensait que ce malheureux voulait alléguer l'obéissance qu'il devait à son chef comme une excuse de son crime. Le juge demanda le silence et encouragea Maccombich à parler.

« Je voulais seulement vous dire, milord, dit Evan d'un ton qu'il tâchait de rendre le plus insinuant possible, que si Votre Honneur et l'honorable cour voulaient remettre Vich-Jan-Vohr en liberté pour cette fois, et le laisser retourner en France pour ne plus troubler à l'avenir le gouvernement du roi George, six hommes des principaux de son clan se remettraient aux mains de la justice à sa place ; si vous voulez me laisser aller à Glennaquoich, je vous les amènerai pour être décapités ou pendus, et vous commencerez par moi tout le premier. »

Malgré la solennité du lieu, une espèce de rire se fit entendre dans l'auditoire, excité par cette proposition si extraordinaire. Le juge réprima cette indécence, et Evan, promenant autour de lui des regards sévères, quand le silence fut rétabli : « Si messieurs les Saxons, continua-t-il, rient parce qu'un pauvre homme comme moi pense que sa vie et celle de six de ses semblables vaut celle de Vich-Jan-Vohr, ils ont droit de rire ; mais s'ils rient parce qu'ils croient que je ne tiendrais pas ma parole et que je ne reviendrais pas pour le sauver, je puis leur dire qu'ils ne

---

[1]. Ce mot anglais est tout latin ; il équivaut à *vere dictum*, véritablement prononcé. A. M.

[2]. Le président se couvre avant de prononcer une sentence capitale.

connaissent ni le cœur d'un Highlandais ni l'honneur d'un gentilhomme. »

On n'eut plus envie de rire dans l'auditoire; un silence profond suivit ces paroles. Le président prononça contre ces deux accusés la peine portée par la loi contre la haute trahison, avec tous les horribles accompagnements de cette peine. L'exécution fut fixée au lendemain. « Pour vous, Fergus Mac-Ivor, continua le juge, je ne puis vous donner aucune espérance de pardon; vous devez vous préparer pour demain à vos dernières souffrances dans ce monde et à votre jugement dans l'autre. »

« C'est la seule chose que je désire, milord, » répondit Fergus avec la même voix tranquille et ferme.

Les yeux perçants d'Evan Dhu, qui avaient été constamment fixés sur son chef, se mouillèrent de larmes. « Pour vous, pauvre ignorant, reprit le juge, qui, en obéissant aux principes dans lesquels vous avez été élevé, nous avons montré aujourd'hui, par un grand exemple, comment le dévouement et la fidélité dus au roi seul et à l'état sont, d'après vos malheureuses idées de clan, transportés à un chef ambitieux qui en profite pour faire de vous des instruments de crimes; pour vous, dis-je, j'éprouve tant de compassion que si vous voulez consentir à former une demande en grace, je ferai mon possible pour la faire réussir. Autrement... »

« Point de grace, point de grace pour moi, répondit Evan. Puisque vous êtes décidé à répandre le sang de Vich-Jan-Vohr, la seule faveur que j'accepterais de vous, c'est d'ordonner qu'on me délie les mains, de me remettre ma claymore, et de m'attendre où vous êtes. »

« Emmenez ces prisonniers, dit le juge; que leur sang retombe sur leur tête. »

Absorbé par ses réflexions, Édouard s'aperçut que la foule, en sortant de la salle d'audience, l'avait entraîné dans la rue avant qu'il sût ce qu'il faisait. Son premier désir fut de voir Fergus, de lui parler encore une fois. Il se rendit au château où son infortuné ami était détenu; mais il ne put en obtenir l'entrée. « Le grand-shérif, lui dit un sous-officier, a recommandé au gouverneur de ne laisser entrer chez le prisonnier que son confesseur et sa sœur. »

— « Où est miss Mac-Ivor ? » On lui donna son adresse : c'était chez une respectable famille catholique dans les environs de Carlisle.

N'ayant pu obtenir son admission dans le château, et n'osant pas s'adresser au shérif ou aux juges en son propre nom, qui ne les aurait pas bien disposés en sa faveur, il eut recours au solliciteur qui avait assisté Fergus pendant les débats. Il apprit que le gouvernement, redoutant l'impression que pourraient produire sur l'esprit du peuple des relations publiées par des partisans des Stuarts sur les derniers moments de ceux qui périssaient pour leur cause, on avait résolu de ne laisser communiquer avec eux aucun de leurs anciens amis, excepté leurs parents les plus proches. Cependant il promit (pour obliger l'héritier de Waverley-Honour) d'obtenir pour lui une permission de voir le prisonnier avant que les fers lui fussent ôtés pour se rendre au lieu de l'exécution.

« Est-ce de Fergus Mac-Ivor qu'on parle ainsi, pensa Waverley, ou est-ce un rêve? du fier, du chevaleresque, de l'audacieux Fergus? le puissant chef d'une tribu dévouée? lui que j'ai vu conduire la chasse dans les forêts, l'attaque sur le champ de bataille! Brave, actif, noble, l'amour des dames, le héros des ballades! c'est lui qui est chargé de fers comme un malfaiteur, qui sera conduit sur la claie à la potence pour y mourir de la plus cruelle, de la plus horrible des morts, et ses membres être ensuite déchirés par la main des plus ignobles scélérats. C'était le diable, ce sceptre qui annonça un tel destin au vaillant chef de Glennaquoich. »

D'une voix mal assurée, il pria le solliciteur de trouver moyen de prévenir Fergus de la visite qu'il comptait lui faire, dans le cas où la permission lui en serait accordée. Il le quitta ensuite; et revenu à son auberge, il écrivit à miss Flora un billet à peine lisible, afin de lui annoncer qu'il se présenterait pour la voir dans la soirée. Le messager rapporta une lettre de miss Flora, écrite de sa belle écriture italienne : sa main semblait à peine avoir tremblé au milieu de si cruelles angoisses. « Miss Flora Mac-Ivor, portait la lettre, ne peut se refuser à recevoir le plus cher ami de son frère, même en ce moment où elle est livrée à une douleur qui n'eut jamais d'égale. »

Quand Édouard se présenta dans la maison où résidait momentanément miss Flora, il fut admis sur-le-champ. Dans un vaste et sombre appartement, tendu en tapisseries, Flora était assise auprès d'une fenêtre dont les jalousies étaient fermées, occupée à coudre une espèce de vêtement de flanelle blanche. A quelque distance était une femme âgée, étrangère, à en juger par l'apparence, et appartenant à un ordre religieux ; elle lisait tout haut des prières dans un livre de dévotion catholique ; mais quand Waverley entra, elle le posa sur la table et sortit. Flora se leva pour le recevoir, lui tendit la main ; mais elle n'essaya pas de parler. Sa beauté n'existait plus ; elle était extrêmement maigre ; sa figure et ses mains, blanches comme le marbre le plus pur, ressortaient d'une manière frappante à côté de ses habits de deuil et de ses cheveux noirs comme le jais; cependant, au milieu de cet appareil lugubre, rien sur sa personne n'était en désordre ou négligé. Sa chevelure même, quoique sans aucun ornement, était arrangée avec le soin et l'élégance ordinaires. Les premiers mots qu'elle prononça furent : « L'avez-vous vu ? »

« Hélas! non, répondit Waverley : on m'a refusé de me laisser entrer. »

« Cela s'accorde avec le reste, dit-elle ; mais il faut nous soumettre. Espérez-vous obtenir la permission ? »

« Pour,.. pour demain, » répondit Waverley. Mais il murmura ces derniers mots d'une voix si faible qu'elle était à peine intelligible.

« Oui, alors ou jamais, dit Flora, jusque, ajouta-t-elle en levant les yeux au ciel, jusqu'au moment où j'espère que nous nous réunirons tous. Mais j'espère que vous le verrez avant qu'il quitte ce monde. Il vous a toujours aimé du fond de son cœur, quoique...; mais il est inutile de parler du passé. »

« Inutile ! » répéta Waverley.

« Et même de parler de l'avenir, mon bon ami, ajouta Flora, en ce qui concerne les événements terrestres. Combien de fois me suis-je représenté comme possible cette horrible fin, et me suis-je exercée à la souffrir en ce qui me regardait ! mais que tous mes pressentiments étaient au-dessous de l'amertume inexprimable de cette épreuve ! »

— « Chère Flora, si votre force d'ame... »

« Ah ! oui, c'est là, répondit-elle un peu brusquement, c'est là, monsieur Waverley, le démon qui me déchire le cœur ; il me l'a dit, mais ce serait une folie de l'écouter, que cette force d'ame, dont Flora était fière, a conduit son frère à la mort. »

— « Bon Dieu ! comment pouvez-vous vous arrêter à une pensée si cruelle ? »

— « Oui, sans doute. Cependant elle me poursuit comme un fantôme. Je sais que ce n'est qu'une chimère, une vision : mais elle est toujours là. Elle remplit mon esprit d'angoisses et d'horreur ; elle me dit que mon frère, impétueux autant qu'inconstant, aurait partagé son énergie entre mille objets différents. C'est moi qui lui appris à la concentrer, et à l'employer tout entière au service de cette cause désespérée. Oh ! que ne puis-je me rappeler lui avoir dit une fois : « Celui qui tire le glaive périra par le glaive ! » Que ne lui ai-je dit une fois : « Demeurez à la maison; réservez et vous-même, et vos vassaux, et votre vie, pour des entreprises qui ne soient pas au-dessus des forces de l'homme ! » Mais non ! monsieur Waverley, j'excitai son ame ardente, et sa ruine retombe pour la moitié au moins sur la tête de sa sœur. »

Édouard tâcha de combattre cette horrible idée par les raisons incohérentes qui s'offraient à son esprit troublé. Il lui rappela les principes dans lesquels ils avaient été élevés, et qu'ils regardaient comme un devoir de suivre.

« Ne croyez pas que je les aie oubliés, dit-elle en se retournant vers lui avec vivacité. Je ne m'afflige pas de son entreprise, comme coupable : oh non ! là-dessus je suis inébranlable ; mais parce qu'elle ne pouvait finir autrement qu'elle a fait. »

— « Cependant elle ne parut pas toujours aussi hasardeuse, aussi désespérée ; et l'esprit audacieux de Fergus s'y serait toujours attaché, que vous l'eussiez approuvée ou non ; vos conseils ne serviront qu'à donner de l'unité et de la consistance à ses démarches, à rendre sa résolution plus digne, mais non plus périlleuse. » Flora n'écoutait plus Édouard, elle avait repris son ouvrage.

« Vous rappelez-vous, dit-elle avec un regard sombre, que vous me trouvâtes un jour travaillant aux cadeaux de noces pour l'épouse de Fergus ? et maintenant je couds son habit nuptial. Les amis chez qui je suis en ce moment, continua-t-elle en étouffant son émotion, donneront un peu de terre sainte, dans une chapelle, aux restes sanglants du dernier Vich-Jan-Vohr. Mais ils ne seront pas tous ici... non... Sa tête... je n'aurai pas la dernière et cruelle consolation de baiser les lèvres glacées de mon cher... de mon cher Fergus. »

L'infortunée Flora, après deux ou trois gémissements convulsifs, s'évanouit. La dame, qui était restée dans l'antichambre, entra sur-le-champ, et pria Édouard de quitter l'appartement, mais de ne pas sortir de la maison.

Après environ une demi-heure on l'appela. Il s'aperçut que, par un violent effort, miss Mac-Ivor avait repris un grand sang-froid. Ce fut alors qu'il se hasarda à la presser de regarder miss Bradwardine comme une sœur adoptive, et d'accepter son assistance et sa protection pour l'avenir.

« J'ai reçu, répliqua-t-elle, une lettre de ma chère Rose, qui me parle dans le même sens. Le chagrin ne s'occupe que de lui-même, il est égoïste : autrement j'aurais répondu que, même dans mon désespoir, j'avais ressenti un mouvement de joie en apprenant ses espérances de bonheur, et que le vieux baron avait échappé au naufrage universel. Donnez ceci à ma chère Rose ; c'est le seul bijou de prix de la pauvre Flora, et il a été porté par une princesse. » Elle lui mit dans la main un écrin qui renfermait la chaîne de diamants dont elle avait coutume d'orner sa chevelure. « Il me serait inutile à l'avenir. La bienveillance de mes amis m'a trouvé une retraite dans le couvent des Bénédictines écossaises, à Paris. Si je survis à la journée de demain, je me mettrai en route avec cette vénérable sœur. Et maintenant, monsieur Waverley, adieu. Puissiez-vous être heureux avec Rose autant que vos aimables qualités le méritent ; et pensez quelquefois aux amis que vous avez perdus. N'essayez pas de me revoir : ce serait une preuve d'amitié, mais qui m'affligerait. »

Elle lui tendit la main, sur laquelle Édouard répandit un torrent de larmes, et d'un pas chancelant il sortit de l'appartement, et retourna à Carlisle. A l'auberge, il trouva une lettre de son ami le solliciteur ; elle lui annonçait que le lendemain matin il pourrait voir Fergus aussitôt que les portes du château s'ouvriraient, et qu'il aurait la liberté de rester avec lui jusqu'au moment où le shérif donnerait le signal du départ pour le lieu du supplice.

CHAPITRE LXIX.

Un départ plus cruel approche. Le tambour fatal est tendu d'un crêpe, et la bière d'un drap noir.
THOMAS CAMPBELL.

Après une nuit sans sommeil, Édouard, aux premiers rayons du matin, se promenait sur l'esplanade, devant la vieille porte gothique du château de Carlisle. Mais il fit bien des tours, dans toutes les directions, avant l'heure où, conformément aux règlements militaires de la garnison, les portes s'ouvrirent et le pont-levis s'abaissa. Il présenta son ordre d'admission au sergent, et entra.

La prison où Fergus était renfermé était un appartement sombre et voûté, au centre du château, dans une vieille tour, qu'on suppose d'une grande antiquité, ornée de sculptures qui semblaient dater du temps d'Henri VIII, ou d'une époque encore plus reculée. Au bruit des barres de fer comme il y en avait dans les anciennes prisons, et des verroux qu'on tirait pour ouvrir les portes à Édouard, succéda le retentissement des chaînes du malheureux chef, qui traînait sur les dalles de la prison les fers pesants dont il était chargé, pour s'avancer à la rencontre de son ami.

« Mon cher Édouard, dit-il d'une voix assurée et même joyeuse, c'est bien aimable à vous. J'ai entendu parler avec le plus vif plaisir de votre bonheur prochain. Comment se porte Rose? et comment va votre ami, le baron de Bradwardine, ce vieil original? bien, je pense, puisque vous voilà en liberté. Et comment règlerez-vous la préséance entre les trois hermines et l'ours avec ce tire-botte? »

— « Comment, mon cher Fergus, comment pouvez-vous parler de ces choses dans un pareil moment? »

— « Oui, j'en conviens, nous sommes entrés à Carlisle sous de meilleurs auspices; le 16 novembre dernier, par exemple, quand nous marchions, vous et moi, côte à côte, et que nous plantâmes l'étendard des Stuarts sur les vieilles tours. Mais je ne suis pas un enfant, pour m'attrister et pleurer parce que la chance a tourné contre moi. Je savais l'enjeu risqué. Nous avons joué la partie de notre mieux; nous l'avons perdue; nous payerons en bons joueurs. Et puisqu'il ne me reste pas beaucoup de temps, permettez-moi de vous faire tout de suite les questions qui m'intéressent le plus : Le prince a-t-il échappé à ces chiens sanguinaires? »

— « Oui, il est en sûreté. »

— « Que Dieu soit loué! Racontez-moi les détails de sa fuite. »

Waverley lui raconta cette aventure merveilleuse, autant qu'on la connaissait alors; Fergus l'écouta avec le plus vif intérêt. Il s'informa ensuite de plusieurs autres de ses amis, et lui fit les questions les plus minutieuses sur les hommes de son clan. Ils avaient moins souffert que les autres tribus qui avaient pris part à l'insurrection. Après la prise de leur chef, selon la coutume ordinaire des Highlandais, ils s'étaient pour la plupart dispersés, et étaient rentrés dans leur pays; de sorte qu'ils n'avaient plus les armes à la main quand l'insurrection fut entièrement étouffée, et avaient, pour cette raison, été traités avec moins de rigueur.

« Vous êtes riche, dit-il, Waverley, vous êtes généreux. Quand vous entendrez dire que ces pauvres Mac-Ivors sont tourmentés dans leurs étroites montagnes par quelque inspecteur ou quelque impitoyable agent du gouvernement, rappelez-vous que vous avez porté leur tartan, que vous êtes un enfant adoptif de leur tribu. Le baron, qui connaît nos mœurs et qui habite dans le voisinage de notre pays, vous apprendra quand ils auront besoin de votre protection, et comment vous pourrez les servir. Le promettez-vous au dernier Vich-Jan-Vohr? »

Édouard, comme on le pense bien, donna sa parole; et dans la suite il la tint si bien, que la mémoire de Waverley vit encore dans les chaumières des montagnards, sous le nom de l'ami des enfants d'Ivor.

« Plût à Dieu, continua le chef, que je pusse vous léguer mes droits à l'amour et à l'obéissance de ces hommes simples et braves; ou au moins persuader, comme j'ai essayé de le faire, au pauvre Evan, d'accepter la vie aux conditions qu'ils lui ont offertes, et d'être pour vous ce qu'il fut pour moi, le plus tendre, le plus brave, le plus dévoué des hommes ! »

Les larmes que son propre sort n'avait pu lui arracher coulèrent en abondance sur celui de son frère de lait.

« Mais, dit-il en les essuyant, cela est impossible; vous ne pouvez être pour eux Vich-Jan-Vohr. Ces trois mots magiques, continua-t-il en souriant, sont le seul *Ouvre-toi, Sésame* [1], qui puisse commander à leurs sentiments, à leur sympathie; et le pauvre Evan suivra son frère de lait à la mort, comme il l'a suivi pendant toute sa vie. »

« Et certainement, » dit Maccombich en se soulevant de terre, où, de peur d'interrompre la conversation, il était resté couché, si bien que, grace à l'obscurité de l'appartement, Édouard ne s'était pas aperçu de sa présence; « certainement Evan ne souhaita et ne mérita jamais une meilleure fin que de mourir avec son chef. »

« Et, dit Fergus, puisque nous parlons des affaires du clan, que pensez-vous de la prédiction du Bodach Glas? » Avant qu'Édouard pût lui répondre, il ajouta : « Je l'ai revu cette nuit, à la clarté d'un rayon de la lune qui tombait sur mon lit par cette haute et étroite fenêtre. Pourquoi en aurais-je peur ? me suis-je dit : demain, long-temps avant l'heure qu'il est maintenant, je serai immortel comme lui. « Esprit importun, lui ai-je crié, viens faire ta dernière visite sur la terre, et jouir de ton triomphe par la chute du dernier descendant de ton ennemi. » Le spectre parut sourire et me faire un signe, et il disparut. Que pensez-vous de cela? J'ai fait la même question à mon confesseur, homme excellent et plein de lumières. Il me répondit que l'Église admettait la possibilité de telles apparitions; mais il me pressa de ne pas donner trop d'attention à celle-ci, parce que l'imagination évoque souvent de pareils fantômes. Qu'en pensez-vous ?

« Ce qu'en pense votre confesseur, » répliqua Waverley, qui ne voulait pas entamer une discussion sur un tel sujet, dans un pareil moment. Un coup frappé à la porte annonça l'arrivée de l'ecclésiastique, et Édouard se retira pendant qu'il administrait aux deux prisonniers les derniers secours de la religion, conformément aux rites de l'église catholique.

Environ une heure après, il rentra. Un détachement de soldats ne tarda pas à venir avec un serrurier, qui dériva les fers des jambes des prisonniers.

« Vous voyez quel cas ils font de la force et du courage des montagnards: nous avons été enchaînés ici comme des bêtes féroces, au point que nos jambes en sont presque tombées en paralysie; et quand ils nous délient, ils envoient six soldats avec le mousquet chargé, de peur sans doute que nous ne prenions ce château d'assaut. »

Édouard apprit plus tard que ces précautions avaient été ordonnées par suite d'une tentative d'évasion faite par des prisonniers, tentative qui avait failli réussir.

Quelques instants après, les tambours de la garnison battirent le rappel. « C'est le dernier roulement, dit Fergus, que j'entendrai et auquel j'obéirai. Maintenant, Édouard, mon cher Édouard, avant de nous séparer, parlons de Flora. C'est un sujet qui réveille les sentiments les plus pénibles dans mon cœur déchiré ! »

« Nous ne nous séparerons pas *ici*, » dit Édouard.

« Si, il le faut; vous ne viendrez pas plus loin. Non que j'appréhende ce qui va arriver pour moi-même, ajouta-t-il avec fierté. La nature a ses tortures comme l'art. Combien ne devons-nous pas estimer heureux celui qui échappe

---

[1]. Allusion à un conte des *Mille et une Nuits*.
A. M.

à la douloureuse agonie d'une maladie mortelle, dans l'espace de moins d'une demi-heure! Et ce moment, qu'ils s'y prennent comme ils voudront, ne saurait durer plus long-temps. Mais ce qu'un homme mourant peut souffrir sans sourciller, ferait mourir un ami vivant qui en serait témoin. Cette loi de haute trahison, continua-t-il avec une fermeté et un sang-froid extraordinaires, est un des bienfaits dont votre pays libre a gratifié la pauvre Écosse. Nos lois nationales, à ce que l'on m'a dit, étaient beaucoup plus douces. Mais je suppose qu'un jour ou l'autre, quand il n'y aura plus de sauvages Highlandais à séduire par la clémence, les Anglais effaceront de leur code cette loi qui les rabaisse au niveau des cannibales. A cette parade barbare d'exposer une tête sanglante, ils n'auront pas l'esprit de placer sur la mienne une couronne de comte en papier; il y aurait là une intention satirique, Édouard; mais j'espère qu'ils l'attacheront à la porte d'Écosse, pour que je puisse regarder, même après ma mort, les montagnes bleues de mon pays, que j'aime si tendrement. Le baron ajouterait:

Moritur, et moriens dulces reminiscitur Argos[1]. »

Un grand bruit, les roues d'une voiture, des pas de chevaux retentirent dans la cour du château. « Comme je vous l'ai déjà dit, vous ne pouvez pas me suivre, continua Fergus; ce bruit m'avertit que mon heure approche. Dites-moi comment vous avez trouvé la pauvre Flora. »

Waverley, d'une voix entrecoupée par l'émotion qui lui permettait à peine de respirer, lui dit quelques mots de l'état où il l'avait trouvée.

« Pauvre Flora! répondit le chef; elle aurait supporté sa condamnation à mort,

elle ne supportera pas la mienne. Waverley, vous connaîtrez bientôt le bonheur d'une affection mutuelle dans le mariage; mais vous ignorerez toujours la tendresse si pure qui unit deux orphelins comme Flora et moi, laissés seuls au monde, qui étaient tout sur la terre l'un pour l'autre, depuis leur enfance. Mais le sentiment du devoir, son attachement exalté pour la famille de nos rois, donnent à son ame de nouvelles forces; et quand la douleur amère et pénétrante de cette séparation sera passée, alors elle pensera à Fergus comme aux héros de notre race, des exploits desquels elle aimait tant à l'entretenir. »

« Ne vous verra-t-elle donc pas? demanda Waverley; elle semblait y compter. »

— « Il était nécessaire de la tromper, de lui épargner le déchirement d'une dernière entrevue. Je n'aurais pu me séparer d'elle sans répandre des larmes, et je ne puis supporter la pensée que les hommes se croient le pouvoir de m'en arracher. Elle compte me voir au dernier moment : cette lettre que mon confesseur lui remettra, lui apprendra que tout est fini. »

Un officier entra, et annonça que le grand-shérif et ses officiers qui l'accompagnaient attendaient devant la porte du château, requérant qu'on leur livrât la personne de Fergus Mac-Ivor et d'Evan Maccombich. « J'y vais, » répondit Fergus; et soutenant Édouard par le bras, suivi du prêtre et d'Evan Dhu, il descendit l'escalier de la tour, une troupe de soldats marchant derrière eux. La cour était occupée par un escadron de dragons et par une compagnie d'infanterie rangés en carré. Au centre était la claie ou le tombereau qui devait transporter les condamnés au lieu de l'exécution, à un mille environ de Carlisle. Il était peint en noir et traîné par des chevaux blancs; à une extrémité était assis le bourreau, homme à figure rébarbative, telle qu'il convenait à son état, une large hache à sa main; à l'autre bout, du côté des chevaux, un banc vide pour

---

1. Walter Scott cite le vers de Virgile de cette manière. Il est visible que la mémoire si riche et ordinairement si fidèle de sir Scott l'a trompé cette fois-ci. Non seulement il cite à faux, mais il fait faire à Virgile une très-grosse faute de quantité. Le vers de Virgile est :

Adspicit, et dulces moriens reminiscitur Argos.
— *Æneid.*, lib. x, v. 782. A. M.

deux personnes. A travers la voûte sombre et gothique qui donnait sur le pont-levis, on apercevait le grand-shérif à cheval, avec les gens de sa suite, à qui la démarcation entre le pouvoir civil et le pouvoir militaire ne permettait pas de pénétrer plus avant. « Voilà qui est bien préparé pour une scène de dénoûment, » dit Fergus avec un sourire dédaigneux en regardant autour de lui tous ces préparatifs, qui annonçaient la terreur qu'il inspirait. Evan Dhu s'écria avec vivacité, après avoir considéré les dragons : « Ce sont les mêmes qui se sauvèrent au galop à Gladsmuir, avant que nous en eussions tué une demi-douzaine. Ils ont l'air assez braves aujourd'hui. » Le prêtre le supplia de garder le silence.

La voiture approcha ; Fergus se retourna, serra Waverley dans ses bras, le baisa sur les deux joues, et monta légèrement à sa place ; Maccombich se plaça à côté de lui. Le prêtre devait les suivre dans un carrosse appartenant à son patron, le gentilhomme catholique chez qui demeurait miss Flora. Au moment où Fergus tendit la main à Édouard, les rangs se formèrent autour du tombereau, et le cortége se mit en marche pour sortir de la cour. Il s'arrêta un moment à la porte, pendant que le gouverneur du château et le grand-shérif accomplissaient les formalités d'usage quand l'autorité militaire remet la personne des criminels entre les mains de l'autorité civile. « Dieu sauve le roi George ! » dit le grand-shérif, quand les formalités furent accomplies ; Fergus se leva dans la voiture, et d'une voix ferme et sonore il répondit : « Dieu sauve le roi Jacques ! » Ce furent les derniers mots que Waverley lui entendit prononcer.

Le cortége se remit en marche. La voiture disparut de dessous le portail, au milieu duquel elle s'était arrêtée un instant. On entendit alors le roulement funèbre des tambours, et leurs sons mélancoliques se mêlaient aux glas qu'on sonnait à la cathédrale voisine. Le bruit de la musique militaire allait en s'affaiblissant à mesure que le cortége s'éloignait ; et bientôt on n'entendit plus que le bruit triste et régulier des cloches.

Le dernier des soldats venait de disparaître de dessous la voûte, à travers laquelle ils avaient défilé pendant quelques minutes. La voûte était vide, mais Waverley demeurait toujours immobile, comme un homme stupide, les yeux fixés sur le sombre passage où il venait de voir pour la dernière fois l'image de son ami. A la fin, un domestique du gouverneur, touché de l'abattement profond que sa contenance exprimait, lui demanda s'il ne voudrait pas entrer chez son maître, et s'y asseoir. Il fut obligé de lui répéter deux fois cette question avant qu'il la comprît : enfin il revint à lui. Remerciant cet homme de son offre obligeante, par un geste brusque il enfonça son chapeau sur ses yeux, sortit du château, traversa le plus vite qu'il put les rues désertes, jusqu'à son auberge ; là, il se retira dans sa chambre, et en verrouilla la porte.

Après une heure et demie qui lui sembla un siècle d'angoisses inexprimables, les sons des tambours et des fifres, qui jouaient un air animé, le murmure confus de la multitude qui remplissait maintenant les rues, un moment auparavant désertes, lui apprirent que tout était fini, et que les soldats et la populace revenaient de la scène fatale. Je n'essaierai pas de décrire ce qu'il ressentit en ce moment.

Le soir, le prêtre vint lui faire une visite. Il lui apprit que c'était d'après les ordres de son ami, pour l'assurer que Fergus Mac-Ivor était mort comme il avait vécu, et qu'il avait pensé à leur amitié jusqu'à son dernier moment. Il ajouta qu'il avait aussi vu Flora, et qu'elle paraissait plus tranquille depuis que tout était fini. Le prêtre se proposait de partir le lendemain avec elle et la sœur Thérèse pour le port de mer le plus voisin, où ils pourraient s'embarquer pour la France. Waverley força le brave homme à accepter pour lui une bague de quelque prix, et une somme d'argent pour être employée (de la manière qui semblerait la plus agréable à Flora), au bien de l'église catholique, en mémoire de son ami. « *Fungorque inani munere*, répéta-t-il pendant que l'ecclésiastique se retirait. Mais pourquoi ne rangerais-je pas les témoignages de souvenir parmi les honneurs funèbres dont l'affection, dans toutes les sectes, entoure la mémoire des morts? »

Le lendemain, avant le point du jour, il sortit de la ville de Carlisle, se promettant bien de n'y rentrer jamais. Il n'osa qu'à peine tourner la tête pour voir les bâtiments gothiques de la porte fortifiée sous laquelle il passa; car la ville est entourée de vieilles fortifications. « Ils ne sont pas ici, » dit Alick Polwarth, qui devinait la cause du regard incertain que Waverley jetait derrière lui, et qui, avec cette singulière curiosité du peuple pour ce qui est horrible, avait appris tous les détails de l'exécution. « Les têtes sont sur la porte d'Écosse, comme ils l'appellent. C'est grand'pitié qu'Evan Dhu, qui était un brave et excellent homme, fût Highlandais; et le laird de Glennaquoich était aussi un brave homme, quand il n'était pas dans ses accès de colère. »

CHAPITRE LXX.

Dulce domum[1]

L'IMPRESSION d'horreur sous laquelle Édouard partit de Carlisle, se changea insensiblement en mélancolie : la nécessité pénible, mais douce, d'écrire à Rose accéléra ce changement. Il ne voulait pas dissimuler ses sentiments sur la catastrophe dont il venait d'être le témoin ; mais il s'appliqua à en adoucir la peinture, de manière à attrister Rose sans effrayer son imagination. Ce tableau tracé pour elle se familiarisa peu à peu avec l'imagination de Waverley ; ses dernières lettres furent moins sombres, et se rapportaient aux espérances heureuses et paisibles qui s'offraient à lui dans l'avenir. Mais quoique l'horreur qu'il avait d'abord ressentie eût fait

1. Douce patrie ou doux chez soi. A. M.

place à la mélancolie, Édouard voyagea jusque dans son pays natal, sans pouvoir, comme autrefois, jouir du spectacle des beautés de la nature.

Alors, pour la première fois depuis qu'il avait quitté Édimbourg, il éprouva ce plaisir qu'on ressent toujours quand on revient dans un pays bien peuplé, verdoyant, très-cultivé, en quittant les scènes de la nature sauvage des déserts, imposantes par leur solitude et leur grandeur. Mais combien ces sentiments devinrent plus vifs encore, quand il mit le pied sur le domaine si long-temps possédé par ses ancêtres ; qu'il reconnut les vieux chênes du parc de Waverley ; qu'il pensa avec quelles délices il conduirait Rose dans toutes ses retraites favorites ; quand il aperçut enfin les tours du vieux château s'élever au-dessus des bois qui les entouraient ; enfin, quand il se trouva dans les bras de ses vénérables parents, auxquels il devait tant de respect et d'affection !

Le bonheur de leur réunion ne fut pas troublé par un mot de reproche. Au contraire, quelque inquiétude qu'eussent éprouvée sir Éverard et miss Rachel durant la périlleuse campagne d'Édouard au service du prince, sa conduite en cette occasion était trop bien d'accord avec les principes dans lesquels ils avaient été nourris, pour encourir leurs reproches ou leur censure. Le colonel Talbot, d'un autre côté, avait fort habilement préparé l'esprit des vieux parents d'Édouard à bien l'accueillir, en faisant un long éloge des qualités qu'il avait déployées dans la profession des armes, notamment de sa bravoure et de sa générosité à Preston : si bien qu'à l'idée de leur neveu engageant un combat singulier avec un officier aussi distingué que le colonel Talbot, le faisant prisonnier, lui sauvant la vie, l'imagination échauffée du baronnet et de sa sœur mettait les exploits d'Édouard au niveau de ceux de Wilibert Hildebrand et Nigel, les héros par excellence de leur famille.

La fatigue avait bruni les traits de

Waverley : la discipline militaire avait donné de la gravité et de la dignité à sa contenance; toute sa personne respirait la vigueur et la hardiesse, ce qui, en confirmant la narration du colonel, surprit et charma tous les habitants de Waverley-Honour. Ils se pressaient autour de lui pour le voir, l'entendre et chanter ses louanges. M. Pembroke, qui en secret admirait le courage qu'il avait montré en embrassant la bonne cause de l'église d'Angleterre, reprocha doucement à son élève d'avoir eu si peu de soin de ses manuscrits; ce qui lui avait occasioné quelques désagréments; car le baronnet ayant été arrêté par un messager du roi, lui, M. Pembroke, avait jugé prudent de se retirer dans une cachette appelée le Trou du Prêtre, à cause de son ancienne destination. Mais le sommelier ne lui portant de la nourriture qu'une fois par jour, il était réduit à dîner avec des mets absolument froids, ou, ce qui était pis encore, à moitié chauds, sans parler que quelquefois son lit n'avait pas été fait pendant deux jours. Waverley pensa involontairement au Patmos du baron de Bradwardine, qui se trouvait content de la cuisine de Jeannette, et de quelques poignées de paille étendues par terre dans la caverne. Mais il supprima toute remarque sur ce contraste, car elle n'eût servi qu'à humilier son précepteur.

Tout était en mouvement pour les préparatifs du mariage d'Édouard; le vieux baron et miss Rachel l'attendaient avec autant d'impatience que s'il eût dû les rajeunir. Ce parti, d'après ce que le colonel Talbot leur avait dit, était on ne pouvait plus convenable, réunissant toutes les conditions, excepté celle de la fortune, sur laquelle il leur était facile de passer, étant assez riches par eux-mêmes. M. Clippurse fut donc mandé à Waverley-Honour sous de meilleurs auspices qu'au commencement de notre histoire. Mais M. Clippurse ne vint pas seul : car, se sentant vieux, il s'était associé un neveu, un jeune vautour, comme notre Juvénal anglais, à qui nous devons l'histoire de Swalow, aurait pu l'appeler [1], et tous deux continuaient les affaires sous le nom de MM. Clippurse et Hooken. Ces respectables gentlemen reçurent l'ordre de dresser les actes nécessaires pour la donation à cause de mariage la plus généreuse, comme si Édouard devait épouser une héritière qui lui apportât une pairie de son chef, avec l'espérance de la fortune de son père pour dorer la frange des trois hermines.

Mais avant de m'engager dans un sujet dont la longueur est passée en proverbe, je dois prier le lecteur de se souvenir des progrès d'une pierre que fait rouler du haut en bas d'une montagne un enfant oisif (sorte de passe-temps auquel je me souviens de m'être amusé dans mes plus jeunes années); elle roule d'abord doucement, se détourne à chaque obstacle qui s'oppose à son passage; mais quand elle est dans toute la force de sa chute, qu'elle approche du terme de sa carrière, elle imite la violence et le bruit du tonnerre, franchit à chaque saut vingt pieds d'espace, traverse les haies, les buissons, comme un chasseur du Yorkshire, devenant d'autant plus rapide, d'autant plus furieuse qu'elle est plus près du moment où elle sera condamnée au repos pour toujours. Telle est, dans son cours, une narration semblable à celle que nous faisons en ce moment. Les premiers événements sont racontés avec un soin minutieux, afin que vous, aimable lecteur, vous soyez initié à la connaissance des caractères, par la narration elle-même, ou par l'intermédiaire moins intéressant d'une description directe. Mais quand l'histoire arrive à son dénoûment, nous sautons par-dessus les circonstances les plus importantes, sur lesquelles notre imagination s'était déjà arrêtée avec complaisance, nous vous laissons le soin de supposer ce que nous ne pourrions,

1. Crable, poète rural, décédé en 1833. A. M.

sans abuser de votre patience, vous rapporter tout au long.

Aussi nous sommes si loin de donner la relation des démarches de MM. Clippurse et Hooken, ou de celles de leurs dignes confrères, hommes d'affaires, qui furent chargés d'obtenir l'expédition du pardon d'Édouard et de son futur beau-père; nous sommes si loin de cela, disons-nous, que nous effleurons à peine des matières beaucoup plus importantes. Par exemple, les lettres que s'écrivirent à cette occasion sir Éverard et le baron, quoique de vrais modèles d'éloquence dans leur genre, seront condamnées par nous à un oubli impitoyable. Je ne vous dirai pas, avec tous les détails convenables, comment la respectable tante Rachel, par une allusion délicate aux circonstances qui avaient fait passer dans les mains de Bean Lean les diamants dont Rose avait hérité de sa mère, lui offrit un écrin contenant une parure qu'aurait enviée une grande-duchesse. Je prie le lecteur d'avoir la bonté de supposer qu'on pourvut dignement au sort de Job Houghton et de son épouse, quoiqu'on ne pût leur persuader que leur fils était mort autrement qu'en combattant avec le jeune squire; si bien qu'Alick, qui, en partisan zélé de la vérité, avait tenté plusieurs fois inutilement de leur raconter comment la chose s'était passée, reçut enfin l'ordre de ne plus prononcer un seul mot sur ce sujet. Il se dédommagea amplement par des récits de batailles terribles, d'exécutions épouvantables, des histoires de loups-garous et de revenants qui faisaient tressaillir de peur tous les domestiques du château.

Quoique tous ces événements puissent être brièvement rapportés dans une narration, comme un journal rend compte en quelques mots d'un long procès devant le chancelier, il arriva cependant que, malgré toute la diligence de Waverley, et grace à la lenteur des procédures judiciaires et à la manière dont on voyageait à cette époque, plus de deux mois se passèrent avant qu'Édouard, après avoir quitté l'Angleterre, arrivât à la demeure du laird de Dunchran, pour réclamer la main de sa fiancée.

La célébration du mariage fut fixée à six jours de là. Le baron de Bradwardine, pour qui les mariages, les baptêmes et les enterrements étaient des solennités de la plus haute importance, fut un peu mortifié de ce que, en comptant la famille de Dunchran et tous les voisins à qui leur rang donnait le droit d'être présents à cette cérémonie, on ne pût réunir plus de trente personnes. « Quand il s'était marié, observa-t-il, trois cents gentilshommes de naissance à cheval, sans compter leurs domestiques, et cent ou deux cents lairds highlandais, qui ne vont jamais à cheval, étaient présents à la cérémonie. »

Mais son orgueil se consola en faisant réflexion que lui et son futur gendre ayant eu, il y avait si peu de temps, les armes à la main contre le gouvernement, ce serait un juste sujet de crainte et de mécontentement pour l'autorité établie, s'ils réunissaient les parents, alliés et amis de leurs maisons dans l'attirail militaire, comme c'était l'usage en Écosse dans de telles occasions. « Et sans doute, ajouta-t-il en soupirant, beaucoup de ceux qui se seraient le plus sincèrement réjouis de cet heureux mariage, sont, ou dans un monde meilleur, ou exilés de leur pays natal. »

Le mariage eut lieu au jour fixé. M. Rubrick, cousin du propriétaire de la maison hospitalière où il se célébrait, et chapelain du baron de Bradwardine, eut la satisfaction de bénir les jeunes époux; Frank Stanley remplissait les fonctions de garçon de noces, ayant rejoint Waverley dans cette intention aussitôt après son arrivée. Lady Émilie et le colonel Talbot avaient promis d'être présents; mais la santé de lady Émilie, quand il fallut se mettre en route, ne fut pas jugée en état de supporter le voyage. En dédommagement, il fut convenu que Waverley et sa nouvelle épouse, qui, avec le baron, se proposaient de faire sur-le-champ une visite à Waverley-Honour, s'arrêteraient, dans leur voyage, pendant quelques jours à une propriété que le colonel Talbot s'était décidé à acheter en Écosse, à cause du bon marché, et où il se proposait de résider quelque temps.

CHAPITRE LXXI.

Ce n'est pas là ma maison : ma
maison n'était pas si belle.
Vieille chanson.

Les nouveaux mariés voyageaient dans le grand style. Il y avait un équipage à six chevaux, dans le goût le plus moderne, dont sir Éverard avait fait cadeau à son neveu, et qui éblouit, par sa splendeur, les yeux de la moitié des Écossais ; il y avait aussi le carrosse de M. Rubrick, et les deux voitures étaient remplies de dames ; les messieurs et leurs domestiques à cheval étaient au nombre d'une centaine environ. Cependant, sans redouter la famine, le bailli Mac Wheeble se présenta sur le passage du cortège, et demanda qu'on lui fît l'honneur de passer par la maison du petit Veolan. Le baron fut confondu, et répondit que son gendre et lui passeraient assurément par le petit Veolan, mais qu'ils n'emmèneraient pas avec eux tout le *comitatus nuptialis*, ou cortège matrimonial ; il ajouta qu'ayant entendu dire que la baronnie avait été vendue par son indigne parent, il se réjouissait de ce que son ancien ami Duncan était resté dans sa place sous le nouveau *dominus* ou propriétaire. Le bailli salua, s'inclina, s'agita, et renouvela son invitation, jusqu'à ce que le baron, quoique piqué de son obstination, ne put s'empêcher de se rendre, de peur de laisser deviner les motifs de sa répugnance, ce qu'il voulait surtout éviter.

Lorsqu'on arriva à l'extrémité de l'avenue, il tomba dans une profonde mélancolie, dont il ne sortit que pour faire observer que les bâtiments avaient été réparés, les décombres enlevés, et (ce qui était le plus merveilleux) que les deux grands ours en pierre, ces idoles mutilées, objets de sa vénération, étaient remontés sur leur piédestal, de chaque côté de la porte d'entrée : « Ce nouveau propriétaire, dit-il à Édouard, a montré plus de *gusto*, comme disent les Italiens, depuis le peu de temps qu'il possède ce domaine, que ce chien de Malcolm, quoique je l'eusse moi-même élevé ici, n'en eût acquis en toute sa vie, *vita adhuc durante* ; et à présent que je parle de chien, n'est-ce pas Ban et Buscar qui s'avancent dans l'avenue avec Davie Gellatley ? »

« Je propose que nous allions à leur rencontre, dit Édouard, car je crois que le propriétaire actuel du château est le colonel Talbot, à qui nous avons promis une visite. Il a hésité d'abord à vous dire qu'il avait acheté votre ancienne propriété de famille ; mais pourtant, si vous avez quelque répugnance à l'aller voir, nous pouvons nous rendre immédiatement chez le bailli. »

C'était le moment pour le baron de déployer toute sa magnanimité ; il poussa un long soupir, s'administra une longue prise de tabac, et répondit que puisqu'ils l'avaient amené si avant, il ne pouvait passer devant la porte du colonel sans entrer, et qu'il désirait voir le nouveau seigneur de ses anciens vassaux. Il mit donc pied à terre, et les autres gentilshommes et les dames en firent autant. Il donna le bras à sa fille, et en s'avançant dans l'avenue, il lui fit remarquer en combien peu de temps la *diva Pecunia* de l'homme du sud [1], leur divinité tutélaire, ainsi qu'on pourrait bien dire, avait effacé toutes les traces de dévastation.

En effet, non seulement on avait enlevé les troncs des arbres qui avaient été abattus, mais on en avait arraché les racines ; on avait tout à fait nivelé le terrain, on l'avait planté de gazon, de sorte que pour les yeux qui n'avaient pas une connaissance minutieuse des lieux, aucune trace de dévastation n'était

---

[1]. Homme du sud signifie, pour les Écossais, un Anglais. A. M.

apparente. Un changement pareil s'était opéré dans l'extérieur de Davie Gellatley, qui arrivait alors, s'arrêtant de moment en moment pour admirer ses nouveaux habillements de la même couleur que les anciens, mais si riches qu'ils auraient été dignes de Tonchstone lui-même. Il dansa, avec ses gambades ordinaires, d'abord pour le baron, ensuite pour Rose, passant les mains sur ses habits, en criant: « Brave, brave, *Davie!* » pouvant à peine achever jusqu'au bout un couplet de ses mille et une chansons, la violence de sa joie lui coupant la respiration. Les chiens témoignèrent par mille caresses qu'ils reconnaissaient leur ancien maître. « Sur mon ame, Rose, dit le baron, l'attachement de ces deux animaux et de ce pauvre fou fait venir les larmes dans mes vieux yeux; tandis que ce misérable coquin de Malcolm..... Mais je suis obligé au colonel Talbot d'avoir si bien traité mes chiens et ce pauvre Davie... Mais, Rose, ma chère amie, nous ne pouvons souffrir qu'ils soient, leur vie durant, à la charge du colonel. »

Pendant qu'il parlait, lady Émilie, s'appuyant sur le bras de son mari, reçut les voyageurs à la porte d'entrée, avec la plus aimable bienveillance. Quand les cérémonies de la réception furent achevées (et l'excellent ton et la politesse exquise de lady Émilie les abrégèrent beaucoup), elle s'excusa d'avoir employé une ruse pour les attirer dans un lieu qui pouvait éveiller quelques souvenirs pénibles; « mais, ajouta-t-elle, comme le château va changer de maître, nous avons désiré que le baron... »

« Monsieur Bradwardine, madame, s'il vous plaît, » reprit le vieux gentilhomme.

— « Monsieur Bradwardine donc et M. Waverley verront ce que nous avons fait pour remettre le château de vos pères dans son ancien état. »

Le baron salua profondément. En effet, quand ils entrèrent dans la cour, à l'exception des vieilles écuries qui avaient été entièrement brûlées, et qu'on avait remplacées par des bâtiments plus élégants et plus pittoresques, tout sembla au baron, autant qu'il avait été possible de le faire, dans le même état que lors de son départ pour l'armée du Prétendant, quelques mois auparavant. Le pigeonnier était recrépi; la fontaine jetait de l'eau comme par le passé, et non seulement l'ours qui s'élevait au-dessus du bassin, mais tous les autres ours, sans aucune exception, avaient été rétablis à leurs anciens postes, et remplacés ou restaurés avec tant de soin, qu'ils ne portaient plus aucune trace de la violence dont ils avaient été si récemment les victimes. Puisque les détails avaient été l'objet d'une attention si minutieuse, il est inutile d'ajouter que la maison avait été entièrement réparée, ainsi que les jardins; toujours avec le soin de rétablir les choses comme elles étaient jadis, et de faire disparaître tous les vestiges de la dévastation qu'elle avait soufferte. Le baron regardait dans un étonnement silencieux; à la fin il s'adressa au colonel:

« Je vous suis obligé, lui dit-il, d'avoir si bien restauré l'ancien manoir de ma famille; mais je ne puis m'empêcher d'être surpris que vous n'ayez point placé ici votre propre écusson, vos armes. C'est, je crois, un mâtin, qu'on appelait autrefois un *talbot*, comme dit le poète :

A talbot strong... a sturdy tyke [1].

« Un mâtin se voit aussi sur l'écusson des vaillants et renommés comtes de Shrewsbury, auxquels votre famille est sans doute alliée. »

« Je crois, répondit le colonel en souriant, que nos chiens ont été mis bas sur la même litière. Pour ma part, si les armoiries devaient se disputer la préséance, je leur dirais comme dit le proverbe: A bon chien bon ours. »

Pendant qu'il parlait ainsi, et que le baron prenait encore une prise de tabac, ils étaient entrés dans la maison, c'est-

---

[1] Un bon talbot, un chien vigoureux. A. M.

à-dire, le baron, lady Émilie avec le jeune Stanley et le bailli, car Édouard et le reste de la compagnie restaient sur la terrasse pour examiner une nouvelle serre, construite avec un goût parfait. Le baron en revint à son sujet favori. «Quoiqu'il vous ait pris fantaisie, colonel, de renoncer à l'honneur de votre écusson, ce qui est un caprice qui vous est commun avec beaucoup de gentilshommes de votre pays, distingués par leur naissance et leur rang, je vous répéterai encore une fois que vos armoiries sont fort anciennes et trop recommandables, comme celles de mon jeune ami Stanley, qui sont un aigle et un enfant. »

« L'oiseau et le poupon, comme on dit dans le Derbyshire, » ajouta Stanley.

« Vous êtes un mauvais plaisant, répliqua le baron qui avait beaucoup d'affection pour ce jeune homme, peut-être parce qu'il le contrariait de temps en temps; vous êtes un mauvais plaisant, et quelque jour je vous corrigerai, ajouta-t-il en lui montrant le poing. Ce que je voulais vous dire, colonel Talbot, c'est que votre *prosapia*, c'est-à-dire votre race, est ancienne; et puisque vous avez équitablement et légalement acquis ce domaine pour vous et les vôtres, comme je l'ai perdu pour moi et les miens, je souhaite qu'il reste dans votre famille autant de siècles qu'il est resté dans celle des anciens propriétaires. »

«C'est un souhait fort généreux, monsieur Bradwardine, » répondit le colonel.

— « Je ne puis m'empêcher d'admirer que vous, colonel, en qui je remarquai à Edimbourg un *amor patriæ*[1] si exalté qu'il vous rendait injuste envers les autres pays, vous ayez pu vous décider à laisser vos dieux domestiques, *procul à patriæ finibus*[2], de manière à vous expatrier en quelque sorte. »

—« En vérité, baron, je ne sais pourquoi, afin de garder le secret de ces jeunes fous, Stanley et Waverley, et de ma femme, qui n'est pas plus sage, un vieux soldat continuerait d'en imposer à un autre. Vous saurez donc que je suis resté si fidèle à mes prédilections pour mon pays, que la somme avancée par moi à l'acquéreur de cette vaste baronnie m'a procuré un petit domaine dans le comté de....., appelé Bredwood Lodge, avec environ deux cent cinquante acres de terre, et dont le principal mérite est d'être situé à quelques milles seulement de Waverley-Honour.»

— « Et qui donc, au nom du ciel, a acheté cette propriété? »

—« C'est l'affaire de ce gentleman de vous expliquer cela. »

Le bailli, que ces paroles désignaient, et qui, pendant tout ce colloque, s'agitait tantôt sur un pied, tantôt sur l'autre, dans une impatience inexprimable, semblable à une poule, comme il le dit plus tard, sur un girdle rouge[3], et gloussant, aurait-il pu ajouter, comme la même poule, dans toute sa gloire, quand elle a pondu un œuf...; le bailli s'avança: « Oui, je le puis; oui, je le puis, » s'écria-t-il tirant de sa poche un paquet de papiers, et détachant d'une main tremblante de joie le ruban rouge qui les attachait. « Voici, dit-il, un acte de vente et transport, par Malcolm Bradwardine de Inch-Grabbit, signé et passé en présence de témoins, avec toutes les formalités, conformément aux statuts, par lequel, moyennant une certaine somme d'argent, présentement comptée et délivrée audit Malcolm, il a vendu, aliéné, et transporté tous les domaines et baronnie de Tully-Veolan, circonstances et dépendances, avec les bâtiments et l'emplacement du manoir...

« Pour l'amour de Dieu, monsieur, venez au fait : je sais tout cela par cœur, » dit le colonel.

« A Cosme Comyne de Bradwardine, continua le bailli, ses héritiers ou représentants, simplement et irrévocablement pour être tenus *à me vel de me*. »

1. Amour de la patrie. A. M.
2. Loin des frontières de la patrie. A. M.
3. *Girdle*, mot écossais qui signifie un plateau mis au feu pour faire griller le pain. A. M.

— « Je vous en prie, monsieur, lisez vite. »

— « Sur l'honneur d'un honnête homme, colonel, je lis aussi vite qu'il est possible, d'après le style des actes... Sous la condition et à la charge toutefois.... »

— « Monsieur Mac Wheeble, ceci durerait plus qu'un hiver de Russie.

— Permettez-moi, de vous le dire en deux mots, monsieur Bradwardine : votre domaine patrimonial vous appartient de nouveau, en pleine propriété, avec la liberté à vous d'en disposer comme il vous plaira, mais seulement grevé de la somme qui a été avancée pour le racheter, laquelle, à ce qu'il paraît, est de beaucoup inférieure à la valeur de la baronnie. »

— « Une vieille histoire ! »

— « Une vieille histoire ! S'il plaît à Votre Honneur, cria le bailli en se frottant les mains ; regardez le registre des rentes.

— « Laquelle somme, continua le colonel, ayant été avancée, pour la majeure partie, par M. Édouard Waverley, sur le prix de la propriété de son père que j'ai achetée de lui, est assurée à son épouse votre fille et à ses enfants, par le contrat de mariage. »

— « Oui, bien assurée, murmura le bailli, à Rose Comyne de Bradwardine, autrement lady Waverley, sa vie durant, et aux enfants à naître dudit mariage, en nue propriété ; et j'ai eu la précaution de faire dresser la donation avant le mariage, *intuitus matrimonii*, de façon qu'elle ne fût pas dans la suite réduisible, comme une donation *inter virum et uxorem*. »

Il m'est difficile de dire ce qui charma le plus le digne baron, ou de recouvrer sa propriété de famille, ou de la généreuse délicatesse qui lui laissait la liberté d'en disposer comme il lui plairait, après sa mort, et avec laquelle on avait évité autant que possible de le mettre sous le coup d'une obligation pécuniaire. Quand le premier moment de stupeur, causé par la joie et la surprise, fut passé, ses pensées se tournèrent sur l'indigne héritier qui, dit-il, semblable à Ésaü, avait vendu son droit de naissance pour un plat de lentilles.

« Mais quel est le cuisinier qui les a préparées ? s'écria le bailli ; je voudrais savoir cela..... c'est à Votre Honneur de commander. Son Honneur le jeune M. Waverley a mis cette affaire dans mes mains depuis le commencement... depuis le premier exploit de citation, comme je pourrais dire. Je les ai circonvenus... J'ai joué au fin autour du buisson avec eux [1] ; je les ai cajolés ; et si j'ai joué à Inch-Grabitt et à Zamie Howie un joli tour, c'est ce qu'ils peuvent dire eux-mêmes. Je ne leur ai pas prononcé le nom du jeune marié, de peur qu'ils ne tinssent la dragée haute. Non, non : je leur ai fait peur de nos tenanciers sauvages, des Mac-Ivors qui ne sont jamais en repos, si bien qu'ils n'osaient plus sortir de la porte de pierre après le crépuscule, de peur que John Heatherblutter, ou quelque autre vaurien déterminé, ne leur envoyât une balle. D'un autre côté, je leur parlais du colonel Talbot... Oseraient-ils rejeter les propositions d'un ami du duc ? ne savaient-ils pas qui était le maître ? N'en avaient-ils pas vu assez pour deviner à quel excès pourrait se porter un pauvre diable malheureux ? »

— « Qui donc alla à Derby, monsieur Mac Wheeble ? » lui demanda le colonel à part.

« Oh ! colonel, ne parlons pas de cela, pour l'amour de Dieu ! Il y avait beaucoup de braves gens à Derby, et ce n'est pas le moment de parler de potence, » ajouta-t-il en jetant un regard à la dérobée sur le baron, qui était plongé dans une rêverie profonde.

Se réveillant comme en sursaut, il prit Mac Wheeble par le bouton de son habit, et l'entraîna dans l'embrasure d'une fenêtre, d'où quelques mots seulement de leur conversation parvinrent au reste de la compagnie. Il était certainement question de papier timbré et de parchemin, car aucun autre sujet,

[1] Proverbe écossais. A. M.

même de la bouche de son patron, n'aurait fixé si fortement la profonde et respectueuse attention du bailli.

— « Je comprends parfaitement Votre Honneur ; ce sera aussi aisé à faire qu'à prendre un jugement par défaut. »

— « A elle et à lui, après ma mort, et à leurs héritiers mâles... mais de préférence au second fils, si Dieu lui fait la grace d'en avoir deux, sous la condition qu'il portera le nom et les armes de Bradwardine, sans y joindre aucun autre nom ni autres armoiries quelconques. »

« Que Votre Honneur soit tranquille, répliqua le bailli ; je vous dresserai un acte qui sera dans les règles : cela ne coûtera que des lettres de résignation *in favorem*. Je ferai partir les pièces sous peu pour la chancellerie. »

Cette conversation particulière finie, on appela le baron pour faire les honneurs de Tully-Veolan à de nouveaux hôtes. C'étaient le major Melville de Cairnvreckan et le révérend M. Morton, accompagnés de deux ou trois autres connaissances du baron, qui avaient été informés qu'il avait racheté le domaine de ses pères. Les acclamations des villageois se firent bientôt entendre sous les fenêtres dans la cour ; car Saunderson, qui avait gardé le secret pendant quelques jours avec une discrétion méritoire, avait donné carrière à sa langue, dès qu'il avait vu arriver les voitures.

Pendant qu'Édouard recevait le major Melville avec politesse, et M. Morton avec l'amitié la plus reconnaissante et la plus empressée, le baron semblait un peu embarrassé, ne sachant trop comment il pourrait traiter convenablement tant d'hôtes, et pourvoir aux réjouissances de ses tenanciers hors du château. Lady Émilie le tira de peine, en lui disant que bien qu'elle ne fût pas en état d'occuper la place de mistriss Édouard Waverley, elle espérait que le baron approuverait le repas qu'elle avait fait préparer pour la réception de tant d'étrangers ; qu'il trouverait à Tully-Veolan toutes les commodités possibles, et que l'ancienne hospitalité de Tully-Veolan ne perdrait rien de sa renommée. Il est impossible de décrire le plaisir que cette assurance causa au baron : avec une galanterie qui tenait à moitié du laird écossais et de l'officier au service de France, il offrit son bras à la belle lady Émilie, et la conduisit, d'un pas qui tenait le milieu entre de grandes enjambées et les pas de menuet, dans une vaste salle à manger, suivi du reste de la compagnie.

Grace aux conseils et aux travaux de Saunderson, tout dans cette pièce, comme dans les autres, avait été rétabli, autant que possible, dans l'ancien état ; et quand de nouveaux meubles avaient été nécessaires, on les avait choisis dans le goût qui s'accordait avec l'ancien ameublement. Cependant on avait ajouté à ce vieil et bel appartement une nouvelle décoration qui arracha des larmes des yeux du baron : c'était un tableau de grande dimension, et exécuté avec beaucoup de talent, représentant Fergus et Waverley, tous deux en habit de Highlandais. La scène était un défilé sauvage, étroit et montagneux, par où le clan descendait dans la plaine. Ce tableau avait été peint d'après un excellent croquis pris, pendant qu'ils étaient à Édimbourg, par un jeune dessinateur de génie ; c'était l'ouvrage d'un des premiers peintres de Londres. Raeburn lui-même, dont les chefs montagnards semblent tous marcher sur la toile, n'aurait pas traité ce tableau avec plus de vigueur. Le caractère ardent, fier, impétueux du chef de Glennaquoich, faisait un contraste pittoresque avec l'expression contemplative, réfléchie et enthousiaste des traits de son plus heureux ami. A côté du tableau étaient suspendues les armes que Waverley avait portées pendant la guerre civile. Ce spectacle excita l'admiration et la vive émotion de toute la compagnie.

Nous sommes condamnés à manger, en dépit des sentiments et de la vertu. Pendant que le baron se plaçait à un bout de la table, il insistait pour que lady Émilie s'assît à l'autre bout, pour y faire les honneurs, afin, disait-il, de donner une leçon aux *jeunes gens*. Après un moment de réflexion, employé dans sa tête à décider la question de préséance entre l'église presbytérienne et l'église épiscopale d'Écosse, il pria M. Morton, en sa qualité d'étranger, de réciter les graces, ajoutant que M. Rubrick, qui était *chez lui*, remercierait le ciel des bienfaits signalés qu'il avait accordés à la famille Bradwardine.

Ce dîner fut excellent : Saunderson servit en grand costume, avec tous les anciens domestiques, à l'exception d'un ou deux, dont on n'avait pas entendu parler depuis l'affaire de Culloden. Les caves étaient fournies d'un vin qui fut déclaré excellent, et l'ours de la fontaine de la cour du château, pour cette soirée seulement, jeta d'excellent punch pour les tenanciers et les domestiques.

Quand on eut desservi, le baron, au moment de proposer un toast, jeta un regard, où se peignait quelque tristesse, sur le buffet, qui pourtant était garni de la plus grand partie de son argenterie, que des voisins avaient sauvée ou avaient rachetée à des soldats, et qu'ils s'étaient empressés de rendre à l'ancien propriétaire.

— « Dans ces temps-ci, ceux-là doivent être contents à qui on a conservé la vie et leurs domaines ; cependant, au moment de porter ce toast, je ne puis m'empêcher de regretter un meuble, lady Émilie... un *poculum potatorium*, colonel Talbot. »

En ce moment le baron se sentit doucement toucher l'épaule par son majordome ; il se retourna, et vit dans les mains d'*Alexander ab Alexandro* la fameuse coupe de saint Duthac, le précieux ours de Bradwardine. Je doute que la restitution de la baronnie lui ait causé plus de plaisir.

— « Sur mon honneur, on peut croire aux fées et aux magiciennes, lady Émilie, quand on est honoré de votre présence. »

« Je suis heureux, reprit le colonel Talbot, d'avoir pu, par la restitution de cette coupe, vous donner une marque de mon tendre intérêt pour tout ce qui touche mon jeune ami Édouard ; mais pour que vous ne soupçonniez pas lady Émilie d'être une magicienne et moi un sorcier, ce qui n'est pas un jeu en Écosse, je vous dirai que Frank Stanley, notre ami, qui s'est pris d'un enthousiasme sans pareil pour les montagnes et les montagnards, depuis qu'il a entendu les récits d'Édouard sur les anciennes coutumes écossaises, nous fit par hasard la description de cette coupe remarquable. Mon domestique Spontoon, qui, comme un bon soldat, observe beaucoup et parle peu, me donna à comprendre qu'il avait vu la pièce d'argenterie dont M. Stanley venait de parler, au pouvoir d'une certaine mistriss Nosebag, qui, ayant été originairement la femme d'un brocanteur, avait trouvé moyen, pendant les malheurs qui ont dernièrement affligé l'Écosse, de recommencer un peu son ancien commerce, et elle est devenue dépositaire de plus de la moitié du butin de l'armée. Vous pensez bien que la coupe fut bientôt rachetée, et vous me ferez grand plaisir si vous me permettez de croire qu'elle n'a rien perdu à vos yeux de son prix, pour vous avoir été rendue par mes mains. »

Une larme se mêla au vin que le baron versait, pour porter, comme il se le proposait, un toast de reconnaissance au colonel Talbot et à la prospérité des maisons alliées de Waverley-Honour et de Bradwardine.

Il ne me reste qu'à ajouter que si jamais vœu n'avait été prononcé avec plus de sincérité et de cordialité, il n'y en eut pas aussi, eu égard aux vicissitudes nécessaires des événements humains, qui ait été, au total, plus heureusement exaucé.

CHAPITRE LXXII.

POST-SCRIPTUM QUI AURAIT DU ÊTRE UNE PRÉFACE.

Voilà notre voyage achevé, aimable lecteur ; et si vous avez eu la patience de m'accompagner jusqu'à la dernière de ces pages, le contrat est, en ce qui vous regarde, exactement exécuté. Cependant, comme le postillon qui a reçu ce qui lui était légalement dû, ne s'éloigne pas et sollicite encore, avec une défiance convenable de lui-même, un pour-boire de votre générosité; de même je vous demande encore quelques moments de patience. Cependant, vous êtes libre de fermer le volume de l'auteur, comme de fermer la porte au nez du postillon.

Ce chapitre aurait dû être une préface: mais deux raisons m'ont empêché d'en faire une. Premièrement, la plupart des lecteurs de romans, comme ma propre conscience me le rappelle, sont sujets à se rendre coupables d'un péché d'omission en ce qui concerne les préfaces; secondement, c'est une coutume générale de cette classe de lecteurs, de commencer par le dernier chapitre du livre; de sorte que, après tout, ces observations, quoique placées à la fin, ont beaucoup de chances d'être lues les premières, comme il leur appartient.

Il y a peu de nations en Europe qui, dans le cours d'un demi-siècle, ou un peu plus, aient subi une métamorphose aussi complète que le royaume d'Écosse. Les effets de l'insurrection de 1745, la destruction du pouvoir patriarcal des chefs montagnards, l'abolition de la juridiction féodale de la noblesse et des barons dans les basses terres, la destruction complète du parti jacobite, qui, éprouvant de la répugnance à se confondre avec les Anglais et à adopter leurs coutumes, continua long-temps à rester fidèle avec affectation aux usages écossais, furent les premières causes de ce changement. Les progrès graduels de la richesse et l'extension du commerce ont achevé de rendre les Écossais de nos jours aussi dissemblables de leurs grands-pères, que les Anglais qui vivent aujourd'hui le sont de ceux qui vivaient au temps de la reine Élisabeth. Les résultats de ces améliorations, sous les rapports politique et économique, ont été signalés avec autant de sagacité que d'exactitude par lord Selkirk. Mais cette métamorphose, quoique prompte et rapide, ne s'est opérée que graduellement; et semblables à ceux qui sont entraînés par le cours d'un fleuve rapide et profond, nous avons besoin, pour nous apercevoir des progrès que nous avons faits, de reporter nos yeux sur le point éloigné dont nous sommes partis. Tous ceux de la génération présente qui peuvent se rappeler les vingt ou vingt-cinq dernières années du dix-huitième siècle, seront frappés de la vérité de cette observation: principalement s'ils avaient des parents ou des connaissances parmi ceux que, dans mon jeune temps, on appelait facétieusement « les gens du vieux levain, » et qui nourrissaient encore un attachement sans espoir pour la famille des Stuarts. Cette espèce de gens a disparu complétement du pays, et avec elle sans doute beaucoup d'absurdes préjugés politiques; mais en même temps ont disparu beaucoup d'hommes qu'on pouvait citer comme de vivants exemples du dévouement le plus absolu et le plus désintéressé aux principes de loyauté qu'ils avaient reçus de leurs pères, des hommes fidèles à leur parole hospitaliers, francs, pleins d'honneur, comme l'étaient jadis les vieux Écossais.

Bien que je ne fusse pas né parmi les Highlandais (ce qui, au besoin, me servira d'excuse pour plus d'une faute de gaëlique), le hasard voulut que je passasse ma jeunesse et mon enfance parmi des personnes de cette espèce: et pour conserver quelques souvenirs des anciennes mœurs dont j'ai été le témoin, j'ai mêlé à des scènes imaginaires et attribué à des personnages de mon invention une partie des incidents qui me furent racontés alors par ceux qui y avaient figuré comme acteurs. Je puis bien dire que les aventures les plus romanesques de cet ouvrage sont précisément celles qui ont leur fondement dans la réalité. L'échange d'une protection mutuelle entre un gentilhomme highlandais et un officier supérieur au service du roi, et la manière généreuse dont le second paya les services qu'il avait reçus, sont littéralement vrais. La blessure par un coup de mousquet, et les paroles héroïques attribuées à miss Flora, se rapportent à une femme d'un rang distingué, qui est morte il n'y a pas long-temps. Les récits de la bataille de Preston et de l'escarmouche de Clifton sont empruntés aux relations de témoins oculaires intelligents, corrigées d'après l'Histoire de la Rébellion, de feu le vénérable auteur de Douglas[1]. Les gentilshommes écossais des basses terres et les personnages subalternes ne sont pas donnés pour des portraits individuels, mais comme dessinés d'après les mœurs générales de cette époque; mœurs dont j'ai vu dans ma jeunesse quelques vestiges, et que j'ai appris à connaître, pour le reste, par des traditions.

J'ai eu l'intention de peindre ces personnages, non par les images exagérées et emphatiques de leur dialecte national, mais par leurs habitudes, leurs manières, leurs sentiments; de façon à imiter, autant qu'il était en moi, les admirables portraits irlandais tracés par miss Edgeworth, si différents des Teagues et des Dear Joys[2] qui, pendant si long-temps, avec la plus parfaite ressemblance de famille les uns avec les autres, ont figuré dans les drames et les romans.

Je suis loin d'être content de la manière dont j'ai exécuté mon plan. J'étais si peu satisfait de mon ouvrage, que je l'avais mis de côté, comme une ébauche imparfaite; je ne le retrouvai que par hasard, parmi un tas de papiers inutiles, dans un vieux cabinet où il était égaré depuis plusieurs années, pour le faire lire à un ami comme une bagatelle qui pourrait l'amuser. Depuis cette époque, il a paru deux ouvrages sur le même sujet, que nous devons l'un et l'autre à des auteurs dont le génie honore leur pays: je veux parler du *Glenburie* de mistriss Hamilton, et du Tableau des superstitions des Highlands. Mais le premier de ces ouvrages ne peint que les mœurs des cultivateurs écossais, et il les peint avec une fidélité frappante, avec une vérité inimitable; et les souvenirs tendres et réels recueillis par la respectable et ingénieuse mistriss Grant de Laggan sont tout à fait différents des aventures imaginaires que j'ai entrepris de raconter.

Je voudrais bien me persuader à moi-même que l'ouvrage qui précède ne paraîtra pas dénué d'intérêt. Aux vieillards, il rappellera des scènes et des caractères familiers à leur jeunesse; à la génération présente, mon livre pourra donner quelque idée des mœurs de leurs grands-pères.

Je souhaiterais que le soin de peindre les mœurs anciennes de notre pays, ces mœurs qui s'effacent chaque jour, eût occupé la plume du seul homme en Écosse qui n'aurait point été au-dessous de cette tâche; d'un homme qui occupe une place si éminente dans la littérature, et dont les esquisses du colonel Caustique et d'Umphreville sont si admirablement relevées par les plus beaux traits du caractère national. Dans ce cas, j'aurais eu plus de plaisir, comme lecteur, que je n'en trouverai jamais dans l'orgueil d'un auteur en vogue, supposé que ces feuilles m'acquièrent cette distinction enviée; et comme j'ai interverti l'ordre habituel en plaçant ces observations à la fin de l'ouvrage auquel elles se rapportent, je risquerai une seconde violation des règles, en terminant le tout par une dédicace,

CES VOLUMES[3]
ÉTANT RESPECTUEUSEMENT DÉDIÉS
A
NOTRE ADDISON ÉCOSSAIS
HENRI MACKENZIE,
PAR UN INCONNU,
ADMIRATEUR DE SON GÉNIE.

3. Il faut se rappeler que le romancier écossais a toujours publié ses œuvres dans le format in-12, et que chaque roman forme plusieurs volumes. A. M.

FIN DE WAVERLEY.

---

1. L'historien Home, qu'il ne faut pas confondre avec Hume. A. M.
2. Nom patronymique des Irlandais. A. M.

LIBRAIRIE DE **FIRMIN DIDOT FRÈRES**, RUE JACOB

CHEFS-D'ŒUVRE DE LA LITTÉRATURE FRANÇAISE.

Grand in-18, format anglais avec portraits, notices et commentaires.

PRIX : TROIS FRANCS LE VOLUME.

PREMIÈRE SÉRIE destinée à toutes les bibliothèques. — 72 volumes.

POËTES.	vol.
MALHERBE, J.-B. ROUSSEAU, LEBRUN	1
LA FONTAINE	1
CORNEILLE	1
RACINE, Théâtre complet	1
BOILEAU	1
MOLIÈRE	2
REGNARD, Théâtre et Voyages	1
VOLTAIRE, Henriade et poésies	1
— Théâtre	1
FLORIAN, Fables suivies de ses poëmes et des Fables de Lamotte	1

PROSATEURS.

	vol.
PASCAL et NICOLE, Pensées	1
— Provinciales	1
DELILLE, Géorgiques, Jardins, Homme des champs, Pitié	1
FÉNELON, Télémaque et Fables	2
— Education des filles, dialogues, etc.	1
— Traité de l'existence de Dieu, etc.	1
BOSSUET, Oraisons funèbres, et choix de Fléchier et Mascaron	1
— Histoire universelle	1
— Sermons	1
MASSILLON, Petit Carême, etc.	1
LA BRUYÈRE et THÉOPHRASTE	1
MONTESQUIEU, Esprit des lois et Comment.	1
— Grandeur des Romains	1
LE SAGE, Gil Blas	1

	vol.
SÉVIGNÉ. Nouveau choix très-complet	1
— Œuvres complètes	6
LA ROCHEFOUCAULD, Montesquieu, Vauvenargues	1
ROLLIN, Traité des études	3
— Histoire ancienne	10
D'AGUESSEAU, Mercuriales	1
VOLTAIRE, Siècle de Louis XIV	1
— Siècle de Louis XV	1
— Charles XII, etc.	1
BUFFON, Histoire des animaux	1
— Époques de la nature, etc.	1
CUVIER, Révolutions du globe avec planches	1
BERNARDIN DE SAINT-PIERRE, Paul et Virginie, et autres écrits	2
— Études de la nature	1
MARMONTEL, Éléments de Littérature	3
DIDEROT, Œuvres choisies	2
MAURY, Éloquence de la chaire	1
CHATEAUBRIAND, Atala, René, etc., et Voyage en Amérique	1
— Génie du christianisme	2
— Martyrs	1
— Natchez	1
— Itinéraire à Jérusalem, etc.	2
— Études historiques	1
— Analyse de l'histoire de France	1
— Les quatre Stuarts, et Mélanges	1

SECONDE SÉRIE. — 58 volumes en vente.

	vol.
ROUSSEAU, Nouvelle Héloïse	1
— Émile	1
— Confessions	1
— Petits chefs-d'œuvre	1
VOLTAIRE, Contes, Satires et Epîtres	1
— Romans	1
DE STAËL, Corinne	1
— Allemagne	1
— Considérations	1
AZAÏS, Des Compensations de la vie humaine	1
DE FOË, Robinson Crusoé	1
DE RETZ, SENAC DE MEILHAN, DUVERNOT, SAINT-RENÉ, etc., Petits chefs-d'œuvre historiques	1
DON QUICHOTTE, traduit par Florian	1
ROTROU, Crébillon, Lafosse, Saurin, de Belloy, Laharpe, Chénier, Ducis, etc.	1
BARON, Marivaux, Boursault, Baron	1
DANCOURT, DUFRESNY	1
DESTOUCHES, Regnard, Boissy	1
LESAGE, Piron, Grasset, Voltaire, etc.	1
DELAVIGNE, Saurin, Barthe, Poinsinet, etc.	1
SEDAINE, Mercier, Collé, Andrieux, etc.	1
COLLIN D'HARLEVILLE, Fabre d'Églantine, Lemercier	1
BEAUMARCHAIS, Théâtre	1
SCRIBE, son théâtre	5
PASQUIER, Recherches de la France, Lettres, Nouvelles de Eugerie (à 4 fr. le vol.)	2

BIBLIOTHÈQUE DES MÉMOIRES.

	vol.
FROISSART	1
(18e siècle), par M. BARRIÈRE.	
DE STAAL-DELAUNAY, D'ARGENSON, etc.	1
DUCLOS	1
Mme DU HAUSSET et BACHAUMONT	1
BESENVAL	1
MARMONTEL	1
Mémoires des Comédiens	1
WEBER	1
Mme ROLLAND	1
DUMOURIEZ	1
LOUVET, DAUNOU, etc.	1
Mémoires de CLÉRY	1
Mémoires de Mme	1
Mémoires sur Mme DE baron WALCKENAER	1

CHEFS-D'ŒUVRE

	vol.
DANTE et	1
TASSE	1
ARIOSTE	1
PÉTRARQUE	1
BOCCACE	1
CAMOËNS, Lusiade	1
DANTE, traduction par M. le chevalier Artaud	1

Paris. — Typographie de Firmin Didot Frères, rue Jacob, 56.